国家出版基金项目
NATIONAL PUBLICATION FOUNDATION

HISTORY OF MINYUE KINGDOM

闽越国史

上册

杨琮 著

海峡出版发行集团 | 福建人民出版社
THE STRAITS PUBLISHING & DISTRIBUTING GROUP | FUJIAN PEOPLE'S PUBLISHING HOUSE

图书在版编目（CIP）数据

闽越国史．上册 / 杨琮著．--福州 ：福建人民出版社，2025. 5. -- ISBN 978-7-211-09580-3

Ⅰ. K289

中国国家版本馆 CIP 数据核字第 202574YK19 号

闽越国史

MINYUEGUO SHI

作　　者： 杨　琮
责任编辑： 田成海　庄郁军
美术编辑： 白　玫
责任校对： 陈　璟
出版发行： 福建人民出版社　　**电　　话：** 0591-87533169(发行部)
网　　址： http：// www. fjpph. com　　**电子邮箱：** fjpph7211@ 126. com
地　　址： 福州市东水路 76 号　　**邮政编码：** 350001
印　　刷： 恒美印务（广州）有限公司
地　　址： 广州市南沙经济技术开发区环市大道南路 334 号
开　　本： 700 毫米×1000 毫米　1/16
印　　张： 51. 25
字　　数： 728 千字
版　　次： 2025 年 5 月第 1 版
印　　次： 2025 年 5 月第 1 次印刷
书　　号： ISBN 978-7-211-09580-3
定　　价： 268. 00 元（上下册）

国家出版基金资助项目
福建省优秀出版项目

作者简介

杨琮，原籍江苏无锡，1955 年生于陕西西安，厦门大学历史系考古专业毕业。历任福建省博物馆研究员、福建闽越王城博物馆馆长、福建博物院院长等职。现为闽江学院闽都学者、讲座教授，澳门科技大学客座教授。1999 年获文化部“优秀专家”称号，2007 年被人事部、国家文物局授予“全国文物系统先进工作者”称号，福建省文物考古与博物馆学科带头人。从事福建地区秦汉考古尤其是闽越国遗址考古和研究四十多年，先后撰写发表考古报告、论文百余篇。专著有《闽越国文化》《美术考古论集》等；主编有《武夷山城村汉城遗址发掘报告 1980—1996》《中国出土瓷器全集：福建卷》《越魂闽魄》《21 世纪初福建基建考古重要发现》等。

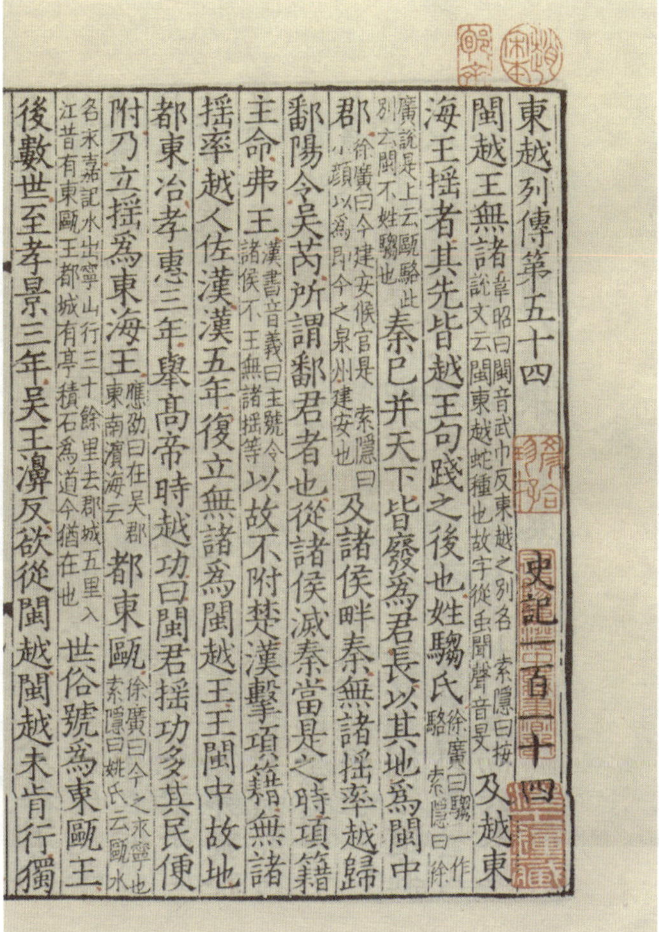
東越列傳第五十四　史記一百一十四

閩越王無諸韋昭曰閩音武巾反東越之別名　索隱曰按說文云閩東越蛇種也故字從虫閩聲音旻及越東海王搖者其先皆越王句踐之後也姓騶氏徐廣曰騶一作駱　索隱曰徐廣說是上云甌駱此別云閩不姓騶也秦已并天下皆廢爲君長以其地爲閩中郡徐廣曰今建安侯官是　索隱曰小顏以爲即今之泉州建安也及諸侯畔秦無諸搖率越歸鄱陽令吳芮所謂鄱君者也從諸侯滅秦當是之時項籍主命弗王漢書音義曰主號令諸侯不王無諸搖等以故不附楚漢擊項籍無諸搖率越人佐漢漢五年復立無諸爲閩越王王閩中故地都東冶孝惠三年舉高帝時越功曰閩君搖功多其民便附乃立搖爲東海王應劭曰在吳郡東南濱海云都東甌徐廣曰今之永寧也　索隱曰姚氏云甌水名永嘉記水出寧山行三十餘里去郡城五里入江昔有東甌王都城有亭積石爲道今猶在也世俗號爲東甌王後數世至孝景三年吳王濞反欲從閩越閩越未肯行獨

《史记》中关于闽越国的记载（宋刊本书影）

武夷山城村汉城遗址今貌

武夷山城村汉城遗址出土的“万岁”瓦当

上册目录

引　言

闽越王国的历史，既是福建地区绕不开的一段地方史，同时也是中国汉代历史的组成部分。虽然正史记载闽越王国不足百年，但是闽越政权的产生远不止于百年。闽越政权在战国时代即已产生，后为秦所灭，汉兴复起，直至汉武帝时彻底灭国迁民。闽越国的存在和发展，是福建先民历史发展的最高阶段，也是越国历史最后的余晖。考古学家焦天龙博士认为闽越王国是福建南岛语族的国家①，笔者认为这个观点是可以成立的。闽越王国是留在大陆沿海的南岛语族先民发展到达最高阶段的社会形态。而史前时代扩散、迁徙到台湾以及南太平洋群岛的另一部分南岛语族先民，则一直保持着原始社会的状态。

由于历史文献对闽越王国这段历史记载较为简略，故笔者以考古发现的实物资料为基础，结合有限的史料来撰写这段历史。本书仍然是以研究闽越国物质文化史为主体，在体例上与传统的写史手法并不相同，没有从政治、经济、文化、军事等各个方面依序展开章节来写，也没有以传统手法论证闽越王国政治是奴隶制还是封建制，而是根据半个多世纪以来的考古发现，建构出足以反映闽越王国方方面面的物质文化史实，与之相应的闽越王国的经济基础以及上层建筑均已融入各个章节之中。

① 焦天龙、范雪春：《福建与南岛语族》，科学出版社，2020 年，第 153—170 页。

第一章　导论

第一节　文献记录的闽越国历史沿革

距今2220多年前，在福建这片群峦叠嶂、江河纵横、海岸线绵延曲折的土地上，崛起了一个少数民族地方政权，她就是司马迁在《史记》中为之列传的闽越国（按中国的方位，当时亦称东越）。闽越国的建立，揭开了福建文明史的第一页。

闽越，也作闽粤，是中国上古时代的少数民族之一，是百越族群中的一支，也是中华民族的来源之一。闽越王国是战国秦汉时代由闽越族人建立的一个地方政权。闽越族一经崛起，便迅速登上了风起云涌的中国历史大舞台。司马迁在《史记·东越列传》中，用十分洗练的文笔，记述了闽越国兴衰的历史沿革。几页史册，1256个文字，勾勒出闽越国的社会轮廓和发展轨迹。后来，班固在西汉专史《汉书》中亦撰《西南夷两粤朝鲜传》，其闽粤传部分所记述的文字大体照录《史记》，仅局部略有增删。

闽越王无诸等闽越王族贵胄，系越王句践①的后裔，在战国时期就称王、称君于闽中。秦始皇统一海内，将他们均废为君长，在闽越族的聚居地设立了闽中郡。秦王朝苛政猛于虎，短短十多年的统治，就激起了农民

① 句践，今又作“勾践”，系按越王之名音译的汉字。本书据《史记》《汉书》所载，统一作“句践”。

大起义。陈胜、吴广首先揭竿而起，振臂一呼，天下响应，共伐暴秦。闽越族人民也投入了这汹涌澎湃、席卷九州的起义浪潮中。闽越王无诸等率闽中子弟兵与百越起义军响应鄱阳令吴芮的号召，追随刘邦军攻入武关，直捣咸阳。闽越族战士在这场“朱旗乃举”“革命创制”的轰轰烈烈的反秦斗争中，与中原人民并肩作战，建立了不可磨灭的历史功勋。秦王朝在各族人民的共同讨伐中灭亡了。由于楚霸王项羽在分封各路义军及诸侯时，未封无诸等闽越王族，因此在秦亡之后长达五年的楚汉战争中，无诸等闽越首领又率闽中兵佐汉击楚，为汉王朝的建立贡献了力量。

汉高祖五年（前202年），楚汉战争的硝烟尚未散尽，初登帝位的刘邦封无诸为闽越王，在闽中故地立国。汉高帝刘邦的诏令说：“故粤王亡诸世奉粤祀，秦侵夺其地，使其社稷不得血食。诸侯伐秦，亡诸身帅闽中兵以佐灭秦，项羽废而弗立。今以为闽粤王，王闽中地，勿使失职。”① 于是，无诸成为西汉中央王朝首封的少数民族国王，他带领着自己的部下返回故园，建都“（东）冶”，在满目疮痍、社会生产十分落后的闽越土地上，开始了披荆斩棘、效法中原的新的创业。福建从此揭开了有史记载的社会发展新篇章。

十年后，汉惠帝三年（前192年），汉廷又将曾在灭秦兴汉斗争中有功的闽越族另一位首领摇，封为东海王②，建都于浙南东瓯，故世人亦称东瓯王。自此，闽越族分为二国，一个是闽越国，一个为东瓯国。史书从地理位置上针对南越而言，通常合称二国为东越③。后至汉武帝时期，东瓯国遭受闽越国围攻和逼迫，不得已而内属，迁其民于江淮地区，其领地被闽越国所并。

闽越国虽然在秦始皇平越地设闽中郡之前已是一个独立的实体，但正式得到中原王朝的确认和分封，是在汉高祖五年（前202年）。从这一年起，至汉武帝建元三年（前138年）的半个多世纪，闽越国没有发生重大

① 《汉书·高帝纪》，中华书局点校本，1962年，第53页。古汉语“无”“亡”可通。《史记》写作“无诸”，《汉书》或作“无诸”，或作“亡诸”。

② 因史书缺载，闽越王无诸卒年不详，推测在汉惠帝三年（前192年）封东海王摇之前去世，传位于子。参见本书第四章第二节“闽越国世系”。

③ 《史记》《汉书》中，常并称二国为东越，如《东越列传》。有时也单称东瓯为东越，后因封余善为东越王，亦称闽越为东越，在称呼上没有严格的区分。

的内外战争和天灾人祸，人民得以休养生息，生产得以快速发展。因此，社会经济和文化突飞猛进，国势日益强盛。

在西汉初的半个世纪里，中国南方地区所发生的大事件中，至少有三件事与闽越国有关联。一是吕后去世时，南越王赵佗利用汉朝军队不习岭南水土，对其无可奈何的时机，扩张势力，对闽越一面炫耀武力，以兵威边，一面又送财物以交好，取得了两国的暂时联盟。二为汉文帝时，淮南厉王刘长欲造反，遣使北交匈奴为应，南联闽越为援。后因事败露，刘长在流放中死去，造反之事未果。三是汉景帝前元三年（前 154 年），吴、楚等七国叛乱，吴王刘濞遣使邀闽越和东瓯共同出兵，东瓯加入了七国叛乱的行列，闽越没有参加。后来叛乱失败，东瓯为获利和免罪，杀吴王于丹徒，得到了汉朝廷的宽大处理。吴太子刘子驹为躲避汉朝廷的通缉，逃亡到闽越国，得到闽越的收留和保护。

汉武帝建元三年（前 138 年），闽越王郢在吴太子刘子驹的煽动下，为了争利夺地，发动了进攻东瓯国的战争。战争一开始，强盛的闽越军队就把东瓯围困成铁桶一般。东瓯军民孤立无援，派使者告急于汉朝廷。汉武帝派严助发会稽兵从海上援救东瓯国。闽越得知汉军来救，遂撤兵回国。东瓯为了避闽越国兵锋，向汉朝廷请求举国迁徙内地，在得到朝廷许可后，便举众迁居于江淮之间。东瓯国故地自此被闽越国所并。建元六年，闽越王郢又发动了对南越国的进攻。南越王赵胡不敢擅自发兵抵抗，派使者上书向汉朝廷求救。汉武帝认为南越仁义，守职约，遂调遣两路大军讨伐闽越。一路大军由大行王恢率领，出豫章郡（今江西省境）；另一路大军由大农韩安国率领，出会稽郡（今江苏、浙江省境），准备两面合击闽越。闽越王郢得悉汉军临境，立刻发兵守备险道要隘，以抗拒汉军。战争尚未爆发，闽越王弟“余善乃与相、宗族谋曰：‘王以擅发兵击南越，不请，故天子兵来诛。今汉兵众强，今即幸胜之，后来益多，终灭国而止。今杀王以谢天子。天子听，罢兵，固一国完；不听，乃力战；不胜，即亡入海’”①。余善得到闽越贵族们的支持后，即刺杀了其兄闽越王郢，遣使节将闽越王郢

① 《史记·东越列传》，中华书局点校本，1982 年，第 2981 页。

的首级献于大行王恢，向汉朝廷谢罪。汉武帝遂罢伐越之师。闽越王郢被杀后，朝廷为了羁縻闽越人，封立了不曾参与谋乱的无诸之孙繇君丑为越繇王，继承闽越国王位。但余善杀其王兄后威势日增，权倾朝野，欲自立为王，越繇王无法控制他。汉武帝不愿为此再兴师动武，念其虽与郢共谋乱，但后来杀郢有功，只好再封余善为东越王，与越繇王并处。余善受封后，闽越国从此产生了一国二王的局面，同时原东瓯故地也从此名正言顺地归余善统治。余善几乎控制了整个闽越国。

闽越王国在西汉前期近 70 年的生产积累的基础上，至此实力已达高峰，成为中国东南沿海一支举足轻重的政治势力。闽越的迅速发展壮大，更加深了她与西汉中央政府的矛盾。汉朝大臣严助尖锐地指出：闽越王"又数举兵侵陵百越，并兼邻国，以为暴强，阴计奇策，入燔寻阳楼船，欲招会稽之地，以践句践之迹"①。闽越国的对外扩张和称霸，严重地威胁着西汉王朝东南地区的安全。

此时正值西汉王朝大一统的盛世之巅，历史已不复春秋故事。汉武帝在连岁用兵北方，基本解除匈奴的威胁之后，回首考虑解决南方的两越割据政权。元鼎四年（前 113 年），汉武帝遣使要求南越国内属，比内地诸侯，用汉法。元鼎五年，南越国丞相吕嘉不愿内属汉朝，杀国王、王太后及汉朝使节，揭开了汉越战争的序幕。汉武帝发江南楼船十万之师讨伐南越。东越王余善闻知汉伐南越，即上书汉武帝，愿率八千闽越军助战击南越。但当闽越军进至南越揭阳时，余善借口为海风大浪所阻，按兵不动，骑墙观望，并暗中与南越相通。

直至汉朝大军剪灭南越，击破番禺时，闽越军仍未赶到。于是，汉楼船将军杨仆上书汉武帝，愿率战胜南越之师再击闽越。武帝考虑到军旅劳顿，没有答应，仅令诸校屯兵豫章梅岭待命。

元鼎六年（前 111 年）秋，东越王余善得知汉楼船将军上书请诛闽越，便公开发兵反汉，除派兵据守交通要道外，还遣"吞汉将军"驺力等率兵进攻驻扎在白沙、武林、梅岭的汉军，杀汉军三校尉。当时统兵屯守的汉朝将领大农张成和故山州侯刘齿，不敢迎击闽越军，退回避闽越兵锋，后

① 《汉书·严助传》，中华书局点校本，1962 年，第 2787 页。

均以畏懦罪被朝廷斩首。余善在袭击汉军初胜后，便刻“武帝”玺，自立为帝，并欺骗闽越臣民。面对余善的叛乱，汉武帝决心用武力铲除，于是调遣了四路大军围攻闽越国：一路“横海将军韩说（悦）出句章，浮海从东方往”；一路“楼船将军杨仆出武林”；一路“中尉王温舒出梅岭”；一路“越侯为戈船、下濑将军，出若邪、白沙”①。元封元年（前 110 年）冬，汉朝四路大军进入闽越境，东越王余善发各路兵据险抗击汉军，“使徇北将军守武林，败楼船军数校尉，杀长吏”。此路闽越军先胜后败，“楼船将军率钱唐辕终古斩徇北将军”②，挫闽越军前锋。

就在汉廷四路大军云集闽越国境，大战即将全面展开的关键时刻，曾受汉廷指派劝谕余善的闽越衍侯吴阳，率其邑军队 700 人响应汉军，攻余善驻守汉阳（遗址在今浦城锦城村）的军队。而后又与闽越建成侯敖、繇王居股合谋，计杀东越王余善，率国投降汉军。闽越的叛乱被平定。

汉朝廷以军功对围攻闽越的将领封侯时，也同时封降汉的闽越“繇王居股为东成侯，万户；封建成侯敖为开陵侯；封越衍侯吴阳为北石侯”③；封东越将多军为无锡侯。

这一年，汉武帝以“东越狭多阻，闽越悍，数反覆”为由，“诏军吏皆将其民徙处江淮间。东越地遂虚”④。

福建和浙南地区的闽越族，在秦统一全国以前就已割据一方，称王于世。汉朝初建，高祖即封闽越国，直至汉武帝元封元年（前 110 年）被剪灭，闽越国存世 92 年。福建地区自进入文明时代以来至今的 2000 多年中，地方割据政权首推闽越国统治的时间最长，也最为强盛。在近一个世纪的历史岁月中，闽越国在政治、经济、文化艺术等方面都效法中原内地。勤劳勇敢的闽越族人民，在华夏文化的浸润下，用自己的双手创造了灿烂一时的闽越国文化，谱写了八闽历史文化辉煌的一页。

---

① 《史记·东越列传》，中华书局点校本，1982 年，第 2982—2983 页。《汉书·西南夷两粤朝鲜传》，中华书局点校本，1962 年，第 3862 页。因《汉书》闽粤传大体照录《史记》东越传，除少数特殊情形外，本书后文仅注引《史记》，读者可参阅《汉书》。

② 《史记·东越列传》，中华书局点校本，1982 年，第 2983 页。

③ 《史记·东越列传》，中华书局点校本，1982 年，第 2983 页。

④ 《史记·东越列传》，中华书局点校本，1982 年，第 2984 页。

第二节　闽越国历史文化研究的现状

汉王朝平定了闽越国因余善发起的叛乱之后，汉武帝为了彻底征服强悍好斗的闽越人，消除今后可能存在的隐患，竟采取了皆迁其民虚其地的特别政策，闽越举国之众在汉军的押解下北迁到江淮地区安置。闽越族人民在近一个世纪中所创造的物质文化，均与故园一同倾覆在汉廷军吏点燃的熊熊火海之中①，并且废墟从此湮埋于地下。由于闽越国文化的突然消亡以及在西汉中、后期相当长的一段时间里，福建地区文化的突然断裂，导致后来人们对这段历史文化无从认识，后世史家也很难想象已湮灭的闽越国文明的实况。因此，后世的文献史籍对这段历史的认识和记述，均超不过《史记》《汉书》中真实但十分简短的记录。所以，以地下出土和考古发现的实物为基础，揭示闽越国文明实况，建构闽越国文化史，即为现代考古学和史学工作者应尽的责任。

现代史学对古代闽越历史问题的研究和新认识，是从20世纪30年代开始，并且首先是从有关历史地理问题的探讨拉开序幕的。厦门大学叶国庆于1934年发表了《古闽地考》②，此后又撰《冶不在今福州市辨》③；劳榦的《汉晋闽中建置考》④，日本学者和田清的《关于秦之闽中郡》⑤ 等，都是早期的重要论著。此后，20世纪60年代至80年代，与古闽越有关的历史地理论文中较重要的还有：叶国庆、辛土成的《西汉闽越族的居住地和

① 《史记·东越列传》记载：武帝元封元年（前110年）“皆将其民徙处江淮间。东越地遂虚”。其“皆”字当指全部的意思，“虚”字不仅指人迁走了，还包含着旧地从此沦为废墟的意思。司马迁言简意明。考古发现的闽越城址、宫室均同时火毁的实况，可证汉军焚其故园皆迁其民的史实。而《汉书·西南夷两粤朝鲜传》基本按《史记·东越列传》录，元封元年以后未补一字，足见终西汉时代闽越国故地一直废弃，但这不包括后来设置于浙东南的冶县。

② 叶国庆：《古闽地考》，载《燕京学报》1934年第15期。

③ 叶国庆：《冶不在今福州市辨》，载《禹贡》1936年第6卷第2期。

④ 劳榦：《汉晋闽中建置考》，见《中央研究院历史语言研究所集刊》第五本，商务印书馆，1935年，第53—64页。

⑤ ［日］和田清：《关于秦之闽中郡》，载《东洋史研究》1936年第1卷5号。

社会结构初探》[①]，李祖弼的《闽中疆域考》[②]，魏嵩山的《汉闽越王无诸冶都考》[③]，蒋炳钊的《对闽中郡治及冶都冶县地望的一些看法》[④]，林蔚文的《汉代东越泉山考》[⑤]，林汀水的《也谈冶都的位置》[⑥] 等。这些文章都从不同角度探索了与闽越族有关的历史地理问题。此外，朱维幹在《福建史稿》[⑦] 及庄为玑在《福建历史地理》[⑧] 等书中，也谈及与此有关的一些问题。

研究闽越历史的有关著述有：王新民的《越王句践子孙移闽考》[⑨]，凌纯声的《古代闽越人与台湾土著族》[⑩]，陈可畏的《东越、山越的来源和发展》[⑪]，叶国庆、辛土成的《住居大陆和台湾的古闽越族》[⑫]，蒋炳钊的《东越历史初探》[⑬]，朱维幹、陈元煦的《闽越的建国及北迁》[⑭] 等。另外，陈国强、蒋炳钊、吴绵吉、辛土成合著的《百越民族史》[⑮] 中，对闽越的历史问题也有专述。

---

① 叶国庆、辛土成：《西汉闽越族的居住地和社会结构初探》，载《厦门大学学报》（社会科学版）1963 年第 4 期。

② 李祖弼：《闽中疆域考》，载《厦门大学学报》（哲学社会科学版）1980 年第 1 期。

③ 魏嵩山：《汉闽越王无诸冶都考》，载《厦门大学学报》（哲学社会科学版）1980 年第 3 期。

④ 蒋炳钊：《对闽中郡治及冶都冶县地望的一些看法》，载《厦门大学学报》（哲学社会科学版）1981 年第 3 期。

⑤ 林蔚文：《汉代东越泉山考》，载《地名知识》1984 年第 2 期。

⑥ 林汀水：《也谈冶都的位置》，见《古闽地和古闽越族研究文集》，福建省地名委员会办公室油印本，1986 年。

⑦ 朱维幹：《福建史稿》，福建教育出版社，1985 年。

⑧ 庄为玑：《福建历史地理》，福建省地图编纂委员会油印本，1963 年。

⑨ 王新民：《越王句践子孙移闽考》，载《福建文化》1944 年第 2 卷第 1 期。

⑩ 凌纯声：《古代闽越人与台湾土著族》，见《南方民族史论文集》，中南民族学院民族研究所，1982 年。

⑪ 陈可畏：《东越、山越的来源和发展》，见《历史论丛》第 1 辑，中华书局，1964 年。

⑫ 叶国庆、辛土成：《住居大陆和台湾的古闽越族》，载《厦门大学学报》（哲学社会科学版）1980 年第 4 期。

⑬ 蒋炳钊：《东越历史初探》，见《百越民族史论集》，中国社会科学出版社，1982 年。

⑭ 朱维幹、陈元煦：《闽越的建国及北迁》，见《百越民族史论集》，中国社会科学出版社，1982 年。

⑮ 陈国强、蒋炳钊、吴绵吉等：《百越民族史》，中国社会科学出版社，1988 年。

关于闽越文化的研究则起步较晚，大约始于20世纪60年代以后，此前仅见少数文章涉及，专著则凤毛麟角，如谢道芬的《闽北越王遗迹考》① 等。20世纪60年代以后，陈直的《福建崇安城村汉城遗址时代的推测》②，蒋炳钊的《关于福建崇安汉城的性质和时代的探讨》③，蒋炳钊、吴绵吉、辛土成合著的《百越民族文化》④ 及辛土成的《海峡两岸的古闽越族》⑤，吴春明、林果合著的《闽越国都城考古研究》⑥，都涉及或专述了闽越历史文化中的许多问题。近年来，随着地下考古工作的展开和深入，关于福建古闽越族文化的研究有了长足的发展。

上述这些研究探索闽越文化的著述，对促进和加深学术界对闽越历史文化的认识和研究，打下了一个良好的基础。但是，闽越文化与闽越国文化还是有一定的区别，前者涵括一个民族的全部文化发展史，后者仅限于闽越族在这一特定历史时期所创造的文化。迄今为止，由于对出土文物资料的认识及运用等方面的问题和局限，还没有人撰写有关闽越国的专史，仍然没有完全掀开遮盖在闽越国历史文化上的面纱。笔者曾撰写《闽越国文化》⑦ 一书，对闽越国这一特定历史时期的物质和精神文化，进行全方位、多视角的研究探讨。但在此书出版后的十余年中又有许多重要的考古新发现，因此，系统地研究撰写闽越国史的资料基础和研究成果已经成熟。

笔者撰写《闽越国史》的目的，就是在自己40余年来对闽越国历史遗迹进行发掘、探索的基础之上，以地下发掘出土的实物资料为根据，结合史籍文献中的有关资料，将闽越国时期闽越族人所创造的历史文化，从各个方面尽可能较系统地进行考证和研究。换句话说，笔者将尽力从“地书”中来解析和揭示湮没了2000多年之久的闽越国历史文化。当然，限于笔者的水平和学力，错误和不足之处在所难免。希望本书能起到抛砖引玉的作用，并得到学术界同仁的教正。

---

① 谢道芬：《闽北越王遗迹考》，载《福建文化》1948年第3卷第3、4期合刊。

② 陈直：《福建崇安城村汉城遗址时代的推测》，载《考古》1961年第4期。

③ 蒋炳钊：《关于福建崇安汉城的性质和时代的探讨》，载《厦门大学学报》（哲学社会科学版）1978年第3期。

④ 蒋炳钊、吴绵吉、辛土成：《百越民族文化》，学林出版社，1988年。

⑤ 辛土成：《海峡两岸的古闽越族》，厦门大学出版社，1988年。

⑥ 吴春明、林果：《闽越国都城考古研究》，厦门大学出版社，2001年。

⑦ 杨琮：《闽越国文化》，福建人民出版社，1998年。

第二章　闽越国历史文化的渊源

福建地区闽越族的历史文化源远流长，闽越先民最早可以追溯到数万年前的史前时代。从最早的原始人类，经过从旧石器时代到新石器时代的漫长的演变过程，到了阶级社会的门槛时，开始逐步发展形成了闽越民族。历经夏、商、周的发展阶段，到了战国时期，在越国南撤的王族势力主导下，建立了王国政权。

第一节　福建史前文化

一、旧石器时代

福建第四纪哺乳动物化石绝大多数出自洞穴堆积层中。如果把福建省地域分成东南、西北两大部分的话，那么发育有洞穴的西北部则是第四纪哺乳动物化石的主要分布区；而东南部由于缺少石灰岩分布，洞穴少，因此发现化石较少。除陆地分布外，台湾海峡海底也是化石埋藏十分丰富的区域，因为在第四纪期间，由于末次冰期的影响，台湾海峡曾经成为陆地，在成陆时期，哺乳动物一度在成陆区兴盛。该区又有河流相和湖泊沉积相，故有相当数量的化石出自海底。

福建有较宽阔的海域，台湾海峡在晚更新世晚期阶段曾为陆地，海平面之下至今还依然保留有带状陆相地层，就东山、漳浦、石狮等地渔民从台湾海峡打捞出来的化石来看，其数量是可观的。就目前资料看，出自台湾海峡的哺乳动物化石多达数万件。在石狮、漳浦和东山 3 个海域采集到的标本中，存在大量保存完整的骨骼化石。①

考古发现已揭示出福建与台湾的多处旧石器时代遗存：

（一）**漳州地区**

漳州地区是福建省较早发现旧石器时代遗存的地区。1987 年春东山县博物馆征集到采自海底的一小块化石，是更新世末期至全新世早期的人类右肱骨化石残片。

1990 年 5 月，福建省博物馆（现福建博物院）协同中国科学院古脊椎动物与古人类研究所专家、漳州市文化局共同发掘了漳州北郊莲花池山遗址和竹林山遗址，出土了一批打制石器。②

2005 年，福建博物院考古研究所再次对处于电子工贸园基本建设范围内南侧的莲花池山旧石器遗址进行了抢救性发掘，发掘面积约 600 平方米，出土石制品超过 400 件，说明这里曾经是古人类居住的活动面。③

人骨化石和众多旧石器遗物的发现，证明了漳州地区 1 万年前古人类活动与旧石器文化的存在。

（二）**三明地区**

在三明地区的清流县，考古工作者于 1988 年 5 月调查发现了 1 万年前的古人类牙齿化石，命名为“清流人”牙齿化石，属于更新世晚期，即旧石器时代后期。④

三明地区在 20 世纪末至 21 世纪初，在位于市区西郊的万寿岩山洞中发现了旧石器时代的石器与古动物化石。

---

① 尤玉柱：《东山海域人类遗骨和哺乳动物化石的发现及其学术价值》，载《福建文博》1988 年第 1 期。尤玉柱、董兴仁等：《台湾海峡西部海域哺乳动物化石》，载《古脊椎动物学报》1995 年第 3 期。

② 王振镛：《辛勤耕耘结硕果——福建省博物馆文物考古工作四十年》，见《福建历史文化与博物馆学研究》，福建教育出版社，1993 年，第 6、7 页。

③ 福建博物院编：《21 世纪初福建基建考古重要发现》，福建人民出版社，2009 年，第 3 页，“漳州莲花池山遗址”。

④ 陈国强：《闽台史前考古的发现与展望》，见《福建历史文化与博物馆学研究》，福建教育出版社，1993 年，第 20 页。

万寿岩遗址位于三明市岩前镇岩前村，是一座相对独立的石灰岩山。1999 年 9 月至 2000 年 1 月，福建博物院、三明文物管理委员会、中国科学院古脊椎动物与古人类研究所组成联合考古队，对山上的灵峰洞和山下的船帆洞进行了抢救性考古发掘，发掘面积约 400 平方米。2004 年 4 月至 12 月，为配合该遗址保护工程，又对遗址进行了多学科的考古发掘。在万寿岩的不同高程共发现了四个时期的古人类活动遗迹，共发掘出石制品 800 余件；此外还有少量的骨角器与哺乳动物化石 900 多件。①

2005 年，福建博物院与三明市文物管理委员会组成的联合考古队为配合泉三高速公路建设，对位于永安市贡川镇观成村的黄衣垄遗址进行了两次抢救性考古发掘。遗址分上下两个文化层，共出土旧石器时代的石制品 148 件，被判定为“遗址的相对年代可能为旧石器早期较晚的阶段”②。

（三）南平地区

1994 年，福建省考古队在武夷山市黄泥山调查发现并采集到少量石制品。2000 年 1 月，国家文物局专家组组长黄景略、旧石器时代考古学家张森水、北京大学文博学院王幼平与福建省博物馆的几位研究馆员等，到实地考察、论证，又采集到数件石器。张森水在住所华彩宾馆旁边的黄土层内，也采集到一件打制砾石石器。

黄泥山旧石器地点位于武夷山市角亭村虎山庙南 100 米的二级阶地上，地处武夷山盆地东侧。石器发现于砖瓦厂取土断面的砾石层中。黄泥山采集到的石制品，可分为石核、石片、断块和石器，属于砾石石器系统，推测年代为 3 万至 5 万年。③

另外，在兴田镇城村北部崇阳溪北的山脚，张森水、范雪春等采集到几件旧石器。

---

① 福建博物院编：《21 世纪初福建基建考古重要发现》，福建人民出版社，2009 年，第 6、7 页，“三明万寿岩遗址”。

② 福建博物院编：《21 世纪初福建基建考古重要发现》，福建人民出版社，2009 年，第 1 页，“永安黄衣垄遗址”。

③ 范雪春：《福建旧石器时代考古的重要收获》，载《福建文博》2002 年第 2 期。

（四）龙岩地区

2002年4月，福建省“闽越考古”调查队在长汀县的南山镇、河田镇各发现一处旧石器地点。在位于南山镇大田村谢屋自然村的对门山旧石器地点，晚更新世红土普遍裸露，调查队共采集典型石制品7件，包括石器1件、石片1件、石核3件和断块2件。在河田镇下洋哩村竹子岭自然村的鱼仔山旧石器地点，山坡为晚更新世红土堆积，调查队采集到5件石制品，其中断块3件、石核和刮削器各1件。①

奇和洞遗址位于龙岩地区漳平市东北42公里处，于2008年被考古工作者发现，2009年至2011年4月进行了3次小规模的发掘。在3次发掘中，发现了史前时期及宋代至清代不同时期的文化遗存。其中史前时期文化遗存包括大量石制品、骨制品和陶片，并出土了3个人颅骨和大量哺乳动物骨骼等。根据地层叠压关系及包含物的不同，并结合碳-14年代测定数据推断，奇和洞史前文化堆积可分为三期。碳-14年代测定数据表明，奇和洞第一期遗存的绝对年代距今约1.7万至1.3万年，相当于旧石器时代向新石器时代过渡时期，遗物仅见打制石器，未见磨制石器和陶器。②

（五）宁德地区

2000年5月，福建省考古队在宁德蕉城区霍童镇的芦坪岗和瓦窑岗两地点采集到4件打制石器和少量打制石片。6—7月，考古队对芦坪岗地点进行了试掘，找到了出土石器的原生层位，发掘石制品14件，共计18件。其原料有花岗岩、石英、石英岩和凝灰岩等。其中一部分属河床砾石。石制品可分为石核、石片、断块和石器。生产石片主要为锤击法和砸击法。加工石器均为锤击法。石器以中、大型为主，小型者少数；类型主要以砍砸器和刮削器居多。芦坪岗、瓦窑岗所发现的石制品，除少量从地表采集外，其余出自晚更新世时代地层，为旧石器时代晚期遗存，推测其距今1万至2万年前。③

---

① 范雪春：《福建旧石器时代考古的重要收获》，载《福建文博》2002年第2期。

② 福建博物院、龙岩市文化与出版局：《福建漳平市奇和洞史前遗址发掘简报》，载《考古》2013年第5期。

③ 范雪春：《福建旧石器时代考古的重要收获》，载《福建文博》2002年第2期。

（六）泉州地区

近20多年来，在隶属泉州的晋江、石狮沿海和海岸都发现了晚更新世的哺乳动物化石。20世纪90年代以来在石狮海域打捞出许多哺乳动物化石，种类有熊、狼、鬣狗、虎、古菱齿象、野马、犀、野猪、斑鹿、梅花鹿、达氏麋鹿等。① 2009年，在晋江深沪湾的海滩发现了旧石器时代晚期遗存，因为遗址位于海滩的潮间带，发现时除了采集到哺乳动物化石外，还采集到旧石器时代的石器10余件。② 之后，省、市考古工作者又进行了考古试掘，获得石制品87件和一些哺乳动物化石，化石种类有亚洲象、水牛和鹿科动物等，表明这是一处旧石器时代的重要遗址。

（七）福州地区

福建博物院组织的新店考古队，21世纪初在福州晋安区新店镇发掘汉代遗址时，也发现了旧石器时代的打制石器。③

福建博物院考古研究所2015年以来在平潭岛的考古调查中，先后发现了三处旧石器地点，一处是白云山遗址，一处是五星村遗址，一处是官树下遗址，采集到一些旧石器标本。④

从以上考古发现的实物资料看，距今数万年至1万多年前的福建各个地区都已有古人类活动的遗迹。他们都是闽越族最早的先民。

（八）台湾地区旧石器时代的文化

台湾旧石器时代遗址遗物的发现，最早是长滨文化和“左镇人”头骨。1971年，在台南市左镇区菜寮溪河谷的地层中，发现了犀牛骸骨化石和人类头骨化石。经台湾部分学者研究鉴定，推算了“左镇人”的年代距今2万年到3万年。

1968年至1970年间，台湾大学宋文薰带领的考古队，在台东县长滨乡八仙洞面海的洞穴中，发现了台湾旧石器时代的文化遗存，当时推断年代

---

① 蔡保全：《台湾海峡晚更新世哺乳动物化石与古地理》，载《厦门大学学报》（哲学社会科学版）1999年第4期。

② 范雪春、施良衍等：《晋江深沪湾滩涂发现的旧石器时代晚期遗存》，载《福建文博》2009年第3期。

③ 未经正式报道。

④ 福建博物院、平潭县博物馆：《2015—2017年平潭史前遗址考古调查简报》，载《福建文博》2020年第3期。

距今五万年至五六千年，命名为“长滨文化”。①

关于“左镇人”的年代测定，2015 年台湾博物馆研究团队将原来测定为 2 万至 3 万年的两件标本，又送至美国佛罗里达州的贝塔实验室测定，只测定到距今约 3000 年。因此，“左镇人”头骨化石目前还不能定在旧石器时代。②

长滨文化的洞穴遗址，在发现后的几十年中先后经过两次较大规模的持续发掘，取得了一系列的重大收获，遗址从旧石器时代一直延续到新石器时代。

台湾学者臧振华研究指出：长滨文化年代估计是从距今 2 万至 3 万年一直延续到 5000 余年前。这个文化阶段的遗址，除了八仙洞，在台东郑成功镇的小马洞穴和台湾南端的鹅銮鼻地区都有具体的发现。

这个时候的人类居住在海边的洞穴、岩荫或近海低地隐蔽之处，形成小的游群社会，以渔猎和采集为生，不懂农业生产。他们所使用的器物，以石器、骨角器和贝器为主，没有制造和使用陶器。石器都是用打剥法制造，器形有砍斫器、刮削器和用细质石材所制造的小型石器。骨角器有骨凿、骨针、两头尖器和长条形尖器。贝器则利用螺盖打剥其周缘而成。③

对几万年前长滨文化先民的来源，台湾学术界有两种推论：一是北方南下说，即从大陆南下抵达台湾；一是南方北上说，即由南方的菲律宾、婆罗洲等处北上而来。④ 笔者认为长滨文化先民应当来自中国大陆的东南沿海，他们在台湾生活的年代处于冰河期中最近的“末次冰盛期”，距今约 2.7 万年至 1.8 万年，全球海平面下降 120 米以上，台湾海峡形成陆地，因此大陆福建地区的哺乳类动物与古人类可以穿越海峡来到台湾。在福建各地，先后发现了数万年前旧石器时代的文化遗存⑤；并且在台湾地区发现的

---

① 陈歆怡：《考古台湾：穿越时空的搜寻、解谜与保存》，经典杂志，2017 年，第 27—32 页。

② 陈歆怡：《考古台湾：穿越时空的搜寻、解谜与保存》，经典杂志，2017 年，第 19—24 页。

③ 臧振华：《中国东南海岸史前文化的适应与扩张》，载《考古与文物》1999 年第 3 期。

④ 陈歆怡：《考古台湾：穿越时空的搜寻、解谜与保存》，经典杂志，2017 年，第 33—36 页。

⑤ 福建博物院编：《21 世纪初福建基建考古重要发现》，福建人民出版社，2009 年，第 3 页，“漳州莲花池山遗址”；第 6、7 页，“三明万寿岩遗址”；第 1 页，“永安黄衣垄遗址”。

第四纪哺乳动物种类，在福建地区也都有发现。这就很好地佐证了长滨文化的先民应当是与其他的哺乳类动物群一同穿越了彼时还是陆地的台湾海峡，进入了台湾地区。

台湾渔民曾经在澎湖水域用渔网捞到属于更新世的大型哺乳动物化石，有貉、熊、鬣狗、虎、马、猪、达氏麋鹿、台湾斑鹿、德氏水牛、杨氏水牛及古菱齿象等。它们的年代通过釉系法测定分别为1.1万、1.8万及2.6万年前，证明当时的台湾海峡还是陆地，这些哺乳动物曾经在那里活动和穿越。研究的专家还指出，澎湖动物群中发现了智人股骨以及有人工砍痕的达氏麋鹿角。①

在台湾海峡西侧的东山岛海域也打捞到不少更新世哺乳动物化石，还捞到一件更新世晚期或全新世早期的人类右侧肱骨化石。② 在石狮及漳浦海域近年也发现了不少的哺乳动物化石。③ 这三地发现的更新世的哺乳动物化石种类有：熊、狼、鬣狗、虎、古棱齿象、亚洲象、犀、野马、野猪、轴鹿、水鹿、斑鹿、台湾斑鹿、梅花鹿、达氏麋鹿、水牛、德氏水牛等。以上这些实物资料可以证实台湾的许多更新世哺乳动物和古人类应该来自大陆。

在漳州、三明、龙岩、泉州、南平地区和平潭岛，都先后发现了丰富的更新世哺乳动物化石、一些人骨化石或旧石器时代的打制石器。④ 这些发现都反映了这一时期分布于海峡西岸的古动物与古人类，较容易通过基本是陆地的海峡进入台湾地区。由于目前还受限于技术，海底考古发现具有

① 胡忠恒、陶锡珍：《澎湖群岛动物化石专集》，澎湖县立文化中心，1993年。祁国琴、何传坤：《台湾第四纪澎湖海沟动物群及古地理环境》，载《第四纪研究》1999年第2期。

② 曾五岳：《东山人化石的年代与价值》，载《化石》1989年第2期。

③ 范雪春、王文径等：《福建漳浦海域哺乳动物化石》，载《福建文博》2005年第4期。

④ 尤玉柱：《东山海域人类遗骨和哺乳动物化石的发现及其学术价值》，载《福建文博》1988年第1期。尤玉柱、董兴仁等：《台湾海峡西部海域哺乳动物化石》，载《古脊椎动物学报》1995年第3期。福建博物院编：《21世纪初福建基建考古重要发现》，福建人民出版社，2009年，第3页，“漳州莲花池山遗址”。陈国强：《闽台史前考古的发现与展望》，见《福建历史文化与博物馆学研究》，福建教育出版社，1993年，第20页。福建博物院编：《21世纪初福建基建考古重要发现》，福建人民出版社，2009年，第6、7页，“三明万寿岩遗址”；第1页，“永安黄衣垄遗址”。

偶然性，所以我们期待着今后更多的考古新发现，以逐步弄清古动物、古人类从海峡西岸迁徙至台湾地区的具体年代和线路。

二、新石器时代

（一）新石器时代早期

我国各地区大都是在距今 1 万年前后进入了新石器时代。但各地区并不完全同步，有的较早，有的稍晚。特别是近几十年来，在江西万年仙人洞遗址①、浙江的浦江上山遗址②、福建漳平奇和洞遗址③等地都发掘出了遗存 1 万年以上的陶器，说明了 1 万年只是一个大约的时间分界线。

目前，福建地区发现最早的新石器时代遗存存在于福建漳平奇和洞遗址的第二期文化遗存中，该遗存的绝对年代距今约 1.2 万年至 1 万年，相当于新石器时代早期。④ 遗存中的陶器均为夹粗砂陶，陶胎较厚，烧制火候较低，以红褐陶和褐陶占多数……打制石器的器形较简单，包括砍砸器、刮削器、尖状器等。磨制石器的器形亦较简单。⑤ 根据福建各地区先后发现的旧石器时代遗存来看，福建地区新石器时代早期的遗存应该不止奇和洞一处，只是岩洞的遗址更容易保存。

其次，福州地区也发现了新石器时代早期偏晚的遗址和遗存。目前最早的是马祖亮岛距今约 8300 年至 7400 年的亮岛文化遗址和“亮岛人”的骨骼遗存。⑥ 另外，在闽侯大坪顶遗址发现了距今 7500 年的墓葬遗存⑦，以

---

① 吴瑞等：《江西万年仙人洞遗址出土陶片的科学技术研究》，载《考古》2005 年第 7 期。

② 浙江省文物考古研究所、浦江博物馆：《浦江上山》，文物出版社，2016 年，第 34—147 页。

③ 福建博物院、龙岩市文化与出版局：《福建漳平市奇和洞史前遗址发掘简报》，载《考古》2013 年第 5 期。

④ 福建博物院、龙岩市文化与出版局：《福建漳平市奇和洞史前遗址发掘简报》，载《考古》2013 年第 5 期。

⑤ 福建博物院等：《漳平奇和洞遗址》，科学出版社，2017 年，第 93—129 页。

⑥ 陈仲玉：《马祖亮岛岛尾遗址群第三次发掘报告》，“连江县”（马祖）政府出版，2016 年，第 79 页。陈仲玉、刘绍臣：《马祖列岛自然环境与文化史研究》，“连江县”（马祖）政府出版，2016 年，第 2—4 页。

⑦ 福建省昙石山遗址博物馆：《闽江下游流域史前遗址考古调查与研究》，科学出版社，2018 年，第 334—347 页。

及平潭发现的距今7000年的北厝场祠堂后山遗址①。这三处遗址，在福建地区都能算作十分重要的新石器时代早期后段的遗址。

（二）新石器时代中期

以平潭岛壳丘头遗址②为主的壳丘头文化是福建新石器时代中期的典型代表。这一时期的遗存代表还有位于金门岛的富国墩遗址③。

平潭岛位于福州的东部，是我国的第五大岛，主岛是海坛岛。壳丘头位于海坛岛的西北部，系山丘坡地。壳丘头遗址于1964年被调查发现，1985年福建省博物馆考古队对遗址进行首次科学发掘，之后又进行了复查。据1991年发表的考古简报所述，遗址南北长约65米，东西宽约50米，总面积约3000平方米。

第一次考古发掘从1985年秋至1986年春，由福建省博物馆考古队对遗址进行了近4个月的考古发掘。发掘面积约772平方米。这次考古发掘共清理新石器时代灰坑（贝壳堆积坑）21个、残墓葬1座，出土石器、骨器、玉器、贝器、陶器等新石器时代遗物200余件，以及大量的陶片。④

壳丘头遗址发掘的文化遗物，大致可分为生产工具和生活用具两大类。

在生产工具方面，主要是石器和骨器。石器中打制的或经粗磨的为数不少。器形以小型梯形锛为主，还有少量福建境内过去未曾发现的穿孔石斧、穿孔石刀和石杵、臼等。利用河卵石制作的石球也较多。骨器多利用动物肢骨制作而成，主要有凿、匕、锥、镞等，多数只限于刃部加工，仅少量磨制精细。从总体观察，壳丘头文化遗存的生产工具制作还比较简单，主要是为了实用。

在生活用具方面，主要是陶器，其特点可以概括为：1. 以夹砂陶为主，约占90%，且羼和粗砂及贝屑的较多，泥质陶数量有限，不及10%。2. 陶

① 福建博物院、平潭县博物馆：《2015—2017年平潭史前遗址考古调查简报》，载《福建文博》2020年第3期。

② 福建省博物馆：《福建平潭壳坵头遗址发掘简报》，载《考古》1991年第7期。“壳丘头”原作“壳坵头”，本书统一作“壳丘头”。

③ 林朝棨：《金门富国墩贝冢遗址》，载台湾大学《考古人类学刊》1973年第33、34期合刊。

④ 福建省博物馆：《福建平潭壳坵头遗址发掘简报》，载《考古》1991年第7期。

色杂，红、黄、灰、黑兼而有之，往往同一件器物上，就呈现多种不同之色，说明其烧制水平尚不稳定。3. 其制法多属手制，器物内壁多残留垫窝，胎质厚薄不均。4. 器类简单，以圜底及圈足器为主，主要有釜、罐、盘、豆、碗、壶等。5. 陶器装饰中，以拍印的麻点纹、压印的贝齿纹、戳点纹以及多线平行刻划纹最为典型，也最具特色。

根据第一次考古发掘出土的大批陶器、石器和骨器以及少量贝器、玉器等遗物的分析比较，推断出壳丘头遗址距今6000年至5500年左右①。

上述这些特点所构成的壳丘头文化遗存，同福建境内的昙石山文化相比较，或者同邻近地区的其他新石器时代文化相比较，有着鲜明的特征，因而，以壳丘头遗址为代表的考古学文化被称为“壳丘头类型文化”②。

相隔近20年之后，福建博物院文物考古研究所于2004年在焦天龙博士的指导下，对平潭壳丘头遗址进行了第二次考古发掘。③ 这次考古发掘，在总结了第一次考古发掘经验和成果的基础之上，做了更细致的工作，进行了更精细的发掘和采样分析，在不少方面又有了新发现、新认识、新突破和新成果。

这次考古发掘的目的是通过精细发掘获取准确标本和各种样本。因此，发掘地点就在第一次发掘探方的边部，发掘面积只有12平方米。发掘过程中，除了在不同的层位都采集了用于年代测定的炭样及贝壳外，还提取了各层的土样进行孢粉、植硅石的分析与测试。同时，为了研究当时人们采集贝类动物的方式、种类及其在当时整个经济形态中的地位，还选择了有代表性的地层及遗迹单位，分别采集了所有完整的贝壳，并对贝类不同种属进行了统计分析。

第二次发掘将地层分为5层，1—3层分别为表土层和历史时期扰乱层；第4层为史前时代壳丘头文化堆积层；第5层为生土层（晚更新世红黄沙土层）。发掘人员在地层中发现了一些新石器时代的灰坑和个别柱洞，出土了一批遗物，有石器、陶片、海生贝壳和陆生动物遗骨等。文化遗物中石

① 福建省博物馆：《福建平潭壳坵头遗址发掘简报》，载《考古》1991年第7期。
② 福建省博物馆：《福建平潭壳坵头遗址发掘简报》，载《考古》1991年第7期。
③ 福建博物院：《2004年平潭壳丘头遗址发掘报告》，载《福建文博》2009年第1期。

制品共81件（片）。

2004年这次发掘，在壳丘头遗址中采集了5个木炭和3个贝壳标本，送至北京大学文博学院进行加速器质谱（AMS）碳-14测定，这8个标本的校正年代范围是在距今6500年至5500年间。①

参照上述20余年来反复进行的相对年代比对，以及后来多次不同遗物标本的测年数据，把壳丘头遗址以及体现出的壳丘头文化早晚年代，确定在距今6500年至5500年的时间段内。这样壳丘头文化的上限就比较接近亮岛文化二期（亮岛岛尾Ⅱ遗址）的年代下限，把福建沿海地区新石器时代早期后段和中期的脉络连接起来了。

（三）新石器时代晚期

在福建沿海地区及闽江下游，紧接壳丘头文化之后的新石器时代文化还有昙石山文化。昙石山文化因最早发现于闽侯昙石山遗址而得名。② 福建闽江下游及沿海地区如闽侯的庄边山遗址下层遗存③、白沙镇溪头遗址下层遗存④，福清的东张遗址下层遗存⑤等，也属于昙石山文化的新石器时代遗址。这几处典型遗址都经过科学发掘，并分别出土了大批具有鲜明地方特色的陶器、石器、骨器、贝器、玉器等器物。在昙石山、庄边山、溪头遗址中，共发现了100多座当地原始先民的墓葬；在昙石山遗址中还发现了多座烧制日用陶器的窑炉；在东张遗址中发现了原始先民居住的房屋遗迹；同时，在这几处遗址中都发现了很多灰坑遗迹。这些出土的遗迹和遗物，反映出当时福建地区的原始先民生活和劳动等相关社会活动的历史实况。

---

① 福建博物院：《2004年平潭壳丘头遗址发掘报告》，载《福建文博》2009年第1期。

② 福建省博物馆：《闽侯昙石山遗址第六次发掘报告》，载《考古学报》1976年第1期。

③ 福建省文物管理委员会：《闽侯庄边山新石器时代遗址试掘简报》，载《考古》1961年第1期。福建省博物馆：《闽侯庄边山遗址82—83年考古发掘简报》，载《福建文博》1984年第2期。

④ 福建省博物馆：《福建闽侯白沙溪头新石器时代遗址第一次发掘简报》，载《考古》1980年第4期；《闽侯溪头遗址第二次发掘报告》，载《考古学报》1984年第4期。

⑤ 厦门大学人类博物馆：《福清县东张镇白豸寺新石器时代遗址第11—39探方发掘报告》，《厦门大学学报》（社会科学版）1959年第1期。福建省文物管理委员会：《福建福清东张新石器时代遗址发掘报告》，载《考古》1965年第2期。

壳丘头文化与昙石山文化一脉相承，又与其他地区的古文化有所区别。这说明它们都是土生土长的福建土著先民所创造的史前古文化的一部分，即闽越族先民所创造的古代文化，也是闽越文化的一支源流。

位于福建西北部及闽江上游地区的新石器时代的文化面貌，与东南沿海及闽江下游的昙石山文化既有相似的方面，又有不同的特点。目前除闽西北调查发现的一些新石器时代遗址、遗存外，在浦城的牛鼻山遗址还发掘出 15 座新石器时代的墓葬，出土了一批陶器、石器等随葬品。① 牛鼻山遗存是有别于昙石山文化的另一种福建西北部地区的原始文化，被命名为“牛鼻山文化”。② 由于闽北地区的考古工作有待于进一步开展，对牛鼻山文化的来龙去脉还需要更多的考古新发现来完善与说明。随着科学发掘的资料不断积累，早于或晚于牛鼻山文化的遗存都会被逐步发现和命名，从而像闽江下游地区一样建立起史前文化的发展序列。

另外，在武夷山市（原崇安县）西郊村的葫芦山遗址中，也发现了新石器时代的文化遗存和受破坏的墓葬，目前这些资料尚待整理研究。③ 浦城仙阳管九村社公岗二号墩下层的早期墓葬，从器形方面结合碳-14 测年（距今 4600 年），不排除可以追溯到新石器时代的末期。④ 闽江上游地区这类与下游昙石山文化有一定差异的新石器时代的文化遗存，也是闽越族先民所创造的古文化的一部分，亦属闽越文化的源流之一。

龙头山遗址位于福建省浦城县南浦街道解放村，于 1987 年第二次全国文物普查中发现。2018 年 7 月，考古工作者对遗址进行全面复查与钻探，在山顶和东南山上发现了较厚的文化堆积。经报批，厦门大学历史系、福建博物院文物考古研究所等单位组成联合考古队，于 2018 年秋至 2020 年冬对遗址开展两次考古发掘。发掘面积近 900 平方米，清理新石器时代至明

① 林聿亮、郑辉：《浦城党溪牛鼻山新石器时代遗址的发掘》，载《福建文博》1990 年第 1 期。

② 林聿亮、郑辉：《浦城党溪牛鼻山新石器时代遗址的发掘》，载《福建文博》1990 年第 1 期。

③ 笔者为葫芦山遗址考古发掘的参加者之一，这批资料尚未整理发表。

④ 福建博物院、福建闽越王城博物馆：《福建浦城县管九村土墩墓群》，载《考古》2007 年第 7 期。

清民国墓葬 50 余座，及新石器时代至商周时期的遗址、房址、灰坑、灰沟、柱洞等遗迹，出土文物 700 余件（组）。①

龙头山遗址第 5 层年代约属新石器时代晚期。新石器时代晚期窑址 Y1 整体呈长条状，通长约 4.9 米，由窑室、火道、火膛组成。火道位于窑室以东，为中间存分焰柱的双火道。火膛位于火道以东，平面形状不规则。火膛外东南部有一陶片密集区域，可辨器形以鼎为主，大多拍印麻点纹。从相关遗迹中出土陶片的特征分析，推测其年代属于新石器时代晚期。现已测得一个 Y1 出土炭样的年代数据，为距今 4581 年至 4418 年。

在该遗址中发掘了新石器时代晚期墓葬 10 余座。新石器时代晚期墓葬在山顶至南部山腰连续分布，山顶所见墓葬排布具有一定规律，以 M15、M61 和 M64 一排墓葬规格最高。

M15 西南部被秦汉时期 M60 打破，该墓出土随葬品 37 件，包括玉钺、锥形器、曲面玉片、管、珠，石钺、锛、镞，陶罐、豆、壶等。此外，在墓底西南部发现一石塑图像，系用河卵石子堆塑而成，平面形似动物图案，因西部残缺无法确定动物种类。

M61 西距 M15 约 1.2 米，出土随葬品 38 件，包括玉锛、锥形器、玦、环、珠，石锛、镞、矛、砺石，陶罐、豆、壶、盉、鬶和纺轮等。在墓底西侧偏北清理出组石塑图像，与 M15 内的石塑图像拼砌方式相似，图案形似动物。

M64 东距 M15 约 0.8 米，南部被 M60 打破。出土随葬品 16 件，包含玉钺、锥形器、珠，石锛，陶罐、壶、鬶和纺轮。在墓底见相对零散的小石子 1 组。

龙头山遗址所见的这些新石器时代晚期墓葬的文化内涵都大致相同，墓葬之间的年代差距虽然不大，仍存在进一步分期的可能。从目前所获的碳-14 测年数据分析，墓地绝对年代大致处于距今 4500 年至 4100 年。

龙头山遗址所见新石器时代晚期窑址及相关灰沟、灰坑遗迹，所归属

① 付琳、黄运明等：《福建浦城龙头山遗址发现新石器时代、夏商周、秦汉三叠层》，载《中国文物报》2021 年 12 月 24 日。

的文化类型以往在浦城牛鼻山遗址上层和张家园遗址也有所见，此类遗存是了解东南山地几何形印纹陶起源的重要突破口。出陶窑形制近乎龙窑，虽然在选址及规模上较为原始，但相比于此前在武夷山的葫芦山遗址和浦城的马道坪遗址所见的距今5000年左右的葫芦形或圆形窑已有显著进步，证明本地在东亚古代窑业发展史上占据的先进地位具有深刻的史前基础。

综上所述，龙头山遗址的新石器时代晚期墓葬与好川文化①关系密切，但又具有明显的区域特征，山顶大墓规格之高、形制之特殊、随葬玉石器之数量及精美程度均为以往福建史前考古所罕见，为认识史前时期东南山地文化与周边文化的交往路径提供了重要线索。墓葬中出土的有段石锛、陶盉、壶等遗物，与东南沿海地区的同期文化亦存在着重要的关联。

在新石器时代晚期窑址及相关遗迹中也发现了闽北地区年代最早的黍，为此类北方作物的南传线路补充了关键性的节点资料。②

龙头山遗址的考古发现，对于揭示闽北地区新石器时代晚期文化面貌有一定的开拓意义。

创造了闽江上、下游原始文化的闽越先民，其社会形态尚处于父系社会的氏族部落阶段。在昙石山文化的墓葬中，除了单人埋葬外，还出现了男女合葬的现象。在墓穴中，男性仰身直肢，女性侧身屈膝朝向男性，反映出男尊女卑的社会意识，证明父权制已经确立。当时，闽越民族及闽越文化尚未形成，但这些先民及其所创造的古文化，已经奠定了闽越族及其文化的根基。

根据考古发现的资料，可推知当时闽越先民的物质文化状况和社会生活水平。

1. 有了一定的原始农业。在遗址中出土的石斧、石锛、石镰、石刀、贝耜、蚌刀等都是农业生产工具。在一些遗址里或陶器上发现稻谷壳印遗

---

① 好川文化以浙江省遂昌县好川墓地命名，主要分布于浙西南仙霞岭山地直至瓯江口的新石器时代末期，包括遂昌好川遗址、江山山崖尾遗址、温州曹湾山遗址等，年代距今4300年左右。

② 付琳、黄运明等：《福建浦城龙头山遗址发现新石器时代、夏商周、秦汉三叠层》，载《中国文物报》2021年12月24日。

迹，证明了水稻的生产种植。

2. 有较发展的渔、猎业。在遗址中发现不少陶网坠等用于捕鱼的网具，还发现有鳖骨以及大量堆积的贝类壳，系人们食用后的丢弃物。遗址中出土的式样众多的石箭镞和骨制箭镞，系人们用于狩猎的重要武器。在昙石山遗址中，发现了各种动物的骨骼，如豪猪、棕熊、虎、犀、叶猴、水鹿、梅花鹿、印度象等。这些都是当时人们猎获食用的野生动物。

3. 已有了家畜驯养。在昙石山遗址中出土有猪、狗、牛等动物的骨骼，这些都是人类最早驯养的动物。

4. 有了较发展的制陶业和纺织、缝纫业。在这时的文化遗址中，通常都出土有大量的、各式各样的日用陶器皿及一些陶拍等制陶工具。同时，在遗址中还发现了不少陶窑炉。当时的制陶手工器具中已采用了陶轮。轮制技术的应用，既提高了生产效率，制作出的陶器厚薄也较均匀，器形较规整美观。在遗址中出土有各种式样的陶纺轮，还出土了骨针等器具，证明了当时的纺织和缝纫手工业有了一定的发展。

5. 已经有了比较固定的住房。房屋建筑一般为圆形或方形，大概是茅屋，墙体为木骨泥墙，使用了草抹泥和石块为材料。在住房内外，还发现有炊事用的灶和取暖用的火塘。

当时闽越先民的居住地大都是选择在河流两岸的高地或小山丘上，背山面水，周围土地肥沃、丛林密布，既便于种植耕作，也便于狩猎、渔捞和采集自然作物。从遗址面积并不太小，文化层堆积较厚以及居址、窑址、墓地相对比较集中的情况来看，当时人们已过着相对稳定的定居生活，形成了一定规模的氏族部落或村落。①

闽越先民创造的古文化是后来闽越社会文化中一脉相承的基本元素。

三、南岛语族与闽越族的关系

关于新石器时代早期从福建沿海迁徙至台湾的先民问题，以往的考古

① 曾凡：《从考古发现谈福建史前社会的发展问题》，见《福建历史文化与博物馆学研究》，福建教育出版社，1993 年，第 52—60 页。

研究主要是针对海峡两岸新石器时代的壳丘头文化类型、富国墩文化类型和大坌坑文化的关系，只能着眼于年代较早的两岸三处原始文化遗存。① 近年来，亮岛人和亮岛文化的发现与研究，填补了福建沿海新石器时代早期文化的空白，也让福建地区的闽越先民迁徙、扩散至台湾的证据链清晰了起来。

亮岛是位于马祖列岛北部的一个小岛，马祖列岛离闽江入海口不远。台湾“中研院”历史语言研究所陈仲玉研究员主持的马祖亮岛考古队，于2011年9月及12月两次进行马祖亮岛岛尾遗址调查和试掘。9月首先发现了亮岛岛尾Ⅰ（号）遗址，12月又在亮岛岛尾Ⅰ（号）遗址的东北方约150米处发现了亮岛岛尾Ⅱ（号）遗址以及其他2处遗址，研究团队将这4处遗址合称为“亮岛岛尾遗址群”。2012年7月、11月考古队对亮岛岛尾Ⅰ（号）遗址和亮岛岛尾Ⅱ（号）遗址又进行了第二期的发掘及研究。② 在亮岛岛尾遗址第一次考古调查中，就在地表和地层中采集了不少贝类样本，送往台湾大学贵重仪器实验中心进行碳-14年代测定，亮岛岛尾Ⅰ（号）遗址的年代综合了多个碳-14检测结果，显示年代大约在距今8300年至7400年之间；亮岛岛尾Ⅱ（号）遗址的年代大约为距今7600年至7400年之间。

亮岛文化是近年来中国东南沿海新发现的最早的史前文化类型，有着多方面的重要意义。而在亮岛文化中，“亮岛人”的发现具有十分重要的学术价值。

在亮岛岛尾Ⅰ（号）遗址中发现一座墓葬（编号M01），取得相当完整的全副人类骨骸，命名为“亮岛人”Ⅰ号。之后，又发现一座墓葬（编号M02），出土了“亮岛人”Ⅱ号。两具人骨标本送至美国进行放射性碳素测

① 张光直：《新石器时代的台湾海峡》，载《考古》1989年第6期。臧振华：《中国东南海岸史前文化的适应与扩张》，载《考古与文物》1999年第3期。焦天龙、范雪春、罗莱：《壳丘头遗址与台湾海峡早期新石器时代文化》，载《福建文博》2009年第2期。

② 陈仲玉、刘绍臣：《马祖列岛自然环境与文化史研究》，“连江县”（马祖）政府出版，2016年。陈仲玉：《马祖亮岛岛尾遗址群第三次发掘报告》，“连江县”（马祖）政府出版，2016年，第6、7页。

年分析，测出“亮岛人”Ⅰ号的年代是距今 7380±40 年，经校正后是距今 8320 年至 8160 年；而“亮岛人”Ⅱ号年代是距今 6490±30 年，经校正后是距今 7590 年至 7560 年，晚六七百年。

“亮岛人”Ⅰ号为屈肢葬。仅少数部位因受扰破损或年久腐朽。肋骨、胸骨、胸腰椎骨有局部腐朽，颈椎破损状况较为严重。整体来说保存情况尚属良好，遗留部位约有 70%；头骨、牙齿、四肢骨骨质良好，头骨破损较为严重，头部向北方，身体侧卧而四肢屈折。人骨坐骨大切迹窄深、头骨与四肢骨的整体表现较为粗壮，均为男性个体的普遍特征。根据上述骨骼形态特征判定应为男性个体。再从上、下颚第三大臼齿均冒出，臼齿磨耗，骨骺均已愈合，头顶骨矢状缝合线，四肢的长度均已达到成年人个体的尺寸，整体判断该骨骸为死亡年龄大约 30 岁的成年个体。

“亮岛人”Ⅱ号骨骸为仰身直肢葬。经碳-14 年代测定为距今 6490±30 年，校正年代为距今 7590 年至 7560 年，与“亮岛人”Ⅰ号相差约 600 年。“亮岛人”Ⅱ号骨骸整体保存 85%—90%，因埋藏于贝丘之中而骨殖保存情况良好。遗骸整体为正东西方向，头部朝向正东，颜面偏向右侧（北）。按人骨坐骨大切迹的宽度，以及 DNA 的检测判断是女性。按头盖骨冠状缝合线及牙齿磨耗情况，推测为 30 岁左右成年个体。身高推算约 165—169 厘米左右，属于中等偏高个体。

根据 DNA 检测，“亮岛人”Ⅰ号和“亮岛人”Ⅱ号分属不同的族群。但均为现代台湾某些先民与东南亚若干岛屿族群共有的母系遗传血缘，而罕见于现代的中国大陆东南地区的族群。换言之，“亮岛人”的粒腺体 DNA 至少证实了：古代的亚洲大陆东南地区确实存在着与原来居住在台湾岛上的先民有相同母系血缘的人种。因此，主持发掘和研究的学者认为：或可将“亮岛人”称为“原南岛语族”或“先南岛语族”。① 其年代更早于语言学家推论南岛语族分化的时间点——距今约 6000 年至 5000 年之时。因

① 陈仲玉、刘绍臣：《马祖列岛自然环境与文化史研究》，“连江县”（马祖）政府出版，2016 年，第 74—76 页。

为这些新发现，南岛语族向海外扩张的年代或许可以向前推至距今8000年至7000年之时。在地理位置上，马祖列岛中的亮岛是紧靠大陆东南地区，位于福州的出海口。因此，可以推断这一地区就是原南岛语族的祖居地或祖居地之一。而“亮岛人”Ⅰ号和“亮岛人”Ⅱ号，也是目前亚洲大陆东南沿海一带DNA序列保存最完整、且年代较早的两个重要资料，为亚洲大陆东南沿海一带早期人群的迁徙与扩散问题研究，提供了重要的实物资料。笔者认为“亮岛人”应该是台湾岛史前先民的来源之一。

目前所知台湾岛上最早的新石器时代的文化是大坌坑文化，大坌坑文化距今6000年至5000年。由于大坌坑文化晚于亮岛文化较多（晚了约2000年），虽然大坌坑文化中的打制石器以及陶器上的刻划纹和贝齿压印纹等都可能是来自亮岛文化的传统，但目前还难以看出两种文化的直接关系。笔者推测台湾岛西部还应有早于大坌坑文化的新石器时代早期文化，有待于今后的考古发现来填补这一环节。

四、新石器中期福建沿海文化对台湾的影响

以往学术界大都把平潭岛的壳丘头文化定为海峡西岸的新石器早期文化，近年来由于不断产生考古新发现，这种分期认识需要重新来界定。

壳丘头遗址的发掘前已述及，通过几组年代数据的综合研究，可以确定壳丘头文化的年代在距今6500年至5500年间。①

早在壳丘头文化发现之前，林朝棨和张光直在金门的富国墩发现了“富国墩文化类型”。② 张光直当时指出：台湾海峡区域最早的新石器时代的文化，即有陶器和可能有农业的文化，迄今所知的，是福建的富国墩文化和台湾的大坌坑文化。两者可能是同一文化的两个类型，都存在于公元前5000年到公元前2500年前后，与台南海进期与全新世气候高潮相重叠，但它们的早期形式在海峡地区应该在公元前5000年以前即已存在。③

① 福建博物院：《2004年平潭壳丘头遗址发掘报告》，载《福建文博》2009年第1期。
② 林朝棨：《金门富国墩贝冢遗址》，载台湾大学《考古人类学刊》1973年第33、34期合刊。
③ 张光直：《新石器时代的台湾海峡》，载《考古》1979年第3期。

当时张光直已经比较和判断出平潭和闽侯等年代接近的遗址，他指出了其主要遗址在海峡西岸有五处，即（自北向南）闽侯白沙溪头，平潭岛（敖东南厝场、北厝祠堂后、南垅壳丘头），金门富国墩，潮安陈桥和海丰西沙坑；在海峡东岸遗址较多，已经较详细报道的有台北大坌坑、台南六甲村和高雄凤鼻头。富国墩、大坌坑文化是海岸文化，他们利用各种水陆资源来生活及劳作，因而其生产方式是混合性的：农业、狩猎、捞鱼、捞贝；渔猎的对象包括海产的与陆生的动物鱼蚌。他们的农作物可能以芋薯为主。这个文化中表现生产方式最显著的特征反映在它的陶器纹饰上。大坌坑文化陶器的纹饰以各种绳纹为主，表示绳索在这个文化中的显著地位。绳索是植物纤维做的，大坌坑文化遗址（圆山下层）中曾出土过打树皮布用的石棒的碎片，表示树皮纤维是大坌坑文化纤维的一个来源。富国墩文化中陶器最为显著的纹饰是各种贝印纹与贝划纹，所用的贝壳以血蚶（大的是 *Anadara granosa*，小的是 *Anadara ehrenbergi*）为主。陶器上贝纹的普遍表示采贝活动在富国墩文化中的重要性。富国墩文化中也有绳纹，台湾六甲村的大坌坑文化中也有贝纹，张光直认为这两个文化是一个文化的两个地方相，与各自生产方式中强调植物与强调海贝有关。① 后来，平潭壳丘头遗址的考古发掘以更为丰富的出土资料证明了这个认识。② 笔者认为平潭壳丘头遗址和金门富国墩遗址文化面貌非常近似，有可能是同一文化或一种文化的两个地方类型（地方相）。这个原始文化与台湾的大坌坑文化有许多相类之处，应该联系比较密切。这些都反映出到了新石器时代中期，福建沿海先民继续渡海迁台的文化传播现象。壳丘头文化中普遍的夹砂陶器，陶器上的涂红彩、刻划纹饰以及贝齿压印纹样，打制石器的传承等，都是来自亮岛文化。由于两个文化还有一千多年的时间差距，缺少承前启后的中间文化环节，值得今后进一步研究，望有考古新发现来填补缺环。

---

① 张光直：《新石器时代的台湾海峡》，载《考古》1979 年第 3 期。

② 福建省博物馆：《福建平潭壳坵头遗址发掘简报》，载《考古》1991 年第 7 期。福建博物院：《2004 年平潭壳丘头遗址发掘报告》，载《福建文博》2009 年第 1 期。

五、新石器晚期大陆沿海与台湾的文化联系

新石器时代晚期，海峡西岸的典型原始文化是福建最早发现的昙石山文化。① 昙石山遗址自 1954 年发现以来至今已历 10 余次考古发掘，该处遗址已发掘殆尽。② 在福清的东张遗址③，闽侯的白沙溪头遗址④、庄边山遗址⑤等，都发现和发掘出了相同于昙石山文化的遗址。关于昙石山文化的年代，以往的认识虽然有一些出入，但现在根据众多测定数据基本可以界定在距今 5000 年至 4300 年之间。⑥

这时期在海峡东岸的台湾发现了与昙石山文化年代相当的凤鼻头文化。台湾西海岸在大坌坑文化以后出现了一系列的新的考古文化，推测它们出现的时代是公元前 3000 年至公元前 2500 年左右，与昙石山文化的时代相当。

在台湾，史前考古学文化主要分为两组。其一是北部台北盆地的圆山文化，以素面、彩刷和圆圈印纹陶器，有段石大锛、有肩石斧、巴图形石斧以及玉器为特征。⑦ 从海峡新石器时代整个文化史的角度来看，台湾西海岸大坌坑文化以后更重要的新石器时代文化是中、南部海岸的一组，以细

---

① 华东文物工作队福建组、福建省文物管理委员会：《闽侯昙石山新石器时代遗址探掘报告》，载《考古学报》1955 年第 2 期。

② 福建博物院、福建省昙石山遗址博物馆编：《昙石山遗址：福建省昙石山遗址 1954—2004 年发掘报告》，海峡书局，2015 年，第 8—11 页。

③ 福建省文物管理委员会：《福建福清东张新石器时代遗址发掘报告》，载《考古》1965 年第 2 期。厦门大学人类博物馆：《福清县东张镇白豸寺新石器时代遗址第 11—39 探方发掘报告》，载《厦门大学学报》（社会科学版）1959 年第 1 期。

④ 福建省博物馆：《闽侯白沙溪头新石器遗址第一次发掘简报》，载《考古》1980 年第 4 期；《闽侯溪头遗址第二次发掘报告》，载《考古学报》1984 年第 4 期。

⑤ 福建省文物管理委员会：《闽侯庄边山新石器时代遗址试掘简报》，载《考古》1961 年第 1 期。福建省博物馆：《闽侯庄边山遗址发掘报告》，载《考古学报》1998 年第 2 期。

⑥ 林公务：《福建沿海新石器时代文化综述》，载《福建文博》2005 年第 4 期。福建博物院、福建省昙石山遗址博物馆编：《昙石山遗址：福建省昙石山遗址 1954—2004 年发掘报告》，海峡书局，2015 年，第 125 页。

⑦ 宋文薰：《由考古学看台湾》，见陈奇禄等《中国的台湾》，“中央”文物供应社，1980 年，第 115—126 页。

绳纹红陶为显著特征。这组文化，有人将中部的叫作牛骂头文化，南部的叫作牛稠子文化、鹅銮鼻文化，或垦丁文化[①]。但从陶器和石器看来，在中、南部以及澎湖群岛的表现形态都相当一致，因此，张光直认为可以合并称之为“凤鼻头文化”。凤鼻头文化分为二期，早期以细绳纹红陶为特征，晚期以印绳纹、条纹与刻划纹的灰陶与红陶为特征。比起大坌坑文化，凤鼻头文化有很显著的改变与进步。其中之一表现为石器中用于农耕的工具大量地出现，包括斧、锄和镰等。[②]

福建闽侯的昙石山文化与台湾的圆山文化、凤鼻头文化等，都有一些相似的文化因素，如普遍的绳纹陶器、典型的彩绘陶器等。昙石山文化中的绳纹印纹陶器、黑陶和彩陶等文化因素在圆山文化中都有体现。在台湾西南海岸的凤鼻头文化的诸遗址中，以高雄林园乡凤鼻头遗址为代表。在台南发现和发掘了南科遗址群，遗址、墓地众多，范围和面积都很大，年代测定为距今5000年至4200年间，还属于大坌坑文化后期阶段。[③] 而台东县卑南乡发现和发掘的卑南文化的史前遗址、墓葬群，是在进入金属器时代之后的遗存，不在本书讨论的范畴。

除了福州地区的昙石山文化外，闽南沿海的大帽山文化等新石器时代晚期文化，遗址中有许多石器原料采自澎湖岛，因此也证明了与台湾岛的新石器时代文化有一定的交流和影响。[④] 海峡两岸原始先民的生活方式基本相同，都有相对固定的聚落，农业耕种、渔猎在经济生活中占有很大的比重。

从上述台湾海峡两岸所发现的自旧石器时代到新石器时代早、中、晚期的历史文化遗存来进行比较研究，认为台湾岛上的晚更新世哺乳类动物群和古人类都是来自大陆东南沿海。多数台湾学者认为这是由于在冰期的

① 宋文薰：《由考古学看台湾》，见陈奇禄等《中国的台湾》，“中央”文物供应社，1980年，第115—126页。李光周：《鹅銮鼻公园考古调查报告》，台湾大学人类学系出版，1983年，第42页。

② 张光直：《新石器时代的台湾海峡》，载《考古》1979年第3期。

③ 陈歆怡：《考古台湾：穿越时空的搜寻、解谜与保存》，经典杂志，2017年，第51—64页。

④ 焦天龙：《福建沿海新石器时代经济形态的变迁及意义》，载《福建文博》2009年增刊。

地质环境下，因为海退使海峡成为了陆地，晚更新世的古人类为跟随和追逐动物群而到达了台湾。[①] 从目前掌握的资料来看，这种说法是有一定道理的。台湾海峡之间以及两岸打捞和发掘出的大批哺乳动物化石、零星人骨化石都证明了这种观点。福建发现较多的旧石器时代遗址、遗物和发现的旧石器时代遗存，也符合这一发展脉络。

到了新石器时代的早期，大陆东南沿海特别是福建地区（马祖岛）的亮岛人和亮岛文化，也被认定为台湾岛上史前时代居民的来源。也就是说亮岛人有一部分迁徙到台湾岛上了（DNA 的测定证明了亮岛人与台湾先住民的遗传关系）。另外，亮岛文化中陶器的贝齿纹、绳纹和彩绘纹等文化因素，在台湾的大坌坑文化中也有继承，在平潭的壳丘头文化及金门富国墩文化类型中都有它的影子。当然，无论海峡西岸的壳丘头文化还是海峡东岸的大坌坑文化，都没有直接接续上亮岛文化。这是因为它们在年代上差距较大，中间仍有缺环，但是早晚间接的继承关系还是可见的。分子生物学科的进步，让 DNA 鉴定接续上他们的关系，证明了福建地区（马祖岛）的亮岛人群是台湾新石器时代早、中期先民的来源之一。

在新石器时代的中期，台湾海峡两岸的关系以及福建沿海史前文化对台湾史前文化的影响更为显见。海峡西岸的壳丘头文化、富国墩文化类型与海峡东岸的大坌坑文化关系密切，有很多相近的文化因素。张光直甚至认为海峡西岸的富国墩文化与海峡东岸的大坌坑文化应当是一个文化的两个地方相[②]，并指出它们都是海岸文化，显示在陶器纹饰中最显著的特征是：大坌坑文化陶器的纹饰以各种绳纹为主，还有贝齿纹，这些也都是壳丘头文化、富国墩文化类型的特点。虽然这一时期的海平面逐步升高，但是从新石器时代中期两岸史前文化的密切关系来看，应该还有福建沿海的先民继续向台湾岛迁徙的情况。

---

① 胡忠恒、陶锡珍：《澎湖群岛动物化石专集》，澎湖县立文化中心，1993 年。祁国琴、何传坤：《台湾第四纪澎湖海沟动物群及古地理环境》，载《第四纪研究》1999 年第 2 期。

② 张光直：《新石器时代的台湾海峡》，载《考古》1979 年第 3 期。笔者认为壳丘头文化和富国墩文化类型有可能是一种文化的两个地方类型，而富国墩文化类型与大坌坑文化之间的关系尚有待探讨。

从南岛语族在史前时代不断向东南方向迁徙来的现象来看，这个适应于滨海生活的海洋文化族群不断地分化和迁徙，这也是不断寻求新领地和自然资源的生活方式。从台湾海峡两岸原始文化发展的脉络分析，自旧石器时代以来，应该是海峡西岸的先民向东岸的台湾迁徙。这种迁徙并非一次性的，而是随着社会的发展和人口的增加，在不同的历史时期不断地迁徙，在台湾地区也是随着人口的发展不断向南太平洋岛屿迁徙和扩散。

第二节　福建夏商周时期闽越文化史

一、夏代闽越族文化的形成

关于什么是夏文化，夏都在哪里，考古学界仍在探索和论证中。这是因为至今未发现夏代出现过文字，目前我国所发现的最早的文字还只是商代的甲骨文。现在考古学界的主流还是比较倾向二里头的下层文化即是夏文化。

对于距离中原非常偏远的福建沿海地区来说，虽然也会受到中原文化或多或少的辐射，但是肯定不会存在与中原地区完全相同的夏文化。由于我们撰写这段历史时，是把福建历史纳入整个中国历史的框架中来叙述的，所以，我们把福建地区距今4000年至3500年这段时间作为夏代历史的时空范畴来看待。换一种说法就是：福建地区新石器时代晚期之后到商代之前的历史文化，我们把它框定在夏代范围。

在福建考古学界，不少研究者都把这段历史定为新石器时代末期。① 因为他们考虑到这一时期的生产工具仍然是磨制石器，兵器也是磨制的石戈、石矛和石镞等，尚未明确发现青铜器的使用。笔者认为这是有道理的。但是我们应该把福建地区的历史置于中国大历史的背景下来把握。因此，在本书中笔者把距今4000年到3500年间的历史时期框定在夏朝之中。当然，

① 林公务：《福建境内史前文化的基本特点及区系类型》，见《福建历史文化与博物馆学研究》，福建教育出版社，1993年，第76页。

这也只是大约的时段，无法与中原王朝的更迭准确对等。客观地讲，这一时期中原内地的早期青铜文化虽然对福建地区有微弱的影响，但福建地区仍然处在青铜文化的前夜。

所以，通过考古调查和发掘所了解的福建地区这一时期的历史文化遗址，不可能完全与史载的夏代历史纪年嵌合。这些遗址和文化遗存的年代上限可能早于夏代纪年，而它们的下限可能晚于夏代而进入了商代早期。这是因为当时福建的社会生活基本不受中原王朝更迭的影响，而是按照自身的发展规律发展的。

在福建中部和北部地区及浙南地区还存在一种晚于昙石山文化及牛鼻山文化的地方古文化。目前一些学者将福建沿海地区的这类文化遗存称之为“东张中层类型”或“庄边山上层类型”文化，也有人称之为“黄瓜山文化”。这种文化的主要遗址，有福清东张遗址的中层遗存，闽侯昙石山遗址的上层遗存①、庄边山遗址的上层遗存②，霞浦县的黄瓜山遗址③。而将闽北、浙西南内陆山区的这类文化遗存称为“马岭类型”“肩头弄类型”等。这类的主要遗址，有浙江南部江山的肩头弄遗址④，福建光泽的马岭和汉坪山墓葬⑤，武夷山市的葫芦山遗址中、下层遗存⑥等。这些重要遗址都是经过科学发掘和清理的。另外，未经考古发掘清理而是在地面调查发现的这类古文化遗址、遗存，几乎遍及闽江上下游及福建的中部、北部地区

---

① 昙石山上层遗存的内涵比较复杂，包含了两种不同时期的文化因素。这类文化即其中的一种。

② 福建省文物管理委员会：《闽侯庄边山新石器时代遗址试掘简报》，载《考古》1961 年第 1 期。福建省博物馆：《闽侯庄边山遗址 82—83 年考古发掘简报》，载《福建文博》1984 年第 2 期。

③ 林公务：《黄瓜山遗址的发掘与认识》，载《福建文博》1990 年第 1 期。

④ 牟永抗、毛兆廷：《江山县南区古遗址、墓葬调查试掘》，见《浙江省文物考古所学刊》第一集，文物出版社，1981 年，第 57—84 页。

⑤ 福建省博物馆等：《福建省光泽县古遗址古墓葬的调查和清理》，载《考古》1985 年第 12 期。黄富莲：《光泽汉坪山古墓清理简报》，载《福建文博》1990 年第 2 期。

⑥ 杨琮等：《武夷山发掘商代居址和窑群》，载《中国文物报》1991 年 12 月 8 日；《武夷山市西郊村商周遗址》，见《中国考古学年鉴》（1991 年），文物出版社，1992 年，第 193—194 页。

以及浙江南部和江西东部部分地区。其文化内涵主要以涂施黑、赭、红等色料的硬质陶、橙黄陶器皿为主要特征；石制工具亦以小型的石锛、石刀、石凿、石箭镞为主，新出现了较大的磨光石斧（钺）、石矛、石戈等兵器。这种文化面貌的遗存可分两种地方相，即沿海类型和内陆类型。沿海类型的分布区从浙东南的瓯江流域直至闽中的闽江下游地区。内陆类型的分布区从浙西南、赣东至闽西北的闽江上游地区。沿海类型与内陆类型的区别之处在于，前者的彩绘陶器种类丰富，在陶器中所占比例很大；后者彩绘陶器很少，主要以黑衣陶器为主。其他方面也有一些差异，但总体来说是大同小异。此文化的具体命名还有待学术界达成共识。① 虽然对这种文化的命名不一，有“东张中层类型”“庄边山上层类型”“东张文化”“黄瓜山文化”等，但对这种文化的内涵已达成共识。笔者认为此文化应以首次发现的遗址来命名，下文将详论。此文化遗存的年代距今 4000 年至 3300 年间，相当于中原地区的夏代至商代前期。此时的社会文化已比新石器晚期有了较大的进步，生产力也进一步提高。在葫芦山遗址中可以看到大型房屋居址已出现②，在黄瓜山遗址中也发现了可能是干栏式房屋建筑的遗迹③。此时的陶窑更为进步，烧制质地坚致、造型优美的大型陶器已很普遍。其文化区域和人们的社会联系、交往也扩大了很多。当时的社会组织已从以前分散的氏族部落发展成比较集中的部落联盟或集团的形式。另一方面，部落集团之间的战争也日益频繁。遗址中普遍出现了前所未有的兵器类物件，如石矛、戈、钺等，石箭镞的形式也更加多样，更加先进，数量也更多了。从这时期地方文化的分布地域来看，几近后来闽越国的疆域。从诸多方面都可说明，闽越族在此时已形成，或已具备了最初的规模。

1959 年福建省博物馆与厦门大学对福清东张水库库区进行了考古发掘，

① 此文化的命名目前还未确定，笔者暂称之为“东张文化”。

② 杨琮等：《武夷山发掘商代居址和窑群》，载《中国文物报》1991 年 12 月 8 日；《武夷山市西郊村商周遗址》，见《中国考古学年鉴》（1991 年），文物出版社，1992 年，第 193—194 页。

③ 林公务：《黄瓜山遗址的发掘与认识》，载《福建文博》1990 年第 1 期。

在这次发掘中发现了三叠地层。但是在这里发现的三叠地层与后来昙石山遗址的三叠地层还有所不同，东张遗址的最下层的文化内涵与昙石山遗址中层相同；东张中层则是一种全新的考古学文化。由于当时缺乏自然科学的考古测年，许清泉在撰写考古报告时只能根据地层学的原理和出土遗物分析的方法，判定东张遗址中层文化晚于下层的新石器时代文化，而早于上层的青铜时代文化。① 这一重要发现，对后来昙石山遗址的发掘和三叠层的判断有着指标性的意义。同时，在相对年代学上也有着重要意义，奠定了福建地区新石器时代末期至夏代区域性考古学文化的基础。后来，有学者把这一文化遗存暂定为"东张中层文化类型"②；也有学者一步到位，如陈国强就把它直接定名为"东张文化"③。

在东张遗址发现20多年之后，福建省博物馆的考古队在发掘闽侯庄边山遗址时，又在庄边山遗址的上层，发现了与东张中层相同的文化遗存④，发掘的学者称它为"庄边山上层类型"文化。⑤ 后来在霞浦黄瓜山遗址发掘到单纯的这种文化遗存，于是又改称为"黄瓜山文化"。⑥

由于早晚3个遗址的发掘，形成了3种不同的文化遗址命名，但其实都同属一种文化。考虑到如果今后又发现保存更好的这类文化遗址，是否又要更名？所以笔者赞同陈国强的观点，倾向于使用首次发现和认识这个文化的遗址命名，即"东张文化"。

关于"东张文化"的年代问题，由于最早发现于福清东张遗址的中层，下层是昙石山文化，上层是西周以后的青铜文化，所以发掘者根据地层的

---

① 福建省文物管理委员会：《福建福清东张新石器时代遗址发掘报告》，载《考古》1965年第2期。

② 陈存洗、杨琮：《福建新石器时代文化特征与年代初论》，见《福建历史文化与博物馆学研究》，福建教育出版社，1993年，第42—51页。

③ 陈国强：《闽台史前考古的发现与展望》，见《福建历史文化与博物馆学研究》，福建教育出版社，1993年，第19—25页。

④ 福建省博物馆：《福建闽侯庄边山遗址发掘报告》，载《考古学报》1998年第2期。

⑤ 林公务：《福建境内史前文化的基本特点及区系类型》，见《福建历史文化与博物馆学研究》，福建教育出版社，1993年，第76页。

⑥ 福建省博物馆：《福建霞浦黄瓜山遗址发掘报告》，载《福建文博》1994年第1期。

相对年代学推导，“中层的年代约相当于殷或周初”①。从之后发现的资料看，这个年代判定得偏晚了一些。后来主持庄边山和黄瓜山遗址发掘的林公务，把与东张遗址中层相同的庄边山遗址上层遗存（包括黄瓜山遗址）的年代断在距今4000年至3500年之间。② 笔者认为这应该是比较准确的判断。

2004年黄瓜山遗址第二次发掘时，测定了7个标本，综合得出的年代数据在距今4300年至3500年之间。③“东张文化”的发展过程中，应该有早期和晚期的阶段。黄瓜山的第一和第二次发掘已经区分出上下2个文化层，显示出这一文化的早晚2个阶段。在第二次发掘送检的7个木炭标本中，有5个早期地层的标本测定都在距今4000年至3600年之间；而2个晚期地层的标本测定距今不到3500年。④ 笔者认为黄瓜山遗址下层的5个木炭标本的碳-14测年，只有1例达到了3900年以上，其余4例均在3600多年。而昙石山文化遗存的年代下限是距今4300年，黄瓜山遗址下层的遗存，从陶器等文化内涵上看，并没有处在昙石山文化向“东张文化”的过渡状态。应该说这两个早晚不同文化遗址中，尚存在一个文化的演变过渡时期，这个阶段至少也要有两三百年的时间。这样才符合古代历史文化发展的实际规律。所以笔者认为“东张文化”的年代仍应该定在距今4000年至3500年间比较合适，这已经把文献记载的夏王朝年代基本包括在其中了。

以往学界认为东张文化主要分布于闽江下游、闽东地区，影响了周边地区及浙东南的瓯江下游地区。⑤ 从1990—1993年间对武夷山的葫芦山遗

① 福建省文物管理委员会：《福建福清东张新石器时代遗址发掘报告》，载《考古》1965年第2期。

② 林公务：《福建境内史前文化的基本特点及区系类型》，见《福建历史文化与博物馆学研究》，福建教育出版社，1993年，第77页。

③ 福建博物院：《福建霞浦黄瓜山遗址第二次发掘》，载《福建文博》2004年第3期。

④ 福建博物院：《福建霞浦黄瓜山遗址第二次发掘》，载《福建文博》2004年第3期。

⑤ 林公务：《福建境内史前文化的基本特点及区系类型》，见《福建历史文化与博物馆学研究》，福建教育出版社，1993年，第76页。

址的发掘结果来看①，这一文化不仅分布于闽江下游和闽东地区，它实际上也覆盖了闽江上游、浙西南山区和整个瓯江流域，分布面积比以往认知的区域大了几倍。

在“东张文化”的内涵中，生产工具普遍以小型石器为主，除了各种石斧、石锛等传统生产工具外，掐穗的石刀明显增多；武器类的石箭镞和石矛明显增多，石戈和石钺出现。特别是武器类的石箭镞、石矛和石戈、石钺，磨制较精细。生活陶器的烧造技术明显提高了，出现了许多大型的陶器，特别是出现了大口高领的尊类器。除了部分橙黄陶火候稍低胎质稍软外，大部分陶器胎质坚硬。陶器普遍施以陶衣，有黑衣、赭衣、红衣等；印纹硬陶占有一定的比例。彩绘陶器是这一时期最重要的文化特点，彩陶颜色以黑、赭、红为主，图案是各式各样的几何形纹样。

同时，我们也能看到“东张文化”在这一广大地区文化面貌大同之下，仍有地域性的小差异：闽江下游、瓯江下游等沿海地区彩陶文化丰富多彩，在陶器中占了很大比例；闽江上游、瓯江上游的内陆山区，彩陶器明显减少，但是黑衣、赭衣和红衣陶器仍然占有主要地位。彩绘陶器的多寡，是沿海地区和内陆山区陶器文化差异的明显的分水岭。由于这个文化分布区域较大，自然环境也有很大不同，必然在不同的地域环境中表现出一定的地区特点。这个不同地域的差别必定体现在文化遗物上，反映在考古学文化上则可区分成同一文化中不同的类型，也可称为同一文化中不同的地方相。“东张文化”可以分为沿海类型和山区类型两种：沿海类型以典型遗址黄瓜山命名，称为“黄瓜山类型”。山区类型是以浙江江山的肩头弄遗址命名，还是以武夷山的葫芦山遗址命名，尚无定论。因此，本文暂称为“葫芦山（肩头弄）类型”②。由于葫芦山遗址的典型遗存，即三叠层中的下、中层都是这个文化的不同发展阶段遗迹，所以，它与黄瓜山遗址一样，都

① 杨琮等：《葫芦山古陶窑窑址发掘的初步认识》，载《福建文博》1993年第1、2期合刊。

② 虽然浙江江山肩头弄遗址较早发现了这时期的一些陶器，但是根据葫芦山遗址中含有彩陶、橙黄陶等的丰富内涵，才首次认识到这个文化与东张中层相同。因此笔者倾向于此类型定名为“葫芦山类型”。

存在早、晚期的发展阶段，而上下限的年代都在距今4000年至3500年间。虽然这一时期闽南地区文化遗存更接近粤东地区的文化以及之后的浮滨文化①、闽西地区的麻坡岗遗址乙类遗存②，但是它们仍然受到“东张文化”的强烈影响，开始走上了逐步融合的进程。可以说，“东张文化”时期，业已形成了居住、活动在闽江流域和瓯江流域的闽越民族。

综上所述，在新石器时代晚期，活动在闽江上游山地牛鼻山文化的氏族部落，浙西南瓯江上游山区遂昌好川文化的氏族部落，闽江下游昙石山文化的氏族部落，瓯江下游的氏族部落③等，它们在距今4000年左右，已经进入了密切的交流融合阶段。“东张文化”时期，文化融合的现象开始出现，主要是闽江上下游的广大地区及浙南瓯江上下游地区，形成了一个大的共同文化圈。闽南和闽西地区这一时期的典型文化遗存发现得很少，没有找到它们完整的文化发展序列。从已经发现的部分资料来看，它们和其他地区的文化面貌还是有一定的差异，此时尚未完全融入这个文化圈中。

从史前社会的氏族部落到部落联盟，再到民族共同体的同一文化时代，由距今4000年至3500年的“东张文化”的面貌反映出来。尽管在这个较大的地域文化中，由于内陆山区和沿海地区自然环境的不同，人们在文化大同之下仍存差异。但是，毫无疑问，闽越这个民族已开始形成了。

“闽”是东南越族的简称，“闽越”是福建、浙南这一区域土著越人的全称，历史文献也有记载。从考古学文化的发展序列可以看出，这一地区的历史文化发展在西汉中期闽越族内迁之前从未中断过。

从“东张文化”之后的商周考古发现中，可以明显地看到：闽越族形成后的商周时代，福建和浙南地区同步发展的面貌更为一致，并且与江、浙、广东、赣东、皖南等周邻地区的文化交流更为广泛，进入以几何形印

① 邱立诚：《再论浮滨文化》，见《粤地考古求索——邱立诚考古选集》，科学出版社，2008年，第289页。

② 福建博物院文物考古研究所等：《福建省汀江流域考古调查报告》，科学出版社，2019年，第300—301页。

③ 这时期的文化遗物只是零星发现，文化面貌有待梳理。

纹硬陶、原始青瓷为主的青铜时代，百越族群之间开始了频繁的呼应、碰撞，共同走上了中华文明史的大舞台。

二、商代闽越族历史文化的发展

中国到了商代，出现了完全意义上的文字：甲骨文、金文。前者主要是刻在龟甲和牛骨等兽骨上的文字，使用较为广泛；金文是刻在范、模，铸造在青铜器上的文字。文字的出现，是历史发展进入文明社会的重要标志。

中国在20世纪20年代开始的现代考古学，就是从安阳殷墟开启的。近100年来，经过几代考古学家的努力，商代历史的发展脉络以及早、中、晚的年代分期，物质文化的发展，都邑的迁徙壮大等，已经有了相当深入的发掘和研究，取得了丰硕的成果。

由于福建地区远离中原内地，殷商王朝的统治远不能到达，所以，殷商文化对福建地区的影响十分有限，但是间接影响还是辐射到了闽中。囿于福建地区商代遗址保存欠佳，考古工作投入的研究力量较弱，福建考古学界迄今为止也没有把本地区商代考古学文化概貌、年代关系等问题厘清。笔者通过对已经发现的商代遗存、遗迹，把福建地区商代的历史分为前后两段进行叙述，可以看出：整个福建地区在商代的社会发展情况都与中原内地有着非常大的不同。商代的闽越先民在自身发展的过程中也受到了商文化和周边文化的影响，缓慢地走上了青铜文化之路。

福建（包括浙南）地区商代早期的遗存和夏代晚期的遗存很难剥离，与中原内地不同，中原地区夏商王朝的更迭基本影响不到闽越地区。

（一）商代前期文化遗存

在闽江下游地区，考古工作者在2004年2月调查时，在福清东张水库库区发现了下湾墓地。2004年5月中旬至6月下旬对墓地进行了发掘。发掘清理出一批商代早期的墓葬，共计31座，出土了一批陪葬器物。

这些墓葬位于山体平台上，海拔28—30米，在库区水高位时可被淹没。这批墓葬的墓口大多受破坏，墓坑皆较浅。人骨均已无存，不见葬具。

墓坑形制多近长方形或圆角长方形，个别为不规则长方形。墓葬出土的遗物123件，其中完整或可修复的陶器82件，无法修复的16件，石器23件，玉器2件。

陶器分夹砂陶、泥质陶、硬陶、着衣陶。器形有釜罐、豆、杯、壶、盅、钵、纺轮、器盖及仅出土各1件的尊和簋；石器主要有锛、戈、镯、环、耳珰、砺石等；玉器共2件，玉玦1件，玉佩饰1件。①

由于下湾墓地出土的陶器等遗物晚于夏代的“东张文化”，早于商代后期的黄土仑文化，所以初步可以判定为商代早期遗存。从地理位置上看，下湾墓地与1958年发掘的白豸寺遗址都在东张水库地段，距离较近，它们之间的关系问题有待进一步研究。

在闽江上游地区，商代早期的典型遗存是浦城仙阳的猫耳弄山窑址。2005年秋，福建博物院文物考古研究所在猫耳弄山发掘清理出了一处窑址群，出土了大批黑衣硬陶器。根据碳-14测年数据，确定为商代早期窑址。②

在武夷山葫芦山遗址中，打破和叠压在夏代窑址之上的建筑基址，也出土了不少黑衣硬陶、印纹陶和石戈等遗存，可以判定是商代早期的文化遗存。③

2015年在永春介福乡紫美村的苦寨坑发现了古窑址。2016年福建博物院文物考古研究所进行了考古发掘，发掘清理出9条窑址，出土了一批原始青瓷残片和印纹陶器。根据叠压和打破关系，这9条窑址分为两个时期。第一期年代为公元前16世纪晚期至公元前18世纪中期，相当于中原商代初期至夏代中期。第二期年代为公元前14世纪晚期至公元前16世纪末期，相当于中原商代中期至商代早期。④ 6个木炭样品经碳-14测定和树轮校正后，

① 福建博物院：《福清下湾墓地第一次发掘简报》，载《福建文博》2005年第1期。

② 郑辉、陈寅龙：《浦城猫耳弄山窑群》，见福建博物院编：《21世纪初福建基建考古重要发现》，福建人民出版社，2009年，第59—72页。

③ 杨琮等：《武夷山发掘商代居址和窑群》，载《中国文物报》1991年12月8日。

④ 福建博物院、泉州市博物馆、永春县博物馆：《永春苦寨坑原始青瓷窑址》，2016年，第57、58页。此书未公开出版。

最早的年代距今 3749 年，最晚的年代距今 3410 年。① 笔者根据出土的原始青瓷器残片观察，认为将原始青瓷器定为商代早期更为合适和稳妥。

商代前期，闽江上、下游的闽北山区与福州沿海地区，考古学文化已经更加近似乃至大体一致了，表明了业已产生的闽越族民族共同体的文化面貌进一步趋同。浙南的瓯江流域也呈现非常相同的趋势，只是闽南地区的文化面貌还有一些差异性②。

（二）商代后期文化遗存

在商代后期，具有福建地区鲜明的地方特色的文化首推黄土仑文化，典型代表是闽侯黄土仑遗址墓群③。在黄土仑的 19 座墓葬中，出土了 140 多件随葬陶器。这批造型优美、别具一格、装饰典雅而独特的陶器都具有共同的特征：基本都是泥质灰硬陶，烧制火候很高，陶胎质地坚致细密。器类有罐、壶、豆、杯、尊、簋、盂、勺、甗形器等十几个品种。这批精美的陶器除少数素面不加装饰的器物外，大多数器具以拍印的方格纹和变体雷纹为主，口、颈部分多采用刻划的斜线三角纹、双线中加锥点组成变体回形纹、曲尺纹等几何图案装饰。同样，陶器上的宽带状錾耳、螺旋形泥条堆贴装饰以及突棱状器把、圆饼状器座等，也是其重要的特色。④

在黄土仑类型文化的陶器上，已可见到中原内地商文化因素对它所产生的一定的影响，如明器陶鼓的器形与湖北崇阳出土的商代铜鼓⑤造型相似⑥，变体的云雷纹也是商代铜器上习见的装饰纹样等。

---

① 福建博物院、泉州市博物馆、永春县博物馆：《永春苦寨坑原始青瓷窑址》，2016 年，第 57、58 页。此书未公开出版。

② 目前闽南地区的史前文化和商周文化的考古年代学序列未建立起来，所以还无法进行深入比定。

③ 福建省博物馆：《福建闽侯黄土仑遗址发掘简报》，载《文物》1984 年第 4 期。

④ 福建省博物馆：《福建闽侯黄土仑遗址发掘简报》，载《文物》1984 年第 4 期。林公务：《福建境内史前文化的基本特点及区系类型》，见《福建历史文化与博物馆学研究》，福建教育出版社，1993 年，第 69—88 页。

⑤ 鄂博等：《湖北崇阳出土的一件铜鼓》，载《文物》1978 年第 4 期。

⑥ 福建省博物馆：《福建闽侯黄土仑遗址发掘简报》，载《文物》1984 年第 4 期。

黄土仑遗址的年代，据遗址出土木炭标本的碳-14 测定数据为 3300±50 年，① 同时再参照其陶器所具有的某些商文化因素等情况考虑，其时代约为商代后期。另外，在闽西北光泽县的白主段、香炉山等地先后发现一些时代为商代后期的墓葬和遗址。② 在武夷山市的葫芦山也发现和发掘了类同的遗迹，③ 这类遗址在考古和文物调查中多有发现。有的考古工作者把这类文化面貌的遗存，命名为“白主段类型”，认为是与黄土仑类型有区别的地方文化遗存，但年代与黄土仑文化相当。④ 只是他们又解释不了为什么在“白主段类型”文化的分布地区，如光泽浔江等地，也发现了与黄土仑遗址完全相同的遗址和墓葬，以及相同的陶器。⑤ 而在闽江下游所谓黄土仑类型的分布地区又习见“白主段类型”的代表器，如单錾或双錾的高领浅腹罐等遗物。因此，我们还难以贸然确定它们是不同区域的不同文化类型，还不能排除它们之间的差异可能属年代早晚的不同。以黄土仑墓葬为代表的这类文化类型，很可能只是商代后期某一阶段的文化特征。因而，它们之间的关系尚有待于今后有早晚地层关系的典型遗址发掘才能得到解决。目前笔者认为闽江上下游殷商时期的文化应该还是存在同一个大文化圈中的两个地方类型。

黄土仑文化遗址在闽江下游沿海地区有不少分布，如在闽侯鸿尾乡古洋村发现的古洋遗址，1979 年福建省博物馆在调查中亦发现了相类的遗址。2001 年 12 月至 2002 年 6 月，以福州市文物考古队为主对平岗区进行了大面积发掘，清理出灰坑、灰沟、柱洞、墓葬、陶窑等遗迹，发掘出土一批

---

① 福建省博物馆：《福建闽侯黄土仑遗址发掘简报》，载《文物》1984 年第 4 期。

② 福建省博物馆等：《福建省光泽县古遗址古墓葬的调查和清理》，载《考古》1985 年第 12 期。

③ 杨琮等：《武夷山出土西周祭祀遗址》，载《中国文物报》1992 年 4 月 12 日；《武夷山发掘商代居址和窑群》，载《中国文物报》1991 年 12 月 8 日。

④ 林公务：《光泽古墓葬出土陶器的类型学考察——兼论闽北地区史前文化发展序列》，载《福建文博》1990 年第 2 期。林忠干：《闽北先秦古文化发展初步探索》，载《福建文博》1990 年第 2 期。

⑤ 福建省博物馆等：《福建省光泽县古遗址古墓葬的调查和清理》，载《考古》1985 年第 12 期，参见该文中的浔江遗址部分。

石器、陶器、玉器等遗物。石器有石锛、纺轮、石箭镞、砺石等，陶器有杯、罐、支座、网坠和纺轮等，玉器主要有3座墓葬中出土的10件玉璜（图2-1）及地层中出土的一些玉璜残段。① 在平潭岛上也发现和发掘出较大面积的黄土仑文化的遗址②，由此反映出了商代后期黄土仑文化在沿海地区的发展和分布的盛况。

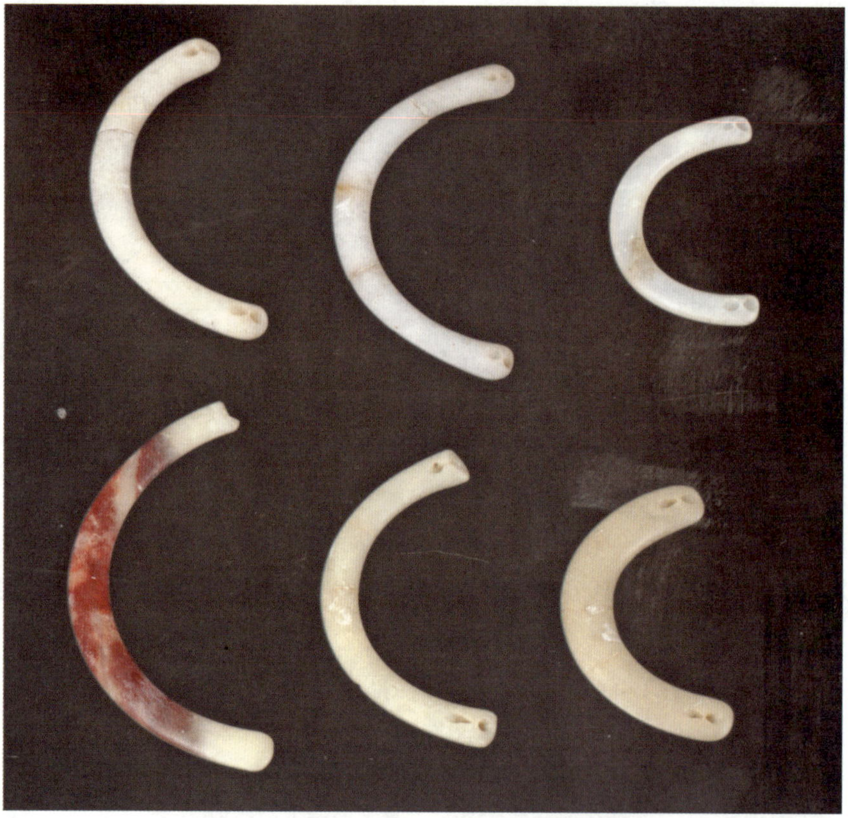

图2-1 闽侯古洋商代遗址出土的部分玉璜

（采自《21世纪初福建基建考古重要发现》）

① 福州市文物考古工作队：《福建闽侯古洋平岗先秦遗存的发掘》，见《东南考古研究》第三辑，厦门大学出版社，2003年，第36—45页。

② 平潭国际南岛语族研究院等编著：《平潭壳丘头遗址图录》，科学出版社，2019年，第202—203页。

商代后期黄土仑文化的遗存在闽江上、下游地区都有发现。但是在闽江下游的考古调查和发掘工作比较深入，反映出的文化面貌比较清晰。闽江下游福州及周边地区发现了较多的黄土仑文化的遗存。① 闽江上游的闽北地区，这一时期的考古发掘相对较少，目前未找到保存较好的典型遗址。因此要解决它与“白主段类型”年代早晚的关系，还要做更细致的工作和更深入的研究。

在闽南地区，20 世纪 70 年代就在南安大盈发现过一批商代晚期的青铜器②（图 2-2），这在当时是非常出乎意料的。考古简报发表之后，学术界从稳妥考虑，把年代定得偏晚。21 世纪初漳州地区几处晚商遗址、墓葬的发现和发掘，确立了福建九龙江下游晚商文化的标尺。虎林山墓葬发掘出土了一批陶器和青铜器③，其中的青铜器如直内戈和铃（图 2-3、图 2-4），都见于南安大盈那批青铜器中，于是确定了南安大盈采集的那批青铜器年代为晚商时期。

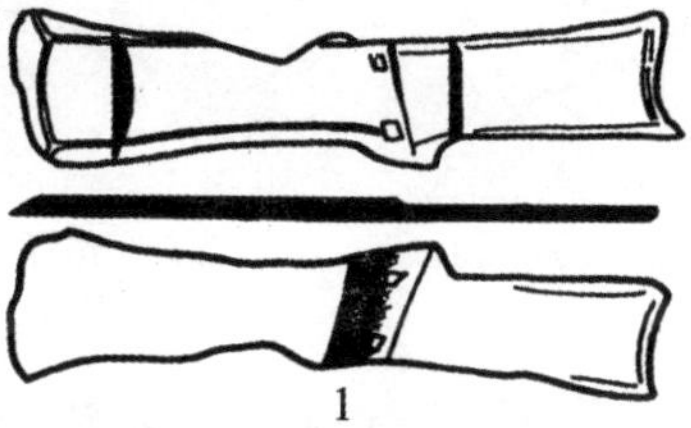
1

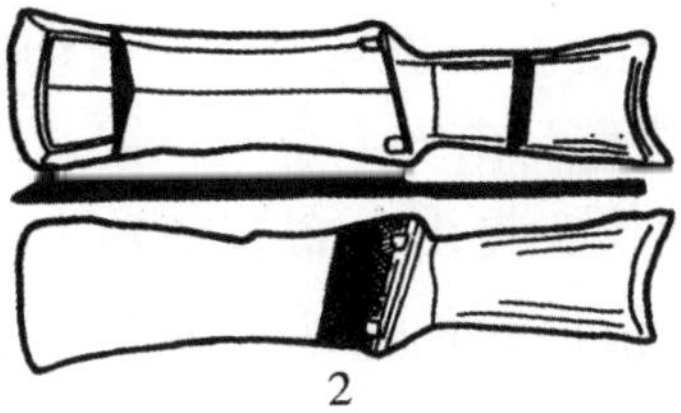
2

图 2-2　南安大盈出土的青铜戚

1、2. 商代（南安大盈）

---

① 福建省昙石山遗址博物馆编著：《闽江下游流域史前遗址考古调查与研究》，科学出版社，2018 年。

② 庄锦清、林华东：《福建南安大盈出土青铜器》，载《考古》1977 年第 3 期。

③ 福建博物院编：《21 世纪初福建基建考古重要发现》，福建人民出版社，2009 年，第 34—42 页。

图 2-3　虎林山墓葬出土的商代青铜戈
（采自《21 世纪初福建基建考古重要发现》）

图 2-4　虎林山墓葬出土的商代青铜铃
（采自《21 世纪初福建基建考古重要发现》）

图 2-5　光泽出土的青铜戚背面（弧面）

图 2-6　光泽出土的青铜戚内面（平面）

在闽北的建瓯也发现了晚商的青铜器，如建瓯市博物馆收藏的一件青铜觚和两件提梁卣①。在光泽县也发现有晚商时期的青铜器，其中一件青铜戚②（图 2-5、图 2-6），造型与南安大盈的青铜戚有一些差别。

另外，也在这一时期，武夷山分布有一种当地居民的独特葬俗——崖洞悬棺葬，其中又以船形棺最有代表性。1978 年，福建省博物馆对武夷山白岩洞的悬棺葬进行了清理，并取下了这具船棺。在船棺中有龟形木盘、纺织品残片、竹席残片、棕等遗物和一具人骨。根据国家文物局文物保护科学研究所对此船棺木质进行碳-14 测定的结果，并经树轮校正，年代为距

① 谢秀瑞、黄丽霞主编：《金瓯撷英——建瓯文物集萃》，福建美术出版社，2011 年，第 7—8 页。

② 据笔者所见，该青铜戚比南安大盈的青铜戚小了很多。

今 3445±150 年，相当于商代。[①] 另外，对观音岩取下的船棺也做了碳-14 测定，数据有两个：距今 3840 年±100 年，距今 3370±80 年。[②] 后来不少研究者认为碳-14 测定年代可能偏早，其年代定为西周时期较合适。笔者认为这两具船棺造型规整，并遗留着金属刀具加工的痕迹，应当是青铜时代的产物，年代定在商代后期至西周初期较合适。而这种葬俗及遗物，正是这一时期福建闽越族居住武夷山一带居民生前“水行山处”生活的写照。

总之，从考古发现来看，虽然福建地区商代的文化发展序列还有一些环节有待认识和填补，但是从早商至晚商的大体框架已初步显现。闽越族文化在闽江上、下游流域更为一致。青铜器也在这一历史时期从中原和周边传入闽中地区，在商代晚期已经成批地出现在墓葬中。这反映出青铜文化从商代出现，并且到了晚商时期已经达到一定的发展阶段。

三、西周时代的闽越历史文化

在西周至春秋时期，福建各地古文化遗址中，原始青瓷器已经普遍流行。这一时代的重要遗存，有福清东张遗址中的上层遗存[③]，福州浮村遗址的下层遗存[④]，闽侯昙石山遗址和溪头遗址上层中的部分文化因素[⑤]，武夷山葫芦山遗址的山顶遗址[⑥]以及武夷山竹林坑西周时期的原始青瓷窑址[⑦]等，上述都是经过科学发掘的古文化遗址。根据文物普查，发现这一时期以印纹硬陶和原始青瓷器为主要文化内涵的遗址、遗存遍布全省各地，尤

---

① 福建省博物馆等：《福建崇安武夷山白岩崖洞墓清理简报》，载《文物》1980 年第 6 期。

② 邓少琴：《福建崇安武夷山架壑船葬制初探》，载《福建文博》1980 年第 2 期。

③ 福建省文物管理委员会：《福建福清东张新石器时代遗址发掘报告》，载《考古》1965 年第 2 期。

④ 曾凡：《福州浮村遗址的发掘》，载《考古学报》1958 年第 2 期。

⑤ 福建省博物馆：《闽侯昙石山遗址第六次发掘报告》，载《考古学报》1976 年第 1 期。另有一种观点是把它作为昙石山遗址的表层来考虑，参见吴绵吉：《昙石山遗址的分期和年代》，《文物集刊》第 3 辑，文物出版社，1981 年；《闽江下游早期几何印纹陶遗存》，载《东南文化》1990 年第 3 期。

⑥ 杨琮等：《武夷山出土西周祭祀遗址》，载《中国文物报》1992 年 4 月 12 日。

⑦ 福建博物院、福建闽越王城博物馆、武夷山市博物馆：《武夷山市竹林坑一号原始瓷窑址发掘简报》，载《福建文博》2012 年第 3 期。

以闽江流域为重心[①]。这些文化遗存中原始青瓷器的造型和风格，与江苏、浙江、安徽、江西等地区同时期古文化遗址中的原始青瓷器都大体类同或近似。而这几省当时又都是印纹硬陶器的流行地区，并且都进入了青铜时代，恰与先秦文献中的“七闽”地域相吻合，说明我国东南这一古属扬州的广大区域是百越民族的活动地域。在这一辽阔的古越族族群分布地域，各地是以印纹硬陶器和原始青瓷器为主要文化特征的越文化，在陶、瓷系大同之下，又存在着一定的地区性差异，即不同的地方相。这不但证明了“七闽”是诸支越族，同时也在实物资料方面证实颜师古注《汉书·地理志》引臣瓒所云“自交阯至会稽七八千里，百越杂处，各有种姓”[②]的说法是有所依据的。这一广大区域中，福建地区以及浙南部分地区面貌相一致的地方古文化，是闽越族的文化。在商代后期，闽越族已进入了青铜时代，到了西周时代已经发展得十分成熟。这一时代的闽越族文化即为后来闽越国文化的前身。西汉闽越国高度发展的物质文化，正是以此为基础发展形成的。

特别是21世纪初，在闽北浦城发掘的西周至春秋时期的土墩墓群等重要遗址[③]（图2-7），揭示了闽北地区西周至春秋时期闽越青铜文化的内涵和整体面貌。这批土墩墓中，西周时期的土墩墓数量最多（图2-8、图2-9）。这批西周土墩墓绝大部分在古代已遭盗掘，部分又遭当代盗掘。从劫后的土墩墓中出土的遗物，仍然遗留了有一定规律的随葬品组合。青铜器组合基本是戈、矛（图2-10—图2-12）、短剑、箭镞、刮刀，陶瓷器为原始青瓷器和印纹硬陶器。漆木器均腐朽，墓底零星遗存红色漆印，个别剑上残存鞘片，个别墓中还发现有玉佩饰的玉管残存。在被工程推土机铲毁的一座小墓中还追回过三件青铜生活用品：尊、杯、盘。这批西周时期的青铜器，都有着浓厚的地方特色，都是典型的“越式”青铜器，其中最典型的

① 闽南地区及九龙江流域以南这时期的文化面貌与闽江流域有一定差异，而基本接近粤东地区。

② 《汉书·地理志》，中华书局点校本，1962年，第1669页。

③ 福建博物院、福建闽越王城博物馆：《福建浦城县管九村土墩墓群》，载《考古》2007年第7期。

图 2-7　浦城管九村土墩墓群考古发掘现场

图 2-8　浦城管九村社公岗西周土墩墓与残存的随葬器物

图 2-9　浦城管九村洋山西周土墩墓

图 2-10　浦城管九村洋山西周土墩墓戈、矛出土现场图

图 2-11　浦城管九村土墩墓群出土的青铜戈

图 2-12　浦城管九村土墩墓群出土的青铜矛

图 2-13　浦城管九村土墩墓群出土的“越式”青铜剑

是剑茎有双附耳的青铜短剑，这种独特的青铜剑只在越地出土，是当之无愧的“越式”剑（图 2-13）。这种精美的“越式”剑最早在福州闽侯甘蔗铁岭的遗址中出土过①，之后武夷山和浦城等地又不断有发现和出土②，浦城管九村土墩墓群中的西周墓葬几乎墓墓都有出土③。此外，青铜器还出土有盘（图 2-14）、尊（图 2-15）、双耳杯（图 2-16）等。自 20 世纪 70 年代起，在闽北建瓯就不断出土西周至春秋时期的青铜铙（图 2-17）、甬钟（图 2-18）等青铜礼乐器。

福建民间发现和出土了不少这种青铜剑④（图 2-19）。目前考古发现的此种“越式”剑，只在浙江、福建和皖南的西周遗址中有出土，主要出土于土墩墓中。⑤ 从目前已发现的情况来看，福建出土的数量最多，其次是浙江。笔者推测当时的实际情况应该是浙江的数量不会少于福建，因为西周时期越国的中心还是在浙江地区。

与浦城管九村洋山土墩墓相似的遗存，是在福州闽侯白沙镇溪头保境村

① 曾凡：《南福铁路工程中福州附近的考古发现》，载《考古通讯》1958 年第 1 期。

② 崇安县文化馆：《福建崇安县出土东周青铜剑》，载《考古》1987 年第 3 期。这里报道为东周，实则是西周时期的青铜剑。

③ 福建博物院、福建闽越王城博物馆：《福建浦城县管九村土墩墓群》，载《考古》2007 年第 7 期。

④ 笔者在民间藏家手里见过多件。

⑤ 杨楠：《江南土墩遗存研究》，民族出版社，1998 年，第 84—113 页。

图 2-14　浦城管九村土墩墓群出土的青铜盘

图 2-15　浦城管九村土墩墓群出土的青铜尊

图 2-16　浦城管九村土墩墓群出土的双耳杯

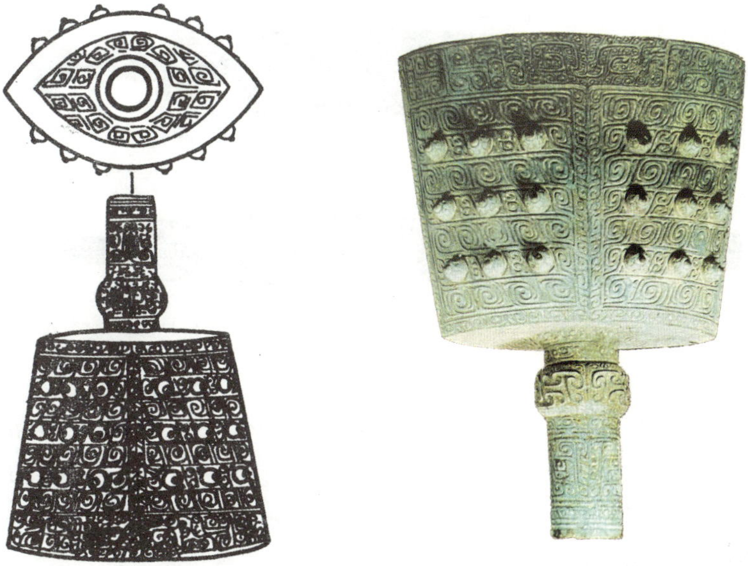

图 2-17　建瓯小桥出土的西周青铜铙

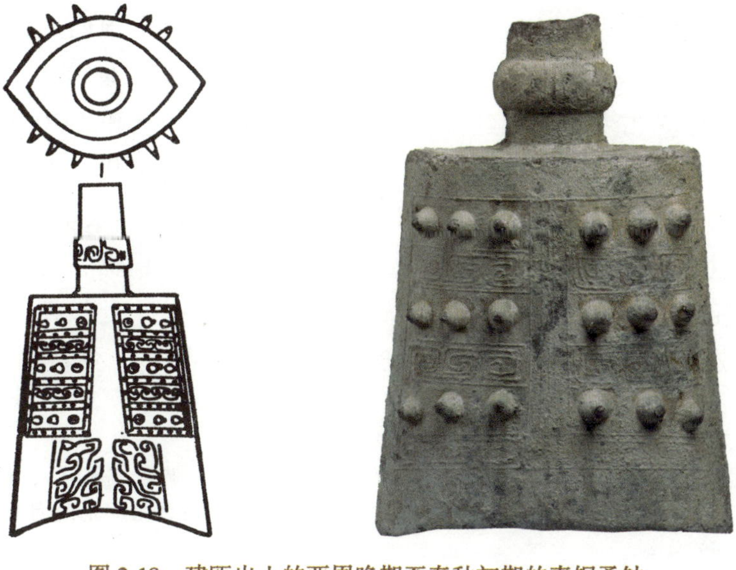

图 2-18　建瓯出土的西周晚期至春秋初期的青铜甬钟

图 2-19 “越式”青铜剑（福建出土）

马墓山遗址发掘的一座残墓。虽然该墓受到破坏，残缺严重，但清理后还出土了硬陶罐、器盖、青铜矛等 7 件器物。① 随葬品与管九村西周时期的土墩墓相当一致，年代与之相同，马墓山墓葬应该是受到破坏的西周晚期至春秋初期的土墩墓遗存。

在福建地区除了西周时期的土墩墓普遍出土青铜器之外，在以往发现和发掘的西周遗址中，也普遍发现了青铜器遗存。

在闽江上游的闽北地区，武夷山葫芦山遗址上层山顶西周祭坛遗址中也出土有青铜器②。武夷山还发现了西周时期的原始瓷窑址③。

厦门大学考古专业与福建博物院等单位于 2018 年秋和 2020 年冬，对浦城龙头山遗址进行过两次考古发掘，发现了从新石器时代晚期直至明清的不同时期的遗存。龙头山遗址夏商周时期遗存以房址、灰坑和柱洞为主，出土了大量黑衣陶、印纹硬陶和少量原始瓷、玉器、铜器，常见与日常生产、生活相关的石器和陶质工具，显示出当时此地是一处长期居住的生活聚落；部分灰坑保存较好，如 H53 出土的青铜凿、陶豆、盆、罐和网坠等，

① 福建省昙石山遗址博物馆：《闽江下游流域史前遗址考古调查与研究》，科学出版社，2018 年，第 80—83 页。报告定为黄土仑文化的墓葬，笔者认为应是西周时期，不晚于春秋初期的墓葬。

② 1992 年考古发掘出土有青铜钩及不辨器形的残片，资料未发表。

③ 福建博物院等：《武夷山市竹林坑一号原始瓷窑址发掘简报》，载《福建文博》2012 年第 3 期。

年代约属晚商至春秋时期。[①] 该遗址发掘的 50 余座墓葬年代跨度太大，除通过墓葬形制及随葬品特征与组合分析大致确定其年代外，目前的研究十分有限。

在闽江下游地区，如福州闽侯的昙石山遗址上层、福清东张遗址的上层，都有西周时期的文化遗存。东张遗址的上层遗存出土了 3 件青铜器的残件[②]，闽侯白沙溪头遗址上层也出土了青铜器[③]。

在闽南地区，南安狮子山遗址[④]、云霄墓林山（亦称尖子山）遗址[⑤]等，都出土了青铜器。

2007 年、2009 年晋江庵山遗址经过两次考古发掘，发现和揭露了房基、贝壳坑等遗迹，出土了一批陶器、石器、贝器、骨角器、玉器和青铜器（图 2-20—图 2-22），发掘者认为是一处沙丘聚落遗址，碳-14 测年可达西周时期。[⑥]

图 2-20　晋江庵山遗址出土的青铜矛

（采自《21 世纪初福建基建考古重要发现》）

图 2-21　晋江庵山遗址出土的青铜斧（锛）

（采自《21 世纪初福建基建考古重要发现》）

---

① 付琳、黄运明等：《福建浦城龙头山遗址发现新石器时代、夏商周、秦汉三叠层》，载《中国文物报》2021 年 12 月 24 日。

② 福建省文物管理委员会：《福建福清东张新石器时代遗址发掘报告》，载《考古》1965 年第 2 期。

③ 福建省博物馆：《闽侯溪头遗址第二次发掘报告》，载《考古学报》1984 年第 4 期。

④ 泉州海外交通史博物馆等：《福建丰州狮子山新石器时代遗址》，载《考古》1961 年第 4 期。

⑤ 福建省博物馆：《云霄县墓林山遗址发掘简报》，载《东南文化》1993 年第 3 期。

⑥ 福建博物院编：《21 世纪初福建基建考古重要发现》，福建人民出版社，2009 年，第 29 页。

图 2-22　晋江庵山遗址出土的多件青铜鱼钩

（采自《21 世纪初福建基建考古重要发现》）

此外，福建各地还有零星出土和调查采集的西周时期的青铜器，它们主要出自被破坏的西周墓葬和遗址中。如：闽侯甘蔗铁岭出土的青铜短剑①，建瓯小桥乡阳泽村出土的西周早期青铜大铙②，南雅出土的西周晚期青铜甬钟③，建瓯市博物馆收藏的一件青铜甬钟④，光泽止马乡浔江出土的青铜矛⑤，光泽洋塘乡油家垄发现的一批青铜矛、斧、锛、锯、刮刀⑥，宁德霍童乡猫头山出土的青铜戈⑦，建阳徐市后门山出土的青铜矛⑧（图2-30:3），南安城关莲塘乡出土的青铜锛⑨（图 2-23:3），泉州北峰乡埔任村出土的青

---

① 曾凡：《南福铁路工程中福州附近的考古发现》，载《考古通讯》1958 年第 1 期。

② 王振镛：《福建建瓯县出土西周铜钟》，载《文物》1980 年第 11 期。当时认为是甬钟，后来改定为铙。

③ 陈存洗、杨琮：《福建青铜文化初探》，载《考古学报》1990 年第 4 期。现甬钟藏于福建博物院。

④ 谢秀瑞、黄丽霞主编：《金瓯撷英——建瓯文物集萃》，福建美术出版社，2011 年，第 9 页。

⑤ 陈远志：《光泽发现一件东周青铜矛》，载《福建文博》1984 年第 2 期。从青铜矛的造型风格上看，应该是西周时期的器形。

⑥ 曾凡：《福建光泽新石器时代遗址调查简报》，载《考古通讯》1955 年第 6 期；《关于福建史前文化遗存的探讨》，载《考古学报》1980 年第 3 期。这批出土青铜器不排除晚到东周早期的可能性。

⑦ 福建文物调查资料。范雪春：《福建宁德县霍童发现春秋青铜戈》，载《考古》1990 年第 11 期。

⑧ 建阳县文化馆：《福建建阳县发现青铜器》，载《考古》1983 年第 11 期。

⑨ 福建省文物管理委员会：《闽南新石器时代遗址的调查》，载《考古》1961 年第 5 期。陈希：《南安城关莲塘星塔发现青铜锛》，载《福建文博》1989 年第 1、2 期合刊。

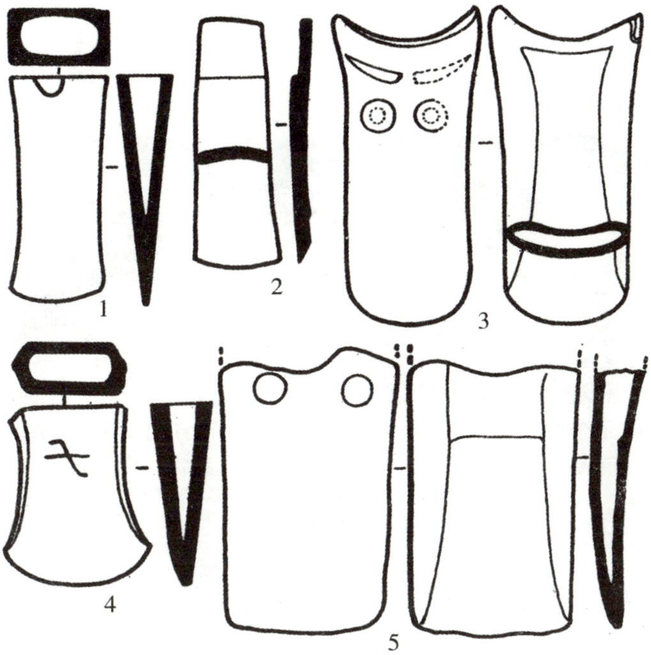

图 2-23　青铜斧、锛

1. 东周的斧（漳浦祖妈林）　2. 商代的锛（南安大盈）　3. 西周的锛（南安莲塘）
4. 西周晚期至东周初期的斧（光泽洋塘）　5. 西周的锛（泉州北峰）

铜锛①（图 2-23：5）等。

从福建地区发现的西周时期土墩墓和西周时期的遗址、遗存中普遍出土的青铜器来考察，西周时期闽越文化已进入青铜文化的盛期。我们无论从典型的浦城管九村土墩墓群的墓葬形制，出土的陶、瓷器和青铜器组合，还是从福建各地各遗址出土的陶、瓷器、青铜器形制来看，至少可以判断出闽江上、下游流域的广大地区与浙江的于越文化相当一致，例如，在浙江黄岩小人尖西周土墩墓中，出土的双附耳青铜短剑、青铜尊、青铜斧（锛）等②，

① 福建省文物管理委员会：《闽南新石器时代遗址的调查》，载《考古》1961 年第 5 期。
② 浙江省文物考古研究所等：《黄岩小人尖西周时期土墩墓》，《浙江省文物考古研究所学刊——建所十周年纪念专刊（1980—1990）》，科学出版社，1993 年，第 203 页。杨楠：《江南土墩遗存研究》，民族出版社，1998 年，第 101—103 页。

在管九村西周土墩墓①中亦可以找到基本相同的器物。在浙江南部瑞安的西周时期积石土墩墓中，也出土有同样的原始青瓷器和“越式”青铜短剑等物件②（图 2-24、图 2-25）。

图 2-24　浙江瑞安西周时期积石土墩墓中出土的“越式”青铜短剑

（采自《浙南石棚墓》）

图 2-25　浙江瑞安西周时期积石土墩墓中出土的“越式”青铜短剑

（采自《浙南石棚墓》）

四、春秋战国时期的闽越

在福建地区，以往囿于先秦时期考古发现的欠缺，特别是春秋战国时期的历史文化面貌始终是不清楚的。21 世纪以来，有了一些重要的考古发现，如在浦城管九村土墩墓群中发现的春秋时期土墩墓和大王塝山石圹土墩墓，填补了春秋时期的部分空白。2006 年在管九村发掘的 33 座土墩里发现的 40 余座墓葬中，有 11 座春秋时期的土墩墓。③ 在这批春秋时期土墩墓中出土了一批陶、瓷器和青铜器，取样测定的碳-14 数据也是距今 2500 年以前，这批春秋时期的土墩墓建构起福建北部地区和闽江流域这一时期的年代学标尺。

① 福建博物院编：《21 世纪初福建基建考古重要发现》，福建人民出版社，2009 年，第 73—108 页。

② 浙江省文物考古研究所等编著：《浙南石棚墓调查发掘报告》，文物出版社，2014 年，第 100—102 页。

③ 福建博物院、福建闽越王城博物馆：《福建浦城县管九村土墩墓群》，载《考古》2007 年第 7 期。

图 2-26　浦城管九村大王塝山石圹土墩墓

另外，2003 年，福建闽越王城博物馆考古队在浦城管九村的大王塝山，发掘清理出一座规模较大的石圹土墩墓①（图 2-26）。由于墓葬被盗一空，墓内没有出土可供断代的随葬器物，其年代只能通过墓葬形制和木炭的碳-14 测定进行分析。我国以往所发现的先秦时期的土墩墓主要分布于苏南、皖南和浙江地区，福建地区大型石圹土墩墓的发现尚属首次。大王塝土墩墓是由岩石块从地面垒砌的一座石圹木棺墓，规模较大。参照浙江大部分地区流行土墩墓和石室土墩墓年代分期资料，断定其与浙江德清县独仓山 D8 石室土墩墓②在形制上相当接近，我们推测该墓的年代应在春秋中、晚期。墓内出土采集的木炭样本经中国社科院考古研究所碳-14 年代测定，其绝对年代为距今 2464±39 年。

从石室内的棺痕迹象和东部的木炭遗存现象分析，该墓应是一座有棺的石圹（椁）土墩墓，再从东部的木炭堆积分布状况，推断该圹室墓的上部结构可能是“人”字坡的木椁。

该墓是福建省发现和发掘的第一座石圹土墩墓，墓室内随葬品虽然在古代就被盗掘一空，但其石构墓室以及封顶土墩的规模之大，在我国江南所发现的土墩墓中也不多见，说明了墓的等级较高。

福建浦城管九村土墩墓群的一系列发现，证明了福建两周时期闽越文

① 福建闽越王城博物馆：《浦城县管九村大王塝土墩墓发掘简报》，载《福建文博》2007 年第 2 期。

② 田正标、陈元甫：《浙江德清县独仓山及南王山土墩墓发掘简报》，载《考古》2001 年第 10 期。

化发展的序列和浙江于越文化大体接近。闽、浙两地越文化遗存的关系非常密切，至少在整个闽江流域，都与浙江的越国文化属于共同的文化圈。

春秋时期的青铜器在闽北地区还有一些零星的发现，如在光泽发现了西周晚期至春秋早期的青铜斧、矛、匕首①；在建瓯也发现了西周晚期至春秋初期的青铜矛、剑等②；建瓯城关动土工程中还发现了春秋战国时期的青铜鐏（耜）和剑格③（图 2-27、图 2-28）；建瓯市博物馆收藏的一件战国时期的青铜剑④（图 2-29）等。这些闽北地区出土的青铜器都与浙江越国的青铜器相类同，属于同一青铜文化体系。

图 2-27　建瓯出土的青铜鐏（耜）

图 2-28　建瓯出土的青铜剑格

图 2-29　建瓯市博物馆藏战国青铜剑

（采自《金瓯撷英——建瓯文物集萃》）

① 笔者所见，民间收藏。根据匕首（极小的短剑）有格，推断年代为春秋早期。

② 笔者所见，民间收藏。青铜矛为西周晚期到春秋时期的风格。另一青铜剑已经流失。

③ 笔者所见，民间收藏。青铜鐏（耜）和剑格年代为春秋战国时期，以往多见于浙江地区。这件青铜剑格造型十分罕见。

④ 谢秀瑞、黄丽霞主编：《金瓯撷英——建瓯文物集萃》，福建美术出版社，2011 年，第 10—11 页。

在福建迄今所发现遗址的文化层中，例如东张遗址上层、龙头山遗址①等，我们很难剥离开西周和东周的遗存。福建地区目前尚未发现典型的居住遗址，因此，还需要发掘更多的墓葬群。不过，如果浦城管九村土墩墓群能够出版详细的考古报告，也能解决一些西周早晚的分期并呈现东周早期（春秋时期）的文化面貌。目前，我们从浦城管九村土墩墓群的考古资料中，已经可以看出西周向东周发展变化的大致脉络。但是东周中、后期，即春秋晚期和战国时期的考古学文化面貌，目前还基本是空白的。究其原因，一是福建地区还未发现战国时期的典型遗址，二是我们对已发现的零星遗存研究分析还不够深入。

目前虽然在闽江下游的福州闽侯庄边山遗址发现了具有战国末期风格的陶器组合的墓葬群②，在闽江上游浦城发现了民间出土的同样的战国晚期楚式风格的陶器组合③，但是，这一突兀的文化遗存，只是昙花一现。在福建地区，它既无源头又无后续。所以笔者不把它列入本地区的战国晚期的地方文化，而是把它们归纳为秦代秦军楚卒入侵的物质文化之体现。

虽然由于各种客观原因，在福建地区还没有发现典型的战国时期的遗址和墓葬群，但这并不意味着在福建地区没有战国时期文化的遗存，希望将来考古取得新的进展。

以往在福建地区也有发现个别战国时期的文化遗存、遗物，特别是在闽江流域有所发现，如政和铁山九战丘发现的青铜剑、矛、镞④（图 2-30：4、5，图 2-31：2），建阳徐市出土的青铜剑⑤（图 2-31：7），建瓯小松乡陈田村后门山出土的青铜剑⑥（图 2-31：8）；在闽南的漳浦祖妈林出土了青铜斧⑦

① 付琳、黄运明等：《福建浦城龙头山遗址发现新石器时代、夏商周、秦汉三叠层》，载《中国文物报》2021 年 12 月 24 日。

② 林公务：《福建闽侯庄边山的古墓群》，载《东南文化》1991 年第 1 期。

③ 笔者在浦城的非国有博物馆所见到的实物资料。

④ 铁山中学、政和县文化馆：《福建政和县发现春秋时期的青铜兵器和印纹陶器》，载《考古》1979 年第 6 期。

⑤ 建阳县文化馆：《福建建阳县发现青铜器》，载《考古》1983 年第 11 期。

⑥ 建瓯县博物馆：《建瓯小松发现青铜器》，载《福建文博》1989 年第 1、2 期合刊。

⑦ 曾凡：《福建漳浦新石器时代遗址调查》，载《考古》1959 年第 6 期。

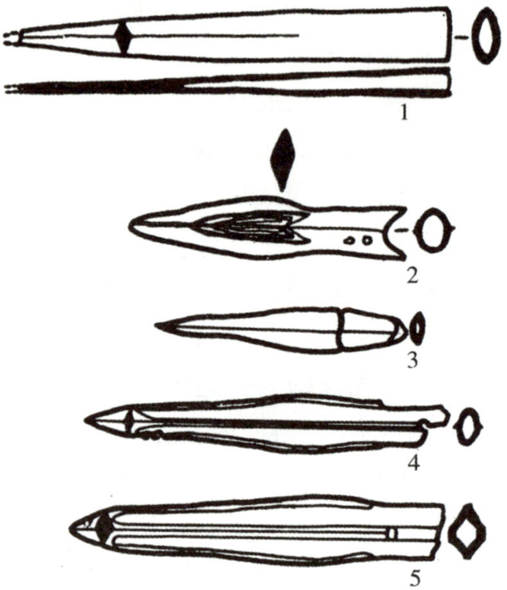

图 2-30 青铜矛

1. 商代矛（南安大盈） 2. 西周晚期至初期的矛（光泽止马）
3. 西周矛（建阳徐市） 4、5. 战国矛（政和铁山）

(图 2-23:1)；在闽西地区还有武平集贤、十方镇、一中亭子岗城以及厢乡园丁村，都分别出土了青铜剑①（图 2-31:3、4、5），在大田的建设镇曹昆仑也出土了青铜剑②（图 2-31:1、6）等，剑、矛等形制都是战国时期的特征。这些战国青铜兵器遗存，反映出战国时期福建地区青铜文化的鼎盛。文献记录了战国时期越国被楚国所灭，残存的王室人员和部分贵族逃难至浙南山区和福建地区，他们的到来必然带入了更多先进的青铜器、玉器等器物，我们期待着今后有更多更重要的考古发现。

① 福建省文物管理委员会：《福建武平新石器时代遗址调查报告》，载《考古》1961 年第 4 期。

② 福建省文物管理委员会大田调查资料。

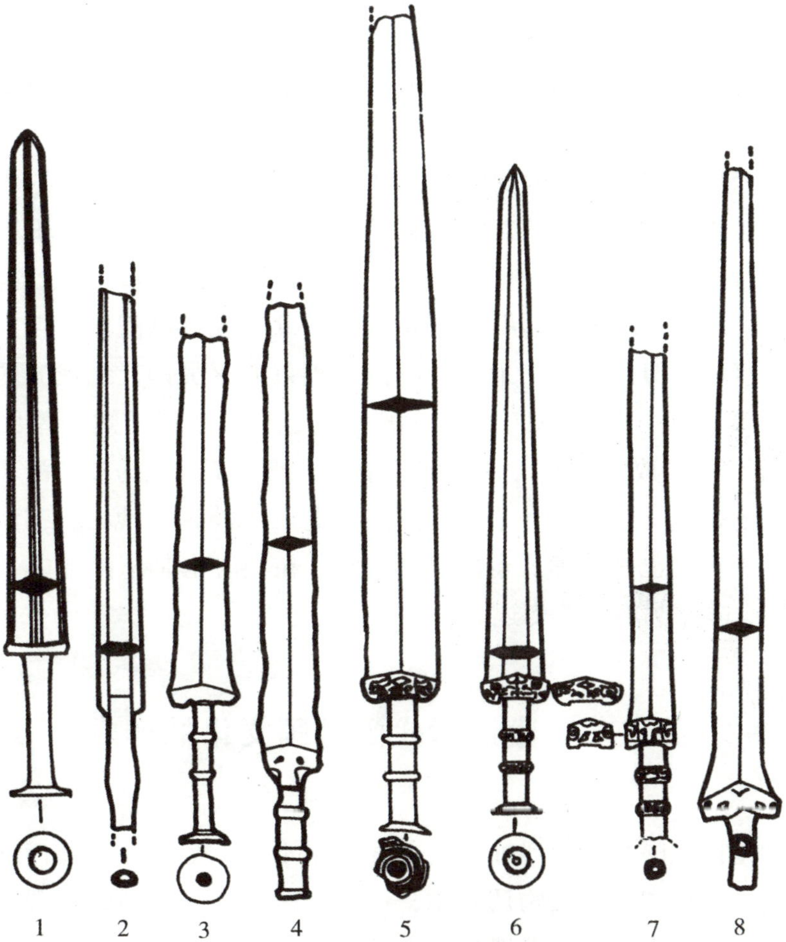

图 2-31　春秋战国青铜剑

1. 大田曹昆仑出土　2. 政和铁山出土　3. 武平一中亭子岗出土　4. 武平十方镇出土
5. 武平集贤出土　6. 大田曹昆仑出土　7. 建阳徐市出土　8. 建瓯小松出土

据文献记载，到了战国时代的中期，周显王三十五年（前 334 年），楚灭越，杀越王无彊，尽取吴、越故地，拓地东至浙江。越国以此散，残部或退入浙南、福建地区，或滨于海岛向楚国称臣。这时期退至浙南、福建的越国贵胄和遗民与当地闽越族土著居民相融合，并且建立了一些地方政权，称王称君于一方。福建和浙南地区进入了越族王国时代，即闽越王国初创时期。

早在西周时期，福建的闽江流域和浙南的瓯江流域都已是越族的活动地域，属于越文化圈的组成部分。到了春秋战国时期，应该属于历史文献中记载的“外越”“东海外越”① 地区。《越绝书》记载：“句践徙治山北，引属东海，内、外越别封削焉。”② 浙江中、北部在春秋战国时期，应是越国的核心区域，即“内越”地区。越国称霸以后灭吴国，北伐齐国，迁都琅玡，但浙江中、北部地区仍是越国的核心地区。越国败于楚国，尽失“内越”故地，“败走南山”，“诸族子争立，或为王，或为君，滨于江南海上，服朝于楚”。③ 越国王室、贵胄率残部退入“外越”地区，在浙南与闽中地区称王称君也是顺理成章的事情。闽，在当时也是东南地区越族的另一种称谓，本书另有章节专述。

第三节　秦汉时代闽越国文化的形成

福建地区战国时代的遗址和墓葬发现得不多，至今尚未进行过有效的科学发掘。但在省内的文物调查中，还是有一些遗迹被陆续发现。其中较重要的有：政和铁山九战丘遗址，在遗址中共出有铜剑、矛、镞，印纹硬陶罐、盆、鼎、器盖及釉陶豆、碗、罐④，推测亦为墓葬遗迹。在闽西武平

① 《越绝书·越绝外传记地传第十》，中华书局，2020 年，第 179 页。
② 《越绝书·越绝外传记地传第十》，中华书局，2020 年，第 150 页。
③ 《史记·越王句践世家》，中华书局点校本，1982 年，第 1751 页。
④ 铁山中学、政和县文化馆：《福建政和县首次发现春秋时期青铜兵器和印纹硬陶器》，载《考古》1979 年第 6 期。

亭子岗发现一座长方形竖穴土坑墓，系河卵石铺底，出土遗物有“越式”小铜鼎、铜剑、铜削及三足陶盒、罐、盂、杯等，年代约在战国晚期至西汉初期。① 在长泰犁头山发现的战国晚期至西汉初期的墓葬，出土有米字形印纹硬陶罐、双耳罐、小盅等陶器。② 另外，在闽侯庄边山发掘出9座战国末期至秦代的楚墓，出土一批鼎、盒、壶、豆等楚文化的陶器，还出土有玉、石璧、铜环等随葬品。③ 在庄边山遗址中还出土了瓮、罐、瓿、盆、匏壶、熏炉等“闽越式”陶器，其中部分陶器是被破坏的闽越墓葬中的遗物。在浙南江山也发现了战国时期底铺河卵石的竖穴土坑墓，出土了一批“越式”陶器等遗物。④ 这类零星的墓葬和遗存，尚不能完全确定是战国的还是秦代的，抑或是汉初的。这是由于福建地区目前未发现战国时期的遗址和墓葬群，特别缺乏战国晚期的典型文化遗存。

从这些遗址和墓葬中出土的遗物来看，其陶器方面的文化面貌还有一些差异。说明在闽越族的活动地域，战国晚期、秦代和汉初，闽中地区因朝代的鼎革变化形成的文化现象比较复杂、多样，有待于细致地梳理、分析和断代剥离。这些零星的遗存资料和典型大遗址的缺乏，也反映了战国时期闽越可能还未成为一个组织严密和稳固的王国政权，与西汉时空前统一的闽越王国还有差距。当时的国家形态还只是处于初创阶段，王国机制还不够完善。《史记·越王句践世家》记载：“楚威王兴兵而伐之，大败越，杀王无疆，尽取故吴地至浙江，北破齐于徐州。而越以此散，诸族子争立，或为王，或为君，滨于江南海上，服朝于楚。后七世，至闽君摇，佐诸侯平秦。汉高帝复以摇为越王，以奉越后。东越，闽君，皆其后也。”⑤ 这段记载

① 王振镛：《辛勤耕耘结硕果——福建省博物馆文物考古工作四十年》，见《福建历史文化与博物馆学研究》，福建教育出版社，1993年，第6—18页。

② 王振镛：《论闽越时期的墓葬及相关问题》，载《福建文博》1990年第1期。

③ 福建省文物管理委员会：《闽侯庄边山新石器时代遗址试掘简报》，载《考古》1961年第1期。林公务：《福建闽侯庄边山的古墓群》，载《东南文化》1991年第1期。1960年发现了1座，1982—1984年发现了8座。

④ 江山县文物管理委员会：《浙江省江山县发现战国墓》，载《文物》1985年第6期。

⑤ 《史记·越王句践世家》，中华书局，1982年，1751页。战国中期，在退入闽中的故越国王室贵胄的后代王子，沿袭了越王的世系，传国七代。

中虽然遗漏了无诸，但是说明了战国时期越国败于楚国，丧王并失去了浙江北部的领土，但逃到浙南及闽中的“诸族子”等，各自为王或为君，割据浙南和福建地区。直到战国末传了七世到摇（包括无诸、织等），也说明了战国闽越建立地方政权达七代，时间长达百余年之久。

公元前214年左右，秦王朝征服了闽越族的地方王国政权，在闽越地区建立了闽中郡，这也只是短暂的统治，未能从根本上影响闽越文化向一体化发展。闽越王虽被废为君长，但并不能减缓其势力的拓展。闽越族人更为紧密地聚合在无诸、摇等君、王周围，促成了秦末闽越人在无诸、摇的率领下起兵反秦的历史事件。汉立闽越国，完成了闽越文化的一体化进程。

汉代闽越国遗址及文化遗存目前发现的不少，分布范围几乎包括福建全省及浙南与福建毗邻的地区。赣东地区，由于这方面的工作开展得不多，目前尚未见到闽越遗址相关发现的报道。但据古代文献记载，赣东部分地区为闽越国领地。相信今后随着文物考古工作的深入开展，赣东地区也会有闽越国遗址的发现。在福建地区，汉代闽越国文化最典型、最有代表性的遗存是武夷山市（原崇安县）城村汉城遗址，而在该城址出土遗物中，民族文化特征最鲜明之物是当时社会生活中的日用陶器。在该城已发掘的部分遗址中，出土了数千件完整或可复原器形的陶器及数以万计的残陶器，其中除部分陶器与两广南越地区的同类器相似或相近外，其余则是别具一格、独见于闽越地区的陶器。前一部分中，除极少数似为南越陶器外，大部分仍与南越陶器有或多或少的差异。总之，闽越国时代的陶器是闽越国文化因素中最具独立性的要素，是族文化的象征。其陶器种类有瓮、罐、盆、钵、釜、盅、盂、瓿、壶、杯、盒、鼎、缸、匏壶、提桶（筩）、支座、熏炉、三足盘、三足罐以及个别甑、洗等。在这些器类中，又有不少不同造型的品种。陶器中最常使用并且出土数量最多的有罐、盅、钵、釜、盆、小盒及三足盘等，它们都是在我国其他地区未曾见到或形制不同的器物。另外的瓮、瓿、匏壶、提桶（筩）、熏炉等器类，虽然在广东、广西、湖南的部分地区有相似之器的发现与出土，但在造型方面又都有或多或少的差异。

武夷山城村汉城（东越王城）遗址年代和性质的解决①，为西汉时期闽越文化建立了考古年代学和器物类型学的标尺。近30多年来，西汉闽越国时期的城邑、聚落遗址以及墓葬不断被发现。特别是闽江下游的福州地区，开始有了一系列的重要发现，闽越国另一都邑宫室建筑遗址和墓葬等被考古发掘揭露出来。② 浦城也有了系列的考古新发现。③

西汉前期，闽越国文化已空前一致，它显示了闽越国政权和社会关系前所未有的统一和稳定。从目前地下遗存的发现中，可看出不仅闽越国中心地区的闽江上、下游流域，社会文化完全一致，甚至周边地区或边缘地带的文化面貌也与中心区一致。如闽南长泰石牛山等西汉前期墓葬中，仅存的陶器如瓿、钵等，形制竟与闽北武夷山城村汉城的同类陶器完全相同。而石牛山1号墓底铺河卵石的手法，也与城村汉城福林岗1号墓的情况相同。另外，在龙海榜山雩林山遗址中出土的瓦类建材及方格纹罐等残陶片，亦与城村汉城遗址等地的同类遗物相同。这些都可证明连接闽南、靠近南越地的边沿地区，其地方文化也与闽中、闽西北、浙南等地区的文化几无区别，但与广东东部的南越国文化判然有别。往北至浙南的瑞安，在莘塍区汀田乡下山根发现的西汉前期墓葬中，出土有陶瓮、罐、钵、匏壶等器物④，均与武夷山城村汉城（东越王城）遗址等地出土的典型同类陶器造

① 杨琮：《论崇安城村汉城的年代和性质》，载《考古》1990年第10期。基于研究的日益深入，笔者认为“武夷山城村汉城址”应为东越王余善建立的新国都，故又称其为“东越王城”，说详第五章。

② 福州市文物考古工作队：《福州北大路外九彩巷古遗址发掘简报》，载《福建文博》2003年第3期。福建博物院、福州市文物考古工作队：《福州冶山路省二建工地发掘简报》，载《福建文博》2005年增刊。福州市文物考古工作队：《2000年福州冶山路古遗址发掘简报》，载《福建文博》2003年第3期。

③ 福建闽越王城博物馆：《浦城县上面山汉代遗址发掘简报》，载《福建文博》2012年第1期。福建闽越王城博物馆、浦城县博物馆：《福建浦城县金鸡山闽越墓葬发掘简报》，《东南考古研究》第五辑，厦门大学出版社，2023年，第58—70页。

④ 浙江瑞安的文物调查资料。调查者有的将这批文物的年代定为战国，有的定为战国末至汉初，笔者认为这批器物出自受破坏的闽越（东瓯）墓葬，时代均为汉初或西汉中期以前。

型相同。这类文化面貌的遗址、遗存在浙南及瓯江流域多见。在浙江地区属于闽越（东瓯）的遗址和墓葬，在台州温岭也有重要的发现，曾发掘出城址和大型墓葬。[①] 上述实例都证明了在秦汉时期，福建地区和浙南地区的文化面貌已高度一致。这种现象在福建地区古代文化史上是空前的，它们不仅反映出别具一格的闽越国文化在秦及汉初已形成并发展成熟，也从物证上表明了闽越国时期地区间的密切联系和王国政权强烈的文化凝聚力。

闽越国文化形成的证明不仅表现在风格一致并自成系统的日用陶器方面，还表现在宫室建筑、城邑建设、铜器及铁器生产、文字、艺术以及政权组织、社会经济等方面，其中陶器是衡量同一文化和特定文化内涵的重要标志。闽越国文化形成的主要因素和特征可归纳为以下几个方面：

1. 在日用陶器方面，形成了与前、后代风格不同，与同时期其他族群不同的、自成一体的陶器系统。

2. 大型宫殿和城邑的出现及城市建设的成熟。

3. 与城邑和大型宫室殿堂相适应的各类砖、瓦、供排水管道系统等建筑材料的应用。

4. 精美的青铜礼乐器、生活用器和先进兵器的使用。

5. 铁器的出现以及大量制造，铁器普遍应用于军事、农业、手工业和日常生活中。

6. 文字的应用和流行。

从这几个重要因素中，可以看出除第1点外，其余5个特点是福建地区闽越人（包括越国后裔）建立了闽越国以后，才产生的前所未有的文化因素，它们共同组成了西汉闽越国文化的基本要素。闽越国文化虽然是闽越族在秦汉时代创造的自成一体、独具特色的王国文化，但又与先秦的闽越文化有着许多继承和内在的联系，特别是日用陶器类和青铜器类。也就是说，闽越国文化是在先秦闽越文化发展的基础上，吸收了中原内地先进文化诸因素而产生的，是闽越族文化的发展高峰。

---

① 浙江省文物考古所编著：《浙江越墓》，科学出版社，2009年，第170—204页。

第三章 闽中郡的设立问题

第一节 关于闽中郡的争议

关于秦代是否在福建地区设立闽中郡的历史问题，学术界一直有不同的看法，主要有三种意见：第一种否认闽中郡的设置，第二种认为闽中郡为虚设，第三种则认可闽中郡的设立。

尽管司马迁在《史记·东越列传》中记载："闽越王无诸及越东海王摇者，其先皆越王句践之后也，姓驺氏。秦已并天下，皆废为君长，以其地为闽中郡。"《汉书·西南夷两粤朝鲜传》照录不变。但是闽中郡是虚设的看法仍是目前学术界的主流认识。

一、否认闽中郡的设置

历史地理学家林汀水否认闽中郡的设置。他认为《秦始皇本纪》不会是"偶然的疏漏"。"根据史书的记载，秦的势力确实是仅及于会稽，从未进兵过闽中地"，"大败越族，侵夺其地，使社稷不得血食，并不是秦，而是楚"，因此，"秦怎么会有闽中郡之设呢？"①

二、闽中郡为虚设

王鸣盛在《十七史商榷》中提出闽中郡是虚设的看法。他认为"秦虽

① 林汀水：《也谈闽中郡、冶县与侯官》，载《地名》1981年2期。

置郡，仍为无诸与摇所据，秦不得而有之，所以汉击楚，二人即率越兵来助”①。意思是秦虽设郡而并未实际据有。

叶国庆、辛土成同意其说，认为“实际上秦并未曾在闽中郡设置官吏——文献看不到这种记载，这里仍为无诸和摇所统辖。这犹如汉武帝虽建立益州郡，仍命滇王‘复长其民’”②。

也有学者认为：“从史、汉的记载看，闽中郡的设置应是事实，……《东越列传》也没有说秦进兵闽中事，只是‘（无诸与摇）皆废为君长’，这就暗示了闽中统一于秦的方式不同于以武力战胜的吴越和南越之地……所以，闽中郡的设置可能就是秦始皇一纸告诏。”③ 因此认为秦未以武力攻占闽中，而是以诏书宣告了闽中郡的建立，说明闽中郡仅是虚设。

三、认可闽中郡的设立

李祖弼肯定闽中郡的存在，指出：“史、汉二书都肯定闽中郡的存在，因此后人对于秦置闽中郡问题，向无异说。”④

朱维幹、陈元煦认为：“秦并天下，削去无诸及摇的王号，以其地立闽中郡。闽中郡的疆域，除福建以外，还包括浙江的旧温、台、处三府属。”⑤

由于这种看法只是依据《史记·东越列传》《汉书·西南夷两粤朝鲜传》的记载，而无其他旁证，所以未被地方史及考古学界认可。而第二种闽中郡为秦朝虚设的看法，最被大家广泛接受。以上只是列举部分学者的代表性观点，其余恕不一一罗列。

---

① 王鸣盛：《故郡》，见《十七史商榷》卷十七，中国书店，1987 年。

② 叶国庆、辛土成：《西汉闽越族的居住地和社会结构初探》，载《厦门大学学报》（社会科学版）1963 年第 4 期。

③ 吴春明、林果：《闽越国都城考古研究》，厦门大学出版社，1998 年，第 52 页。

④ 李祖弼：《闽中疆域考》，载《厦门大学学报》（哲学社会科学版）1980 年 1 期。

⑤ 朱维幹、陈元煦：《闽越的建国及北迁》，见《百越民族史论集》，中国社会科学出版社，1982 年，第 121 页。

第二节　对闽中郡设置的探讨

公元前221年，秦始皇平灭六国后不久，又派遣50万大军分五路南平百越。《淮南子·人间训》记载其中一路“结余干之水（今江西信江）”，即走江西的水路进攻闽越。当时，闽越的势力范围包括了赣东余干地区。①秦军翻越武夷山脉的分水关，从闽江上游顺流而下直达东冶（今福州）。虽然历史文献未记录秦军入闽的具体路线，但是《汉书·严助传》中记录了汉军入闽的必经之路，指出“入越也，舆轿而逾岭，柁舟而入水，行数百千里，夹以深林丛竹，水道上下击石，林中多蝮蛇猛兽……”。这些翔实的记述，是当时闽江上下游及沿岸情景的真实描述。秦统一福建及浙南闽越地区后，设立了闽中郡管辖这一地区。闽中郡治应该设立于今福州地区，如同南海郡治设立于番禺（今广州）一样。

关于秦平闽越后在福州地区设立闽中郡的历史，司马迁在《史记·东越列传》中有明确记录：“闽越王无诸及越东海王摇者，其先越王句践之后也，姓驺氏。秦已并天下，皆废为君长，以其地为闽中郡。”秦的闽中郡疆域，基本包括今福建省境、浙江南部及江西东北部一带。

对这一史实，在《汉书·高帝纪》的有关记录中，也得到确认。刘邦于汉高祖五年（前202年）封闽越王时的诏令说：“故粤王亡诸世奉粤祀，秦侵夺其地，使其社稷不得血食。诸侯伐秦，亡诸身帅闽中兵以佐灭秦，项羽废而弗立。今以为闽粤王，王闽中地，勿使失职。”②

虽然有些福建历史的研究者对闽中郡实际设立与否，是否虚设，还有争议，但笔者认为《史记》《汉书》两部信史的记载难以否定；另外，考古发现虽然未有直接的出土文字证明，但是仍有一定的线索。

---

① 参见《汉书·严助传》记载：“越人欲为变，必先田余干界中，积食粮，乃入伐材治船”，说明了江西东部的余干地区是闽越的活动范围。

② 《汉书·高帝纪》，中华书局点校本，1962年，第53页。

一、闽中郡设立的考古证据

早在 20 世纪 60 年代、80 年代，考古人员先后在闽侯庄边山遗址发掘出 9 座楚墓。① 庄边山东西长约 400 米，南北宽约 100 米，总面积约 4 万平方米，这批墓葬只发现于不到 3000 平方米的地界内，因而，这个区域所分布的墓葬数量实际上应不止 9 座（图 3-1）。从这 9 座墓的排列情形观察，似有一定的规律，自西而东埋放有序，每排 3 座，各墓间距也约略相同，说明当时这一片墓葬区的布局有一定的规划和管理。从墓葬规模以及部分墓葬底部发现有或纵或横的双道垫（枕）木沟槽（图 3-2），考古发掘者推测，这些墓葬一般都有棺有椁，随葬陶礼器往往成双成对，一些墓葬中还有玉、青铜构件等贵重物品，表明这些死者生前的身份及其所代表的地位，

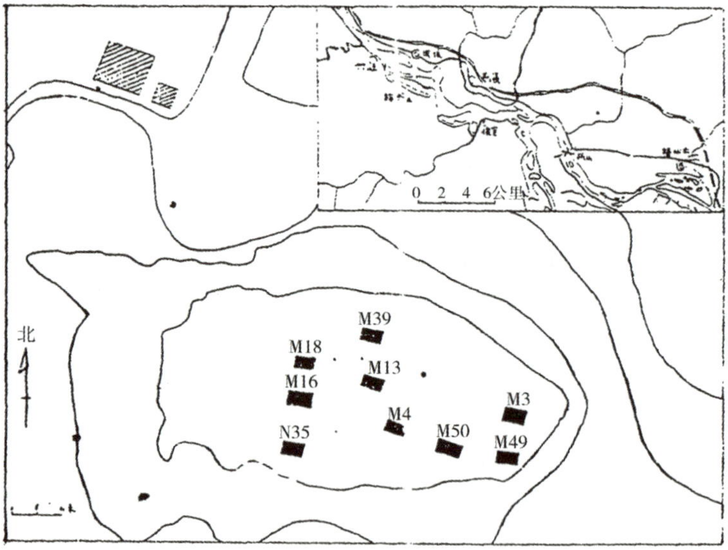

图 3-1　秦代楚墓在闽侯庄边山遗址中的分布示意图

（采自《东南文化》1991 年第 1 期）

① 福建省文物管理委员会：《闽侯庄边山新石器时代遗址试掘简报》，载《考古》1961 年第 1 期。林公务：《福建闽侯庄边山的古墓群》，载《东南文化》1991 年第 1 期。

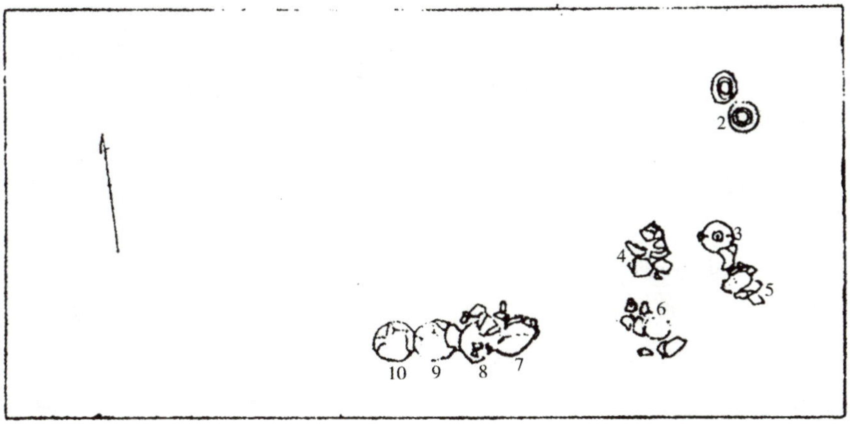

M16 平面图

1、2. 壶　3. 匏壶　4. 瓿　5、6. 豆　7、8. 鼎　9、10. 盆

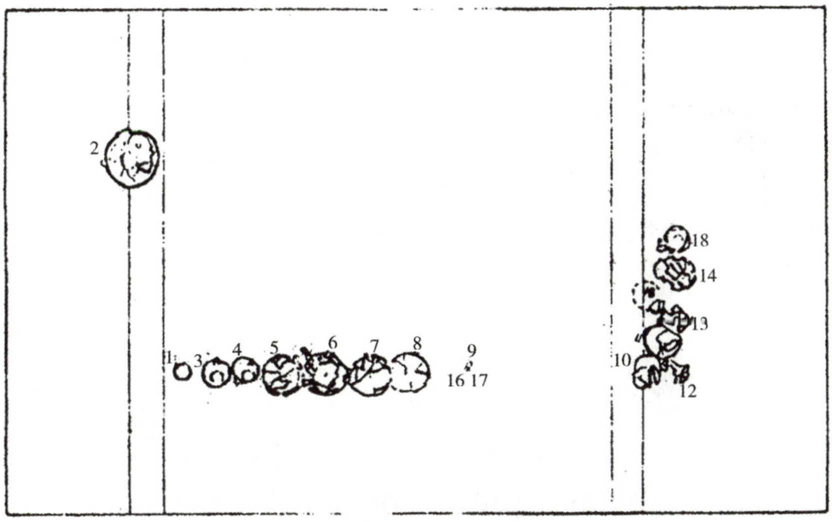

M50 平面图

1. 玉盘　2. 瓿　3、4. 壶　5—8. 鼎　9、16、17. 铜环　10、11. 盒　12—15. 豆　18. 红彩块

图 3-2　秦代楚墓 M16、M50 的平面图

（采自《东南文化》1991 年第 1 期）

绝不是一般的平民百姓，在福建地区或可称得上达官贵族。① 这批墓葬的陶礼器组合是鼎、豆、壶、盒，虽然是典型的楚式组合（图3-3—图 3-5），但是它们的陶质和制作方法有本地特点。笔者认为这批墓葬的主人有一定的身份地位，但并非“达官贵族”，从墓葬有序、成群的排列，墓葬规模和未遭盗掘的随葬品来看，这些墓主人只能是中等身份的人物，这片区域是他们的公共墓地。

发掘者通过与长沙、岭南地区战国晚期墓葬形制和出土遗物的比较研究后，指出：“据此我们推测庄边山 2 期墓葬的年代大约为秦末至西汉早期，年代下限不晚于武帝元鼎六年。”② 同时认为这批墓葬的形制结构以及随葬器物的组合形式及其形态，所反映的埋葬习俗和文化特征，从总体上看应属于楚文化范畴，从而进一步认为：“庄边山墓群首先是一个家族集团特定的公共墓地；二是再现了南下的楚人同当地越族融合相处的历史情景；三是这批楚人大约是在秦并六国，进行统一战争的历史背景下，由湖南长沙地区举家向南而来的；四是这批楚人南下之后，定居于越腹地，与越人杂处相安无事，还有特定的家族墓地，表明他们在越人中有着一定的身份和地位，反映了其与闽越的关系不同寻常。据此或可说明，在这批楚人南下定居之前，楚、闽之间就有着友好亲密的文化交往的历史基础。”③

笔者认为，庄边山墓地的发掘者虽未对残存的骨骸、木、炭等有机物采样进行碳-14 测年，但考古报告通过比较分析，对这批墓葬主人族属的判断还是比较中肯的，只是年代判断太过宽泛。笔者认为这类“楚式”的陶礼器组合及墓葬各方面的形制，都是战国末期的形态，下限也不会晚于西汉初年，更不会晚到西汉中期的汉武帝时期。战国时期楚灭越，秦末汉初的楚汉战争中，闽越佐汉击楚，故战国秦汉之际，楚越势不两立。所以，楚国的官宦（军吏）墓葬群成批出现在闽侯闽江边的庄边山，只能是秦设闽中郡、派遣南方楚人管理闽越地区的实证。秦同时平定两广等地区的南越，设南海、桂林、象郡，派遣的戍卒大部分同样来自楚地。④ 因为南方的

① 林公务：《福建闽侯庄边山的古墓群》，载《东南文化》1991 年第 1 期。
② 林公务：《福建闽侯庄边山的古墓群》，载《东南文化》1991 年第 1 期。
③ 林公务：《福建闽侯庄边山的古墓群》，载《东南文化》1991 年第 1 期。
④ 广州市文物管理委员会等：《广州汉墓》，文物出版社，1981 年，第 18—96 页。

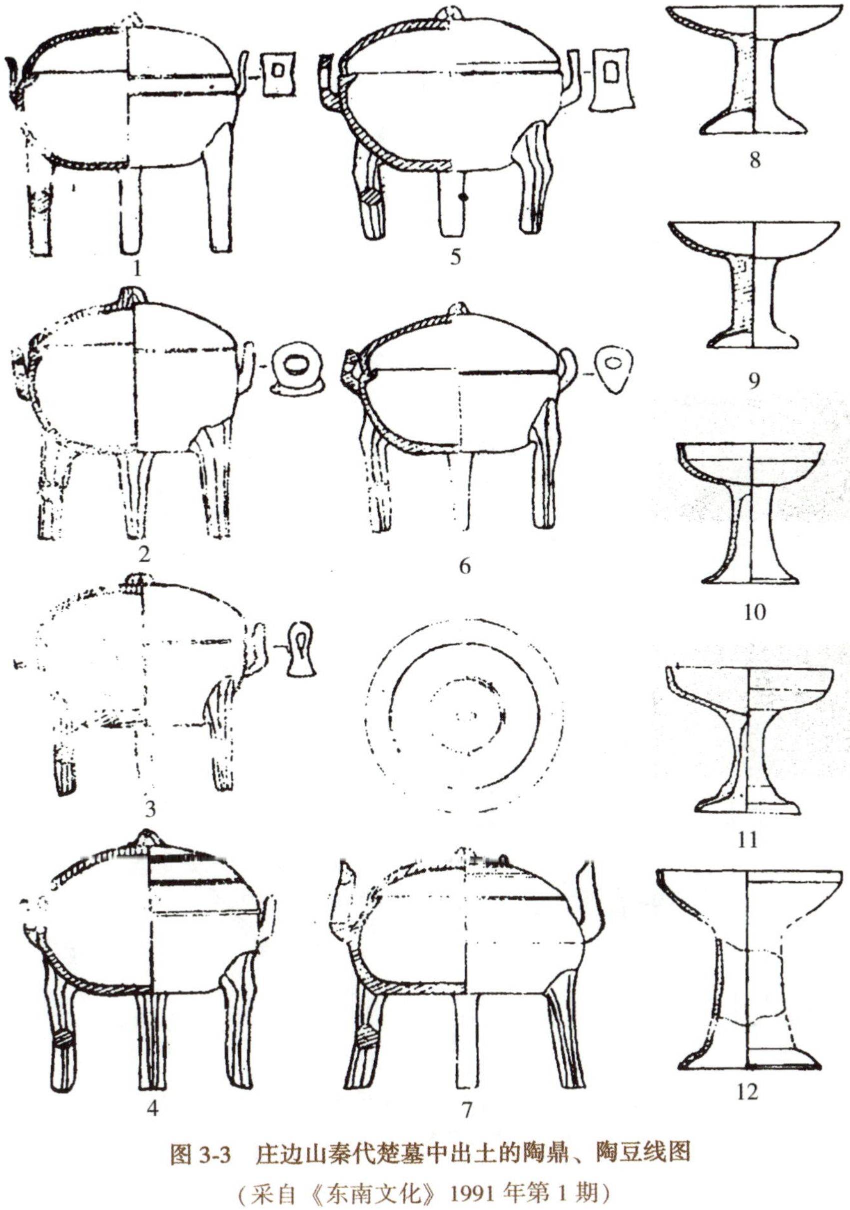

图 3-3　庄边山秦代楚墓中出土的陶鼎、陶豆线图

（采自《东南文化》1991 年第 1 期）

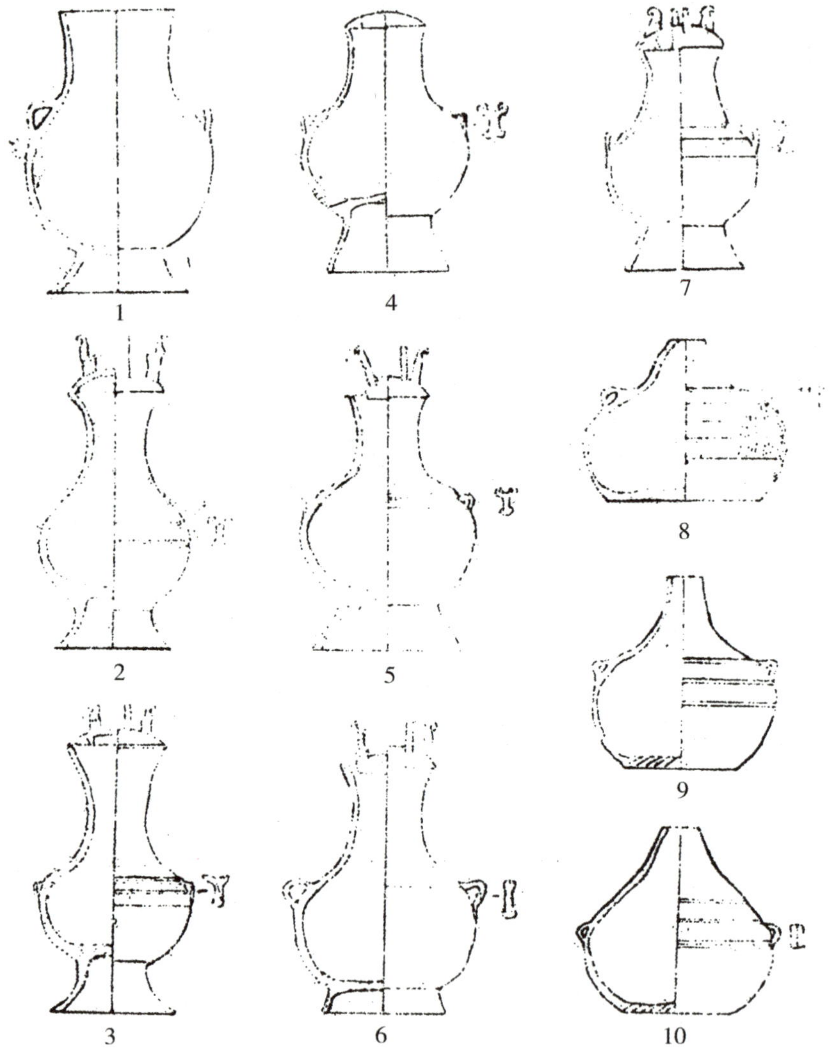

图 3-4 庄边山秦代楚墓中出土的陶壶线图

（采自《东南文化》1991 年第 1 期）

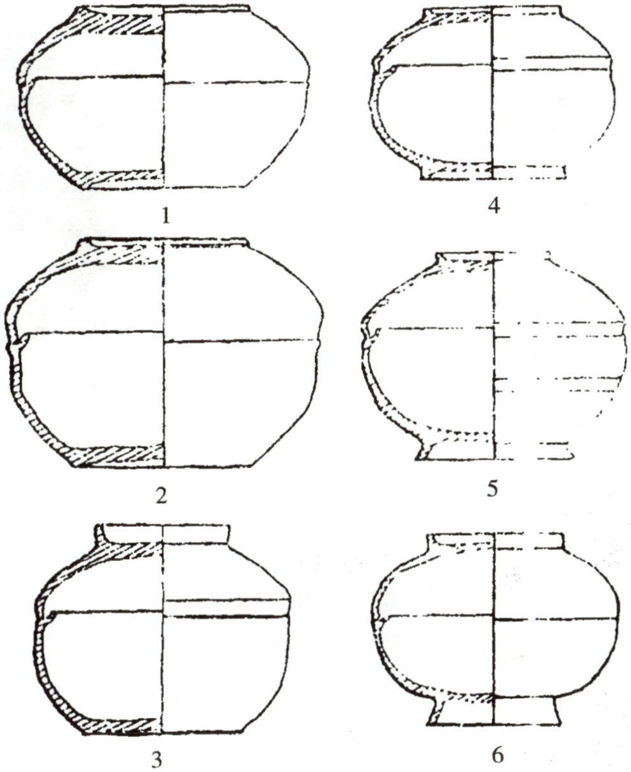

图 3-5　庄边山秦代楚墓中出土的陶盒线图
（采自《东南文化》1991 年第 1 期）

楚人更适应南方越地的气候和水土。

秦军入闽的重要证据，还有近年在浦城出土的“秦式”青铜矛。矛箭两侧錾刻两行文字，一侧文字为“武库口属相邦”，另一侧文字为“寺工二”（图 3-6、图 3-7）。这是秦军所使用的典型的秦矛，是秦国咸阳中央武库的兵器，它与当时东方诸国及楚、越的青铜矛完全不同。① 同时发现的还有 4 件整套的玉剑具、金鸠饰等②。

① 虽然不能完全判断这些器物是否为闽越军追随刘邦军队灭秦后带回来的战利品，但是可以基本判定是入闽秦军吏的随葬器物。

② 这些均为私人收藏，笔者所见，但是无法确定它们是共存于某一遗址的器物。金鸠饰有可能是战国或汉初的闽越器物。

图 3-6　秦式刻铭文青铜矛（浦城出土）

图 3-7　秦式青铜矛筩部“寺工二”刻铭

另外，在闽江下游流域福州闽侯庄边山所发现的“楚式”鼎、豆、壶、盒的陶器组合，也同样在闽北的浦城发现。

笔者在浦城发现了民间馆藏的不止一套的战国晚期至秦代“楚式”的鼎、豆、壶、盒的陶器组合（图 3-8—图 3-11），都是出土于浦城当地的墓葬。经过仔细观察，这些“楚式”造型的陶器无论从陶质还是纹饰都是当地闽越的作风。可以肯定，它们是在本地按照中原楚器的造型制作烧制的。这类陶器在过去和后来的西汉闽越国都没有出现，推测应该是入闽秦军的楚人军吏戍卒墓葬的随葬器物，与出土的秦矛性质一致，是反映秦军进入和

图 3-8　陶鼎（浦城出土）

图 3-9　陶豆（浦城出土）

图 3-10　陶壶（浦城出土）

图 3-11　陶盒（浦城出土）

驻扎于闽地的实物证据。①

需要补充说明的是，在浦城锦城村的金鸡山二号闽越国早期贵族墓葬中出土的陶鼎，在制作风格上还遗留有与庄边山出土陶鼎相近的传统。但是金鸡山二号墓葬出土的陶器组合，却完全不同于庄边山墓葬的陶器组合，是不同的文化体系。在浦城等闽北发现的战国末至秦代的这些鼎、豆、壶、盒陶礼器，都与闽侯庄边山墓葬内发掘的一样，均为秦时入闽楚人军吏墓所出。

二、闽中郡设置的时间和辖区

虽然曾有学者认为闽中郡设置于秦初。如王国维依据《史记》的记载考证秦朝设置了四十八郡，而闽中郡是秦初三十六郡之一，依《东越列传》所记“降越君”于秦王政二十五年（前 222 年）而推测闽中郡置于是年。②钱大昕也依据《汉书·地理志》说闽中郡是秦朝初并天下时所设三十六郡之一。③

但学术界普遍持不同的看法，认为闽中郡不是秦初就设置的郡。

① 笔者在浦城调研时的重要发现。

② 王国维：《秦郡考》，见《王国维遗书》第二册，《观堂集林》卷十二，上海古籍出版社，1983 年。

③ 钱大昕：《秦三十六郡考》，见《潜研堂文集》卷十六。

笔者同意吴春明和林果的部分说法，即秦是在统一全国之后再设闽中郡的①，但是笔者并不赞同“闽中郡是虚设”的观点②。闽中郡为实设的行政区域，这是因为秦始皇在统一全国、设三十六郡之后，才发兵50万平定岭南和闽中的东、南越（百越）。秦军占领了百越之地后才设置了南海、桂林、象郡和闽中郡，而这四郡都是实设，绝不是虚设。

关于这四郡设置的时间，《史记集解》《晋书·地理志》也说秦一朝设置了四十郡，秦始皇二十六年（前221年）所置三十六郡不包括闽中、南海、桂林、象郡，此四郡是后来增设的。③ 王鸣盛也认为闽中郡的设置“亦必在始皇三十年后，非初并天下事”④。

笔者认为闽中郡应该是在秦始皇三十三年（前214年），发大军平定岭南和闽中后设置的。《史记·秦始皇本纪》记载：“三十三年，发诸尝逋亡人、赘壻、贾人略取陆梁地，为桂林、象郡、南海，以适遣戍。”⑤ 此时前后，另一支“结余干之水”的秦军，即以秦大军之威降伏、平定了闽中地的闽越人。闽中郡即于此时设立，以管理福建、浙南和赣东的大部分地区。

针对《史记·南越列传》，《史记集解》徐广曰：“秦并天下，至二世元年十三年。并天下八岁，乃平越地，至二世元年六年耳。”⑥ 徐广所说是有道理的，他所指的“越地”应该包括了南越和东越（闽越）。

秦二世元年（前209年）七月，陈胜、吴广起义。秦二世三年，胡亥被赵高所杀，赵高立子婴为秦王，当年十月刘邦军攻入咸阳，秦王子婴出降，秦亡。据此线索，笔者认为：秦始皇三十三年（前214年）之时，闽中郡设立，大约在秦二世二年时，闽越首领无诸和摇等发兵起事，在鄱君

---

① 吴春明、林果：《闽越国都城考古研究》，厦门大学出版社，1998年，第51—53页。

② 吴春明、林果：《闽越国都城考古研究》，厦门大学出版社，1998年，第53页。他们认为“从闽中郡的性质分析，秦于统一全国之后再虚划闽中为一郡更合情理，确切时间就难于考证了。”

③ 《史记》卷六“秦始皇本纪”注引裴骃《集解》。房玄龄《晋书·地理志》，中华书局，1974年，第486页。

④ 王鸣盛：《故郡》，见《十七史商榷》卷十七，中国书店，1987年。

⑤ 《史记·秦始皇本纪》，中华书局，1982年，第1153页。

⑥ 《史记·南越列传》，中华书局，1982年，第2968页。

吴芮的带领下追随刘邦军，于次年攻入秦都咸阳。因此，闽中郡只存世了大约六至七年的时间，即闽中郡的设立时间约从秦始皇三十三年开始，存世至秦二世二年左右。

关于闽中郡的疆域问题，学界观点差异不大。大部分学者认为主要是福建全境和浙江的温、台、处三州①，也就是闽越国和东瓯国故地②。笔者比较同意蒋炳钊的大部分意见，他认为闽中郡的疆域实际更广一些，“闽中郡的疆域，实际上就是东越地区”，“除了浙江南部和福建全省外，还包括了与福建相邻的江西铅山和广东潮汕一带，闽西南几个县更是属于闽中郡的疆域”。③ 但笔者不认可将广东潮汕地区划入闽中郡，而认为广东潮汕地区还是属于南海郡的范围。因为无论是历史文献记载还是考古发现，都证实了广东潮汕地区是南越国的属地，而不是东越属地。《史记·东越列传》记载，“至元鼎五年，南越反，东越王余善上书，请以卒八千人从楼船将军击吕嘉等。兵至揭扬，以海风波为解，不行，持两端，阴使南越。”④ 南越国的揭扬（阳）地名延续至今，属广东潮汕地区，《史记》《汉书》已经记载得十分明确了。广东揭阳地界的五华县狮雄山南越国建筑遗址的发现和考古发掘⑤，从实物资料上证实了此地秦时属南海郡，汉时属南越国；而且出土的瓦当中，还发现印有“定”字的瓦当，进一步说明此遗址正是《汉书·西南夷两粤朝鲜传》中记载的南越揭扬令史定的官署或居室。《史记》也记录了汉军平定南越国时，“越揭扬令定自定属汉”⑥。汉代史籍的记载与考古发现完全契合。

---

① 李祖弼：《闽中疆域考》，载《厦门大学学报》（哲学社会科学版）1980 年第 1 期。
② 吴春明、林果：《闽越国都城考古研究》，厦门大学出版社，1998 年，第 53 页。
③ 蒋炳钊：《对闽中郡治及冶都冶县地望的一些看法》，载《厦门大学学报》1981 年第 3 期。
④ 《史记·东越列传》，中华书局点校本，1982 年，第 2982 页。
⑤ 广东省文物考古研究所等：《广东五华狮雄山汉代建筑遗址》，载《文物》1991 年第 11 期。
⑥ 《史记·南越列传》，中华书局点校本，1982 年，第 2977 页。

第四章　闽越国名称及世系

第一节　闽越国名称和由来

一、“闽”，还是“闽越”

闽越，既是族名，也是国名。关于这一名称，目前还存在着不同的看法。主要有两种观点，一种观点认为：闽是一个民族，即福建的土著民族；越也是一个民族，是浙江迁入福建的客族。战国以前福建只有闽族，后来越国为楚所败，部分越人退入福建之后，才产生了闽越这一混合民族的称呼。① 另一种观点认为：闽越，是自古居住在福建、浙南及台湾的土著民族，是我国东南地区百越民族的一支。“闽越”是不可割裂的一个土著民族的全称。② 上述争论主要还是涉及闽越族的族源问题。关于闽越族及闽越国的来源，第二章已论及。本章主要考证族名及国名问题。

笔者比较赞同后一种观点，即“闽越”是当地的土著民族族名。在古代文献记载中，“闽”出现的年代在前，“闽越”稍后。如先秦文献《山海

---

① 朱维幹、陈元煦：《闽越的建国及北迁》，见《百越民族史论集》，中国社会科学出版社，1982 年，第 123—124 页。近年来亦有不少文章从此说，恕不一一列举。

② 蒋炳钊：《东越历史初探》，见《百越民族史论集》，中国社会科学出版社，1982 年，第 112 页。辛土成：《台湾海峡两岸的古闽越族》，厦门大学出版社，1988 年。亦有一些文章为此种观点，恕不列举。

经·海内南经》中，即有“闽在海中”等记述。《周礼·夏官司马·职方氏》中，也有“四夷、八蛮、七闽、九貉、五戎、六狄之人民”的说法。“闽越”（或“闽粤”）则于《史记》《汉书》中才出现。因此有相当一部分研究福建地方史和考古学的同仁，认为文献上的“闽”或“七闽”，是指先秦时代福建当地的土著民族。其实不然，先秦古文献中的“闽”及“七闽”，应是指我国东南沿海的百越族群。闽是一个总称，“七闽”，是泛指很多的意思，与后来的“百越”同义。也就是说，先秦文献中的“闽”“七闽”，最初并不是专指福建的土著民族，也不是福建的专用地名，而是指当时居住、活动于我国东南地区的越人或百越族群。因此，汉代的文字学家许慎在他编著的《说文解字》中，就指明这个字最初的概念：“闽，东南越。蛇种。”即东南地区的越族人。《吴越春秋·阖闾内传》载：“越在巳地，其位蛇也，故南大门上有木蛇，北向首内，示越属于吴也。”蛇是越人的图腾之一，这也是众所周知的。在《周礼》中则有两种不同的称呼，一是“闽”，二是“粤”，这两种称呼意义是相同的。如《周礼·秋官司寇》中记有“闽隶”，《周礼·冬官司空·考工记》有“粤无镈”的记载。《周礼·夏官司马·职方氏》载：“职方氏，掌天下之图，以掌天下之地，辨其邦国都鄙四夷、八蛮、七闽、九貉、五戎、六狄之人民。……东南曰扬州。”郑注云：“闽，蛮之别。”而东南的扬州，则是当时的百越聚居地。《吕氏春秋·有始览》云：“东南为扬州，越也。”如果说闽与越（粤）是不同的民族，那么在《周礼·夏官司马·职方氏》中记载中原王朝周边的诸少数民族，有了七闽，为何不再记粤？足见如《说文》所释，当时闽与粤同义。刘逵注《左思赋》也说：“闽，越名也。”《吕氏春秋·恃君览》说：“扬汉之南，百越之际。”顾祖禹在《读史方舆纪要》中亦指出：“禹贡扬州地，周为七闽地。春秋以后，亦为越地。”这些都说明，早期的闽、七闽，是指越、诸越或百越。

在福建闽江上下游流域，特别是闽北和闽中、闽东地区，所发现的西周时期的文化遗存，均与浙江、皖南地区的文化面貌类同，无论从人们的埋葬方式还是从出土的文化遗物方面看都十分接近。从发现的印纹硬陶、原始青瓷器和青铜器等来比较，都属于同一个文化体系。我们从福建目前最有代表性的浦城管九村土墩墓群资料①，就可以清楚地看出，它们的形制以及出土遗物所体现的青铜文化内涵，都属于典型的越文化的范畴，考古发现的实物资料与文献记载完全相合。

闽，成为专指福建、浙南地区土著越人的族名，则是战国以后至秦汉间的事情。西汉时，中原的汉朝人对福建的闽越族，以及闽越国，虽然全称为“闽越”，但也常常省略为一字，只称“闽”，或称“越”。例如《汉书》中的《严助传》，其中除全称“闽越”外，亦常见省略的提法。有“闽王以八月举兵于冶南”“闽王伏辜”“闽王陨命”，同时也有“虽得越王之首”“臣闻越非有城郭邑里”“且越人緜力薄材”“越人欲为变，必先田余干界中”“虽举越国而虏之，不足以尝所亡”等。这些情况都表明，直到西汉时代，中原人还是把闽和越看作一回事，但只局限于闽越，也就是说只把福建的闽越人，或称闽，或称越，而对南越等其他支系的“越人”，则不称闽。同时，由于闽越的方位在东部沿海，所以也称东越。这主要也是相对南越而言的。《史记集解》记韦昭曰：“闽音武巾反，东越之别名。”这些也都说明，当时中原人对闽越人的称呼并不划一，这也导致了现代不少人产生认识上的误区，以为闽和越是两个不相同的民族。闽，逐渐变为福建省的总称或简称，则是很晚的事。汉代以后，以往的“越”或“百越”之词义，随着百越民族的逐渐消亡而消失。因此，我们对这个名词，如果不用历史的或者发展的眼光来看待，只以今天“闽”是指福建来认识过去，就不可能科学地、历史地、实事求是地认识这个问题，了解这个名称的含义。

当然，前一种观点也有一定的道理，战国秦汉时代的闽越人中确有一部分是故越国移民，关键是我们如何理解“闽”字的含义问题。

关于闽越族和闽越国的由来问题，以往的看法也与名称有密切的关系。持闽与越是不同民族观点的学者，认为闽是福建的土著居民，越是战国时

① 福建博物院、福建闽越王城博物馆：《福建浦城县管九村土墩墓群》，载《考古》2007年第7期。

期败于楚而进入福建的于越客族。对于这种意见，单从战国秦汉闽越族及闽越国的形成上来看，是有一定道理的，但混淆了闽与越的概念和含义。用确切的定义讲，战国初年败于楚的越国（于越族）的一部分王室贵胄和臣民，退入浙南及福建地区，与当地的土著越人（闽越先民）融合，形成了战国以后至秦汉时的闽越人。换句话说，就是两支越人①融合成为战国秦汉时期的闽越族，闽越国就是当时由他们建立的地方政权。

关于两支越人的融合，史书中没有作具体说明，仅记载："闽越王无诸及越东海王摇者，其先皆越王句践之后。"② 而古代文献的这种记载，都是指统治者，即闽越国王的血统和世系，并非闽越全国人民皆为越王句践或越国的后裔。这是不言自明的道理。

二、几千年来福建先民的发展与变化

福建地区，早自几万年前的旧石器时代起，就有古人类居住。直到战国时，于越人败退至福建之前，福建闽越先民的活动以及他们所创造的古代文化，始终没有间断过。这已被福建地区所发掘出来的丰富的地下文物所证实。如在漳州莲花池山下层，考古工作者发掘出4万年至8万年前人类使用的旧石器工具③；在三明的万寿岩发现了几万年前的洞穴遗址④；在闽西清流狐狸洞及闽南东山县海域，都发现有1万年前的古人牙和人骨化石⑤；在漳州莲花池山上层及其他地点，亦发掘出1万余年前的小石器⑥；

---

① 即前文指出的"内越"和"外越"人民。

② 《史记·东越列传》，中华书局点校本，1982年，第2979页。

③ 尤玉柱主编：《漳州史前文化》，福建人民出版社，1991年。

④ 福建省文物局等：《福建三明万寿岩旧石器时代遗址》，文物出版社，2006年，第56—110页。船帆洞遗址距今约1万—3万年；关于灵峰洞遗址的18万年说，笔者认为尚有待于进一步研究。

⑤ 尤玉柱等：《福建清流发现的人类牙齿化石》，《人类学报》1989年第8卷第3期。尤玉柱：《东山海域人类遗骨和哺乳动物化石的发现及其学术价值》，载《福建文博》1988年第1期。

⑥ 尤玉柱主编：《漳州史前文化》，福建人民出版社，1991年。

在漳平的奇和洞遗址发现了旧石器时代晚期的文化遗存[①]。这些考古发现，都是福建旧石器时代已有人类文化的实证。而福建地区新石器时代的遗址、遗迹发现的数量就更多了，比较重要的有漳平的奇和洞遗址中的新石器时代的早、中期遗存[②]，距今8000年至7000年间亮岛和闽侯大坪顶的“亮岛文化”[③]，距今约6000年前的平潭岛上的壳丘头遗址等，遗址中的文化遗存被称为“壳丘头文化”[④]；距今5000年左右的闽侯昙石山遗址中的文化遗存，被命名为“昙石山文化”[⑤]；浦城发现了“牛鼻山文化”[⑥]。此后，在福清东张中层[⑦]、闽侯庄边山上层[⑧]、霞浦的黄瓜山[⑨]、武夷山的葫芦山[⑩]和光泽的马岭[⑪]等地，也发现了相当于夏代至商初的地方文化遗存。在福清东张的下湾，发现了商代早期的墓群[⑫]；在闽侯黄土仑等地，则发现了相当于商代

① 福建博物院等：《漳平奇和洞遗址》，科学出版社，2017年，第29—92页。

② 福建博物院等：《漳平奇和洞遗址》，科学出版社，2017年，第93—249页。

③ 陈仲玉：《马祖亮岛岛尾遗址群第三次发掘报告》，连江（马祖）县政府出版。福建省昙石山遗址博物馆编著：《闽江下游流域史前遗址考古调查与研究》，科学出版社，2018年，第334—347页。

④ 福建省博物馆：《福建平潭壳坵头遗址发掘简报》，载《考古》1991年第7期。陈国强：《闽台史前考古的发现与展望》，见《福建历史文化与博物馆学研究》，福建教育出版社，1993年。陈存洗、杨琮：《福建石器时代文化特征与年代初论》，同前。

⑤ 福建省博物馆：《闽侯昙石山遗址第六次发掘报告》，载《考古学报》1976年第1期。曾凡：《关于福建史前文化遗存的探讨》，载《考古学报》1980年第3期。

⑥ 林聿亮、郑辉：《浦城牛鼻山新石器时代遗址的发掘》，载《福建文博》1990年第1期。

⑦ 福建省文物管理委员会：《福建福清东张新石器时代遗址发掘报告》，载《考古》1965年第2期。

⑧ 福建省文物管理委员会：《闽侯庄边山新石器时代遗址试掘简报》，载《考古》1961年第1期。福建省博物馆：《闽侯庄边山遗址82—83年考古发掘简报》，载《福建文博》1984年第2期。

⑨ 林公务：《黄瓜山遗址的发掘与认识》，载《福建文博》1990年第1期。

⑩ 杨琮等：《武夷山发掘商代居址和窑群》，载《中国文物报》1991年12月8日；《武夷山市西郊村商周遗址》，见《中国考古学年鉴》，文物出版社，1992年。

⑪ 福建省博物馆等：《福建省光泽县古遗址古墓葬的调查和清理》，载《考古》1985年第12期。

⑫ 福建博物院：《福清下湾墓地第一次发掘简报》，载《福建文博》2005年第1期。

晚期的“黄土仑文化”的墓葬群①。而西周至东周时期，除了浦城管九村的土墩墓群②、武夷山的西周窑址③外，以印纹硬陶和原始青瓷为特征的闽越地方文化遗址、遗物，在福建全省范围内比比皆是。福建省文物部门和单位在新中国成立40多年来的第一次、第二次文物普查和专题调查中，共发现古文化遗址3000多处，其中商周时期的古遗址占了很大部分④。在近年的第三次文物普查中又有众多的新发现⑤。这些前后相连的古文化，都是世世代代居住在福建地区的闽越先民所创造的。而这些祖祖辈辈栖息于当地的土著居民，应当是后来闽越国人民的主体。战国时期，进入福建的故越国遗民⑥，经过相当一段时期与当地土著越人的共处及融合⑦，形成了战国秦汉时期的闽越族。

史籍记录的闽越国受汉中央王朝正式封立的时间是汉高祖五年（前202年），但早在战国时代，闽越就已有了国家的早期形态。《史记·东越列传》记载：“闽越王无诸及越东海王摇者，其先皆越王句践之后也，姓驺氏。秦已并天下，皆废为君长，以其地为闽中郡。……汉五年，复立无诸为闽越王，王闽中故地，都东冶。”这“复立”说明在秦始皇平定百越、征服闽越人之前，无诸已称王，建立了自己的政权。对这一史实，在《汉书·高帝纪》中的有关记载中也得到确认。《汉书·高帝纪》录刘邦于汉高祖五年（前202年）封闽越国时的诏文说：“故粤王亡诸世奉粤祀，秦侵夺其地，使其社稷不得血食。……今以为闽粤王，王闽中地，勿使失职。”可见无诸在秦平闽越，设闽中郡之前已是故粤工，奉有粤祀，并有自己的领地和社

① 福建省博物馆：《福建闽侯黄土仑遗址发掘简报》，载《文物》1984年第4期。

② 福建博物院、福建闽越王城博物馆：《福建浦城县管九村土墩墓群》，载《考古》2007年第7期。

③ 福建博物院等：《武夷山市竹林坑一号原始瓷窑址发掘简报》，载《福建文博》2012年第3期。

④ 王振镛：《辛勤耕耘结硕果——福建省博物馆文物考古工作四十年》，见《福建历史文化与博物馆学研究》，福建教育出版社，1993年，第6—18页。

⑤ 参见福建省第三次文物普查资料。

⑥ 进入闽中的越国遗民也包括了故越国的王室贵族和军吏等。

⑦ 这两支越人群体应该是指文献《越绝书》中提到的“内越”和“外越”。

稷。从这段记载中也能说明，战国时退入浙南、福建的越王之后裔仍称王于闽中。《史记·越王句践世家》记载：周显王三十五年（前334年），“楚威王兴兵而伐之，大败越，杀王无彊，尽取吴故地至浙江，北破齐于徐州。而越以此散，诸族子争立，或为王，或为君，滨于江南海上，服朝于楚”。这段记载也证明了闽越国政权之滥觞，始于故越国王室残余退占福建的战国之时。

但是，战国时期闽越政权的结构、统辖区以及社会性质等一系列历史问题，都因为文献缺乏具体记载而模糊不清。迄今为止，发现的考古资料也极不充分，亦难以全面和明确地反映当时的社会历史文化面貌。从史书的一些只鳞片甲的记录中，可管窥到政权统一性很不成熟，国家机制也远未完善，此时可能还处于权力较分散，或拥有几股政治势力的状态，即越国王室遗胄有“或为王，或为君”的局面。秦平闽越地区时，当地除称王的无诸外，还有闽越君摇（汉封东海王）及另一首领织（汉封南海王），史书记载织“亦为粤世”①。这些越族首领在闽浙、闽赣一带拥兵自重，各有自己的部众和势力范围。所以说先秦时期闽越政权的国家形态可能还远不够成熟和完善，考古发现中也不见城市遗址的出现。因此，《史记》《汉书》中对闽越国历史的记录，仅记汉封以后的历史。闽越国具有成熟及完全意义上的国家形态，应当是在汉高祖五年（前202年）受汉高帝正式封国以后，至汉武帝元封元年（前110年）灭国为止的92年间。这时期的闽越国得到中央王朝的册封，建有国都、城邑，建制比较完备，政权比较稳定和统一。而另外的越族首领闽君摇则受汉封为东海王，建立了东海国（亦称东瓯国）；织则受汉封为南海王，建立了南海国。后来，这两国领地大体都被闽越国所并。到了闽越王国的后期，由于特定的历史原因，闽越王国被汉王朝封立了两个王位，于是越繇王和东越王在一国之中并处，直至闽越国灭亡为止。

① 《汉书·高帝纪》，中华书局点校本，1962年，第77页。

第二节　闽越国世系

在《史记·东越列传》《汉书·西南夷两粤朝鲜传》以及其他涉及闽越国历史的文献中，对闽越国的王位传承和世系情况，均语焉不详，缺漏很大。笔者认为有必要对闽越国世系作一番梳理考证。

一、闽越传国三代说质疑

关于闽越国的历史沿革，《史记》与《汉书》中皆有传专录。但与两书确记南越国凡五世九十三年的世系实况相比，闽越国则缺乏确切的世系记载。由于《史记·东越列传》和《汉书·西南夷两粤朝鲜传》在闽越国王位传承、更迭方面的记录有缺环，因而对后世系统研究闽越国的历史造成了很大的困难。迄今为止，凡研究闽越国历史的学者及有关的研究文章，均认为西汉闽越国世系共三代（世）。不少学者认为“汉高祖五年（前202年）封的闽越王无诸，后子郢、余善、孙丑继位，历三代九十二年”①。也有人说：“自闽越王无诸于汉高祖五年始封，……最后丑继位而亡，共传三代六王九十二年而国除。”② 或以为：“汉高祖刘邦五年，立无诸为闽越王，汉惠帝刘盈三年（前192年），封摇为东海王，共同治理闽中故地，……其后登上王位的还有甲、郢、繇君丑、余善等人，至汉武帝元封元年（前110年）余善灭国，凡三代，九十二年。”③ 笔者亦曾在《从崇安汉城看西汉闽越文化》一文中，按学界这种共同的看法，把东越王余善作为无诸之子来看待。④ 后经仔细研读和推敲有关的文献记载，发现这种闽越国世系“三代说”存在很多问题。如果说闽越传国三代，可持“三代说”的同仁皆认为余善系无诸子，因此到余善被杀、闽越灭国时，也只是两代。何来三

① 蒋炳钊、吴绵吉、辛土成：《百越民族文化》，学林出版社，1988年，第57页。

② 何光岳：《百越源流史》，江西教育出版社，1989年，第54页。

③ 林忠干：《论福建地区出土的汉代陶器》，载《考古》1987年第1期。

④ 杨琮：《从崇安汉城看西汉闽越文化》，载《东南文化》1990年第3期。

代？即便以繇王这系来算，丑为无诸孙可确定，闽越灭国之前丑已去世，其后人居股嗣繇王位，闽越灭国时居股杀余善降汉，被封万户侯，因此也应是传国四代，与“三代说”不符。所以，三代说本身就有矛盾，实难成立。

笔者认为闽越传国不止三代，并且闽越国王位更迭频繁，曾数易其王，因为闽越国曾发生过多次骨肉相残、谋篡王位的事件①。《史记》卷一百一十三《南越列传》全文终结时，载明南越国“自尉佗初王后，五世九十三岁而国亡焉”。但在后卷的《东越列传》中，只字不提闽越传国几世。这说明闽越国的世系及王位传承可能比较复杂，绝非今世诸研究者所认为的“三代（世）”。西汉王朝中央档案中，对闽越国王位更迭、传继，应有缺漏或记录不全，否则，治史严谨的司马迁不可能疏忽遗漏，并且司马迁也不至于连闽越国凡三世九十二岁这么简单明了的世系都不会计算。退一步讲，即便司马迁遗漏了闽越国世系，那么西汉的断代专史《汉书》也应补阙拾遗，可《汉书》中的《西南夷两粤朝鲜传》，亦只记录南越（粤）国“自尉佗王凡五世九十三岁而亡”，而对闽越（粤）国世系仍一字未提。足见汉朝档案中，确实缺乏对闽越国各代王位传承情况的详尽记录。在《史记》《汉书》两书中，记载较清楚的只有无诸立国及至汉武帝时的闽越王郢、东越王余善、无诸孙繇王丑及丑之后的繇王居股②。因此，要想将闽越国世系完整地串立起来，几乎是不可能的，只能在史料分析的基础上，做一些初步考订。

二、闽越王无诸卒年问题

考订闽越国世系，首先得考证汉初闽越国首封之王无诸的生卒年代。《史记》《汉书》很少记载人物的出生年代，一般都只记录卒年。但从其中

① 《史记·东越列传》《汉书·西南夷两粤朝鲜传》中，均记录余善杀兄闽越王郢。《汉书·严助传》中，淮南王刘安上书说闽越王弟甲弑兄。严助又指出：“今闽越王狼戾不仁，杀其骨肉，离其亲戚，所为甚多不义。”

② 《史记》《汉书》虽未记明居股是丑之子，但从其继承繇王位的情况看，可知其为丑之后裔不成问题，基本可以断定是丑的儿子。

记载秦平闽越之前无诸已是闽越王，后被秦废为君长，可知在秦平闽越之前，无诸早已成年，否则难以在战国之世雄居闽越王之位。《史记》记录南越王赵佗“至建元四年卒”，但书中闽越王无诸的卒年不详。研究闽越史的学者大都认为无诸死，其子郢继王位。但郢为闽越王的记录只出现于汉武帝建元六年（前135年）闽越击南越时，对此前的“闽越王”，文献皆未记其名。因此，对无诸的卒年，大家只能大体推测，或认为“至汉武帝时……无诸和摇都已死去。闽越、东瓯的王位分别由他们的儿子郢和望继位”①；或认为大约在汉景帝世的吴楚七国之乱时，无诸已死，其子郢已继位。② 其实，闽越王无诸的卒年是否到景、武时期，以及无诸死后是否传位给郢？这都是有很大问题的。笔者认为把无诸卒年看作景、武之时的臆测，很可能与史实相去甚远。这或许是人们受南越王赵佗活到汉武帝建元四年才去世这种特殊情况的影响，以为闽越王无诸也应在位很长时间。其实不然，尽管文献没有记载无诸的卒年，但从有关的记录中，我们还是可以找到大体的线索。

《史记·东越列传》和《汉书·西南夷两粤朝鲜传》虽未记载无诸卒于何时，传位于何人，但记录汉惠帝三年（前192年）汉廷又立闽越君摇为东海王之后，直到景帝前元三年（前154年）这38年，仅用“后数世”三字将闽越这段历史一笔带过。《史记·东越列传》载：“孝惠三年……后数世至孝景三年，吴王濞反，欲从闽越，闽越未肯行，独东瓯从吴。”显然这“后数世”不是指汉王朝的世系，因为汉帝世系很清楚，惠帝之后，只隔吕后称制及文帝，便是景帝世，并非数世。再者，《史记》《汉书》都是直截了当地记汉朝年号，从不使用这类语焉不详的世系数来表述帝系。按《史记》《汉书》的惯例，这“后数世”只能是指该传所述之国已历数世，但无法确定是几世的表述方式。如《汉书·吴芮传》载：“至孝惠、高后

① 蒋炳钊：《东越历史初探》，见《百越民族史论集》，中国社会科学出版社，1982年，第98—115页。

② 朱维幹：《福建史稿》，福建教育出版社，1984年。林忠干：《论福建地区出土的汉代陶器》，载《考古》1987年第1期。

时，封芮庶子两人为列侯，传国数世绝。”诸如此类的例子，《史记》《汉书》记载中多见。因此，这“后数世”的记录，应当是指惠帝三年（前192年）至景帝前元三年（前154年）间，闽越已历数世。所以，闽越国始封之王无诸应当在汉惠帝三年前已去世。

再从另一个角度来看，汉朝廷选择惠帝三年封闽越君摇为东海王，也间接说明了这个问题——闽越王无诸此时已去世。无诸与摇都是故越王句践的后裔，在秦平闽越地设闽中郡之前就是闽越人的首领，并已称王、称君。秦始皇平闽越地，设闽中郡，将其皆废为君长。在秦末大起义中，“无诸、摇率越归鄱阳令吴芮……从诸侯灭秦。……汉击项籍，无诸、摇率越人佐汉。汉五年，复立无诸为闽越王，王闽中故地，都东冶”①。为何在汉高祖五年（前202年）刘邦即皇帝位分封灭秦兴汉功臣时，只封无诸为闽越王，而未封摇？这是有缘由的。当时无诸与摇均系故越王之后，都加入了灭秦和击楚佐汉的行列，但在威望和实力上，无诸在前而摇次之②，无诸在秦平越地之前已称王，而摇仅为“闽越君”（或称闽君），其地位和名望都逊色于无诸。《史记·东越列传》和《汉书》中的《西南夷两粤朝鲜传》《惠帝纪》《地理志》，都确记摇在被封为东海王之前，称为“闽君”“闽越君”。汉高祖五年项羽战败自杀，刘邦刚登帝位，即下诏封吴芮为长沙王，封无诸为闽越王。诏曰：“故粤王亡诸世奉粤祀，秦侵夺其地，使其社稷不得血食。诸侯伐秦，亡诸身帅闽中兵以佐灭秦，项羽废而弗立。今以为闽粤王，王闽中地，勿使失职。”③ 可见汉高帝刘邦是把无诸作为越国之正统来封建的。而至汉惠帝三年（前192年），汉朝廷又“举高帝时越功，曰闽君摇功多，其民便附，乃立摇为东海王，都东瓯，世俗号为东瓯王”④。如果说当时无诸尚在世，汉朝廷不可能毫无缘由、无所顾忌地又把闽越国裂

① 《史记·东越列传》，中华书局点校本，1982年，第2979页。

② 《史记》和《汉书》中的有关记载，都是将无诸名字排在前，而摇排在其后。

③ 《汉书·高帝纪》，中华书局点校本，1962年，第53页。

④ 《史纪·东越列传》，中华书局点校本，1982年，第2979页。虽然摇始终拥有自己的部众，但其后闽越国中的王侯、贵胄也都拥有自己的部众。

土分王。于是，从这一点上也可证，在汉惠帝三年“夏五月，立闽越君摇为东海王”① 时，闽越王无诸已去世，嗣位的应是无诸的儿子，而不是闽越君摇。但闽越君摇是在名望和实力上仅次于无诸的闽越族首领，不仅在反秦兴汉战争中有功于汉，并且拥有自己的部众。汉廷于此时封他为闽越又一王也是顺理成章的。无诸的王位继承人也无法因此而有异议。

无诸与汉高帝刘邦、鄱君吴芮等为同代人，他至晚于战国末年已称王闽中，其时已年长。汉兴，复立为闽越王。吴芮于高祖六年（前 201 年）即去世。《汉书·吴芮传》记录，到汉文帝后元七年（前 157 年），长沙国已传位五代（世），无嗣而国除。与吴芮、无诸等同辈的反秦兴汉的功臣，均无活至武帝世者。所以无诸至惠帝三年前去世则属正常情况，若活至景、武之世，反而不可思议。分析《史记索隐述赞》所云“句践之裔，是曰无诸，既席汉宠，实因秦余。驺、骆为姓，闽中是居。王摇之立，爰处东隅。后嗣不道，自相诛锄”，或可从另一面说明摇之立王，是在无诸亡后。无诸“既席汉宠”，就不大可能在其尚在世时，即对其裂土分封他王。既然无诸在惠帝三年时或之前已卒，于是也就有“后数世”的王位传承。但这“数世”绝不是一两代的王位传承所能包含的，很可能在这 38 年中，闽越已有几代王或几易王位，而这数世王的传承都不是上表汉朝廷册立的。并且，这一段时间闽越国与汉朝廷的政治联系有一定的隔绝②，造成了汉朝廷对其王位世系传继，缺乏具体了解和记录。这与后来越繇王和东越王余善被汉朝廷封立为王的情况有所不同。

三、闽越王郢及东越王余善非无诸子

综上分析，笔者认为闽越王无诸应当是在汉惠帝三年（前 192 年）夏五月封摇为东海王之前去世。

---

① 《汉书·惠帝纪》，中华书局点校本，1962 年，第 89 页。

② 这一段时间中，闽越国从未遣使入汉廷奉贡或朝请，而是与反汉的诸侯王如吴王刘濞、淮南厉王刘长等来往甚密。

而郢为闽越王，见于史书记载是汉武帝建元六年（前 135 年）。是年，闽越击南越，南越不敢擅自发兵抵抗，而是上奏朝廷，武帝遂遣两路大军击闽越，“兵未逾岭，闽越王郢发兵距险”①。《汉书·武帝纪》记载：建元六年“秋八月……闽越王郢攻南越。遣大行王恢将兵出豫章，大司农韩安国出会稽，击之。未至，越人杀郢降，兵还”。郢为第几世闽越王，文献缺载，已不可考，但汉代史料中无一处记载郢系无诸子。迄今研究者们均认为郢为无诸子，实无证据。史载闽越在汉惠帝三年（前 192 年）至汉景帝前元三年（前 154 年）间，已传国数世。何以至武帝世，郢却变成无诸的儿子？另外，余善为郢之弟，如若为无诸子，按正常情况推算，应在战国末年或秦时已出生，如何活至汉武帝元封元年（前 110 年）？即便按其出生于惠帝三年以前，至武帝元鼎五年（前 112 年），也已是 80 多岁的耄耋老人，何以能亲自率师进攻南越及率军抗汉？因此，郢、余善非无诸子是很明确的。他们已是闽越“历数世”，也就是历数王之后的王位传人。

史书只确记繇君丑为无诸之孙②。建元六年（前 135 年），闽越王郢被其弟余善所杀，汉封无诸孙繇君丑为越繇王，奉闽越国祭祀。③ 至汉武帝元封元年时，闽越繇王已是居股。可知在此之前繇王丑已去世，由其后裔居股继承王位。繇王丑的卒年不详，文献亦缺载。但可以肯定不是被弑而亡，当为年迈去世。这样，即便以丑这支旁系计算，至元封元年居股降汉时，至少已是第四代闽越王了。况且丑并非无诸长孙，而是旁庶孙辈，汉封丑为王，仅仅是因为独丑一人未与其他王室成员一道参与反汉的阴谋。因此，至郢及余善时，闽越国至少已传位四代或数代（数王）了。郢非汉朝廷封立，因而很可能为嫡传。

另据《汉书·严助传》录淮南王刘安的上书，可知约在汉武帝初期，闽越国还发生甲弑王兄而欲谋篡王位一事。有些研究者认为甲在郢之前也

---

① 《史记·东越列传》，中华书局点校本，1982 年，第 2981 页。
② 《史记·东越列传》，中华书局点校本，1982 年，第 2981 页。
③ 《史记·东越列传》，中华书局点校本，1982 年，第 2981 页。

登上了王位[①]。实则不然，汉史载淮南王语："臣闻道路言，闽越王弟甲弑而杀之，甲以诛死，其民未有所属。"[②] 颜师古注曰："甲者，闽越王弟之名。"可知甲弑其兄闽越王后亦被杀，其属下部众一时群龙无首，所以说甲没有登上王位。甲所弑闽越王是哪位王？史乘未载，无从蠡测。那种认为甲为郢之兄，甲杀无诸长子，郢杀甲的看法[③]，纯属臆测。我们还不能排除甲为郢之长辈，所弑之王为郢之父的可能性。甲属于有封邑和部众的闽越王族，所以他被杀后，其民未有所属。蒋炳钊在《东越历史初探》中，把甲看作是闽越地区的贵族集团是有道理的，同时他也不认为甲已登上王位了。[④] 并且，淮南王刘安也只是得到小道消息，此事迹正史中亦不见。这也说明当时闽越国统治集团中的复杂斗争情况，外界是不甚清楚的。因而，《史记》《汉书》中缺漏数世闽越国王的具体记录，亦属正常。

无诸为兴汉功臣，受高祖封立，因而其在世时尚能奉贡守职约。《西京杂记》记云："闽越王献高帝石蜜五斛，蜜灼二百支，黑鹇白鹇各一对。"[⑤] 而无诸卒后的惠帝三年（前 192 年）至武帝建元年间，闽越国与西汉王朝的直接联系有一定的中断和隔绝，与欲谋反的诸侯国如吴王刘濞[⑥]、淮南厉王刘长[⑦]、庐江王刘赐[⑧]等，联系较密切。《汉书・严助传》记录建元六年（前 135 年）淮南王刘安的上书说："（闽）越人名为藩臣，贡酎之奉，不输大内，一卒之用不给上事。……且越人愚戆轻薄，负约反覆，其不用天子之法度，非一日之积也。"《史记》《汉书》记录汉惠帝、汉文帝、汉景帝

---

① 林忠干：《论福建地区出土的汉代陶器》，载《考古》1987 年第 1 期。何光岳：《百越源流史》，江西教育出版社，1989 年，第 54 页。

② 《汉书・严助传》，中华书局点校本，1962 年。

③ 林忠干：《论福建地区出土的汉代陶器》，载《考古》1987 年第 1 期。

④ 蒋炳钊：《东越历史初探》，见《百越民族史论集》，中国社会科学出版社，1982 年，第 98—115 页。

⑤ 《太平御览》卷八〇七，引《西京杂记》。

⑥ 参见《史记・吴王濞列传》，中华书局点校本，1982 年。

⑦ 《汉书・文帝纪》《汉书・淮南王传》等文献多处记录淮南王刘长令人使闽越、匈奴及发闽越、匈奴兵等。

⑧ 参见《汉书・衡山王传》记载"庐江王以边越，数使使相交"等。

时，南越国始终称臣奉贡，而不见闽越国奉贡朝请的任何记录，亦可说明问题。正是由于闽越国与汉朝廷政治联系的长期隔绝，导致了汉朝档案中缺漏闽越国世系和王位传承的记录。南越国与闽越国则截然相反，不仅与汉朝廷往来密切，常奉贡献宝，而且自南越文王赵胡之后，一直以子弟入质汉朝廷，所以汉朝廷对南越王位的更迭情况了如指掌。

四、闽越国世系蠡测

通过上述对闽越国世系中有关问题的分析探讨，推定闽越国传国并非三代（世），而应是数代。闽越国王位的频繁更迭，主要在西汉早期，即惠帝三年（前192年）至景帝前元三年（前154年）的38年中。其后至武帝建元年间，又持续有弟篡兄位、骨肉相残的局面①。建元六年（前135年），汉朝廷用分封的手段，把闽越国的王位一分为二，使闽越国世系更加复杂和混乱。这也是后世史家未能理清其世系的原因之一。我们只能根据有关文献中的具体记载来推定闽越国世系。这其中还存在着一个特殊情况，即无诸死后，闽越国王位历“数世”传至郢，郢被弟杀，在汉朝廷的干涉下，王位又回传至辈分较大但非嫡系的繇君丑。《史记·东越列传》记汉武帝“曰：‘郢等首恶，独无诸孙繇君丑不与谋焉。’乃使郎中将立丑为越繇王，奉闽越先祭祀。”可证繇君丑实为旁庶，若不是汉朝廷册立，是不可能继奉闽越国祀的。而郢弟余善亦欲自立为王，很可能是因为郢、余善之父为闽越传国嫡系的缘故，所以有相、宗族的支持，并与其合谋，而且众望所归。以致余善“威行于国，国民多属，窃自立为王。繇王不能矫其众持正”，汉武帝不得已，“为余善不足复兴师，曰：‘余善数与郢谋乱，而后首诛郢，师得不劳。’因立余善为东越王，与繇王并处”。② 因此，闽越国世系不比南越国那样单一，最后又出现二王并立的局面。

郢与余善不仅不是无诸子，甚至也不止是孙辈，而是历数世（几世）

① 《史记·东越列传》《汉书·西南夷两粤朝鲜传》中，均记录余善杀兄闽越王郢。《汉书·严助传》中，淮南王刘安上书说闽越王弟甲弑兄。严助又指出：“今闽越王狼戾不仁，杀其骨肉，离其亲戚，所为甚多不义。”

② 《史记·东越列传》，中华书局点校本，1982年，第2981页。

的后裔，否则《史记》《汉书》不会只字不提他们的辈分及其与无诸的关系，而只强调丑为无诸之孙。像这样王位逆向回传的情形，在当时是可以成立的。例如淮南王刘安为刘邦孙，系汉武帝的从叔。然刘安尚寄希望武帝无子，帝位能回传到他身上。连当时的外戚、太尉田蚡也奉承刘安说："方今上无太子，王亲高皇帝孙……宫车一日晏驾，非王尚立谁者！"① 也能说明问题。

综上所述，笔者只能以历史文献记载的客观情况为准，来蠡测闽越国世系及王位传承情况，并用图表（图 4-1）表示如下：

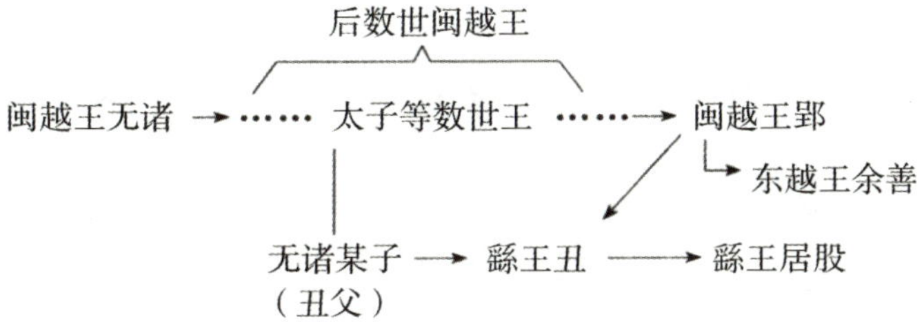

图 4-1 闽越国世系及王位传承图表

到目前为止，谁也无法凭空掐算出闽越国历届王位传继的具体实况。因此，我们只能寄希望于今后对闽越国的重要遗存的考古有更多的发现，以期将来在出土文物及文字上能取得更多的有关情况和信息，来填补闽越国世系中的缺环。

① 《汉书·淮南王传》，中华书局点校本，1962 年，第 2146 页。

第五章　闽越国时期遗址的发现与发掘

第一节　武夷山城村汉城（东越王城）及遗址分布

一、城村汉城（东越王城）遗址

1958年，福建省文物管理部门展开了首次全省范围的文物普查工作。当年，以福建省文物管理委员会文物组为主的南平专区文物普查小组，在崇安县（现为武夷山市）兴田公社（现为兴田镇）城村的西南侧，发现了一座保存较完好、距今2000余年的汉代古城址。关于这座历经沧桑仍巍然屹立的古城，早在明代已有志书记录在案。明嘉靖《建阳县志》记载："闽王城，在崇文里，地名城村，周廻有土堆如城。其中平坦，故志相传为王殿基。外有水田环绕，乃旧城壕。按旧志王审知筑城建寨于此。……今乡民呼其地为王殿村，为城村。"顾祖禹在其《读史方舆纪要》卷九十七"建阳县"条中，也有大体相同的记述："闽王城，县北三十里，相传王审知所筑，其中殿基犹存，今土阜周廻，隐隐如城。外有水田环绕，盖城濠云。今土人呼其地曰'王殿村'，亦曰'城村'。"嘉靖《建阳县志》和顾祖禹对这座古城外貌的观察描述是比较形象和恰当的，但所记也有时代上的失误，将西汉时期的"闽王城"误记为五代十国时期的"闽王城"。这是由于年代久远、斗转星移而产生的讹传。可是，民间传说中也有与史实相符的记述，如城村清代的《赵氏宗谱》中，记有"城村原名古粤也"。民国王宝仁修的《建阳县志》也有："城村，古名粤城。……古粤城，古代属建阳，民国划归崇安。"现在城村村口一门额上，还书有两个醒目的大字"古粤"。此题额尽管可能是清代以后所书，但也能反映古城传说（图 5-1—图 5-3）。

图 5-1　20 世纪 80 年代远眺古城和城村地形

图 5-2　20 世纪 90 年代远眺古城和城村地形

图 5-3　城村南门的清代"古粤"匾额

（一）城内马道岗建筑遗址的试掘

1959年秋冬之际，福建省文物管理委员会组织了一支考古队，对该城址进行了为期一个月多的考古发掘，共揭露遗址面积864平方米，发掘清理出大型房屋基址一座，灰坑10个，获得完整或能复原的陶、铜、铁器等遗物391件以及大量的瓦片和陶片。① 在城内东北角的马道岗发掘出的一座房屋建筑基址编号为58C93F01，房基平面呈长条形（长方形），房屋方向朝南，东西长47米，南北进深10米。房屋内部有5行排列整齐的础石，每行21个，两边（南、北）有间距较规则的柱洞排列，整座房屋建筑面积470平方米。发掘报告根据房屋内础石的排列，认为它“构成一座面宽20间，进深4间的大房屋……房屋的柱子，除一部分直接插入柱洞外，其余全竖立在础石上”②。

从这座大型房屋柱洞和础石网的分布以及排列情况看，笔者认为南、北两侧的洞应是主要承重的房柱之柱洞，其余的础石，有相当部分不是用于支撑房顶梁架的柱础，而是用于支撑木制地板的建筑遗迹。与此建筑相同的房屋基址是一种将室内地板与地面架空，起到防潮通风作用的矮干栏式建筑遗构，在海南岛黎族的房屋建筑中仍可见到。

有的学者根据这次发掘出土的铁器均出于此建筑遗址中的情况，认为它“很像是一个贮藏铁器的仓库”，进而认为：“从房屋结构及出土物来看，建筑遗址可能是当时驻兵之所或武库一类。”③ 此后，一直未有人再提出新的见解。由于此城邑汉史无征，加之当时发掘面积有限，难以对其有更多认识和研究。这座大型房屋基址中出土的铁兵器总共不足20件（不包括36片铁甲胄残片），在房内出土各类铁器的总数中所占比例较小，并且这些铁器中有不少生产工具和生活用具等。因此，将其作为“武库”来看待，似嫌证据不足，如视为贮藏铁器的仓库，亦难解释其中还出土大量的非铁器的日常生活用具。所以，该房屋很可能仍是以居住为主要职能，其中大概

① 福建省文物管理委员会：《福建崇安城村汉城遗址试掘》，载《考古》1960年第10期。
② 福建省文物管理委员会：《福建崇安城村汉城遗址试掘》，载《考古》1960年第10期。
③ 蒋炳钊：《关于福建崇安汉城的性质和时代的探讨》，载《厦门大学学报》（社会科学版），1978年第2、3期合刊。

有放置器具物品的房间。由于对这些出土遗物分布位置的详细情况欠缺了解，以及周围有关遗址未经发掘，我们要确定这座大型房屋的性质用途还有一定困难。但这座房屋的规模不小，特别是瓦顶，还出土了多种精美的瓦当，其规格不可低估。这座位于城内偏僻一隅的建筑尚且如此规模，可推知城址的规制和品级非同寻常。总之，1959 年对这座城址的首次考古发掘收获很大，基本搞清了此城的大小范围、平面形制以及城墙的构造和城内部分道路情况，并出土了一大批重要的汉代文物。

时隔 20 余年，自 1980 年起，为了更进一步了解和研究这座江南地区罕见的保存完整的汉代古城，福建省文物管理委员会和省博物馆又组织了崇安城村汉城考古队，对这座古城址再次进行规模较大的钻探和发掘。通过前后两次的考古探掘，我们对此城址的内涵和面貌有了更深入的了解(图 5-4)。

（二）1980 年代以来对城址的勘探

武夷山城村汉城（东越王城）遗址的平面近似长方形，由于是按地理环境和地形地势，因地制宜地建城，所以城址平面形状不很规整。城墙除东西部分地段修筑在平地上以外，其余都是沿逶迤山脊修筑。城南北长约 860 米，东西宽约 550 米，周长约 2896 米，面积约 48 万平方米。方向北偏西 25 度。现存城墙及堆积的高度约 4—8 米，顶面宽约 4—8 米，基部宽约 15—21 米。① 城墙外侧除少数地段外，大都有护城壕沟，壕宽约 6—10 米，深约 2—5 米，这种壕沟一般都是取土筑城时挖成的。根据对东城墙的解剖及东城门的发掘，可知城墙主体部分宽约 6—7 米，系夯土层层夯筑而成，夯层厚约 5—10 厘米。遗留的夯窝均为圆形，直径约 3—5 厘米。在城西南角发现乌龟山谯楼遗址。② 西北角也是一处夯土台基。城门目前已发现 4 座，分别位于东城墙南段、南墙中段、西墙南段和东墙北段，即城址的东门、南门、西门和北门。东门经 1986 年以来断断续续的发掘清理，大体结

① 福建博物院、福建闽越王城博物馆：《武夷山城村汉城遗址发掘报告 1980—1996》，福建人民出版社，2004 年，第 11—16 页。

② 据《崇安城村汉城探掘简报》（载《文物》1985 年第 11 期）所述为烽火台遗址，虽然钻探时发现有木炭和烧灰等，但还未经发掘确证，笔者认为可能系角楼（谯楼）遗址。

图 5-4 武夷山（崇安）城村汉城及遗迹分布平面图

构已初露端倪。东城门南侧有一宽22米的缺口，原简报定其为城址的东大门①，现在经探查已经否定，它应是城址的东水门。南城门、北城门经勘探已知大体结构，西城门虽未经探掘，但推测与东城门类似。西墙南段的缺口与东墙豁口类同，也宽22米左右，应是西墙水门，城内河道的水是从这里引入的。

东城门与东墙豁口（水门）外的左右（南北）两侧各有一高岗，当地称为南岗、北岗。南岗台基受破坏严重，北岗经考古发掘，已清理出3座相关联的重要建筑基址，编号为北岗一号建筑遗址②、二号建筑遗址③和三号建筑遗址④，经考证系闽越庙、坛遗址⑤（图5-5）。

这座古城建筑在三组山岗和高坪上，地形呈西高东低。城内的大型建筑群基址有：中部的高胡南坪、北坪，西部的下寺岗和北部的马道岗等多处。大型宫殿区主要集中于城中心。其中以高胡南坪建筑群规模最大，宫殿群的基址面积达2万平方米。在探掘时将其分为甲、乙两组建筑。经过全面发掘揭露的有甲组建筑群遗址，发掘揭露的面积为1万余平方米，与其相连的高胡北坪建筑群面积超过1万平方米。在城内西部的下寺坪、南部的大岗头以及高胡坪东坡、高胡下坑等8处，发现了与宫殿区有关的遗址和居址。在下寺岗也发现了重要遗址。在城内发现古道路5条，路面均铺设河卵石。其中东起东城门，经高胡南坪宫殿区南侧抵达西城门的主干道，路面宽约10—12米。另外，在城内还发现两组排水系统和三处进排水口遗存。⑥

---

① 福建省博物馆：《崇安城村汉城探掘简报》，载《文物》1985年第11期。

② 福建省博物馆、厦门大学人类学系考古专业：《崇安汉城北岗一号建筑遗址》，载《考古学报》1990年第3期。

③ 福建省博物馆、厦门大学人类学系：《崇安汉城北岗二号建筑遗址》，载《文物》1992年第8期。

④ 福建闽越王城博物馆：《武夷山市城村北岗三号建筑遗址发掘简报》，载《福建文博》2011年第1期。

⑤ 杨琮：《崇安汉城北岗遗址性质和定名的研究》，载《考古》1993年第12期。参见《闽越国文化》，福建人民出版社，1998年，第十一章“闽越国宗庙制度”。

⑥ 参见《崇安城村汉城探掘简报》，但这还仅仅是通过调查的推测，有待今后的发掘来确证。

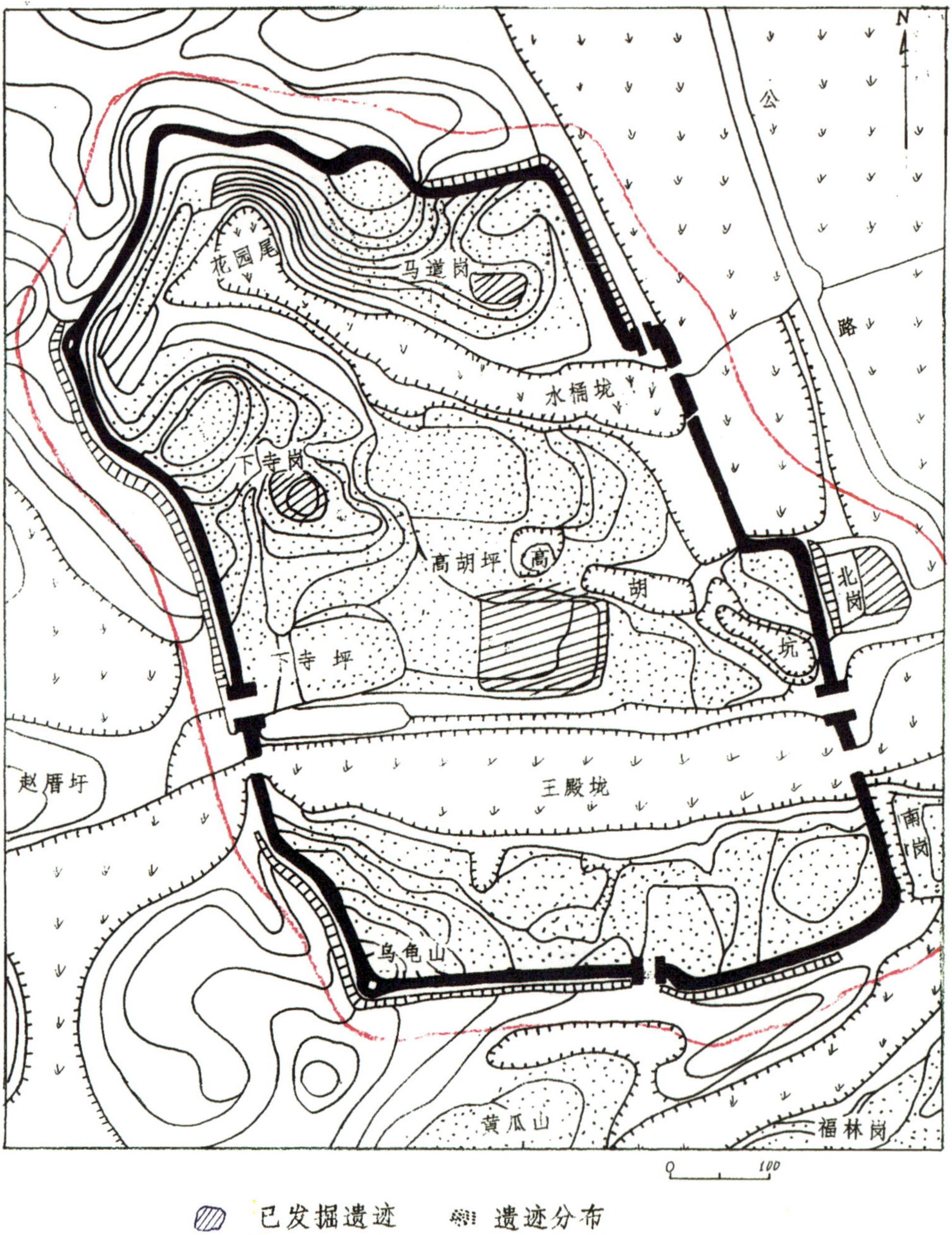

图 5-5　武夷山城村汉城遗址和已发掘遗址分布图

在城外，城东北方的大圆地、门前园、翁仲巷，城西的赵厝圩、元宝山、新亭园，城南的黄瓜山、福林岗、大岗头、马埠头等处，都发现了重要遗址。在城村后门山、岩头亭等地都发现了陶窑和制陶作坊区①。

与古城相关的古墓葬区，20 世纪 80 年代初只零星发现了城南福林岗墓地和溪东的渡头村墓地，到了 20 世纪 90 年代末、21 世纪初，逐步调查勘探出大范围的几个墓葬区。

（三）高胡坪甲组建筑群遗址

自 1981 年 9 月起，到 1985 年年底，当时的崇安城村汉城考古队重点发掘了高胡南坪遗址，清理出一组定名为甲组建筑群的宫殿基址（图 5-6）。

图 5-6　高胡坪甲组建筑群遗址当时的考古发掘情况（西→东）

① 参见《崇安城村汉城探掘简报》，说有 4 处冶铁遗址，据后来的多次现场调查，排除其为冶铁遗址。其他情况尚有待今后的进一步发掘来确认。后山靠河边的陶器作坊、窑址已经考古发掘确定。

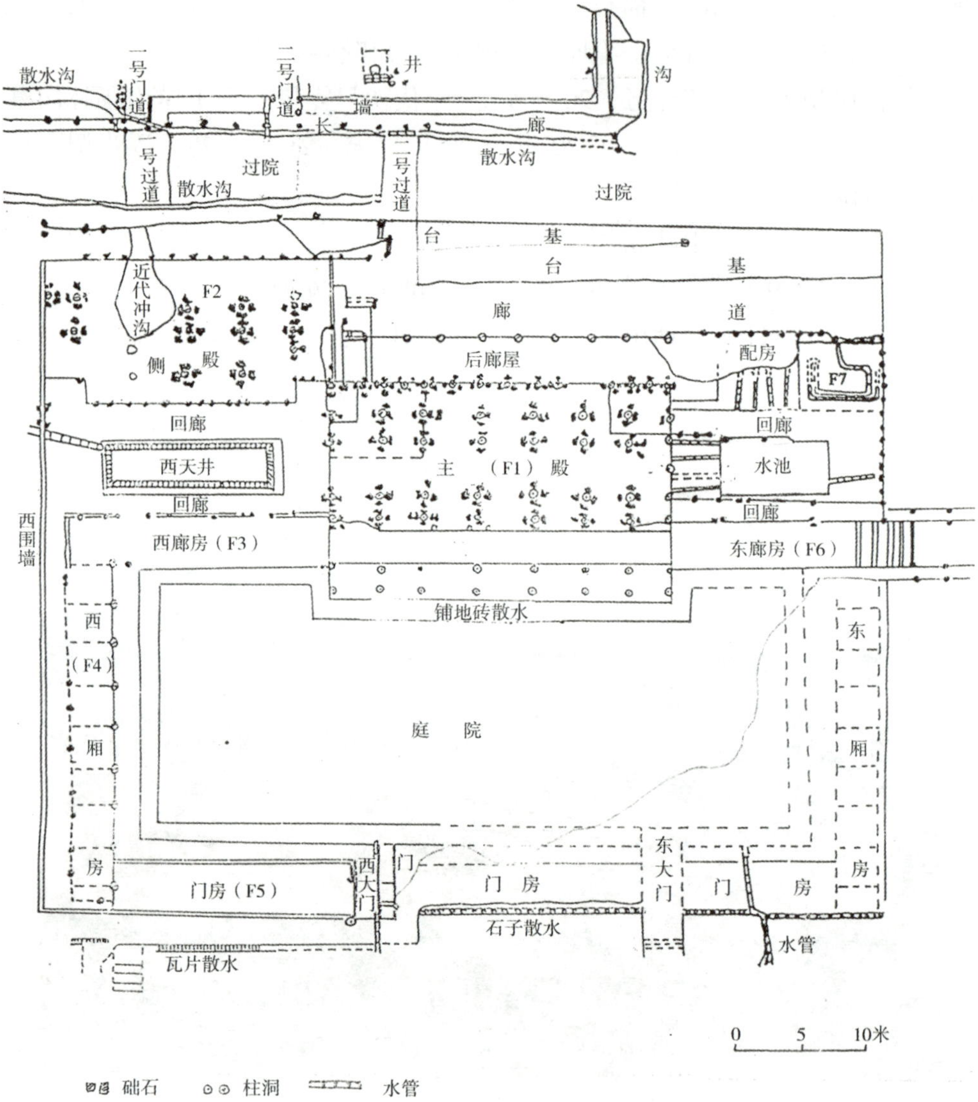

图 5-7　高胡坪甲组建筑群基址平面图

这是一组封闭式的宫室建筑群，结构大体由前庭、中宫、后院几个部分组成。前庭部分有中庭、南大门、环回的厢房、廊房和门房等；中宫部分有当中的主殿、西北侧的侧殿、东西天井以及周围相关的房屋建筑等；后院有院、廊、墙、走道、后门等（图 5-7）。

南大门　位于建筑群最南端，有东、西两座门，分别在中庭中轴线的左右两边，两门相距约 27 米，均为有屋顶的穿堂式大门。西门门道长 6.4 米、残宽 4.1 米，南半部作台阶式。东门门道残宽 4.3 米。两门旁各埋有一条大型陶制排水管道（图 5-8—图 5-11）。

图 5-8　高胡坪甲组建筑群南大门台基下的散水遗迹

图 5-9　高胡坪甲组建筑群南侧的散水和东大门走道遗迹（西→东）

图 5-10　高胡坪甲组建筑群南侧的散水和东部排水管道遗迹（东→西）

图 5-11　高胡坪甲组建筑群南侧西大门旁的排水管道（北→南）

前庭　平面大体呈长方形。南北进深30.5米，东西宽度约75米。四周环绕着用花纹方砖铺砌成的走道，走道宽1.5—2.5米。庭中地面平整。

厢房　原应有东、西厢房，位于庭的东、西两侧。现仅存西厢房，由一排各间相等的房间组成，总长38.5米，共有9间，每间平面约方形，进深和面阔均4米多，各间均有一扇朝东面对庭院的门。厢房前后（东、西）两面均有宽3米的走廊。

大殿　有主殿及西侧殿。主殿是甲组建筑群的中心建筑，方向南偏西1度，房基高于周围地面40厘米。殿堂的平面呈长方形，东西面阔37.4米，南北进深24.7米，面积约930平方米。四周残存倒塌的墙体，东、西、北三面可确定有墙。墙两面抹有草拌泥和白灰壁面，部分残墙上尚残留有彩绘痕迹。房基内的地面，被中部偏南的一条土筑台基分隔成南、中、北三部分。这条土筑台基南北宽4.6米，高出南北侧地面约40厘米，基面经过人工烧烤，形成一层厚10厘米左右的红色烧烤硬面。台边也经过烧烤及用墼（红烧条砖）砌筑。台基南侧部分进深1间，面阔7间。台基北侧部分占整个殿堂面积的大部分。在地面各大柱位之间分置3—5列小型础石，每块础石相距1米左右（图5-12—图5-15）。

图5-12　高胡坪甲组建筑群遗址中的倒墙堆积

图5-13　高胡坪甲组建筑群正殿遗址中的础石和炭柱、炭板遗迹

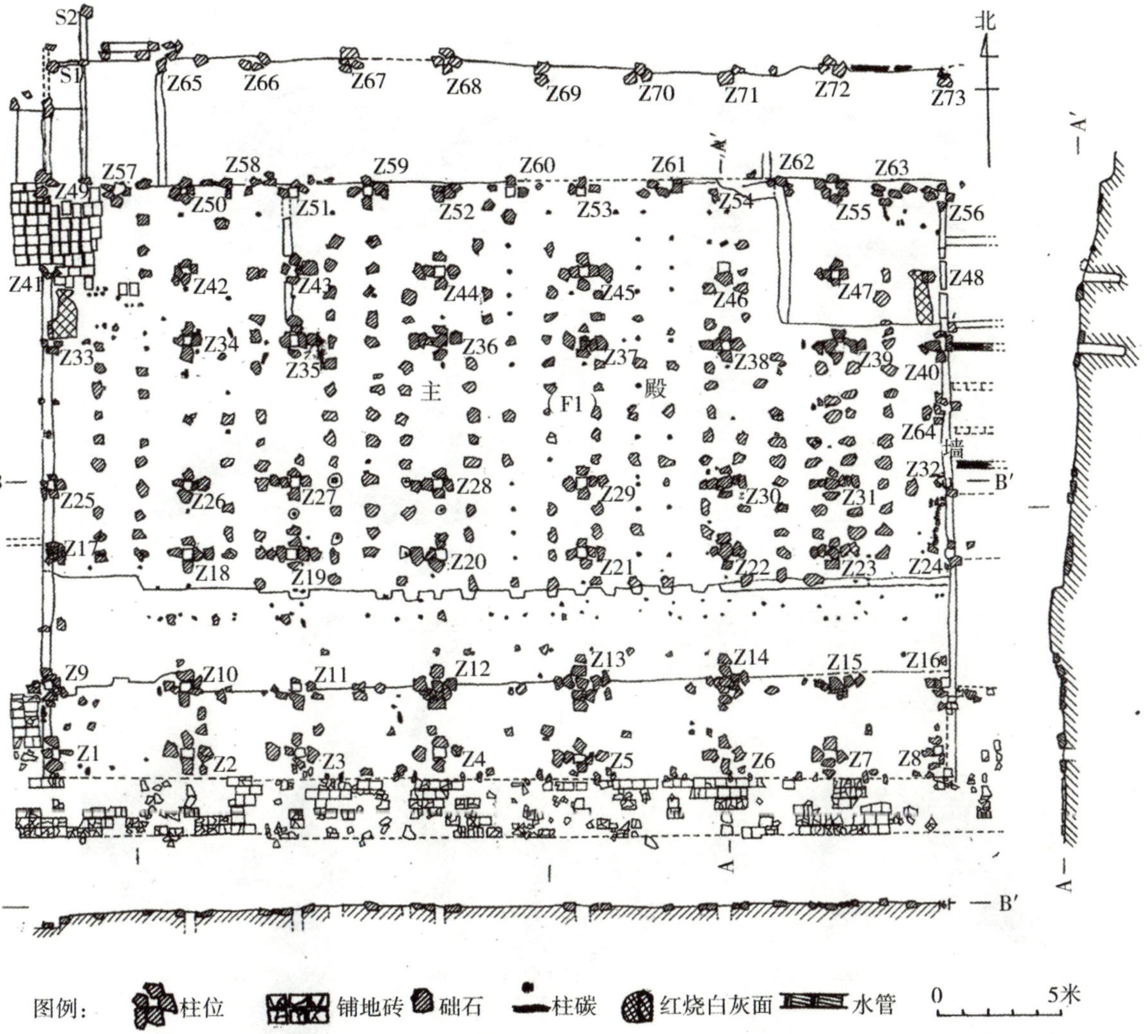

图 5-14　高胡坪甲组建筑群主殿基址平、剖面图

（采自《武夷山城村汉城遗址发掘报告 1980—1996》）

图 5-15　高胡坪甲组建筑群主殿遗址（西→东）

图 5-16　高胡坪甲组建筑群主殿与侧殿连接处的铺地砖走道遗迹

有的础石面上仍残存有炭化的方形桩柱和横木，这表明大殿居住面是铺设地板的，地板高出地面约 40 厘米。

西侧殿　位于主殿的西北角。其东南角与主殿相连，连接处保存着一个由许多铺地砖铺砌的三通（或四通）的走道（图 5-16）。该殿平面亦为长方形，东西面阔约 31. 3 米，南北进深约 15. 7 米，面积约 450 平方米，殿内地面低于南面回廊 42 厘米。在地面各大柱位之间分置小型础石的情形与主殿相同，因此内部结构也与主殿相同，亦铺地板。这两座大殿的内部结构都是地面架空铺地板，类似“干栏式”的建筑遗构①。

鉴于主、侧殿中的柱洞皆深达 160—200 厘米，成倍地超过了城内外已知的其他大型建筑的柱洞，且方形柱洞宽 30—60 厘米，相等或接近于城址东大门楼阙外的壁柱槽（30—50 厘米），由此可推知这两座大殿至少是高达三层的相当宏伟的殿楼。

主殿东西两侧有对称布置的东、西天井。西天井平面为长方形，较狭长。东西长 19 米、南北宽 6. 1 米，深 25 厘米。天井地面用花纹砖铺砌，四周用立砖砌成回形散水沟，沟中砌嵌竖立的瓦片。西北角铺设陶质排水管道，用来排泄散水沟中的积水。天井周围为回廊环绕。“东天井”② 平面亦为长方形，东西长 13. 5 米、南北宽 6. 5 米，深约 60 厘米（图 5-17）。地面也用花纹方砖铺砌，无散水沟，周边为包砖的长台。东边有一条小型的陶排水管道。西边廊台下埋设四条并列的东西向小型陶管道，北边廊台之西北（配房遗址）地下亦有四条并列南北向陶管道。在北侧偏东处的房屋（F7）遗址，还发现一组埋于地下的回旋状的陶管道，呈“回”形排列（图 5-18）。总之，“东天井”的结构与西天井有很大差异，不似那种露天的普通天井，很可能是贮水或洗濯有关的重要设施。其东北部的那组回旋形小水管，可能与水流循环或过滤有关。有人认为它是暖气管道或取暖设施，

① 关于主殿、侧殿的结构，架空于地面铺设地板是没有疑义的。有许多学者认为是干栏式的，也有学者认为不是干栏式的。笔者认为其结构受干栏式影响，但不属完全意义上的干栏式，而地板用木柱网支撑是肯定的，所以文中特在干栏式一词上加引号。

② 这两座天井中，“东天井”的用途还有待深入探讨，“东天井”有可能是浴池，故文中特意加引号。

图 5-17　高胡坪甲组建筑群“东天井”及相关遗址

这种说法尚缺乏十分确切和可靠的根据。由于这处回形管道上的遗迹保存较差，加之考古发掘方面的问题，因而要确定它的用途和作用，还有待今后新资料的发现和深入研究来解决。

主殿的左、右及后部均有附属性的房屋、廊庑建筑。整个宫殿建筑群屋宇错落，气势恢宏。

后院　为狭长形。位于高胡南、北二坪中间的低地。从发掘清理的情况看，它可能为高胡坪甲、乙两组建筑所共用。甲组建筑的西侧殿以及主殿的后房，均有走下后院的阶梯、通道，后院南北宽仅约 9 米。院后有围墙和廊庑，中、西部有三门可通北部的建筑及墙外的水井。西侧殿和主殿后房下有条散水沟，后院廊台下亦有一条散水沟。这种散水沟凡经走道处则砌成暗沟，下埋陶水管道。院中走道地面铺设花纹方砖，设施比较讲究。

水井　位于后院北部，有门道相连。井深 7 米多，由直径 1 米、高 0.6 米、厚 0.04 米的陶井甃套叠而成。井台铺砌花纹方砖。井台东西两面发现

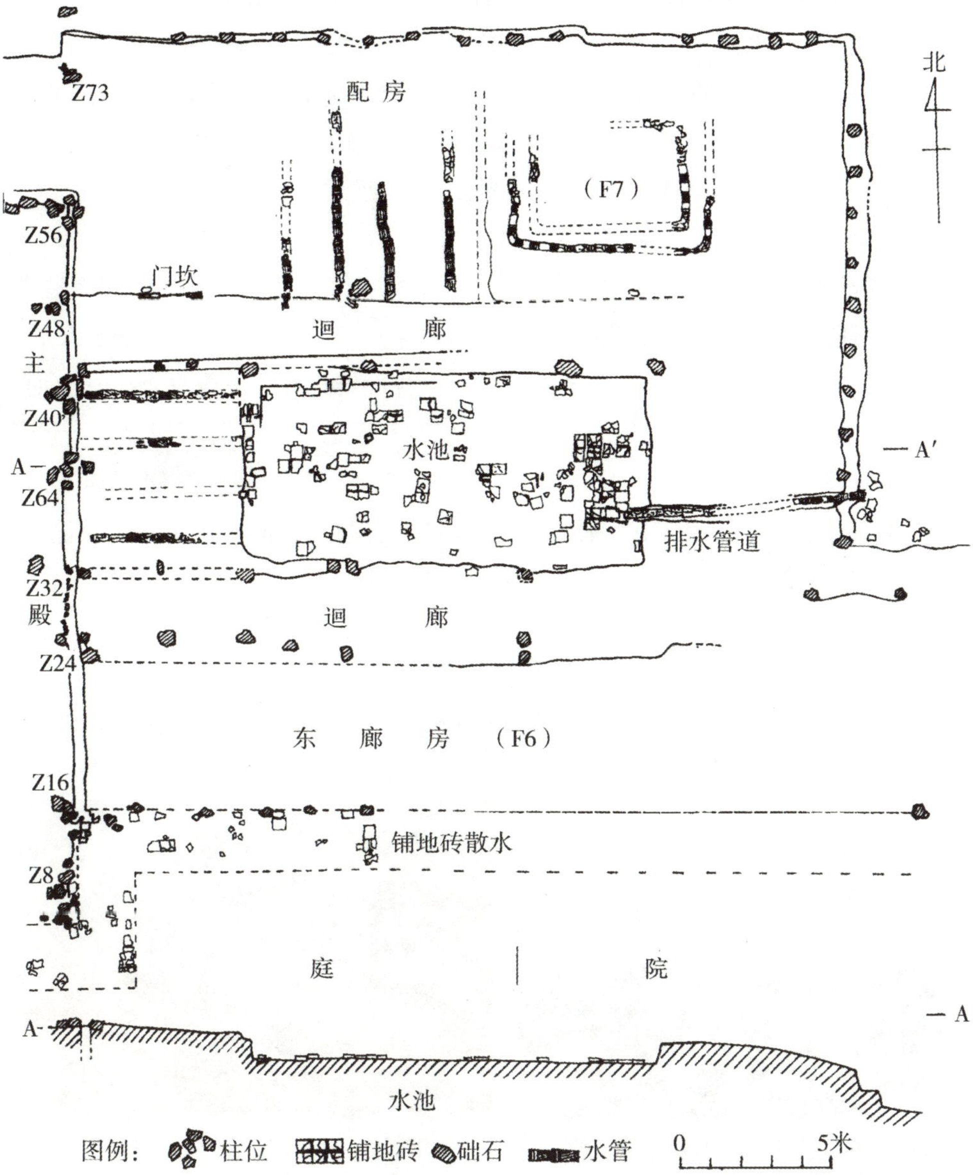

图 5-18　高胡坪甲组建筑群“东天井”基址平面图

（采自《武夷山城村汉城遗址发掘报告 1980—1996》）

6 块础石，说明当时应有屋亭设置。据探查，此井正开凿于地下泉脉上，至今还有清澈的泉水涌出，井中水位远高于城外现代水井的水位线。

高胡坪甲组建筑群西墙有门通乙组建筑群，东部有长廊通高胡东坡的建筑遗址，后院有门道通高胡北坪的建筑群，南大门可通城内主干道。因此，高胡坪甲组建筑群遗址既是一座封闭式宫殿建筑群遗址，又四通八达，与城内其他建筑群有十分密切的关联。

在高胡坪甲组建筑基址中的出土遗物非常丰富，除了大量砖瓦等建筑材料外，还出土了陶器、铁器和铜器共达数千件。

在开始发掘高胡坪甲组建筑遗址时，考古队还局部发掘了城外门前园建筑基址及元宝山遗址，亦出土了不少建筑材料及陶、铁器等遗物。

在 20 世纪 80 年代中、后期，考古队又继续发掘了城外北岗建筑遗址；80 年代后期至 90 年代中期，持续发掘了东城门遗址和城内下寺岗建筑遗址；90 年代后期至 21 世纪初期进一步发掘了北城门、后门山、岩头亭窑址、大园地遗址以及城北、城西的部分墓葬，勘探出一系列大型墓葬区（图 5-19）。①

（四）下寺岗一号宫室建筑遗址

1994—1995 年发掘了城内高胡坪西侧的下寺岗遗址（图 5-20）。发掘时

图 5-19　高胡坪甲组建筑群遗址的发掘与拍摄现场

图 5-20　下寺岗一号宫室建筑遗址西廊考古发掘现场

① 福建博物院、福建闽越王城博物馆编：《武夷山城村汉城遗址发掘报告 1980—1996》，福建人民出版社，2004 年。

并未选择下寺岗顶部的较大型建筑遗址（钻探报告认为有两座建筑），而是发掘了下寺岗东南小平台上的遗址，1959 年曾在这里开过一个小探沟。1980 年经钻探后推测只是一个小遗址，第一期发掘只布了 4 个探方。发掘后发现超过预期估计，第二期又扩展了 11 个探方，发掘清理出一座宫室建筑基址，定名为下寺岗一号建筑遗址。该建筑主体下寺岗一号殿堂朝南，平面为长方形，东西长 24. 75 米，南北进深 18. 2 米，面积达 451 平方米。① 此外附属建筑还有走廊、院子和西廊庑等。南部台阶也是用大型空心砖砌筑。宫室基址中的柱洞、柱础和不同的础石、立木等形制结构非常复杂（图 5-21）。

（五）城墙的发掘解剖

武夷山城村汉城四面城墙全部的墙基和下部都保存较好，曾先后于 1959 年和 1984 年进行过两次发掘解剖。

1. 第一次发掘解剖

1959 年首次试掘，为了解城垣的建筑方法，在东城垣北段开 2×16（米）与 2×18（米）的探沟各 1 条。经试掘，知道东城墙是建筑在一坡地上（坡度 8 度）。城墙建筑可分上、下二部分：下半部是用河石及砂土堆筑，基宽 38. 5 米，上宽 22. 5 米，高出原地面 1. 8—6. 1 米；上半部是用黄土夯筑的，下宽 12 米，顶宽 6. 5 米，残高 2. 6 米。夯土层厚 8—12 厘米，夯打得相当结实，出有陶钵和陶片等遗物。

从试掘看，这座城的筑造工程具有相当大的规模。其建筑方法与中原地区的汉城相似。从城垣中出土的陶片、陶钵与城内出土物相比较，是一致的。因此，我们认为这座城的建筑年代和城内的建筑遗存是同时期的，或者稍晚。②

第一次的试掘，由于经验不足，没有发掘清理出实际的墙体结构，只了解到堆积的状况。

---

① 福建博物院、福建闽越王城博物馆编：《武夷山城村汉城遗址发掘报告 1980—1996》，福建人民出版社，2004 年，第 90—98 页。

② 福建省文物管理委员会：《福建崇安城村汉城遗址试掘》，载《考古》1960 年第10 期。

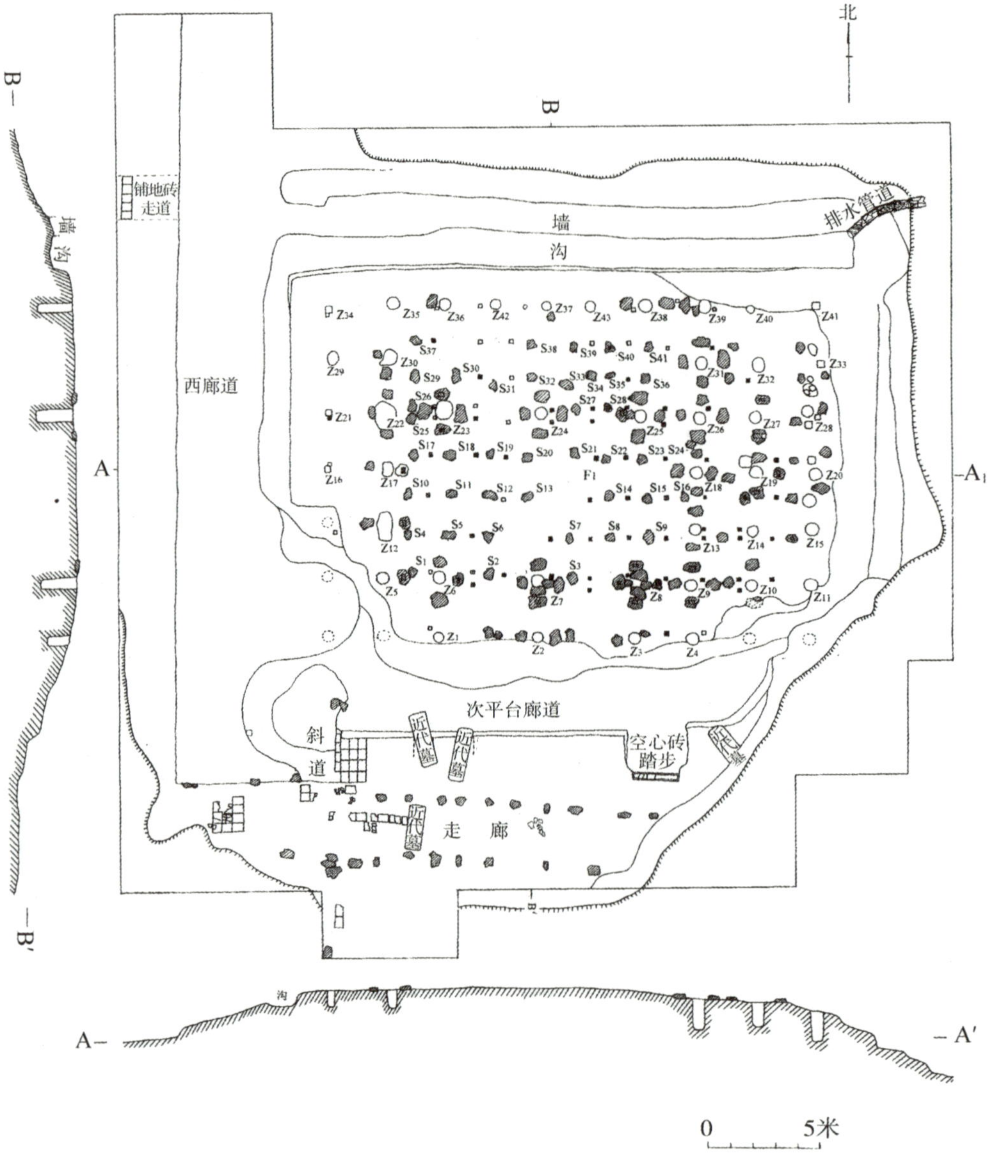

图 5-21　下寺岗一号建筑遗址平、剖面图

（采自《武夷山城村汉城遗址发掘报告 1980—1996》）

图 5-22　东城墙东侧（外侧）的考古发掘现场

图 5-23　发掘解剖后的东城墙一段（东→西）

2. 第二次发掘解剖

1980 年第二次组建的考古队，为了了解城墙的形制和结构，于 1984 年秋至 1985 年夏，先后两次对东城墙南段进行发掘（图 5-22）。发掘点南距东城门遗址 125 米，北距东墙南段第一拐弯处 24 米，发掘 5×25（米）东西相连的探沟两条。探沟与城墙保持垂直交叉，东西向，北偏东 78 度，跨越高胡下坑遗址、城墙、城壕与北岗遗址，总长 50 米，发掘面积 125 平方米，发掘前此处原残存有凸起的城墙。现残墙西侧地势较平缓，残高 3. 9 米；东侧坡度比较大，墙高 6. 3 米（图 5-23）。从总的地形看城墙内地面高于城墙外地面 2. 4 米。

（1）东城墙的地层堆积

地层堆积与其他遗址相同，共四层，内涵也一致，只是堆积状况不同。

第一层：表土层，分布墙体两侧。墙顶部已被雨水冲露夯土。

第二层：分布于探沟的东、西两面和城壕，内含一些小石子和汉代碎瓦片，年代应属唐宋至明清时期自然堆积。

第三层：汉代堆积层和城墙倒塌堆积，主要分布在城墙的东西两侧及城壕中。可分 A、B、C 三个不同层次。

A 层内含大量的夯土块和小河卵石。出土汉代陶片仅 4 片，砺石 1 件及零星汉代瓦片。此层应为城墙倒塌后的堆积。

B 层分布在城墙根内外侧 3 米左右，内含大量的红烧土、木炭。红烧土下压着很多纵横交错、杂乱叠压的板状、条状木炭，应是墙顶建筑或墙内外侧木构烧毁时的堆积。此层分布在城墙以东的壕沟堆积中出土少量的汉代陶片。

C 层属城址使用时期冲积层和自然堆积，仅分布于墙东面壕沟内。

第四层：城墙基址及石子层，石子层东部即见岩石。城外城壕即挖在岩石层上。

（2）墙体与结构

城墙主体宽 5. 5—6 米，残存通高 4. 5 米，由红土层层夯筑而成，残存夯土层 47 层。整层夯筑硬实。各层层面夯窝密集，有叠压现象，说明是用边上土边夯筑的手法。夯窝为圆形，直径为 3 厘米和 6 厘米两种，夯窝深一般1—2厘米，个别深5厘米，墙基（1—14层）挖槽于生土中。基槽上口大于槽底，槽口宽7.6米，槽底宽7.3米。由于内外地势高差，内侧墙基深1.5米，有夯层14层；外侧墙基深0.4米，有夯层3层。墙顶宽5.5米，下宽6米。

城墙内外侧都有墙皮，大部分已脱落，内侧墙皮上半部已坍塌，下半部还保存着墙皮脱落后的墙面，高1.3米。在接近墙基处还保存一层厚2.5毫米的烧烤墙面。这种现象的产生有两种可能，一是火毁时烧烤而成，一是筑墙时人为烧烤而成。城墙外侧的墙皮也是上半部脱落，下半部保存较好，脱落面高2.3米，红烧土墙皮已全部脱落，城墙内外侧地面残存大量红烧土和木炭的堆积现象，可能正反映这一问题。城墙应是用夹板夯筑的，由于内外墙面已脱落，因此无法发现夹板痕迹。夯层间没发现穿棍痕迹。夯土层中土质比较纯，仅含少量汉代陶盆残片、器耳和板瓦碎片，这也说明建城之前当地已有闽越国早期遗存。

（3）东城墙的夯筑技术

从发掘清理迹象观察东城墙的建筑方法如下：

A. 清理基址。发掘中发现夯土城墙下，土质坚硬而无杂质，这说明在夯筑城墙之前，基址是经过清理，使墙基建立在结实的土质之上。城墙所处山地表层的杂草、树根和腐殖质泥土先被清除，墙基挖在生土层中。

B. 挖基槽。此段城墙下挖有基础槽。由于城内外地势高低不一，所挖基槽保持水平，内侧地势高，挖基槽深1.5米，填垫夯土14层；外侧较低，所挖基槽深度仅0.4米，填垫夯土3层。内外基槽底部呈水平状态，基槽宽于上墙体1.3—1.6米。

C. 筑墙用土的选择。发掘所见下部墙体夯土相当纯净，一般是用夹有绿色土块的红色生土。就近取土，如利用墙外挖壕沟，从壕沟中取土夯筑城墙。

D. 夯筑技术。整个发掘没有发现穿棍和夹板的痕迹。墙身的夯层清楚，层层夯打，夯层基本上夯打得结实平整，每层5—10厘米。夯窝直径有3厘米和6厘米两种，从夯窝和夯层重叠交错情况分析，应是采用边填土边夯打的方法建造。推测是用板筑，因墙面略微内收而平整。

E. 只夯筑主墙体，内外不另筑护坡。

（4）发掘出土遗物

东城墙发掘出土的可复原的遗物：陶盅7件、陶盒1件、陶罐1件、陶釜2件、纺轮1件。其余为陶片。①

（六）东城门遗址

1. 地层堆积

东城门遗址的堆积层很厚，地层的形成仍与其他遗址相同，分为四层。第三层为汉代堆积层，可分AB两层。

3A层，内含大量夯土块及汉代碎瓦片，主要堆积在城墙两侧，应是城门楼阙倒塌后，经过很长时间的冲刷逐渐形成的堆积层。

3B层，均为汉代瓦片、烧土及灰烬，木炭的堆积层，出土较多汉代遗物，其中铁器有剑、刀、矛、箭镞、鱼叉、镰、凿、铺首、斧和城门臼座等，铜器有鎏金铜伞柄箍、弩机、箭镞、管状器，陶器有支座、罐、钵、盖及大量板瓦、筒瓦、瓦当等建筑材料，系东城门被烧毁时城门楼建筑倒塌时的堆积。

第四层，城门楼墩台、门卫房台基、路土和散水等建筑基址。

以上3A、3B都直接压在城门道及城门外两侧和门卫房基址上。其中大量为汉代瓦片和汉代云树纹瓦当、“常乐万岁”文字瓦当，是当时城门楼及门卫房之类建筑倒塌的遗存。

2. 东城门遗迹

发掘清理出的东城门基址，基础结构部分保存得基本完整。由城门阙楼墩台、门道、门卫房、道路及散水沟等遗迹组成，整体结构呈以门道为中轴线的对称布局，反映了东城门的建筑形制和结构（图5-24）。

（1）东城门门楼墩台

在门道两侧，现仅存地面上门楼墩台（夯土台基）的残高，北侧约1. 8—2米，南侧约2. 8—4米，横剖面略呈半圆形。南、北两端与附（子）阙台及城墙相接，附阙（子阙）宽7. 6米。门楼主墩台东西宽9. 4米，南

① 福建博物院、福建闽越王城博物馆编：《武夷山城村汉城遗址发掘报告1980—1996》，福建人民出版社，2004年，第12—23页。笔者引用报告资料时有所删节和调整。

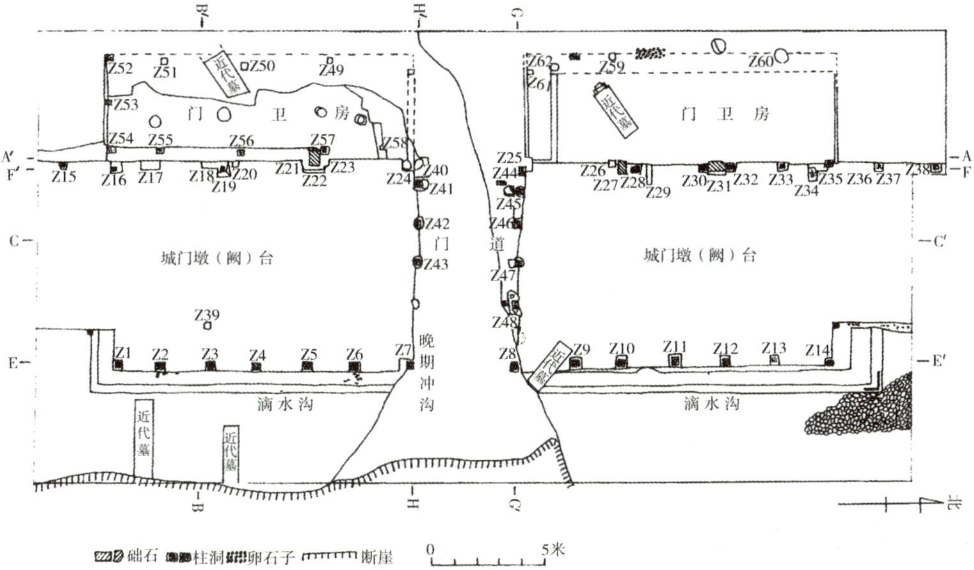

图 5-24　东城门基址与遗迹平面

侧墩台长 13. 5 米，北侧墩台长 14. 3 米。东西两面的壁面保存较好，被烧焙成厚约 5 厘米的烧结面，外侧（东面）多数已脱落，内侧（西面）保存较好，残高约 1. 5 米。门道两侧台基沿壁倒塌严重，仅清理出根基的柱洞和明础石遗迹。为了保存阙台遗迹，仅清至壁面为止，未对阙台基址进行解剖。从已清理的部分看，未发现有夹板和穿棍痕迹，台基为红土层层夯筑，厚 10—15 厘米，圆形圜底夯窝，径 5 厘米，深 3—4 厘米。

阙台基址壁面上清理出的夹柱壁槽遗迹，槽内壁均被烧焙成红烧土面，有的柱槽仍残存有烧毁的木炭柱。从上述迹象看，原立柱都夹在壁内，一面出露与壁面平行。

南、北阙台外壁（东壁），各设立距离对称的立柱 7 个，现存柱槽 14 处（编号 Z1—Z14），均为深埋柱的柱洞结构。内壁（西壁）即阙台与门卫房基址交接处，现存有柱槽 16 处，有单一的，也有 2 个或 3 个柱位并立的。从根基清理出的柱洞、础石的柱位分布为 23 个（编号 Z15—Z37）。

（2）门道

东城门只有一个门道，在南、北阙台之间，东西向。门道宽 4.5 米，长 9.2 米（即门楼墩台的厚度）。由于门道所处地势低，焚毁后一段时间被雨水自西向东冲成一条浅沟。

门道两侧阙台根基现存 9 处柱位遗迹，由北侧 5 处，南侧 4 处（东面缺 1 处），东西向对称排列，其中靠西北侧有 3 处，南侧 1 处是柱洞和础石并立的双柱位遗迹。其他仅存柱洞 9 个（编号 Z40—Z48）。

在门道的北侧 Z48 号柱洞的南面 40 厘米处（以中心测距），清理出铁门臼座一个。正方形，边长 15 厘米，厚 9 厘米，臼孔槽为圆形，直径 11 厘米，深 3.6 厘米，为铸铁制造。门臼的发现反映了东城门已经采用开闭式大门，而不是用闸式大门。

（3）门卫房

东城门内侧（西侧）南、北两边，紧靠门楼墩台现存有南北门卫房两座台基遗址。

南门卫房，台基呈长方形，南北长 12.3 米，东西宽 4.8 米，高于门道地面 1.25 米。台基北沿至门道为三级台阶相接。第一级残高 0.3 米，宽 1.25 米；第二级高 40 厘米，宽 35 厘米；第三级高 20 厘米至台基面（图 5-25）。

台基的西北面破坏较严重，在西沿根基部清理残存南北向柱洞 4 个（编号 Z49—Z52）。台基南沿保存较好，现存东西柱槽 2 个（编号 Z53—Z54）。台基东部距阙台西壁约 0.6 米残存一条与阙台壁面平行的墙面遗迹，长 9 米，残高 0.1—0.2 米，墙面较平整，呈粉红色。墙内夹有柱洞 4 个与 Z54 柱东西位成一线，和台基西沿柱洞相对称排列（编号 Z55—Z58）。

北门卫房，台基呈长方形，南北长 12.5 米，东西宽 4.8 米，高于门道地面 1.35 米。西面台沿被挖沟破坏，仅在沟底清理出残存柱洞 2 个（编号 Z59—Z60）。台基南沿保存较好，至门道为三级台阶连接。

南北门卫房平面均呈长方形，台基面高于门道路面约 1.3 米。门道通往门卫房都有三级台阶。从第一级台阶面宽至第二级的高度分析，应有木梯上台基居住面。从上述柱洞遗迹分布及红烧土地面和大量汉代倒塌瓦片以及烧毁的炭迹堆积看，应是城门楼内的附属建筑遗存。在北门卫房地面

图 5-25　东城门内南门卫房台基（北→南）

局部发现炭化的竹编遗迹，应是屋内竹编顶棚倒塌后形成的遗迹。在北门卫房台基西侧出土了成捆的箭镞堆积。

（4）东城门内外的其他遗迹

A. 散水沟

在城门阙台外 75 厘米处有一条南北向与阙台平行的小沟，宽 30 厘米，深 25 厘米。因中部门道被冲沟破坏，散水沟分南北两段，北段长 15.6 米，在距北阙台东北角向以北 1.75 米处 90 度折向西 2 米至城墙壁；南段长 14 米，在距南阙台东南角以南 0.75 米 90 度折向西 1.8 米至城墙壁。沟内淤积土为黄绿色，应是为排城门上阙楼建筑的瓦屋檐滴水而挖的一条散水沟。

B. 道路

这里发现两处道路遗迹。一处在门道的西部，南北门卫房之间，路土褐红色，较硬，成片状，厚 5—15 厘米，大部分已被后期冲沟破坏，残存长 8 米，宽 1—1.2 米，并继续向西延伸，应是城门内主道路遗迹。另一处是东城门外北侧发现的河卵石铺砌的路面，位于城门外北段散水沟的东面，南北走向，宽 1. 8—2. 5 米，石子面东沿较整齐。

（七）北城门遗址

武夷山城村汉城（东越王城）遗址的北城门位于城址东城墙北端的第一个拐角处。1998 年武夷山申报世界遗产名录时，为了配合城村汉城遗址的申遗，同时也为了进一步研究城址结构，经报批发掘了北城门遗址。为了遗址保护和展示，考古队只清理到城门遗迹的倒塌堆积层为止。同时建构了轻质钢架棚，对遗址进行了保护。

北城门由于不是城址的正门，所以没有东城门那样突出的门楼阙台，但是同样有门楼和门卫房建筑。城门楼墩台北面外墙平直，门楼墩台南侧有两个不同层次的建筑台基，应是门卫房的建筑。北城门与东城门同样只有一个门道，门道为南北向，门道宽度稍窄于东城门的门道（图 5-26）。

2014 年，考古队又对北城门的倒塌遗存做了第二次清理，但仍未清理完整。①

图 5-26　北城门门楼墩台、门道基址（西→东）

① 北城门的考古简报尚未整理发表。

（八）北岗宗庙建筑遗址

武夷山城村汉城（东越王城）遗址东门外左侧紧靠城墙处有一高地，当地称北岗。北岗高出周围地面 7 米左右。1980 年，考古工作者对城址内外做全面钻探，发现北岗上有础石和瓦砾堆积，确定是属于城址的一处建筑遗址。① 后来，当地村民常到北岗东坡挖土取土，使岗上的建筑遗址受到一些破坏。1984 年底，崇安城村汉城考古队先在遗址东部做小规模试探性发掘。1985 年 11 月至 1986 年 1 月，汉城考古队联合厦门大学人类学系考古专业实习队师生，对北岗遗址进行了大规模的发掘揭露（图 5-27）。1986 年 7—8 月，考古发掘工作告一段落，前后三次发掘共揭露 2200 平方米。在发掘范围内，揭露了一组约 1481 平方米的大型建筑遗址（图 5-28），按考古学惯例，当时命名为北岗一号建筑遗址。② 1988 年 9 月初至 11 月上旬，城村汉城考古队又与厦门大学人类学系考古专业实习队师生共同探掘了北

图 5-27　1985 年秋冬北岗遗址的考古发掘现场

① 福建省博物馆：《崇安城村汉城探掘简报》，载《文物》1985 年第 11 期。
② 福建省博物馆、厦门大学人类学系考古专业：《崇安汉城北岗一号建筑遗址》，载《考古学报》1990 年第 3 期。

图 5-28 北岗一号建筑遗址全貌（西→东）

岗一号建筑遗址西侧的一组建筑遗址，并将新发掘的遗址命名为北岗二号建筑遗址①。这次发掘面积为 1000 多平方米，另外配合以钻探和局部发掘，搞清了一组面积约 2600 平方米的建筑基址。

1998 年申遗对城址展开进一步保护时，又对南部曾经受到毁灭性破坏的遗址进行了考古发掘②；对破坏后残存的北部遗迹进行了考古发掘清理，并将其命名为三号建筑遗址。

北岗遗址的地层堆积与城内外其他建筑遗址基本相同，即地层堆积较薄，内涵也比较简单。分有四层：第 1 层为表土层。第 2 层为唐代以后至近代的扰乱堆积，其中又据土色土质及不同时代的包含物再细分为 A、B 两小层。第 3 层为汉代文化层，是汉代建筑倒塌形成的堆积，包括居住面上遗留的汉代生活遗物。第 4 层为汉代的建筑基址。以下为山地原生土层。

① 福建省博物馆、厦门大学人类学系：《崇安汉城北岗二号建筑遗址》，载《文物》1992 年第 8 期。

② 北岗南部遗址上有一条村民通行的道路，以及一个现代小型窑场，这些都对遗址造成了一定的破坏。20 世纪 80 年代，北岗南部的挖土平整作业则对遗址造成了严重破坏。

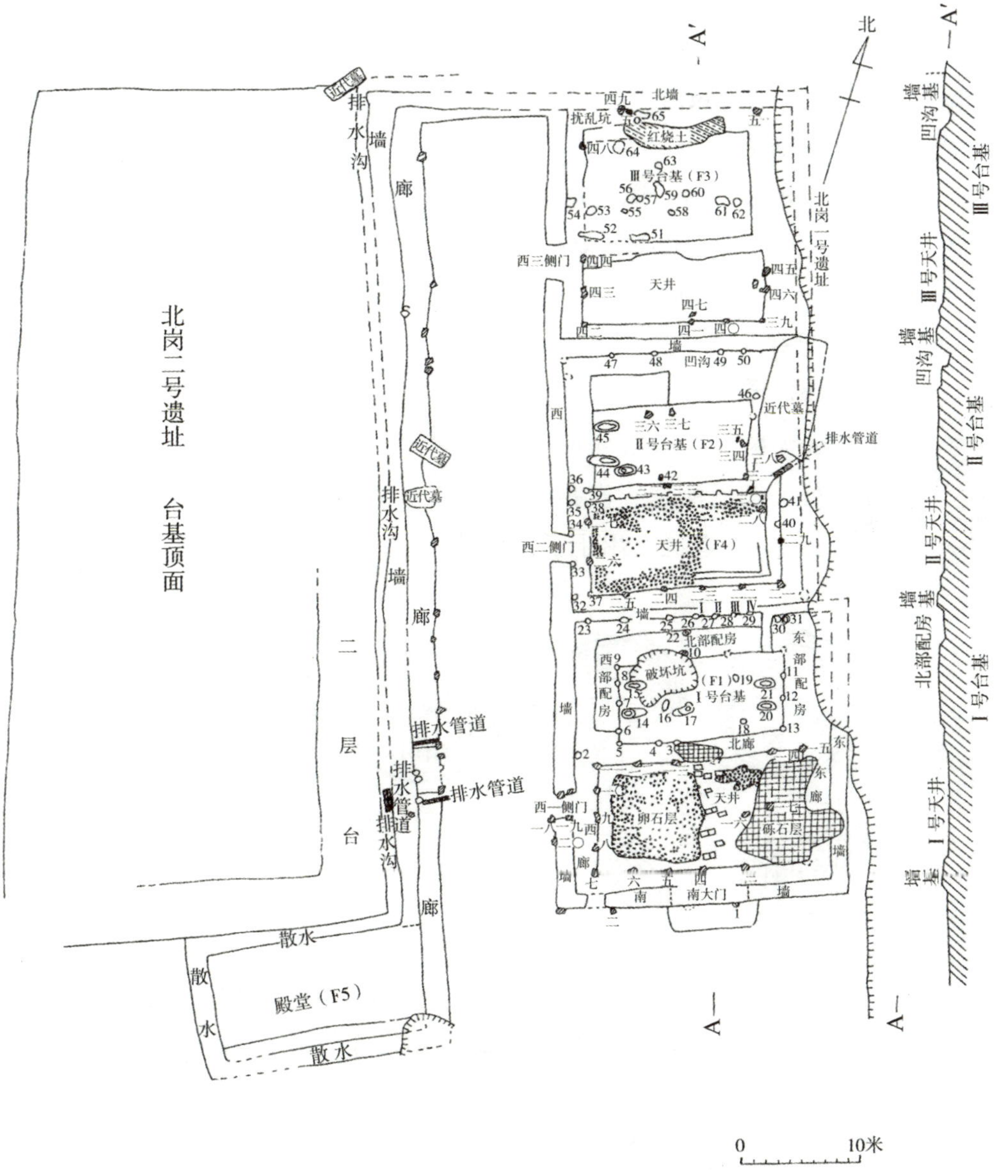

图 5-29　北岗一、二号建筑遗址平、剖面图

1. 北岗一号建筑遗址

这组建筑遗址是由 3 个大体相同的单位建筑连成一体的。建筑平面基本呈长方形①，方向 15 度，即建筑朝南略偏东。是一座四面围墙的封闭式的组合建筑，面积约 1481 平方米（图 5-28、图 5-29）。

2. 北岗二号建筑遗址

北岗二号建筑遗址以一座近长方形的台基为主体，东、南部绕以围墙、廊庑及房屋（F5）。台基西边是壕沟和城墙，北部已形成漫坡。整个建筑面积约 2600 平方米（图 5-29）。

3. 北岗三号建筑遗址

北岗三号遗址位于城村汉城遗址东大门外侧，北岗一号建筑遗址的南侧。由于遭受人为破坏，1998 年底直至 1999 年 3 月止，考古队对北部残存的一点遗存进行了发掘清理，发掘清理面积共 248 平方米。清理出面积约 190 平方米的建筑残存遗迹，出土了部分遗物（图 5-30）。

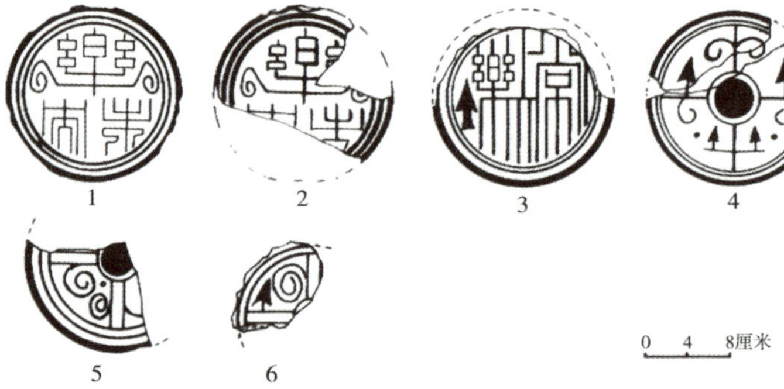

图 5-30　北岗三号建筑遗址出土的瓦当

（采自《福建文博》2011 年第 1 期）

1、2. 乐未央瓦当（T38③:3、T38③:1）　3. 常乐瓦当（T38③:11）

4—6. 云树纹瓦当（T42③:10、T38③:2、T38③:4）

---

① 由于其中的 I 号基址稍宽于 II 、III 号基址，因此整组建筑只是大体的长方形。

关于北岗宗庙建筑遗址考古发掘和研究的情况，在本书第十四章有详细论述。

（九）城址名称的不同变化

武夷山（崇安）城村汉城，发现于1958年，1959年考古发掘后称为“崇安城村汉城遗址”①。20世纪90年代后崇安县改武夷山市，遂改为“武夷山城村汉城遗址”；国务院批准第八批全国重点文物保护单位，所用的名称是“武夷山城村汉城遗址”②。1998年武夷山申报世界文化与自然遗产，在建立城址博物馆时，因为学术界已经形成共识，确定它是西汉闽越国时期的王城，所以又称其为“闽越王城”遗址③。黄展岳在一篇文章中推测该城址可能是东越王余善所建的王城遗址④。后来，笔者经进一步研究并确认。因此，在本书中，笔者认为应将“闽越王城”遗址确定为“东越王城”遗址⑤。对这座古城遗址的认识和命名，需要经过一个发展和认识的过程。这座古城遗址的发现和发掘，意义非常重大。由此，这项发现开启了揭示闽越国历史文化之谜的大门，为我们全面地了解和研究闽越国社会历史文化，提供了丰富的实物资料。

本书中，专指武夷山城村汉城中有关遗址的地方，写作东越王城遗址；涉及城外围有关遗址的地方，则写作东越王都遗址。王城只是都邑的核心。

二、城村汉城（东越王城）周围的遗址

在东越王城之外，考古工作者先后调查和发掘了不少同时期的遗址和遗存，它们与王城有着密不可分的联系。城墙之外的南岗、北岗和鼓楼丘

---

① 福建省文物管理委员会：《福建崇安城村汉城遗址试掘》，载《考古》1960年第10期。

② 20世纪90年代国家文物局上报国务院批准为第八批全国重点文物保护单位时，名称使用的是“武夷山城村汉城遗址”，因此这个名称较通行。我们现在称呼它为“武夷山城村汉城遗址”或“武夷山闽越王城遗址”或“武夷山东越王城遗址”都是可以的。

③ 从城邑性质上来说，准确定名应该是西汉时期闽越国的一座王城遗址。

④ 黄展岳：《闽越、南越和夷洲的比较研究》，载《福建文博》1990年增刊。

⑤ 21世纪初，笔者已经认同黄展岳的观点，觉得它应该晚于福州的闽越王城，应是东越王余善建立的新国都，只是还缺乏更直接、更确切的出土文物证据。闽越国墓葬的系列发掘，陶器的早晚分期和其他旁证，都为城邑的“东越王城”定性奠定了坚实的基础。

几处遗址，都与王城有着直接的关系，应是王城正门外的礼制建筑遗址①。其他较远些的遗址也应是隶属王城的重要功能性遗址。

（一）黄瓜山遗址

这处遗址位于城村汉城南城墙外约 500 米处（图 5-4）。黄瓜山是一座长条形低矮山岗，因形似黄瓜而得名。山岗呈西高东低，是西部高山向东延伸部分。遗址和遗物发现于山东部小岗顶部和南坡，范围约 2000 平方米，遗址破坏严重，一般表土下即见汉代文化层，厚 20—40 厘米，地表及地下散落较多的汉代陶片及木炭、红烧土等。20 世纪 80 年代在附近调查发现了满地冲刷出来的闽越国陶器残片，确定了它们都是与王城年代一致的闽越国遗存。考古队在此清理出一个残存的灰坑——黄瓜山遗址（H1）遗迹，平面呈长方形，南北向，北偏东 10 度。坑南半部保存较好，北半部已彻底破坏。坑口已暴露在地面上，坑口东西宽 128 厘米，南北残长 152 厘米，南部最深仅 20 厘米。坑底较平而且硬，极似居住面。坑内填黄灰土，内夹较多大块黄土和一些红烧土块、木炭。遗物见于东南角，主要是汉代陶器碎片，计有灰陶弦纹双耳罐 1 件，灰陶盅 3 件，陶杯 1 件及砺石 1 块。从迹象看，似一残存的房基遗迹。在遗址的周围还采集到大量的汉代陶片，其中可复原者 20 余件，器形有钵、盆、罐、大罐、釜、盒、器盖等。推测这是一处居址，但破坏极为严重。②

笔者根据在此遗址采集的很多陶片中有西汉早期甚至更早的遗物，推测该遗址是东越王城建城之前就已经存在的闽越国早期聚落遗址。

（二）福林岗遗址

遗址同样位于城南约 500 米，在现代公路的西侧，即福林岗高地。这是一处面积约 15 万平方米的低矮山丘，岗西部为黄瓜山及元宝山，东部为低岗及高坪，汉代遗存主要集中于东部，范围约 8 万平方米。由于早年已

① 福建博物院、福建闽越王城博物馆编：《武夷山城村汉城遗址发掘报告 1980—1996》，福建人民出版社，2004 年，第 46 页。

② 福建省博物馆：《崇安城村汉城探掘简报》，载《文物》1985 年第 11 期。福建博物院、福建闽越王城博物馆编：《武夷山城村汉城遗址发掘报告 1980—1996》，福建人民出版社，2004 年，第 47 页。

辟为茶园，所以遗址破坏也非常严重，文化层堆积已基本无存，东南坡保存的一些文化堆积层也遭后代严重扰乱。地面上散布着大量的汉代陶片和少量瓦灰土和红烧土，采集到可复原的汉代陶器45件，器形有钵、小钵、盒、盆、釜、罐瓮、器盖等。这里应是一处规模较大的汉代遗址，它与黄瓜山遗址仅间隔一处名为“上岭垅”的小沟。20世纪80年代就在这处小沟附近调查发现了满地冲刷出来的闽越国陶器残片，确定了它是与王城年代一致的闽越国遗存①。后在其西侧清理出黄瓜山遗址，在东侧福林岗清理出一座受破坏严重的墓葬，定名为福林岗一号墓。

墓地位于汉城南墙外福林岗西麓的缓坡顶部。福林岗一号墓为长方形，竖穴土坑，方向北偏东60度，保存较完整。墓穴东西长3.16米，南北宽1.2米，残存深0.2米。填土为红黄色五花土，土质松软。墓底铺河卵石，墓中部留有枕木铺设凹痕。墓内人骨与葬具均已腐朽。9件随葬陶器分置于墓室南端的东、西两侧，其中钵3件、罐4件、瓿和匏壶各1件②。

笔者认为这处墓葬区与黄瓜山遗址均早于东越王城的建城时间。否则，根据城郭的建制和布局，墓葬区都应在郭区之外，与城郭有适当的距离。

（三）元宝山遗址

遗址位于城外西南部的元宝山上，距西城墙约500米，面积约2万平方米。元宝山的东北坡遗址受破坏比较严重，这里地面有较多汉代的陶片，保存部分的文化层堆积厚仅20—60厘米。在东坡下，1980年考古队发掘清理了一个5×5（米）探方，揭露面积20平方米。在第二层中发现一片木骨草泥墙倒塌的堆积和红烧土，残存范围5×2（米），从倒塌的草拌泥墙分析，当时墙体的制作应是以木棍为柱，以竹片为板编成竹篱笆，然后在篱笆上抹草拌泥面制成墙壁。制法与汉城高胡坪宫殿的主体建筑墙壁相似，应是汉代房屋倒塌后的残迹。在探方中共清理出土西汉闽越国时期的铁器、陶器等29件，其中铁器22件，陶器6件，石器1件。铁器中，以工具锸为

---

① 福建省博物馆：《崇安城村汉城探掘简报》，载《文物》1985年第11期。

② 福建博物院、福建闽越王城博物馆编：《武夷山城村汉城遗址发掘报告1980—1996》，福建人民出版社，2004年，第121—122页。

多数，其次为铲、镰、刀、斧、凿、锤等；陶器有盅、器盖、桶形器和纺轮；石器有柳叶形箭镞1件①。22件铁器分几组堆放，其中80%以上为农具，旁边还伴有制铁工具如铁锤、刀等。从这些现象分析，这里当时很可能是一处制作铁农具的手工业作坊遗址，或者是一处其他的手工业作坊遗址。由于兵燹等突发事件，最后作坊毁于大火。

（四）赵厝圩遗址

遗址位于城外西面的赵厝圩山岗，东距汉城西城墙和西城门约300米，遗址和遗物见于山岗的东南坡地上。由于遭到历年雨水冲刷和近现代坟墓的破坏，文化层堆积和建筑遗迹几乎无存，一般表土下即见黄生土，地表上散布较多的汉代陶器残片。采集可复原的汉代陶器19件，器形有钵、盆、罐、杯、三足盘、器盖、陶纺轮和陶支座等以及少量汉代瓦片和菱花纹铺地方砖。此遗址原应是与汉城遗址年代一致的一处重要建筑遗址，但均已被严重破坏。因在山岗的顶部发现散落很多似铁渣的矿物，过去曾被推测为冶铁遗迹②，但应该是不确切的，这些都是一种铁锰结核块的分布。

在1980年的钻探中，曾误认为有冶铁作坊的下寺岗、赵厝圩、元宝山、福林岗、黄瓜山5处遗址③，后来经核实，除元宝山遗址一处可能为制铁工具的作坊遗址外，其他发现的冶铁遗迹不确，应是一种铁锰结构矿物堆积。④

（五）门前园建筑遗址

在遗址调查中，除发现城村汉城之外，位于现城村边沿的门前园、翁仲巷都出土有与城址一致的遗物。基于村民建房，考古队先后对门前园部分地段进行过两次考古发掘。

---

① 遗址中偶然发现的石器，特别是石箭镞之类，应该都是先秦时期的遗存物。闽越遗址常常是建立在商周遗址之上的。

② 福建省博物馆：《崇安城村汉城探掘简报》，载《文物》1985年第11期。

③ 福建省博物馆：《崇安城村汉城探掘简报》，载《文物》1985年第11期。

④ 福建博物院、福建闽越王城博物馆编：《武夷山城村汉城遗址发掘报告1980—1996》，福建人民出版社，2004年，第47页。

门前园遗址位于城村东南部，西南距汉城遗址400米，东距崇阳溪400米。遗址地势平坦，是一处高出周围水田2—2.5米的台地。台地平面呈不规则长方形，南北长150米，东西宽75米，经1980年的钻探了解，西汉闽越国时期的建筑遗迹主要分布在台地北部①。但在第二次发掘时测量数据更新为南北长200米，东西宽150米。②

1. 第一次考古发掘

1981年9月，村民在建房时挖出大量汉代绳纹板瓦、筒瓦和陶片，为了解遗址的布局和内涵，考古队选择堆积较为丰富的地段，在村民宅区的空隙处布探沟7条，进行了局部发掘。

（1）地层堆积

门前园地层堆积较简单，与城址地层基本相同，可分为4层。第1、2层都是汉代以后的文化层。第3层为汉代文化层，夹杂大量红烧土、炭粒和灰烬，出土遗物有釜、盆、瓮、罐、提桶、匏壶、盒、钵、盅等汉代陶器及大量汉代板瓦、筒瓦、瓦当等建筑材料。第4层为汉代建筑台基，经过夯打，土质硬实。第4层之下为生土。

（2）遗迹

遗址分布范围南北长34米，东西宽17米。因控制在村民房基内发掘，仅揭露局部遗迹。主要遗迹有房子、排水沟和呈带状卵石堆积。其中有房子遗迹两处、排水沟2条、排水管道1条和石子堆积1处。可以看出是一座建筑的外缘遗迹。

（3）发掘者对遗址的认识

门前园遗址的发掘，由于是在村舍的空隙处布方，所揭露的遗迹极为零散，难以做直接的联系。③

---

① 福建博物院、福建闽越王城博物馆编：《武夷山城村汉城遗址发掘报告1980—1996》，福建人民出版社，2004年，第145页。

② 福建闽越王城博物馆：《2003年门前园遗址探掘简报》，载《福建文博》2005年第3期。

③ 这种发掘的判断都难以准确，如北岗遗址局部试掘时，由于发掘者系首次发掘城址，经验不足，判断划分的4座房子遗迹在遗址大面积揭露出来时，发现都只是一座殿堂的局部遗迹。

门前园遗址出土大量板瓦、筒瓦、瓦当等建筑材料和各类日用陶器，陶器有鼎、釜、罐、瓮、罐、提桶、盆、盘、三足盘、匏壶、钵、盒、盅、器盖等遗物。这批建筑材料及陶器与城址中所出同类器物风格如出一辙，因此其时代应与城址的时代相同。

汉城遗址位于城村盆地的西部，崇阳溪由西北向东南环抱城址，在城址和崇阳溪之间分布有城村、门前园、翁中巷、送神桥、松树下、鼓楼丘诸遗址。从钻探及发掘的情况看，门前园遗址瓦砾层堆积最为丰富且范围较大，“万岁”“常乐万岁”“乐未央”等文字瓦当的出土，显示出一定的等级。其建筑形制虽不甚明了，但从瓦砾堆积和排水沟设施情况看，其建筑群落具有一定的规模。从所处的地理位置看，它位于盆地的中部，周围为大片的水田所环绕。从出土的遗物情况看，陶器复原件多达 69 件，其中的一件陶鼎为城址所仅有，在城址内外所出的为数不多的陶提桶中，门前园遗址就出了 4 件，这些都说明它在城外诸遗址中所处的显要地位。①

2. 第二次考古发掘

到了 2003 年 3 月，因村庄建设，福建闽越王城博物馆考古队又对门前园遗址进行了抢救性发掘。发掘地点在距 1981 年发掘地点较远的门前园东北部，是一处高于周围水田 2 至 2.5 米的台地。在遗址上先后布 1×10（米）探沟 6 条，发掘面积 60 平方米。

（1）地层堆积

地层分布与城内外遗址相同，较为简单，可分为 4 层。第 1、2 层都是汉代以后的文化层。第 3 层为汉代文化层，黄红褐色黏土，土质较硬，厚 0.4—0.5 米，深 1.05—1.5 米。本层分布于整个探沟，夹杂零星的红烧土、炭粒，出土遗物有可复原的陶盒、方格纹陶罐和陶盆的残片，同时还出土部分板瓦、筒瓦、瓦当残片等建筑材料。第 4 层为汉代建筑遗迹台基或廊道，经夯打土质硬实。第 4 层之下为生土。

① 福建博物院、福建闽越王城博物馆编：《武夷山城村汉城遗址发掘报告 1980—1996》，福建人民出版社，2004 年，第 115—120 页。

（2）遗迹

最下层为西汉闽越国时期遗迹，为一建筑基址，是一处大型建筑基址中的廊道遗迹，被唐、宋、元时期的建筑遗址破坏得很严重。

（3）出土遗物

主要出土建筑材料和零星的日用陶器。

A. 建筑材料

在60平方米范围内出土大量的板瓦、筒瓦、瓦当和个别铺地砖等建筑材料。从两件残瓦当上的当面模印文字上，可以辨认出都是“乐未央”文字瓦当。

B. 陶器

出土的陶器很少，仅有陶盒、残支座、罐片和盆片等。

（4）认识

本次发掘的门前园遗址，发掘出土的建筑材料及陶器都与城址中所出同类器物风格完全一致，因此其时代应与城址的时代相同。①

由于这次发掘的门前园遗址，只是开探沟了解遗存状况，发掘面积很小，已揭露地段均分布闽越国时期的遗物和遗迹。说明此遗址是闽越国时期城外的一处重要的建筑基址，已揭露的台基廊道遗迹，应该是一座大型建筑基址的局部遗迹，可能是城外官署区的一部分。

门前园遗址前后两次不同地点的考古发掘，都证明了这处遗址的城外官署类性质，但是又是各自不同的建筑基址。第一次发掘的地点是闽越国时期居住性的大型建筑遗址，第二次发掘的地点则是东越王城外郭区的公共活动之建筑场所。

（六）翁仲巷建筑

翁仲巷遗址位于城址东北约600米处，靠近崇阳溪西岸。这里是地势开阔而平坦的台地，遗迹见于翁仲巷高地北部，面积约1万平方米，文化层厚0.9—1.6米。上层为唐宋堆积层，下层为汉代堆积层。下层深1米左右，内含较多红烧土、灰土和汉代瓦片。在东部靠近崇阳溪处，探明一

① 福建闽越王城博物馆：《2003年门前园遗址探掘简报》，载《福建文博》2005年第3期。

处建筑房基，距地表深 1.2 米。遗址范围东西长 18 米，南北宽 10 米。遗迹内发现有夯土居住面和部分柱础石，地层中含有红烧土、木炭和瓦片堆积层。

翁仲巷遗址未经发掘，据调查勘探可以确认是城外郭区内一处闽越国时期的建筑遗址。①

（七）城村后山陶窑作坊遗址

城村后山窑址位于城村汉城（东越王城）北面、城村村西后山东麓，遗址处于后山向东延伸的坡地上。西靠后山，东为村舍宅地，北临崇阳溪妈祖庙渡口，南距城村汉城北城门遗址近 1 公里，在北部靠村舍处。1992 年因村民挖坡建房破坏了 3 座汉代窑址。1996 年秋，考古队开始在城址外围系统探查时，发现了被村民盖房破坏了的汉代陶窑遗址，在窑址周围发现较多汉代瓦片堆积，推测这里是一处附属于城址的窑区和制陶作坊遗址，随即上报并进行了抢救性考古发掘。② 经勘察，遗址东西宽约 50 米，南北长约 80 米，面积约 4000 平方米。这次共发掘清理了 3 座被不同程度破坏的汉代窑炉（Y1、Y2、Y4）和一座唐代洞式小窑炉（Y3），3 座汉代窑炉中有两座仅存后室尾部，仅一座结构保存略好。在窑址区也出土了一批砖瓦建材、陶器和窑具等遗物（图 5-31）。窑炉遗址研究的详细情况，本书第八章中的第二、三节有专述。

（八）岩头亭窑址

岩头亭是城村后山北麓偏西的一个地名，2004 年村庄开路，在后山北部的岩头亭处又破坏了两座并排的窑炉，考古队发现后，一边上报处理，一边对其中一座受破坏的窑炉进行了抢救性的发掘清理。③ 经勘察发现，后山的东北麓至岩头亭以西有成排的窑炉。这些成规模排列的窑炉，均面向崇

① 福建博物院、福建闽越王城博物馆编：《武夷山城村汉城遗址发掘报告 1980—1996》，福建人民出版社，2004 年，第 48 页。

② 福建博物院、福建闽越王城博物馆：《福建武夷山市城村西汉窑址发掘简报》，载《考古》2003 年第 12 期。

③ 福建闽越王城博物馆：《武夷山城村岩头亭西汉窑址发掘简报》，载《福建文博》2006 年第 3 期。

图 5-31　城村后山一号残窑被破坏后残存的后壁和砖瓦、瓦当遗存

图 5-32　发掘出的岩头亭一号窑炉的倒塌堆积遗存

阳溪（东越溪），背靠后山北坡。窑炉的形制和结构与后山窑址类似，窑址亦出土了一批闽越国时期的遗物（图 5-32）。这座窑炉的详况，在本书后面的章节亦有专述。

从遗址保护的角度考虑，考古队未对其他保存较好的窑址进行发掘。而抢救性发掘清理的这两处窑址，应该是一个较大规模的制陶手工业作坊区的两个局部遗存。考古队对它们的发掘和勘察，为我们提供了很重要的实物资料，揭示了城村西汉东越王都及宫殿建筑群的建筑用陶的来源，找到了烧制陶建材的手工作坊、窑址的位置以及闽越国陶窑的形制结构，并且从中了解到其制陶业的水平。

（九）大园地遗址

大园地遗址位于城村东北部，西南距城村汉城（东越王城）遗址 1 公里，北部和东部是崇阳溪的拐弯，遗址地势平坦，比村庄稍低，崇阳溪自西北往东向南环绕该地。该台地东西长度和南北宽度都是200多米，经钻探了解，汉代建筑遗址主要分布在该台地中、东部。1998年以来，在遗址沿河地带就有发现部分的汉代陶片，经调查，1998年春夏之交的洪水，把大园地一带200多米长、五六米高的河岸冲垮了三四米，在塌下的泥土中夹杂有大量的汉代陶片。在遗址遭大洪水冲塌破坏之后，1999年经报批，2002年福建闽越王城博物馆考古队对该遗址进行了小面积的局部发掘，在发掘区域内发现了汉代柱洞等建筑遗迹和部分汉代陶器等遗物。

1. 地层堆积

大园地遗址地层堆积较简单，可分为4层。第1、2层与门前园遗址基本一致。第3层为西汉闽越国文化堆积层，出土有部分西汉时期的陶片及零星的绳纹板瓦、筒瓦残片。第4层为西汉时期的闽越建筑基址。第4层之下为原生土。

2. 出土遗物

陶片中可辨器形有罐、瓮、钵、釜、盆、盖等残片，陶片纹饰有方格纹、弦纹、锯齿纹、绳纹以及水波纹与绳纹组合等。同时，还出土有早于汉代的席纹、菱格纹印纹硬陶残片。

3. 闽越国时期的遗迹

在第3层汉代堆积层下的汉代闽越国时期的居住面（黄土夹杂红烧土的一层硬面）上，发现有10个柱洞，柱洞多呈圆形或椭圆形，排列有一定的规律，可能是房屋建筑的柱洞。因发掘面积有限，未能全部清理出来，整体的布局尚不清楚。

4. 对遗址的认识

由于该处建筑基址结构布局未能全部清理出来，根据所出土的遗物、遗迹来看，此处应为西汉闽越国时期的建筑基址，可能是房屋建筑的一部分。

在遗址中发掘出土有建筑材料板、筒瓦残片和盅、盆、钵、釜、瓮、盖等各类日用陶器。这批建筑材料及陶器与城址内所出的风格完全一致，因此推断年代与城址一致。由于本次发掘面积很小，已揭露的部分均系西汉闽越国时期的遗迹和遗物，说明这处遗迹是闽越国时期城外一处下层民居建筑遗址的某一部分。

另外，崇阳溪自西北往东南环绕该遗址，历年的洪水把河岸遗址断断续续冲塌，每处都有汉代地层与陶片。在离大园地 1000 多米的沿河下游河岸，也有数百米河堤倒塌，地层中同样有大量的西汉闽越国时期的陶器残片，反映出城外遗址区非常密集的情况。①

（十）河北（崇阳溪北岸）大型墓葬区

自 1996 年开始的对武夷山城村汉城遗址周围地区的墓葬探查，经过艰

图 5-33　东越王都遗址北部墓葬区东段②的墓葬分布

① 闽越王城博物馆：《2002 年城村大园地遗址发掘简报》，载《福建文博》2006 年第1 期。

② 该墓葬区西段还有亭子后等闽越国时期的墓葬遗址。

苦的山野跋涉以及引入地磁物探等尝试，终于在20世纪90年代的后期，揭开了城村汉城遗址外围1至2公里范围的闽越国墓葬区神秘的面纱。首先从城邑郭区北部的亭子后墓葬开始，一座座闽越国墓葬，一个区域接一个区域的闽越国公共墓葬区，不断被考古队发现。首先在城郭北部的崇阳溪以北的成脉的小山麓中，发现了绵延达1500米以上的大型墓葬区（图5-33、图5-34）。这也与汉长安城北部的陵墓区非常相似。

图5-34　崇阳溪北岸的大型墓葬区远景（南→北）

图5-35　牛山一号大墓的考古发掘和钻探

考古队在这个庞大的墓葬区中，从西往东，先后抢救性发掘了亭子后一号墓，牛栏后一、二号墓，斧头山一号墓葬，后来又发掘了牛山一号大墓遗址（图5-35）。[①] 对这几座墓葬的发掘和对整个墓葬区的勘探，使我们摸清了城址北部（崇阳溪）河北墓葬区的范围和规模。关于闽越国时期的墓葬，在本书第十八章中会深入探讨，本章不赘。

（十一）河东（崇阳溪东岸）前山墓葬区

1. 前山西麓北部墓葬区

前山在城村当地又称为锦屏山，这座山是本地区最高的一座山峰，位于城村汉城（东越王城）正门的东部偏北，在城东崇阳溪（东越溪）的东

① 福建闽越王城博物馆：《武夷山市城村亭子后西汉闽越国墓葬发掘简报》，载《福建文博》2011年第1期。福建博物院汉城考古工作队：《武夷山市城村牛栏后闽越国墓葬发掘简报》，载《福建文博》2013年第2期。福建闽越王城博物馆：《武夷山市城村斧头山一号墓发掘简报》，载《福建文博》2011年第1期；《武夷山城村牛山汉墓发掘简报》，载《福建文博》2018年第1期。

岸。1980年发现的渡头村墓地位于前山西麓的北侧。这一小型的墓葬位于山脚下，北距渡头村约50米。遗址是个地表长满灌木和竹林的小山丘。因建桥修路，施工过程中发现汉代竖穴土坑墓4座。从剖面观察，这些墓葬的墓口距地表约2米。其中出露地表两座，平面为长方形，残长约2.2米，宽0.9米。墓底铺河卵石，上置陶器（已被民工先期取出），填土夹有白膏泥、木炭和黄沙土，质地松软。经考古发掘，4座残墓中共采集随葬陶器7件，其中匏壶2件，敛口钵3件，双耳罐和瓿各1件。①

20世纪末21世纪初考古队在城址之外广阔的地域调查勘探时，在前山西麓这片较矮的小山坡上发现了现代的方形盗洞，深达七八米，应该是中型以上的闽越国时期贵族或官吏墓葬。前山西麓北部墓葬区被盗严重，需要加强保护。

2. 前山西麓南部墓葬区

20世纪末21世纪初考古队在前山西麓南部，发现了又一处闽越国时期的贵族墓葬区，同时也发现了一处现代的方形盗洞，盗洞深达八九米。此处有成排的封土堆且可以遥望城址正门的贵族墓葬区，位置非常重要。②

（十二）西部新亭园墓葬区

城村汉城（东越王城）遗址西部的新亭园墓葬区也是20世纪末至21世纪初考古队在外围调查勘探工作中发现的。2001年6月中旬，考古队对汉城遗址西南部的新亭园区域进行田野调查时，发现多处较为明显的山包、墩台及一些人工挖过的沟坎迹象。经过钻探了解，发现此处是人工堆筑起来的封土堆遗存，可以确定是一处隶属城村汉城（东越王城）的闽越国时期的墓葬区。

2003年在该区域发现有新盗洞，为了解这一墓葬区的情况，进一步加强全区域的保护，报经批准后，考古队于2003年底至2004年初对该墓葬区的其中一处条形山岗上并排的4座墓葬进行了考古发掘。

新亭园是距城村汉城（东越王城）遗址西南约2公里的一大片错落的

① 福建博物院、福建闽越王城博物馆编：《武夷山城村汉城遗址发掘报告1980—1996》，福建人民出版社，2004年，第122页。

② 调查勘探的资料尚未发表。

山丘，现代已被开垦成为果园。这片群峦中有一处呈南北走向的长条形山岗。山岗的西、北两面为沟垅、水田，东、南面为连片山丘，相对高度约25米。岗顶较为平缓，4座有封土堆的闽越国时期的墓葬，在山岗顶部一字排开，从南到北分别编号为新亭园一号至四号墓（M1—M4）。各个封土堆顶部间距都在20多米至30多米之间，现都已成为馒头形山包（图5-36）。①

图 5-36　新亭园墓葬区外景

经过考古发掘后已知这4座紧紧相连的连排墓葬，可能只是这一大型墓葬区中一个家庭的合葬墓地。从布局位置和大小规模上看，它们还只是墓葬区中大型墓葬外围的陪葬墓而已。

从目前情况看，城址西部的新亭园墓葬区的面积和范围很大，规模仅次于河北（崇阳溪北岸）墓葬区，其中的大型墓葬几乎接近河北（崇阳溪北岸）的牛山一号大墓，可知新亭园墓葬区非常重要。

① 福建闽越王城博物馆：《福建武夷山市新亭园闽越国土墩墓》，载《南方文物》2017年第1期。

（十三）南部墓葬区

城村汉城（东越王城）遗址南部的墓葬区，主要在城南 1 公里至靠近马埠头村子一带。城村村民挖路和开山时有个别破坏，未经考古发掘。这一区域小山包连片，外界进入城村的主干道由此区域通过。目前已知是城址外面南部的墓葬区，但是规模和分布尚未进行普探了解。

可以认定的是，这个南部的墓葬区也有一定范围。它们与邻近南城墙的福林岗墓葬区的性质不同，应该是建城以后划定的墓葬区，因此离王城有一定的距离。

（十四）畲头遗址、墓葬区

畲头有后门山遗址和蜈蚣钳遗址，均位于兴田镇南岸村。

畲头后门山遗址位于畲头自然村东北面较低矮的山岗上，相对高度约 10 米，岗顶较平，西临崇阳溪，南面是一片较开阔的盆地及小溪流，小溪流向西汇入崇阳溪内。该遗址处于城村汉城遗址的东南角，与城村汉城遗址仅隔一座较高的锦屏山（前山），直线距离约 3.5 公里。该遗址范围较大，面积约 8 万平方米，地面基本被垦为茶园。采集的遗物较丰富，主要分布在东南坡及岗顶西部，未发现文化层堆积。采集到遗物均为陶器，有罐、盆、瓮、盅、盖、瓿等陶器残件，分别饰弦纹、水波纹、篦点纹、方格纹、绳纹等，属西汉闽越国时期遗物。

蜈蚣钳遗址位于后门山遗址北面约 200 米处的高山上，向南有伸出的山坡台地。在遗址上采集到一些遗物，为鼓形方格纹泥质陶罐，属西汉闽越国时期的遗物。在该处发现有高起的土墩台地多处，经钻探了解均有 2 米以上的堆积土，土质较硬，有夯打过。土色为五花土夹炭粒，判断亦是西汉闽越国时期的墓地遗存。①

这两处面积较大的遗址未经考古发掘，但是从调查勘探的情况来看，是城外下游崇阳溪（东越溪）口非常重要的遗址。

（十五）洲庵建筑遗址

洲庵建筑遗址位于武夷山城村汉城（东越王城）遗址西南 2 公里处。

① 福建闽越王城博物馆：《南平市闽越遗存调查》，载《福建文博》2004 年第 1 期。

2013年初，在配合武夷新区兴田片经一路（中段）项目建设进行考古调查时发现此处遗址。2013年8月至11月，福建闽越王城博物馆联合福建博物院文物考古研究所、厦门大学人文学院历史系考古专业共同组成考古发掘队，对洲庵遗址进行抢救性发掘。

遗址位于兴田镇城村洲庵的一处山岗上，位置北距崇阳溪1公里。遗址地表种植茶园，可见散落大量的汉代陶片与瓦片等。两条机耕道分别从遗址下部与中部穿过，对遗址造成了贯穿性破坏。在机耕道旁边的断坎上可见到包含汉代文化遗物的堆积层。遗址东西长约80米，南北宽约30米，面积约2400平方米。本次实际发掘面积1950平方米，揭露遗迹有汉代房屋基址1处，出土一批汉代遗物。

洲庵遗址的地层与城村汉城遗址的地层一致，可分为4层。第1、2层为汉代以后的文化层。第3层为汉代文化层，为汉代闽越国时期的陶片和瓦片堆积。第4层为汉代房屋建筑基址。

位于遗址北坡上的西汉闽越国时期的建筑遗址，由于受破坏严重，仅清理出建筑基址的10个柱洞。柱洞近圆形，有大小之分，大者直径在35—46厘米间，深度在50—80厘米间；小者直径在22—30厘米间，深度在15—50厘米间。柱洞呈东西两列分布，同列柱的间距约2—2.5米，东西两列柱洞间距约3米。

房基的北部被一条宽1.4米、西北—东南走向的当代战壕（20世纪60至70年代所修）破坏，东部有一条宋代冲沟，北部清理出一片瓦砾倒塌堆积。

此遗址的出土遗物为西汉时期闽越国时期的文化遗物，分为建筑材料和陶器两大类。

出土的建筑材料数量较多，均为瓦类，包括板瓦和筒瓦（图5-37、图5-38）。少数板瓦和筒瓦上有戳印文字，板瓦戳印于里面，筒瓦戳印于背面。戳印文字绝大多数为单字，个别为双字，印文有缀、邓、裹、侍、气结等。板瓦基本为碎片，仅复原3件。筒瓦基本为碎片，仅复原2件。瓦当仅清理出一块“乐未央”瓦当残片，为阳文“乐未央”瓦当，仅剩“央”字的一部分。

图 5-37　洲庵遗址出土的板瓦
（采自《福建文博》2019 年第 1 期）

图 5-38　洲庵遗址出土的筒瓦
（采自《福建文博》2019 年第 1 期）

陶器出土数量较少，且绝大多数为残件。可复原的陶器有 11 件，为日用陶器和工具，可辨器形有瓮、罐、盆、釜、钵、盅、纺轮、陶珠等，还有一些器盖、器耳和器足残片（图 5-39）。胎质分为泥质陶和夹粗砂陶两类，纹饰主要有绳纹、方格纹、弦纹、水波纹等。①

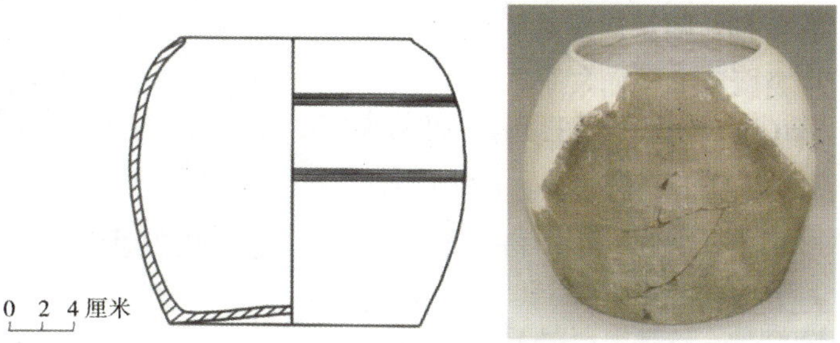

图 5 39　洲庵遗址出土的汉代陶罐
（采自《福建文博》2019 年第 1 期）

洲庵遗址由于发掘范围较小，仅清理出西汉闽越国时期的房屋基址 1 处，在基址中出土大量的建筑材料及陶器残片。它们都和城村汉城遗址出土遗物基本相同。不言而喻，洲庵的建筑遗址是属于城村西汉东越王都外围的附属建筑遗址。根据出土的大批板、筒瓦和文字瓦当来判断，洲庵遗址不是一般的居民房屋建筑。洲庵遗址与城址直线距离 2 公里，这次发掘

① 厦门大学、福建博物院、福建闽越王城博物馆：《武夷山市洲庵遗址考古发掘简报》，载《福建文博》2019 年第 1 期。

起初是为了配合道路建设，但实际上对于了解城村东越王都遗址郭区外西南部建筑遗址的分布提供了新的资料。

（十六）蛇子山墓葬

蛇子山遗址坐落于黄土村西北向约 2 公里的低矮的丘陵上，黄土村距离武夷山市南约 30 公里。2006 年 4 月至 6 月，为配合武邵（武夷山——邵武）高速公路的工程建设，经报批后，由福建闽越王城博物馆组成的考古队对该遗址进行抢救性发掘，发现了西汉闽越国时期的墓葬 2 座，分别编号为武蛇二号墓、四号墓（M2、M4）。①

蛇子山遗址的两座闽越国墓葬坐落在城村汉城（东越王城）遗址的西北部，与城邑的直线距离不超 6 公里。这两座墓葬只是这处墓葬区的一部分，附近应该有居住遗址。由此看来这里应该是闽越国都邑外围的重要据点。两座墓葬详况见本书第十八章的“丧葬制度与文化”。

三、武夷山崇阳溪沿线及城邑外围的遗址

武夷山市除在兴田镇城村发现了目前已知最大的东越王城遗址外，在全市境内还发现了许多处闽越国时期的遗迹、遗存。这些西汉闽越国时期的遗址主要位于城村汉城的上下游和周围地区。这些遗址和遗存，早在 20 世纪 50 年代后期的第一次全国文物普查时就有一些发现②，在 20 世纪 80 年代的第二次文物普查时又有一些新发现。

（一）第一、二次文物普查的发现

1. 万家山遗址

万家山位于赤石村西南约 2.5 公里，在岩头子村的对面，东靠南武公路。遗址坐落于这座山岗上，遗物遗迹的分布范围约 5000 平方米。在遗址中发现有成堆的可复原的陶器，如罐、钵、匏壶、纺轮等③。推测该遗址为

① 福建闽越王城博物馆：《武夷山蛇子山闽越国墓葬发掘简报》，载《福建文博》2014 年第 4 期。

② 福建博物院编：《福建考古资料汇编（1953—1959）》，科学出版社，2011 年，第 482—486 页。

③ 福建博物院编：《福建考古资料汇编（1953—1959）》，科学出版社，2011 年，第 482—486 页。

一处闽越国时期墓地。①

2. 三姑遗址

三姑遗址位于三姑村东北部的低矮山丘上，遗址地表暴露和散布着许多闽越国时代的陶器。②

3. 雾林山遗址

雾林山遗址位于武夷乡丘屯村东南的雾林山上，遗址兼有先秦闽越文化遗存和汉代闽越国文化遗存，面积约3000平方米，相对高度约5米。采集的陶片标本中，属闽越国时代的器形有盆、罐、釜、瓮等。③

4. 坑头村遗址

坑头村遗址位于武夷乡坑头村的对门山上，遗址面积约2800平方米，相对高度约6米。调查采集的标本中亦有先秦遗物，其中属闽越国的文化遗物有罐、钵、盂、盅等陶器，陶片纹饰有方格纹、弦纹、水波纹、绳纹等。

5. 梅溪山遗址

梅溪山遗址位于武夷乡梅溪村东面的梅溪山上，遗址由几座低矮的山丘组成，总面积约1.2万平方米。遗址兼有先秦文化遗存，其中属闽越国时期的文化遗存主要是陶器残片，陶片纹样有方格纹、水波纹和弦纹等。

6. 苦竹林村遗址

苦竹林村遗址位于吴屯乡苦竹林村后山上，面积约1万平方米，相对高度10—25米。遗址中亦存有更早期的先秦遗迹，闽越国时期的文化遗存有釜、罐等陶器。

7. 朝阳遗址

朝阳遗址位于武夷华侨农场朝阳管区内的山丘上，面积约4万平方米，相对高度20—30米。遗址兼有先秦和汉代闽越文化遗存，闽越国时期的文化遗存主要见于陶器中，器形有釜、罐、钵、盘、盒、盖等，纹饰有方格纹、绳纹、弦纹等。

---

① 福建省文物管理委员会编：《福建省古遗址资料汇编》，油印本。

② 福建省文物管理委员会编：《福建省古遗址资料汇编》，油印本。

③ 据20世纪80年代以后的文物普查资料以及《福建省崇安县文物概况一览表》油印本。以下凡不另注明的皆同此注。

8. 庙下山遗址

庙下山遗址位于武夷华侨农场的庙下山上，面积约2400平方米，相对高度5米。该遗址为单纯的闽越国遗址，调查采集的标本均系陶器，器形有瓮、罐、釜、盆等，纹饰有方格纹、绳纹、弦纹等。

9. 长头垅遗址

长头垅遗址位于武夷乡三姑村东南的长头垅山上，面积约2000平方米，相对高度约5米。为单纯的闽越国文化遗址，采集的陶器标本有瓮、罐、盆等。

10. 果园遗址

果园遗址位于武夷乡黄柏村果园后门上，面积约1000平方米，相对高度约30米。调查采集的闽越国遗物标本以陶器为主，可辨器形有瓮、罐、盖等。

11. 坑子里遗址

坑子里遗址位于下阳乡良种厂坑子里山丘上，面积约4万平方米，相对高度20—60米。亦有先秦时期文化遗存，在调查采集的标本中，有闽越国文化的陶器。

12. 大布山遗址

大布山遗址位于五夫乡五夫村大布山上，面积约3万平方米，相对高度约15米。亦有先秦闽越文化遗存，其中有采集到汉代闽越国文化的陶器等遗物。

13. 畲头村遗址

畲头村遗址位于兴田镇畲头村后门山上，面积10万平方米，相对高度约15米。为单纯西汉闽越国文化遗址，采集的遗物标本有瓦材、陶器及石器。其中可辨的陶器器形有：罐、钵、釜、三足盘等。石器仅见石镞。

14. 岗上遗址

岗上遗址位于兴田镇南岸村东的岗上，面积约2万平方米。遗址兼有先秦闽越文化遗存，其中闽越国时期的遗存以陶器为主。

15. 杨梅口遗址

杨梅口遗址位于兴田镇仙店村西南的杨梅口，面积约750平方米。系单纯的西汉闽越国文化遗址，调查采集的标本以陶器为主。

16. 西郊村遗址

西郊村遗址位于兴田镇西郊村南的葫芦山坡上，此遗址以先秦石器时代至青铜时代的闽越文化为主，但在山坡下亦调查采集到西汉闽越国文化的陶器残片①。

（二）21 世纪初闽越文化遗存专题调查的新发现

21 世纪初，在全省闽越文化遗存专题调查工作中，2002 年 8 月至 10 月考古队以城村汉城遗址为中心，沿崇阳溪上下游进行重点的复查钻探工作，又发现了一些西汉闽越国时期的文化遗址，采集到一批遗物，这些新发现的遗址遗迹也分布在城村汉城周边的武夷镇和兴田镇一带。

1. 武夷镇

回回坡遗址位于武夷镇南亭村东面约 500 米处的山岗，发现陶片数量不多，器形有罐、瓿等，分别饰方格纹、弦纹与水波纹组合，应属西汉闽越国时期遗物，可能出自墓葬器物。

2. 兴田镇

林尾后山遗址位于兴田镇仙店村西面 1 公里处，该遗址呈起伏的山岗，高度约 10 米，采集到一批遗物，器形有豆、罐、盆等，以黑衣陶为多，纹饰为蓝纹，判断为夏商时期遗物。在该遗址还采集到弦纹与水波纹组合的陶钵，方格纹陶罐，绳纹陶等残件。该遗址同时有先秦时期遗存和汉代闽越国遗存。②

武夷山武夷镇和兴田镇的闽越遗址的调查勘探，又发现了一些重要的闽越国时期的遗址遗存，增加了武夷山城村东越王城遗址的外延内容。但 20 世纪 50 年代和 80 年代文物普查在武夷镇公馆、三姑等地发现的多处汉代闽越国遗址和墓葬，已在度假村、宾馆的建设中被毁，极为可惜。因此，抢救性考古发掘显得益发重要。

---

① 据笔者等人的调查发现。

② 福建闽越王城博物馆：《南平市闽越遗存调查》，载《福建文博》2004 年第 1 期。

第二节　福州的闽越国遗址

一、福州以往发现的遗址

1957年浮仓山汉代建筑遗址的局部发现，被认为是南朝时期的建筑遗址①。武夷山城村汉城遗址年代问题的解决，才确立了闽越国考古学文化标型基础。

20世纪90年代以前，福州地区只是零星发现过汉代遗物或小型墓葬(荆溪庙后山等)。历史地理学者只能凭借史料方志推断福州是东冶，考古学则需要实物资料来证实。笔者以往除了注意历史地理学的研究者们对冶都地望的不同看法，也始终关注考古发现的资料，特别是闽越和南越的比较研究。同为西汉前期“两越”的都邑，广州自20世纪50年代以来随着国家的建设发展，南越国遗存的考古发现不断涌现，福州则悄无声息。对于考古工作来说，除了史籍方志外，出土的实物资料是进行研究探讨的重要依据。《史记》《汉书》记载的“东冶”“冶”的都邑地名早已消失，而“番禺”至今仍存。广州不断发现南越国各级官宦和各阶层人民的墓葬，直至南越王墓的出现；而福州地区在30年前还是一片空白。由于考古实例的缺项和武夷山西汉闽越国城邑的新发现，使笔者在20世纪90年代之前一度认为武夷山城村汉城遗址即闽越国都邑所在②；到了20世纪90年代之后，由于冶山西部建设银行工地遗址的发现，笔者开始重新考虑另外一种情况③，即闽越国是否存在两都并存的可能性？这种想法开始随着考古新发现的不断出现而逐渐成熟。笔者在21世纪初已经得出了结论，即闽越国的确曾经存在两都的史实。当然，在考古发现方面还有相当多的缺项和空白。

---

① 曾凡：《福州浮村遗址的发掘》，载《考古学报》1958年第2期。当时认为系六朝遗存，后作者改正，断其为汉代建筑遗存。

② 杨琮：《论崇安城村汉城的年代和性质》，载《考古》1990年第10期。

③ 杨琮：《闽越国文化》，福建人民出版社，1998年，第155—156页。

但是通过对已知资料的深入分析，我们已经可以确认这一史实。相信未来的新发现只是一步步填充这些缺环而已。

二、20 世纪 90 年代以来新发现的遗址

（一）福州冶山西北侧建行遗址

1991 年，福建省建设银行在屏山南部（冶山西北侧）修建大楼时，于建筑工地的蓄水坑中出土了大量的板、筒瓦等秦汉时期的建材。同年秋，福州市文物管理委员会对该遗址进行了局部发掘，出土了大批砖瓦类建筑材料和生活日用品陶器等西汉闽越国遗物，还发现了建筑台基和铺地砖走道，这次发掘收获了一批重要的实物资料。可惜这次考古未进行全面发掘，并且至今未写出考古简报。

此后，1997 年在建设银行遗址北侧的农贸市场的建设中，又挖出不少瓦砾等遗物，亦是一处重要宫殿遗址，出土很多板、筒瓦和瓦当，其中有云树纹瓦当、“万岁”文字瓦当、“万岁未央”文字瓦当以及兽面凤鸟纹“万岁”文字瓦当等（图 5-40）。①

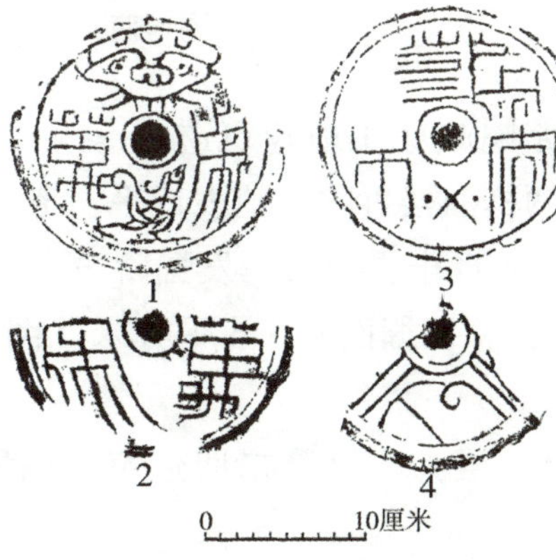

图 5-40　屏山农贸市场遗址挖出的各种瓦当（拓本）

1. 兽面凤鸟纹“万岁”瓦当　2. “万岁”文字瓦当　3. “万岁未央”文字瓦当　4. 云纹瓦当

① 工程队将这些挖出的文物和土方运到了新店山沟处填埋，后被在新店参加考古工作的范雪春发现，并采集了部分重要的瓦当标本。据笔者调查以及后来所见的发掘出土资料，“万岁”瓦当系在农贸市场基建倒土中发现采集，属该遗址之物。

（二）福州市冶山周围发现的遗址

自 20 世纪 90 年代后期以来，福州在冶山周围又出现了一系列重要的考古发现，如：1999 年初发掘的福州冶山路省二建工地遗址①、1999 年 6 月发掘的福州北大路外九彩巷遗址②、2000 年发掘的冶山路省水产厅遗址③、化工路工地发掘出的闽越国房屋（F1）遗迹（图 5-41）、2008 年发掘的省林业厅工地遗址等，在这些遗址的考古发掘中都发现了西汉闽越国时期的遗迹和遗存。

图 5-41　化工路工地发掘出的闽越国房屋（F1）遗迹

图 5-42　冶山路财政厅工地宫殿建筑遗址（东南→西北）

（三）福州市冶山路财政厅工地建筑遗址

考古发掘前这里的两栋旧楼拆除，地表近平。考古发掘从 1998 年 10 月 12 日开始至 1999 年 2 月 4 日止，为第一发掘阶段。第二发掘阶段从 5 月 8 日开始至 5 月 13 日结束，总发掘面积 525 平方米（图 5-42）。

地层共分 10 层。

发掘简报指出：第 8A 层为西汉第二期建筑倒塌堆积，8B 层为西汉第

① 福建博物院、福州市文物考古工作队：《福州冶山路省二建工地发掘简报》，载《福建文博》2005 年增刊。

② 福州市文物考古工作队：《福州北大路外九彩巷古遗址发掘简报》，载《福建文博》2003 年第 3 期。

③ 福州市文物考古工作队：《2000 年福州冶山路古遗址发掘简报》，载《福建文博》2003 年第 3 期。

二期建筑台基。黄褐色土，夹汉代瓦片堆积。分布在探方中部和北部。出土物有陶瓷器和建筑材料，陶器有小盅、云雷纹罐片，建筑材料较多，有绳纹乳钉板瓦、筒瓦和砖。8A 层下有木桩基和成排的柱洞。第 9 层为西汉第一期建筑倒塌堆积。黄褐色土，夹瓦片。深度为 455 厘米，厚度为 0—10 厘米，分布在探方中部。出土物为绳纹板瓦和筒瓦。第 10 层为西汉第一期建筑台基。此层土质土色不一样，有灰褐色、黄褐色黏土，是别处运来的，然后稍加夯打，局部夹有木炭。分布在探方中部和北部。出土物有少量绳纹板瓦。10 层以下为生土，为红褐斑膏泥土。

1. 西汉一期遗迹

夯土台基采用挖槽、普遍夯筑法。台基上有柱洞。目前这个台基的北部边沿尚被压在未发掘的地段中，只有西北部扩方露出整个台基。据目前的发掘情况推测，平面应为长方形的夯土台，东西向，该期建筑台基南北界限已基本明确，即台基宽约 10 米，东西揭露 30 余米未到边，界限不明。夯土层厚达 1 米左右，以黄绿色土夯筑，台基上有汉代板瓦、筒瓦和汉代的其他文物的原生堆积。

台基面中央东西向揭露出一排有规律的柱洞，开口于 9 层下，打破 10 层，柱洞间距最窄的 1.7 米，最宽的 2.1 米，已明确的有 9 个。自西向东依次为 Z18、Z19、Z20、Z21、Z22、Z23、Z24、Z25、Z26，大多为圆形，个别为长方形、方形，未发现木柱的痕迹。Z18 直径为 30 厘米，深度为 35 厘米。

台基南北两侧各有一条沟，南为 G2，北为 G7。G2 分为两层，G2①层为西汉一期建筑倒塌堆积，G2②层为西汉一期建筑使用期间形成的淤泥堆积，在沟底发现有零星建筑时掉落的瓦片。G2 宽约 6 米、深 1—2 米。长度与台基长度相当。沟内堆积相当丰富，汉代筒、板瓦堆积约 30 厘米（基本分布在沟的北岸），有许多保存完整的汉代板瓦、筒瓦。去掉 G2①、G2②后，发现北坡有二层台，宽约 60 厘米，距沟口深度约 70 厘米。G2 东部近壁，二层台边有两块石头，应是从台基上滑落的，可能是原先的柱础石。在中部二层台上有两块石头，附近也散落着几块小石头，也应是从台基上滑落的。G7 分为三层，G7①为一期建筑废弃后淤泥堆积，G7②为一期建筑倒塌堆积，G7③为一期建筑使用期间沟底堆积。G7 宽约 4.8 米，南部有较多的汉代筒、板瓦。

2. 西汉二期遗迹

木桩基座二组：开口于 8A 下，打破 8B、9、10 层，位于壕沟的北岸边缘和台基，大致在台基的西侧。共发现 8 块，南北向 4 块，东西向 2 排。木桩基座明显分为二期建筑。一期建筑共四柱，二期建筑共四柱。同时，台基东侧发现一排三个南北向的柱洞。

3. 西汉遗物

西汉时期的出土物中建筑材料十分丰富，其他生活用品却不多。其中有一件 7 层出的小罐，为原始青瓷，应为东周时期的器物。出土的西汉时期的板、筒瓦上有戳印的文字，但分辨不出为何文字①。出土遗物有小罐、小盅、靴状物、筒瓦、板瓦、瓦当、砺石、五铢钱②。

考古发掘者的认识：

一、性质。西汉一期夯土台基应是一个建筑面，而其上的瓦片堆积应该是建筑倒塌所形成。也就是说，这组遗迹在汉代时是一座建筑。而这个揭露长度达 30 多米，宽度已达 10 米的台基清楚地透露出这座建筑规模的宏大，而且它南北各有一条宽约 5—6 米的沟。所发现的板瓦和城村汉城（东越王城）遗址所出土的板瓦规格是一样的，形制也一样，更是进一步表明这座建筑物的规格相当高。推测它是闽越国时期宫殿建筑的一部分。

二、建筑方式。西汉一期的建筑是挖沟夯筑台基，在台基的中部有一排柱洞，同时在台基的南侧发现几块石块，推测应是柱础石。从台基宽 10 米左右、长 30 米以上看，它是一个类似廊的建筑，中间一柱，南北各一柱，共三柱。屋顶上铺的是大型的绳纹乳钉板瓦和筒瓦。西汉二期的建筑是干栏式建筑，挖坑埋桩基，上部还立有木柱。其层顶上铺的是大型的绳纹乳钉板瓦和筒瓦，与一期的瓦片基本一致。另外，此种建筑方式一直延续到两晋南北朝时期。

---

① 笔者认为这种不可辨识的所谓“文字”，应该是一种符号戳印。

② 笔者认为遗址中出土的五铢钱应该是西汉以后的遗物，五铢钱一直流行到唐朝初年。

三、问题。西汉一期的建筑台基只是个附属建筑，主体建筑应在其北部，也就是冶山路一带。西汉一、二期遗址出土的板、筒瓦上的戳印文字目前基本不认识，尚待研究和隶定。①

以上是引用原简报所述②，原简报虽然把西汉时期遗迹分为两期，但在出土遗物中并没有区分出两期遗物的不同。特别是出土的建筑材料板、筒瓦和瓦当，两期完全相同，说明在发掘中没有弄清两期的关系。在该处遗址的发掘过程中，笔者多次深入现场观察，明确最底层是一座较大的宫室建筑基址，年代应为西汉闽越国时期。宫室建筑毁废后，瓦砾堆积很有规律。虽然后期人们的活动对闽越国遗存有一定的扰乱，但是后期的文化遗存是否也属于西汉时期的遗存的一部分呢？这需要有后期地层出土不同时期的遗物为证据。所以笔者认为简报中没有区分出不同时期的遗存物，把同一个宫殿建筑的瓦砾堆积分为二期遗物，是重蹈了武夷山城村汉城（东越王城）遗址早期发掘的认识误区，把西汉闽越国时期的城邑分为西汉早期和西汉后期③。虽然参加发掘的张勇在另外的一篇专文中，认为第二期遗迹也是不晚于西汉中期的④。

诚然，福州有可能存在西汉后期有居民活动的情况，但是不可能在原宫殿的废墟上不加清理再建新的宫殿。笔者认为所谓的西汉第二期木构建筑遗迹不排除是魏晋时期的木桥或木廊道遗存，除了发现零星的六朝青瓷片外，其木构遗存打破闽越国宫殿瓦砾废墟的情况也非常明确。

无论如何，遗址最底层的进深10米、面阔30米以上的这座宫室遗址，是这次发掘最重要的发现，揭示出一座相对完整的宫室建筑遗址。

（四）冶山的屏山地铁站遗址

自2009年起福州建设地铁交通线，其中一号线由南向北穿越屏山中心

① 福建博物院、福州市文物考古工作队：《福州冶山路财政厅工地发掘简报》，载《福建文博》2005年增刊。为了突出要点，本书引用发掘简报的内容有所删减。

② 笔者在这里都是引用原简报的文字，但是删节了其中无关的部分文字。

③ 福建省博物馆：《崇安城村汉城探掘简报》，载《文物》1985年第11期。该简报把城村汉城遗址的下限定为西汉晚期至东汉，同样是弄错了地层和遗迹堆积关系。

④ 张勇：《关于冶山路财政厅工地考古的几个问题》，载《福建文博》2005年增刊。

地带，并在此建设地铁屏山站。2013 年 8 月—2014 年 1 月，省市联合考古队对地铁屏山站车站主体进行了抢救性考古发掘（图 5-43）。

图 5-43　屏山地铁站遗址部分洞、坑遗迹
（采自《福建文博》2015 年第 3 期）

本次发掘共布探方 56 个，位于鼓屏路北段福建省卫生厅至福建省教育厅之间，发掘总面积 2000 平方米。

1. 地层关系

发掘简报将遗址地层共分了 6 层，第 6 层以上晚于汉代，不在本书讨论范围。第 6 层主要分布于发掘区的中北部，包含物主要为板瓦、筒瓦、砖、瓦当等建筑材料，此外还有极少量的陶器。该层根据土质土色可分为 6A、6B 两个亚层，属西汉时期地层。6 层以下为生土。

2. 发现遗迹

西汉时期的遗迹有夯土台基、水沟、水塘、水井和窑。其中夯土台基有 10 个，水沟有 3 条，水塘有 1 口，水井有 3 口，窑有 1 座。由于这一时期遗迹分别开口于6A和6B层下，故将遗迹分为早晚两期，开口于6A层下的遗迹为晚期遗迹，开口于6B层下的遗迹为早期遗迹。

（1）早期遗迹

早期遗迹包括夯土台基、水沟、水塘、水井和窑等。

西汉时期主要遗迹有早晚两期夯土台基，南北长约130米。早期台基主要分布在东半部，晚期台基主要分布在西半部，晚期台基叠压在早期台基之上。由于发掘面积的局限，加上现代大型人防工程穿越遗址核心区，完全割裂了台基东西方向的联系，又由于工作需要，采取了对重要遗迹进行解剖的方法，使得位于西部的部分早期基址没有完全揭露出来，导致早晚两期建筑台基均呈断裂、零乱状态。早期台基主要分布在人防工程的东侧，东西总体出露宽2.6—3.5米、南北通长84米。由南向北由三段台基构成，平面大致呈长方形，南北残长19米、宽2.95米，台基深1.05—1.75米，直接建在生土上。北部有瓦石修补台沿。

（2）晚期遗迹

晚期遗迹包括台基、水沟两类，台基有5个，南北通长超过130米，东西宽度约8.5米。东部也有晚期台基分布，南北长达27米，东西宽度约2.6米。

台基西部表面上有圆形柱洞共11个，排列比较密集。柱洞直径0.3—0.4米、深0.2—0.3米，个别深0.4米。

3. 出土遗物

出土的遗物非常丰富，时代从西汉一直到明清现代。质地有陶、瓷、铜、铁、角、漆、木等。器类有建筑材料和生活用品等，建筑材料有砖、板瓦、筒瓦、瓦当等，生活用品有碗、盘、碟、盏、灯、壶、枕、罐、镜、盒、盆、刀、斧等。可复原的器物近千件，其中属汉代遗存的多数为建筑材料，有筒瓦、板瓦砖及瓦当（图5-44—图5-49），陶器较少，有罐、盆、盅、纺轮等。

（1）建筑材料

建筑材料以板瓦、筒瓦、铺地砖为主，少量瓦当和井圈。板瓦、筒瓦数量较多，但大多残破；铺地砖在G14及T4内出土多达百件以上，并有多

图 5-44　屏山地铁站闽越国遗址出土的带筒云树纹瓦当

图 5-45　屏山地铁站闽越国遗址出土的虎、凤纹“万岁”文字瓦当

图 5-46　屏山地铁站闽越国遗址出土的白虎纹瓦当

图 5-47　屏山地铁站闽越国遗址出土的“常乐万岁”文字瓦当

图 5-48　屏山地铁站闽越国遗址出土的云纹“万岁”文字瓦当

图 5-49　屏山地铁站闽越国遗址出土的云纹瓦当

件是完整的；瓦当数量仅一二十件；井圈共有 6 节。

（2）陶器

陶器数量较少，总数仅十多件，多出土于水井、水沟和水塘内，器形有罐、盆、小盅、器盖和纺轮等。

（3）铁器

铁器仅发现两件，为铁锚和铁斧。

4. 结语

屏山地铁站遗址的考古发掘，发现了西汉时期的早晚两期建筑台基。总体来看，晚期台基在早期台基的基础上向西扩大并加高，因此台基的中心区位于工地的东部。整个台基出土陶器极少，大多残存的是板瓦、筒瓦、瓦当、砖等建筑材料，同时出土了目前福州地区西汉时期最多的“万岁”瓦当，均符合古代宫殿区的特征。台基的表面基本没有保留建筑台面和柱网结构，说明被破坏严重。台基上基本没有发现一块完整的铺地砖，而 G14、T4 内发现了大量的铺地砖，也证实了这一说法。

虽然台基被破坏严重，但根据残留的遗迹可得出初步的结论。建筑台基平面大多为长方形，台基边界用砖瓦砌边，台基与台基之间由浅沟隔开。在晚期 TJ14 上，发现了小路、散水及成排的柱洞，表明应有较大的房屋建筑，可能是重要的建筑台基。G14 内发现了一件白虎纹瓦当，属于四神瓦当，是比较罕见的。由于在 G14 内发现了铁锚，它可能是福建甚至是我国最早的铁锚，不仅展现了闽越民族的航海特性，而且表明 G14 可能是通往西湖的一条水上通道。而当时西湖一带是海湾，说明当时海船可以直接从海湾通过 G14 直达王宫一带，这里可能有码头。T4 的形状较奇怪，长方形，但西北角有一长方形通道伸入塘中。推测它是宫殿内人工挖掘的供人观赏的池塘。①

地铁屏山站遗址的考古发掘收获不小，笔者除了多次去考古工地现场考察外，也参加过结束后的现场论证会。遗址位于冶山西侧，与冶山周围

① 福建博物院、福州市文物考古工作队：《福州市地铁屏山遗址西汉遗存发掘简报》，载《福建文博》2015 年第 3 期。笔者在这里有所删节和调整。

的所有遗址一样，历代文化层和遗迹堆积以及打破关系非常复杂，很容易搞混不同遗迹之间的关系，应该说这处遗址在考古发掘过程中的难度很大。发掘简报提出汉代遗迹分为早晚两期，但没有说明早晚两期各自的年代①，让人看不出是闽越国时期早晚两期，还是整个西汉时代的早晚两期，抑或是其他时期？对出土的遗物也未做出分期，到底哪些建筑材料和陶器是早期的，哪些建筑材料和陶器是晚期的？笔者在现场看到这些基址以及看到现场除了有六朝的瓦类建材之外，还有之前的瓦材和地砖时，笔者判断它们可能是早一些或晚一些的遗存，但都属于闽越国这一整个时期的遗存。②所以笔者认为这些西汉时期宫殿建筑基址也都是闽越国时期的。至于哪些基址先建，哪些基址是后建或修补过的？在今后的考古发掘中一定要在现场研究论证清楚。

三、福州其他地方的重要建筑遗址

（一）黄末山（牛头山）宫室建筑遗址

2001 年，福建闽越王城博物馆考古队和福州市文物考古工作队在杨桥路的空军招待所工地的考古发掘中，发现了西汉闽越国时期的宫殿建筑基址。

1. 地层堆积

从第 1 至第 5 层是六朝以后文化层堆积。第 6 层是汉代瓦砾堆积，为西汉闽越国时期建筑倒塌形成的地层。该层下叠压着西汉闽越国时期的宫殿建筑遗迹。

2. 主要遗迹

清理出一组西汉时期建筑遗迹。在 500 多平方米的范围内，发现分布较有规律的成排的柱洞数 10 个，属于殿堂和回廊的建筑遗迹；柱洞上覆盖有一层较为密集的瓦砾堆积层，包含物有汉代“万岁”瓦当、云纹瓦当、板瓦、筒瓦、陶水管等建筑材料和大量生活器皿。

---

① 西汉后期是否再建了宫殿建筑，是谁建的？是西汉中央政府建的，还是地方政府建的？司马迁和班固的记载是否有误？所以考古学的年代分期在这里非常重要。

② 不包括有的水井是闽越国以后所建的可能性。

（1）瓦砾堆积

在第6层，发现了成堆成片分布的瓦砾层（图5-50），系汉代建筑倒塌形成，主要是大批印有“万岁”字样的瓦当残片，其余为云纹瓦当。第6层下为西汉闽越国建筑基址，这些闽越国建筑基址面积近400平方米，是整个汉代建筑群中的一部分。虽然被后代的墓葬和建筑局部破坏，但仍可根据瓦砾堆积及纵横柱洞的分布情况来推定它的结构形制。这一处建筑遗迹，可辨认的有建筑台基、回廊和天井（小院落），在南部的建筑基址下边还发现了预埋的陶水管道。

图5-50　黄末山（牛头山）遗址中成堆成片分布的瓦砾层

（2）柱洞

在发掘区范围内共发现31个柱洞。柱洞均为圆形，挖建在生土上，有的底部铺填有石块、瓦砾。口径宽约0.3—0.5米、深约0.4—0.7米。柱洞分布范围东西长25米，南北宽10米，柱间距2—5米，北侧有宽约2米的回廊。从现存的柱网结构分析，这是一座面阔五间（约25米）、进深两间（约8米）、北侧带有回廊（约2米）、坐北朝南（偏东南）的殿堂式建筑。

3. 出土器物

在西汉文化层出土了闽越国时期的可复原的建筑材料、日用陶器、兵器等200多件遗存。

(1) 建筑材料

有板瓦、筒瓦、瓦当、陶水管等（图5-51）。

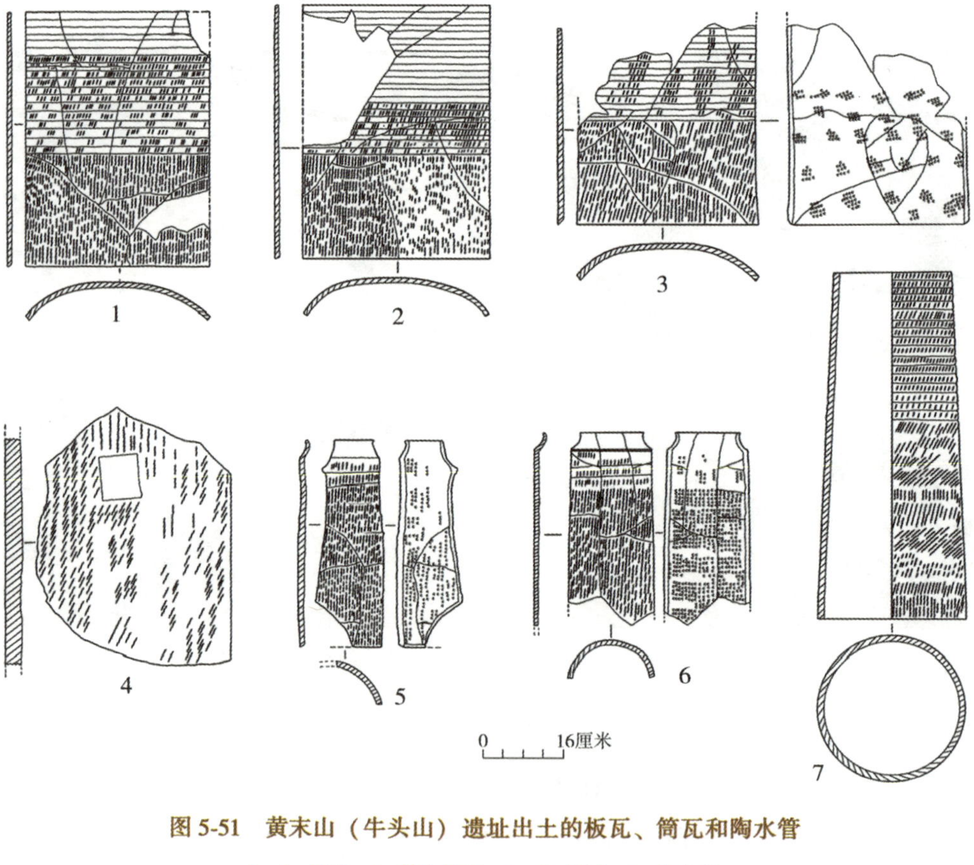

图5-51 黄末山（牛头山）遗址出土的板瓦、筒瓦和陶水管

1—3. 板瓦 4. 带字板瓦 5、6. 筒瓦 7. 陶水管

（2）日用陶器

遗址出土闽越国时期的陶器种类有罐、钵、盅、釜、盆、盒、器盖等（图 5-52）。

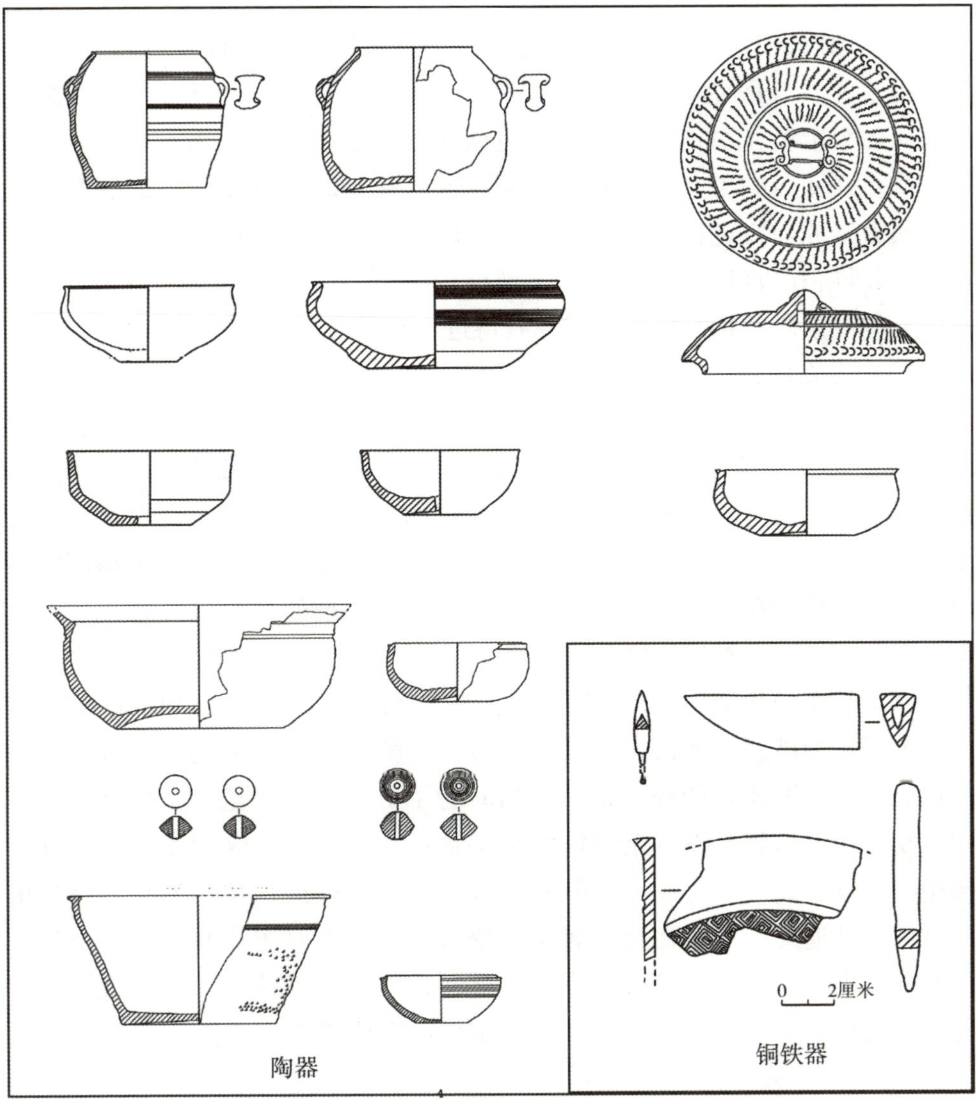

图 5-52　黄末山（牛头山）遗址出土的陶器和铜铁器

（采自《福建文博》2017 年第 1 期）

（3）青铜器、铁器

遗址中出土有铜箭镞、铜镜残片和铁削、铁尖形器等（图 5-52）。

4. 初步结论

（1）遗址的性质

牛头山汉代遗址规格较高，出土的“万岁”瓦当、板瓦及陶水管等，显示出这是一处殿堂类的建筑，与福州屏山遗址、武夷山汉城遗址接近。西汉时如果冶城在福州的话，那也应该在现在市中心的屏山一带，其王城不可能设在城西的牛头山。我们推测，这里是当时王城城墙外的一处小城或下属官署驻地或屯兵机构等建筑，是闽越国一处重要的官方建筑。这里西汉文化堆积层较厚，宫殿类建筑规模较大，但由于发掘面积有限，其建筑的开间、走向及建筑性质等问题有待进一步的考古发掘。

（2）存在问题

牛头山的古闽越国宫署建筑遗址的考古发现极具价值，但由于受地形的限制（周边现有的建筑物）及汉以后历代在遗址上建墓葬、庙宇等人为因素影响，此次抢救性发掘仅占山顶面积的十分之一，揭露的只是整个大型闽越国宫殿的一小部分。据山顶北侧东西向剖面观察，西汉闽越国宫殿建筑的主体位置在中部，而且保存较好的建筑基址的位置也主要集中在中部、东部地段，宫殿建筑群总面积约 4—5 千平方米。要完整地了解和揭示整个宫殿的布局和结构，则必须发掘整个遗址区的东部、南部和中心区域。①

笔者作为该遗址考古发掘的主持者，了解发掘清理出的这部分遗址只是这处大型宫署建筑的外围部分。当时为了更好地保护遗迹，保留了瓦砾层堆积分布的原貌，没有全部清理到基址活动面，以期今后用于展示和发掘中心区域时参考、对照。未能料到有关部门竟然把这块已发掘的珍贵的闽越国遗址遗迹，在建宿舍楼时全部挖毁。幸好在停车场和大厨房下还埋压着此宫署建筑的主要部分，今后只有在这些区域继续开展考古发掘，才能够全面揭示这处宫署建筑的结构和布局。宋代梁克家所撰《三山志》记

① 福建闽越王城博物馆、福州市文物考古工作队：《福州市牛头山汉代遗址考古发掘简报》，载《福建文博》2017 年第 1 期。发掘简报的执笔人未参加过此遗址的发掘工作，笔者作为遗址发掘的主持者，对于简报中的部分内容有所删减和调整。

载此处上面的建筑是“西禅寺”，下面叠压着“越城”，书中载“西禅寺：永钦里。号怡山，一名城山，寺压其上”。① 记载相当准确，均被考古发现所证实。遗址中唐宋时期的寺庙建筑基址结构保存完好，除了出土大量唐五代时期的瓦材、瓦当外，还有很多宋代瓷碗，碗底皆有墨书“西寺”“越寺”等地名和寺名文字。

（二）浮仓山的建筑遗址

浮仓山的建筑遗址即福州北郊浮村遗址。遗址于 1955 年发现，1957 年发掘。遗址坐落在浮村背后一座高约 38 米的山丘上，山丘略近圆形，面积约 1 万平方米，现代村舍依山环绕而建（图 5-53）。根据发掘者描述当年的

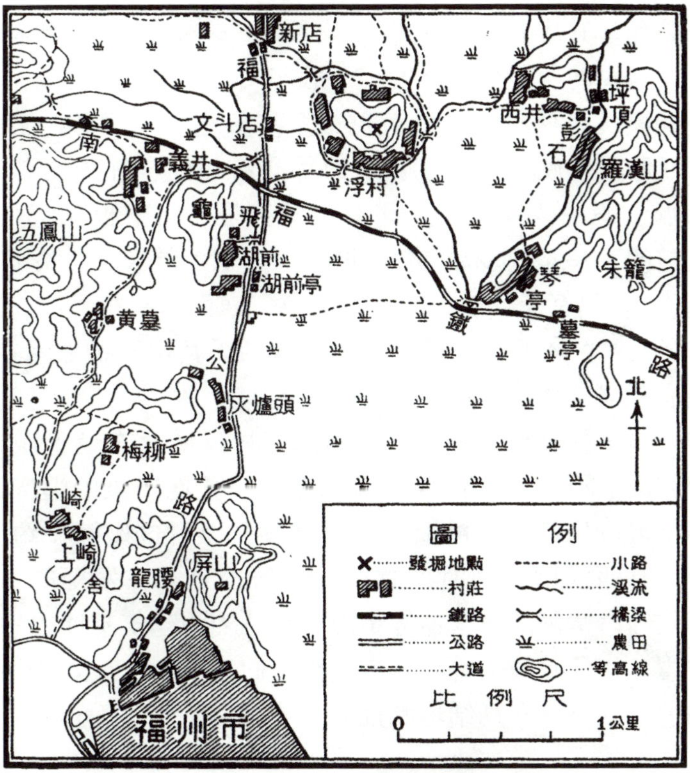

图 5-53　福州浮村遗址考古发掘时的地形图

（采自《考古学报》1958 年第 2 期）

① （宋）梁克家：《三山志》，方志出版社，2003 年，第 638 页。

环境和遗址现状："浮村是一小村落，村背一座高约38米的山丘，村舍依山环绕而建。山丘略近圆形，面积约10000平方米，因人为的破坏，使山势由东南向西北低斜，形成了现在的山形。遗址只见于东部，且比较集中，厚度也较大，往西渐少，以至消失。现在遗存的范围，估计约500平方米，而山的东端最为集中，堆积最厚处为3.7米。"①

该遗址文化层分上下两层，分别为两个时期的古文化遗存。下层为商周时期的文化遗存，上层为秦汉时期的建筑遗址。考古工作者发掘时，在山顶和坡下开挖了4个小探坑，面积90平方米。发掘的4个探坑中，均发现闽越国时期的瓦砾堆积。

其中第3号坑是单纯的闽越建筑遗址。在4个考古探坑中，出土了万块以上的板、筒瓦。其中较完整的板瓦残长58厘米、宽40厘米、厚1.1厘米。另外，在其中的两块板瓦上发现了戳印文字。根据原报告描述："(一)板瓦分灰色和橙黄色两种，以橙黄色最多。黄色的火候低，胎易破；灰色的火候高，而胎质坚硬。两色瓦，表面都印有粗绳，并加行弦，背面有密布着的乳小点。还在两块瓦片上印有两种符号。一些板瓦都是相当大的，有一件较完整的，长58厘米、宽40厘米、厚1.1厘米，反映了当时建筑用材的情况。(二)筒瓦胎质疏松易碎，黄色，表面印有粗绳纹，数量少于板瓦。长45厘米，宽14厘米、厚1厘米。这两类瓦出土的数量在万片以上，然却未发现有瓦当。"②

浮村遗址出土的汉代瓦材，与武夷山城村汉城（东越王城）遗址出土的瓦材完全相同。根据这批瓦材在探坑中整层整堆出土的情况，以及在山丘地表和断崖都可见其分布的遗迹现象观察，浮村这座面积约1万平方米的小山丘上，有西汉闽越国时期重要的建筑遗址。在发掘的2号探坑中，从瓦砾下有较纯净坚硬的黄土遗存情况来看，当为建筑基址的一部分。

据地方志，相传闽越王曾设仓廪储粮于此地。③ 由于发掘面积有限，还无法确定该遗址的整体布局结构和性质。

---

① 曾凡：《福州浮村遗址的发掘》，载《考古学报》1958年第2期。

② 曾凡：《福州浮村遗址的发掘》，载《考古学报》1958年第2期。当时认为系六朝遗存，后作者改正，断其为汉代建筑遗存。

③ 乾隆《福州府志》卷五《山川》。

（三）新店的村落遗址

1. 第一至四次考古发掘

20世纪末至21世纪初在新店也发现了汉代遗址。遗址位于福州北郊新店镇古城村，南距市区约5至6公里。这里的地质地貌为冲积——洪积倾斜平原。20世纪90年代末的几次小规模的试掘，颇具争议。前三次发掘合并撰写了一篇考古简报。① 简报中的瓦当和印纹板瓦，是冶山旁的屏山菜市场基建挖出运倒在新店垃圾场的。在这些新倒的渣土中，范雪春采集了其中一部分闽越国时期的瓦当等建筑材料。笔者在每次发掘中都曾到现场观察，因此无法接受考古简报中的主观想象的定性，不认可所谓的“战国晚期城址”说和“战国时期冶铁遗址”说②。第四次发掘未见简报。

到了2000年，福建省考古队为配合基建又进行了较大规模的第五次考古发掘，2003年又进行了第六次考古发掘。近年福州市文物考古工作队又先后进行了三次考古发掘。

2. 第五次考古发掘

第五次考古发掘区位于新店古城小区的西侧，地势北高南低，略呈倾斜缓坡地。为配合基建，福建博物院考古队的发掘工作从2000年7月18日至8月23日，发掘面积500平方米，发现大量汉初文化遗迹和遗物。

（1）地层堆积

地层堆积可分为4个层次，其中第4层又可分为4A、4B两小层。

第4A层灰褐色土，出土大量汉初泥质印纹硬陶片及少量绳纹乳钉纹筒、板瓦片。深35—45厘米，厚0—13厘米。第4B层深灰褐色土，土质坚硬致密，与4A层区别不是很大。出土少量汉初印纹陶片。古城遗址地层堆积较单纯，文化层堆积普遍很薄。根据各文化层出土物以及所揭露的文化遗迹分析，第3层下开口的大部分遗迹以及4A、4B层为西汉时期的遗迹。

（2）遗迹

主要有柱洞、灰沟、灰坑、水井等。

---

① 福建省博物馆等：《福建福州市新店古城发掘简报》，载《考古》2001年第3期。

② 福建省博物馆等：《福建福州市新店古城发掘简报》，载《考古》2001年第3期。

A. 柱洞遗迹

只有 3 个柱洞，分布无一定规律，出土数量很少的印纹硬陶片，板、筒瓦残片。

B. 灰沟

共发现灰沟 4 条，受发掘面积限制，4 条灰沟均未全面揭露。

（3）遗物

建筑材料：有板瓦和筒瓦两种，均属残片，以板瓦居多。

生产工具：纺轮 3 件，算珠式。

生活用具：主要是陶器。器形主要有瓮、罐、盆、釜、钵、盅、盒、三足器、器盖等。

（4）对遗址的认识

本次发掘是新店古城遗址考古发掘规模最大的一次，也是第一次成片发掘。

A. 整个古城遗址座落于岩溪和斗顶溪之间的冲积、洪积扇上，遗址面积很大，东西 300 多米，南北约 1000 余米的范围里，均发现有汉初文化遗物。

B. 通过此次对古城遗址南部中区的发掘获悉，南部的文化层堆积与北部基本相同，但破坏较为严重。第 3 层至表层为宋至现代文化层堆积，第 3 层下开口的部分遗迹和第 4 层即为汉代文化层。文化层堆积与北部一样，普遍单纯且较薄。

C. 本次发掘所揭露的汉代遗迹较为丰富，有柱洞、灰坑、沟和水井等，有些遗迹相互间还有打破关系。但所发现的遗迹规模不大、规格不高，不像是个重要城址所出露的遗迹。

D. 从本次发掘所出的遗物看，有建筑材料的板瓦、筒瓦，生活用具的各类陶器残片和生产工具的陶纺轮等。板瓦、筒瓦是新店发掘以来的首次发现，数量很少且较碎，均出自各遗迹单位。从其埋藏情况分析，不属本发掘区内的建筑废弃物，应属自然或人为因素的异地埋藏物，推测附近可能有较大型的闽越建筑存在。从出土的陶器看，虽然可以分型、分式，但变化不大，与屏山一带、武夷山城村汉城所出的陶器完全一致，均属汉初文化遗物。

总之，福州新店古城遗址经过前后五次发掘，取得了较大收获，基本可以确认这里是一处面积较大的汉代村落遗址。①

3. 第六次考古发掘

2003年底，福建博物院考古研究所再次对建设区域进行抢救性考古发掘。此次为第六次发掘区，位于新店古城小区西侧，东南距第五次发掘区约60余米，发掘工作分2003年12月至2004年1月和2004年6月二次进行，发掘总面积为540平方米。在发掘区范围内发现汉代水井、水沟和灰坑等遗迹及较多汉代陶器等遗物。

(1) 地层堆积

地层堆积可分4层，与第五次考古发掘基本相同。

(2) 遗迹

发现的汉代遗迹主要有灰坑、灰沟、水井、柱洞等。

A. 灰坑

共发现灰坑7个，分布无一定规律，主要集中在发掘区东南部，从平面观察，灰坑多呈长条形，少数呈椭圆形、不规则形，大小各异；坑底有圜底和平底，坑壁斜缓，个别较直，均未发现明显加工痕迹。灰坑内出土较多汉代陶片。可辨器形有罐、釜、盆、钵、盂、盅、器盖等。

B. 灰沟

共发现灰沟3条，受发掘面积所限，3条沟均未完全揭露。各沟内出土陶片的可辨器形有罐、釜、盆、钵、盂等。

C. 水井

发现水井一口，井深2.2米；井壁上部略宽，径约1.1米，中下部略小，径为0.75—0.92米。井内出土较多陶片，可辨器形有罐、盆、盂、支座形器等。

D. 柱洞

发现柱洞6个。

---

① 福建博物院、晋安区文物管理委员会：《福州新店古城遗址第五次发掘报告》，载《福建文博》2003年第1期。笔者引用报告时有所摘要和调整。

（3）遗物

出土遗物有板瓦等建筑材料和日用陶器。

A. 建筑材料

发现的建筑材料为板瓦残片，数量较少。

B. 陶器

本次发掘出土陶器残片类型主要有瓮、罐、釜、盆、钵、盂、瓿、盒、器盖、支座形器等。

（4）对遗址的认识

本次发掘面积为540平方米，为历次发掘面积最大的一次，此次发掘揭露的地层堆积较薄且较为单纯，与其西南侧的第五次发掘区地层堆积相同，增加和扩大了对遗址南部中区地层堆积状况的了解。本次发掘出土较多的日用生活陶器，与福州屏山一带及武夷山汉城出土的陶器完全一致，属汉初遗物，其中较大型陶器如瓮、罐、盆等器物完整或可复原者较多，这在以往的历次发掘中是不多见的。在揭露的遗迹中，发现有灰坑、水沟、水井和柱洞等，表明发掘区内曾是一生活区，且这一生活区与第五次发掘所揭露的生活区域连成一体。

在第五、六前后两次的发掘中，第五次发掘出土一定数量的板瓦、筒瓦残片，而本次发掘除在灰坑、水沟和水井中出土少量板瓦残片外，未发现与大型宫殿或城墙有关的其他遗迹、遗物，但这两次发掘所揭露的水井、水沟、灰坑、柱洞及出土陶器等遗迹、遗物，为将来在总体上把握和界定古城遗址的性质提供了重要的信息。①

4. 第七、八、九次考古发掘

2013—2020年，福州市文物考古工作队又对遗址进行过三次考古勘探和发掘。得出的认识与第五、六次考古发掘相同②。发掘简报目前尚未发表。

新店遗址自20世纪90年代后期进行考古试掘以来，争议不断。1998年，国家文物局专家组组长黄景略和中国社科院考古研究所研究员黄展岳，

① 福建博物院：《福州新店古城遗址第六次发掘报告》，载《福建文博》2005年第3期。

② 福建省文物局、福建省考古研究院编：《浮海阙地　百年求索——福建文物考古集萃》，福建教育出版社，2021年，第160页，“福州新店遗址”。图文由福州市考古队提供。

都在考古工地现场对“城墙”遗址考古发掘的地层提出质疑。遗址前后历经不同领队的考古发掘，意见不一。笔者几乎每次考古发掘时都会到现场考察，比较同意福建博物院第五次和第六次考古发掘得出的看法：“未发现与大型宫殿或城墙有关的其他遗迹、遗物”①，“基本可以确认这里是一处较大面积的汉代村落遗址”②。近年又经福州市文物考古工作队的考古发掘，得出的看法是：“新店遗址历次考古工作所揭示的文化面貌基本一致，遗址中大量的居住生活遗迹、遗物，说明其在西汉早期应是福州冶城近郊的一处聚落，对于研究闽越国时期聚落的分布格局、等级结构等问题具有重要的学术价值。”③

（四）郭前村遗址

2002 年夏秋，福建省博物馆考古队进行了闽越文化遗存专题调查，在福州市新店镇郭前村西北面的山坡上发现了一处古文化遗址，采集到一些拍印有方格纹、菱形纹、戳点纹、席纹等的硬陶片标本。后来又经过复查，比照遗址采集陶片的纹饰、陶质，基本上可以确定它是福州地区新发现的一处先秦至汉初的文化遗址。

遗址位于福州市晋安区新店镇郭前村东北约 200 米的郭前山西南坡，离福州市中心约 5 公里。郭前山是位于福州北部的一座相对独立的小山，呈南北走向，高度约 30—40 米。该山中部、南部较为平缓，北部较为陡峭。其西南有低缓的马鞍形山坡与罗汉山相连；向北约 300 米有一座秀山；东、南均为开阔的平地。遗物主要分布在地势较为平缓的西南部山坡上。当地村民在山坡上建设机砖厂，取土烧砖，致使遗址受到一定程度的破坏。2002 年调查时，山坡地表已经被基建的推土机推平，只能采集到零星的陶片。遗址西面约 2 公里的浮仓山在 20 世纪 50 年代发现了一处汉代遗址，西北约 5 公里有古城村，也发现有汉代遗址。

① 福建博物院：《福州新店古城遗址第六次发掘报告》，载《福建文博》2005 年第 3 期。

② 福建博物院、晋安区文物管理委员办：《福州新店古城址第五次发掘报告》，载《福建文博》2003 年第 1 期。

③ 福建省文物局、福建省考古研究院编：《浮海阙地　百年求索——福建文物考古集萃》，福建教育出版社，2021 年，第 160 页，“福州新店遗址”。图文由福州市考古队提供。

遗址由于受破坏较为严重，仅在地表上采集到一些器物的口沿、腹部、底部残片。这些陶片分泥质陶和夹砂陶两种，陶器表面装饰采用拍印、戳点、刻划、堆贴等方法。纹饰以方格纹为主，此外还有菱形纹、弦纹、席纹、菱形戳点纹、方格菱形纹组合、戳印指甲纹组成的水波纹、弦纹图案等。从陶片的口沿、底部来看，器形主要有罐 13 件、钵 1 件、盆 1 件和其他陶片等。

调查者从这些陶器纹饰、胎质分析，它们与武夷山城村汉城、福州屏山地铁站等地汉代遗址出土的陶器风格一致，二者年代相近，应属战国、汉初遗址。①

笔者考察这些采集到的陶片，认为它们应该是西汉闽越国时期的遗物，不会早于西汉前期。

四、福州地区发现的闽越国墓葬遗迹

1975 年在福州西郊洪塘金鸡山墓群中，发现一座闽越国时代的土坑墓，出土陶匏壶 1 件、陶钵 2 件。此外还于 1951 年至 1966 年，先后在市区内的 511 工地、新生建筑公司工地、金斗山、桃枝山，福州市北郊的新店、战坂一带山坡，福州市西郊的清泉山、祭酒岭等地，零星出土闽越国时代的匏壶 7 件、罐 12 件、钵 6 件、瓿 2 件。②

特别重要的是 2002 年福建闽越王城博物馆考古队在进行闽越文化遗存专题调查时，在新店的益凤村发现有一座大型的西汉闽越国时期的墓葬，并于 2006 年报批发掘，出土了一批陶器和两件铁器③。虽然墓葬在汉代已经被盗，但墓葬平面为甲字形，墓室很大，墓道很长。从遗迹可以推断出曾有前、后室木椁，墓道亦有木构遗迹，应为闽越国高等级墓葬无疑。这一重大考古发现，为确定福州闽越国大型墓葬区的方位奠定了基础。

---

① 福建博物院：《福州郭前山遗址调查》，载《福建文博》2004 年第 1 期。

② 曾凡：《福州洪塘金鸡山古墓葬》，载《考古》1992 年第 10 期。其余据福建省博物馆藏品及林忠干：《浅淡西汉闽越的墓葬及其陶器》，载《福建文博》1984 年第 2 期。

③ 福建博物院、福建闽越王城博物馆：《福州市益风山西汉闽越国墓葬发掘简报》，载《福建文博》2013 年第 3 期。

第三节 福建其他地区及浙南地区发现的闽越国遗址或遗迹

一、闽江上游地区

在福建地区，除武夷山城村汉城（东越王城）遗址、福州冶山（闽越国东冶）等地宫、署建筑遗址之外，在浦城、邵武、福州、龙海等地也先后发现了官署、别宫或邑落等建筑遗址。尤其在闽江上游的闽北地区，西汉闽越国时期的遗址和遗存特别集中。

（一）浦城

根据20世纪80年代的文物普查，普查队在浦城县发现了诸多汉代闽越国时期的遗址和遗存。

1. 浦城临江镇锦城村遗址

临江镇锦城村位于浦城县以南20公里的大盆地中，四面为群山环绕。根据20世纪80年代第二次文物普查资料可知：在靠近村庄处，有一座约10米见方的土台，边缘断面可见绳纹瓦的堆积和暴露的柱础石，这些遗迹距地表1.5米，为西汉闽越国的宫室建筑遗存。出土遗物主要有板、筒瓦，并发现了带印章戳记的筒瓦。调查者认为，“遗址中部东侧的开阔地上现存一段堤坝，当地人俗称‘城墙埭’，夯土筑成，长30米、宽5米、高3米，传为古城墙遗迹”①。关于这处重要遗址，林忠干和赵洪章认为遗址可与文献记载相印证，《舆地纪胜》引《图经》云：“昔越王战于此城，即此地。”当地还有“祀东越王余善”的越王庙。

在该遗址的地面上还散布着不少陶片、瓦片等遗物。调查者在该遗址中采集有瓦片、陶器、石器、玉器等物件，其中有先秦时期的遗物，也有

① 林忠干、赵洪章：《福建浦城三处古遗址调查简报》，载《考古》1993年第2期。林、赵认为“城墙埭”即古城墙遗迹，张其海考察后持否定意见。2002年笔者带考古队现场勘察，发现是厚度不到2米的晚期夯土墙，绝非汉代遗存。

西汉闽越国时期的遗物。采集的陶器中，带半圆形的釜、折沿盆以及板、筒瓦等建材，都与武夷山城村汉城（东越王城）遗址出土的遗物相同。在残陶片中，那些方格纹与弦纹、水波纹与弦纹、篦点纹与弦纹等纹样相组合的陶片，均属西汉闽越国文化的陶器残片。

由于临江镇锦城村在20世纪80年代后期文物普查时已发现多处地点有汉代文物遗存，许多研究者将其作为“东越王余善所筑的拒汉五城（一说拒汉六城）之一”来定性，称其为闽越国的“临江城”。笔者对此有疑问，因为所谓的“拒汉六城”在正史中没有明确记载。为此，在2002年开展的福建全省闽越文化遗存专题调查中，我们将其作为一个重点问题来调查。

2002年7月，我们在这次全省闽越文化遗存专题调查工作中对原有的遗址及周边地区做了侧重的调查钻探，新发现了几处西汉闽越国时期的重要遗址遗存。这些遗存主要分布于锦城村的南部及临浦溪流的东、南两岸的丘岗上。

（1）晒谷坪遗址

晒谷坪遗址位于锦城村的南部，属西面山丘向东伸出的山坡台地，地名为上面山，早年被村民平整为晒谷子的大坪，东、南面为平缓的开阔地，低于台地约1—2米，向西为渐高的山岗并与金鸡山群丘相连，由于西南面建房、生产、修路等原因，遗址破坏严重，地面上发现有零星的商周时期和汉代的陶器残片。

在西侧的机耕路断崖壁上发现有文化层堆积，厚约50厘米以上，最底层为西汉闽越国时期的建筑倒塌的瓦砾堆积层，厚约15厘米。采集遗物主要有板瓦、陶罐等残片，板瓦2件，橙黄色泥质陶，瓦外饰绳纹，内饰凸麻点纹，瓦厚1厘米。罐1件，泥质夹砂陶，腹残片，饰两组弦纹，弦纹之间拍印云雷纹的组合纹饰。

2003年进行了考古发掘，发掘清理出较大型的西汉闽越国时期的建筑基址，基本确定了它是一处官署类的重要遗址。①

① 福建闽越王城博物馆：《浦城县上面山汉代遗址发掘简报》，载《福建文博》2012年第1期。

（2）金鸡山遗址

金鸡山遗址位于锦城村西南面的低矮山丘上，距晒谷坪遗址约 500 米，山头相对高度约 15 米。该遗址由 5 座小丘陵连成，范围南北长 600 米，东西宽 200 米，海拔高度为 368 米。调查发现这些山丘、山岗上分布着一些较明显的人工堆筑起来的土墩迹象，经过钻探了解，发现堆积土都有 2 米以上，土色为五花土夹零星炭粒，土质坚硬，经人工夯筑而成，推断是附属于遗址的墓葬。2003 年由福建闽越王城博物馆考古队对其中的两座墓葬进行了考古发掘。①

（3）桥头山遗址

桥头山遗址位于锦城村的东南方向、临浦溪东岸的长条形独立山岗上，呈南北走向，西面较陡，东面较为平缓。山坡、地面上发现有零星的商周时期的陶器残片。在岗顶上发现有几处较明显的人工堆筑起来的土墩迹象，经钻探了解分析，都有 2 米以上的堆积土，土色为灰褐夹砂土，内含零星炭粒，土质较实，应是人工夯实过的。②

（4）王陂山遗址

王陂山遗址位于临江镇锦城王陂山上，在遗址中调查采集的陶器有闽越国时代的方格纹罐、弦纹罐及绳纹釜等，还发现有闽越国时代的外饰绳纹、内饰凸麻点纹的印字板瓦。此遗址中亦见有先秦时代的遗物。③

（5）野山子遗址

野山子遗址位于临江镇锦城村野山子，此遗址兼有先秦和汉代闽越文化遗存。调查采集的闽越国陶片标本中，可辨器形有瓮、罐等残片。

（6）锦城小学遗址

锦城小学遗址位于临江镇锦城小学后门山上，遗址兼有先秦至汉代的闽越文化遗存。调查采集的遗物中有闽越国时期的板、筒瓦等残片。

当初根据锦城村南部晒谷坪遗址采集的板瓦形制、风格与武夷山城村

① 福建闽越王城博物馆：《福建浦城县锦城金鸡山汉墓发掘简报》，《东南考古研究》第五辑，厦门大学出版社，2023 年，第 55—70 页。

② 福建闽越王城博物馆：《南平市闽越遗存调查》，载《福建文博》2004 年第 1 期。

③ 据福建省考古队 1987 年文物普查资料。此下均同，不另注明。

汉城出土的板瓦形制、风格类似，特别是在遗址范围外的东、西部的桥头山、金鸡山分布着一定数量、一定规模的墓葬，笔者推定锦城村晒谷坪以及东、南面和整个村落应是西汉闽越国时期较大规模的聚落遗址。① 2003年的考古发掘和调查勘探确认了这处闽越国重要的大型邑落遗址。在锦城村上面山（晒谷坪）遗址有限的考古发掘中，发现了大型建筑殿堂的台基和过道遗迹，出土了大批建筑材料。在锦城村周围一带地方，以往还发现了不少遗迹和遗存。② 详况可见本书第七章“闽越国其他邑落”。

2. 仙阳镇

仙阳镇位于浦城县城以北 2.5 公里处，地处南浦溪流域的上游。2002年 7 月，考古工作者在全省闽越文化遗存专题调查钻探中，对以往调查发现的汉代遗存进行了详细的复查，同时也新发现了一些遗存。

（1）将军山遗址

将军山遗址位于仙阳镇北面约 300 米处的山岗上，在岗顶调查钻探时发现一处人工堆筑起来的土墩，堆积层在 2 米以上，地面上未采集到遗物，认为可能是一处先秦或秦汉时期的墓葬遗存。③

（2）田坞村遗址

田坞村遗址位于仙阳镇田坞村后门山上，遗址兼有先秦及秦汉时期的闽越文化遗存。调查采集品中有方格纹陶瓮、陶罐等器物残片。

3. 浦城城关

浦城城关有越王山遗址、龙头山遗址等。

（1）越王山遗址

越王山遗址位于县城东面，与县城紧邻，由南北走向的数座山岗连成，以中部地势最高，海拔高度 340 米。遗址南北长 1700 米，北端宽 500 米，南端宽 100 米，总面积约 51 万平方米。东南侧紧靠南浦溪，高出水平面 10—100 米。周围为开阔盆地，山腰断面可见厚约 50 厘米的文化层，包含

---

① 福建闽越王城博物馆：《南平市闽越遗存调查》，载《福建文博》2004 年第 1 期。

② 福建闽越王城博物馆：《浦城县上面山汉代遗址发掘简报》，载《福建文博》2012 年第 1 期。

③ 福建闽越王城博物馆：《南平市闽越遗存调查》，载《福建文博》2004 年第 1 期。

物以印纹硬陶片为主。在遗址中采集的遗物非常丰富，分陶器、原始青瓷器和石器3类，时代从商周延续至西汉闽越国时期。在遗址东南部山麓的基建工地上，曾发现10件完整陶器成堆埋置于一处，应为闽越国土坑墓中的随葬品。10件陶器分别为罐1件、匏壶1件、钵2件、网坠5件、纺轮1件。①

从闽越国文化遗存发现来看，山名“越王山”是有来历的，相传为汉代闽越的浦城遗址。宋代《太平寰宇记》浦城条记载：“浦城俗为越王城，以城临浦，故曰浦城。”顾祖禹《读史方舆纪要》称其为“汉东越王余善创筑”，说：“城环其山，山势独高，傍瞰大溪，左接金鸡岭，相传汉时东越之堠台也，东隅有越王行宫”。由于目前尚未发现确切的闽越建筑遗存，所以暂不归入闽越宫署、城邑的范围内。

（2）龙头山遗址

浦城龙头山遗址位于南浦街道解放村，是1987年第二次全国文物普查时发现的。厦门大学考古专业师生、福建博物院及浦城县博物馆于2018年秋和2020年冬，对龙头山遗址进行过两次考古发掘，发现了从新石器时代晚期直到汉代的不同时期的遗存，其中发掘出4座西汉时期闽越国墓葬。这4座闽越国墓葬皆遭遇早期盗扰，部分又被晚近施工活动破坏，但仍出土了一些残存随葬品。发掘者认为这4座墓葬均为闽越国贵族墓。随葬品有陶瓮、罐、瓿、钵、盅、匏壶和玉剑首、剑彘、铁铤铜镞等②。浦城龙头山遗址发掘的这4座闽越国墓葬的考古报告尚未整理发表，目前只有简讯报道。笔者也对这4座闽越国时期墓葬的早晚年代提出了自己的不同看法，在后面的章节有专述。

4. 石陂乡光山坪遗址

光山坪遗址位于石陂乡象口光山坪，遗址兼有先秦及秦汉时期的闽越文化遗存。调查采集的遗物标本中，有闽越国时期的方格纹鼓形罐、素面

① 参见《浦城县文物志》及林忠干、赵洪章：《福建浦城三处古遗址调查简报》，载《考古》1993年第2期。

② 付琳、黄运明等：《福建浦城龙头山遗址发现新石器时代、夏商周、秦汉三叠层》，载《中国文物报》2021年12月24日。

鼓形罐等陶器残存。

5. 莲塘乡

（1）吕处坞遗址

吕处坞遗址位于莲塘乡吕处坞茶场后门山上，调查采集的遗物标本中有闽越国时期的瓮、罐、壶、钵、提桶（筩）等陶器残片，陶片除素面外，有方格纹、水波纹、弦纹等。

（2）下沙村遗址

下沙村遗址位于莲塘乡下沙村后山上，遗址兼有先秦及秦汉时期的闽越文化遗存。采集标本中有闽越国时期的方格纹瓮片及罐片等陶器残片。

6. 管厝乡大窑村遗址

大窑村遗址位于管厝乡大窑村后山上，遗址兼有先秦及秦汉时期的闽越文化遗存。调查采集的遗物标本中，有闽越国时期的方格纹陶瓮、水波纹匏壶、盒及陶盆等。①

（二）建瓯

建瓯市在20世纪80年代全省文物普查时，就发现了较多的商周至秦汉时期遗存。

1. 山边村遗址

山边村遗址位于徐垱乡山边村溪尾山，面积约5000平方米。系单一的闽越国文化遗址，调查者发现了大量的陶器残片，采集的遗物标本有罐、釜、盅、盆、器盖等陶器。②

2. 东峰村1号遗址

东峰村1号遗址位于东峰镇东峰村上后门山上，面积1万多平方米，为单纯的闽越国文化遗址，调查采集的陶器有罐、盆、瓮、盅、钵、釜、三足盘等，陶片纹饰有方格纹、水波纹、绳纹和弦纹等。

3. 东峰村2号遗址

东峰村2号遗址位于东峰镇东峰村下后门山上，面积约600平方米，亦

① 据福建省考古队1987年文物普查资料。

② 据福建省考古队及建瓯市的文物普查资料。以下遗址皆同此注，不另注明。

为单纯的闽越国文化遗址，采集出土有不少的陶器残片，纹饰亦为方格纹、弦纹和水波纹等。

4. 仙人岩遗址

仙人岩遗址位于小松乡迴厂村仙人岩茶山上，其中先秦和汉代闽越文化遗存兼有之。采集到闽越国时期的陶器残片，纹饰有方格纹、水波纹等。

5. 龙井山遗址

龙井山遗址位于小松乡菊尾村龙井山上，其中先秦与汉代闽越文化遗存兼有之。调查采集有闽越国文化的陶片，可辨器形有罐、釜等陶器。

6. 城关水南遗址

城关水南遗址在建瓯城关水南地段，曾先后出土闽越国时期的陶匏壶 2 件、钵 1 件，应为闽越国墓葬遗物①。

2002 年 10 月，闽越王城博物馆在建瓯原有遗址基础上进行了重点的调查和钻探，新发现了多处先秦时期至汉代的遗存，采集了许多文物标本。在徐墩镇发现了坑尾山遗址和鹅包山遗址。

7. 坑尾山遗址

坑尾山遗址位于建瓯北部徐墩镇丰乐村和甲科自然村的北面，崇阳溪、南浦溪分别在遗址的西南、东面交汇成建溪。遗址北面与群山相连，坐落在相对高度约 10 米的平缓山坡台地上，西面约 500 米处为鹅包山遗址。

坑尾山遗址范围约 1 万平方米，均已开垦为果园，因遭严重破坏，未发现文化层堆积，仅在地面上采集了一些遗物，所采集的遗物主要是陶片及建筑材料，可辨器形为罐、盆、釜、筒瓦等，分别饰方格纹、弦纹、绳纹。

8. 鹅包山遗址

鹅包山遗址位于建瓯北部徐墩镇丰乐村和山边自然村南面的条形山岗上，高度约 15 米，东北面与群山相连，横南铁路从山岗通过，西南面约 500 米为崇阳溪，东南约 500 米为坑尾山遗址。

鹅包山遗址现已开垦为橘子园，地面未采集到遗物，在岗顶调查发现

① 现分别藏于福建博物院和建瓯市博物馆。

有一处明显的长方形土墩，土墩底座范围约800平方米。南坡有两处凸出山包，范围约100平方米，相距约20—50米。经过钻探了解，堆积土有2米以上，内含有炭粒，经夯打过。

坑尾山遗址与鹅包山遗址应是徐墩镇丰乐村这处汉代闽越国聚落遗址范围中的两个点，这两处遗址受后世破坏严重，特别是坑尾山遗址。因此亟待拯救性考古发掘以了解和采取下一步的保护措施。

9. 吉阳镇放解同遗址

放解同遗址位于建瓯市吉阳镇宅当村东南约1公里处的马鞍形山岗上，相对高度15米。现已被垦为果园。遗址东南面与群山相连，西北面为较开阔的盆地及溪流。

遗址范围约3000平方米，未发现文化层堆积，所采集的遗物有商周时期的遗物，例如有石器和陶器等，还有汉代闽越国时期的陶器方格纹罐、弦纹双耳罐等。

闽越王城博物馆在对建瓯的闽越遗址进行专题调查时，由于建瓯方面的原因，只能在徐墩和吉阳两镇做详尽的调查，其他乡镇未能安排详细的调查勘探，殊为可惜，只能留待日后来补查了。①

（三）建阳

建阳位于福建省北部，地处武夷山脉闽北大盆地中部，境内有崇阳溪、南浦溪，分别从中部、东部自北向南交汇于建瓯境内的建溪流域。20世纪80年代文物普查时，就发现有闽越国时期文化遗址及遗存。特别是在后来进行的专门调查中，发现了与武夷山城村汉城（东越王城）遗址关系密切的崇阳溪下游的重要遗址。

1. 平山遗址

平山遗址位于将口镇新建村东北的平山上，东临崇阳溪，遗址面积约900平方米，为单纯的闽越国文化遗址。此遗址经过多次调查，采集的遗物标本有曲尺形砖、三角形砖以及板、筒瓦残片等多种建材，还采集有大量的罐、瓮、釜、盆、盅、钵、盒、盂、提桶（筩）、器盖、三足盘和支座等

① 福建闽越王城博物馆：《南平市闽越遗存调查》，载《福建文博》2004年第1期。

日用陶器；另外还有铁鼎、砺石等遗物。此遗址距武夷山城村汉城（东越王城）较近，与城址关系密切，为一处重要的闽越国遗址。①

在该遗址西边的砖瓦厂里也有出土闽越国的陶器。②

2. 邵口垴遗址

邵口垴遗址位于将口镇南部的邵口垴，遗址范围约2000平方米，相对高度10米，为单纯的闽越国文化遗址。调查者发现了大量被挖地取土破坏的遗迹和遗物。陶器残片非常丰富，其中不乏完整器形。采集的遗物有瓮、罐、钵、匏壶等陶器和石箭镞。③

3. 南林遗址

南林遗址位于建阳城关潭城镇的南林，调查者在遗址中发现和采集了闽越国时期的陶器等遗物。④

4. 老虎岗遗址

老虎岗遗址位于莒口乡庵口村老虎岗，遗址是一处较平缓的山岗，相对高度约10米，南接群山，北面是一处开阔盆地，由麻阳溪向东流入崇阳溪。调查者采集了汉代大陶瓮等陶器遗存。⑤

2002年在闽越文化遗存专题调查时又一次进行了详细的调查，发现遗址范围较大，面积约1万平方米，由于地面开垦为茶果园，未发现文化层堆积。采集到的遗物数量较丰富，有石器和陶器等新石器时代遗物，也有西汉闽越国时期的陶器等遗物。⑥

5. 老虎寨2号遗址

老虎寨2号遗址位于莒口乡东山村老虎寨，遗址中亦有先秦文化遗存，调查时采集到闽越国时期的陶器等遗物。

2002年全省闽越文化遗存专题调查工作中，闽越王城博物馆考古队于

① 杨琮：《福建建阳平山汉代遗址调查》，载《考古》1990年第2期。
② 据福建省考古队的文物普查资料。
③ 谢道华、王治平：《福建建阳县邵口垴汉代遗址》，载《考古》1988年第7期。
④ 据建阳县博物馆谢道华等同志调查发现。
⑤ 据福建省考古队及建阳县文物普查资料。
⑥ 福建闽越王城博物馆：《南平市闽越遗存调查》，载《福建文博》2004年第1期。

8 月至 11 月间，沿崇阳溪、南浦溪以及麻阳溪支流进行重点的调查，又发现了几处闽越国时期的文化遗址。

6. 将口镇新建后门山遗址

新建后门山遗址位于将口镇新建村的北面山坡，距平山西汉闽越国遗址（后因建工厂的厂房被推成平地）约 500 米，北接群山。采集到的遗物有陶支座、泥质灰陶罐等，分别饰方格纹、弦纹等，属西汉闽越国时期的遗物。支座 1 件，泥质灰陶，圆堆形，通体饰方格纹。

（四）政和

政和县位于福建省北部，地处武夷山脉东南麓，星溪穿过县城，与流经县城西部的松溪交汇。20 世纪 80 年代文物普查时，曾发现多处闽越国时期文化遗址及遗存。在 21 世纪初的全省闽越文化遗存专题调查工作中，2002 年 12 月闽越王城博物馆在松溪流域以及星溪支流进行了重点调查钻探，其中发现了一批秦汉至商周时期的文化遗存，并采集到了比较丰富的遗物，这些遗存分布于东平、石屯、星溪等地。

1. 东平镇鱼池堆山遗址和后科林遗址

鱼池堆山遗址位于政和西部东平镇护田村的郑源自然村北面约 1 公里处的低矮山岗上，相对高度约 8 米，地形呈椭圆形，南北走向，东接群山，西、南、北三面为松溪环绕，岗顶较平缓，整体形成两大平整的山岗台地。

遗址范围较大，长约 500 米，宽约 200 米，总面积达 10 万平方米。遗址地表被开辟为茶园，遗物主要在南台地的西南面，暴露较丰富。另在遗址的最南端处，地势略高于遗址地表的土墩包，经钻探了解地层堆积在 2 米以上。

采集遗物均为陶器，器形主要有盂、罐、瓮、盆、釜、盅、三足盘、瓿、盖等，陶器分别饰方格纹、弦纹、水波纹、篦点纹、绳纹等纹饰，是一处面积很大的西汉闽越国时代遗址。

后科林遗址位于政和县西部东平镇保田村的郑源自然村北面山岗上，相对高度约 15 米，东北接群山，西临松溪，北距鱼池堆山遗址约 500 米处，调查时发现该山的南面有一高土包，顶部发现有一近期被盗掘的深洞。据现场观察和采集的出土遗物分析，确定是座汉代闽越国时期的墓葬遗存。

调查发现的土包高约4米，底径约10米，土包的东、北面的凹沟现象应为人工挖成，土包是墓葬的封土堆，封土堆应是就近取土堆筑而成的。

土包顶部的盗洞竖井式，形状方形，边长约1米，深约9米，从挖出的土中发现含有大量的木炭，采集到盗墓贼丢弃的1件陶壁残块。

2. 石屯镇黄泥岭遗址和金鸡山遗址

黄泥岭遗址位于政和县西部石屯镇长城村北部的山坡台地，北连群山，南面是较宽阔的盆地及溪流，向西汇入松溪。调查发现靠山坡北部有一处高起的台地，经钻探发现有2米以上的堆积，认为是一座商周至秦汉时期的墓葬遗存。另外，在南坡处局部钻探，发现有文化堆积，厚约1米，内含烧土、炭粒、商周陶片。

金鸡山遗址位于黄泥岭遗址的西面，它们之间相距约500米，为同一高山群脉向南伸出的两个山坡台地。20世纪80年代调查时采集到一些汉代遗物，这次复查时未采集到遗物。在山坡北部高起的台地上，经钻探了解有2米以上的堆积，认为是一处商周至秦汉时期墓葬遗存。

3. 星溪乡庙下东面山遗址

庙下东面山遗址位于政和县星溪乡东部东峰村北面约500米处的山坡上，相对高度约20米，采集到一些陶器遗物，先秦遗存和西汉闽越国时期的遗存兼有之。

在政和县东平镇和星溪乡调查、勘探出的这几处遗址，除鱼堆池山和后科林遗址为单纯的西汉闽越国遗址和墓葬外，其余遗址都是商周和西汉闽越遗存兼有之，且延续时间较长。这些遗址有的遭盗掘，有的因自然和人为的因素受到不同程度的破坏。①

（五）邵武

1. 城关平山遗址

越王台在越阳村之东，隶属邵武县故县区水北乡，距县城约2.5公里。现此地属国营邵武综合农场。台址是一长方形土堆，高约2米，东西长27.5米，南北宽16米。台址上长满茅草，周围均为农耕地，种有麦、花

① 福建闽越王城博物馆：《南平市闽越遗存调查》，载《福建文博》2004年第1期。

生、蔬菜等，北面紧靠村民房，西面约500米处是富屯溪，溪的附近有一片荒野似沙漠地，据说当时是越王练兵马之地，东向约1500米即农场场址，南面约500米是坪山，新建的鹰厦铁路与旧公路从山底下并行通过。清乾隆时村里兴建王公庙，将台址的南半段取为填基和筑坪之用，今南半段与农耕地同高，北半段高起，形成一个池塘形状。

1955年夏季，福建省文物管理委员会文物调查组为配合鹰厦铁路工程建设，在邵武与文化馆联合举办小型出土文物展览会，从文化馆藏品中发现2块粗绳纹瓦片，后询知是本组曾凡在1955年春季到越阳村调查后发现采集的，存放在文化馆。之后小组曾到越阳调查两次，并进行全县普查，期间再次到越阳调查，并做了探掘，1956年4月13日、14日两个工作日的调查情况如下：

探沟长5米、宽1米、深1.5—1.65米。所发现的瓦片从地表面直到底层采集了约500片，都是粗细绳纹、方格纹并夹有划纹两种花纹。质地有砂质红灰陶和泥质红灰陶两种，其中泥质灰陶，火候相当高，敲声铿锵，砂质灰陶火候次之，而泥质或砂质红陶，火候低劣，着水掉色。除瓦片外还发现1块残瓦当裂为2块，瓦当图案不明，正中似有一“王”字。从地表至0.30米处，第一层因被地面植物腐朽侵蚀，以致成灰砂土，从0.30—1.65米处均为赤砂土，底生土为灰砂土。在0.5—0.6米深处，距东头0.6米处发现砖堆成三角形，里面夹杂着河卵石，范围长2.5米，在砖堆之间至底，瓦片出现较多。西头南壁发现近代墓，人架仍存。在0.6—1.65米东头陆续发现河卵石，到底，有一片平铺的河卵石，中段又发现2块石板，翻开河卵石和石板即为生土。

据县志记载：“北平山在越阳，今名锣鼓山，相传闽越王无诸游猎之所，上有越王台。”“越王台，一名越阳，旧传无诸驻猎之所。后废，有牧子于此得古瓦，皆罗纹雁翅之状，叩之铿如金石”。[①] 结合史料记载，从实地的地理环境及出土的瓦片来看，“越王台”遗址应属实。从发掘的砂土层

① 民国《邵武县志》。

及河卵石、石板等来看，也可以证实是一处建筑遗迹。[①]

笔者曾指出：据史志记载，邵武平山遗址即为闽越国“乌坂城”（一名“越王台”）遗址。1956年勘察试掘，发现汉代闽越建筑的砖瓦等遗物和一些建筑遗迹。《太平寰宇记》引《建安记》说：“昔越王拒汉其城六。此城一也。”[②] 上引《邵武县志》中明确指出越阳村的平山有“越王台”。该遗址是否是史志传说中的闽越“乌坂城”或“越王台”遗址，由于未经系统的考古发掘和钻探，缺乏确凿资料，尚难断定。但县志中“越王台”的传说似有所据。该地闽越国建筑遗址和遗物，可确证有闽越的宫署或宫馆遗址。[③]

笔者现在仍坚持这一看法：即结合20世纪50年代的考古发现和历史传说记载来看，邵武城关平山遗址曾经是一处闽越国时期的建筑遗址。当然，我们不排除它可能是一处离宫别馆，但肯定规模有限，否则不可能在20世纪80年代的文物普查中和21世纪初的专门调查中，没有发现明显的遗迹和遗存。所以如果真有城址的话，那么四面城墙至今怎么可能连一点遗迹都找不到呢？

2. 下聂山遗址

下聂山遗址位于邵武市水北乡一都村的下聂山上，遗址兼有先秦至汉代闽越文化遗存。调查采集的标本中可见闽越国的陶罐、盅等遗物。[④]

3. 斗米山遗址

在邵武的沿山镇百樵村斗米山遗址里发现了汉代遗存与墓葬，这座西汉闽越国墓葬（编号为95SDM29）打破了夏商时期的地层和新石器时代的建筑遗迹。墓葬结构为竖穴土坑，方向为90度。墓坑平面形状为长方形，长4.4米，宽1.82米。墓口距地表0.4米、距坑底深0.4米。坑壁规整，

① 福建博物院编：《福建考古资料汇编（1953—1959）》，科学出版社，2011年，第394、395页，“邵武越王台探掘记”。

② （宋）乐史：《太平寰宇记》卷一百一十，浦城县。

③ 杨琮：《闽越国文化》，福建人民出版社，1998年，第82页。

④ 据福建省考古队在邵武的文物普查资料。

墓底平坦，中部平铺一层河卵石，西端放置陶器瓮、壶、钵、罐等 7 件，葬具骨架均无存。墓内填土为黄褐色土，夹有红烧土块、碎石等，土质松散。

工作人员还发现汉代灰坑一个，打破了夏商地层。坑口南段部分遭破坏，平面形状近圆形，最宽处直径 3.9 米。坑口距地表 0.4 米，坑深 0.48—0.72 米。坑壁倾斜，上大下小不规整。坑底深浅不一，亦为倾斜状，坑内也发现有较为完整的和残缺的汉代陶钵及鼓形罐等。从遗址的地层及周边的遗迹现象、出土物等情况来分析，这个灰坑应当也是另一座土坑式汉墓被破坏后形成的。

出土的遗物均属陶器，以灰色或灰褐色硬陶为主，多属轮制，器形规范。陶器表面装饰较简单，以拍印方格纹最常见，少量为米格纹，刻划的弦纹、水波纹较多。主要器形有釜、瓮、瓿、匏壶、罐、钵等。①

（六）顺昌

顺昌县位于福建省中部偏北，地势从东北、西南向中部河谷倾斜，境内西南部有富屯溪自西北向东南汇入闽江流域，20 世纪 80 年代文物普查曾发现有白石村汉代文化遗址。遗址位于大干乡白石村后门山上，遗址兼有先秦至秦汉时期的闽越文化遗存。调查采集的标本中，有闽越国时期的陶瓮、罐等残器。②

2002 年在全省闽越文化遗存专题调查工作中，闽越王城博物馆考古队于 12 月在复查钻探中新发现了一些文化遗存，即大干镇北山橘子园遗址。橘子园遗址位于大干镇白石村北面约 200 米的山岗上，相对高度约 10 米。遗址北接群山，南面山脚下为铁路，距富屯溪约 300 米，在山岗中发现两处略高起的台地，经钻探发现均有 2 米以上的堆积，土色红褐，夹炭粒，略夯。判断认为是西汉闽越国时期的墓地。③

① 福建省博物馆：《邵武斗米山的汉唐遗存》，载《福建文博》2002 年第 1 期。

② 据福建省考古队在顺昌进行的文物普查资料。

③ 福建闽越王城博物馆：《南平市闽越遗存调查》，载《福建文博》2004 年第 1 期。

（七）新的认识

以上有选择地介绍了南平市 10 个县（市）、区的秦汉闽越时期的遗址及先秦时期闽越先民的遗址、遗存。有些遗址在 20 世纪 80 年代全省文物普查中已发现，且不是秦汉时期的遗址，所以有许多遗址和遗存我们未在此介绍。此外，20 世纪 80 年代文物普查时曾发现的一些秦汉闽越国时期的遗址，后来被彻底破坏了，如武夷山三姑和城关周边区域的闽越遗址以及邵武城关包括“越王台”等处遗址，都已荡然无存了。

另一个重要的历史地理学术问题是闽北“拒汉六城”（一说是五城）。这个问题的最早记录出现在历史方志《建安记》中，由于此文已佚，有关记录仅见于后来文献的转引，甚至来源于部分晚期的地方志书中。这类在《史记》《汉书》正史中不见的传说，已被许多研究者作为信史广泛采用并进一步引申，如传邵武有越国时的“乌坂城”，浦城有“汉阳城、临江城”，建阳有“大潭城”的说法。甚至把现代才发现的“武夷山城村汉城（东越王城）遗址”，也归入所谓的“拒汉六城（五城）”中。①

在这次闽越文化遗存专题调查中，我们特别注意到所谓“六城（五城）”的调查，经调查后所得出的结果，即闽北地区除原本就确定的武夷山城村汉城（东越王城）遗址外，并未发现任何一座城址遗存。我们这次的专题调查使用了“普遍踏查、重点勘探”的方法，这种方法对我们全面了解遗址的内涵和遗存的状况，起到了重要的作用。

第一，通过对浦城县临江镇锦城村外的“城墙埬”（所谓的汉代城墙）进行的钻探，探明其内含为宋代瓷片等遗物。结合遗存土基的厚度等形制方面来考虑，可排除为汉代城墙。笔者判断锦城村遗址是个无城墙的汉代闽越国的区域重镇（汉阳邑）。

第二，笔者与考古队员对浦城县仙阳镇的大王塝山遗址进行了详查和钻探后，基本否定了这里是一处汉城（汉阳城）的说法，认为此地应是一处重要的商周遗址。部分考古工作者原认为的“城墙”，也只是自然的岩石

① 福建省凡涉及闽越史和闽越考古的研究者，大多数都会引用这个说法。这里恕不一一指出。

地貌。部分考古工作者原认为的“城中烽火台”，经过钻探和考察，笔者认为这里可能是一座较大型的先秦时期的土墩墓①。后来经更进一步的考古发掘，确定这里的确是一座春秋时期较大的石圹土墩墓②，也证实了笔者当年的推测③是正确的。

第三，我们在浦城县城的“越王山”进行了详细勘探，未发现汉代遗存，但发现了商周时期的遗存。有的地点堆积层很厚，推测有可能是建公园时挖土形成的次生文化层。原商周遗址受破坏较严重。

第四，所谓的建阳“大潭城”，我们在建阳城关潭城镇均未发现任何线索。

第五，在邵武城关原所谓的“乌坂城”遗址及“越王台”遗址，早已建成了房屋、工厂，所有线索也荡然无存。从20世纪50年代简短的调查记录中，也找不出城的线索，推测可能有建筑遗址，但没有形成完整的城。④

因此，笔者认为所谓的闽越国的“拒汉六城（五城）”中的“六城（五城）”是不存在的。《史记》《汉书》正史中只有闽越拒汉时“发兵拒险”的表述。且闽越国这个领地以群山为主的诸侯王国，只需利用山川险峻，在关隘派兵据守即可，到处筑城毫无作用，国力也无法支撑。

二、闽江下游、沿海地区

闽江下游目前已经发现的闽越国遗址主要分布于今天的福州市区和闽侯县。近20年来福州市区有诸多闽越国遗存的发现，由于前文已述，此处不再赘述，仅阐述其他县区的闽越国遗存发掘情况作为补充。

（一）闽侯

1. 庙后山墓葬

庙后山墓葬位于荆溪乡庙后山麓，遗址属于墓葬区，先后被发现和清

① 福建闽越王城博物馆：《南平市闽越遗存调查》，载《福建文博》2004年第1期。
② 福建闽越王城博物馆：《浦城县管九村大王塝土墩墓发掘简报》，载《福建文博》2007年第2期。
③ 杨琮：《闽越国文化》，福建人民出版社，1998年，第81—82页。
④ 福建闽越王城博物馆：《南平市闽越遗存调查》，载《福建文博》2004年第1期。

理出一些西汉——南朝的墓葬群。其中第四号墓为闽越国时代的小型墓葬，出土的随葬品有瓿、钵、匏壶共3件陶器。① 此外，在被破坏的墓葬处还采集到了一批陶器，其中有闽越国时期带鸟钮盖的陶匏壶等遗物。

2. 庄边山墓葬

此遗址位于闽侯竹岐乡的庄边山上，遗址中的主要遗存为先秦文化遗迹、遗物，但在该遗址中先后又发现了9座战国晚期至汉初的楚墓，其中除了出土有楚式陶器外，还出土了一批闽越陶器瓮、瓿、盆、匏壶、熏炉等。同时在地层中还出土了一些闽越国时代的陶盆、陶罐等②，这些地层中出土的器物是遭后世破坏的闽越国墓葬的遗物。

3. 其他

1951年至1966年间，考古队还先后在杜武村、弯里村、关口村分别出土了闽越国时期的陶器，有匏壶1件、罐3件、瓿3件。③

（二）连江

1973年，在连江县浦口乡山堂村鳌江口下游近海处，发现并发掘出一艘独木舟的残体。④ 据江西省木材工业研究所与福建林业科学研究所鉴定，舟体系整根樟木刳成。⑤ 经中国科学院贵阳地球化学研究所对舟体木材检测，其年代距今2170±95年，为闽越国时期的遗存。⑥

（三）仙游

在21世纪初全省闽越文化遗存专题调查时，工作人员特别注意了仙游榜头镇泉山村的鸡子城遗址。福建博物院文物考古研究所派出的人员不仅在这处山头上进行了详细的调查，而且还选择了5个不同的地点进行了试掘。在试掘中出土了一些先秦时期的陶片、石器和疑似汉代的陶片。调查试掘者指出："我们认为鸡子城遗址的周边地区在某一个历史时期曾建造过

---

① 黄汉杰：《福建荆溪庙后山古墓清理》，载《考古》1959年第6期。

② 林公务：《福建闽侯庄边山的古墓群》，载《东南文化》1991年第1期。

③ 曾凡：《福州洪塘金鸡山古墓葬》，载《考古》1992年第10期。其余据福建省博物馆藏品及林忠干：《浅淡西汉闽越的墓葬及其陶器》，载《福建文博》1984年第2期。

④ 福建省博物馆等：《福建连江发掘西汉独木舟》，载《文物》1979年第2期。

⑤ 黄天柱、林宗鸿：《连江独木舟初探》，载《福建文博》1980年第1期。

⑥ 福建省博物馆等：《福建连江发掘西汉独木舟》，载《文物》1979年第2期。

城墙，现隐约可辨的城墙轮廓即是它的残存部分，为此基本可以确定鸡子城遗址是一个城址。至于城址的年代问题，目前还不能给出准确的答案。首先，各试掘点除了第1层出有零星的近现代瓷、瓦碎片外，其余各层皆未见出土物，没有出土物的地层就无从考证本地层的年代了。其次，采集和征集的出土遗物中，有早至商周时期晚到汉代的石器和陶器，这只能说明自商周至汉代，鸡子城先民就一直在这里进行生产活动，这些是他们留下的遗物。由于这些遗物与城墙的墙体没有发生直接的联系，所以经考证可以确定为残存的城墙墙体，但不能推断其为某个历史时期的建筑遗迹。它的年代确定有待于今后考古工作的深入和考证。”①

笔者曾到现场与考古调查和试掘的主持人林聿亮进行了细致的研究和探讨，意见基本一致。笔者也认真研究了所谓的城墙遗迹，认为只是一处古代的人工的墙，不是汉代的夯土城墙。遗址出土的遗物基本是先秦时期的陶片和石器，疑似汉代的方格纹陶片和残陶盅，不排除可能也是汉代以后的陶器，而所谓的鸡子城很可能是汉代以后的历史时期的土围子或据点。

三、闽南、闽西地区

（一）闽南地区

在闽南地区，1958年文物普查时就在长泰县发现了西汉闽越国时期的陶器遗物②，只不过当时还认识不到它们所属的年代而已。

根据20世纪80年代第二次文物普查资料显示，在闽南地区除龙海榜山雩林山遗址外，在长泰县石牛山发现了闽越国时期的墓葬一座（石牛山一号墓）。另外还在岩溪、陈巷龙津溪沿岸发现了多处战国至西汉闽越文化遗存。③

---

① 福建博物院：《仙游鸡子城遗址调查报告》，载《福建文博》2004年第1期。

② 福建博物院编：《福建考古资料汇编（1953—1959）》，科学出版社，2011年，第382页，“长泰县新石器时代遗址调查”。

③ 据20世纪80年代第二次文物普查资料以及王振镛：《辛勤耕耘结硕果——福建省博物馆文物考古工作四十年》，见《福建历史文化与博物馆学研究》，福建教育出版社，1993年。

21世纪初，在全省闽越文化遗存专题调查中，又认真调查了这些遗址。

1. 龙海榜山雩林山遗址

榜山镇的雩林山遗址相对高程约50米，山势呈西北—东南走向（长约200米，宽约50米），东部山体与新石器时代的万宝山遗址相连。该遗址在以往的调查中，除发现有商周时期粗绳纹陶片外，还有较多内侧带有凸点的西汉时期的板瓦等建筑材料，遗址南部还有一处直径约20米的隆起台地，有可能为汉代的烽燧遗址。在此次调查时，发现遗址表面已大面积辟为荔枝果园，但仍采集到较多的遗物，其中主要有汉代的细方格纹灰硬陶及红褐软陶片，饰有间断弦纹的绳纹板瓦残片以及部分釜、罐的口沿残片等。雩林山位于九龙江西溪南岸，地处历史上闽越与南越的交界处，因此，遗址有可能是一处防御工事或驻军的营盘。①

2. 长泰县诸遗址

全省闽越文化遗存专题调查中，工作人员发现长泰县共有古文化遗址19处。调查者认为其中春秋战国至闽越时期的遗存相对较为丰富，多处遗址表现出以米字纹为代表的印纹陶组合特征。在专题调查中，考古工作者重点调查了陈巷镇犁头山、石牛山、寨仔山、西山、墓亭山，岩溪镇座前山和戈林山等7处遗址。

戈林山、座前山、石牛山等地地处龙津溪东岸，为平原上突出的、邻近相连的几座低缓的面积较大的山丘，从采集的标本看，这几处遗址的内涵基本相同，均以印纹硬陶为主，少量软陶。纹饰以方格纹为主，也有米字纹、方格填交叉线和三角形纹，还有水波纹、条纹、绳纹、瓣状附加堆纹等。还采集到石锛二件。石牛山在20世纪80年代曾清理过汉代墓葬，出土有残玉璧和硬陶钵、瓿、盂等遗物，是明确属于闽越文化的遗存。种种特征表明这3处遗址是具有一定规模的春秋至汉代时期的遗存。石牛山在苑山村溪坪厝东约300米处，高程40—50米的山头，面积达3万平方米，遗物主要见于西坡与南坡较缓地带。

① 福建博物院：《2002年度厦、漳闽越遗存调查》，载《福建文博》2004年第1期。

戈林山遗址的面积、高程与石牛山相仿。另外，墓亭山和西山以及20世纪80年代曾清理过战国墓葬的陈巷古农村北500米的犁头山、村北1000米的西山，也发现有饰米字纹、复线方格纹、席纹等纹饰的陶器，器形有盒、钵、罐等。

3. 戈林山遗址

戈林山遗址是在20世纪80年代文物普查中被发现的。2004年夏天对该遗址进行了复查，2004年12月至2005年1月福建博物院考古研究所对戈林山遗址进行了局部发掘。发掘面积达405.3平方米。

地层堆积分3层：在第1层表土层之下的第2层，即西汉闽越国时期的文化层，再之下的第3层是商代文化层。发掘者将“遗址的文化内涵归纳为上、下层遗存。上层为汉代遗存，下层为商代遗存”①。考古报告说上层的西汉闽越国文化地层中“仅见陶器，绝大部分为硬陶，少部分为泥质软陶。纹饰常见方格纹、凹弦纹、水波纹、规则篦点纹、方格或菱形填线纹等。器类有罐、盆、钵、盒、盏、纺轮等，另有鼎足和器底等残件”，并指出：“戈林山上层遗存出土的文物在本地发现极少，但在武夷山和福州地区却极常见。如陶罐、陶盒、陶钵、陶盅、陶纺轮等器物及方格纹、几何戳印纹、水波纹、凹弦纹、规则排列的篦点纹和铺首纹等纹饰，在武夷山汉城和福州新店、屏山等遗址的西汉出土物中都属平常之物，其器类除柱状鼎足外，几乎没有超出这两地出土物的范围。”② 其实这类柱状鼎足，无论在武夷山还是浦城等地的闽越国遗址、墓葬中，都是存在的。

总体看来，长泰县陈巷镇以北至岩溪镇以南、龙津溪以西的这一片区域是漳州地区闽越文化遗存最丰富的区域。③

---

① 福建博物院、长泰县博物馆：《福建长泰戈林山遗址发掘报告》，载《福建文博》2020年第4期。

② 福建博物院、长泰县博物馆：《福建长泰戈林山遗址发掘报告》，载《福建文博》2020年第4期。

③ 福建博物院：《2002年度厦、漳闽越遗存调查》，载《福建文博》2004年第1期。

（二）闽西地区

据20世纪80年代第二次全国文物普查资料显示，在尤溪、沙县、武平、宁化、上杭、连城等地区，也都发现有战国晚期至汉代的闽越文化遗存。①

在全省开展闽越文化遗存专题调查时，福建博物院根据20世纪80年代文物普查提供的线索，于2002年春、秋两次对闽西地区龙岩和三明两市进行了考古调查。调查了龙岩市的新罗区、连城县、长河县的部分区域，龙岩市的永定、武平、上杭和三明市的永安、沙县、将乐、泰宁等部分区域。在考古调查的区域内，除了发现与闽越文化相关的战国秦汉时期的文化遗存外，还发现了一些商周时期的青铜时代的文化遗存。

1. 长汀牛斗头遗址

牛斗头是长汀县策武乡河龙村南的一个小自然村，东临汀江。村北有一座平缓的小山，相对高程约15—20米。由于水土流失严重，在山面南的坡地上，散落较多陶片，并发现有完整或可复原的器物，同时还发现多处被雨水冲刷后残留的用河卵石紧贴生土平面铺就的残墓墓底遗迹，与福建省以往发现的闽越时期墓葬的墓底结构相同，而周边却未发现有文化堆积的遗址现象，由此可推测这个地域当为墓葬区。在该山上采集的陶片多属灰色硬陶，以夹有少量细沙的泥质陶为主，陶器表面装饰多属拍印纹，主要纹饰有大和小的方格纹席纹、复线方格内交叉纹、网格内填以短线纹等，还有少量刻划的水波纹和复线弦纹等。在采集的陶片标本中，可辨器物形态的有罐、瓿、小盅等，陶罐5件，其中2件可复原；瓿2件，盅3件；另有青铜篾刀1件。② 笔者认为这些地面采集的遗物，是否属于同一时期还无法确定。但调查者在调查简报的结语中关于遗址文化面貌的一些看法是值得参考的。

---

① 据文物普查资料以及王振镛：《辛勤耕耘结硕果——福建省博物馆文物考古工作四十年》，见《福建历史文化与博物馆学研究》，福建教育出版社，1993年。

② 福建博物院：《闽西考古调查报告》，载《福建文博》2004年第1期。

2. 江下对门山遗存

江下对门山是一座临江（汀江）山岗，位于长汀县策武乡德联东部的江下自然村对岸（该山西北隔江同江下小村相对），岗顶距江面相对高度约30—40米，南邻德田农场，北距长汀—策武公路约200米。山上为次生松木林，山顶起伏。山顶及东坡有较多陶片出露，局部并见有文化堆积层，厚约0.5—1.2米。据遗物分布范围推测，该遗址总面积近1万平方米。调查采集的陶片多属泥质灰色硬陶片，只有少量夹砂红褐色软陶片。

3. 菜仔山遗存

菜仔山遗存隶属长汀县河田镇南塘南山凹自然村。该遗存位于村北一座东西向的长条形山岗上，东约300米为连塘坑自然小村，西北向有公路从山下穿过，北距汀江河流约200米。该山相对高程约20—25米。山上多属已被开垦的梯状园地，坡顶及园地的地表上散见较多陶片，但未见有文化层堆积的现象。陶片以灰色印纹硬陶为主，从陶片显露的文化特征来看，采集的陶片大体可以划分为两种：一类属于先秦时期的青铜时代文化遗存；另一类则属战国至秦汉时期的遗存，数量不多，可辨器形有罐或瓮类，器表纹饰以方格纹为主，还有篦划水波纹等。①

闽西地区调查发现的闽越国时期的遗迹和遗存很少，可以判断这一地区由于自然条件较差，并非闽越国的重要聚居区；另一方面，考古调查也有一定的局限性。希望今后能有进一步的发现。

在福建地区，根据目前发现的闽越国时期遗址，分布最密集的是闽江上游和下游两个区域。这不仅与福建的自然环境、地理条件以及古代先民的发展历史息息相关，先后建立的两个国都周边也凝聚了大批居民和聚居地。

四、浙南地区

本书所说的浙南地区，包括了浙东南和浙西南地域，北部可到今台州地区。据浙江省文物部门的调查，在浙南的温州、台州、丽水、临海、瑞安

① 福建博物院：《闽西考古调查报告》，载《福建文博》2004年第1期。

等地区，也发现多处西汉前期的古文化遗址和遗存。这些遗址应是东瓯国的文化遗存，同时也兼有东瓯国北迁，闽越国兼并东瓯之后的文化遗存。

（一）温州

1. 瑞安县的墓葬遗存

以往在温州所辖瑞安县的莘塍下山根出土的陶罐、钵、瓮及匏壶等①器形完整，应为闽越国（东瓯）时期受到破坏的墓葬随葬品，与福建地区闽越国墓葬随葬品类同。②

2. 温州市区的墓葬遗存

在温州的景山，也出土有西汉前期闽越（东瓯）墓葬的陶璧、陶犀角和陶钵等随葬器物。③ 这些墓葬出土的陶器与武夷山城村汉城（东越王城）的牛栏后墓葬的陶器完全相同。

温州地区还有许多在建设中零星发现的闽越（东瓯）时期的遗迹和遗物，多数没有公开报道，或者报道时没有区分时代关系。

由于温州地区的战国秦汉时期的闽越（东瓯）专项考古工作未能系统展开，因此东瓯都邑和许多历史问题一直悬而未决。随着大规模城市现代化基础建设的展开，今后寻找东瓯国遗址将更加困难。

（二）温岭

温岭市地处浙江东南沿海，隶属台州地区。

1. 温岭市城西元宝山东瓯国墓葬

温岭市北接台州市区，南连玉环，东濒海，西邻乐清。2009 年 3 月，温岭市城西街道西岙村在村北面的元宝山修建公墓时，先后发现有两座古墓，编号为温元 M1、温元 M2，可惜文物考古工作者赶到时，现场已遭破坏。后经访问得知，两座古墓相距 10 米多，属小型长方形竖穴土坑墓。两墓出土文物经整理拼对修复后，共有 9 件随葬品，其质地以硬陶为主，其

① 董楚平、俞天舒：《瑞安上古文化及其与闽台的关系》，1989 年 8 月，闽台古代文化学术讨论会论文。

② 杨琮：《闽越国文化》，福建人民出版社，1998 年，第 478—479 页。

③ 吴松弟主编、林华东著：《温州通史·东瓯卷》，人民出版社，2021 年，第 304 页的文字、第 307 页的照片。

次有印纹陶和泥质陶等，器形有匏壶、罐、钵、瓿、香熏等。从这两座墓中出土的双耳罐、匏壶、敛口钵和瓿的器形与装饰风格，与武夷山城村汉城（东越王城）遗址出土的同类陶器并无二致。浙江省文物考古研究所的研究者认为它们是典型的东瓯标准器，故把该处定为西汉初期的东瓯国墓葬。①

2. 温岭市塘山 1、2 号东瓯国墓

2003 年，温岭市大溪镇塘山村在村北的塘岭脚下新建清福寺时，挖掘出一批陶瓷器。经过文物考古工作者前往调查收集，判断这批陶瓷器出自一座小型土坑墓，编号为温塘 M2。这批陶瓷器经修复后共复原有 12 件器物，以硬陶为主，另有少量的原始瓷、印纹硬陶，夹砂陶，器形有匏壶、罐、瓮、钵、碗和釜等。② 林华东也认为："纵观塘山 2 号墓所出器物中的匏壶、腰鼓形双耳罐、瓿和硬陶瓮等造型特点，均与闽越的同类器形完全相同，通体拍印方格纹，并在旋转的陶车上以手指尖在陶器上抹划若干道弦纹状凹痕，或在匏壶和瓿的肩腹部以带有排针状的篦戳印出正反相间的篦点纹装饰，也富有特色，可说是西汉之时闽越和东瓯的标准器。因此，塘山 2 号墓为西汉初期典型的东瓯国墓葬无疑"。③

此外，1976 年在大溪古城东南面的冠山桥里村也出土过一件方格纹的双耳罐，附近的水库也有陶钵出土。林华东认为这些都是西汉初期的东瓯国遗物。④

2004 年，在塘山发现了一座较大的墓葬。报经批准，2006 年 9—11 月对此墓进行了抢救性发掘，墓葬编号温塘 M1。在墓葬北面约 100 米处，塘山村村民在新建清福寺时曾发现过一座西汉初期的东瓯国小墓，即前述的温塘 M2。⑤

---

① 叶艳莉：《温岭元宝山发现西汉东瓯国墓葬》，见《东方博物》第 36 辑，浙江大学出版社，2010 年，第 94—98 页。

② 江省文物考古研究所等：《浙江温岭塘山发现的西汉东瓯国墓葬》，载《东南文化》2007 年第 3 期。

③ 吴松弟主编、林华东著：《温州通史・东瓯卷》，人民出版社，2021 年，第 265—267 页。

④ 林华东：《东瓯国都地望初探》，见《瓯文化论集》，浙江人民出版社，2009 年，第 154 页。

⑤ 考古界一般按墓葬发掘的早晚来编号，这里有些颠倒，可能因为一号墓 2002 年就被当地人先发现。

该墓葬形制系一座带墓道的长方形土坑木椁墓，平面为“甲”字形。全墓通长 27.5 米，墓道朝西，方向为 260 度。墓上堆筑有封土堆，墓外设置有陪葬器物坑①。现存封土东头已有一部分为村民取土所破坏，东西残长 30 米，南北宽 18 米左右，中心高 2 米。原先应呈长方形覆斗状。墓坑开口于砾石层中，平面呈东西向长方形，规模较大，坑口长 15.5 米、宽 6.7 米，坑底长 13.5 米、宽 4.5 米，坑深 3.7 米。墓道在西壁正中，墓葬整体平面呈“甲”字形，方向为 260 座。墓外设置有一个陪葬器物坑，残存器物共有 28 个编号，皆为仿青铜的陶质乐器，器形有镈、錞于和磬，其中镈 5 件，錞于 3 件，磬 18 件。另有句鑃柄和一些无法辨明器形的残片，说明原先还有句鑃与其他乐器的存在，该器物坑应是专门放置乐器的“乐器坑”。

该墓在古代曾遭盗掘，墓内残存随葬器物共 34 件，依质地可分为原始瓷、印纹硬陶、印纹软陶、硬陶、泥质陶、玉器等，以硬陶、印纹软陶和泥质陶为主，原始瓷、印纹硬陶、玉器较少。器物种类有匏壶、罐、瓿、鼎、钵、瓮、杯、纺轮、玉璧、玉觿等。②

3. 大溪古城遗址

在温岭市的温塘一号墓葬之南不足 1 公里处有一座古城遗址，俗称大溪古城。当地一直传说为“徐偃王城”。经过考古调查与试掘，探明此城实系一座西汉初期的东瓯国城址。③ 浙江省文物考古研究所曾对于古城址先后进行过三次的调查发掘，第一次调查是 2002 年，第二次的调查与试掘是 2006 年，2008 年又进行了第三次的调查与发掘。④ 三次调查发掘总揭露面积近 500 平方米，出土了一批遗物。⑤

关于这座古城还有年代和性质上的争议，有徐偃王古城说、东瓯国都

---

① 林华东在《温州通史·东瓯卷》（270 页）中，对墓旁边的陪葬器物坑与该墓的关系有疑问，认为两者的年代不同，似有一些道理。

② 浙江省文物考古研究所：《浙江越墓》，科学出版社，2009 年，第 170—204 页。

③ 浙江省文物考古研究所：《浙江越墓》，科学出版社，2009 年，第 170 页。

④ 浙江省文物考古研究所、温岭市文化广电新闻出版局：《浙江温岭大溪古城遗址的调查与试掘》，载《东南文化》2008 年 2 期。

⑤ 浙江省文物考古研究所编：《浙江考古新纪元》，科学出版社，2009 年，第 202—203 页。

说、海阳侯邑说和越君城堡说等[①]。笔者基本同意林华东和陈元甫的意见[②]，认为大溪古城遗址年代的上限可能是战国末至汉初，下限应该到了西汉中期闽越灭国之时，其性质可能是越国贵族或某君的城邑，或东瓯国北部的重要城邑，不排除后被闽越国重新据有，毁废于汉武帝元封元年（前 110 年）。

（三）关于浙南地区的闽越文化问题

浙南地区（包括浙东南和浙西南）在战国后期到西汉中期的前段，也是闽越国（包括东瓯国）历史文化时期。从物质文化即考古学文化来看，与福建地区的闽越国基本是相同的。如前所述，自夏代以来两地的物质文化面貌就十分接近，属于同一个文化圈。汉高祖五年（前 202 年）刘邦封立闽越国时，浙南和福建地区都属于闽越国的封地。但是汉惠帝三年（前 192 年），汉廷又将浙南地区分封为东瓯国之后，便成为与闽越国并列的诸侯王国。直到汉武帝建元三年（前 138 年）东瓯国民内迁，这一地区又被闽越国所并，最后在汉武帝元封元年（前 110 年）闽越灭国时其地遂虚。鉴于这一地区这段历史的特殊性和政治管辖权的几度变化，所以本书只在第二章、第五章和第十八章“丧葬制度与文化”中对浙南地区作简要的记述，不做深入的探讨，并在第二十一章“与周邻诸国的关系及交流”中也只是作为闽越邻国的有关内容来叙述。

上述为迄今在福建及浙南地区已发现的闽越国文化遗址和遗迹。根据地方县志、府志的记载来看，在福建各地普遍有闽越国时期的闽越王的遗迹和传说。其中有的为考古发现所证实确为闽越国时期的遗址、遗存，有的则未发现有关实物或者还未被考古发现所证实。

---

① 吴松弟主编、林华东著：《温州通史·东瓯卷》，人民出版社，2021 年，第 206—279 页。

② 吴松弟主编、林华东著：《温州通史·东瓯卷》，人民出版社，2021 年，第 270、279 页。陈元甫：《温岭东瓯国城址与贵族大墓的调查与发掘》，见《瓯文化论集》，浙江人民出版社，2009 年，第 119—131 页。

第六章　闽越国两都的历史问题

第一节　历史上闽越国都地望的争议

一、福州说

认为今福州市即闽越国都“（东）冶”。

历史上持此种观点的学人较多，古代至近代许多注解《史记》《汉书》的史家也如是说，现代历史学者多有认同者。劳榦在《汉晋闽中建置考》一文中，认为“则西汉之冶，东汉之侯官，除今福州附近外，更无适宜之地矣”①。魏嵩山在《汉闽越王无诸冶都考》一文中，认为：“汉闽越王无诸冶都自始就在今福建福州市。”② 林汀水在《也谈闽中郡、冶县与侯官》及《也谈冶都的位置》等文章中，亦肯定福州是闽越国的都城。③ 总之，认同闽越国冶都福州说的学者不少，这里仅举有代表性的几位，其余不一一列举。

---

① 劳榦：《汉晋闽中建置考》，《中央研究院历史语言研究所集刊》第5本，1935年。

② 魏嵩山：《汉闽越王无诸冶都考》，载《厦门大学学报》（哲学社会科学版）1980年第3期。

③ 林汀水：《也谈闽中郡、冶县与侯官》，载《地名》1981年第2期；《也谈冶都的位置》，见《古闽地和古闽越族研究文集》油印本，1986年。

二、浙南说

认为闽越国都“（东）冶”在浙江南部。

首先对闽越冶都在福州的传统认识提出挑战，认为闽越国冶都在浙南章安者，是叶国庆。他在《古闽地考》一文中指出：冶和东冶是两地，“以上冶与东冶故地，虽不能确然指出，然二地均属会稽郡治，凡与二地毗连，同提并论者，均为今日浙江之地，则显然可见，是则二地常在浙江而不在福建。再就冶与东冶之分置考之亦然。”“是则举凡故冶地均在浙江也。以冶为福建闽侯者误也。”① 此后，针对劳榦在《汉晋闽中建置考》中所提出的不同意见，叶国庆再撰《冶不在今福州市辨》，坚持冶都在浙江而不在福州的观点。② 辛土成也同意此说，在叶国庆、辛土成合作的《西汉闽越族的居住地和社会结构初探》③ 一文和辛土成的《台湾海峡两岸的古闽越族》④ 中，仍基本延续此说。

三、浙南迁福州说

认为汉封闽越国冶都在浙南，后迁都福州仍名冶。

李祖弼在《闽中疆域考》一文中持此观点。他认为：“汉高祖封闽越王‘都冶’的‘冶’这个地方，就是章安，在浙江。”“汉代闽越建国之初，‘王闽中故地’也就是统治着会稽郡以南的那一整块地方，并且建都在后来称为章安的‘冶’（《史记》称为‘东冶’）。但是，十年以后，因为析置出一个东瓯国，它原来在浙江的闽中故地割属东瓯，王都只好迁到福建的福州，也定名为‘冶’（按，历史上大量存在地名迁徙的例子）。因而原都冶城，后人便改称它做‘故冶’了。”⑤

---

① 叶国庆：《古闽地考》，载《燕京学报》1934 年第 15 期。

② 叶国庆：《冶不在今福州市辨》，载《禹贡》（半月刊）1936 年第六卷第 2 期。

③ 叶国庆、辛土成：《西汉闽越族的居住地和社会结构初探》，载《厦门大学学报》（社会科学版）1963 年第 4 期。

④ 辛土成：《台湾海峡两岸的古闽越族》，厦门大学出版社，1988 年。

⑤ 李祖弼：《闽中疆域考》，载《厦门大学学报》（哲学社会科学版）1980 年第 1 期。

四、浦城说

认为闽越国冶都在闽北浦城。

蒋炳钊在《对闽中郡治及冶都、冶县地望的一些看法》一文中，持此种观点。他的论据是："史书上记载闽越王活动大都是在闽北浦城一带"。"由于东越王余善死守泉山，使汉兵不可暴取，说明这个地方是闽越的政治和军事中心"。"《史记》《汉书》均记载汉越双方决战是在浦城"。"东越王余善是在浦城被杀的。其他闽越统治者如建成侯敖和繇王居股等人也都是集中居住在浦城，这就清楚地说明了浦城是闽越王的所在地，都城被占，闽越王国也就灭亡了。如果闽越王都是在福州，浦城距福州还有七百多里，浦城一战虽失利，仗还是要继续打下去的"。"由于闽越王活动在闽北，因此在闽北的浦城、邵武、建阳、崇安等地县志留下闽越王的史迹记载最为集中。相传为闽越王遗址的越王台、越王山、越王城，无诸和余善的行宫和游猎之所都在闽北。……这些情况也证明了浦城一带是闽越的政治军事的中心"。"从浦城的地理位置分析，它确是具备作为一个军事、政治和经济重地的优越自然条件。……选择闽北为政治、军事中心，进可攻，退可守，回旋的余地比在福州要好得多"。①

五、武夷山（崇安）说

认为今武夷山市（原崇安县）的城村汉城是闽越国的冶都城。

张其海在1985年发表的《崇安城村汉城探掘简报》中认为：崇安城村汉城"可能是闽越王无诸受封于汉时的都城'东冶'、汉灭闽越之后的冶县县治'冶城'"②。王振镛同意这个观点，他在《论闽越时期的墓葬及相关问题》一文中说："我们认为冶城不在福州，更不在浙江，而在今闽北崇安城村，我们所发掘的汉代城址即汉冶城遗址。"③ 林蔚文在《崇安汉城的外

① 蒋炳钊：《对闽中郡治及冶都冶县地望的一些看法》，载《厦门大学学报》（哲学社会科学版）1981年第3期。

② 福建省博物馆：《崇安城村汉城探掘简报》，载《文物》1985年第11期。

③ 王振镛：《论闽越时期的墓葬及相关问题》，载《福建文博》1990年第1期。

来文化因素及其评估》及《西汉闽越冶都考证》等文章中，也持这种看法。① 笔者早年也曾有过这种看法②，后来重新确定了两都说③。

六、福州和武夷山（崇安）说

认为福州是闽越国冶都，崇安汉城为东越王余善之都。

黄展岳在《闽越、南越和夷洲的比较研究》一文中认为："在闽西北还没有发现比崇安汉城更具规模的闽越国城址以前，我以为把它看成是余善所都当不会大错。至于余善是否把崇安汉城叫'冶'？这里涉及东冶和冶是一个地名还是两个地名的问题。50多年前，劳榦写《汉晋闽中建置考》，论定东冶即冶，地约在今福州市。时人魏嵩山重申是说，所论甚是。不过，我并不排除余善所都处亦称'冶'的可能性。这是因为在中国古代，确有新地沿用旧地名的传统。"④ 林忠干同意这种看法，在《崇安汉城遗址年代与性质初探》一文说："司马迁《史记》在前，称'都东冶'，乃指无诸及其孙丑之都的福州，班固《汉书》在后称'都冶'，实系余善之都的崇安汉城。"⑤

七、考古新发现和新认识

上述有关闽越国冶都地望的多种不同看法表明，到目前为止，学术界对这个问题还没有统一的结论。闽越国都的地望，仍需要进一步深入研究和探索。由于《史记》《汉书》记载极简略，后人很难从经典文献上找到十分圆满的答案。因此，从考古学方面去寻找实物证据，并与《史记》《汉书》经典文献互证，便成为探寻闽越国都地望之答案的唯一可行途径。

笔者曾根据20世纪80年代的考古发现，认为崇安（武夷山）城村汉

① 林蔚文：《崇安汉城外来文化因素及其评估》，载《考古》1993年第2期；另参《西汉闽越冶都考证》，见《闽越考古研究》，厦门大学出版社，1993年，第165—180页。
② 杨琮：《论崇安城村汉城的年代和性质》，载《考古》1990年第10期。
③ 杨琮：《闽越国文化》，福建人民出版社，1998年，第155—156页；亦见本书第五章。
④ 黄展岳：《闽越、南越和夷洲的比较研究》，载《福建文博》1990年增刊。
⑤ 林忠干：《崇安汉城遗址年代与性质初探》，载《考古》1990年第12期。

城遗址是闽越国的冶都[①]，并指出西汉闽越国的王都应在以崇安（武夷山）城村汉城为中心的这一地区，城村汉城址则是闽越国都中的王城（宫城）[②]。从城内外布局结构方面考察，它也是王都的建置[③]。

20 世纪 90 年代以前，福州地区只是零星发现过汉代遗物或小型墓葬(荆溪庙后山等)。到了 20 世纪 90 年代后，冶山西北侧建设银行工地遗址的发现，使笔者开始重新考虑另外一种可能的情况[④]，即闽越国是否存在两都，这种想法开始随着考古新发现的不断出现而逐渐成形。在 21 世纪初，笔者已经断定闽越国曾经存在两都的史实，虽然在考古发现方面至今还存在缺项和空白。

鉴于福州市的一系列考古新发现，笔者认为闽越国确实曾有过两个都城，福州是传统的都城冶都，武夷山城村汉城是东越王余善后建的都城。[⑤]下面将以关键性的问题，即这两处遗址的年代和布局结构为要点，详作考述。

第二节　武夷山城村汉城（东越王城）的年代

若要正确地认识武夷山城村汉城遗址的性质，首先得确断其年代，这是一个关键性的问题。自该城址于 1958 年被考古工作者发现以来，对于它的年代和性质问题，已有不少学者进行过探讨。笔者在详论城址的年代之前，有必要将这些看法和认识归纳举要如下。

第一种意见，即福建省文物管理委员会通过 1959 年秋对城村汉城遗址的首次发掘，在 1960 年发表的《福建崇安城村汉城遗址试掘》简报结语中，提出了考古发掘者的看法："根据城址出土遗物和文献分析，这个城址

① 杨琮：《论崇安城村汉城的年代和性质》，载《考古》1990 年第 10 期。
② 杨琮：《论崇安城村汉城的年代和性质》，载《考古》1990 年第 10 期。
③ 杨琮：《崇安汉代闽越国故城布局结构的探讨》，载《文博》1992 年第 3 期。
④ 杨琮：《闽越国文化》，福建人民出版社，1998 年，第 155—156 页。
⑤ 卢美松主编：《八闽文化综览》，福建人民出版社，2013 年，第 58—85 页。

应属于汉代，可能早到西汉。从文化层堆积的情况看，城的弃废相当早，最迟在东汉时期，这城已经无人居住了。”①

第二种意见，陈直于1961年发表了《福建崇安城村汉城遗址时代的推测》一文，认为“这座古城遗址包括宫殿在内，时代可能分为两个阶段。第一阶段在西汉武帝时期，第二阶段在西汉末王莽时期”②。

第三种意见，蒋炳钊在1978年刊出的《关于福建崇安汉城的性质和时代的探讨》一文中认为：“这座城的时代应是西汉晚期遗存，最早也不可能超过汉武帝元封元年。古城还出土有似是东汉之物，故城的废弃可能拖延至东汉。”③

第四种意见，即在1985年发表的《崇安城村汉城探掘简报》的结语中，撰稿者认为：“城址与高胡坪甲组建筑基址的始建年代应是西汉前期，可能还早到秦晚期。其下限可能延长到西汉末或东汉初年。”④

此外，其他涉及该城址的文章著述，或从第二种意见，或从第三种意见，或从第四种意见。归纳起来，关于城址的年代问题，以往主要有三种观点：一为西汉中期至西汉末年说⑤；二为西汉后期至东汉说⑥；三为秦晚期至东汉初年说⑦。这几种意见，对城址时代上限的看法虽不完全相同，但对其沿用至西汉后期，下限在西汉末年的王莽时期或东汉初年的看法则是一致的。1993年蒋炳钊更订了他的观点，论证城址的年代基本等同于《崇安城村汉城探掘简报》中提出的年代。⑧

① 福建省文物管理委员会：《福建崇安城村汉城遗址试掘》，载《考古》1960年第10期。

② 陈直：《福建崇安城村汉城遗址时代的推测》，载《考古》1961年第4期。

③ 蒋炳钊：《关于福建崇安汉城的性质和时代的探讨》，载《厦门大学学报》（社会科学版）1978年第2、3期合刊。

④ 福建省博物馆：《崇安城村汉城探掘简报》，载《文物》1985年第11期。

⑤ 陈直：《福建崇安城村汉城遗址时代的推测》，载《考古》1961年第4期。

⑥ 蒋炳钊：《关于福建崇安汉城的性质和时代的探讨》，载《厦门大学学报》（社会科学版）1978年第2、3期合刊。

⑦ 福建省博物馆：《崇安城村汉城探掘简报》，载《文物》1985年第11期。

⑧ 蒋炳钊：《再论福建崇安古城的时代和性质》，见《福建历史文化与博物馆学研究》，福建教育出版社，1993年，第97—106页。福建省博物馆：《崇安城村汉城探掘简报》，载《文物》1985年第11期。

笔者通过多年来在武夷山城村汉城遗址的考古发掘实践，并结合历史文献的记载，认为以上几种意见都值得商榷。经过多方面的考察、研究，笔者认为此城址的时代应是西汉前期及西汉中期的前段，其遗址绝对年代的上限不早于汉高祖五年，下限则止于汉武帝元封元年①。新说提出后，即得到不少研究者的赞同②，现从几个方面分析如下。

一、有关的文献记载

《史记·东越列传》和《汉书·西南夷两粤朝鲜传》中，均记录了闽越王无诸在反秦起义中随诸侯灭秦，后又在楚汉争雄中率越人佐汉击楚。汉高祖五年（前 202 年），闽越被汉王朝封王立国。……后至汉武帝世，因东越王余善等反汉叛乱，于武帝元封元年（前 110 年），被汉廷派遣的四路大军所平定。“于是天子曰‘东越狭多阻，闽越悍，数反覆’，诏军吏皆将其民徙处江淮之间。东越地遂虚”。

前文所举的三种看法认为，城址的时代沿用至西汉后期或城址在闽越灭国后始建，均与文献记载的闽越灭国后，汉廷皆迁其民、墟其地的情况相悖。笔者认为我们应相信《史记》《汉书》的记载。

首先，《史记·东越列传》是司马迁记录的当代史，他亲身经历闽越灭国迁众的政治大事件③。司马迁治史严谨，他对先秦历史的翔实记载，都不断被考古发现逐一证实。更何况是他所处时代，由他记录的当代史应该更加严谨。其次，《史记》当中，多有涉及此事件者，所载史实均一致，无矛盾或出入之处。司马迁曾先后任太史令和中书令，掌握朝廷重要档案，不太可能对当代大事记录有失误。另外，《汉书》基本抄录《史记》，仅补西汉中、后期至王莽新朝的历史。它对闽越国的记载仍大体按《史记·东越

---

① 杨琮：《论崇安城村汉城的年代和性质》，载《考古》1990 年第 10 期。

② 林蔚文：《崇安汉城外来文化因素及其评估》，载《考古》1993 年第 2 期。云翔：《战国秦汉和日本弥生时代的锻銎铁器》，载《考古》1993 年第 5 期。按：云翔在文中及文后注释⑨中赞同笔者的断代新说。

③ 王国维考司马迁生于汉景帝中元五年（前 145 年）。郭沫若考订其生于武帝建元六年（前 135 年）。因此，闽越灭国之时，司马迁正当青、壮年（25 岁或 35 岁）。

列传》原文所述，未补一句西汉后期之事，亦可证《史记》对这段史实记载之确凿。终西汉时代，闽越国故地一直空虚。

二、遗址地层堆积和叠压关系

由于福建地区在西汉时期的特定历史情况，因而考古学分期不能等同于中原地区，而应与两广地区大体相同。广东将南越国时期定为西汉前期，以汉武帝元鼎六年（前 111 年）南越国灭亡为界线①。福建地区则应以闽越国时期为西汉前期，以汉武帝元封元年（前 110 年）为界线。下文凡是提西汉前期，均指闽越国时期。

1959 年秋，福建省文物管理委员会组织了对城村汉城遗址的首次探掘，试掘了城内东北角的一座建筑遗址，解剖了一段城墙，还开了几条探沟。试掘报告认为：城址文化层堆积比较单纯，都是一个时期的文化遗物；城的建筑年代和城内的建筑遗存是同时期的，或者稍晚一些。② 1980 年以来，福建省博物馆又对城址进行了规模较大的勘探和发掘，先后发掘了城内高胡坪甲组建筑群遗址、东城门遗址，城外东北部的门前园遗址，城外西部的元宝山遗址，城东门外左侧的北岗一、二号建筑遗址以及解剖东城墙一段。通过一系列的发掘，确认城内外遗址的地层堆积完全一致。将它们综合起来看，城内外多数较大的建筑遗址，都建于山丘高阜之上，由于长期受到雨水的冲刷，因此都没有形成较厚的堆积层。而且根据地势的高低不同，文化层的厚薄也不同。建筑基址一般距地表仅 20—60 厘米，少数地方的基础几乎已裸露于地表。但是我们仍然能够根据遗址地层堆积的普遍规律，将其明确地划分为 4 个层次。第 1 层为地表耕土层。第 2 层为唐代以后的扰乱层，内含唐后期至近代的部分遗物，但其中亦夹杂很多被扰乱的汉代遗物。第 3 层为汉代文化层，内涵是汉代建筑倒塌的堆积和倒塌前的生活遗物及遗迹。第 4 层为汉代建筑的基础，以下是生土。北岗一号建筑遗

① 广州市文物管理委员会等：《广州汉墓》，文物出版社，1981 年。该书通过大量资料排比，将广州西汉墓分为西汉前期、中期和后期三期，前期以南越国灭的汉元鼎六年为下限。

② 福建省文物管理委员会：《福建崇安城村汉城遗址试掘》，载《考古》1960 年第10 期。

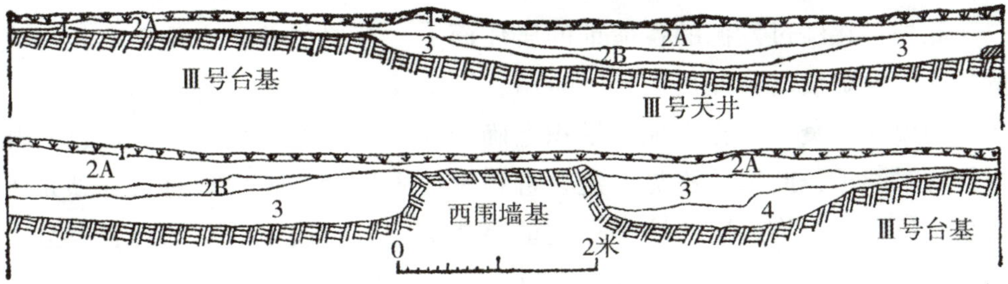

图 6-1　北岗一号建筑遗址地层剖面图

址发掘报告中的地层剖面图（图 6-1）①，可作为地层关系的典型的代表。遗址中第 3 层和第 4 层的文化内涵和面貌是基本一致的，没有明显区别。按先筑基后建房的程序，第 4 层在时间上至少略早于第 3 层。而第 3 层堆积明确显示是建筑物一次性倒塌形成的，因而在时代上是无法将其主观割裂开的。有一种看法是将遗址中第 3 层堆积又划分为 A、B、C、D 四小层，认为 3A 层的时代相当于东汉，3B 层为西汉后期的堆积，3C 和 3D 两层为西汉前期的堆积②。笔者认为这种将第 3 层又分为 3 个不同时代的四小层的划分是缺乏依据的。在考古学上，不同时代的文化层的划分，必须以不同时代的文化内涵为依据，否则就失去了客观性和科学性，便不能成立。通过多年来一系列的发掘工作，城内外各建筑遗址的第 3 层堆积的情况都很明确是相同的，夹杂在瓦砾中或覆盖于其下的陶、铁、铜器，大多是遗址最后焚毁时，遗留在居住面上的遗物。其中找不到一件可确断为西汉后期的遗物，更何况找到东汉的遗物呢？因此在建筑遗址第 3 层（汉代文化层）的堆积中，再分四层的划分不能成立。从目前全部的钻探发掘资料来看，这些遗址的文化层大多数较薄，内涵也单纯一致，仅部分洼地和灰坑堆积稍厚。文化层堆积最深厚的，是位于高胡上坑的甲组建筑北墙外的大型灰坑（垃圾坑）。但无论是在灰坑出土的，或是在扰乱层发现的，甚或是在地

① 福建省博物馆、厦门大学人类学系考古专业：《崇安汉城北岗一号建筑遗址》，载《考古学报》1990 年第 3 期。

② 福建省博物馆：《崇安城村汉城探掘简报》，载《文物》1985 年第 11 期。

表采集的汉代遗物中，亦未见可断为西汉后期及东汉的遗物。

此外，在经过发掘的各遗址的居住面上，都遗留着很多生活器具和大量的木炭及烧痕。由此可断定，城墙、宫室及城址周围的建筑物均毁于一次大规模的兵燹，而且在地层堆积上确切反映出在城址烧毁废弃后已有相当长的时间了，此地均不见人迹。直到唐代中后期，才发现有人在遗址上活动所留下的遗物，这些遗迹在遗址第 2 层中。唐代中后期的青瓷器残片即可为证（第 2 层中亦有宋至清代瓷片）。

此城址明确毁于战火，在汉代史籍中有关福建地区遭受大战乱的记载，只有汉灭闽越的战争事件，即《史记》《汉书》所记录的汉武帝元封元年（前 110 年）灭闽越国（东越），皆迁其民于江淮间，使其故地成为一片废墟的史实。此城址的毁废情况以及在地层、遗迹上的反映，与文献记载完全吻合。此外，城址突遭焚毁时，在遗址居住和活动面上遗留下的大量遗物，特别是大批的陶、铁、铜器等，也同样是确定该城址时代及下限年代的重要依据。

三、遗址出土遗物的断代

1959 年城村汉城试掘时，已获得完整或能复原的陶、铁、铜器 391 件。其中陶器 188 件、铁器 156 件、青铜器 12 件。另外还出土了 4489 片陶片和 36979 块残瓦片，还有 29 件瓦当。① 在 1980 年至 20 世纪末的发掘中，城内外的各遗址也先后出土了 4000 多件完整或可复原的陶、铁、铜器，以及数十万计的砖、瓦类建材和陶片。② 虽未见有纪年铭文之物，但它们本身已经为我们判断城址的时代提供了可靠依据。

（一）陶器的断代

城村汉城遗址中出土的陶器，具有浓厚的地方特征。其中许多典型器物与两广地区西汉前期南越国的越式陶器相同或相似，并且在制作、装饰及器形等方面，两地也基本一致。

---

① 福建省文物管理委员会：《福建崇安城村汉城遗址试掘》，载《考古》1960 年第10 期。

② 福建博物院、福建闽越王城博物馆：《武夷山城村汉城遗址发掘报告 1980—1996》，福建人民出版社，2004 年。

首先，从陶器群的整体面貌和组合上看，广州西汉前期南越墓葬中的随葬陶器有两种组合情况，即汉式陶器组合和越式陶器组合，明确反映出两种文化系统交杂相融的情形。其中汉式陶器以汉初中原及楚故地仍流行的鼎、盒、壶、钫等为主，而越式陶器则以瓮、罐、瓿、盒、盆、碗、釜、匏壶和提筩等为主。① 武夷山城村汉城遗址及墓葬中出土的陶器，可说基本不见汉式陶器（仅北岗遗址出土的1件残器盖②，与广州西汉前期南越墓葬中的第5式壶盖相同，具有汉式陶器的作风。另有个别残器也与汉式器相近，估计为带入或仿制之物），更不用说汉式陶器组合出现了。遗址中所出的陶器群及墓葬中的陶器组合均为越式作风。遗址器物群以瓮、罐、瓿、盒、盆、盅（碗）、釜、匏壶、提桶（筩）、三足盘等为主；墓葬随葬的陶器组合在保存完整的福林岗一号墓中，为罐、钵、瓿、匏壶的器物。而在城外东北处渡头村发现的3座残墓中，也是这几种器物。③

其次，在陶器的制作和装饰方面，城村汉城出土的陶器与两广地区西汉前期的越式陶器基本一致。两地均以轮制为主，少数大型器为手制轮修。器物的耳、足、钮等，系手捏或模制成形后再安接在器体上。陶质有泥质陶和夹砂粗陶两系，泥质陶占多数，并且泥质陶也绝大多数含有少量砂粒。这些陶器在烧制时因煅烧火候的不同，胎质的色泽硬度也呈现出一些差异。两广西汉前期的越式陶器都是硬陶（其汉式陶器则以泥质软陶为主）。武夷山城村汉城遗址出土的陶器也是以硬陶为主，其中少部分烧制较差、陶质略软者，也同样属于越式硬陶的范畴。在陶器装窑烧制的方法上，闽越也与南越基本相同，如单器仰烧和多器叠烧的手法等都一样。在装饰方面，两地也大同小异，均以印纹、旋纹和刻划纹为主，印纹中方格纹极普遍，其次绳纹也占一定的比例。在刻划纹中，水波纹很常见。此外，篦点纹、锯齿形纹、栉齿形纹及绹纹等也是代表性纹样，另外还有少量的附加堆纹和几何形镂孔纹。广州西汉前期南越墓葬及南越王墓④出土的不少陶器上，

① 广州市文物管理委员会等：《广州汉墓》（上），文物出版社，1981年，第80—129页。
② 杨琮：《福建崇安汉城址陶器及文化内涵》，载《考古与文物》1992年第3期。
③ 杨琮：《关于崇安等地出土汉代陶器的几点认识》，载《福建文博》1990年第2期。
④ 广州象岗汉墓发掘队：《西汉南越王墓发掘初步报告》，载《考古》1984年第3期。

戳印文字的情况也与该城址中的情况相同，这是受中原地区东周及秦文化的影响。这种情况在东周、秦代及汉初均有流行。但是在广州西汉中期墓葬的陶器上，却已绝迹①，故戳印文字的时代特征很明确。另一方面，两地陶器在大同之下又有小异，如两广西汉前期南越时期的越式陶器上，多见刻划符号的情况，在武夷山城村汉城（东越王城）遗址中则少见。广州西汉前期南越墓陶器多流行几何图案戳印纹饰，以及在硬陶器上多施釉的情况，在此城址中也很少见。

在器形方面，武夷山城村汉城出土陶器的器形种类不如广州西汉前期南越墓中的陶器丰富。但其中很多典型器物如瓮、盖罐、瓿、盆、盒、釜、盅（碗）、钵、熏炉、器盖、甑等器形，与广州西汉前期南越墓葬、遗址出土的陶器基本相同或相似，也与广西以及长沙、浙南等地西汉前期墓葬中的同类陶器相似。另外，匏壶、提桶（筩）等器形，也与两广很相近。而城村汉城出土的Ⅰ型、Ⅱ型鼓腹敛口的罐类及三足盘等，在其他地区不见或罕见，具有强烈的本地特点。以下参照一些典型器物的排列图来进行比较分析（图6-2）。

瓮　城村汉城出土的Ⅰ型瓮，与广州西汉前期南越墓中的Ⅱ型瓮②形制基本相同。两地的瓮都是方唇外侈，腹最大径靠上部，通体饰大方格纹，上腹部加凹弦纹，肩部常见印章文字的戳记。同时，广西平乐银山岭汉初墓葬中的印纹陶瓮（有米字形纹）③，在造型上也与它们都极相似。而广州的这种Ⅱ型瓮仅流行于西汉前期南越墓葬中，到了西汉中期已绝迹，时代特征很明确。

盖罐　城村汉城出土的圈足盖罐，与广州西汉前期南越墓葬中的Ⅲ型2

① 广州市文物管理委员会等：《广州汉墓》（上），文物出版社，1981年，第211页。

② 广州市文物管理委员会等：《广州汉墓》（上），文物出版社，1981年，第94页，图四六:4。

③ 广西壮族自治区文物工作队：《平乐银山岭战国墓》，载《考古学报》1978年第2期。报告结语中认为这批墓葬的年代下限可能会到汉初。目前学术界都认为这批墓葬的年代应是汉初南越国早期，本书作者亦将其视为西汉初期墓。

熏　炉	钵	器　盖
 9	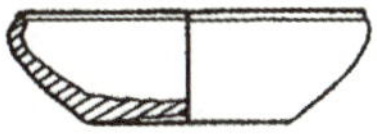 10	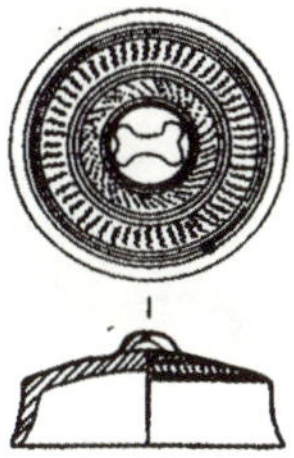 11
 20		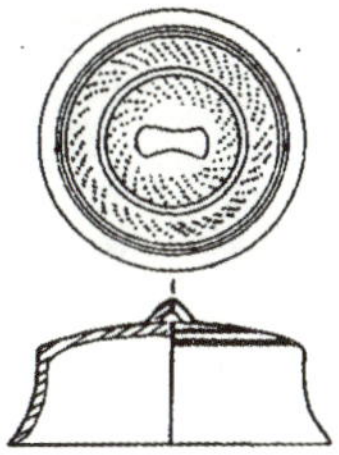 21
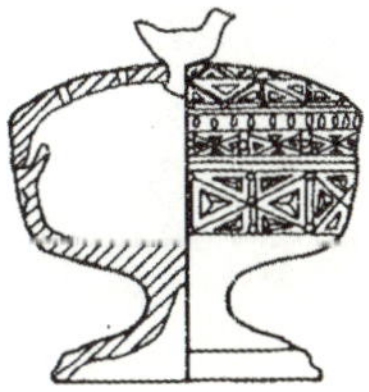 27	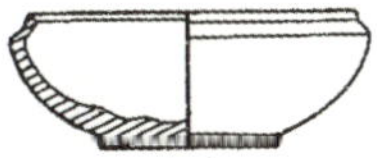 28	 29

坡西汉前期墓出土的陶器　29. 广西贵县罗泊湾二号南越国墓出土的陶器

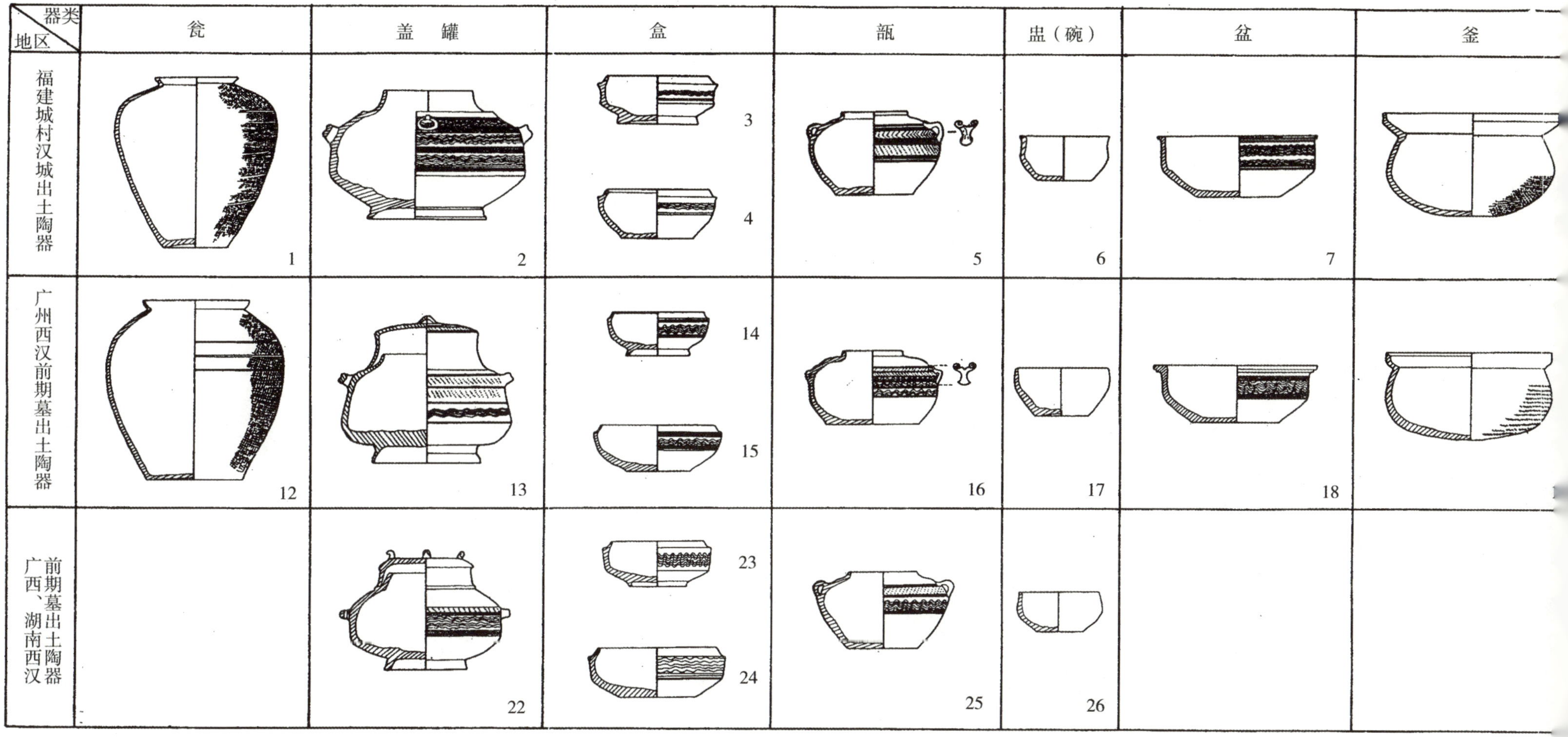

图 6-2　福建武夷山城村汉城遗址出土陶器与两广、湖南西汉前期墓出土陶器比较图

1—11. 武夷山城村汉城遗址出土的陶器　12—21. 广州西汉前期南越国墓葬出土的陶器　22、24. 广西金钟一号汉墓出土的陶器　23、25、26、28. 广西平乐银山岭战国汉初墓出土的陶器　27. 长

式圈足盖罐①、广西贺县金钟一号西汉前期墓葬的Ⅰ式圈足双耳盖罐②的形制大体一致。三地器物均腹壁较直，子口较高，上腹处有一对双线半环形耳，圈足，装饰水波纹、弦纹。这种类型的盖罐仅见于两广西汉前期南越国墓葬中，西汉中期已绝迹。

瓿　在城村汉城遗址中是有代表性的器物。它们的器腹最大径皆靠上部，多数附贴卷曲形器耳，装饰通常是弦纹间夹水波纹或篦点纹等。形制与广州西汉前期南越墓中的Ⅰ型陶瓿③、广西平乐银山岭汉初墓葬中的Ⅰ、Ⅲ、Ⅳ式陶瓿④，都大体相同。这类形制的陶瓿还见于广州秦汉造船工场、南越国宫殿遗址⑤以及广东肇庆北岭松山南越国墓葬中⑥。而两广西汉中期以后的墓葬中，已不见此种形制的陶瓿。广州西汉中期墓中出土的瓿⑦，腹部最大径已靠下部，在形制上已有明显的嬗变。

盒　城村汉城遗址中常见的平底或圈足的小盒，腹部均饰水波纹。在广州西汉前期南越墓葬⑧、广西银山岭⑨和贺县⑩等地西汉前期南越、西瓯墓葬中，都出土有与它们完全相同的小盒。这类器仅流行于西汉前期。

---

① 广州市文物管理委员会等：《广州汉墓》（上），文物出版社，1981 年，第 97 页，图四八：3。

② 广西壮族自治区文物工作队：《广西贺县金钟一号汉墓》，载《考古》1986 年第 3 期，图四：2。

③ 广州市文物管理委员会等：《广州汉墓》（上），文物出版社，1981 年，第 109 页，图五五：1—3。

④ 广西壮族自治区文物工作队：《平乐银山岭战国墓》，载《考古学报》1978 年第 2 期。

⑤ 广州市文物管理处等：《广州秦汉造船工场遗址试掘》，载《文物》1977 年第 4 期。

⑥ 广东省博物馆等：《广东肇庆北岭松山古墓发掘简报》，载《文物》1974 年第 11 期。原简报定墓葬年代为战国，黄展岳认为应是南越国时期（参见黄展岳：《论两广出土的先秦青铜器》，载《考古学报》1986 年第 4 期）。笔者认为黄展岳的观点是正确的，本书从后者所改的年代。

⑦ 广州市文物管理委员会等：《广州汉墓》（上），文物出版社，1981 年，第 213 页，图一一九：5。

⑧ 广州市文物管理委员会等：《广州汉墓》（上），文物出版社，1981 年，第 103 页，图五二：4、5。

⑨ 广西壮族自治区文物工作队：《平乐银山岭战国墓》，载《考古学报》1978 年第 2 期。

⑩ 广西壮族自治区文物工作队：《广西贺县金钟一号汉墓》，载《考古》1986 年第 3 期。

盅（碗） 城村汉城遗址中这类小盅（碗）出土相当普遍，应是一种饮酒的小盅（碗）。它与广州西汉前期南越都城中的墓葬①、遗址②出土的小碗（盅），以及广西平乐银山岭③、贺县金钟山④、贵县罗泊湾⑤等西汉前期南越、西瓯墓葬中的碗、杯（盅）都大体相同。

盆 城址中出土一种水波纹装饰的盆，与广州西汉前期南越墓Ⅱ型盆中的那种广口平折唇、平底、腹饰水波纹的盆⑥，几乎如出一辙。

釜 城址中大量出土的Ⅰ型釜，形制大体相同于广州西汉前期南越墓中出土最为普遍的Ⅱ型釜⑦，以及南越宫殿遗址中出土的陶釜⑧。它们的共同特点都是盘口、束颈，圜底，腹下部至底饰绳纹等印纹。

熏炉 城址中出土的熏炉为豆形，炉身与炉盖上的镂孔花纹均为三角形等几何图形，盖钮多为鸟形。而广州西汉前期南越墓出土的熏炉⑨也是此种形制。这种熏炉也流行于长沙地区西汉前期的墓葬中⑩，特别是马王堆一号西汉早期墓中的熏炉⑪，桐梓坡汉初至文、景之际墓葬中的Ⅰ式熏炉⑫，均相似于城村汉城遗址中出土的熏炉。此种熏炉的时代特征十分清楚，是战国至西汉前期流行于湘、粤、闽、浙等地区的一种有特色的熏炉。到西

---

① 广州市文物管理委员会等：《广州汉墓》（上），文物出版社，1981年，第121页，图六五:3、4。

② 广州市文物管理处等：《广州秦汉造船工场遗址试掘》，载《文物》1977年第4期。

③ 广西壮族自治区文物工作队：《平乐银山岭战国墓》，载《考古学报》1978年第2期。

④ 广西壮族自治区文物工作队：《广西贺县金钟一号汉墓》，载《考古》1986年第3期。

⑤ 广西壮族自治区文物工作队：《广西贵县罗泊湾一号墓发掘简报》，载《文物》1978年第9期，图一六。

⑥ 广州市文物管理委员会等：《广州汉墓》（上），文物出版社，1981年，第123页，图六六:2。

⑦ 广州市文物管理委员会等：《广州汉墓》（上），文物出版社，1981年，第125页，图六八:2。

⑧ 广州市文物管理处等：《广州秦汉造船工场遗址试掘》，载《文物》1977年第4期。

⑨ 广州市文物管理委员会等：《广州汉墓》（上），文物出版社，1981年，第126页，图六九:2—4。

⑩ 中国科学院考古研究所编著：《长沙发掘报告》，科学出版社，1957年。

⑪ 湖南省博物馆等：《长沙马王堆一号汉墓发掘简报》，文物出版社，1972年。

⑫ 长沙市文物工作队：《长沙西郊桐梓坡汉墓》，图二〇，载《考古学报》1986年第1期。

汉中期后，此种熏炉或嬗变，或造型向博山式炉转变，或被博山炉所取代。

钵　城址中陶钵出土普遍，形制与广西平乐银山岭汉初西瓯墓葬中的Ⅰ式钵①极相似，也与广州象岗西汉南越王墓中出土的钵②相似。

器盖　城址中陶器盖出土普遍。其中除了较明确的熏炉盖以外，其余多是罐、瓿、盒、壶等陶器之盖。当中多为圆饼形盖钮，亦有部分桥形盖钮。它们均与广州西汉前期南越墓葬和遗址中出土的越式器盖③，以及广西地区西汉前期墓中的越式器盖④相同或相似。装饰花纹均以弦纹间夹篦点纹或锯齿形纹等为主，纹样都很细密，时代特征明确。

除上述器形外，城村汉城遗址还出土有较典型的匏壶、提桶（筩）等陶器，也与广州西汉前期南越墓葬中的平底匏壶、提筩等陶器⑤的风格相似。特别是广州象岗西汉南越王墓中的平底陶匏壶⑥，与此城址中的陶匏壶很相似。这些也都是西汉前期流行的典型器物。此外，城址中极富当地色彩的三足陶盘，也与浙西南江山战国墓葬中的三足盘⑦相似。

上述这些类比的陶器均为西汉前期流行器物，有的器形滥觞于东周时期，其中除陶釜的器形在广州西汉中期墓中⑧尚有延续外，其余器形皆于西汉中期绝迹或有明显的嬗变。通过以上陶器标型的分析，可以清楚地看到，城村汉城遗址及其墓葬中出土陶器的时代下限均不超过西汉中期，与文献明确记载的闽越灭国的年代相符合。

---

① 广西壮族自治区文物工作队：《平乐银山岭战国墓》，载《考古学报》1978年第2期。

② 笔者参观南越王墓博物馆时所见。

③ 广州市文物管理委员会等：《广州汉墓》（上），文物出版社，1981年，第112—113页。

④ 广西壮族自治区文物工作队：《广西贺县金钟一号汉墓》，载《考古》1986年第3期。

⑤ 广州市文物管理委员会等：《广州汉墓》（上），文物出版社，1981年，第117页，图六二:1；第120页，图六四:5、6。

⑥ 笔者在广州所见。亦见《西汉南越王墓发掘初步报告》，图版贰:1，载《考古》1984年第3期。

⑦ 江山县文物管理委员会毛兆廷：《浙江省江山县发现战国墓》，图三:7，载《文物》1985年第6期。

⑧ 广州市文物管理委员会等：《广州汉墓》（上），文物出版社，1981年，第220页，图一二六:4。

（二）建筑材料的断代

在城村汉城遗址发掘中，出土遗物最多的是建筑材料。建材中又以板、筒瓦占了绝大多数，其次为瓦当、砖类和陶水管等。陈直在《福建崇安城村汉城遗址时代的推测》一文中，主要就是以板、筒瓦和瓦当等建筑材料作为断代的主要依据。他认为此城址板瓦文字皆印内面（凹面）的作风，是西汉初、中期的特点，而到西汉后期，文字则改印于板瓦外面（凸面）绳纹上，并引许多实例为证。① 笔者认为这个观点是正确的，在秦都咸阳宫殿遗址中出土的板、筒瓦上的印文②，可作典型例证。此外，在辽宁绥中“姜女坟”秦至西汉中期以前的建筑遗址中③，都可找到一致的实证。到西汉后期，瓦上的印文手法已完全改变，板瓦上的文字戳记都印于凸面绳纹处，如出土于汉长安城的汉元帝永光三年（前 41 年）烧制的“永三年”铭文板瓦，汉哀帝的“都建平三年”铭文板瓦，以及王莽时代的“始建国天凤四年保城都司空”一类的瓦材④，都是确证。从迄今所发现的考古材料来看，城址板、筒瓦的印文风格与中原地区自东周至西汉中期以前的情况基本一致。特别明确的是，瓦上的印章文字有许多与陶器上的印文完全相同，是用相同的印章打印的，这也说明了这里的瓦类与陶器的时代相一致。根据多年来对城址内外各建筑遗址钻探和发掘的资料看，城内外各遗址的瓦类在形制作风上皆相同。板瓦、筒瓦外面基本饰以绳纹等印纹，板瓦中偶见饰网状菱形纹者。绝大多数瓦背前部都压印数道至十数道凹弦纹，瓦内面以凸麻点纹为主，其次为素面，少数为菱形网格纹，筒瓦内面偶见布纹者。它们都属战国、秦及西汉中期前流行的瓦材。各地与此城址瓦类完全相同的有：广州东山的南越之瓦⑤，广州秦汉造船工场、广州南越国宫殿遗

① 陈直：《福建崇安城村汉城遗址时代的推测》，载《考古》1961 年第 4 期。

② 秦都咸阳考古工作站：《秦都咸阳第一号宫殿建筑遗址简报》，载《文物》1976 年第 11 期；《秦都咸阳第三号宫殿建筑遗址发掘简报》，载《考古与文物》1980 年第 2 期。陈国英：《秦都咸阳考古工作三十年》，载《考古与文物》1988 年第 5、6 期合刊。

③ 辽宁省文物考古研究所：《辽宁绥中县“姜女坟”秦汉建筑遗址发掘简报》，载《文物》1986 年第 8 期。

④ 王仲殊：《汉代考古学概说》，中华书局，1984 年。

⑤ 曾传轺：《南越朝台残瓦考》，《考古学杂志》1932 年创刊号。

址中的瓦类①，辽宁“姜女坟”一带诸遗址的秦及汉代前期之瓦②，河北满城汉墓中的板瓦③。此外，洛阳中州路出土的东周至西汉前期的瓦类④，秦都咸阳宫殿遗址中的瓦类⑤，也与之相同或类似。东越王城遗址出土的板瓦在制坯时先做成一个大筒，然后用竹刀从里向外四等分切割，割口较浅，待瓦筒半干时敲断成形；筒瓦则做成小筒坯，自外向内一分为二切割，割口不到底，敲断成形。其中不少筒瓦上，还能看到分段间隔切断的痕迹，这是先秦制法的遗风。上述情况都表明，该城址中的瓦类在造型、装饰、印文作风及制法上，所体现出的时代特征相同，其时代不会晚于西汉中期。

再从瓦当方面看，城村汉城遗址出土的瓦当在制作上均与《洛阳中州路》报告中的中原秦及西汉早期瓦当的制法相同，即将瓦当附在圆筒形瓦坯上后，再在其上横、纵切割而成，瓦当背面留有切痕。而后期的做法则截然不同，是将瓦当直接附着在已经切好的筒瓦上，瓦当背面抹平了，不再有切痕及棱角。⑥ 通观该城址出土的瓦当，制法皆为三道工序：先模印当心，再接当边轮，最后安接瓦筒。也有少数瓦当则在制作时采取不加边轮，或以瓦筒边缘作当边轮的手法。这些情况在出土的残当或带筒瓦当实物上，都体现得很清楚⑦，这种瓦当制法是秦代及汉初的作风。陈直在《秦汉瓦当概述》一文中，对此种断代认识也有过精辟的阐述。⑧ 从西汉中期开始，制瓦当手法有所改变，一改早期先做瓦心再做边轮的方式，以及瓦当接上圆形瓦筒再将其分割成一个带筒瓦当和一个筒瓦的工序，简化了制作过程，

① 广州市文物管理处等：《广州秦汉造船工场遗址试掘》，载《文物》1977 年第 4 期。

② 辽宁省文物考古研究所：《辽宁绥中县“姜女坟”秦汉建筑遗址发掘简报》，载《文物》1986 年第 8 期。

③ 中国社科院考古研究所等：《满城汉墓发掘报告》（下），文物出版社，1980 年，图版一五六至一五七。

④ 中国科学院考古研究所编著：《洛阳中州路（西工段）》，科学出版社，1959 年。

⑤ 秦都咸阳考古工作站：《秦都咸阳第一号宫殿建筑遗址简报》，载《文物》1976 年第 11 期；《秦都咸阳第三号宫殿建筑遗址发掘简报》，载《考古与文物》1980 年第 2 期。陈国英：《秦都咸阳考古工作三十年》，载《考古与文物》1988 年第 5、6 期合刊。

⑥ 中国科学院考古研究所编著：《洛阳中州路（西工段）》，科学出版社，1959 年。

⑦ 杨琮：《崇安汉城出土瓦当的研究》，载《文物》1992 年第 8 期。

⑧ 陈直：《秦汉瓦当概述》，载《文物》1963 年第 11 期。

将范成的瓦当与成形的筒瓦直接相接[①]。这种瓦当制法上的断代标准已属定论。由此可见，此城址的瓦当应属于西汉中期之前。另外，在装饰方面，此城址的瓦当图案较富地方色彩，与中原地区的瓦当图案有所差异。仅其中Ⅲ型1式云树纹（过去称云纹箭镞）瓦当[②]，与辽宁绥中县的几处秦代、汉初建筑遗址中的云纹瓦当[③]相似。云树纹瓦当是该城址中出土最普遍的一类，与其风格相同者仅发现于广东地区。如城址出土的Ⅲ型2式云树纹瓦当[④]，与广州秦汉造船工场、广州南越国宫殿遗址中出土的一些云树纹瓦当[⑤]、广东五华狮雄山南越国建筑遗址中的B型瓦当[⑥]基本相同。这也说明了两地瓦当的时代基本一致。而此城址出土的“常乐”“常乐万岁”文字瓦当，在质地和制法等方面都与城址中其他的云纹、云树纹和文字瓦当相同，出土的地层也相同。因此，将其断为王莽时器物的观点[⑦]，现在看来有所失误，它们之间是毫无关联的。容之后的章节详作讨论。

城村汉城内外大型宫室建筑遗址中的回廊、走道，普遍使用的花纹方砖皆为模印的菱形花纹，纹样形式为耳杯形。这种耳杯形菱纹是战国至汉初流行的式样，在陕西临潼秦始皇陵园也出土有这类纹样的花纹砖[⑧]；此外，在秦兵马俑坑的武士俑服饰上以及长沙马王堆一号汉初墓葬出土的丝绸织品上[⑨]，也多见这种纹样。在汉高祖长陵的陵园中也出土有这种纹样的花纹砖[⑩]。可以看出，该城址出土这种花纹砖的样式是受秦及汉初中原文化

① 陕西省考古研究所秦汉研究室：《新编秦汉瓦当图录》，三秦出版社，1986年。

② 杨琮：《崇安汉城出土瓦当的研究》，载《文物》1992年第8期，图三:2、4。

③ 辽宁省文物考古研究所：《辽宁绥中县“姜女坟”秦汉建筑遗址发掘简报》，载《文物》1986年第8期。

④ 杨琮：《崇安汉城出土瓦当的研究》，载《文物》1992年第8期，图五:2、3。

⑤ 广州市文物管理处等：《广州秦汉造船工场遗址试掘》，载《文物》1977年第4期。

⑥ 广东省文物考古研究所等：《广东五华狮雄山汉代建筑遗址》，载《文物》1991年第11期，图一〇:7、8，图一五，图一六。

⑦ 陈直：《福建崇安城村汉城遗址时代的推测》，载《考古》1961年第4期。

⑧ 《秦始皇陵园出土的花纹砖》，载《考古与文物》1980年第3期，图五:1，Ⅴ式一菱形纹券砖。

⑨ 湖南省博物馆等：《长沙马王堆一号汉墓发掘简报》，文物出版社，1972年。

⑩ 石兴邦等：《长陵建制及其有关问题》，载《考古与文物》1984年第2期。

的影响，其年代特征也是西汉前期。

城村汉城遗址中还出土了一些较大的空心砖，砖为长条形，横断面为方形。空心砖长约202厘米，高约30厘米，宽约32厘米，砖的四壁厚约6厘米，作为宫殿建筑的台阶。空心砖正面图案为绶带玉璧纹，间饰菱形几何纹样；顶面以密集的菱形花纹为饰，风格与铺地砖一致；背、底两面为素面或略印绳纹，左右两侧饰玉璧纹。砖的背面有5个间距相当的圆形透气孔。这些空心砖在制作上，系先将坯泥放在框模中打成片，然后几片黏合成型，这种制法是战国晚期至汉初的遗制。在中原地区，空心砖最晚在西汉中期以前，已从分片黏合法改进为用槽形模子制坯的一次成型法。因此，该城址空心砖的时代也是同其他遗物一样，不超过西汉中期。

（三）青铜器的断代

城村汉城遗址中青铜器的出土数量不多，到目前为止共出铜器及残件130多件。其中铜镞又占了很大的比例，其余还有弩机、镜、钟、铎、鼎、坠、环、管、器足、器鋬等残件和鎏金的盖弓帽、伞柄箍、饰物等。它们当中不见西汉中期后始出现的器物，本文仅举其中一些具有较强断代意义的青铜器为例，来比较分析。

镜　仅在城村汉城（东越王城）北岗一号建筑遗址中，出土了3个个体残件。其中有两件为较小的残片，一件则存约六分之一，是蟠螭纹镜。该镜镜体薄，地纹极细密清晰，是汉初流行的形式。其余两件镜残片作风亦相同。

铎　仅出土于北岗一号建筑遗址中。铎体很薄，装饰花纹繁缛：舞部为蟠虺纹，钲上部则饰有勾连云纹、雷纹和三角形的变体蛙头纹组成的纹饰带，这些纹饰图案与三彪镇、琉璃阁战国墓出土青铜器的花纹①相同。在广东地区战国墓出土的青铜器中②，也有与其相同或相似的纹饰。以上都可证明此铎为战国作风的青铜器。

城村汉城遗址中除出土有上两种断代意义重要的青铜器外，其他还有

① 郭宝钧：《山彪镇与琉璃阁》，科学出版社，1959年。

② 广东省博物馆等：《广东罗定出土一批战国青铜器》，载《考古》1983年第1期，图三:2，图四；《广东罗定背夫山战国墓》，载《考古》1986年第3期。

兽面铜器足、铜钟铣部残片等，也都具有东周器的作风，同类风格者亦见于安徽寿县蔡侯墓[①]及河南山彪镇、琉璃阁春秋战国墓葬中。但这类保留东周作风的铜器在城址里是到西汉中期以前仍在使用的器物。黄展岳认为两广地区在南越国时期常保存有较早的中原青铜器的论断[②]，笔者认为也符合福建（闽越国）地区的情况。

盖弓帽　城址中先后出土了一批形制基本相同的鎏金铜盖弓帽。它们也是西汉前期已流行的器物。如广州西汉前期南越墓葬中，出土有与其形制完全相同的鎏金铜盖弓帽[③]。另外，四川涪陵西汉初期墓中的铜盖弓帽[④]、山东淄博西汉初齐王墓随葬器物坑出土的Ⅱ式铜盖弓帽（原报告中称帽形饰）[⑤]、河北满城一号汉墓中的Ⅱ型2式盖弓帽[⑥]等，皆与之相同。

鼎　城址中仅出土1件残铜鼎。鼎身为釜形，特点是盘形口，扁圆腹，器壁很薄，是典型的越式铜鼎。这类铜鼎，在两广地区战国及西汉前期南越墓中是常见的器物。比较典型的例证如广东罗定背夫山战国墓、广州西汉前期墓、象岗南越王墓、广西贵县罗泊湾一号汉墓等，均出土有此种形制的铜鼎。

此外，武夷山城村汉城（东越王城）遗址中常见的铁铤铜镞，在战国时期亦已出现，西汉前期在各地都有使用。东越王城遗址中出土的其他零星残铜器无一不是西汉前期习见之物，甚至弩机铜郭的器形，不仅见于广州西汉前期南越墓葬中[⑦]，在其他地区西汉早、中期墓葬中也多见相同或相近物。有的学者认为城址中出土的河内工官铭文弩机是西汉后期、王莽时

---

① 安徽省文物管理委员会等：《寿县蔡侯墓出土遗物》，科学出版社，1956年。

② 黄展岳：《论两广出土的先秦青铜器》，载《考古学报》1986年第4期。

③ 广州市文物管理委员会等：《广州汉墓》（上），文物出版社，1981年，第146页，图八六：2、4、8。

④ 四川省文物管理委员会等：《四川涪陵西汉土坑墓发掘简报》，载《考古》1984年第4期。

⑤ 山东淄博市博物馆：《西汉齐王墓随葬器物坑》，载《考古学报》1985年第2期。

⑥ 中国社会科学院考古研究所等：《满城汉墓发掘报告》（上），文物出版社，1980年，第195页，图一三二：2。

⑦ 广州市文物管理委员会等：《广州汉墓》（上），文物出版社，1981年，第145页，图八五：1。

代的器物[①]，亦有所误。本节将其与常乐文字瓦当一并在后面的章节论及。

值得强调的是，在对东越王城遗址的大面积发掘中，至今未见汉代铜钱出土，说明这里当时可能是不使用中原钱币的，这也符合闽越国时代的历史。如果城村汉城遗址使用至西汉后期及王莽时期，这种无一枚钱币的情况是不可能发生的。

（四）铁器的断代

对城村汉城遗址时代持西汉后期说的学者，其重要的依据之一，就是城址中出土铁器的情况很普遍。他们认为西汉前期是不可能产生这种情况的，怀疑闽越国能否具备如此之高的社会生产力，并举出了1959年城址试掘出土和采集的几种能代表较高生产力水平的铁器，如铁镞、铁犁铧、铁锯、铁链条、铁齿轮及铁刀等，认为它们都是属于西汉后期乃至东汉时期之物，从而得出该城址时代应为西汉后期并延至东汉时期的结论。[②] 但通过近年来该城址考古工作的进展，特别是现在已把地层关系弄清楚后[③]，这种观点就需要改正了[④]。的确，城村汉城遗址不仅在1959年的试掘中出土了很多铁器，在近年来的发掘中亦出土了大批铁器，可以说城址在毁废以前，使用铁器的情况很普遍。笔者认为，并非城村汉城遗址中曾出现了其他地区未发现的铁器，甚至有的器形在全国属首次发现，就说明其时代较晚，这种观点是不正确的。众所周知，在考古工作中，任何地方都可能偶然地首次发现以往未曾发现的新材料，从而填补以往的空白点或纠正以前认识的不足。铁器作为判断遗址年代的参考物，在准确性方面远不如陶器，也逊于铜器等。因此在断代时，首先要考虑遗址地层关系及与之共存的陶器，

① 陈直：《福建崇安城村汉城遗址时代的推测》，载《考古》1961年第4期。张其海等：《福建崇安汉城遗址出土的文字符号》，载《考古与文物》1988年第4期。

② 蒋炳钊：《关于福建崇安汉城的性质和时代的探讨》，载《厦门大学学报》（社会科学版）1978年第2、3期合刊。

③ 福建省博物馆、厦门大学人类学系考古专业：《崇安汉城北岗一号建筑遗址》，载《考古学报》1990年第3期；《崇安汉城北岗二号建筑遗址》，载《文物》1992年第8期。

④ 蒋炳钊已改变了过去的部分看法，认为此城址年代上限可早到西汉前期，甚至更早些。参见蒋炳钊：《再论福建崇安古城的时代和性质》，见《福建历史文化与博物馆学研究》，福建教育出版社，1993年，第97—106页。

上文已解决了这两个首要问题。以下接着分析讨论铁器。

城村汉城遗址出土的主要是生产工具类和兵器类铁器，其他还有一些生活用具和构件、杂器等，其中还有不少难辨器形的残件。铁工具主要有锸、锄（镢）、犁铧、镰、五齿耙、斧、凿、锤、削、锯等；兵器主要有剑、矛、刀、镞、钺、匕首及残甲片；其余的生活用具、构件、杂器等还有三足支架、釜片、器耳、铺首、圈、环、钩、链条及一些不知用途的残器。[①] 在这些可辨器形的铁器中，大部分器形在中原地区也是常见的，是战国至秦汉时期逐渐流行的器物，这里就不一一赘述，具体内容详见本书第十一章。此处仅就几种被人误定为西汉后期的铁器：镞、犁铧、锯、链条、齿轮和刀等进行分析讨论。

铁镞　城村汉城遗址中出土量较少（城址中绝大部分箭镞是铁铤铜镞，也发现个别石箭镞）。这种铁制箭镞早在战国晚期就已出现，如在战国燕下都遗址中就有类似的铁镞出土[②]；在广西贵县罗泊湾一号西汉前期墓中，也出土了3件铁镞[③]；西汉前期在中原地区更不鲜见，如河北满城汉墓[④]等，都出土过一定数量的铁镞。

铁犁铧　1959年城村汉城遗址发掘时曾发现1件[⑤]。铁犁在战国、秦及西汉中期以前，出土数量虽不多，但各地时有发现，特别是河北满城汉墓中出土的1件铁犁[⑥]，与城址中出土的这件铁犁形制基本相同。

铁锯　1959年城址出土1件残铁锯[⑦]。这种铁锯早在东周至秦代的陕西凤

---

① 详细器类参见本书第十一章以及《武夷山闽越国故城出土铁器的初步研究》，见《福建历史文化与博物馆学研究》，福建教育出版社，1993年，第116—135页。

② 河北省文化局文物工作队：《燕下都第22号遗址发掘报告》，载《考古》1965年第11期。

③ 广西壮族自治区文物工作队：《广西贵县罗泊湾一号墓发掘简报》，载《文物》1978年第9期，图一六。

④ 中国社会科学院考古研究所等：《满城汉墓发掘报告》（上），文物出版社，1980年，第109—110页。

⑤ 福建省文物管理委员会：《福建崇安城村汉城遗址试掘》，载《考古》1960年第10期。

⑥ 中国社会科学院考古研究所等：《满城汉墓发掘报告》（上），文物出版社，1980年，第279页；第281页，图一八八：1。

⑦ 福建省文物管理委员会：《福建崇安城村汉城遗址试掘》，载《考古》1960年第10期。

翔秦人墓葬中[①]就已有出土；另外，在四川涪陵西汉初年墓葬中也有出土[②]；河北满城一号汉墓中亦出有3件铁锯[③]。因此，认为铁锯是西汉晚期始有的看法，根据考古的发现应予以纠正。

铁链条　1959年试掘此城址时出土了1件[④]，近年的发掘中又出土1件链条相同的镣铐[⑤]。这类铁链及镣铐在战国、秦代即有，如战国时期的燕下都遗址，即先后出有铁脚镣及系链。1965年出土的铁脚镣，由一对铁镣环和5个铁系链组成，通长73.5厘米，每节系链长10—11厘米。1967年又出土一副脚镣，其系链由6节连成[⑥]。另外在陕西临潼的秦代石料加工场遗址出土的铁桎，也是这类用系链扣连之物[⑦]。这些实物资料足证铁链并非西汉后期才产生。

铁齿轮　仅1959年遗址复查时在地面采集到1件[⑧]。如将其作为断代的参考物，尚缺乏地层根据。当然，我们并不排除它可能是遗址中被扰乱的器物。既然在西安、衡阳、永济等地出土过秦汉时代的铜齿轮[⑨]，在陕西的礼泉、岐山、兰田、长武、华阴、永寿等县，先后出土了6批汉代（有的是西汉时期）的铁齿轮[⑩]。那么又何以孤立地断定该城址中所采集的，一定是西汉后期或东汉之物呢？

对城村汉城所处时代持西汉后期说者，他们还根据广东地区西汉中期以前只出铁剑、不出铁刀的情况，认为城址中仅出2件铁刀，不出铁剑，时代

① 雍城考古工作队：《陕西凤翔高庄秦墓地发掘简报》，载《考古与文物》1981年第1期。
② 四川省文物管理委员会等：《四川涪陵西汉土坑墓发掘简报》，载《考古》1984年第4期。
③ 中国社会科学院考古研究所等：《满城汉墓发掘报告》（上），文物出版社，1980年，第113页；第107页，图七二:4。
④ 福建省文物管理委员会：《福建崇安城村汉城遗址试掘》，载《考古》1960年第10期。
⑤ 详细器类参见本书第十一章以及拙作：《武夷山闽越国故城出土铁器的初步研究》，见《福建历史文化与博物馆学研究》，福建教育出版社，1993年，第116—135页。
⑥ 佚名：《燕下都遗址出土奴隶铁颈锁和脚镣》，载《文物》1975年第6期。
⑦ 秦俑坑考古队：《临潼郑庄秦石料加工场遗址调查简报》，载《考古与文物》1981年第1期。
⑧ 福建省文物管理委员会：《福建崇安城村汉城遗址试掘》，载《考古》1960年第10期。
⑨ 1975年西安文物调展的展品。
⑩ 王翰章：《陕西出土的几批汉齿轮及有关问题》，载《人文杂志》1980年第3期。

应较晚。① 而笔者在阅读该遗址的考古简报时发现，当时也同时出土了铁剑，只是在发掘报告中将“剑”字误排成“矛”字②，从而造成认识的误区。

在20世纪80年代以来的发掘中，遗址中又出土了一些铁剑和铁刀，而在城村汉城北岗一号遗址中，仅出铁剑，从总体比例上看是剑多于刀。但这里所出土的铁刀，器形都不大，与河北满城一号汉墓中的环首大刀③还有差距。这类铁刀在战国及西汉前期并非鲜见之物。在河北易县燕下都44号墓中就已有出土④。在河南新郑韩国故城的冶铁遗址及登封告城遗址（韩阳城）中，也都发现有铁刀的陶范⑤。在四川巴县冬笋坝秦及汉初的墓葬中，也出有一件长49厘米、与此城址铁刀造型相同的铁刀⑥。此外，在陕西临潼秦刑徒墓⑦、湖南衡阳凤凰山西汉前期墓中⑧，均出有铁刀。因此，笔者认为仅以城址中出有铁刀而判定其为西汉晚期的看法，也难以成立。

曾经将此城址时代推定为西汉后期至东汉的学者，通过20世纪80年代以来城址新发现的资料及进一步研究，改变了以往的一些观点，同意该城址可追溯至西汉前期，但仍然对闽越国是否已大量拥有铁器，能否有如此之高的社会经济发展水平持怀疑态度⑨。但我们应当考虑到，闽越国王及国

① 蒋炳钊：《关于福建崇安汉城的性质和时代的探讨》，载《厦门大学学报》（社会科学版），1978年第2、3期合刊。

② 在《考古》1960年第10期上的《福建崇安城村汉城遗址试掘》报告中，将“剑”字重复排成“矛”字，实误。在油印本报告上有“剑”字。

③ 中国社会科学院考古研究所等：《满城汉墓发掘报告》（上），文物出版社，1980年，第105页，图七一。

④ 刘世枢：《河北易县燕下都44号墓发掘报告》，载《考古》1975年第4期。

⑤ 刘东亚：《河南新郑仓城发现战国铸铁器泥范》，载《考古》1962年第3期。中国历史博物馆考古调查组：《河南登封阳城遗址的调查与铸铁遗址的发掘》，载《文物》1977年第12期。

⑥ 王家祐、李世芸、赖有德：《四川巴县冬笋坝战国和汉墓清理简报》，载《考古通讯》1958年第1期。

⑦ 始皇陵秦俑坑考古发掘队：《秦始皇陵西侧赵背户村秦刑徒墓》，载《文物》1982年第3期。

⑧ 高至喜：《长沙、衡阳西汉墓中发现的铁“半两”钱》，载《文物》1963年第11期。

⑨ 蒋炳钊：《再论福建崇安古城的时代和性质》，见《福建历史文化与博物馆学研究》，福建教育出版社，1993年，第97—106页。

内部分臣民是越王句践及越国臣民的后裔，早在春秋时代，吴、越国的冶铁技术早已闻名天下，《越绝书》记载楚王曾以重宝聘请吴人干将和越人欧冶子铸制铁剑，到了西汉时期闽越国人继承先祖制铁传统应是顺理成章的事情。

此外，21 世纪初，陈建立选择了城址出土的 3 件铁器残片在北京大学进行碳-14 年代测定，3 个测年数据分别是 2150±45 年、2240±30 年、2180±40 年①，测年基本在闽越国存续时期。

四、建筑及墓葬形式的断代

（一）建筑方面

城村汉城在建筑及其布局方面明显是效仿中原秦汉之制，但其中找不出西汉后期始出现的建筑方式和手法。这与出土的建筑材料均为西汉中期以前的器物情况相符。例如此城址东门门道宽约 5 米，城门两侧的门墩长 13 米多，门内两侧的台基宽 4 米多。这些遗迹，正是城门阙楼基础的形制。而秦都栎阳城的南门也是相类的形式，其门道宽 5. 5 米，门道两侧有夯土台与城墙相连，当是城门阙楼所在。右侧（西边）保存完整的土台长 13 米、宽 4 米②。栎阳城为战国中期的秦都，西汉初为汉王朝临时国都。城村汉城仿秦汉制度由此可见一斑。特别是此城址中高胡坪甲组宫殿建筑群中的回廊、散水、天井等的筑法，与秦都咸阳宫殿遗址中的廊道、散水、天井等③，以及汉长安城未央宫遗址的廊道、散水等④，如出一辙。而其他的建筑形制，两地也有许多相似处，并且建筑材料也有许多共同的风格。

---

① 陈建立、杨琮、张焕新、林繁德：《福建武夷山城村汉城出土铁器的金相实验研究》，载《文物》2008 年第 3 期，表三。

② 中国社科院考古所栎阳发掘队：《秦汉栎阳城遗址的勘探和试掘》，载《考古学报》1985 年第 3 期。石兴邦：《秦代都城和陵墓的建制及其相关的历史意义》，见《秦文化论丛》（第一集），西北大学出版社，1993 年，第 98—130 页。

③ 秦都咸阳考古工作站：《秦都咸阳第一号宫殿建筑遗址简报》，载《文物》1976 年第 11 期；《秦都咸阳第三号宫殿建筑遗址发掘简报》，载《考古与文物》1980 年第 2 期。陈国英：《秦都咸阳考古工作三十年》，载《考古与文物》1988 年第 5、6 期合刊。

④ 中国社会科学院考古研究所汉城工作队：《汉长安城未央宫第三号建筑遗址发掘简报》，载《考古》1989 年第 1 期。

但城村汉城在建筑技术等方面，多见保留先秦时期的地方特点。例如将宫殿及房屋居址选建于高岗丘阜之上；于居住面、台壁面等处用火烧烤以防潮湿等，都是福建地区商周时代的闽越遗址中流行的作风，如在福清东张遗址中层发掘清理出的房基地面也是用火焙烧过的①。此外，在宫室建筑中深栽柱、架干栏、铺地板等方式，都具有浓厚的地方特色。关于此城址建筑技术方面的一些地方特点，将在本章的后半部分详述。

（二）墓葬方面

至今为止，与武夷山城村汉城（东越王城）遗址有关的墓葬，已发现多处墓葬区、近百座较大的墓葬。20 世纪 80 年代在城南福林岗发掘一座，城东北渡头村发现 3 座。均为竖穴土坑墓，出土的陶器有瓿、罐、钵、匏壶。福林岗一号墓较完整清楚，为长方形墓圹，长 3.16 米、宽 1.2 米，上部遭破坏，残深 0.4 米，系当时较小型的墓葬。墓底铺设一层卵石，中部有一道明确的枕木槽痕，两边的两道遗迹已不明确，说明当时应有棺，但已朽。这种在墓底铺河卵石防潮的手法，在两广及浙南战国至西汉前期的越人墓中常见。广州西汉前期的Ⅱ型 2 式（中小型）墓即这种形式。广州西汉中期后，此种形制的墓已绝迹②。另外，在广东广宁铜鼓岗③、浙江江山④及广西平乐银山岭⑤等地的战国至汉初墓中，都可见相同的情况。这种形制大都止于西汉中期以前，仅银山岭西汉后期的一些墓葬，虽有延续铺河卵石的手法，但在墓葬形制上已产生了较大的嬗变。⑥ 因此，这种铺河卵石的竖穴土坑墓仍可说是西汉前期百越葬制的一个特点。再者，福林岗、渡头村墓葬的随葬陶器，与城址中出土的同类实用器相同，明确为西汉前期之物。

---

① 福建省文物管理委员会：《福建福清东张新石器时代遗址发掘报告》，载《考古》1965 年第 2 期。

② 广州市文物管理委员会等：《广州汉墓》，文物出版社，1981 年。

③ 广东省博物馆：《广东广宁县铜鼓岗战国墓》，见《考古学集刊》第 1 期，中国社会科学出版社，1981 年。

④ 江山县文物管理委员会：《浙江省江山县发现战国墓》，载《文物》1985 年第 6 期，图三:7。

⑤ 广西壮族自治区文物工作队：《平乐银山岭战国墓》，载《考古学报》1978 年第 2 期。

⑥ 广西壮族自治区文物工作队：《平乐银山岭汉墓》，载《考古学报》1978 年第 4 期。

从20世纪90年代末至21世纪初，先后调查发现了多处墓葬区，发掘了大小不同的9座墓葬，均为有封土、平面“甲”字形的墓葬，年代均为西汉中期以前①，这也说明墓葬与城址的年代一致。

五、放射性碳素测定的年代

武夷山城村汉城（东越王城）遗址中出土的一些木柱炭屑标本，20世纪80年代早期曾送北京大学及国家文物局文物保护科学技术研究所等单位，做了碳-14年代测定，得出的几个数据是：2620±125年，2415±80年，2355±70年。② 测定的年代数据比上述考古断代稍早，最后一个测定数据则大体与城址遗物所断年代接近。一般来说，木柱炭屑的碳-14年代测定应该略偏早。

21世纪初，我们选择了3件铁器残片送至北京大学进行碳-14年代测定，结果显示出碳-14年代集中在公元前3世纪至公元前2世纪，即战国晚期至西汉早期。而根据铁器碳-14测年结果，其年代数据一般较铁器本身的年代要早，所以这3件样品的年代以定在西汉早期为宜。综合城村汉城出土铁器的碳-14年代测定及考古学研究结果，该遗址的年代与文献记载的闽越国存在的年代相合。③

2016年，东越王城北城门遗址进行第二次发掘时④，厦门大学师生在

---

① 福建闽越王城博物馆：《武夷山市城村亭子后西汉闽越国墓葬发掘简报》，载《福建文博》2011年第1期。福建博物院汉城考古工作队：《武夷山市城村牛栏后闽越国墓葬发掘简报》，载《福建文博》2013年第2期。福建闽越王城博物馆：《武夷山市城村斧头山一号墓发掘简报》，载《福建文博》2011年第1期;《武夷山城村牛山汉墓发掘简报》，载《福建文博》2018年第1期；《福建武夷山市新亭园闽越国土墩墓》，载《南方文物》2017年第1期。

② 福建博物院、福建闽越王城博物馆编：《武夷山城村汉城遗址发掘报告1980—1996》，福建人民出版社，2004年，第374—375页。

③ 陈建立、杨琮、张焕新、林繁德：《福建武夷山城村汉城出土铁器的金相实验研究》，载《文物》2008年第3期。引文原文92页中“公元前4—前2世纪”有误，应为公元前3至前2世纪。

④ 东越王城北城门遗址于1998年为申报世界文化遗产，进行了第一次考古发掘。这次考古发掘，只发掘到城毁时的倒塌堆积状态，以便于联合国教科文组织世界遗产考察专家进行现场考察。

北城门遗址浮选所获的炭化物中，发现一定数量的炭化稻米遗存。稻是一年生的农作物，其种子是理想的碳-14 测年材料。于是将发现于 WCB006 号样本中的一粒炭化稻米用铝箔包裹寄给美国贝塔（BETA）实验室进行碳-14 年代测定。该样本来自门道南部台阶附近，其上叠压着烧毁的门卫房屋顶竹篾编织物，应该能够比较好地代表城门废弃的年代。此外，其上的炭化竹篾残片也进行了取样和碳-14 测年。炭化稻米的测年数据是 2160±30 年，炭化竹篾的测年数据是 2140±30 年。① 测年数据证明了城毁时间与《史记·东越列传》记录的西汉元封元年（前 110 年）大体一致。

六、城址“常乐万岁”瓦当和“河内工官”弩机的年代问题

陈直在《福建崇安城村汉城遗址时代的推测》一文中，认为该城址出土的“常乐万岁”文字瓦当应是王莽时代的产品。他的主要根据是《汉书·王莽传》中，王莽改制时改“长安”为“常安”，改“长乐宫”为“常乐室”，因而认为当时无不改“长”为“常”。他还举出几条旁证：一见南西伯利亚巴坎城附近所出的“天子千秋万岁，常乐未央”瓦当，二见于地皇二年（21 年）常乐卫士饭帻（见《簠斋吉金录》），三见于始建国元年（9 年）常乐大官漆盘（见《汉代漆器纪年铭文图说》图版四十），四见于西安好汉庙出土王莽各钱范伴出之“常乐”圆石刻字（现存西北大学文物陈列室）。此外，又举居延汉简中将乐字皆写为“丵”为证，认为该城址瓦当上的乐字也写作“丵”，应为西汉晚期的作风。②

首先，陈直将此城址瓦当上的“乐”字认为写成“丵”，系误。在原报告中，虽有“常乐万岁”文字瓦当的记述，但附图上仅见三块残字：一块“常”、二块“未”（是另一种“乐未央”瓦当上的文字）③。其中一“未”（[illegible]）字残损不清，因而陈直以为其即“乐”字，于是出现了这种误差。迄

① 葛威等：《福建武夷山市城村汉城植物考古及年代学新资料》，载《南方文物》2020 年第 6 期。

② 陈直：《福建崇安城村汉城遗址时代的推测》，载《考古》1961 年第 4 期。

③ 福建省文物管理委员会：《福建崇安城村汉城遗址试掘》，载《考古》1960 年第 10 期，图一三。

今为止，凡该城址所出土的“常乐万岁”“乐未央”“常乐”等瓦当文字和印在板瓦上的“乐”字瓦文，“乐”均写作篆书“樂”“樂”“樂”“樂”和“樂”等字形，绝无“[illegible]”的写法。①因此，居延汉简之证可以完全排除。

其次，关于在叶尼塞河流域的阿巴坎城南发现的中国式房屋遗址，出土有铭文为“天子千秋万岁，常乐未央”的瓦当，当时苏联考古学家们根据其他中原及匈奴式样的出土遗物，认为按文献记载考察，该遗址应是被俘降匈奴的汉将李陵的宫殿，因为李陵曾任匈奴叶尼塞地区的地方管辖者②。而周连宽仅根据“常乐未央”铭这一孤证，就认为该遗址是王莽时王昭君之女——匈奴公主之邸③。但是，史载王莽改制时，因匈奴不满其政策，于是抵制新朝，以致匈、汉战端再起④，在这种情况下，匈奴何以在其漠北后廷效仿莽制，敬奉王莽至此呢？这显然是说不通的。因此，这个例证也可排除。

陈直所举王莽纪年铭的饭帻和漆盘，确属常乐室之物⑤。看来它们与西安出土的“常乐”石刻及“常安鹿氏”瓦，都和王莽改“长乐宫”为“常乐室”、“长安”为“常安”有关。但从《汉书·王莽传》的记载来看，王莽改制时仅改“长安”为“常安”、“长乐宫”为“常乐室”，而并非凡“长”皆改“常”。如王莽后来将长安的“霸桥”改为“长存桥”，将“霸馆”改为“长存馆”⑥，即可为证。此外，在长安城南郊发掘的王莽时建造的礼制建筑九庙遗址中⑦，仅出土了“四神”瓦当和“云纹”瓦当，未见“常乐”文字瓦当。因此，闽越地区的“常乐”瓦当更没有必要与王莽改制相联系。

从考古发现的资料看，汉代“长”与“常”相通。早在王莽之前，以

① 杨琮：《崇安汉城出土瓦当的研究》，载《文物》1992年第8期。

② ［苏］蒙盖特：《苏联考古学》，中国科学院考古研究所资料室译，1963年。

③ 周连宽：《苏联南西伯利亚所发现的中国式宫殿遗址》，载《考古学报》1956年第4期。

④ 《汉书》卷九十四《匈奴传》。

⑤ 王仲殊：《汉代考古学概说》，中华书局，1984年。

⑥ 《汉书》卷九十九《王莽传》。

⑦ 黄展岳：《汉长安城南郊礼制建筑遗址群发掘简报》，载《考古》1960年第7期；《关于王莽九庙的问题——汉长安城南郊一组建筑遗址的定名》，载《考古》1989年第3期。

“常”代“长”的例子已不鲜见。例如广州西汉前期南越墓葬出土的陶器上，有不少都印或刻有“常御”“常御第十三”“常御第廿”“常御三斗”等铭文①。由于广州西汉前期南越墓中出土的其他陶文如“居室”“长秋居室”“食官”等，皆见于《汉书·百官公卿表》中，所以陈直也认为广州南越国陶器上的“常御”与汉廷的“长御”相通②。同时，在广州西汉前期南越墓葬出土的铜器铭文中，亦见以“常”代“长”的情况。如南越墓葬出土的两面Ⅷ型蟠螭纹铭文镜中，一面铭文为“常相思，毋相忘，常贵富，乐未央”。而汉代多见“长相思”和“长贵富”等辞，两者是同义的；另一面镜铭为“常与君，相灌幸，毋相忘，莫远望”③ 等；皆用“常”代“长”。另外，在日本学者梅原末治编著的《汉以前古镜的研究》一书所收录的铜镜中，刻有“常乐未央”铭文的蟠螭纹镜者，亦有几例④。只是从现今的考古知识来看，其中的许多蟠螭纹铭文镜都是西汉早期之物。近年，在陕西眉县常兴发掘的西汉早期（文、景时期）墓中出土的窄缘铜镜上，就有“常毋相忘，常乐未央”铭文⑤。以上这些实例即能证明，西汉前期“常乐”这种吉语文字已经流行。《汉书·淮南王传》记录文帝令其舅薄昭予淮南厉王书中，亦有“上下得宜，海内常安”之句。对比当时“海内长安”的惯用语，显见也是以“常”代“长”。特别是《史记·卫将军骠骑列传》中，记载了汉武帝封赏元狩二年（前121年）降汉的匈奴贵族，其中即封匈奴“大当户铜离为常乐侯”，对此，《汉书·卫青霍去病传》和《汉书·功臣表》中皆有相同的记载⑥。这些都足以证明“常乐”一词在西汉早、中期已普遍使用。因此，谓“常乐”之语为王莽改制所创的看法实误。

---

① 广州市文物管理委员会等：《广州汉墓》（上），文物出版社，1981年，第92页。

② 陈直：《广州汉墓群西汉早期陶器文字汇考》，载《学术研究》1964年第2期。

③ 广州市文物管理委员会等：《广州汉墓》（上），文物出版社，1981年，第152页，图九一:7；第153页，图九二:1。

④ ［日］梅原末治：《漢以前の古镜の研究》，东方文化学院京都研究所，1935年。

⑤ 陕西省考古研究所宝鸡工作站等：《陕西眉县常兴汉墓发掘报告》，载《文博》1989年第1期。

⑥ 《汉书》中记其名稠雕，与《史记》记名有异。《汉书·功臣表》记受封年月为元狩三年七月壬午。

再者，该城址中的“常乐”“常乐万岁”瓦当，在大小及制作上均与其他的云树纹瓦当相同，如出一人之手。它们均为先制瓦心，再加边轮，后安瓦筒的西汉早期制法，与西汉晚期简化手续的瓦当制作方式有所差异。在地层方面，也与其他可确定为西汉前期的标型器共处于相同层位。因此，可以明确无误地将该城址中出土的瓦当断定为西汉前期的瓦当①。它们的下限都不超过汉武帝元封元年（前 110 年），而早于王莽改制一个多世纪。

关于河内工官弩机的问题。陈直在推断“常乐万岁”瓦当时代的同时，亦推测城址中出土的“河内工官”铭文弩机零件，是西汉后期之物。他的依据是：“《簠斋吉金录》弩机类第十四，有河内工官弩机，第十五、第十六，有河内工官弩机零件，字细如蚊脚，文为凿刻，与本弩机形式完全相同。现传世弩机多为东汉纪年，与王莽时代比较连接，此物亦当为西汉后期之物，与常乐富贵瓦当有密切关系。”② 笔者认为此推测失误，应重新考虑。

我们可以看到，该城址在 1959 年以及 20 世纪 80 年代以来的一系列发掘中，均出土有“河内工官”铭文的弩机零件，在北岗一号建筑遗址中出土一件弩机铜郭，也刻着“河内工官”铭文。但这些弩机均与西汉前期的陶器等物，共出于同一地层中，所以绝不可能是西汉后期器物。陈文所引《簠斋吉金录》中收录的“河内工官”铭文弩机，确与此城址铭文弩机相一致。但该书仅说明是汉器，并未考证出其为两汉中何时之物。其实，见于著录的“河内工官”铭文弩机为数不少。除《簠斋吉金录》外，其他还有《小校经阁金文拓本》《梦郼草堂吉金图》《汉金文录》《贞松堂集古遗文》等，也都收录了不少“河内工官”铭文弩机的资料。但这些著录，或以为是汉器，或以为是六朝器，有的则定为魏器，比较混乱，因而均不能引为该器断代的根据。并且，笔者以为将“河内工官”铭文弩机，与东汉的纪年铭文弩机混为一谈是很不妥当的，两者在铭文内容、表现方式及风格上有很大的差别。此城址出土的弩机仅刻制造该器的工官名及号序数字、编号等，刻铭十分简单，字体细小草率；而东汉纪年铭弩机，则详记皇帝

① 杨琮：《崇安汉城出土瓦当的研究》，载《文物》1992 年第 8 期。
② 陈直：《福建崇安城村汉城遗址时代的推测》，载《考古》1961 年第 4 期。陈直在该文中将崇安汉城出土的“常乐万岁”瓦当误记为“常乐富贵”瓦当。

年号、制造官署、监造官吏、匠师姓名、制造年月及弩的强度等，字数较多，字体粗大规整，排列有序。举东汉早期的铭文弩机为例，如河北定县北庄东汉墓出土铜弩机的铭文为：“建武卅二年二月，虎贲官治十涞铜濡[illegible]鐖百一十枚。工李严造，郭郎内，彤朱，掾主，右史侍郎刘伯录。”①河南灵宝张湾四号墓出土的弩机铭文为：“永元六年考工所造八石鐖。郭工吴孟作，造工王山，大仆监右工掾闓，令伦，丞诗，掾（岩），史旦主。”②

从考古新发现的资料来看，弩机刻铭并非始于西汉后期，早在秦代，弩机上已有刻铭的实例。如陕西宝鸡出土的秦代铜弩机的悬刀、望山，正面刻有“丞广”二字③，此时的刻铭，字体多草率、纤细。这种刻字作风，在战国铜器上也常见。此外，山东巨野红土山西汉墓中出土的弩机，亦多有刻铭④，其刻文作风与该城址弩机近似。尤其是河北满城一号汉墓中出土的一批弩机，它们的各部件往往刻有铭文⑤，其刻铭作风与手法，也与该城址的弩机大体相同。这些都可证实弩机刻铭的作风早在西汉中期以前即已流行，该城址中刻铭弩机的时代应与它们相同或相近。而这些“河内工官”弩机铭文之末，皆见“甲”“丙”“丁”等字的表现，亦与满城一号汉墓出土的铜帐构件上的刻铭⑥相同。

关于工官何时设置的问题。王仲殊在《汉代考古学概说》一书中，就已指出工官在西汉前期及武帝时已设。凡是对汉代工官有所研究的人，多

---

① 河北省文化局文物工作队：《河北定县北庄汉墓发掘报告》，载《考古学报》1964 年第 2 期。

② 河南省博物馆：《灵宝张湾汉墓》，载《文物》1975 年第 11 期。

③ 王红武、吴大焱：《陕西宝鸡凤阁岭公社出土一批秦代文物》，载《文物》1980 年第 9 期。

④ 山东省菏泽地区汉墓发掘小组：《巨野红土山西汉墓》，载《考古学报》1983 年第 4 期。

⑤ 中国社会科学院考古研究所等：《满城汉墓发掘报告》（上），文物出版社，1980 年，第 84 页；第 87 页，图五八。

⑥ 中国社会科学院考古研究所等：《满城汉墓发掘报告》（上），文物出版社，1980 年，第 172 页，图一二〇。

持工官在西汉前期已设的看法①。从历史文献上看，《史记·周勃世家》记有："条侯（周亚夫）子为父买工官尚方甲五百被可以葬者。"方诗铭据此文并结合《汉书·景帝纪》考证，最迟在汉景帝后元元年（前143年），郡国地方已有"工官"的设置②。以上几位学者的看法都是很中肯的。1981年在汉武帝茂陵东侧一号无名冢从葬坑中，出土一件"阳信家"铜鼎，鼎盖铭文为"阳信家二斗鼎，盖，并重十四斤四两，四年二月，工官得指造，第十二，函池"③。"阳信家"即阳信公主之家，阳信公主为汉景帝长女，死于汉武帝初期，此器应为景帝时的器物。而文献提到工官的还有《史记·平准书》中的两处：一为"其明年（元鼎五年），南越反……边兵不足，乃发武库、工官兵器以赡之"；二为"其明年，元封元年……召工官治车诸器，皆仰给大农"。又有《西汉会要》卷五十七："工官虽在外郡，而所作器械实输京师。故武帝边兵不足，乃发武库、工官兵以赡之也。"这些记载虽未指明"河内工官"，但可作为工官在西汉前期已设置的证明，特别是发工官兵器以赡边的记载。从目前的材料看，河内工官为主制造兵器当无疑问。在福建、广西、云南等汉朝边地的遗址或墓葬中④，都发现了河内工官铭文的弩机便是实证，这也与上述文献记录的情况相合。

近年在汉长安城未央宫第三号建筑遗址中，发掘出土了数以万计的刻铭骨签。骨签文字是各地工官向中央政府"供进之器"的记录。其中除了有年号的纪年铭文骨签外，还有一种无年号的纪年铭骨签，如"三年……"

① 俞伟超、李家浩：《马王堆一号汉墓出土漆器制地诸问题——从成都市府作坊到蜀郡工官作坊的历史变化》，载《考古》1975年第6期。方诗铭：《从出土文物看汉代"工官"的一些问题》，见《上海博物馆集刊》，上海古籍出版社，1983年。李光军：《两广出土西汉器物铭文官名考》，载《文博》1987年第3期。王仲殊著：《汉代考古学概说》，中华书局，1983年。

② 方诗铭：《从出土文物看汉代"工官"的一些问题》，见《上海博物馆集刊》，上海古籍出版社，1983年。

③ 咸阳地区文物管理委员会等：《陕西茂陵一号无名冢一号从葬坑的发掘》，载《文物》1982年第9期。

④ 广西壮族自治区文物管理委员会编：《广西出土文物》，文物出版社，1978年。内有1955年贵县淀粉厂出土的"河内工官"弩机。云南省博物馆：《云南江川李家山古墓群发掘报告》，载《考古学报》1975年第2期。其中也出土了"河内工官"弩机。

“五年……”“六年……”等。它们都应属汉武帝以前的西汉皇帝纪年①。这些新的出土资料，也是工官于汉武帝之前已设置的物证。

有的学者认为：“根据《汉书·地理志》记载的‘河内郡治县十八，（其中）怀县有工官，莽曰河内’，故称河内工官，这是王莽时代的名称。”② 笔者认为有误。《汉书·地理志》的原文是：“河内郡……莽曰后队。……县十八：怀县，有工官。莽曰河内。”③ 根据上下文，可以看出，后边皆指王莽改制时更改的地名，并非指河内工官是王莽时代的名称。从文献和考古资料看，汉代工官和铁官皆以郡为名，无有以县为名之事。如“南阳工官”“蜀郡工官”“广汉郡工官”④ 等皆如此，“河内工官”自不例外。对此，陈介祺在《簠斋藏古目》中明确表示：“河内工官第六十十两鐖⑤，……字在郭后，又牙，又臂，文同。河内，郡名，怀县有工官。”又说：“南阳工官鐖二，键有字，字俱有泐。南阳，郡名，宛县有工官。”⑥ 如果要说弩机是王莽时代之物，那铭文则应为“后队工官”才是，因为王莽时代将河内郡改为后队郡。这在山东滕县发现的汉代印有“山阳二”及“巨野二”的铁范上⑦，即可找到实证。山阳是王莽以前的郡名，王莽时，将山阳郡改名为巨野郡。于是才产生了这种在同一处铁官中，时代早晚明确的两种铁官名称。

以上通过考古资料结合史籍记载，考证出瓦当上的“常乐”吉语和“河内工官”铭文弩机并非王莽时始出现之物。城村故城出土的这种瓦当和

① 中国社会科学院考古研究所汉城工作队：《汉长安城未央宫第三号建筑遗址发掘简报》，载《考古》1989 年第 1 期。

② 蒋炳钊：《关于福建崇安汉城的性质和时代的探讨》，载《厦门大学学报》（社会科学版）1978 年第 2、3 期合刊。

③ 《汉书·地理志》，中华书局点校本，1962 年，第 1554 页。

④ 贵州省博物馆：《贵州清镇平坝汉墓发掘报告》，载《考古学报》1959 年第 1 期；《贵州清镇平坝汉至宋墓发掘简报》，载《考古》1961 年第 4 期。

⑤ 方诗铭：《从出土文物看汉代“工官”的一些问题》，见《上海博物馆集刊》，上海古籍出版社，1983 年，第 143—152 页。方诗铭认为陈介祺释文有误，应是“河内工官第六十七丙鐖”。这是正确的。陈氏其余观点无误。

⑥ 陈介祺：《簠斋藏古目》十八《弩鐖》，上海图书馆藏稿本。

⑦ 李步青：《山东滕县发现铁范》，载《考古》1960 年第 7 期。

弩机，与遗址中其他遗物一样，均为西汉前期之物。因此，城址的下限年代十分确凿，正是《史记》《汉书》记录的闽越灭国的年代——汉武帝元封元年（前110年）。这一年，该城被攻占闽越国的汉军焚毁，其民被迁往江淮间。由于城址出土的陶器和建筑材料基本不早于汉初，说明城址的始建年代不早于汉代，并且建筑基址和遗迹现象都明显反映了城址使用的年代并不很久，这种情况也与文献记载相合。所以城址年代的上限应该不超过汉高祖五年（前202年）封闽越国之前，即该城址的始建年代应是汉廷封立闽越国之后。在这个近百年的闽越国时期，笔者认为武夷山城村故城应是东越王余善所建，年代为闽越王国的后期。

21世纪初，福州冶山周围的系列遗址与浦城锦城村遗址、墓葬的新发现，显示出闽越国早晚期陶器、铁器及建筑、建材、字印等，都有一定的变化，为闽越国时期早晚年代的细分提供了发展变化的实物依据。特别是根据锦城村金鸡山墓葬出土的较完整的西汉早期陶器组群比定，笔者认为武夷山城村汉城（东越王城）遗址的主体年代是西汉中期的前段，即闽越国后期的都邑，这对城邑的性质提供了认证的基础。在城邑主体建筑之外的南部，出土闽越国早期陶片的福林岗等小型遗址，应该是早于城邑建设的西汉早期（闽越国早期）遗存。由于后面章节对此城邑的时代和性质有详细的比较研究，这里就不赘述。

第三节　城村汉城的布局结构

研究探讨武夷山城村汉城遗址的布局结构，对于确证其年代和性质以及深入了解闽越国城邑文化意义重大。

一、城内外遗址的分布情况

此城营建于丘陵中，城墙大多修筑于蜿蜒起伏的小山脊上。城内南部有一条宽约30米的东西向谷沟，名为“王殿垅”，王殿垅东西两端通向城外，在东、西城墙处形成两个缺口，两缺口均宽约22米。在1960年和

1985年发表的试掘和探掘简报中都认为这两处城墙缺口，是城址的东城门和西城门①。但近年来通过对东缺口北侧东城门的发现及发掘清理，原来的认识应予更正。笔者曾推测这两处城墙缺口可能是城址的东西两处水门的位置，王殿垅有城内外相通的水道（王殿垅早已辟为稻田和水渠，所以有垅之称）。现在看来，这个推断更为肯定了，但其结构形制还需要通过进一步的发掘来了解。通过对东城门遗址的发掘，可确定它有城门楼阙建筑，是城址的正门。同时，由此可推定与其相对应的西城门的大体位置，并且钻探资料说明两门间为一条大路相连，路面宽10—12米，系用河卵石铺砌。另外，在城墙东部偏北处亦存一缺口，1960年发表的试掘简报认为可能是一处城门②，1985年发表的探掘简报也持同样的看法③。笔者从现存迹象推断，认为可能是一处排水闸口，但详情还需经细致的发掘工作来确定④。

1996年以后重新进行的城址复探工作，钻探出原来未探出的南门、北门和西门遗存，进一步证实了城内这两座豁口是城内外通连的东西水门遗址⑤。

经过近几年对城村汉城东城门遗址断断续续的清理，大体形制已初见端倪。城门道宽约5米，门道两侧的墙体突出，突出部分的墙体宽约9.5米，北段长度约14米，南段长度约13.3米。门道两边的突出部分即城门楼阙的基座，门楼两侧的城墙宽约7.8米。门道内侧两端也有台基，台基宽度约4米，为门卫房基址。城门楼外侧的结构比较规则，门墩基台两边各有7个嵌入墙壁的方形柱槽，柱槽中大多保留着炭化的方形木柱遗存⑥，柱槽大小30—50厘米见方，各柱槽间隔距离在1.6—2.1米（图6-3）。门楼基台外侧的瓦砾倒塌，堆积分布范围宽达3米左右，门楼内侧台基周围也有大面积的瓦砾分布。据遗迹，可确知当时东城门有着高大雄伟的城门楼阙，并且门内两侧有门卫房建筑，其中有曲回的阶梯通上城门楼。

---

① 福建省文物管理委员会：《福建崇安城村汉城遗址试掘》，载《考古》1960年第10期。福建省博物馆：《崇安城村汉城探掘简报》，载《文物》1985年第11期。

② 福建省文物管理委员会：《福建崇安城村汉城遗址试掘》，载《考古》1960年第10期。

③ 福建省博物馆：《崇安城村汉城探掘简报》，载《文物》1985年第11期。

④ 杨琮：《闽越国文化》，福建人民出版社，1998年，第136页。

⑤ 杨琮：《闽越国文化》，福建人民出版社，1998年，第75页。

⑥ 由于当时未采取保护措施，这些保存很好的大型木炭柱连年遭受雨水冲蚀，今日所存无几。

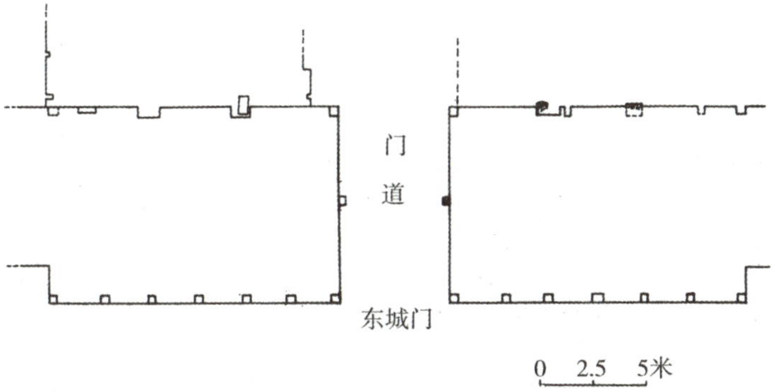

图 6-3　东城门遗址的平面示意图

经 1996 年进行的精密磁测和铲探，探出了城村汉城（东越王城）遗址的南城门、西城门、北城门的准确位置和大体情况。北城门后经 1998 年和 2012 年的两次考古发掘（图 6-4），布局结构已经基本清楚了。①

图 6-4　北城门的门道及遗迹发掘现场

① 北城门遗址的考古发掘简报至今尚未发表。

目前已经探明的城内建筑遗址，分布于城中部的高胡坪南、北二坪，西部的下寺岗、下寺坪，北部的马道岗，南部的大岗头、乌龟山顶，东部的高胡坪东坡、高胡下坑等处。可以说遗址几乎布满城内各个岗丘山坡。1959 年，在马道岗发掘清理出一座面积为 470 平方米的较大型建筑基址，推测其为附属王宫的功能性建筑遗址。1981 年至 1985 年，在高胡南坪发掘揭露出一组面积达 1 万余平方米的规模宏伟的宫殿建筑群，定名为甲组建筑群。这座坐北朝南的大型宫殿建筑群，系由南面的东、西大门，门房、厢房，前庭后院，主、侧大殿，东、西天井，及附属的房、屋、室、廊等，相互通连组合成的一组封闭式宫室建筑群落（图 6-5—图 6-8）。高胡坪甲组建筑群以主殿堂为中轴，左右呈大体对称的布局。它的南大门之南有连接东西城门的城内主干道，它的东、西、北三面均有门道、廊庑与周围的大型建筑群相通连。此外，在高胡南坪西侧、高胡北坪、下寺岗、下寺坪及高胡东坡等处，通过钻探都可确定为规模较大的建筑遗址。

图 6-5　高胡坪甲组建筑群遗址（西→东）

图 6-6　高胡坪甲组建筑群遗迹（西→东）

图 6-7　1998 年修复后高空拍摄的高胡坪甲组建筑群遗址（东→西）

图 6-8 1998 年高胡坪甲组建筑群遗址保护修复后的状况（西→东）

特别是高胡坪西侧的下寺岗遗址。发掘时并未选择下寺岗顶部的较大型建筑遗址，而是发掘了下寺岗中部一处遗址，发掘清理出一座宫室建筑基址，定名为下寺岗一号建筑遗址。由于下寺岗一号建筑遗址中出土的日常生活方面的遗物极少，可以排除以居住为主的功能（图 6-9、图 6-10）。

从地形上看，下寺坪到半山下寺岗一号建筑遗址，再到下寺岗顶的大型建筑遗址，拾级而上，一处建筑比一处建筑升高，十分类似后来大型的佛教寺庙建筑群。当地传说此地为“下寺岗”，必有一定的依据。不排除这类拾级而上位于城内最高点的高岗殿堂建筑，是东越王在宫城内祭祀上苍、天地、鬼神的祠堂或庙宇建筑，它的功能与东城门外北岗祭祖的宗庙建筑应该有所不同。

总括起来，城内鳞次栉比的遗址，均为较大型的宫室建筑和有关的附属建筑遗址，未见可确定为较下层的民居区遗址。

图 6-9　下寺岗一号建筑西廊下的瓦砾堆积（北→南）

图 6-10　下寺岗一号建筑东北角的排水管道遗存（西→东）

在城外周围，目前已发现的遗址、遗迹有：城址东大门外的南、北二岗遗址和鼓楼丘、大埠头等遗址①，东北部的门前园官署类遗址②，翁仲巷遗址及大园地居住遗址③，北部有后山陶窑作坊遗址④，西北部有岩头亭窑

① 鼓楼丘和大埠头遗址在 20 世纪 90 年代初被平毁。笔者事后曾在毁掉的遗址上采集了不少瓦类和陶器等遗物。

② 福建博物院、福建闽越王城博物馆编：《武夷山城村汉城遗址发掘报告 1980—1996》，福建人民出版社，2004 年，第 121—122 页。福建闽越王城博物馆：《2003 年门前园遗址探掘简报》，载《福建文博》2005 年第 3 期。

③ 闽越王城博物馆：《2002 年城村大园地遗址发掘简报》，载《福建文博》2006 年第 1 期。

④ 福建博物院、福建闽越王城博物馆：《福建武夷山市城村西汉窑址发掘简报》，载《考古》2003 年第 12 期。

群遗址[①]，西部有赵厝圩及元宝山等作坊类遗址，南部有福林岗和黄瓜山等处遗址，东南部还有送神桥遗址。

城外经过发掘的遗址有门前园遗址、元宝山遗址和北岗一、二号建筑遗址。北岗一、二号建筑遗址，经研究应当是庙、坛基址[②]。门前园遗址经局部发掘，出土了不少板瓦、筒瓦、瓦当等建材和其他遗物，确知是一处有一定规模的重要建筑，推测应是官署一类的建筑基址。元宝山遗址亦经局部发掘，出土了不少陶、铁工具，推测属手工业作坊一类的遗址。另外，通过钻探和勘察，了解到翁仲巷、赵厝圩、福林岗、元宝山和黄瓜山分布有居住遗址，赵厝圩、元宝山还有可能是与制铁有关的手工业作坊遗址[③]，后山、岩头亭有制陶作坊区遗址，福林岗还有早期的墓地，城村村庄下面以及城村东北部靠崇阳溪处的大园地，还有大面积的下层居民居住遗址[④]。

从目前这些已发现的遗址和遗迹情况来看，可以证明此城内外曾分布有十分密集的汉代闽越国遗址群。除了邻近城外的四周均有不同的遗址区分布之外，在城外东部和东北部这一较大的平坦区域亦有密集分布的遗址，面积超过王城的三倍。1998 年闽北的大洪水冲毁了城址东北部和东部的沿溪土岸，沿岸的绝大部分断面都显示出地表耕土层以下 0.8—1 米左右的位置均为较平坦的汉代文化层和遗址、遗存。这说明了城外的遗址区面积远大于城内的遗址区面积。我们在城外东北部和北部边沿地带所进行的考古发掘完全证实了这个历史的客观存在。[⑤] 这些调查、勘探和局部发掘的考古资料，

① 福建闽越王城博物馆：《武夷山城村岩头亭西汉窑址发掘简报》，载《福建文博》2006 年第 3 期。

② 杨琮：《崇安汉城北岗遗址性质和定名的研究》，载《考古》1993 年第 12 期。另外，参阅《闽越国文化》第十一章“闽越国宗庙制度”，福建人民出版社，1998 年。

③ 福建博物院、福建闽越王城博物馆编：《武夷山城村汉城遗址发掘报告 1980—1996》，福建人民出版社，2004 年，第 121—122 页。参见《崇安城村汉城探掘简报》，这些制铁遗址还未经最后研究证实。

④ 福建闽越王城博物馆：《2002 年城村大园地遗址发掘简报》，载《福建文博》2006 年第 1 期。

⑤ 城外门前园不同区域的两次建筑遗址的发掘，大园地遗址的发掘，后山东北麓的窑炉作坊区的发掘，都是最有力的实证。

为我们深入研究和探讨此城址的建设布局和结构，提供了物证和依据。

二、王城的建筑形式与结构

武夷山城村汉城（东越王城）建构于3座相连的小山丘上，城墙虽然利用了部分的山脊为基，实则是有一定的考虑和规划的。东越王城（宫城）并非西汉初期闽越国初年所建，而是到了闽越王国最鼎盛的后期才建成的，可以看出受到汉长安城和未央宫的影响很深。从平面布局上看，该王城的西墙和北墙非常明显是有意构筑成北斗形状（勺形）的。汉长安城也有这样的考量，所以汉长安城也被称为“斗城”，这在《三辅黄图》《西京赋》中都有记载。但是东越王城西墙、北墙相连的形状远比汉长安城西墙、北墙相连的形状更接近北斗七星相连的形状（图6-11），以及古人描摹北斗七星的图画，而王城的东墙和南墙本可以修筑成直线的，但都修筑出多处转折墙体。除了北门和南门有防御的考虑以外（城门旁的直角墙，便于大门正侧面的防卫，应是后来瓮城的滥觞），很可能是按照天象，筑成南斗的寓意。《越绝书·越绝外传计倪第十一》记载伍子胥“师事越公，录其述，印天之兆，牵牛南斗。”①《越绝书》明确记录越国故城的实况说：“越故治，今大越山阴，南斗也。”② 余善修筑东越王城，继承先祖越国山阴城的传统，参考借鉴当时最优秀的汉长安城和未央宫的建筑方式，顺理成章。

汉长安城除了东面的城墙和3座城门平直外，南、北城门多见垂直拐角的形状。东越王城的南门和北门亦是如此，其慕仿汉长安城的形式结构十分明确。高胡坪甲组建筑群南部台基下的散水和西天井的散水构筑，与汉长安城未央宫墙内发现的散水制法如出一辙③，仿汉长安城未央宫的情况十分明确。当然，这种建筑传统可以在秦都咸阳宫殿中找到同样的遗存④。

---

① 《越绝书·越绝外传计倪第十一》，中华书局，2020年，第190页。

② 《越绝书·越绝外传计倪第十一》，中华书局，2020年，第228页。

③ 中国社会科学院考古研究所汉城工作队：《汉长安城未央宫第四号建筑遗址发掘简报》，载《考古》1993年第11期。

④ 秦都咸阳考古工作站：《秦都咸阳第一号宫殿建筑遗址简报》，载《文物》1976年第11期；《秦都咸阳第三号宫殿建筑遗址发掘简报》，载《考古与文物》1980年第2期。陈国英：《秦都咸阳考古工作三十年》，载《考古与文物》1988年第5、6期合刊。

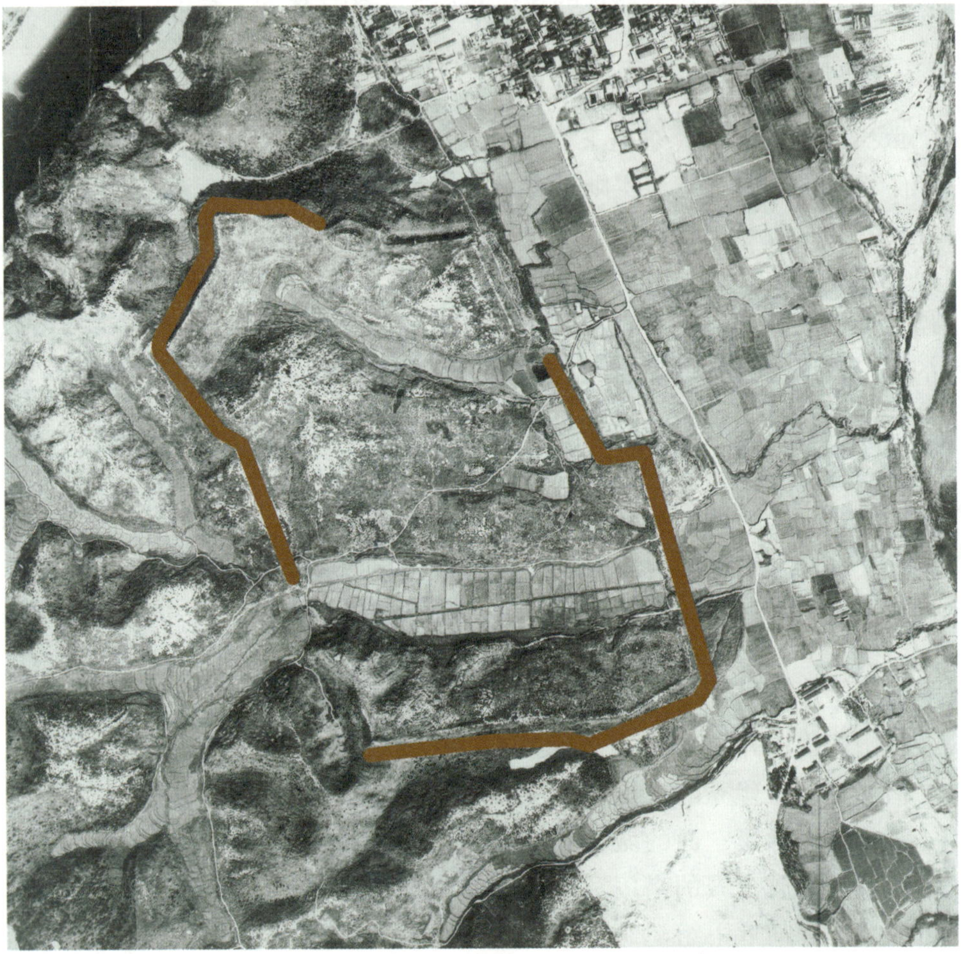

图 6-11　20 世纪 80 年代武夷山城村汉城（东越王城）遗址的航测图

东越王城建构在小山丘上，利用了天然的高台，并区分了不同建筑的位置和高度。高胡坪南、北二坪，位于王城的中心位置，是削平了两座山头形成的居中的高台。王城中宏伟的宫殿建筑群修筑在这两处大型平台之上，面积达 3 万平方米以上。其中已发掘揭露的面积达 1 万多平方米位于高胡南坪的甲组建筑群，只占三分之一；其西部还有万余平方米的乙组宫殿建筑群亦已经探明，但尚未发掘；其北部的高胡北坪宫室建筑群的面积接近高胡南坪的甲、乙两组建筑群。所以，前朝后室（或前朝后寝）的宫殿建筑格局，到底是指甲组建筑群中前殿和后殿的总称呢？还是指高胡南坪甲、乙组建筑群为前宫，而高胡北坪宫室建筑群为后宫的总称呢？因为在这个区域，还有大部分的建筑遗址尚未发掘，无法就此盖棺定论。仅就已发掘的甲组建筑群来看，说其是前朝后室的格局仍然是可以成立的。

高胡坪甲组建筑群中的两座主殿、侧殿建筑十分高大雄伟，这是从主、侧殿基址的平面布局，柱网分布和柱洞深度方面测算出来的。主殿平面呈长方形，东西长 37.4 米，南北宽 24.7 米，面积约 930 平方米；侧殿位于正殿西北部，东西长 31.5 米，南北宽 15.7 米，面积约 467.55 平方米，侧殿的平面面积基本是主殿的二分之一。无独有偶，下寺岗一号建筑遗址的平面面积约 451 平方米，也是甲组建筑主殿的二分之一左右。这种情况反映了东越王城宫殿中两种主要的宫殿建筑形式结构，因为不只平面的面积大小，它们的柱网结构也是相同的。考古测量的建筑基址平面面积与现代建筑学测量的建筑面积是不同的，前者是根据围墙或柱位的位置来测量的；后者一般是依据屋檐的覆盖范围来测量。如果按照现代建筑的测量方式，已发掘揭露的这 3 座宫殿的面积还要大些。它们的承重柱洞只有少量做过解剖，柱洞的直径或边长都在 50—100 厘米，洞深都在 160—200 厘米，也有超过 200 厘米的。据笔者观察，这类柱洞都应该是方形或长方形的。柱洞四边的柱础石遗存完整的达到 8 块。因此这些大型宫殿建筑至少是高达 3 层，甚至更高。它们坐落在山丘高台之上，其宏伟壮观的雄姿可想而知。加上其他山头的宫殿以及不同层次的附属建筑，全城鳞次栉比的宫殿建筑群形成了一大片高低错落、蔚为壮观的王宫建筑群。

另外，这一地区也只有这处王城内的小山包中有泉脉，泉水可以从高地汩汩地流淌出来，而周边的山峦都没有山泉。所以这里极像福州的冶山——山不大但是有泉水。王城的用水也都是把水井打在泉脉上，目前已经在高胡坪甲组建筑群后院发掘出一口水井，井深 7 米，水位远高出城外的地下水位（图 6-12）。此井位置的东南部下方有两处或长方形或长圆形的大水坑，虽然未经发掘①，但是明显可以看出应该是人工的苑囿水池遗迹。另外，在高胡北坪和马道岗之间也有一条山泉形成的水系，流淌成小河道，从城内西北部的花园尾向东南流过水桶垅，从王城的东北水门流出城外水道。

图 6-12　高胡坪甲组建筑群后院外的水井

城村汉城（东越王城）遗址已发掘清理出的这口水井，一经清理马上涌出泉水。水质经专业部门检测，为优质矿泉水。当年东越王在此建立王宫和都邑，必尝此处水土，甘甜清冽的泉水也是非常重要的因素。小山上冒出清泉，与闽越国故都王宫中的冶山的地理环境相似。

关于王城内苑囿的绿化线索，考古工作者于 2016 年在北城门发掘时，通过浮选共发现滨柃种子 81 粒。现代滨柃种子呈黄褐色，形状为近似心形的不规则形，最长径为 1. 51—2. 16 毫米（N = 22），近中心处有略凹陷的脐点，种皮密布多边形的网纹。出土的滨柃种子呈黑色，最长径为 1. 43—

① 自高胡南坪甲组建筑群、下寺岗一号建筑、东门、北门遗址发掘以后，20 余年中国家文物局一直不同意发掘城内的其他遗址。

2.08 毫米（N=20），表面的网纹因高温炭化而凹陷呈蜂窝状。这是中国植物考古工作中首次发现的滨柃种子（图 6-13）。滨柃是一种高 1—2 米的常绿灌木，主要分布在日本、朝鲜半岛以及中国浙江、福建沿海地区。① 滨柃多生长在基岩海岸的岩石缝中，具有非常强的抗逆性，特别能够抗海风、耐干旱和盐碱环境。基于福建东山岛、平潭岛和浙江舟山群岛的研究表明，滨柃种群在海岛植物生态系统中占据优势。滨柃枝叶细密、树冠紧凑、适合修剪，是优良的园林绿化树种②。

图 6-13　东越王城北城门遗址出土的滨柃等植物种子

（采自《南方文物》2020 年第 6 期）

城村汉城（东越王城）遗址所在的武夷山地区位于福建北部的内陆地区，并非滨柃的自然分布范围。滨柃在城村汉城（东越王城）遗址的发现，

① 林来官主编：《中国植物志》，科学出版社，1998 年，第五十卷第 1 分册。

② 王国明等：《滨海特有植物——滨柃播种育苗技术》，载《林业实用技术》2005 年第 6 期。

说明西汉时期闽越先民可能已经有意识地将沿海树种移植到内陆，其目的或许是用于庭院绿化，或许是为了园艺造型。考虑到武夷山区地形复杂，水系众多，我们认为产自海边的滨柃树种有可能是从福建沿海经闽江借舟楫进入其支流建溪，再由建溪上溯至崇阳溪，最后到达城村汉城（东越王城）。①

在城内高胡坪甲组建筑遗址的发掘中，还出土有一些类似太湖石、灵璧石的风景石遗物，惜被人为搬走，未留下资料。

三、内城外郭的都邑布局

在东越王城遗址中，无论从宫室建筑的形制还是从出土的建材，或从城建手法等方面看，都明确显示出其深受中原文化的影响。因此，我们在研究该城的布局结构时，必须将它纳入中国古代城市建筑发展的这个大体系中来考察、认识和把握。对于此城址的性质，以往还有几种不同的看法，有王城说、城堡说、御汉城说、县治说等。这些争论，也是由于以前未搞清城址年代和布局结构所造成的。值得注意的是，先后两次城址考古简报的编写者，都持“王城”的看法②，虽然在他们的观点和看法中还有不少可商讨之处，但笔者还是同意王城说。不过与以往认识所不同的是，笔者认为此城址并不是一个孤立的王城，而是一个存在着外郭区的王城。换句话说，此城址是一座具有内城性质的宫城，在城外还存在着一个有相当规模的郭区。《吴越春秋》“筑城以卫君，造郭以居民”的记载，不仅符合当时王城的实际情况，亦成为后来历代都城的准则。武夷山城村汉城（东越王城）遗址也不例外。笔者在上文曾根据考古及文献资料，断定城址的年代上限在汉高祖五年（前 202 年）以后，下限是汉武帝元封元年（前 110 年），并论证过城址是东越王所建国都中的王城（宫城）③。而断定其为宫

① 葛威等：《福建武夷山市城村汉城植物考古及年代学新资料》，载《南方文物》2020 年第 6 期。

② 福建省文物管理委员会：《福建崇安城村汉城遗址试掘》，载《考古》1960 年第 10 期。福建省博物馆：《崇安城村汉城探掘简报》，载《文物》1985 年第 11 期。

③ 杨琮：《论崇安城村汉城的年代和性质》，载《考古》1990 年第 10 期。东越王都是笔者后来与福州故都相区分的认识。

城（内城）的根据主要有以下几点。

第一，从上述的考古钻探和发掘资料来看，可知城内各山阜、丘坡上，均营建着巍峨错落的大型宫殿建筑及附属建筑。它们在城内相互联结成一个有机的整体，城内不存在一般性的民居。因此，城内只是东越王及部分闽越国王公贵族居住和活动的场所，这符合文献中“筑城以卫君”的宫城（内城）性质。

第二，在城址正门（东门）外，左右两侧各有一形状大小略同的小山丘，当地称北岗、南岗。它们的顶面都较为规整平坦，人工修筑的情况十分明显。北岗上发掘出的一号和二号建筑基址，研究证明是宗庙和祭坛遗址。① 其位置正当城门外左侧，与《周礼·考工记》宫城门外“左祖右社”的记载相吻合。城门外右侧的南岗遗址则与北岗遗址完全对应，推测它应是社稷遗址。② 南、北二岗遗址性质的判定，更有助于证明此城址的性质。《周礼·考工记》中记载的在宫城正门外建“左祖右社”的制度，历代沿袭，现在保存完好的北京明、清宫城的前方，也还可以看到“左祖右社”。

第三，此城的规模和面积不大，与目前已清楚的东周诸国城址相比较，它比齐国临淄故城的小城（宫城）③ 要小很多，也比山西侯马的“平望”“牛村”“台神”各城址都小，仅约有牛村古城的四分之一④，亦小于战国赵王城（当时的宫城）⑤，仅略近于魏国都城安邑大城中部小城的大小⑥，而略大于新郑郑韩故城内的宫城。⑦ 因此，从城址的大小规模上考察，也与

① 杨琮：《崇安汉城北岗遗址性质和定名的研究》，载《考古》1993 年第 12 期。另外，参阅《闽越国文化》之《闽越国宗庙制度》。

② 杨琮：《崇安汉城北岗遗址性质和定名的研究》，载《考古》1993 年第 12 期。另外，参阅《闽越国文化》之《闽越国宗庙制度》。

③ 山东省文物管理处：《山东临淄齐故城试掘简报》，载《考古》1961 年第 6 期。群力：《临淄齐国故城勘探纪要》，载《文物》1972 年第 5 期。

④ 山西省文物工作委员会：《建国以来山西省考古和文物保护工作的成果》，见《文物考古工作三十年》，文物出版社，1979 年，第 1—12 页。北京大学历史系考古教研室商周组编著：《商周考古》，文物出版社，1979 年。

⑤ 中国社科院考古研究所编：《新中国的考古发现和研究》，文物出版社，1984 年。

⑥ 陶正刚、叶学明：《古魏城和禹王古城调查简报》，载《文物》1962 年第 4、5 期。

⑦ 中国社会科学院考古研究所编：《新中国的考古发现和研究》，文物出版社，1984 年。

诸侯国宫城的规模吻合。

第四，城墙的堆积虽然宽达 13—18 米不等，但是考古发掘出的墙基宽 7.6 米、墙体宽度只有 6 米。① 西汉长安城城墙底部宽约 12—16 米不等，而未央宫宫墙的墙基宽约 7—8 米。② 从城墙的宽（厚）度考察，东越王城的城墙稍逊未央宫宫墙，符合西汉诸侯王宫城的规制。东越王宫城慕仿未央宫宫城的情况十分明显。

第五，此城址正门（东门）的门墩平面宽 9 米，两边的附墩平面有直角形收缩，平面宽为 7 米，这是子母阙门楼的建筑形制（图 6-14、图 6-15）。③ 在汉景帝阳陵城门的发掘中，也发现这种子母阙门楼的遗存。④

图 6-14　东越王城东城门门楼墩台和建筑倒塌遗迹

① 福建博物院、福建闽越王城博物馆编：《武夷山城村汉城遗址发掘报告 1980—1996》，福建人民出版社，2004 年，第 11—23 页。

② 徐龙国：《秦汉城邑考古学研究》，中国社会科学出版社，2013 年，第 37—40 页。

③ 由于发掘面积有限，未发掘到子阙墩与城墙的交接处，但是这种形制已经十分明确了。

④ 笔者在汉阳陵遗址所见。

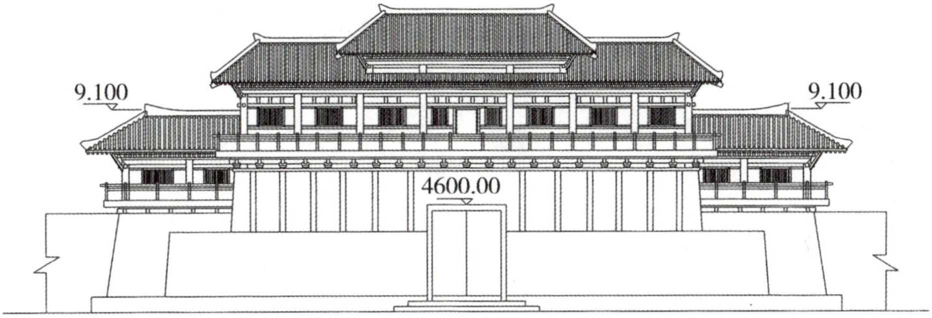

图 6-15　2004 年东越王城保护方案中对东城门遗址复原的推测图①

另外，此城址正门（东门）前方 100 多米处有两个墩台，当地名为“鼓楼丘”和“大埠亭”，这两个墩台上有附属于城址的建筑遗址。虽在 20 世纪 80 年代后期被破坏，但出土了不少建材等遗物。笔者认为这两个墩台遗址应该是城址正门外的前阙遗址。根据文献记载，西汉长安城的长乐宫东西司马门外各有一门阙②，西阙紧邻安门大街，东阙可能与霸城门直对③。此城址东城门的子母阙楼形制以及东门外前阙的布局，也是宫城的形制。

通过上述几方面的综合分析，笔者认为此城址应当是汉代闽越国宫城（王城）的形制和结构。

下面我们再讨论此城外郭的结构。

在先秦文献中即有“内为之城，城外为之廓”④ 的记载。《释名》也说：“城，盛也，盛国都也；郭，廓也，廓落在城外也。”在两周及秦汉时还存在着两种形式的郭，一种是以天然山水为屏障而未筑城墙的郭，一般可称郭区；一种是筑有城墙的郭，一般称作郭城。笔者认为武夷山城村汉

① 这只是两种遗址原貌复原的推测图之一，系当时陕西省古建筑设计研究所专家的研究推测。笔者认为该图大体接近原貌，但是房顶中部结构和部分位置的比例尚需修改、调整。

② 《汉书·高祖本纪》：“萧何治长乐宫，立东阙、北阙。”

③ 徐龙国：《秦汉城邑考古学研究》，中国社会科学出版社，2013 年，第 40 页。

④ 《管子·度地篇》，上海古籍出版社，1987 年。

城（东越王城）的城外应有郭，其属于前一种的郭区。到目前为止，我们在此城周围一带没有发现大城圈的遗迹，基本可以确定在此城外不存在另外的城墙遗存。但是城外东部和东北部是一片较开阔的冲积平原，这里坐落着极为密集的遗址、遗迹，应是郭区的主要部分①。同时在城外周的西部、西北部和南部的山丘岭阜上，也都有遗址、遗迹分布，同属于郭区的部分。在城址和它们的外围则是三面（东、北、西北部）被较宽阔的崇阳溪所环绕，而西南部和南部则阻以群峦。十分明显，该城是利用了天然山水的险阻形势连接成外郭的屏障，即以河为壕堑，以山为墙屏（图 6-16）。

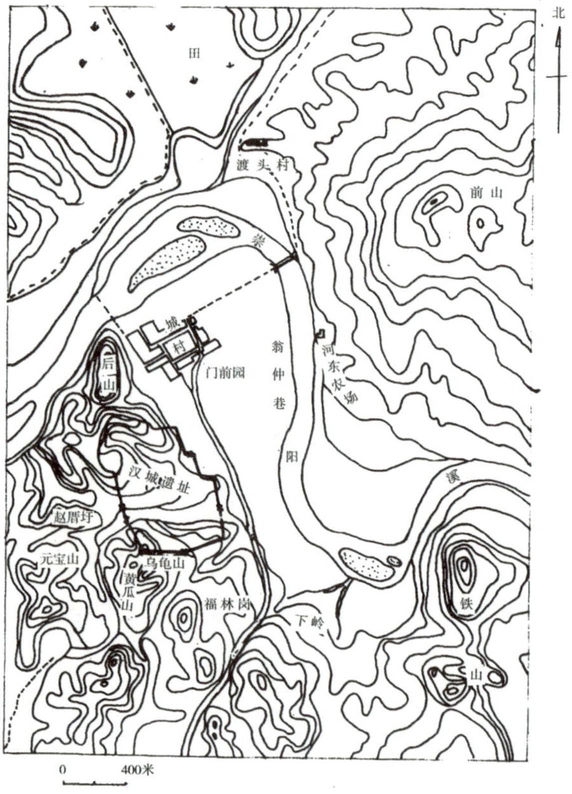

图 6-16　东越王城周围地形及外郭区地形图

① 据调查得知，东越王城东部和东北部的冲击平川（现村落和农田）下面都是叠压或被破坏的闽越国遗址、遗迹。

中国古代早期的城市多无郭城，外郭常利用自然山水连接为屏障。《逸周书·作雒篇》记载西周时东都成周的郭郛情况说：“郛（廓）方七十二里，南系于雒水，北因于郏山。”就是指周王城是利用洛水和郏山使之成为外郭的天然屏障。《周礼·夏官司马》记载：“掌固，掌城郭沟池树渠之固。……若造都邑，则治其固与其守法。凡国都之竟（境）有沟树之固。郊亦如之。民皆有职焉。若有山川，则因之。”也很明确地指出，城郭都邑的边界，可因山峦、河川地势作为阻固。这种情况本是西周春秋以来流行的办法，清代学者焦循在《群经宫室图》中，就曾引经据典地指明了这种情况。① 吕思勉也认为，郭，则依山川形势而为之，非如城之四面有垣也。② 杨宽还指出，西汉都城长安也是内城（宫城）外郭的结构，但未筑郭城，而是利用天然山水连接成外郭屏障的。③ 此城址的情况亦然，并且迹象更为明确清楚。上文所述的城外周围密集分布的遗址情况可以为证。同时在这些遗址中除一般的民居外，也不乏较大型和重要的宫室官署及官营手工业作坊，特别是将宗庙、社稷设于城门、城墙外边，更证明该城应有外郭的建置。另外，与城门相对的鼓楼丘、大埠亭两个对称的台基遗址，很可能是城门外大道（或水道）两侧的阙楼（门阙），抑或是仪礼性建筑。④ 总之，城外诸多遗址、遗迹的发现，都说明此城址外，还确实存在着一个利用天然山水连接成屏障的郭区。另外，我们也还不能排除当时在天然山水屏障的界线内侧，同时设立木栅类墙屏的可能，只不过这类东西很难保存下来罢了，因为“靡山伐木为邑”也是越人的传统。福建地区到了南朝时期，仍然在郡邑防卫上有水陆为栅的建设。⑤

下面我们再考察城外郭区内不同遗址安排和设置的问题。由于郭界是依靠自然山水地形连接成的，因此郭区的平面形状就难以十分规范。其形

① （清）焦循：《群经宫室图》中《城图六》下所作的说明。

② 吕思勉：《先秦史》，上海古籍出版社，1982 年。

③ 杨宽：《西汉长安布局结构的探讨》，载《文博》1984 年创刊号；《西汉长安布局结构的再探讨》，载《考古》1989 年第 4 期。

④ 杨琮：《崇安汉代闽越国故城布局结构的探讨》，载《文博》1992 年第 3 期。

⑤ 《陈书》卷三十五《陈宝应传》，中华书局点校本，1972 年，第 487—490 页。

状大体也与城址一样，很不规则。从郭区的地形，结合考古发现的遗址、遗迹来看，城外东部和东北部平坦连片的开阔地带，是外郭中最重要的活动场所和聚居区，其中包括相当数量的官署机构及王国中有一定身份的吏、民居所。从门前园、翁仲巷及城村北端等处残存的遗址、遗迹来看，整个城村及周围一带都曾是原来的居址和官署遗址。城北部的后山、城西的赵厝圩、元宝山，城南的黄瓜山都应是官营手工业作坊等遗址的分布区域，同时这些地方还错落分布着一些居住区。福林岗还有一处位于郭内的早期墓葬区。[①] 在崇阳溪东北部郭区以外的渡头村，20 世纪 80 年代也发现了另一处位于郭外的墓葬区。21 世纪初则发现了郭区外东西南北的多处大型贵族墓葬区。关于郭区中通常应该具备的市肆，笔者推测若有的话也应设于城外东北部的现村落一带，因为城门正东的范围有限，其正门之外当着重安排大道及重要的礼制建筑和殿署。虽然这里当时可能不大流行金属铸币，但即便是以物易物的商品交换，也需要市肆的存在。由于 20 世纪 80 年代初的普探，对城址及周围的考古钻探范围仅为 91 万平方米，因此对郭区的遗址、遗迹情况了解甚少。其中有的遗址是调查发现的，有的则是偶然发现的，如门前园遗址等。1996 年至 21 世纪初对城外广大区域的调查和重点勘探，才大体摸清了城外许多不同遗址的分布和几处大型墓葬区的位置（图 6-17）。后来，外围又有更多的遗址被发现。

四、城郭外存在着郊野

上文根据考古资料论证了城村汉城是一个有内城（宫城）、外郭的王都规制的城市。既然是王都，就不可能是孤立的，必然有郊、野的存在，由此构成王畿地带。《周礼・地官司徒》曰："乃建王国焉，制其畿。"并说王都有"国中（城郭）及四郊都鄙"。同时记有："闾帅，掌国中及四郊人民六畜之数"，"司救……以节巡国中及郊野"。有关都城外必有郊野设置的情况，两周秦汉以来的文字、文献记录不胜枚举，那么城村汉城的城郭之外，是否也同样存在郊野呢？我认为这个答案是肯定的。

① 福林岗小型墓葬区应该是东越王城建设之前的西汉前期墓葬区。

图 6-17　东越王都（王城、郭区、墓葬区）的遗址①分布图

首先，从 20 世纪末至 21 世纪初，我们在城郭的外围先后调查、勘探发现了规模宏大的北部大型贵族墓葬区、西部新亭园墓葬区以及东北、东南和南部墓葬区，还发现了郭区外东部的畲头村遗址、南岸村遗址和西部的洲庵遗址等。

① 这是 2004 年陕西省古建筑设计研究所根据当时发现的遗址，对东越王都的范围保护区的划定。当时城外西部和南部的遗址和墓葬还没有全部划入，特别是南部还有很大的墓葬区域未在划定范围中，这里特作说明。

在东越王都周围的崇阳溪河谷两岸，经考古调查，先后发现了不少与城址文化内涵及年代相同的汉代闽越国遗址。如在城址北部地区，现武夷山市区（原崇安县城关）南部和武夷山风景区一带，发现有三姑遗址、万家山遗址[①]、果园遗址、赤石遗址、雾林山遗址、坑头村遗址、梅溪山遗址、苦竹林村遗址、下杜坝遗址、公馆遗址、杨梅口遗址等；城址西部有武夷华侨农场遗址等[②]；在城址南部地区，则发现有畲头遗址、南岸遗址[③]及建阳的平山遗址[④]、邵口垴遗址[⑤]、南林遗址等[⑥]；城址东部，除崇阳溪东岸的渡头村墓区外，在其东面的五夫及东北部的下阳等地，亦发现遗址或遗迹。在这些遗址中，还不乏面积较大或有一定规模的遗址。另外，在城址的西方还有西郊村，其“西郊”之名，正是由此城址俗称“闽王城”“古粤城”而来。我们在西郊村旁的葫芦山南坡采集到一些汉代闽越陶器残片，也从考古发现上说明了一些问题。《福建通志·名胜》亦记崇安县城南有闽越王无诸的拜郊台，其位置正是城址的北郊。因此，笔者认为此城址郭区外确实存在着四郊及野。但我们也应当看到，此城址是因地制宜修建的，因而它的形制布局不可能与《周礼·考工记》中理想化的都市布局建制完全相合。同样，其郊野的分布也不平衡。从目前发现的考古资料来看，是以城南、北的崇阳溪流域为郊野之民的主要聚居区。因此河流两岸的汉代闽越遗址就较多且较集中，并且大部分位于距河很近的较平坦的山阜高地上，河流成为连接闽越国城郭和郊野的交通要道。这种情况不仅与文献记载的古越人“水行山处”[⑦] 的情形相符合，亦与《汉书·严助传》中淮南王刘安描述闽越人民“处溪谷之间”的情况大致相同。因此，笔者认为

① 福建省 1958 年文物普查资料汇编、福建博物院编：《福建考古资料汇编（1953—1959）》，科学出版社，2011 年，第 482—486 页。

② 崇安县 1982—1987 年文物普查资料。

③ 崇安县文化馆：《崇安县文物分布一览表》油印本。

④ 杨琮：《福建建阳平山汉代遗址调查》，载《考古》1990 年第 2 期。

⑤ 谢道华、王治平：《福建建阳县邵口垴汉代遗址》，载《考古》1988 年第 7 期。

⑥ 建阳县文化馆调查资料。

⑦ 《越绝书·越绝外传记地传第十》，中华书局，2020 年，第 150 页。

此城郭以北至现武夷山市区，以南至建阳城区的这一线沿河地带，应是东越王都遗址郊野的主要分布区及郊野之民的主要居住区。也就是说，这一百多里之遥的范围应属东越王都的王畿之地（图6-18）。

五、王城国都的设计思想和营建规划

在上文论述了武夷山东越王都遗址具有内城外郭、郭外有郊野的王都布局结构以后，是否还有必要讨论其设计思想和营建规划的问题呢？笔者认为这是完全有必要的。因为此城并不是随意建造的，而是有一定的城建规划。这套设计构思应是在周秦汉初以来都城建设发展的基础上产生的。从考古钻探、发掘所了解的城址的布局结构等方面，可以看出它不仅深受《周礼·考工记》匠人营城制度的影响，同时也深受战国以来中原和南方地区城市建设发展情况的影响。

首先可以看出，此城址在地点选择方面是有一番周密考虑的。从城址的位置和所处地形上看，城建的选点和布置是充分汲取了“因天材，就地利”的营城手法。城址坐落于几座相连的山丘上，地势较高。城的西部、南部为连片的山峦，犹如城郭外天然的墙屏，城东、北部为一片较开阔的平川，平川外绕以河流，犹如城郭外天然的壕沟。该王城正位于高山和平川之间的高地上，城墙沿小山脊修筑，使王城（宫城）显得十分坚固险要，形成易守难攻的形势；而城内大型宫殿建筑皆建于山丘顶上，采取了以山阜为高台的手法。这样除了有利于宫殿防潮和通风以外，同时可凭借着山阜高台使宫殿建筑取得居高临下、威严壮丽的效果，并以此来显示和强调王国统治者至高无上的地位和权威。在城墙西南角的乌龟山顶和西北角山顶两处制高点上，据钻探发现可能是用于观察、瞭望的建筑台基遗址①，说明王城若有急情，在对郊野的联络上可能是采取在此举火或举烟为号。在闽北山区中，若用这种联络方法和手段是十分有效的。另外，王城在与畿内外及国区内的联系上，可较多地借助郭外的崇阳溪河道，充分发挥闽越人

① 福建省博物馆：《崇安城村汉城探掘简报》，载《文物》1985年第11期。

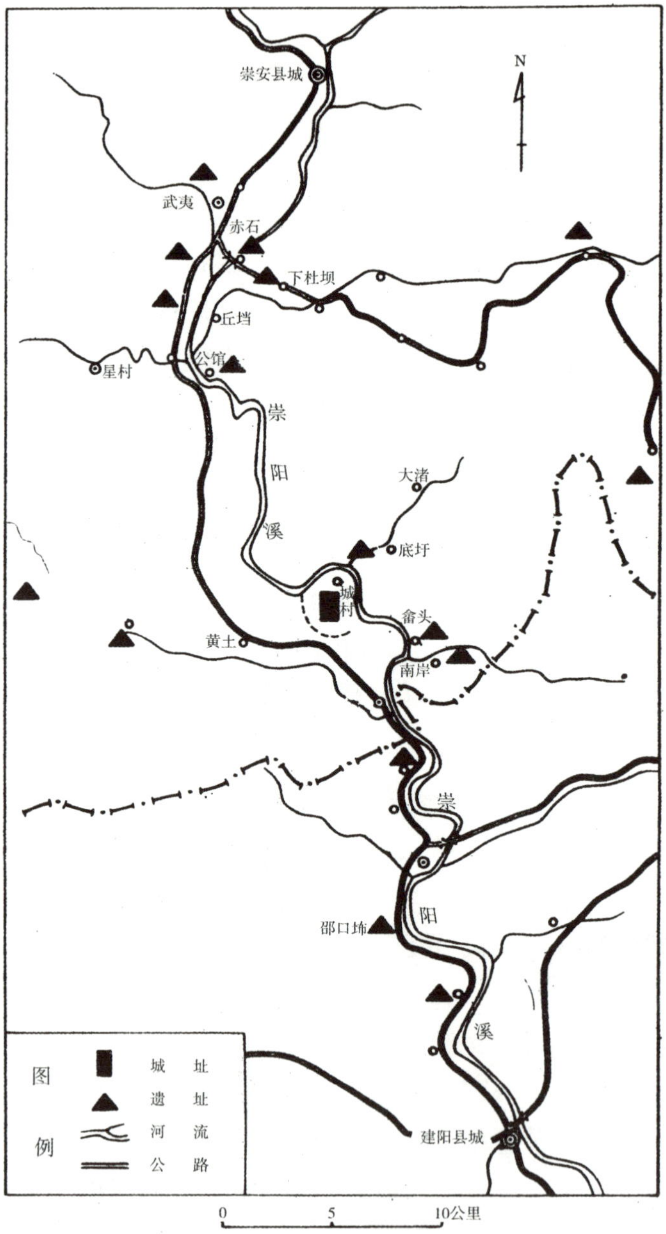

图 6-18　东越王都周围的闽越国遗址分布图

“便于用舟”① 的特长。从以上这些情况所反映出的城址因地制宜的选点和建设方法，可以看出武夷山东越王都深受战国以来城建新思想影响的痕迹。《管子·乘马篇》指出的“凡立国都，非于大山之下，必于广川之上。高毋近旱，而水用足。下毋近水，而沟防省。因天材，就地利”这种建都思想，在此城址的营建设计上得到了很好的体现。

此外，在福建地区尚未发现汉以前的城邑遗址，这都反映了汉代闽越国的城邑建设，是在中原文化的影响下产生的。当然，其中也包括东周时吴、越文化的影响。考古资料还反映出城墙及内外建筑遗址的营建并不完全是同步进行的，在建筑的时间上，它们之间还存在着稍早或稍晚的区分和局部被打破的关系，这也说明了城址的营建是逐步进行的。笔者通过对城址出土瓦当的分析研究，得出城内的建筑一般时间稍早，城墙次之，城外建筑又次之的初步认识。② 也就是说，该城大体是按照先城内、后城外的按部就班的顺序来建设的，同时我们也能看到城内的一些建筑还存在着后来增修的迹象。此外，从一些遗迹中也能看出该城、郭的建设在突然被焚毁之前还在进行着。

此城址的平面形状不甚规则，由于是按地形和秦汉以来都邑建设新思路来考虑的，因此不可能营造成《周礼·考工记》中的理想的正方形王城，只是在大体上近似长方形。我们知道，就目前我国已发掘的汉以前的古城邑来考察，还没有一座是规整的正方形，如东周时期的列国都城中，除鲁国曲阜外，其余几乎全部是依自然地势形态来筑城的，连西汉王朝的长安城也是很不规则的近方形。另外，由于城东面为开阔的平川及河道，因此东越王城是把正门设立于东方，东城门即正门。经近年的发掘，已确证有雄伟的城门楼阙。这也与西汉长安城东门有门阙的情形相同。杨宽将考古资料与文献记载相结合，考证长安城正门是东门；同时考证出汉长安城的外郭区以东、北为大为主要，并且郭区也是以河为壕，即以河为郭区屏障的。③

① 《汉书·严助传》，中华书局点校本，1962 年，第 2778 页。

② 杨琮：《崇安汉城出土瓦当的研究》，载《文物》1992 年第 8 期。

③ 杨宽：《西汉长安布局结构的探讨》，载《文博》1984 年创刊号；《西汉长安布局结构的再探讨》，载《考古》1989 年第 4 期。

另外，此城南、北门均设置于城墙拐角处，与汉长安城部分城门设置情况相同。这两者类似的情况，说明该城应该受到汉长安城的很大影响，或者是两者都受战国、秦代都市的影响。此城无论在建筑材料方面，还是在城内甲组建筑群的形制方面，都可觅见秦都咸阳宫殿建筑之模式和遗制。而西汉长安城也明确是“览秦制，跨周法”① 的。

另一方面，此城址同时具有许多南方城市的特点，如营城于蜿蜒的山脊之上的布局手法，就是东周时吴、越国城邑习用的方法。并且此城址中开凿有河道，从地势上考察，其应是从西北部顺山涧引入崇阳溪之水，从城内和郭区自西向东流过，东注入绕郭而过的崇阳溪，并在城墙的西、东进出水口处设水门，城内东西干道则与水道相邻。这些布局安排与东周时吴、越国的城市一脉相承。东周以来，南方楚、越人的城市多设水道并建制水门，在考古资料和史乘记载中不乏例证，如在楚国郢都纪南城的考古发掘中清理出的水门遗构即是如此②。《越绝书》中曾记述春秋吴国的伍子胥城中，就建有与此城情况类似的贯通两门的陆道和水道③，并指出城址水道最后汇注入附近的江、湖中。同书还记载春秋时期吴国称霸之时，“吴大城，……陆门八，其二有楼。水门八。……阖庐所造也。”及“吴小城，……门三，皆有楼，其二增水门二，其一有楼，一增柴路。”④

此城址布局的许多特点，以及城、郭的形状、位置，道路安排的不规则方面，都反映出城建设计时深受战国以来“城郭不必中规矩，道路不必中准绳”⑤ 的“不尽拘成法”营城思想的影响。但我们还是不能否认在该城址及宫殿建筑布局的许多方面，也存在着《周礼·考工记》建筑规划的深刻烙印，如将最重要的大型宫殿建筑群安排在城内居中的高胡南、北坪上，形成了城址的南北向中轴。就目前已发掘出的布局来看，可以清楚地

---

① 张衡：《西京赋》，见《全上古三代秦汉三国六朝文》，中华书局，1958 年，第 761 页。

② 《楚都纪南城的勘查发掘》，载《考古学报》1982 年第 3、4 期。

③ 《越绝书·越绝外传记吴地传第三》记伍子胥城：“平门到蛇门，十里七十五步，陆道广三十三步，水道广二十八步”。

④ 《越绝书·越绝外传记吴地传第三》，中华书局，2020 年，第 25 页。

⑤ 《管子·乘马篇》，中华书局，2019 年，第 71 页。

显示出高胡坪甲组建筑群①和北岗一号建筑的布局形制，与西周的岐山凤雏甲组建筑基址②非常相似，可谓一脉相承。同时，王城正门外左、右两侧的宗庙、社稷遗址，则是严格对称的，这正反映出城址还是按周代礼制中“左祖右社”的制度来建设的。

从上述几个方面可以看出，武夷山东越王城城址在布局结构上，显示出一种既模仿中原的营城制度，又承袭东周吴、越国城建特点的思想体系。

第四节　东越王都邑考证

确断武夷山城村汉城遗址的具体年代，厘清城邑的布局结构，均为此城邑性质的确定以及悬而未解的闽越国都邑的探明铺平了道路。那些认为此城址系西汉后期的汉军屯戍据点，或认为它是西汉后期隶属会稽郡的冶县县治的观点，均可排除。还有部分人认为它只是闽越国六个御汉城之一的观点，更是缺乏一般的常识。很明显，闽越的御汉边城倘有如此规模，那么闽越国都岂不要超过西汉帝国的长安城了？汉都长安在当时世界上也是最大的城市之一，闽越国都的规模显然要小于长安城很多。另外，城村汉城的结构布局也与一般的防御性军事城堡有天壤之别。笔者通过对此城址年代及布局结构的研究，认为此城、郭及所属的郊野即西汉闽越国的国都之　　东越王都，这座城又是王都中的核心——东越王城。下面笔者再从城址的地理位置、出土遗物和史籍有关记载的分析等方面来考察和论证。

一、城址所处的地理位置

武夷山市（原崇安县）位于福建省的西北部。城村汉城则接近建阳，即坐落于武夷山市的最南部。当时闽越国的领地除拥有现在福建省的绝大

① 福建省博物馆：《崇安城村汉城探掘简报》，载《文物》1985年第11期。

② 陕西周原考古队：《陕西岐山凤雏村西周建筑基址发掘简报》，载《文物》1979年第10期。

部分外，还同时领有江西东部及浙江南部地区。《汉书·严助传》中记录有淮南王刘安谏汉武帝对闽越用兵之事件，上书说：闽“越人欲为变，必先田余干界中，积食粮，乃入伐材治船”。据此，顾祖禹在《读史方舆纪要》中认为，赣东余干正当闽越襟领①。汉代的余干，包括近代的赣东十一县。《广信府志》也记载江西的铅山，秦时属闽中郡。浙江南部为闽越人地域，本书前章已述及，此不复述。因此，城村汉城的所在地尚属闽越国的腹地，虽然略靠近豫章等地，但并非边境地区。另一方面，武夷山从古至今都是福建经江西往中原内地的一个交通要道，即当时闽越国经豫章郡入京的要道。在《史记索隐》中徐广即云：“此白沙、武林，今当闽越入京道。”此地又有武夷山脉之天险，攻可迅速发兵出界，防可据险而守，退可沿崇阳溪直下闽江出海。无论是在攻防上，还是与中原内地的联系交往方面，其地理位置均十分重要。《汉书·严助传》载闽越王“欲招会稽之地，以践句践之迹”，并说闽越国的发展使得“会稽、豫章必有长患”。蒋炳钊根据闽北的遗迹、文献记述的闽越军事活动地区及地理位置等方面的资料，认为闽越国都应在闽北的推断，是有一定的道理。② 不过笔者以为不是在浦城，应是在以城村汉城（东越王城）为中心的新都。以目前的考古调查、发掘资料结合史志记载，可以推断浦城一带是闽越的另一重要聚居区。

从另一方面看，武夷山周围一带，多见先秦时期的古文化遗址和遗迹③，应系闽越先民的重要聚居区之一。在武夷诸峰中，分布有众多的崖葬船棺④，从考古发现的情况推测，其中应有不少闽越先民的首领。《史记·封禅书》和《汉书·郊祀志》皆有汉武帝“祀武夷君用干鱼”的记载。

① （清）顾祖禹：《读史方舆纪要》卷八五，江西之饶州府及贵溪县条云：璩岭在贵溪县南八十里，亦曰据岭，以闽越偏据时，以此为界地。

② 蒋炳钊：《对闽中郡治及冶都冶县地望的一些看法》，载《厦门大学学报》（哲学社会科学版）1981 年第 3 期。

③ 福建省文物管理委员会：《福建崇安新石器时代遗址调查》，载《考古》1959 年第 11 期。文中所报道的多有商周时期的遗址、遗物，1982 年至 1987 年的文物普查中，又发现了许多商周时期的古遗址。

④ 福建省博物馆等：《福建崇安武夷山白岩崖洞墓清理简报》，载《文物》1980 年第 6 期。曾凡等：《关于武夷山船棺葬的调查和初步研究》，载《文物》1980 年第 6 期。

《索隐》记："顾氏案：地理志云建安有武夷山，溪有仙人葬处，即汉书所谓武夷君。"学术界一般都公认所谓的"武夷君"应是神化了的闽越先民首酋。因而，从传承关系和历史沿革上看，西汉闽越国的东越王余善将新国都设于此地也是极合理的。

若将城址旁的崇阳溪上下游的闽越国遗址相连接，我们可见一条以城址为中心，沿河上下密集分布的遗址群，这也是福建地区汉代闽越遗址最密集的地区。闽地多山，与中原地区广袤的平原不同，遗址多在河谷两岸。河流成为连接这些遗址的重要纽带，水上交通十分便利。《越绝书》卷十载：越人"水行山处"，"以船为车，以楫为马，往若飘风，去则难从"。汉史中，闽越人"习于水斗，便于用舟"① 等记述应是事实，侧面证实了闽越国在发展的高峰期所建的新都即在此地。城址上下游密集的遗址则组成了闽越国新都的畿辅之地，此城郭是都邑的核心。

闽越国到了西汉中期的前段，经过几十年的休养生息和扩张，国势日益强大。特别是在围困东瓯迫其内迁之后，浙南的大片领地又重归闽越国所有，闽越国已发展成为地跨福建、浙南和赣东地区，土地面积较大的诸侯王国。之后闽越国又发兵攻打南越国夺取领土，虽未得手，但闽越王之弟余善受封为东越王时，闽越国国势已达顶峰。东瓯国灭国之前，亦常常被称为"东越"，司马迁在《史记》中也把整个闽越称为"东越"。在闽越国国势的鼎盛之时，余善建其东越王国都，除了与之前汉廷封立的闽越"繇王"分立之外，对于整个闽越国大权在握的东越王余善，必然也要在闽越国中重要的、有雄厚基础的区域建设新都。农业、经济丰饶的闽北地区是最佳的选择，武夷山崇阳溪流域不仅是闽江上游的交通要道，其位置也是可控浙南、赣东的交界地带，便于闽越国向内地扩展。可见东越王余善的新都位置的选择是经过精心考虑和设计的。

二、城址出土遗物的分析

城村汉城（东越王城）遗址中所出土的遗物数量之巨，在福建地区考

① 《汉书·严助传》，中华书局点校本，1962 年，第 2778 页。

古发现中首屈一指。由于特殊的历史原因①，城址中目前出土的青铜器数量不多，其中除弩机、箭镞等兵器外，其他多是生活用器及礼乐之器，如盖弓帽、伞柄箍、漆器上的铜饰件、多棱器柱等，都是鎏金或包金器；还有钟、铎、镜、鼎等，都较为精美，这些器物皆非品级低下者所能持有。另外，城址出土的陶器上普遍发现有文字戳印，这在福建其他地区皆未见到②，其为王国官营作坊专制品无疑。而城址出土的大批建材如板瓦、筒瓦、瓦当、花纹铺地砖、大型空心砖和各种型号的陶水管道等，均十分精美，与秦都咸阳宫殿中的建材相似，也与广州南越国都宫殿遗址里的建材类同，这些都可作为佐证。特别是城址里出土了众多的铁制生产工具、兵器、生活用具和构件等，且在城址勘探中已发现锻制铁器的作坊遗址。③ 从城址中出土铁器数量之多，加上有不少中原内地不见的器形、器具来看，闽越国不仅已有了冶铁业，而且铁器在这里应用得相当广泛，到了闽越国后期冶铁业已经非常发达了。

三、城址的形制和规模

武夷山城村汉城（东越王城）遗址面积达48万平方米，只约占整个王都面积的四分之一，还不包括王都四周的大型墓葬区。东越王城和郭区的遗址包括贵族墓葬区，总面积超过10平方千米，这也不包括都邑外围的据点和聚落。从目前已知的情况来看，武夷山东越王都遗址是闽、浙两省西汉早、中期规模最大的城邑。笔者认为这只有在闽越国国势最强大的时期才能做到。

这一时期正是汉武帝初年，闽越国在郢王和东越王余善之世，国力达

---

① 闽越灭国后的西汉中、后期，东越王城遗址遭到过大规模盗掘，遗迹扰乱比较严重，甚至铺地砖都有很多被翻动。青铜制品也是盗掘的重要目标。

② 在福建地区，迄今只在福州浮村、冶山和浦城临江锦城村遗址发现有瓦上的印文遗物，而陶器皿上有印章文字的现象，目前仅见于武夷山东越王城遗址中。推测福州东冶应该也有，未来可能会发现。

③ 福建省博物馆：《崇安城村汉城探掘简报》，载《文物》1985年第11期。推测城西元宝山遗址可能与锻铁有关，尚有待进一步发掘来揭示。

到了高峰。当时，闽越不仅围东瓯、侵南越，甚至如西汉大臣严助所说："今闽越王……又数举兵侵陵百越，并兼邻国，以为暴强，阴计奇策，入燔寻阳楼船，欲招会稽之地，以践句践之迹。今者，边又言闽王率两国击南越。……有司疑其以虎狼之心，贪据百越之利，或于逆顺，不奉明诏，则会稽、豫章必有长患。"① 东越王余善建都于此，在闽越国领土扩张的基础上，国力日益增强，其宫城慕仿汉长安城未央宫的思路，从结构布局方面都有所体现。东越王城已发掘的东城门与北城门，虽然建筑形制和功能有所不同，但门道内空都宽 4.5 米左右。按西汉标准车轨宽度是每辆宽 1.5 米，门道正合三轨。与汉长安城城门道 6 米宽四轨②比较，规格低一个车位。"汉长安城中的未央宫是西汉的朝宫，它的位置正处于全城的西南部。这是符合古代以西南角为贵的礼制的。秦始皇陵园的布局也是这样的。"而东越王（宫）城，也正好在整个东越王都郭区内的西南部。这种现象应该不会只是一种巧合。③

四、宫殿建筑的复杂和水平

武夷山东越王城遗址在兵燹焚毁之后，虽然在西汉中、后期遭到过盗扰，但是历代受破坏甚少，整体保存比较完整。经 20 世纪 50 年代末的试掘和 20 世纪 80 年代至 90 年代的发掘，先后发掘清理出城内北部的马道岗建筑遗址、中部的高胡坪甲组建筑群遗址、西部的下寺岗一号建筑遗址、东城门遗址，东门外的北岗一、二、三号宗庙建筑遗址及北城门遗址，经过钻探，均可确定城内分布着密集的宫室楼阁、廊台苑囿遗址。

不过，武夷山东越王城遗址早期钻探认知所得出的结论，与后来发掘所见的情况有很大的差距，常常钻探之时以为是简单或零星的遗迹，在发掘清理时却都是大型或复杂的建筑基址。如下寺岗一号建筑遗址，钻探认

① 《汉书·严助传》，中华书局点校本，1975 年，第 2787 页。

② 中国社科院考古研究所汉长安城工作队等编：《汉长安城遗址研究》，科学出版社，2006 年，第 456 页。

③ 杨宽：《西汉长安布局结构的探讨》，载《文博》1984 年创刊号；复载于《汉长安城遗址研究》。

为是一个小建筑遗迹，结果发掘清理出一个近500平方米的较大型的殿堂建筑；北岗建筑遗址钻探初期认为只有很简单的几块础石和瓦砾遗迹，却发掘清理出一组完整的宗庙建筑基址。

武夷山东越王城有4个城门，但是1980年城村汉城考古队在钻探时连一座城门都没探出来，后来当地村民在挖土取土时才发现东城门的实际位置，而其他的3座城门都是笔者于1996—1997年踏查分析后，重点钻探出来的。所以，1980年的普探，由于没有在福建地区发掘、勘探大型遗址的经验①，只能作为有无遗迹的推断，无法准确地判断出遗址的布局和规模。

城内大面积发掘揭露的高胡坪甲组建筑群基址和下寺岗一号建筑基址，它们也都是城内密集分布的宫殿建筑群中的个体宫殿和部分宫殿区，它们的前后左右都有廊庑、庭院与其他大型宫殿基址相连接。

五、城址的年代问题

武夷山城村汉城（东越王城）遗址，是福建闽越国遗址中出土遗物最多、最丰富的一处遗址，首先是由于该处为等级很高的王城遗址，故遗址内出土的器物丰富，其次是由于遗址位于偏远的山村，故受破坏程度轻微，保存较好。我们通过对城址出土的大批遗物的分析，包括从器物类型学方面判断它们的相对年代，从多组碳-14的年代测定数据方面来看，这些遗存都可以框定在《史记》《汉书》记载的西汉武帝元封元年（前110年）之前，可以确定此年是城址的下限年代。但是这些遗留在城址中的各种遗物，大多数都是接近或者达到西汉早期的后段、西汉中期前段的遗物。其中特别是陶器的器形和组、群，大多数呈现出闽越国后期的形态。关于陶器的分期，本书另有章节专述。

总之，城址、宫殿从建筑的形制、水平，以及从出土遗物的器物类型来看，特别是器物中的陶、铜、铁器及器物上的文字情况和建筑材料等来综合考察，无不体现出闽越国后期（西汉中期前段）时代特征，这也是我

① 1959年参加城村汉城遗址试掘的人员，因各种原因，均未参加1980年以来的考古勘探和发掘工作。

们判断武夷山城村汉城是闽越国后期东越王城的重要依据。

第五节　福州闽越国故都东冶的遗存

一、王都的核心区宫殿遗址

福州闽越国东冶都邑遗址，由于埋藏叠压在历代建筑和现代城市之下，无法像武夷山城村东越王城遗址那样进行较大规模的发掘和平面揭露。都是在局部基建中进行小规模的发掘，因此每一次发掘都只能揭露大型宫殿区的一角或者局部的一块。

（一）冶山西北侧建设银行工地遗址

1991 年，福建省建设银行在屏山南部（冶山西北侧）修建大楼时，于建筑工地的蓄水坑中出土了大量的板瓦、筒瓦等秦汉时期的建材。同年秋，福建省文物管理委员会对该遗址进行了局部发掘，发掘清理出建筑台基一角，出土了一批板瓦、筒瓦及少量残瓦当，另外还出土了一些素面方砖和陶器残片等闽越国时期的遗物。遗址中的瓦材与福州浮村及武夷山东越王城遗址的瓦材相同，并发现了风格一致的印章戳记和拍印于瓦内（凹面）为饰的文字印纹。该遗址中，用来砌筑台边的素面方砖亦与武夷山东越王城遗址的铺地、砌筑台边的花纹方砖大小形状一般无二。正是由于该处遗址中发现了宫室建筑台基和铺地砖走道遗迹，出土了丰富的砖瓦类建筑材料和生活日用陶器等西汉闽越国遗物，所以该遗址非常重要。可惜至今未见考古发掘简报面世①。笔者也曾到现场进行过调查，确定其为西汉时期闽越国的宫署一类重要的建筑遗址。

此后 1997 年在其北侧农贸市场的施工中又挖出不少瓦砾等遗物，其中有兽面和凤鸟纹“万岁”文字瓦当等。工程队将这些文物和土方运到了新店山沟处填埋，后被在新店参加考古工作的范雪春发现，并采集了部分重

① 冶山西北侧建设银行工地遗址的考古发掘资料至今未进行整理。

要的瓦当标本。①

农贸市场遗址与建设银行工地遗址相邻，应属于同一宫殿区的范围内。这处遗址的灭失殊为可惜。

(二) 福州市冶山路财政厅工地的宫殿遗址

值得强调的重大发现是1998年底至1999年上旬，在福建省财政厅工地的考古发掘，发掘面积为700平方米，在距地表5米深处，清理出一座较大型的汉代闽越国建筑基址，基址上面及四周堆积着大量板瓦、筒瓦等建筑材料遗物，建筑基址中保存有不少当时的柱洞遗迹（图6-19）。② 而1999年5月北大路的外九彩巷古遗址③、2000年4月福建省水产厅工地④、

图6-19 冶山北部财政厅工地的闽越国宫殿遗址

① 据笔者了解以及后来所见的发掘出土资料，“万岁”瓦当系在农贸市场基建倒土中发现采集的，属该遗址之物。

② 福建博物院、福州市文物考古工作队：《福州冶山路财政厅工地发掘简报》，载《福建文博》2005年增刊。

③ 福州市文物考古工作队：《福州北大路外九彩巷古遗址发掘简报》，载《福建文博》2003年第3期。

④ 福州市文物考古工作队：《2000年福州冶山路古遗址发掘简报》，载《福建文博》2003年第3期。

2007年福建省林业厅工地，都发掘到汉代闽越国遗址、瓦材及文字瓦当等遗物。①

（三）冶山的屏山地铁站遗址

屏山地铁站遗址发掘共布探方56个，发掘总面积达2000平方米，大面积发现了西汉闽越国建筑遗址。但由于20世纪六七十年代在此地挖掘防空洞，南北纵向挖断了闽越国位于这块地域的宫苑遗址。因此，这次发掘的有限空间中，无法形成连片的建筑遗迹，都是被分割成一块一块的遗迹。但还是揭露出宫室建筑的夯土台基、瓦砌散水、水沟、水井和窑等。考古简报上分的早期和晚期的建筑遗迹，只是修筑时间的早晚，在出土遗物方面没有明显的时代区分。在闽越国存世的92年中，存在早晚不同时间的遗迹实属正常。报告中指出的西汉（闽越国）时期的遗迹有夯土台基、水沟、水塘、水井和窑。其中夯土台基有10个，水沟有3条，水塘有1口，水井有3口，窑有1座。②

这些都是东冶闽越王宫（王城）中遗存下来的遗迹。出土的带戳印的板瓦、筒瓦、瓦当、铺地砖等建筑材料，也都是王宫建筑的建材。福州鼓屏路中的闽越国建筑遗迹，西连曾经的建设银行工地遗址和农贸市场工地建筑遗址，东接财政厅宿舍工地的建筑遗址，并和财政厅宿舍工地以东的闽越国遗址衔接，组成了闽越王宫的分布区域，可推测出其整个面积不会小于武夷山东越王城的面积，与福州市文物考古工作队张勇推测的约35万平方米应当比较接近。

二、王都外围的附属遗址

（一）新店益凤山闽越国贵族墓葬

特别重要的是，在新店的益凤村发现并发掘的益凤山一号汉墓，是一

---

① 福建博物院、福州市文物考古工作队：《福州冶山路省二建工地发掘简报》，载《福建文博》2005年增刊。福州市文物考古工作队：《2000年福州冶山路古遗址发掘简报》，载《福建文博》2003年第3期。

② 福建博物院、福州市文物考古工作队：《福州市地铁屏山遗址西汉遗存发掘简报》，载《福建文博》2015年第3期。

座较大型的西汉闽越国时期的墓葬。墓葬现存的封土高 3.5 米，顶面宽 11 米、长 15 米，底座长 28.5 米、宽 20 米。墓葬坑平面为甲字形，总长约 25 米。墓室很大，长 9.5 米、宽 5.8 米，墓室坑深 5—6 米；墓道很长，有外藏椁的遗迹，墓道和外藏椁长达 15 米。虽然墓葬在汉代后期遭到毁灭性的盗掘，仅存了 25 件残碎陶器和 2 件铁器。① 从遗迹可以推断出曾有前、后木椁室，墓道亦有木构遗迹，为外藏椁，应为闽越国高等级墓葬无疑。这一重要考古发现，为确定福州闽越国冶都北部大型墓葬区的方位奠定了基础。

（二）黄末山（牛头山）宫署遗址

2001 年，福建闽越王城博物馆考古队和福州市文物考古工作队在杨桥路的空军招待所工地的考古发掘中，在历代遗址的最下层清理出大面积的汉代闽越国建筑遗址，出土许多瓦砾和“万岁”文字的残瓦当。② 虽然这次考古发掘，只是发掘清理出一处闽越国时期的大型建筑（或建筑群）遗址的一部分，但是确定了这里曾是东冶都邑外围的一处附属的宫署建筑遗址，但也不能排除属于闽越国时期其他封王、封君的宫室，有待今后通过对建筑核心区域的发掘来揭示遗址的性质。

（三）浮仓山官署遗址

1957 年发掘时，浮仓山现存遗址的范围估计约 500 平方米。该遗址文化层分上下两层，上层为秦汉时期的建筑遗址。考古工作者发掘时，在山顶和坡下开了 4 个小探坑，面积为 90 平方米，发掘的 4 个探坑中，均发现闽越国时期的瓦砾堆积。在 4 个考古探坑中出土了万块以上的板瓦、筒瓦等建筑材料。③ 浮仓山遗址中虽然未出土瓦当，但是建筑面积不小，均为瓦顶建筑，笔者认为至少是闽越国某一官署类的建筑遗址。

---

① 福建博物院、福建闽越王城博物馆：《福州市益凤山西汉闽越国墓葬发掘简报》，载《福建文博》2013 年第 3 期。

② 福建闽越王城博物馆、福州市文物考古工作队：《福州市牛头山汉代遗址考古发掘简报》，载《福建文博》2017 年第 1 期。

③ 曾凡：《福州浮村遗址的发掘》，载《考古学报》1958 年第 2 期。

（四）新店郊野村落遗址

在20世纪90年代后期至21世纪的20多年中，福建省和福州市有关的考古部门在新店遗址先后进行了9次考古发掘，发掘的次数和规模稍次于武夷山东越王都遗址和冶山闽越国故都遗址。在9次考古发掘中，清理出一些闽越国聚落的遗迹，也出土了不少西汉闽越国时期的遗物[①]，为探索闽越国都邑北部郊野中的村落遗址，提供了依据及大量的实物资料。

第六节　闽越国东冶都邑的布局结构

福州地区目前已经发现和发掘的都邑、宫殿等遗址仍非常有限，不仅远无法和广州市区的南越国遗址相比，甚至和武夷山城村汉城（东越王城）遗址的考古发掘比较，也有相当的差距。个中缘由，除了南越国都邑的规模可能大于闽越国都邑外，两地有关部门对于城市基建和历史文化保护的认识至为关键。广东省和广州市的有关部门，在对城市历史文化的发掘与研究方面投入了相当的经费和人力，组建了较强的考古研究团队，进行了持续的考古发掘和研究，因此对南越国都的宫室苑囿、南越王墓和南越国各阶层墓葬的考古发掘，取得了一个又一个的成果。这些都是值得福州地区闽越国都邑考古发掘借鉴的。

虽然根据目前的考古发掘资料来研究闽越国东冶都邑的结构布局是远远不够的，但是我们还是可以根据已知的部分遗址、遗迹，参考武夷山东越王城的结构布局，对福州的闽越国东冶故都的布局进行大体的推定，为今后进一步深入的考古工作提供参考，也为今后深入研究东冶都邑的面貌打下基础。

在福州市屏山地铁站闽越国遗址的发掘简报中，福州市文物考古工作

① 福建博物院、晋安区文物管理委员会：《福州新店古城遗址第五次发掘报告》，载《福建文博》2003年第1期。福建博物院：《福州新店古城遗址第六次发掘报告》，载《福建文博》2005年第3期。福建省文物局、福建省考古研究院编：《浮海阙地　百年求索——福建文物考古集萃》，福建教育出版社，2021年，第160页。

队的张勇根据多年来在冶山周边遗址考古发现的遗迹遗存，指出“屏山遗址位于福州市鼓楼区，东起欧冶池，西至北大路，北至屏山，南至王墓山（冶山），总面积约 35 万平方米。”① 这是福建省、福州市考古队在冶山周边一带数年来进行基建考古发掘时，在这个区域不同地点发现闽越国时期遗迹或遗存分布的情况。笔者认为这些是闽越国东冶都邑中核心宫殿区目前已知的范围，闽越王室宫殿区很有可能还会大于此范围。

到目前为止，在冶山的宫殿周围尚未发现汉代城墙（宫墙）遗迹。福州闽越国都邑是否有城墙尚存疑。汉代文献未记载闽越国都有城墙，《史记·东越列传》只记载“都东冶”，《汉书·西南夷两越朝鲜传》也是说“都冶”。武夷山城村汉城（东越王城）遗址核心区的城墙也只是宫墙，类同西汉长安城中未央宫的宫墙。因此，要确定福州冶山一带王宫是否有宫墙，尚需今后更多、更大范围的考古发掘来确定。

从已知遗址、遗存地点的分布来看，闽越国东冶都邑的王宫区域是在屏山的南部、冶山的北部这一片区域。这个中心区域周边还会有官署区、居住区、作坊区等的分布；有的离宫别馆、贵族官邸、库署等会分布在更远的小山或高地上，如位于现今杨桥西路空军招待所的牛头山（黄末山）闽越国大型建筑遗址、浮仓山的闽越国建筑遗址等。在都邑外围的郊野，如新店发现和发掘出了闽越国下层人民的村落遗址，在新店的益凤村发现和发掘出闽越国贵族的大型墓葬，可以推定位于福州北部新店一带的小山头应该是居住在冶山都邑中王室、贵族的重要墓葬区。闽越国在福州建都近百年，重要的墓葬区应该不止城外北部的一处，周边地带应该还有其他的墓葬区。

第七节　闽越国两都遗址的关系和比较

关于西汉时期闽越国都城的认定，历来都有不同的意见。司马迁在

① 福建博物院、福州市文物考古工作队：《福州市地铁屏山遗址西汉遗存发掘简报》，载《福建文博》2015 年第 3 期。其实王墓山应该是屏山的别名，冶山亦称泉山。

《史记·东越列传》中说闽越国“都东冶”；班固在《汉书·西南夷两越朝鲜传》中则改为“都冶”。到了后世由于原地名的变迁和消失，认识也逐渐模糊。苏林注《史记·东越列传》“都东冶”时说“韦昭以为在侯官”。足见到三国以后已经没有这个地名了，“东冶”或“冶”已经是历史上的地名了。

到了现代，史学界、历史地理、考古学界先后都有人提出了不同的看法。由于《史记》《汉书》记载极简略，后人很难从经典文献上找到圆满的答案。因此，从考古学方面去寻找实物证据，并与《史记》《汉书》经典文献互证，便成为探寻闽越国都地望之答案唯一可行的途径。经过几十年来考古发现的积累，分歧的焦点逐渐集中到了福州和武夷山两地。

笔者在前文中已经罗列出半个多世纪以来武夷山东越王城遗址的考古发现、发掘和研究的资料，已确定武夷山城村汉城是王都遗址。[①] 而近20多年来福州的考古发现，也可以确定位于福州冶山一带的密集的宫苑建筑遗址，亦是闽越国都邑遗址。[②] 所以根据目前考古发现和发掘的有关资料，笔者认为这些资料为我们揭示出一国两都以及两王两都的史实。

一、两都遗址的早晚关系

（一）遗址的地层关系方面

武夷山东越王城遗址地层关系比较简单和单纯，以汉代文化层为主，宫殿建筑基址地层之上仅覆盖着较薄的唐代至今的扰乱层。城墙和宫殿建筑也都是同一时期的遗存，尽管存在着先后时间的不同，但在城外福林岗遗址采集的残陶器中，有不少可以确定为西汉早期之物；在城墙的夯土层中也包含有不少早期的陶片。说明该宫殿、城邑建成之前，此地已经存在闽越国的聚落遗址。

福州地区汉代遗址的地层堆积普遍比较深厚和复杂，特别是冶山闽越国宫殿区的地层更为深厚和复杂。汉代文化层一般在最下层，叠压在汉代

---

① 杨琮：《闽越国文化》，福建人民出版社，1998年，第70—166页，第四章、第五章。

② 参见本书第五章第二节。

文化层上面的历代地层堆积十分丰富，最厚处可达 5 米以上。由于冶山周边的宫殿遗址的考古发掘报告尚未发表，只有简报做过简要的叙述，故无法确知汉代闽越国时期早晚的地层关系，但是笔者根据多次在各处考古现场的观察，在某些局部的遗址中还是发现了西汉之前的地层和遗物。

笔者就两地遗址地层关系的比较证明来断定：福州冶山的宫殿遗址开始建造的年代较早，武夷山东越王城闽越国宫室、城邑始建时间较晚。

（二）宫室建筑和城邑建设方面

武夷山东越王城的宫殿建筑与福州冶山一带发现的闽越国宫殿建筑，既有相近的特点，又有许多不同之处，如建筑基址构筑的方式、台基、散水、走道的形式等都相当一致，板瓦、筒瓦和瓦当的制作和样式风格都基本相同。

不同的是，武夷山东越王城的宫室建筑明显宏伟复杂，城内建筑基址以发掘了的高胡坪甲组建筑群和下寺岗建筑遗址来看，都是柱洞和柱础结构，形制和排列十分复杂，推断主体建筑都是三层以上的楼殿。已经发掘的宫城墙的东门和北门，也都是结构复杂的楼阙建筑。宫室和城墙内外的给排水管道系统严密而复杂，有的繁密、曲回的陶管道系统不知是否为供暖或循环水的设施？该用途尚待研究。

而福州冶山宫殿区的宫室建筑基址也发现了不少，但大都比较简单，基础和柱洞、柱础亦简单，宫室平面面积也不大，目前未见超过二层的殿楼结构的遗迹。

从城建和建筑来看，武夷山东越王城遗址体现出的城邑布局结构非常成熟严谨，仿汉长安城的印记十分明显。从王城（宫城）平面结构看，西、北部位明显系按北斗星座的勺形构筑，南部是按南斗的形制构筑。以往只认为是不规则的长方形，实则是有意按斗城建构的。汉长安城号称“斗城”，实则形状不太明显，而东越王城的城墙平面则非常明显。同时，东越王城遗址南、北两个城门都构筑在城墙的拐角处，这是后世瓮城的雏形。此外，城邑内城外郭和郊野布局完整，郭区外四周大范围的大、中、小型墓葬区，反映出贵族、家族聚葬有分区安排的情况。这些都说明了闽越国后期受中原汉文化的深刻影响，城市建设的发展亦趋成熟。

（三）遗址出土遗物方面

武夷山东越王城遗址的考古发掘和福州冶山宫殿遗址的考古发掘，都出土了大量的建筑材料、生活陶器以及部分铜、铁、木、石器。

1. 两地建筑材料的比较

两地都出土了大量的建筑材料，建材遗物以板瓦、筒瓦和瓦当为主，其余还有铺地砖类、陶井圈等。两地的板瓦、筒瓦和瓦当的制法和形制作风大体一致。但是，也有差异之处，如福州地区宫殿的瓦类普遍以橙红、橙黄色为主，青灰、灰褐色较少；而武夷山东越王城出土的瓦类中，青灰、灰褐色比例很高，质地坚实者多。这种现象反映出烧制瓦材技术的提高和窑炉的改进，洇窑技术的普遍采用。而两地建材中的铺地砖等砖类也同样有这样的反映。武夷山东越王城遗址郭区沿河的窑址发掘显示，当时已经有了很成熟的半倒焰馒头窑炉，以及能烧制长达 2 米的大型空心砖台阶。这类大型空心砖，目前在福州宫殿遗址中尚未发现过。

另外，再从瓦材上的戳印来看，福州出土瓦砾上的戳印文字或符号大部分难以辨认，无法按汉字隶定。而武夷山东越王城遗址出土的瓦类戳印文字则大部分为汉字，难辨的戳印文字、符号已经很少了。在瓦当方面，福州冶山宫殿遗址出土的有兽面、凤鸟形象的“万岁”瓦当，在东越王城遗址中已不见，代之以笔画遒劲而装饰简练的“万岁”文字瓦当。当时为战国至西汉时期，瓦当饰纹也是由具象的动物、植物向抽象纹样和文字演变的。

2. 两地宫殿遗址出土陶、铜、铁器的比较

首先，在陶器方面，武夷山东越王城遗址和墓葬中出土的陶器形制和组合是近西汉中期的面貌，相当于闽越国后期的风格。而福州冶山宫殿遗址出土的陶器中，西汉早、中期的都有。

其次，在铜、铁器方面，福州冶山宫殿遗址出土的铜、铁器十分稀少；而武夷山东越王城内外遗址中，却都能普遍见到，特别是大量的铁器。武夷山东越王城遗址出土铁器的部分样品，送至北京大学文保实验室进行检测，通过金相组织分析，大多已是铸铁脱碳钢或炒钢制品。

武夷山城村汉城（东越王城）遗址出土铁器非常普遍，而福州地区的闽越国宫殿遗址中出土铁器的数量却较少，这种现象反映出武夷山东越王城遗址与福州遗址相比，铁制工具、铁兵器明显增多和大发展的情形。

以上这些实况，都反映出闽越国时期早、晚不同时间社会生产力发展的程度。

（四）文献记录的历史原因

通过近40年来武夷山东越王城遗址和20余年来福州地区的考古发现，可以确定福州和武夷山都是闽越国的都邑。那么，它们之间的关系如何？为什么会出现这种情况？因为历史上西汉王朝确实在汉武帝时先后在闽越国分封了两个不同的国王（诸侯王），形成一国之中两王并立的局面。

据《史记》《汉书》记载：汉武帝建元三年（前138年），闽越王郢发动了进攻东瓯国的战争，东瓯被围，派使者告急于汉朝廷。汉武帝派严助发会稽兵从海上援救东瓯国，闽越得知汉军来救，遂撤兵回国。东瓯为了躲避闽越国兵锋，向汉朝廷请求举国迁徙内地，在得到朝廷许可后，便举众迁居于江淮之间，东瓯国故地自此被闽越国所并。建元六年，闽越王郢又发动了对南越国的进攻。南越王赵胡不敢擅自发兵抵抗，派使者上书向汉朝廷求救。汉武帝认为南越仁义，守职约，遂调遣两路大军讨伐闽越。一路大军由大行王恢率领，出豫章郡（今江西省境）；另一路大军由大农韩安国率领，出会稽郡（今江苏、浙江省境），准备两面合击闽越。闽越王郢得悉汉军临境，立刻发兵守备险道要隘，以抗拒汉军。闽越王弟余善得到闽越贵族的支持，刺杀其兄闽越王郢，遣使节将闽越王郢的首级献于大行王恢，向汉朝廷谢罪。汉武帝遂罢伐越之师，封立了不曾参与谋乱的无诸之孙繇君丑为越繇王，继承闽越国王位。但余善杀其王兄后威势日增，权倾朝野，欲自立为王，越繇王丑无法控制他。汉武帝不愿为此再兴师动武，念其虽与郢共谋乱，但后来杀郢有功，于是又封余善为东越王，与繇王并处。余善受封后，闽越国从此产生了一国二王的局面，东越王余善的实际领地除现福建省外，还有江西东部的余干地区和浙江南部东瓯国故地。余善几乎控制了版图不断增大的整个闽越王国。

因此，东越王余善在自己后封的情况下，搬离故都，在武夷山旁建立东越新都则顺理成章了。武夷山东越王城遗址位于闽北，自古是福建的主要产粮地区。城邑旁的崇阳溪是闽江上游的支流，发船可直入闽江达福州出海。此地的位置近三省交界处，东北、西北可控浙南、赣东，地理位置十分优越。余善志在向内地拓展，《汉书·严助传》指出东越（闽越）王

“又数举兵侵陵百越，并兼邻国，以为暴强，阴计奇策，入燔寻阳楼船，欲招会稽之地，以践句践之迹”。东越王将其都邑建在武夷山地区，闽越向内地拓展更加便利。

二、对两个王都关系和脉络的认识

在两地王都的布局结构方面，武夷山东越王都的布局结构已经十分清楚了，前文已有详述。福州冶都由于考古发现及发掘有限，完整的都邑布局还不清楚，但是参考东越王都的布局结构来比较，有一些重要的相似之处。如两座都邑的北部郊野都有贵族墓葬区，王室宫殿都坐落在小山高地之上等。毫无疑问，都邑的内容应该是相类似的，东越王城应当是延续了福州冶都的城邑建设布局和内容，是福州故都的延续和发展。东越王城的布局结构必然有福州东冶故都的影子和影响，也有在城建方面以及宫殿建筑营建方面的进步和创新。

从以上各个方面的比较来看，福州冶山宫殿遗址在地层年代方面不仅深厚复杂，而且早于武夷山东越王城遗址。两地的宫殿建筑形制和建筑方法有很多相同之处，有明确的承袭关系，但是武夷山的宫殿建筑明显优于冶山的宫殿，宫殿的宏伟规模和复杂技术远超冶山宫殿；建筑材料也比福州冶山宫殿更为先进与豪华。就宫殿遗址中出土的陶、铁、铜器比较，武夷山出土的器物比福州出土的器物在各个方面均显得更加发展与先进。上述各个方面都反映出：福州冶山宫殿建筑遗址早于武夷山东越王城遗址，而武夷山东越王城则是闽越国社会经济发展盛期的城邑建筑。

因此，福州冶山一带的宫殿建筑群遗址可以确定是汉初闽越王无诸所建立的国都，武夷山东越王城则是西汉闽越立国 67 年后，东越王余善所建的新都邑。这两座闽越国的都邑，都是在汉武帝元封元年（前 110 年）被平定东越（闽越国）叛乱的汉军所焚毁。历史文献确凿记载，汉武帝元封元年汉朝大军分四路围攻东越，越繇王居股杀东越王余善后降汉。是年，汉武帝以“东越狭多阻，闽越悍，数反覆”为由，“诏军吏皆将其民徙处江淮间。东越地遂虚”。《史记》《汉书》的记载，已被福州的闽越国宫室诸遗址以及武夷山东越王城遗址火毁后废弃的实况所印证。

第七章　闽越国其他邑落

第一节　浦城临江镇锦城村大型邑落遗址

一、临江镇锦城村建筑基址的考古发掘

上面山位于浦城临江镇锦城村西南部，东北距浦城县城约 15 公里，西北距临江镇 2.4 公里。上面山为一独立的低矮山丘，平面略呈方形，面积约 700 平方米，相对高度约 5 米。遗址坐落于山顶之上，发掘前山顶被平整为晒谷坪，四周多建有民房。遗址西面为连绵的丘陵，其余三面皆为水田所环绕，东面约 1 公里处为临江溪，由西北向东南流过（图 7-1）。

上面山遗址于 1986 年第二次全国文物普查时发现。2002 年福建闽越王城博物馆进行闽越文化遗存专题调查时，对该遗址进行复查，发现遗址破坏严重，西南侧道路的断面上，距地表约 1 米处，可见汉代瓦砾层堆积。2003 年 7 月，经申报批准后对该遗址局部进行了抢救性考古发掘。①

（1）地层堆积

遗址地层破坏严重，保存较好的地层大致可分 3 个层次：第 1 层为表土层，有清代和现代堆积；第 2 层为宋代文化层；第 3 层为汉代文化层。第 3

---

① 福建闽越王城博物馆：《浦城县上面山汉代遗址发掘简报》，载《福建文博》2012 年第 1 期。考古简报编写者将最初发现的时间写错了，本书已纠误。

图 7-1　浦城临江镇锦城村上面山遗址地理位置图

（采自《福建文博》2012 年第 1 期）

层之下叠压着汉代夯土建筑台基，台基之下为生土。此次发掘仅清理至台基面。

（2）遗迹

汉代遗迹均位于第 3 层下，有过道、建筑台基、灰坑等。

A. 过道

过道仅残存一段，平面呈长条形，南北两端均被断坎所破坏。过道南北残长 8.5 米、东西宽 1 米，方向 352 度。过道地面用夹杂少量黄土粒的红土铺垫夯打，垫层厚 0.15 米。

B. 建筑台基

建筑台基位于过道东西两侧。过道东侧台基破坏严重，揭露部分平面呈不规则长条形。台基用纯净山土夯筑而成，西与过道平接，现存台面略向东倾斜。揭露南北长 12.43 米、东西残宽 1.38—4.08 米、厚 0.38—0.56 米。过道西侧台基仅余东边残角，余皆为断坎所破坏。南北残长 3 米，东西残宽 0.1—0.4 米，现存台面高于过道 0.22 米。

C. 灰坑 2 个（H1、H2）

灰坑（H1），坑口南北长 2.1 米、东西揭露宽 1.8 米、深 0.6 米。坑内填土的土质较疏松，内含大量炭粒，出土少量汉代筒瓦和板瓦残片，另有零星盅、罐等陶器残片。

灰坑（H2），平面呈不规则椭圆形，长径 0.94 米、短径 0.82 米、深 0.24 米。坑内填土含零星炭粒和烧土粒，出土少量汉代筒瓦和板瓦残片。

（3）出土的汉代遗物

上面山遗址出土遗物主要有宋代、汉代和西周 3 个时代。汉代出土遗物可分建筑材料与生活器皿两类，现选择部分标本描述如下：

A. 建筑材料

建筑材料有瓦当、筒瓦、板瓦等，板瓦多为残片（图 7-2）。

瓦当　标本 1 件。该瓦当出自遗址东南面水田，上半部残缺，下半部残存阳文“阳央”二字，直径 19 厘米、厚 1—2.6 厘米（图 7-4:2）。

筒瓦　标本 2 种。一种瓦背饰粗绳纹，瓦里饰乳丁纹与“×”纹组合，瓦背中部戳印文字，文字不可辨。残长 41.2 厘米、宽 21.2 厘米、高 9.6 厘米、厚 0.6—1.2 厘米。一种瓦背饰粗绳纹，瓦里饰乳丁纹，长 49.2 厘米、宽 18.4 厘米、高 10.2 厘米、厚 0.6—1.5 厘米（图 7-3）。

B. 出土的生活器皿

发掘出土的生活器皿有罐、盆、盅、釜、盒、匏壶（图 7-4:1）、三足盘及器盖、器底等。

C. 简报的看法

从灰坑 H1、H2 及夯土建筑台基的出土物来看，均为西汉时期。这批陶器及建筑材料，从造型、陶质陶色、装饰手法等诸多方面看，均与武夷山城村汉城（东越王城）遗址出土的同类器物相一致。其中也有少部分存在着不同之处：如上面山遗址出土的部分筒瓦、板瓦纹样装饰与东越王城的不尽相同；有些板瓦、筒瓦上的戳印文字为东越王城遗址所未见。此次发

图 7-2　锦城村上面山遗址出土的板瓦、筒瓦纹饰（拓本）

（采自《福建文博》2012 年第 1 期）

1. 弦纹与绳纹组合　2. 麻点纹与“十”字纹组合

3. 麻点纹与文字组合　4、6. 绳纹　5、7. 麻点纹

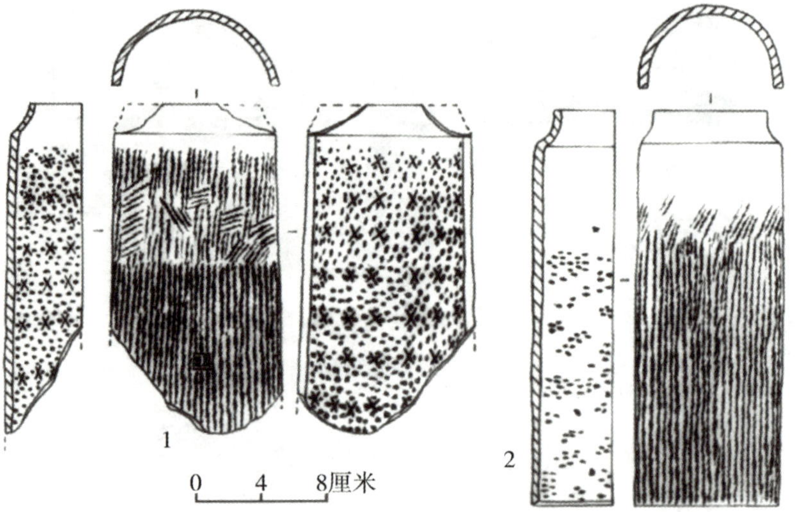

图 7-3　锦城村上面山遗址出土的筒瓦（线图）

（采自《福建文博》2012 年第 1 期）

1. 筒瓦 T0101③：7　2. 筒瓦 T0101③：8

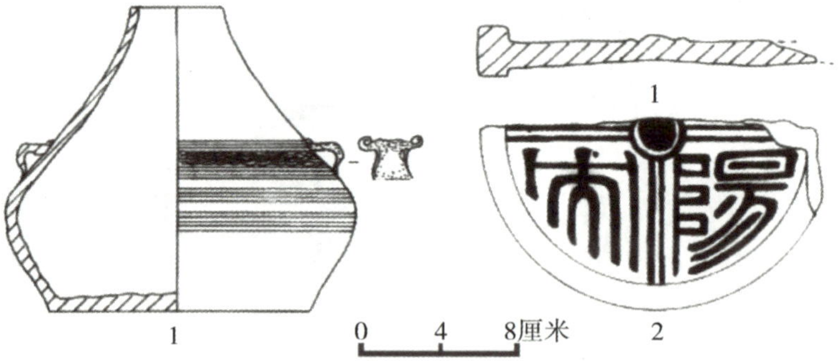

图 7-4　锦城村上面山遗址出土的陶匏壶和文字瓦当（线图）

（采自《福建文博》2012 年第 1 期）

1. 匏壶（征集：1）　2. 瓦当（征集：2）

现可识文字有“堂”“气”和“疆”等字，其中有少量的文字不可辨认（图7-5）。此外，从征集的匏壶来看，形体略显矮胖，而东越王城出土的匏壶大部分较为瘦长。这些情况可能反映同一时代不同地域上的大同小异，至于由此是否还可反映出两城址在建城时间上存有早晚的关系问题，尚待进一步考证。

上面山残瓦当完整的当面文字应为“□阳□央”，该遗址建筑台基东侧揭露出的密集的瓦砾堆积，说明它应是一处较大型的汉代建筑。从清理的情况来看，瓦砾层中含有大量红烧土块、条状木炭和灰烬等，说明该建筑可能毁于大火。①

（4）瓦上戳印文字的认识

锦城村上面山汉代遗址的出土陶器及建筑材料，从造型、陶质陶色、装饰手法等方面来看，均与武夷山城村汉城（东越王城）遗址出土的同类器物相一致，确定为闽越国时期的大型遗址。稻田中采集的半个残瓦当，完整的当面文字应为“□阳□央”。瓦上的戳印文字笔者依次考释为：1.“工□”，2.“堂”，3.“堂”，4.“工□”（拓片放置颠倒了），5.“□气”，6.“工程”（拓片放置颠倒了），7.“工彊”（图7-5）。

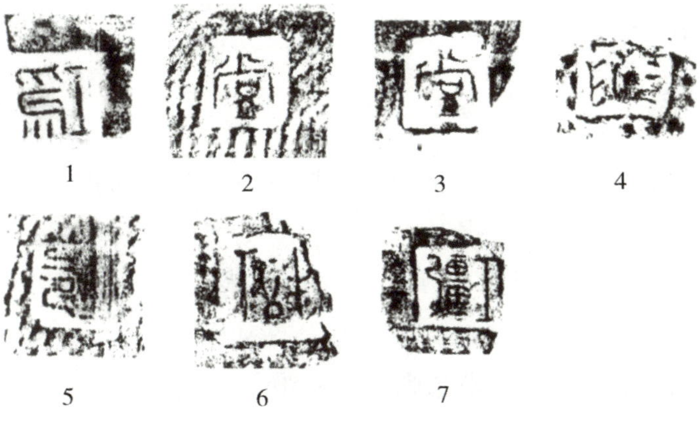

图7-5　锦城村上面山遗址出土的瓦上戳印文字（拓片）

① 福建闽越王城博物馆：《浦城县上面山汉代遗址发掘简报》，载《福建文博》2012年第1期。

二、中心建筑周围遗址的范围

在锦城村上面山大型建筑遗址周围一带，以往还发现了不少遗址和遗存，如位于临江镇锦城王陂山上的王陂山遗址。在早期遗址调查中就采集有闽越国时代的陶器，包括方格纹罐、弦纹罐及绳纹釜等；还发现有闽越国时代的外饰绳纹、内饰凸麻点纹的印字板瓦。此遗址中亦见有先秦时代的遗物。①

位于临江镇锦城村的野山子遗址。该遗址兼有先秦和汉代闽越文化遗存。从调查采集的闽越国陶片标本中，可辨器形有瓮、罐等残片。

位于临江镇锦城小学后门山上的锦城小学遗址。该遗址兼有先秦至汉代的闽越文化遗存。调查采集的遗物中有闽越国时期的板瓦、筒瓦等残片。

在这些遗址中发现的板瓦、筒瓦等建筑材料，都是有一定规格的建筑遗存，是这处重要邑落的组成部分。

以锦城村中的官署建筑为中心，周边形成了一个较大型的邑落遗址区域，四周分布着许多墓葬群，其中至少有两个墓葬区分布着许多较大型的闽越贵族墓葬。在已经发现的十几座较大的中型墓葬中，考古队选择了其中两座位于金鸡山的并列墓葬进行发掘。

三、金鸡山一、二号墓

2002 年福建省组织闽越文化遗存专题调查，其间对锦城村遗址进行了复查，发现了这处墓葬区。报经国家文物局批准后，福建闽越王城博物馆组织考古队于 2003 年 9 月至 11 月，对金鸡山墓葬区其中的两座墓葬进行了发掘。编号为浦金一号墓（M1）和二号墓（M2）。

金鸡山一号墓（M1），坐东朝西，是带斜坡墓道的平面为“甲”字形竖穴土坑墓，墓上堆筑有现存高约 2. 5 米的封土堆。墓道设在墓室坑西部，为长条形，是斜坡式墓道，长 5 米、宽 1. 4—1. 8 米，墓室平面呈长方形，

---

① 据福建省考古队 1987 年文物普查资料。以下均同，不另作注明。

长6米、宽3米、深2.8米，结构是前、后室的形制。

此墓盗扰现象严重，仅遗留下10件随葬陶器。器类有瓮、罐、釜、钵、瓿、匏壶等，残存随葬品主要分布于墓室的后部和中部。

金鸡山二号墓（M2），墓葬坐东朝西，为带斜坡墓道平面整体呈“甲”字形的竖穴土（岩）坑木椁墓，由墓道、前室、后室三部分组成，墓上堆筑有约4米高的封土堆。西端墓道长10米、宽1.5—2.2米。墓室坑平面呈长方形，坑口长8米、宽4米、深4.9米。

二号墓（M2）的墓室内被盗后遗存的随葬器物共计60件（套），前椁室被盗后仅遗存少量陶器，如陶瓿、熏炉等器物。后椁室前部为玉器，如玉璧4件，还有陶璧、纺轮等小件陶器；后椁室中部的棺痕内遗存了1套（共18件）组玉佩，后椁室后部还出土了成组的陶器，主要分布在后椁室的后部两侧，器类有瓮、罐、瓿、鼎、釜、洗、盅、匏壶、盖杯、熏炉、陶璧、纺轮和提梁盉等。①

金鸡山一、二号墓（M1、M2）早期遭到盗掘，墓室内的随葬器物有些已非原位，且有的器物破碎较为严重，尤其以一号墓为甚，仅仅残余10件陶器。二号墓虽然也遭到盗掘，但不像其他墓葬被盗掘得非常彻底，所以还遗留下一批玉器和基本完整的陶器组合。这两座闽越国墓葬，很明显是同地异穴的夫妇合葬墓。

四、邑落的性质与定名

文献中记载的闽越国城邑名称，都城有“东冶”或“冶”，地方城邑有“汉阳”。《史记·东越列传》说：“越衍侯吴阳以其邑七百人反，攻越军于汉阳。”以往有不少研究者认为文献中记载的汉阳城在浦城仙阳镇的大王塝山②，后经笔者现场调查，认为该处是先秦时期的土墩墓，经考古发掘

① 福建闽越王城博物馆、浦城县博物馆：《福建浦城县金鸡山闽越墓葬发掘简报》，《东南考古研究》第五辑，厦门大学出版社，2023年，第55—70页。

② 林忠干、赵洪章：《福建浦城三处古遗址调查简报》，载《考古》1993年第2期。

后确证为春秋时期的石圹土墩墓①。锦城村遗址发现的瓦当残缺近半，仅存下半部的“□阳□央”两字。笔者认为原文应当是“汉阳未央”（图7-4:2）。据此推定以锦城村上面山建筑遗址为中心的这处大型聚落遗址，应该是文献记载的闽越国“汉阳”邑。因为未找到城墙遗迹，所以还不能定为“汉阳城”，且文献只记“汉阳”，未记有城，考古勘探也未发现有城墙遗迹。

五、邑落遗址的布局结构

我们根据农田中出土的残瓦当文字，推断全文为“汉阳未央”。据此推定锦城村邑落遗址应当是《史记·东越列传》《汉书·西南夷两粤朝鲜传》中记录的地名“汉阳”邑。在考古调查和发掘期间，我们对遗址周围进行了仔细的踏查，发现主要遗址和周边墓葬区的分布比较近似武夷山东越王都的布局，只是规模小了不少，自然环境也有一定的相似之处，只是周边的山峦更为低矮，平川更为开阔一些。重要的官署类建筑构筑在高地之上，其他遗址也都分布于小山坡或高地之上。临江川从遗址旁穿过，人们的用水和交通得到了重要的保障。墓葬区坐落在遗址南北部和东部的山岗之上，这些墓葬区的位置应是汉阳邑的边界和郊野。从墓葬区与建筑区的距离来考察，早期的墓葬区离建筑略近，后来则向较远的山地发展。由于后代的村庄都建于遗址上面，所以官署等重要建筑都保存得很差，远不如武夷山东越王城中的宫殿遗址。

从汉阳邑的大体布局和东越王都的布局来看，东越王都遗址在建设时也受到汉阳邑布局的一些影响，但是东越王都的建设规模要比汉阳邑大了很多。

① 福建闽越王城博物馆：《浦城县管九村大王塝土墩墓发掘简报》，载《福建文博》2007年第2期。

第二节　闽北地区其他邑落遗址

一、邵武“越王台”遗址

“越王台”遗址即邵武城关平山遗址。越王台在越阳村之东，隶邵武县故县区水北乡（镇），距县城约2.5公里。台址是一长方形土堆，高约2米，东西长27.5米，南北宽16米。台址西面约500米处是富屯溪，南面约500米处是坪山（平山）。

1955年春季，曾凡到越阳调查后，发现并采集了2块粗绳纹瓦片。1956年省文物管理委员会文物考古组派黄汉杰从4月13—14日做了两天的考古发掘，开探沟长5米、宽1米，发掘深度为1.5—1.65米。在探沟中出土并采集了约500片瓦片，除瓦片外还发现一块残瓦当，裂为两块，瓦当图案不明。东部发现有河卵石，即底部有一片平铺的河卵石，河卵石下面即为生土。黄汉杰在工作记录中，根据县志“北平山在越阳，今名锣鼓山，相传闽越王无诸游猎之所，上有越王台”的记载，和实地的地理环境，以及出土的瓦片情况来判断，认为“越王台”遗址应属实，并且认为这里是一处建筑遗迹。①

笔者曾指出：邵武平山遗址是否为史志传说中的闽越“乌坂城”或“越王台”遗址，由于未经系统的考古发掘和钻探，缺乏确凿资料，尚难断定，但县志中“越王台”的传说似有所据，并认为该地发现的建筑遗址和遗物，证实此处有闽越的宫署或宫馆遗址。②

根据20世纪50年代的考古发现，结合历史传说记载来看，邵武平山遗址曾经是一处闽越国时期的建筑遗址，或不排除是离宫别馆，但规模肯定

① 福建博物院编：《福建考古资料汇编（1953—1959）》，科学出版社，2011年，第394、395页。

② 杨琮：《闽越国文化》，福建人民出版社，1998年，第82页。

有限，否则不可能在20世纪80年代的文物普查和21世纪初的专门调查中，发现不了一星半点的遗迹和遗存，所以推断该处不可能有很大型的宫殿建筑，更不可能有城址。

结合该遗址附近位于水北乡一都村下聂山上的闽越国时期的遗址①来看，这处遗址虽然有一定的范围，是富屯溪中游处的一个重要据点，但因遗址遭到现代建筑的破坏和叠压，还远达不到浦城锦城村汉阳邑聚落遗址的规模。由于未发现任何城墙的遗迹，所以不可能是所谓的“乌坂城”，应该只是一个重要的聚落遗址。对于它的基本状况，今后尚需细致的勘探和考古发掘来揭示。

二、政和东平的邑落遗址

东平镇地处政和县西北部，松溪从镇东部穿过，有鱼池堆山遗址和后科林遗址，均十分重要。

鱼池堆山遗址位于东平镇护田村的郑源自然村北面约1公里处的低矮山岗上，东接群山，西、南、北三面为松溪环绕，岗顶较平缓，整体形成两大平整的山岗台地。遗址范围较大，长约500米，宽约200米，总面积达10万平方米。另在遗址的最南端处，地势略高于遗址地表的土墩包，经钻探了解地层堆积在2米以上，推测是一处墓葬区。在遗址区域采集的闽越国时期的陶器非常丰富，可以肯定这里是一处面积很大的西汉闽越国时期的遗址。

后科林遗址位于东平镇护田村的郑源自然村北面山岗上，北距鱼池堆山遗址约500米。调查时发现该山的南面有一高土包，顶部发现有被盗掘的深洞。据现场观察和采集的出土遗物来分析，确定是一座汉代闽越国时期的墓葬遗存。这座墓葬的封土堆高约4米，底径约10米。封土堆顶端发现有一个现代盗洞，盗洞为竖井式，形状近方形，长约1米见方，深约9米。从盗洞挖出的土堆中发现含有大量的木炭，亦采集到盗墓者丢弃的1

① 据福建省考古队在邵武的文物普查资料。

件陶璧残块（图 7-6、图 7-7）。[①] 从这座墓葬的规模来看，接近浦城的金鸡山一、二号墓葬，为闽越国贵族墓葬无疑。

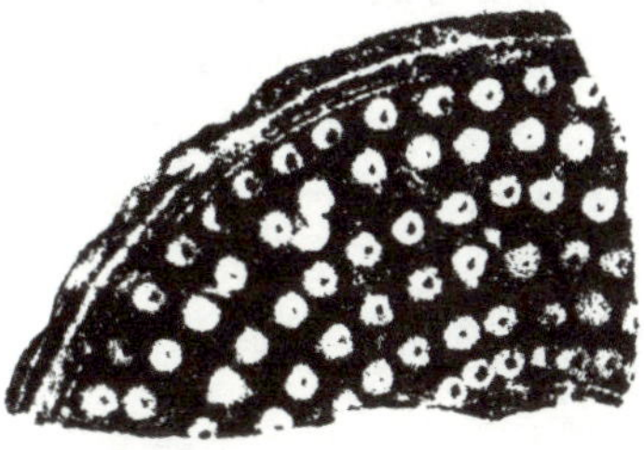

图 7-6　东平镇后科林遗址采集的残陶璧（拓片）
（采自《福建文博》2004 年第 1 期）

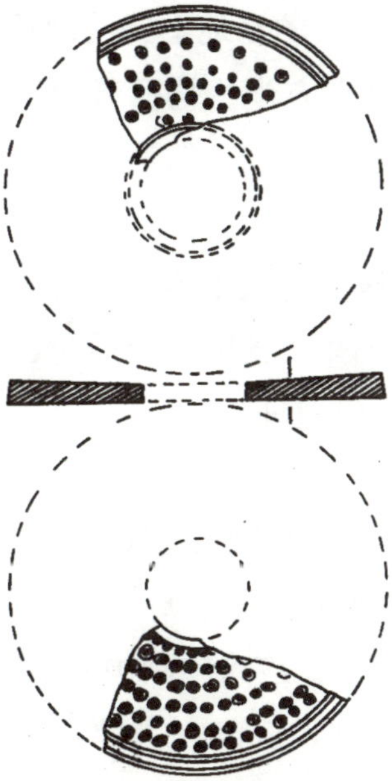

图 7-7　东平镇后科林遗址采集的残陶璧正、反面（线图）
（采自《福建文博》2004 年第 1 期）

① 福建闽越王城博物馆：《南平市闽越遗存调查》，载《福建文博》2004 年第 1 期。

鱼池堆山与后科林这两处遗址应该属于同一聚落遗址的两个部分，这个聚落遗址的规模不小，当时也是松溪下游的一处闽越国重镇。由于遗址遭受盗掘非常严重，希望能够加强保护，并进行专门勘探和抢救性考古发掘，以揭示出整个遗址的布局与结构。

三、建瓯徐墩的邑落遗址

在建瓯徐墩镇发现了坑尾山遗址和鹅包山遗址，它们应是一个聚落遗址的组成部分。

坑尾山遗址位于建瓯北部徐墩镇丰乐村和甲科自然村的北面，崇阳溪、南浦溪分别在遗址的西南、东面交汇成建溪。遗址北面与群山相连，坐落在相对高度约10米的平缓山坡的台地上，西面约500米处为鹅包山遗址。

坑尾山遗址范围约1万平方米，均已开垦为果园，因遭严重破坏，调查队在地面上采集了一些闽越国时期的遗物，主要是陶器残片及筒瓦等建筑材料残片。

鹅包山遗址位于丰乐村和山边自然村南面的条形山岗上，高度约15米，东北面与群山相连，横南铁路从山岗通过，西南面约500米处为崇阳溪，东南约500米处为坑尾山遗址。

鹅包山遗址现已开垦为橘园，地面未采集到遗物，在岗顶上调查发现了一处明显的长方形土墩，土墩范围约800平方米，南坡有两处凸出的山包，范围约100平方米，相距约20—50米。经过钻探了解，堆积土有2米以上，内含有炭粒，经夯打过，应为闽越国时期的墓葬遗存。①

坑尾山遗址与鹅包山遗址，应是徐墩镇丰乐村这处汉代闽越国聚落遗址范围中的两个区域，是崇阳溪、南浦溪交汇处以及建溪上游的一处重要聚落。虽然规模小于浦城锦城村汉阳邑很多，但是其扼建溪咽喉，地理位置十分重要。鉴于这处闽越国聚落遗址受后世的破坏严重，有必要进行抢救性考古发掘来了解整个聚落的结构布局。

① 福建闽越王城博物馆：《南平市闽越遗存调查》，载《福建文博》2004年第1期。

四、建阳将口新建村聚落遗址

20世纪80年代后期发现了位于崇阳溪中游的建阳平山遗址。遗址坐落在建阳将口镇新建村东北的平山上，东临崇阳溪，当地开山挖土暴露出的遗址面积约900平方米，为单纯的闽越国文化遗址。此遗址经过多次调查，采集的遗物标本有曲尺形砖、三角形砖以及板瓦、筒瓦残片等多种建材，还采集有大量的罐、瓮、釜、盆、盅、钵、盒、盂、提桶（筩）、器盖、三足盘和支座等日用陶器，另外还有铁鼎、砺石等遗物。此遗址距武夷山城村汉城（东越王城）较近，与城址关系密切，是坐落在都邑南部溪河下游的一处闽越国聚落遗址①。

在2002年的福建省闽越文化遗存专题调查工作中，考古人员于8月至11月间沿崇阳溪调查时，在将口镇新建村的后门山又发现了一处西汉闽越国时期的遗址。遗址位于将口镇新建村的北面山坡，距平山西汉闽越国遗址②约500米，在遗址中采集到很多属西汉闽越国时期的陶器遗物。③

新建村的平山与后门山遗址，是一处重要遗址中的两个组成部分，是扼东越王都下游要道的聚落遗址。

五、武夷山地区的重要聚落遗址

在武夷山的南部和建阳的北部，由于东越王都坐落在这一区域，所以沿线和周围的聚落遗址数量更多，也更为密集。都邑北部和上游的重要聚落有三姑遗址、蛇子山遗址、洲庵遗址，都邑南部下游有畲头遗址。它们都是有一定规模的聚落或封邑，和其他密集分布的大小遗址共同组成了东越都邑的畿辅之地。

① 杨琮：《福建建阳平山汉代遗址调查》，载《考古》1990年第2期。

② 当时平山遗址已被推成平地，在原址上建成工厂厂房。

③ 福建闽越王城博物馆：《南平市闽越遗存调查》，载《福建文博》2004年第1期。

第三节　闽南地区发现的邑落遗址

一、龙海榜山雩林山据点遗址

雩林山位于九龙江西溪南岸，地处历史上闽越与南越的交界处，2002年闽越文化遗存专题调查中，对于龙海榜山雩林山遗址进行了复查。20世纪80年代的调查简报指出：榜山镇的雩林山遗址相对高程约50米，山势呈西北—东南走向（长约200米、宽约50米），遗址在以往的调查中除发现有粗绳纹陶片外，还有较多的西汉时期的板瓦等建筑材料。遗址南部还有一处直径约20米的隆起台地，有可能为汉代的烽燧遗址。① 此次调查中，在遗址的地面上仍采集到较多的汉代绳纹板瓦残片以及部分陶器残片等遗存。鉴于其特殊的地理位置，此次调查认为遗址有可能是一处防御工事或驻军的营盘。②

笔者认为确定遗址中的一处台基为“烽燧遗址”似嫌主观，未经考古发掘的遗址都不好判定它的具体性质。所谓的“防御工事或驻军的营盘”，也是主观推测，未经考古发掘、揭露，还是难以定性的。但是，根据此遗址出土的许多西汉前期的建筑瓦材和陶器遗存，笔者将其定位为一处有一定规格的据点（聚落）遗址。

二、长泰石牛山、戈林山聚落遗址

20世纪80年代文物普查和本世纪初的闽越文化遗存专题调查时，发现长泰县共有古文化遗址19处，调查者重点调查了陈巷镇的犁头山、石牛山、寨仔山、西山、墓亭山和岩溪镇的座前山、戈林山等7处遗址。调查者认为戈林山、座前山、石牛山等地处龙津溪东岸，为平原上突出的、邻

---

① 指20世纪80年代后期的文物普查。

② 福建博物院：《2002年度厦、漳闽越遗存调查》，载《福建文博》2004年第1期。这里对引文有所删节。

近相连的、几座低缓而面积较大的山丘。20 世纪 80 年代后期的调查中曾在石牛山发现过西汉闽越国时期的墓葬一座，出土了玉璧和陶钵、瓿、盂等遗物，表明这 3 处遗址是具有一定规模的春秋至汉代时期的闽越遗存。石牛山在苑山村溪坪厝东约 300 米处，高程 40—50 米，山头面积达 3 万平方米，遗物主要见于西坡与南坡较缓地带。戈林山遗址的面积、高程与石牛山相仿。另外墓亭山和西山以及 20 世纪 80 年代曾清理过战国墓葬的陈巷古农村北 500 米处的犁头山、村北 1 公里处的西山，也发现有闽越的陶器等。总体看来，长泰县陈巷镇以北至岩溪镇以南、龙津溪以西的一片区域是漳州地区闽越文化遗存最丰富的区域①。

戈林山遗址是在 20 世纪 80 年代文物普查中被发现的，并于 2002 年闽越文化遗存专题调查时进行了复查，2004 年 12 月至 2005 年 1 月，福建博物院考古研究所对戈林山遗址进行了局部考古发掘，发掘面积为 405.3 平方米。

遗址的地层堆积分 3 层。在第 1 层表土层之下的第 2 层，即西汉闽越国时期的文化层，再之下的第 3 层是商代文化层。发掘者将“遗址的文化内涵归纳为上、下层遗存。上层为汉代遗存，下层为商代遗存。”② 考古报告指出上层的西汉闽越国文化地层中出土的陶器与武夷山和福州地区考古发现的闽越国陶器相同（图 7-8—图 7-11）。③

图 7-8　戈林山遗址出土的闽越国时期的陶器盖

（采自《福建文博》2020 年第 4 期）

① 福建博物院：《2002 年度厦、漳闽越遗存调查》，载《福建文博》2004 年第 1 期。引文有所删节。

② 福建博物院、长泰县博物馆：《福建长泰戈林山遗址发掘报告》，载《福建文博》2020 年第 4 期。

③ 福建博物院、长泰县博物馆：《福建长泰戈林山遗址发掘报告》，载《福建文博》2020 年第 4 期。

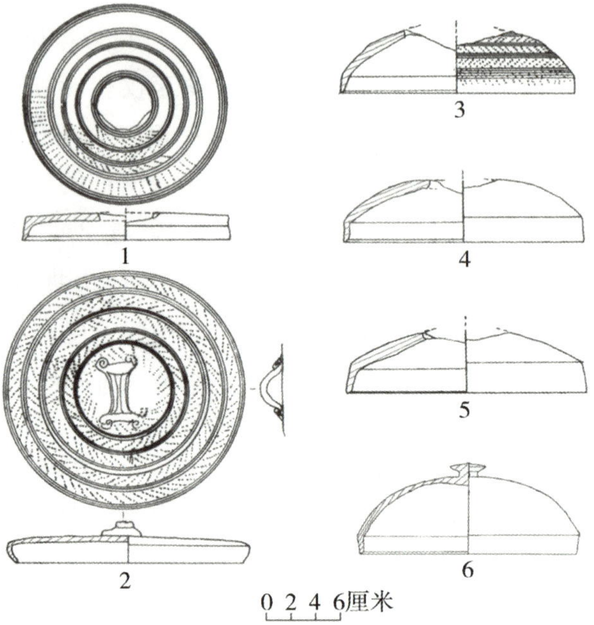

图 7-9　戈林山遗址出土的闽越国时期的陶器盖（线图）

（采自《福建文博》2020 年第 4 期）

1、2. B 型器盖　3、5. A Ⅰ式器盖　4. A Ⅱ式器盖　6. A Ⅲ式器盖

笔者认为从石牛山到戈林山一带相当面积的遗址群应当是同一个闽越国的聚落遗址，并且规模不小。遗址所处的地理位置十分重要，应该是沿龙津溪流域的一个重镇。从 20 世纪 80 年代文物普查清理的闽越国墓葬来看，墓葬虽受到现代农耕的局部破坏，但仍出土玉璧等遗物，即表明这一带的闽越国墓葬未经灭国后的盗掘，这与闽江流域闽越国核心地区的墓葬均遭大规模公开盗掘的情况不同。所以，闽南地区的闽越国聚落遗存的考古发掘意义更为重要。相关部门应该加强这个区域的保护力度，并进行全面系统的考古勘探和发掘，力争能够全面揭示这处重要聚落遗址的面貌。

图 7-10　戈林山遗址出土的闽越国时期的陶钵

（采自《福建文博》2020 年第 4 期）

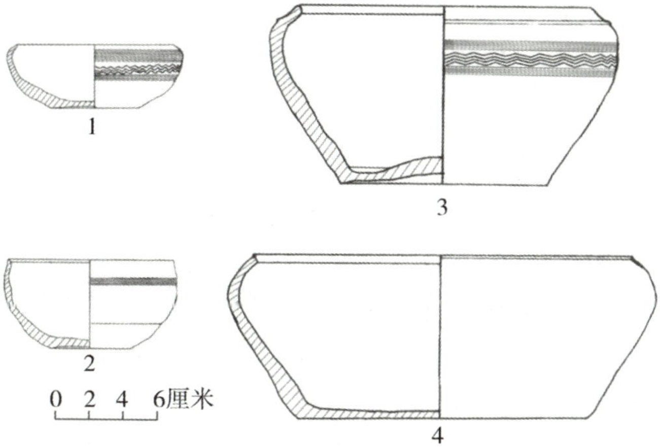

图 7-11　戈林山遗址出土的闽越国时期的陶钵（线图）

（采自《福建文博》2020 年第 4 期）

1. AⅠ式钵　2. B 型钵　3、4. AⅡ式钵

第四节　浙江东南部的城邑

一、温州的东瓯国都

迄今为止，在温州市区尚未发现有一定规模的西汉城邑或宫室建筑遗迹，但是类似早年福州地区的情况，各处均零星发现有一些西汉前期的陶器遗物。如温州的景山，就出土过西汉前期闽越（东瓯）墓葬的陶璧、陶犀角和陶钵等随葬器物①。这些墓葬出土的陶器与武夷山城村汉城（东越王城）遗址周边墓葬的陶器完全相同。另外，温州地区还有许多在建设中零星发现的闽越（东瓯）时期的遗迹和遗物，但是多数没有公开报道，或者报道时分不清早晚的时代关系。由于缺乏专业考古队伍进行系统的勘探，所以考古发现还有很多欠缺，有待于今后开展深入、系统的工作。尽管如此，仍能根据一些史志记载和考古出土遗物找出线索，得出西汉东瓯国应该位于温州地区的观点。

二、温岭大溪东瓯古城遗址

现存的大溪东瓯古城位于台州温岭大溪镇北面约 3 公里处。经初步的考古调查与试掘，发现这座古城有内城与外城，城内早期地层中的出土遗物，除了大量的筒瓦和板瓦外，所出的陶瓷器从器类、器形、质地到纹饰特征，都与附近的塘山 M1 和 M2 出土器物完全一致，说明该古城的年代与塘山墓葬年代相一致，也是一座西汉初期的城址。经过试掘，城内最早的地层为西汉早期堆积，说明此城应是东瓯受封立国后新建的，此前，这里并无早期城址的存在。而城内汉代地层堆积较薄，年代跨度很短，仅为汉初的一段时间，与其之上的宋代堆积层之间有很大的时代差距，又反映出

① 吴松弟主编、林华东著：《温州通史·东瓯卷》，人民出版社，2021 年，第 304 页的文字、第 307 页的照片。

该城使用时间较短、不久便废的客观事实，这恰恰也与东瓯国仅仅存续 54 年后就因惧怕越国的攻击而自请撤王归汉，举国北迁江淮，与其地“遂虚”的历史背景相合。① 城址附近分布有塘山 M1 这样规模很大的东瓯贵族墓葬，无疑是一个值得重视的现象。②

笔者认为温岭大溪东瓯古城遗址，应该是西汉早期闽越（东瓯）的一个地方城邑，不同意将其推断为东瓯国王都的推测③，根据这座“城址平面大体呈东西向长方形，东西长约 390 米，南北宽约 260 米，四周城墙宽度约 8 米，城址分布面积约 10 万平方米”④ 的描述，笔者认为该城邑比王都低了不止一个等级。塘山 M1 的主人应该是此城邑的最高统治者，但是地位肯定低于闽越王、东瓯王这样的诸侯王。所以，不排除是闽越或东瓯的地方侯级的城邑。

第五节　对闽越国时期邑落遗址的几点看法

一、闽江流域的闽越国聚落

从整体上看，无论是闽北地区闽江上游的各个支流，还是闽江下游的沿岸，都有不少的闽越国邑落和村落遗址的存在。这两个区域是闽越国聚落最多的地区，因为闽越国的核心大都邑需要周围有许多二、三级的邑落和村落来拱卫、供给和支撑。

闽西北地区考古调查发现的众多闽越国时期的大小遗址、遗迹，完全证明了这个猜想。在崇阳溪、南浦溪、松溪、富屯溪、建溪等各个闽江上

① 浙江省文物考古研究所、温岭市文化广电新闻出版局：《浙江温岭大溪古城遗址的调查与试掘》，载《东南文化》2008 年第 2 期。

② 浙江省文物考古研究所：《浙江越墓》，科学出版社，2009 年，第 202—204 页。

③ 浙江省文物考古研究所：《浙江越墓》，科学出版社，2009 年，第 203—204 页。

④ 浙江省文物考古研究所编：《温岭大溪古城的调查与试掘》，见《浙江考古新纪元》，科学出版社，2009 年，第 202—203 页。

游的支系流域，都发现了闽越国时期的重镇、邑落或村落的遗址、遗存。对于东越王都遗址来说，它们不仅形成了众星拱月的分布形势，而且王都所在成为控制各个水系的交通要道。

闽江中、下游以及福州沿海地区，也应该是闽越国时期邑落、村落分布较密集的地区，但目前该地区所发现的闽越国遗址、遗存远少于闽北地区，这主要是由于现代城市建筑的密集覆盖、建设开发较多等原因造成的。虽然只有福州杨桥西路黄末山（牛头山）的闽越国宫署遗址、浮仓山建筑遗址、新店村落遗址、郭前山遗址以及以往的闽侯县发现少量的遗迹和遗存，但已能证明闽越国东冶都邑周边的邑落和村落的分布。我们对闽越国东冶故都遗址的考古发掘和研究工作还存在很多薄弱的地方，对闽江下游和福州周边地区的聚落（村落）遗存的系统勘察工作也未成体系，所以今后的考古工作应当加强关注这一课题。

二、闽南、闽西聚落的认识

闽南地区的几处考古发现十分重要，说明了闽越王国政权对闽南地区的管理和经营也是比较到位的。长泰石牛山一号闽越国墓葬的形制和出土的遗物与闽北地区的闽越国墓葬基本一致，说明了闽越王国对偏远的闽南地区，已经有了相当的控制能力。

闽西地区也发现了一些闽越国时期的遗迹、遗存，证明该地区也有聚落和村落分布，只是发现的遗迹太少，并且比较零星，暂不能说明问题。

三、王都之下的重镇与封邑

闽越国还有仅次于王都的重镇邑落。目前明确的有浦城锦城村的“汉阳”邑，《史记·东越列传》和《汉书·西南夷两粤朝鲜传》均记录“越衍侯吴阳以其邑七百人，反攻越军于汉阳。”顾祖禹也在《读史方舆纪要》中记述：“汉元封元年，兵入东越，故越衍侯吴阳以其邑七百人反攻越军于汉阳，即此城也。”现在基本确定“汉阳”即浦城锦城村遗址，是没有城墙的“城邑”。文献确载闽越衍侯吴阳有自己的封邑，推测他的封邑也在浦城一带。现浦城县城关也发现了不少闽越国的墓葬等遗存，如浦城城关龙头山遗址发掘出的4座闽越国墓葬和城关越王山发现的闽越国墓葬，都是重要的线索。所以，在闽越国都邑以外的邑落遗址肯定有不少是闽越国国王之下的“君”“侯”“将”等贵族和官吏的封邑和领地。在考古调查时，工作人员发现锦城村一带的地理环境优越，非常适合大型聚落的建立。该遗址区的范围仅次于武夷山城村东越王都和福州冶山的闽越国东冶故都。由于闽越国贵族、官吏有等级高低的不同，所以封邑和领地也相应有规模大小的差别。在考古调查中发现的面积、规模不同的闽越国聚落遗址，应当都是这种情况的反映。

另外，福州杨桥西路黄末山（牛头山）发掘的闽越国时期的大型建筑，不排除也是东冶都邑西部一个重镇的宫署遗址。受发掘面积的限制，我们只发掘揭露了这处重要遗址的一角而已。

四、有关问题的思考

毫无疑问，闽越国两座都邑的发现，改变了我们传统的认识。闽越国地方邑落的一些发现和认证，对于进一步了解闽越国的社会结构和组织，也有相当重要的意义。不过，非常遗憾的是，我们至今尚未对闽越国的某一个地方聚落，有过较长时间的、系统的勘探和考古发掘，所以还是很难全面地揭示出闽越国地方聚落的结构和布局。当然，由于我们对闽越国东越王城的结构和布局，有一个相对较深入的了解，所以对闽越国的地方邑落的认识和了解，也就显得更容易把握一些了。但是由于目前考古单位比较缺乏闽越考古研究的相关人员，所以闽越国考古调查和发掘工作还难以系统地开展，只能寄希望后来的考古工作者去做深入的研究了。

另外，把浙江温州发现的与东瓯国都邑有关的遗迹、遗物，放在本章节中作叙述，需要在这里做一下补充说明。东瓯国是在汉惠帝三年（前192年）（实际是吕后执政期间）时，汉廷分裂闽越国的一部分领土建立的诸侯王国（亦称东海国）。开国之君为闽君摇，在瓯江下游的温州地域建立了国都，推测东瓯王都的规模次于闽越国都福州东冶和武夷山东越王都，但也不会太小。由于东瓯国和闽越国是同族同文化，它们之间分分合合，关系密切，所以本书必须涉及。但是鉴于它们又是不同的诸侯国（邻国），所以本书不作深入探讨。希望不久能有东瓯国史问世。

关于秦汉时期的闽越人和封国，不能不提东海（东瓯）国和南海国，它们也都是闽越人在闽越地区建立的诸侯国政权，而且都是从闽中郡和早期的闽越国裂土分封出来的更小一些的诸侯国。汉高祖十二年（前195年），封立南武侯织为南海王，是在封无诸为闽越王管理闽中故地七年后再封的一个越王的后裔。笔者在前面所说的闽越王无诸应该在汉惠帝三年（前192年）之前就去世了，也不排除无诸在汉高祖十二年立南海国之前去世的可能性。南海国存世时间较短，在汉文帝时灭国。南海国的领地还有争论，目前还缺乏考古资料的发现，南海国王都资料就更少了。汉惠帝三年汉廷封立东海国（东瓯国），比南海国的建立晚了3年，存世了半个世纪。研究人员在温州市地域发现了一点线索，但距离了解它的主要遗址及中心位置等实况还非常遥远，并且这也不是本书要解决的问题，在此不过多赘述。

第八章　建筑业和建筑技术

第一节　出土的建筑材料及种类

中国的“秦砖汉瓦”在世界建筑史上有着极高的声誉，秦汉时代的砖瓦，是当时中国土木构建筑最主要的建材。与西方美轮美奂的希腊、罗马古典石构建筑风格迥异的东方木构殿堂，在厚重、精美的砖瓦砌垒中，显示出威严、凝重的建筑风范。这正是东方专制主义思想意识的物化体现。它不仅仅昭示在秦汉中央王朝的宫殿建筑上，地方郡、国亦然，闽越国的城址及宫殿也不例外。武夷山东越王城那壮观的城垣与雄伟的宫阙楼宇，虽然已于2000多年前毁圮，成为一片废墟，但考古发现的宫殿遗迹、城池结构，体现出追仿秦城汉宫的遗制①，而发掘出土的大批建材，更是历史的真实写照。这些建筑材料有陶、石、铁、铜等不同质地，其中以陶质建材为主。此外，在浦城临江的锦城村，邵武的越王台，建阳的平山，福州的浮村、冶山以及龙海的榜山雩林山等遗址中，也都出土有雷同的砖瓦类建材。鉴于出土资料的丰富和完整，我们以武夷山东越王城遗址作为典型例证，来探究闽越国的建材文化，其余遗址则作为补充。

① 杨琮：《崇安汉代闽越国故城布局结构的探讨》，载《文博》1992年第3期；《闽越国文化》，福建人民出版社，1998年，第135—149页，第五章之三：城村故城的布局结构。

一、陶质建筑材料

有各种砖类、瓦类及水管道、井圈等。

（一）砖类

砖的种类不少，主要有铺地、砌台壁的花纹方砖、素面方砖，砌墙垒阶的红烧条砖（烧制半熟的土墼）、花纹空心砖，还发现少量素面青砖和曲尺形砖（角砖）。花纹方砖在东越王城内外的宫殿遗址中普遍出土，主要用于铺设宫殿等大型建筑基址的门道、廊道、踏步或走道，也常用于庭院、天井的地面或井台、水池等台边的铺砌。

1. 花纹方砖

砖为长方形、模制成型，长46厘米、宽38厘米、厚4厘米，正面模印有重线套叠的菱形花纹（耳杯形菱纹）。有两种装饰样式：一种饰双排重菱纹，图案较疏朗，这种占绝大多数（图8-1）。另一种为密集的重菱纹，数量很少（图8-2）。有的砖面上还均匀散布着烧砖时遗留下来的小圆孔，可能是为了便于烧透所施（图8-3）。这类花纹方砖大多数烧制技术良好，质地坚硬，呈色为青灰、灰褐，少数质地稍软的，呈色为灰黄色或橙红色。福州冶山西北侧建设银行工地遗址中也零星出土有这种花纹方砖的碎块，屏山地铁站遗址中则出土有完整的花纹方砖。

图8-1　东越王城宫殿遗址出土的花纹铺地方砖

图8-2　东越王城宫殿遗址出土的花纹铺地方砖

图 8-3　东越王城宫殿遗址出土的花纹铺地方砖

2. 素面方砖

还有一种素面方砖，形状大小与花纹方砖基本相同。目前仅在福州屏山地铁站遗址中出土，是用于砌台边的。

3. 红烧条砖

这类长条形粗砖，汉代称“墼”。东汉许慎《说文解字》说：“墼，瓴适也。一曰未烧者。”段玉裁注云：“按瓴甓，即瓴适也。”甓也是砖的古字。所以说“墼”在当时既可指已烧过的条砖，也可指未烧过的砖坯。四川广元发现的东汉包城墙的条砖上，也有“墼”之铭文可证。不过后世俗语一般把未烧或不烧的砖坯称之为“土墼”。

东越王城遗址中这类墼的出土数量很多，均为长条形，长度规格不一，一般在 25—28 厘米之间，断面为方形，宽厚约 10 厘米（图 8-4）。砖的五面通常都较平整，仅有朝上的一面常留下明显的圆形夯窝的遗迹。此种砖（墼）主要用于砌筑屋墙以及土台等。

4. 空心砖

在城村汉城高胡坪甲组建筑群遗址中，出土过一些残块。在城址下寺岗宫室建筑遗址中，出土了 1 件可复原的空心砖和一批空心砖残块。空心

图 8-4　东越王城遗址出土的红烧条砖

砖的正面图案以绶带挂玉璧纹样为母题，间饰菱形等几何形纹样，顶面饰繁密的重菱纹，纹样风格类似于花纹方砖，背面及底面有的素面，有的饰粗绳纹。空心砖体形很大，长度约 202 厘米，高 30 厘米，宽 32 厘米，砖壁厚约 6 厘米（图 8-5、图 8-6）。这种砖由于造型均作长方形的条石状，内部空，故名“空心砖”。空心砖大而稳重，坚硬结实，平整美观。它们的用途是砌筑大型台阶和踏步，以增添端庄雄伟的气势，是当时比较贵重的大型建筑材料。

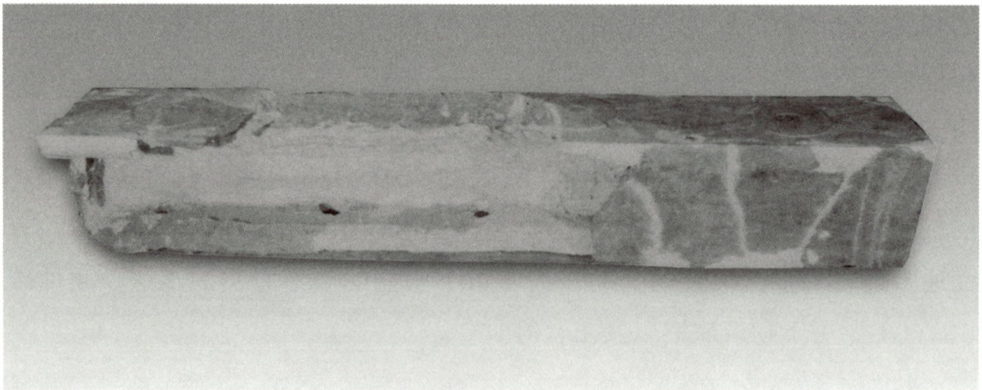

图 8-5　东越王城下寺岗宫室建筑遗址出土的花纹空心砖

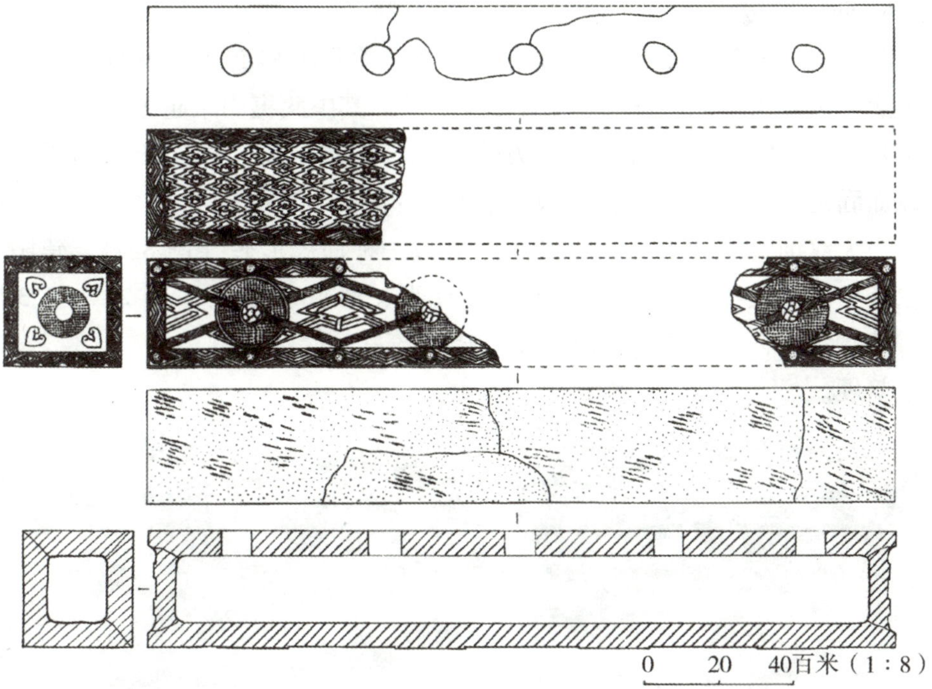

图 8-6　东越王城下寺岗宫室建筑遗址出土的花纹空心砖（线图）

5. 素面青砖

在东越王城内的高胡坪甲组建筑群遗址及城外北岗建筑遗址中，都有零星的发现。这种砖都呈青灰色，烧制精良，质地坚致，形状呈弧形，外边长 34.5 厘米，内边长 24 厘米、宽 17.6 厘米、厚 5.6 厘米（图 8-7）。

图 8-7　东越王城北岗遗址出土的素面青砖

6. 曲尺形砖

断面为“曲尺”形，有人称之为角砖。曲尺形砖有大小两种，分别出土于武夷山东越王城遗址和建阳平山遗址①。其中武夷山东越王城遗址中的出土物，形体较大，一边有一长方形穿孔，推测是用来插接栓、铆或系绳等以加固建筑部位。此砖胎质较软、呈灰黄色、烧制不精、火候欠高，通体素面无纹饰（图 8-8）。此城址还出土另一种曲尺形砖（图 8-9）。建阳平山遗址中的出土物为小型砖，残长 18 厘米、宽 10. 5 厘米、厚 2. 4—3. 3 厘米。外体素面，内面衬饰粗麻布纹。烧制较好，砖体呈红褐色，火候较高，质地坚硬。

图 8-8　东越王城遗址出土的带方孔的曲尺形砖

图 8-9　东越王城遗址出土的曲尺形砖

7. 三角形砖

目前这种砖仅出土于建阳平山遗址中，砖体断面呈“△”形，砖体有大中小三种规格，都是残砖，大者素面，高 10 厘米、底宽 6. 8 厘米。小者两侧饰方格纹，高 5. 8 厘米、底宽 5 厘米。此种砖的烧成火候较高，质地坚硬，尖顶部皆有挖刻的凹窝。这类砖都是被扰乱后出土并受到破坏，因此用途不明，有待今后进一步研究。

（二）瓦类

瓦类有板瓦、筒瓦、瓦当和瓦钉。瓦类建材在已发现的闽越国遗址中，

① 杨琮：《福建建阳平山汉代遗址调查》，载《考古》1990 年第 2 期。

出土数量都很多，在浦城临江镇，福州浮村、屏山和冶山等遗址均有大批出土。在东越王城已发掘的遗址中，出土了很多完整的瓦材和不计其数的残瓦片，其中可复原原貌的瓦类数量也很多。

1. 板瓦

闽越国遗址中出土的板瓦在造型和风格上都大同小异，多数长 53—56 厘米，宽约 35—40 厘米，厚 1—1.5 厘米，少数瓦材形体稍小。东越王城遗址出土的板瓦根据一些小差异可分为三式（图 8-10—图 8-13）。总体来看，这些板瓦大都造型厚重美观，质地坚致优良，但在胎质方面仍有硬软之别，系烧窑火候控制的问题。火候高的质地十分坚硬，瓦表呈色多为青灰色、灰褐色或赭色；火候低的胎质较软，呈色多见红色、橙黄色或灰白色，有极少数胎表呈灰黑色。瓦色和硬度的不同，与烧造火候、时间及洇窑与否都有关系。

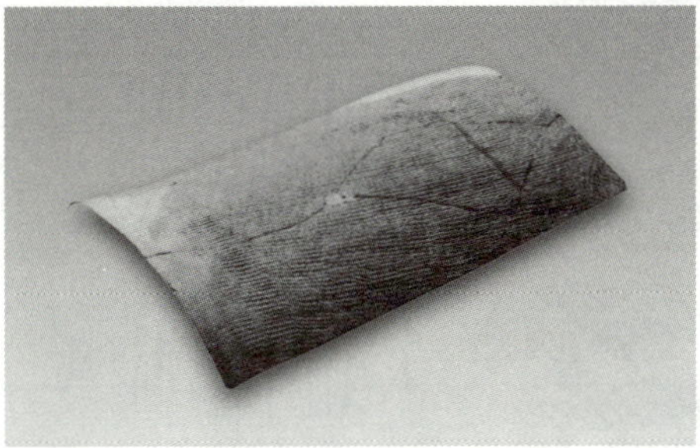

图 8-10　东越王城甲组建筑群遗址出土的 1 式板瓦

图 8-11　东越王城甲组建筑群遗址出土的 2 式板瓦

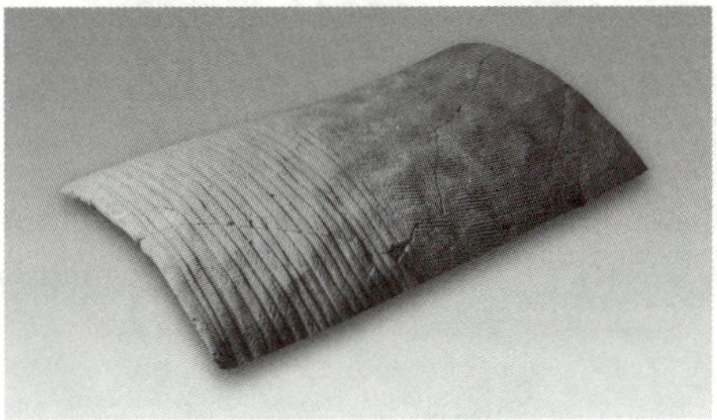

图 8-12　东越王城北岗建筑遗址出土的 3 式板瓦

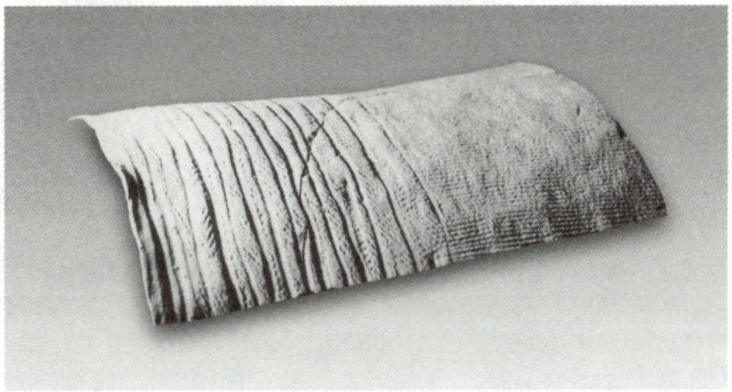

图 8-13　东越王城下寺岗宫室遗址出土的 3 式板瓦

在装饰方面，瓦背（凸面）均印有纹饰（图8-14），绝大多数为绳纹，有粗绳纹、细绳纹，或直线或斜线，个别有交叉相对的，极少数板瓦背印

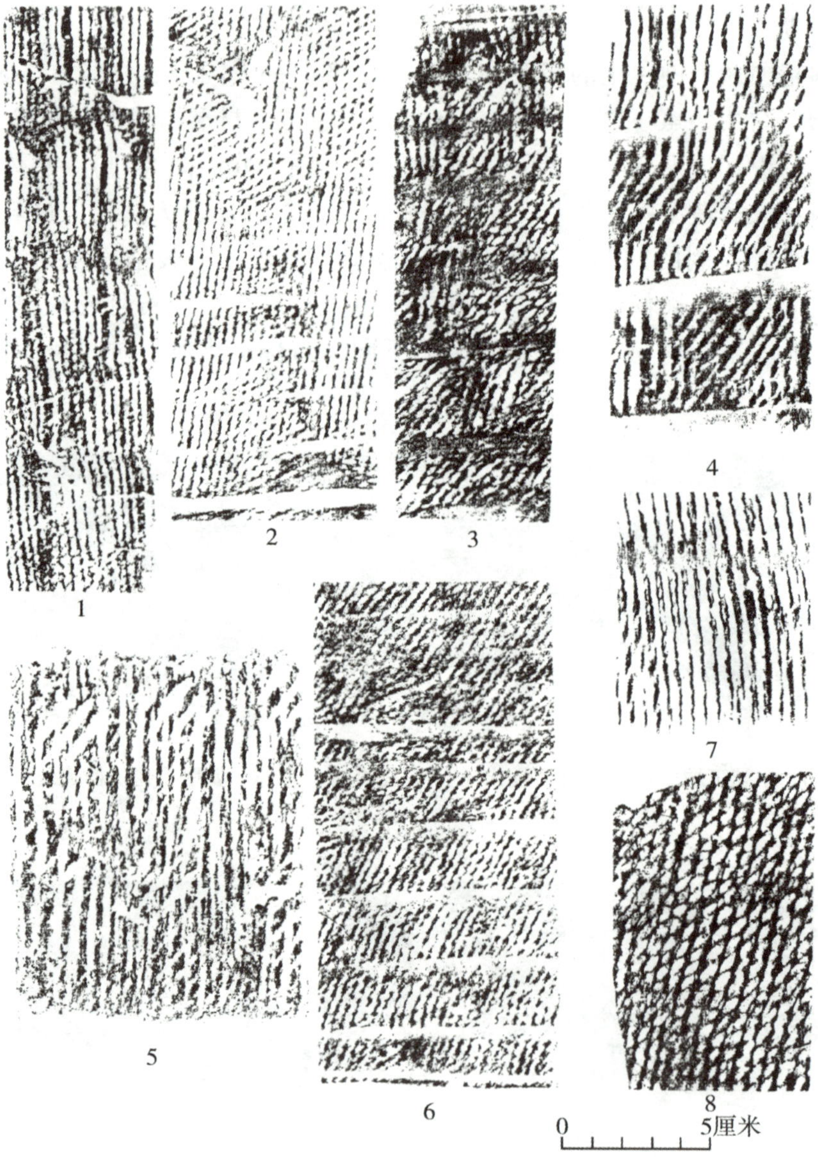

图8-14　瓦背（凸面）各种拍印纹饰（拓本）

菱形网格纹。瓦内（凹面）大多数印凸麻点纹（或称乳钉纹），麻点也有大小、疏密的不同，少数瓦内饰菱格纹、菱格间夹乳钉纹或方格间夹乳钉纹（图 8-15），另有素面无纹饰的。此外，在瓦内麻点纹上再拍印文字的情

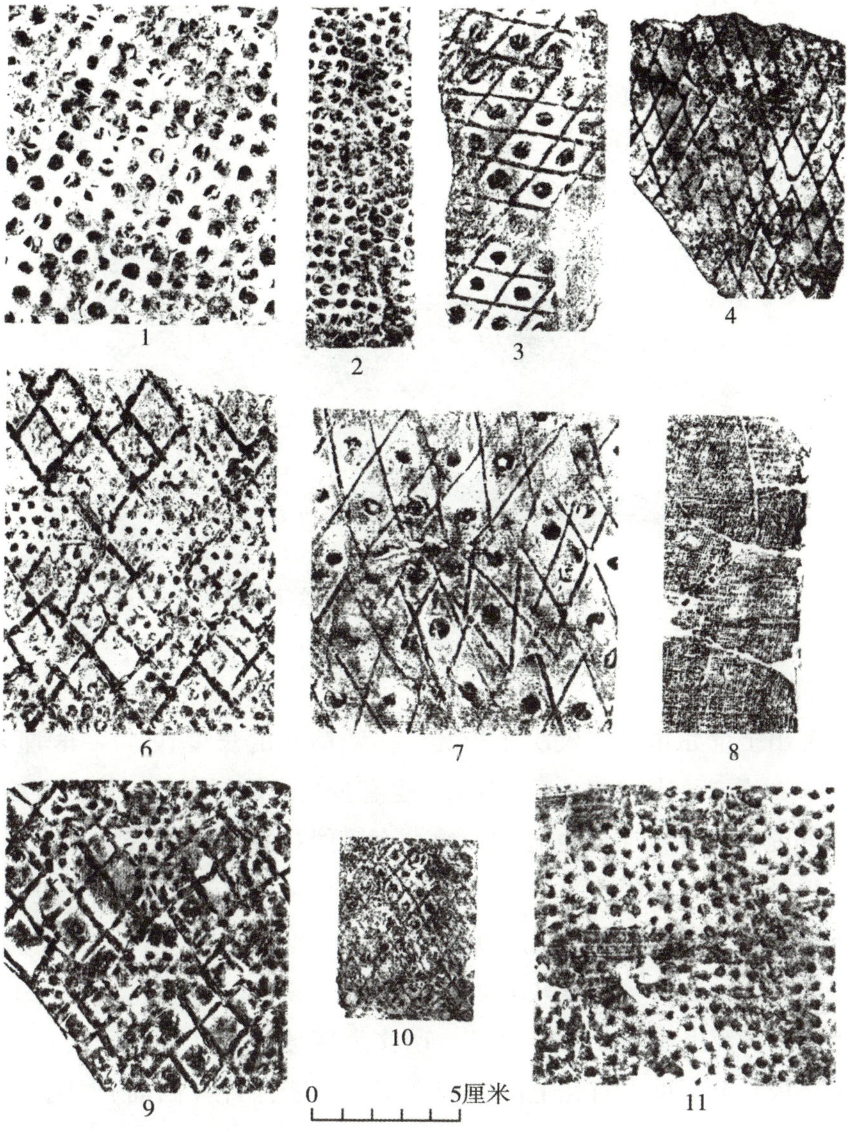

图 8-15　瓦内（凹面）各种拍印纹饰（拓本）

况也很常见，通常是一瓦内印满同一字，有木、狼、良、黄、辕、裹、赖等字（图 8-16）。东越王城遗址出土的板瓦上，印章戳印的现象很普遍，印文有单字也有双字，字框多为方形或长方形，文为阳文。常见的印文有夫唐、胡、真、马、林、徐、邓、屋、气、俑、唐、径、封、卑、气结、裹、良、皋、蓝、钱、诘、驭、赞、作、会、佶、卢、最、寿、乐、周、五、眉、待、卒、日利、胥须、莫、辍、杸、根、赖、由等，以及一些模糊和难辨的字印①。这些印章戳记均印于板瓦的内面（凹面），它们多数应是人名，少数为吉语（图 8-17）。

图 8-16　板瓦内面的拍印文字

2. 筒瓦

筒瓦出土量亦很大，仅次于板瓦。多数筒瓦的长度在 40—48 厘米间，径宽 16—20 厘米，厚 0. 8—1. 2 厘米。也有少数形体较小者。筒瓦背面（凸面）均印绳纹，有粗绳纹也有细绳纹，有直线排列也有斜线表现的，装饰作风与板瓦类同。筒瓦内面（凹面）大多印凸麻点（乳钉）纹，也有素面的，少数为菱形网格纹内加突点（乳钉），个别内印细麻布纹。由于烧制火候的差异，瓦胎也有较硬和较软的差异。胎质软、硬及呈色情况与上述板瓦相类同。筒瓦上也常见印章文字，印文大多数与板瓦上的印文相同，仅个别文字板瓦上不见。筒瓦上的戳印文字皆戳于瓦背（凸面），无一例外，

① 杨琮：《福建崇安城村古城遗址出土文字及考释》，载《东南文化》1993 年第 1 期。

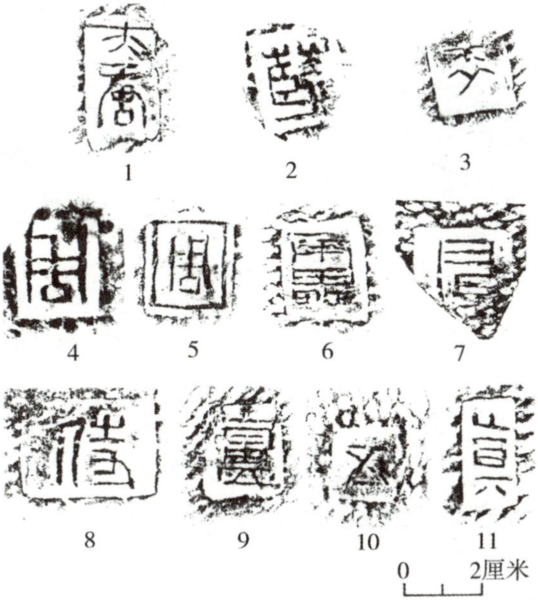

图 8-17　板、筒瓦上的各种戳印文字（拓本）

1. 夫唐　2. 蓝　3. 卒　4、5. 周　6. □□　7. 眉　8. 侍　9. 卢　10. 五　11. 真

与板瓦印文相反。另外，筒瓦内也偶见在凸麻点（乳钉）纹上再拍印文字的情形，其状况与板瓦相同。东越王城遗址出土的筒瓦，考古报告根据它们的一些小差异分为了四式（图 8-18—图 8-21）。

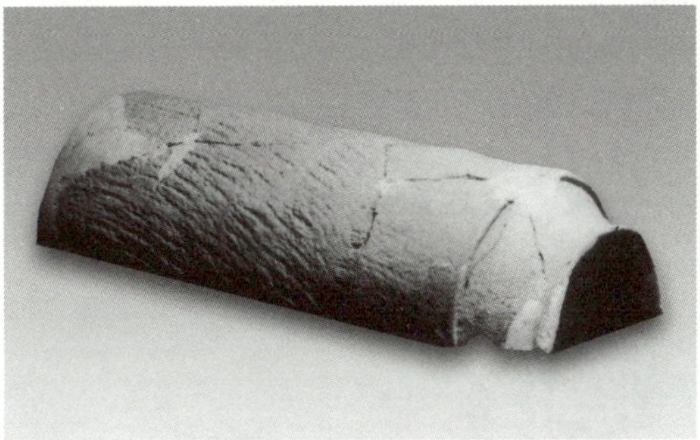

图 8-18　东越王城甲组建筑群遗址出土的 1 式筒瓦

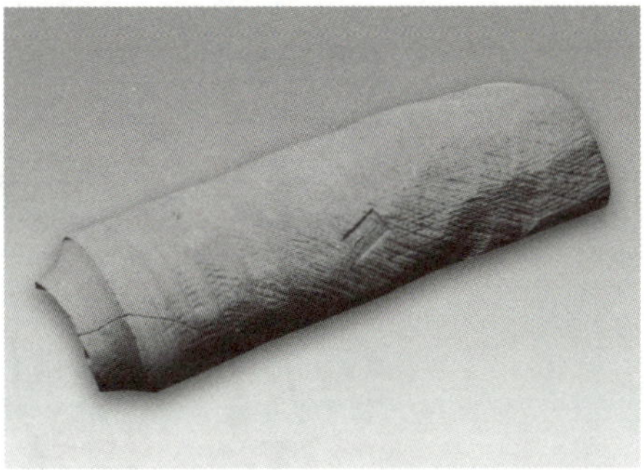

图 8-19　东越王城北岗建筑遗址出土的 2 式筒瓦

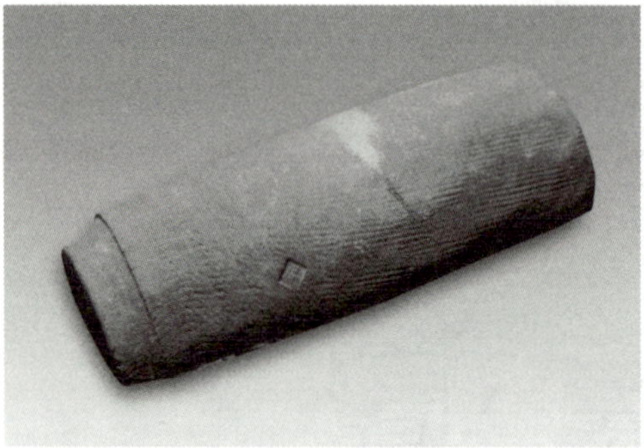

图 8-20　东越王城甲组建筑群遗址出土的3式筒瓦

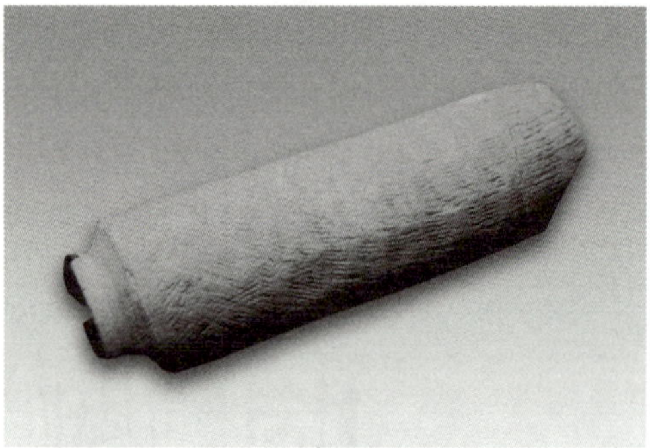

图 8-21　东越王城甲组建筑群遗址出土的4式筒瓦

福州冶山一带闽越国冶都遗址出土的大批板瓦、筒瓦，上面的戳印皆不可辨。笔者认为应当是闽越人自创的符号戳印（图 8-22）。

图 8-22　福州地铁屏山站出土的瓦内外的各种戳印（拓本）

3. 瓦当

武夷山东越王城遗址中出土瓦当的数量很多，共计 700 多件，均为圆瓦当，当径一般在 15—18 厘米之间。它们可分为阳云纹瓦当、阴云纹瓦当、云树纹瓦当、文字瓦当四大类。这四种类型的瓦当中，还存在着若干纹样上的差异，即风格大同下又有局部小异。因此可分为若干不同的式样，通常是一种印模一种样式。

第Ⅰ型，阳云纹瓦当。此型瓦当当心无圆泡，中间以“井”形纹隔出四区，上下左右各区中有对称的卷云纹，间加小乳丁纹，有不同的五种印模，分五式（图 8-23、图 8-24）。

图 8-23　Ⅰ型 1 式云纹瓦当

图 8-24　Ⅰ型 4 式云纹瓦当

第Ⅱ型，阴云纹瓦当。此型瓦当出土极少，当径约 15 厘米，边轮很窄。阴纹，卷云纹呈四朵对应的花瓣状（或称柿蒂形），当心有凸出的圆泡（图 8-25、图 8-26）。

图 8-25　东越王城马道岗遗址出土的Ⅱ型阴云纹瓦当

图 8-26　东越王城遗址出土的Ⅱ型阴云纹瓦当

第Ⅲ型，云树纹瓦当。此型瓦当在武夷山东越王都的各建筑基址中都有出土，是发现最普遍的一种瓦当类型。当径一般在 16—18 厘米间，当心有凸出的圆泡，大都为四分布局，式样非常多，共分十九式（图 8-27—图 8-30）。

福州冶山的闽越国故都遗址除出土不少与东越王城遗址相同的Ⅲ型瓦当外，还出土有另一种的Ⅲ型第 20 式瓦当（图 8-31）等。

图 8-27　东越王城遗址出土的Ⅲ型 1 式云树纹瓦当

图 8-28　东越王城遗址出土的Ⅲ型 13 式云树纹瓦当

图 8-29　东越王城遗址出土的Ⅲ型 1 式带筒云树纹瓦当

图 8-30　东越王城遗址出土的Ⅲ型 10 式带筒云树纹瓦当

图 8-31　福州冶山宫殿遗址出土的Ⅲ型 20 式云叶纹瓦当

第Ⅳ型，文字瓦当。武夷山东越王城遗址出土有“万岁”“乐未央”“常乐”“常乐万岁”等样式的文字瓦当，其中除“万岁”瓦当上部还配饰云纹、树纹图案和当心保留圆泡外，其余皆以文字为饰。“常乐万岁”瓦当有顺读和逆读两种（图 8-32、图 8-33）。此外，浦城还出土有地名加吉语的

“汉阳未央”文字瓦当①。福州冶山宫殿遗址中除了出土云树纹“万岁”瓦当外，还出土有其他样式的“万岁”瓦当（图 8-34）和“常乐万岁”文字瓦当（图 8-35）。

图 8-32　东越王城下寺岗宫室遗址出土的Ⅳ型 8 式“常乐万岁”瓦当

图 8-33　东越王城北岗建筑遗址出土的Ⅳ型 9 式“常乐万岁”瓦当

图 8-34　福州冶山宫殿遗址出土的Ⅳ型 10 式“万岁”瓦当

图 8-35　福州冶山宫殿遗址出土的Ⅳ型 9 式“常乐万岁”瓦当

① 福建闽越王城博物馆：《浦城县上面山汉代遗址发掘简报》，载《福建文博》2012 年第 1 期。

第Ⅴ型，配以神兽动物为装饰的文字瓦当。目前仅见一种样式即上有神兽（虎头）、下有凤鸟的“万岁”文字瓦当。这种瓦当只出土于冶山一带的宫殿遗址中（图 8-36）。

第Ⅵ型，白虎纹瓦当。仅在福州屏山地铁站遗址出土 1 件。整个瓦当只有一只奔腾跳跃、回头一望的白虎，造型生动而有神韵（图 8-37）。

图 8-36　福州冶山宫殿遗址出土的Ⅴ型兽首、凤鸟纹样的“万岁”文字瓦当

图 8-37　福州冶山宫殿遗址出土的Ⅵ型白虎纹瓦当

这些不同型式的闽越国瓦当，在图案设计上，较富于变化。其中极富特色的是云树纹，云树纹瓦当图案的表现形式也相当多样化，纹样或繁密或疏朗，有纤秀也有粗犷，构图颇具匠心。文字瓦当中的文字皆篆书，字体相当秀丽优美，字形结构按当面均衡、对称安排，艺术性很高。

瓦当的质地大都细腻坚致，软硬度和胎表呈色因烧制火候的高低而异，火候较高质地坚硬的，一般呈青灰色、红褐色或灰褐色。火候较低的，胎质也相对较疏软，多呈橙黄色，其余红色或部分灰白色瓦当的硬度介于两者之间。

4. 瓦钉

瓦钉的作用是通过筒瓦之孔，将钉压进房顶苫背的泥中，使瓦房顶更加稳固结实。东越王城遗址中，出土的瓦钉形状一般为蘑菇形或伞形。这些瓦钉均为细泥质陶，陶土选料细致，经淘洗，胎质较纯净细腻，成品有青灰色、灰白色和橙黄色 3 种，均素面无纹饰。根据形状不同，分为三式（图 8-38—图 8-40）。

图 8-38　东越王城甲组建筑群遗址出土的 1 式瓦钉

图 8-39　东越王城甲组建筑群遗址出土的 2 式瓦钉

图 8-40　东越王城下寺岗遗址出土的 3 式瓦钉

（三）陶水管和陶井圈

1. 陶水管

在武夷山城村汉城（东越王城）内外的建筑遗址地基中，先后发现有许多供排水管道系统的遗存。这些陶水管根据具体用途，有大小、长短等多种不同的规格，从遗迹现象上可以看出，当时闽越国的建筑师也是根据不同基址所需的供排水量，来设计安排大小型号的。其中最大的水管直径达数十厘米，最小的直径约 15 厘米，相当于未切开的筒瓦。其余介于两者之间不同管径的水管还有多种，均为圆筒形，根据大小和形制的差异可分为六型（图 8-41、图 8-42）。

图 8-41　东越王城甲组建筑群遗址出土的Ⅱ型陶水管

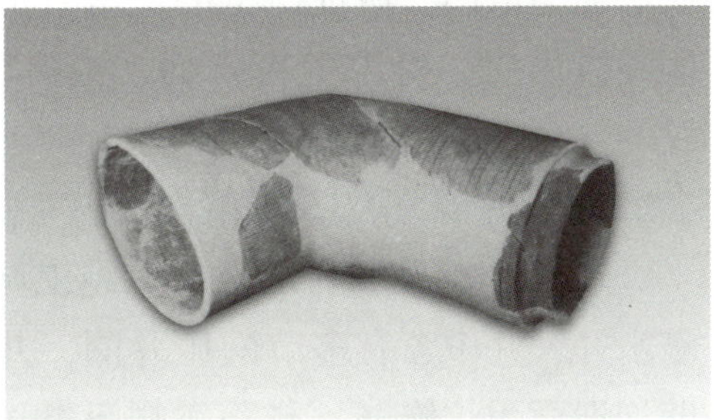

图 8-42　东越王城甲组建筑群遗址出土的Ⅵ型陶水管

这些大小不同的陶水管多数一头有形同筒瓦口部的凹唇，以利于各节水管的连接，亦有相当部分较粗大的水管无此种凹唇，而是口径小于尾径，器形呈喇叭状，这种造型同样是为了便于各节间的套接。在遗址中还常见接于拐弯处可改变水流方向的曲尺形水管，这种水管可任意接于两边的同径水管上以改变水流方向。其管径规格也有大小不同者，可用于连接各种管径的直筒水管。在高胡坪甲组建筑群遗址中发现有连接成“回”形的环流水管，其四角皆用这类“曲尺”形水管（图 8-43）连接。

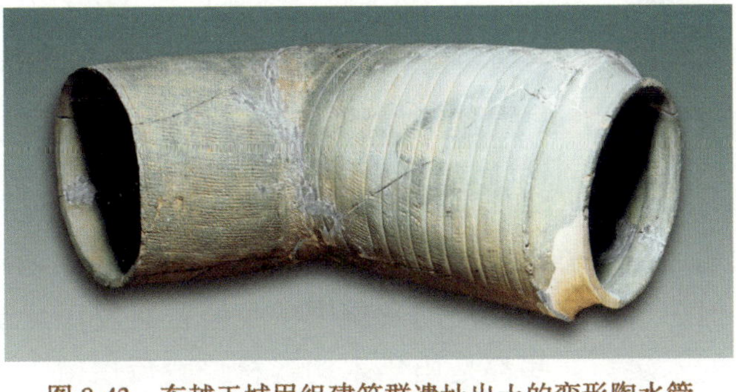

图 8-43　东越王城甲组建筑群遗址出土的弯形陶水管

这些陶水管的质地也有软硬的不同，煅烧火候高的管道质地一般较坚硬，器表通常呈青灰色或赭褐色。烧窑控制较差的或火候较低的，质地则较软，器表呈橙黄色或灰白色，这类水管中有不少质软如泥，在地基中已无法完整取出。城址出土的陶水管的装饰花纹大都与瓦类相同，筒外表以印绳纹为主，筒内壁有素面，也有凸麻点纹或在麻点纹上还加几何形印纹的。

2. 陶井圈

1983 年，在城村汉城（东越王城）高胡坪甲组建筑群北墙外清理出一座水井，井中套有多节陶质井圈，井圈为泥质红陶，取出的井圈标本内外壁均素面无纹饰（不排除纹样已磨蚀殆尽的可能性）。圈径 113 厘米，每节高 42 厘米，厚 2.5—4 厘米。每节井圈上都有 4 个相对称的小圆孔（图 8-44）。汉代这种陶井圈称“甃”。《说文·瓦部》：“甃，井壁也。”

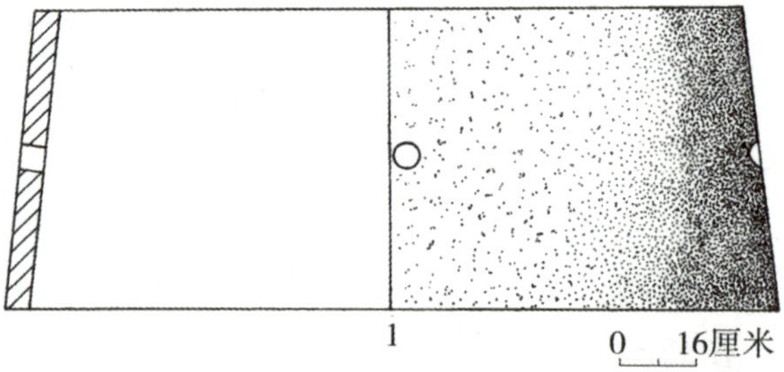

图 8-44　东越王城高胡坪甲组建筑群遗址后院水井出土的陶井圈
（采自《武夷山城村汉城遗址发掘报告 1980—1996》）

二、木、石、铁、铜质建筑材料

木质建材与陶、土建材都是土木结构建筑中最主要的材料。由于木质材料极难长久地保存下来，所以今天已很难见到 2000 年前闽越国建筑中的木构建材了。但在东越王城遗址的发掘中，我们普遍发现建筑废墟中遗留着成片或成堆的木炭，这些都是当年木构建材烧毁后遗留下来的。在高胡坪甲组建筑的础石上，还能见到方形木柱立于石面上的情景。这组建筑群主、侧殿中的房柱洞为抹角方形，边长 30 多厘米，深达 200 厘米，已显示出当时木柱材之高大。城址东大门外的壁柱槽宽达 50 厘米，不少柱槽中还遗存着巨大的方形炭化木柱。城门内侧支撑门房的壁柱槽宽度在 80 厘米以上，有的达 105 厘米，基座垫有巨大的础石，由此可窥知当时城门所使用的木质建材的规模。此外，除各式宫殿楼宇的内部构架均应为木质建材外，不少建筑物的墙土中也遗留着竹、木编排的印痕，并且有的建筑物纯粹是木板墙。

闽越国东越王城遗址中所发现的石质建材主要由各种大小用途不同的础石和垫石组成的。这类建材大多能保存下来，但也有相当部分被毁或被扰乱、破坏。这些大小不等的础石、垫石大都是镌山石或取河中大石，稍经修整或凿磨后用作柱础，多数凿修粗略，没有十分规范的样子。也有少数凿磨稍精，使之呈方形的。此外，在天井、庭院及建筑物散水部分和城内外道路方面，大量利用了天然卵石来铺砌，甚至在露天台、坛上也使用了卵石铺设。这些用于建筑中的河卵石，大都经过一定的挑选，普遍较扁平，并且根据建筑对象的需要，用石大小有时也有选择。

铁制建材只是一些较小的建筑构件。如在高胡坪甲组建筑群遗址中出土有铁制的兽面衔环铺首，这种铁铺首是安于建筑物的大门上的。同时在高胡坪甲组建筑群遗址和东城门遗址中，出土有大小不同的铁臼座。这些铁臼座都是用来安置金属门枢的。由此推测，当时与之配套的门枢及门扇角叶也相应多为铁质制品。此外，在城址中还出土了一些锈蚀严重的铁构件，大多受损，原形不明，推测部分遗物也应为有关的建筑物件。

城址中出土的铜质构件仅见 2 件帐构，但比汉代通常所见的铜帐构如河北满城汉墓中的出土物①要大一些。

第二节　建材的生产工艺和窑炉

一、建材的生产工艺

闽越国批量生产的建筑材料主要是砖、瓦类及水管道、井圈等，均由

① 中国社会科学院考古研究所等：《满城汉墓发掘报告》（上），文物出版社，1980 年，第 160—173 页。

专门的制陶作坊生产，这类作坊大都是官营的。这些建材的生产工艺和程序比较讲究，反映了手工业生产已达到较高的水平，是闽越国建筑文化重要的一翼。

（一）砖类的制作工艺

1. 花纹方砖

花纹方砖的制作工序是：先将调和好的泥坯投入尺寸固定的框模内，然后用阴刻有花纹的盖模压印后成型，待晾干后装陶窑煅烧成成品。成品大都烧制得十分坚致结实，既美观又实用。

2. 红烧条砖（墼）

红烧条砖是直接用黏土填入模框中夯打，然后把夯打得十分结实的土坯装窑焙烧成半熟的红色粗砖。这种砖在框模中的五面都较平整，单独朝上的一面因经夯打，都清晰地留有夯打的夯窝痕迹。这种条砖在建筑中需要量较大，制作工序比较简单粗略，简捷省事，因此产量较高。

3. 空心砖

东越王城遗址中出土的空心砖的制法是，先将和好的坯泥打成片，模印上花纹装饰，然后将几片坯泥片黏合成型，各面的接合部都从内面用泥条加固。待成型的空心砖坯晒晾干后，装窑煅烧成成品。这种空心砖体积巨大，长度约 2 米，因此必须放置于空间很大的窑炉中方能烧成，并且这些砖体的质地十分坚实，煅烧的火候较高，足以反映当时闽越国烧窑技术水平的进步。

4. 其他砖类

其他诸如素面青砖、曲尺形砖、三角形砖等，在制作上也都是用泥坯模制或手制黏接等工艺成型的，最后置窑炉中烧制为成品。

（二）瓦类的制作工艺

1. 板瓦

板瓦系用泥条盘筑法手制。瓦内面常遗留泥条盘捏痕。具体制作是用泥条一层层盘筑而成的一个大泥筒坯型，抹光，然后在内外拍印上纹饰（如绳纹、麻点纹等），在拍印纹饰的过程中也一并将筒坯修整得较为规整，有的在内面还印上印章戳记。然后用竹刀在内面将其割划成四等分，切口一般较浅，大都在0.2厘米左右，待筒坯晾至快干时，将其分别敲断，一筒便得4块板瓦坯型，最后装窑煅烧成成品。

2. 筒瓦

筒瓦亦为泥条盘筑。用手筑一直径约16—20厘米的小筒，施印纹饰及文字印章后，还要用陶轮修整口沿等部位，然后用竹刀在瓦筒外壁向内对切两条深约0.8厘米的割槽，待筒坯快干时敲断，便得两个筒瓦坯，最后送窑煅烧。此外，亦有不少圆瓦筒，在切割时采用了分段切割后晒干敲断的手法，显示了在制作细节上的一些差异。

3. 瓦当

瓦当多数胎质较细腻纯净，这是黏土淘洗精选的结果，有少数瓦当的泥坯仍淘洗不细，亦含少量砂粒。在制作上，当面是用泥坯置于模印中模制成形的，然后黏接边轮，再与圆形瓦筒坯相接，结合部内面用泥条加固，后用竹刀将瓦筒对半竖切至当背，再用竹刀或绳弓顺当背横切或勒断。最终得一筒瓦和一带筒瓦的瓦当坯型。将它们晾干后装窑烧制成成品。东越王城遗址中出土的瓦当绝大多数系上述三道工序——先制当面，再黏边轮，后接瓦筒——的手法制成的。但也有极少数省略第二道黏边轮的手法，制成无边轮的小瓦当或直接以瓦筒黏接成边轮。

4. 瓦钉

目前已发现的闽越国瓦钉，仅出土于东越王城遗址中，均系手制成型，然后置陶窑中焙烧，与中原地区习见的模印钉头（帽）的制法不尽相同。

（三）陶水管和井圈的制作工艺

1. 陶水管

闽越国时代的陶水管目前绝大多数出土于东越王城遗址，福州冶山宫殿遗址中有少量出土。在制作工艺上均系泥条盘筑法手制，基本与筒瓦的制法类似，只是减少了一道切开的工序。其中小型水管道几乎是用没切开的筒瓦坯直接烧制成的。中型的水管也大多有凹口，制作与筒瓦相同，水管的口沿等都在陶轮上修整，其上拍印绳纹及旋印凹弦纹的操作，也应是在陶轮上施制的，所以器型一般都比较规范。这种水管前端加饰的旋纹，可使两个陶水管相接处扣合严密。大型的陶水管大都为头小尾大的样式，略呈喇叭筒形，在盘筑时就已按型号大小予以控制，成型时还进行了不同程度的修削，使之规范，便于各水管间的衔接套合。

2. 陶井圈

陶井圈亦用盘筑法盘筑、抹光、修削、打洞后成型，最后装窑焙烧。

二、窑址的考古发掘

1996年秋在武夷山城村的后山（狮子山）东北麓，城村汉城考古队发现了被村民盖房破坏了的汉代陶窑遗址。考古队随即上报并进行了抢救性考古发掘。① 这次共发掘清理了3座被不同程度破坏的汉代窑炉和一座唐代洞式小窑炉，3座汉代窑炉中有两座仅存后室尾部，仅一座结构保存略好。此后于2001年城村村庄开路，在后山北部的岩头亭又破坏了两座并排的窑炉，考古队一边上报处理，一边对其中一座受破坏的窑炉进行了抢救性发掘清理。② 经勘察发现，后山的东北麓至岩头亭以西有成排的窑炉，从保护遗址的角度考虑，考古队未对保存较好的窑址进行发掘。

经抢救性发掘清理的这两处窑址，为我们提供了很重要的实物资料，揭示了城村汉城（东越王城）及宫殿建筑群建筑用陶的来源，找到了烧制陶建材的手工作坊、窑址的位置，并进而探讨闽越国陶窑的形制结构及其制陶业的水平。

（一）城村后山（狮子山）窑址

在城村后山东北麓发掘的3座窑址中，一、二号窑炉仅存窑室后部，窑炉绝大部分被村民盖房时挖掉了，在一号窑址底部出土了一些陶瓦片和一件瓦当。四号窑结构保护较完整，仅窑头前的工作坑（工作面）部分保存不完整。另外，窑室中部被一座五代时期的土坑墓斜向打破，但平面布局基本保存完整，可确知是靠山坡下挖窑后室，有三面室壁是在山体岩石（风化岩）中挖出的。窑炉的后室（烧成室）为近方形，边长为2米多，顶

---

① 福建博物院，福建闽越王城博物馆：《福建武夷山市城村西汉窑址发掘简报》，载《考古》2004年第7期。

② 福建闽越王城博物馆：《武夷山城村岩头亭西汉窑址发掘简报》，载《福建文博》2003年第3期。

部塌没，窑后室堆积大量的塌顶的窑砖，据此推断该顶应为砖砌的穹窿顶，窑室前方有一个面积较大、较长的燃烧室，其长宽也超过 2 米，燃烧室顶为券顶，发掘时还残存了一段。火膛（火焰室）前面是烧火口，此口上部已残，口外有一个窑前浅坑，为烧窑工匠投柴、烧窑的工作面。

这 3 座窑不是按正方向，而是按自然地形依山坡来营建的。窑壁不尽相同，一、二号窑未挖到山岩体，窑室四壁是用窑砖砌垒而成的。四号窑因挖到山岩体，所以后室三面是利用山岩为墙壁，背壁两侧靠室底的下方有左右 2 个烟孔，烟囱靠后室壁。烟囱是在岩体上挖成的，前面用窑砖砌封，与窑室后壁取平①（图 8-45）。

图 8-45　后山（狮子山）四号陶窑遗存的拱顶火膛（东→西）

① 福建博物院、福建闽越王城博物馆：《福建武夷山市城村西汉窑址发掘简报》，载《考古》2004 年第 7 期。

（二）岩头亭窑址

城村后山北麓紧靠崇阳溪边的岩头亭一带，经勘察，沿山的东西方向有成排靠山面水的窑炉。岩头亭一号窑虽受局部破坏，但结构形制基本清楚，形制大体与后山四号窑相类，只是窑体上部保存较差，窑内堆积以窑砖为主，应为塌顶形成的最后堆积①（图 8-46）。

图 8-46　岩头亭一号窑址遗迹（北→南）

上述 4 座残窑的发掘，虽然只是城村后山东越王都窑场众多窑炉中的局部，但是可以反映出当时窑炉群的基本状况和形制结构。从后山东北麓一、二号窑的遗存看，一号窑底还残存一些瓦片和瓦当，可以推知窑炉废毁前的最后时刻，还在装烧瓦和瓦当等建筑材料。据建房时毁坏窑炉的老乡叙述，窑炉中还堆有大批瓦材，这从该房屋的夯土墙体上夹杂大量烧土和瓦片可得到确证。从窑炉的形制看，这几座窑都是烧制陶质建材的砖瓦窑，这些窑炉的出烟口都在窑室后壁的底部，通过长形烟囱将烟排出，可

① 福建闽越王城博物馆：《武夷山城村岩头亭西汉窑址发掘简报》，载《福建文博》2003 年第 3 期。

确知都已是半倒焰式的砖瓦窑炉，从结构上看，窑室内的穹窿顶部都应有灌水“洇窑”的洞口。城址宫殿中出土的大量的青砖灰瓦，就是通过“洇窑”烧制成的，而大批的红瓦则可能是未经“洇窑”烧制成的，类似我们现在的红砖和青砖的烧制。

已经抢救性发掘的两座结构完整的窑炉都是烧造建筑材料的，窑室出土的遗物主要是红烧条砖（土墼）。这种红烧条砖（土墼）烧制的火候不高，在城内的高胡坪甲组建筑中有不少出土，推断是用于砌墙。另外，建材窑炉也是使用这种耐火砖砌筑的，所以这种红烧条砖（土墼）在窑内的堆积也有相当部分是窑炉的倒塌堆积。

三、窑址的年代与王城的关系

武夷山城村后山，位于城址北城墙外的北部，此山东麓的成排窑炉与位于岩头亭山北麓的成排窑炉遗址，都是城村汉代东越王都郭区中的一个组成部分。① 两处窑址群均紧邻或靠近河面宽阔的崇阳溪，位于城址北门0.7—1.5公里处，北城门正对窑址，有一条宽阔的道路相通，当地称为“跑马道”，经勘察此道应是窑群和作坊区通往城内的重要通道之一。窑群全部安排在河边，应是在城邑建设布局中的精心安排，因为陶土陶泥的洗练、制坯、原料、成品的运输以及烧陶“洇窑”都需要靠近河流。城外北部的这座长形山岗（后山）和圆形山岗（岩头山）位置都非常重要，均位于宫城外的郭区范围内，与郭区的各种建筑设施、民居、官署区可连通，成为一系列有机的整体。窑群之北为环绕城郭的宽阔的崇阳溪，溪北亦为大规模的贵族墓葬区，墓葬区东西向绵延分布约2公里。这两处窑址群不仅环绕山麓便于烧窑外，也便于运送大批建材成品从大路（跑马道）达北门城，亦可从崇阳溪用船运进王城的东西水门内，用于营建宏大的宫殿建筑群。

在后山四号窑北侧的地层堆积中，出土大量窑渣、陶器皿残件等，还

① 杨琮：《崇安汉代闽越国故城布局结构的探讨》，载《文博》1992年第3期。

出土有制瓦坯用的布满凹点纹的陶拍及一些可能与制陶作坊有关的陶具。从遗址的勘探看，地势更低的制陶作坊区可能已被后世人们的活动所破坏而荡然无存了。另外，这种方室（或长方室）的窑炉，即是当时已开始广泛流行的“马蹄窑”（或称为“馒头窑”）的成熟形式，方正的窑室便于烧制方正规矩的砖瓦建材。这种窑炉的形制风格无疑是从中原内地传入的。这种陶窑除了烧制陶建材外，是否也用来兼烧日用陶器皿呢？目前尚无法确证。因为在窑室里发现的还都是建筑材料，陶器皿残件都是在窑炉外边的地层堆积中出土的。窑址出土的所有遗物也都不晚于西汉中期。[①] 由于城内外宫殿、官署遗址出土的建筑材料及日用陶器和窑址所出土的建材、陶器完全一致，该窑群生产的产品专供城邑使用已无疑义。已发掘的这两处窑址，只是城外郭区狮子山东部和北部大型窑群及建材作坊区的局部遗迹，它们都是东越王都遗址的组成部分。

四、西汉前期闽越国陶窑的发展水平

早在先秦时代，福建地区的闽越先民就已掌握烧造原始青瓷器和印纹硬陶器的方法，且发明了建在山脚斜坡上的龙窑。尽管早期的龙窑，长度不长，但毕竟是越族先民创造发明的烧制早期瓷器和硬陶的窑炉系统。目前，全国已发现最早的龙窑是福建永春的龙窑雏形遗址，遗址的时间早于商代。[②] 在浦城猫儿弄山也发掘出长约 7 米的商代早期龙窑遗址[③]，在江西、浙江等地，陆续发现了已有一定长度的商代晚期至战国时期烧制的青瓷器和印纹硬陶器的龙窑，在武夷山也发现了烧青瓷器的西周早中期的龙

① 福建博物院、福建闽越王城博物馆：《武夷山城村汉城遗址发掘报告 1980—1996 年》，福建人民出版社，2004 年。福建博物院、福建闽越王城博物馆：《福建武夷山市城村西汉窑址发掘简报》，载《考古》2004 年第 7 期。福建闽越王城博物馆：《武夷山城村岩头亭西汉窑址发掘简报》，载《福建文博》2006 年第 3 期。

② 考古发掘报告尚未发表。福建省文物局、福建省考古研究院编：《浮海阙地　百年求索——福建文物考古集萃》，福建教育出版社，2021 年，第 300 页。

③ 福建博物院编：《21 世纪初福建基建考古重要发现》，福建人民出版社，2009 年，第 59—60 页。

窑遗存。① 不过，西汉闽越人烧造印、刻纹硬陶器是沿用传统的龙窑，还是用这种“馒头形”砖瓦窑呢？根据现有资料推测，可能是使用传统的龙窑，但该观点亦尚待新的考古发现来证实。

在考古发掘中，已发现西周至战国时期的半倒焰圆窑，圆形的窑室，后部靠下方有一出烟孔②（图 8-47、图 8-48）。

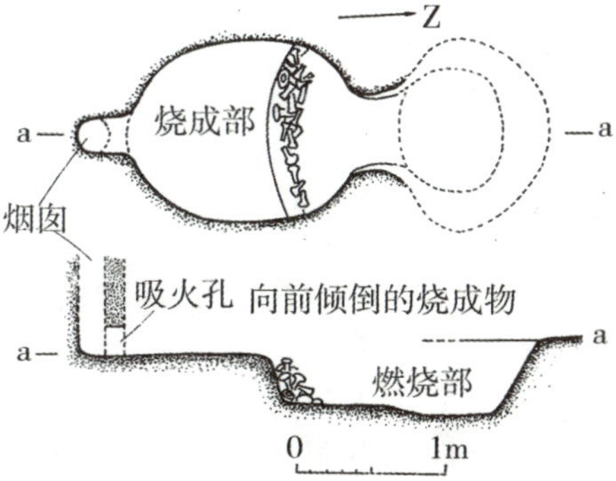

图 8-47　东周时期楚国窑址

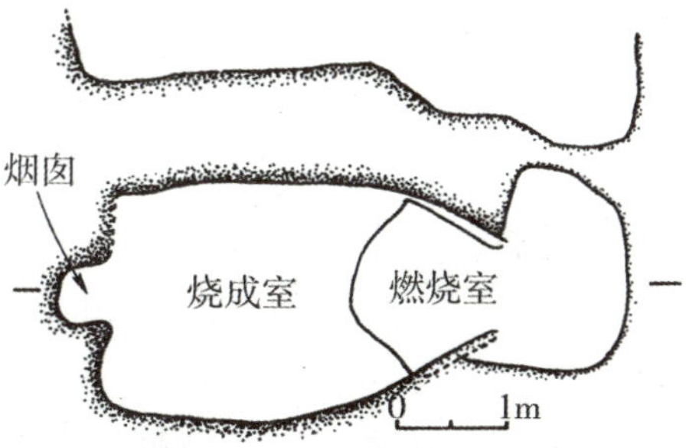

图 8-48　战国时期秦国窑址

全国已发现了不少两汉时期的窑址，如在汉长安城外发现的烧制陶俑的窑炉③，虽有少量的单吸火孔（单烟孔）的窑炉，但大量已是双吸火孔的长方形窑炉了。而在杭州湾的萧山境内，于 20 世纪 50 年代发现了一批战国时期典型的半倒焰马蹄窑遗迹，这些窑炉，平面呈圆形，直径 2 米，后壁下面并列三眼吸火孔④（图 8-49），比单眼吸火孔更加合理与先进。只是战国时期出现的这种三眼吸火孔的马蹄窑还很少见。

---

① 福建博物院、福建闽越王城博物馆、武夷山市博物馆：《武夷山市竹林坑一号原始瓷窑址发掘简报》，载《福建文博》2012 年第 3 期。

② 熊海堂：《东亚窑业技术发展与交流史研究》，南京大学出版社，1995 年，第 61 页。

③ 中国社会科学院考古研究所汉城队：《汉长安城窑址发掘报告》，载《考古学报》1994 年第 1 期。刘振东：《汉长安城新发现六座窑址》，载《考古》2002 年第 11 期。

④ 王士伦：《浙江萧山进化地区古代窑址的发现》，载《考古通讯》1957 年第 2 期。熊海堂：《东亚窑业技术发展与交流史研究》，南京大学出版社，1995 年，第 63 页。

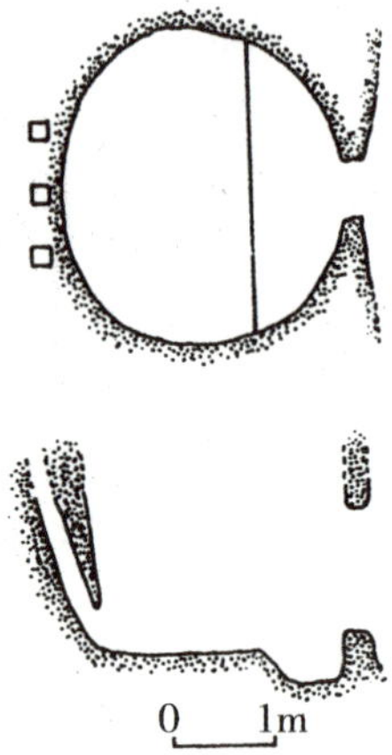

图 8-49　战国时期越国的马蹄窑平剖面图

在临潼发现秦代烧制陶俑的马蹄窑竟然有一种是五眼吸火孔的①（图 8-50），这种五眼吸火孔的马蹄窑也很少见。直到汉代，马蹄窑还处于双眼向三眼吸火出烟孔的规范发展过渡阶段（图 8-51）。在陕西华县附近的"京师仓"，考古人员也发掘到与西汉晚期至东汉早期类似的方形马蹄窑，窑室后部已有 3 个等距规则的出烟孔，窑炉又有了一定的进步②。汉代无论是双眼还是三眼吸火孔的马蹄窑，窑室都是方形和长方形的规范形制，这是窑炉结构的优化和进步。熊海堂把半倒焰马蹄窑的发生期定在了西周至战国时代，他根据考古资料指出这一时期排烟孔的位置，已从窑顶移到了窑炉后壁之下，且窑炉排烟孔（吸火孔）只有 1 个。到了秦汉至魏晋南北朝时代，马蹄窑的吸火孔有所增加，一般保持在 3 孔以上。③ 实际是：战国时期部分地区的窑炉已开始有了较大的发展变化，汉代以后已稳步发展为吸烟口双孔至三孔的方形马蹄窑（馒头窑）。

从上述考古发现的资料看，中原地区出现的马蹄窑，最晚在战国时期

① 秦俑考古队：《秦代陶窑遗址调查清理简报》，载《考古与文物》1985 年第 5 期。熊海堂：《东亚窑业技术发展与交流史研究》，南京大学出版社，1995 年，第 62 页。

② 陕西省考古研究所：《西汉京师仓》，文物出版社，1990 年。

③ 熊海堂：《东亚窑业技术发展与交流史研究》，南京大学出版社，1995 年，第 29—30 页。

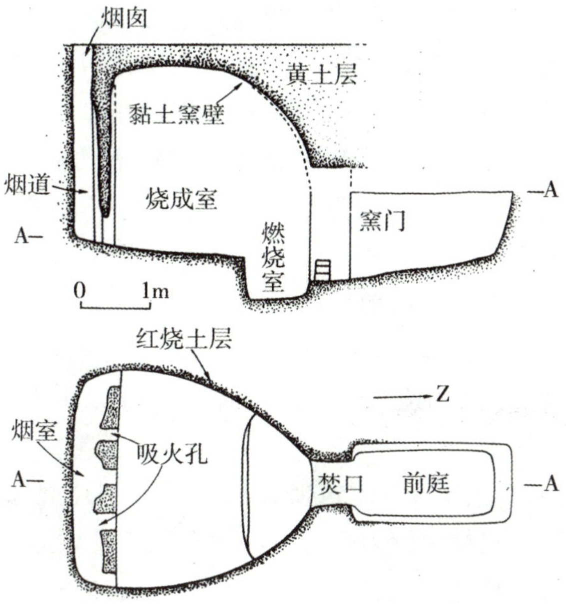

图 8-50　陕西省临潼县Ⅱa-2 型地下式半倒焰马蹄形砖瓦窑（秦代）

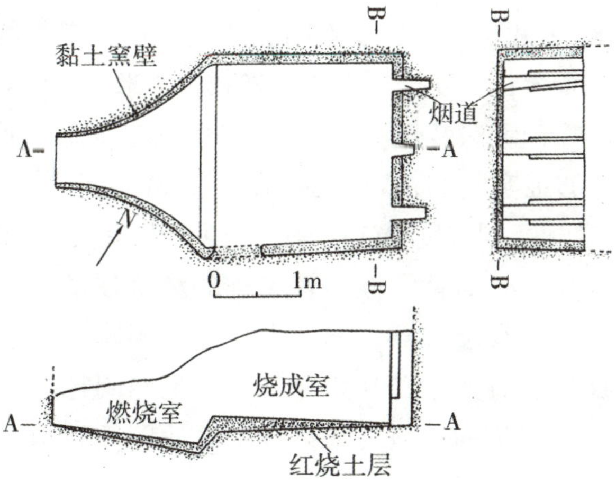

图 8-51　四川省武胜县匡家堰Ⅱa-2 型地下式半倒焰马蹄形炼瓦窑（西汉末东汉初）

就已传播到长江流域以南，楚、越地区已经采用了这种窑炉技术。有关窑炉遗址的出土遗物未见报道，故尚不能确定南方地区采用这种圆形马蹄窑是用于烧制日用陶器，还是陶建材。而武夷山城村后山和岩头亭发现的这些窑炉，则已确定为西汉前、中期的东越王都的窑炉，它们均是窑炉后壁下方有两个对称排烟孔（吸火孔）的结构，相较于汉长安城外发掘的烧陶俑和建筑材料的陶窑，两地都是方正的窑室，后壁下部都有两个分开的排烟孔。只是目前还不能判定这种马蹄窑（或称“馒头窑”）是否随着越国战败南迁进入福建地区。西汉前期这种近方形（或略呈长方形）的窑炉群在闽地大规模地出现，更能直接反映出汉长安城陶窑对福建的影响，也反映出闽越王国后期（西汉中期的前段）的制陶技术，特别是烧造建筑用陶窑炉技术的进步。

在东越王城内下寺岗一号建筑遗址出土的大型浮雕印纹空心砖踏步，迄今为止在中国汉代建材中较为少见，即便在汉长安城遗址中也难觅其踪。这种浮雕花纹空心砖长达 2. 02 米，高和宽分别为 0. 3 米和 0. 34 米，体积硕大，造型精美，是西汉前期中国建筑材料史上的奇迹。而这种大型的陶质建材必须在长宽都超过 2 米的窑炉中才能成功烧制。这种空心砖除去收缩度，入窑时砖体长度还会更长。城址目前所发掘的 4 座窑址：两座残窑窑室内宽分别是 1. 85 米和 2 米，长度不明；两座结构较完整的窑炉，窑室内宽分别是 2 米和 2. 2 米；长度分别是 2. 2 米和 2. 3 米。因此，这几座大小相差无几的砖瓦窑，应当无法装烧那么大型的空心砖。而这 4 座窑炉里出土的砖、瓦和瓦当也能够证实它们在毁弃前的用途。而城址内出土为数不少的、类似的大型空心砖残件，它们应当是由另外更大型的陶窑来专门烧制的。

由于闽越人在先秦时期就掌握了较先进的烧窑技术，已能烧制精美的原始青瓷器、精美的印纹硬陶器，但却未见建筑用陶的出现，由此说明了闽越人在先秦时期还没有产生砖瓦烧制技术。虽然闽越人的建筑制陶业是受中原内地的影响而产生的，但马蹄窑技术系战国后越国南传福建的可能性也不能排除。

尽管西汉闽越国烧造建材的窑炉技术传自中原和越国，但这个时期的闽越人所建造的窑炉已经十分科学了，为闽越国建筑宏伟的宫室楼宇烧造了大量精美的陶质建材。建材中除上述巨大的空心砖外，陶井圈的直径也达 1.13 米；大型陶质水管道、各种砖瓦及大型陶瓮等这类烧制精良的硬陶制品，证明了当时烧窑技术和火候控制已达一定的水平，同样在中国窑业技术史上做出了重要的贡献。

第三节　闽越国的制陶作坊与司陶官署

在武夷山城村汉城（东越王城）遗址外围的狮子山（后山）麓和岩头亭山北坡，先后发现了大批排列有序的陶窑遗址，不仅为我们揭开了闽越国的东越王都邑中郭区手工业作坊区布局的一角，也为闽越的官营制陶作坊及王国的司陶官署等问题的解决，提供了重要的实物资料。历史上我国从古至今的陶瓷业制坯的作坊区，都与窑炉连接很近，或共处一地。福建自先秦至清代陶瓷窑炉依坡而建，一是利用自然资源，二是出于窑炉结构和建造的需要。而陶器制坯、淘洗等工作作坊，一般都在窑炉旁或窑炉之前（下边），作坊更靠近水源、河流或位于方便取水的位置。所以于依山坡而建的窑炉遗址来说，手工业作坊区往往建于窑炉前面或旁边地势较为平坦和缓之处，既便于各种工作的工序连接，如洗炼和制坯、晾坯，也便于临河取水和运输。在福建山地，窑炉一般会容易保存，或者不易遭严重破坏，而作坊则难以保存或保存更差。闽越国后山的窑炉虽然遭到许多因素（例如村民开山取土、挖土、建房、生产等）的破坏，但还是遗留了不少实物资料。而作坊遗址则因位于村中和村边，历 2000 多年，大都被后世开垦、建设所破坏。尽管如此，窑炉与废品堆积仍然能为我们的研究提供不少信息，使我们能够以此来探讨制陶作坊的概貌。

如从位置布局来考察，后山和岩头亭相连的窑址区恰好位于郭区内王城（宫城）外的西北部，与西汉长安城内未央宫外西北部的都城官窑相一致①。这

① 中国社会科学院考古研究所汉城队：《汉长安城窑址发掘报告》，载《考古学报》1994 年第 1 期。

不仅证明了窑址王国官营制陶作坊的性质，也从另一个侧面反映出闽越王城是追仿汉长安城营建。

从目前福建境内汉代考古发现可知，大量出土砖瓦类建筑材料的地点并不多。武夷山城村汉城遗址、福州冶山闽越故都几处遗址、浦城临江镇锦城村遗址中，出土的瓦类（板瓦、筒瓦、瓦当）建材上，均印有文字戳印或文字纹饰，显示这种建材大都是官府所掌管的作坊烧制的。秦汉时期，中原内地的制陶手工业有 3 种不同的性质：中央直接控制的陶业作坊、地方经营的官府手工业、私人经营的制陶作坊。因此，上述武夷山、浦城、福州三地都存在着闽越国时期的官营建材作坊，后两处地方虽然至今还未发现窑址遗迹，但从出土的印文或戳印建材来看，依然可推定官营陶窑和作坊的存在。在浦城锦城村建筑遗址出土的瓦上发现了“工程”“工彊”等印文，与武夷山东越王城的瓦文“官长”“官黄”“官径”“官信”等还是有所不同。所以，福州和武夷山的官营作坊应当是王国直属的官营作坊，浦城的建材应该系低一级的地方官营制陶作坊所生产的。这些陶文、瓦文，类似陕西临潼秦始皇陵出土的瓦文、陶文印文风格，可能一定程度受秦文化的影响。这其中除了汉承秦制的因素外，秦始皇统一天下，曾降服闽越在福建设闽中郡，可能也产生了很大影响。

闽越国当时至少存在两种制陶手工业作坊，一种是王国官府控制的官营手工业作坊（这里不能排除它们之间还有不同级别的区分）；一种是民间的制陶作坊。类似的情况，亦见于中原地区战国秦汉的官府手工业工场中。在秦都咸阳和阿房宫、始皇陵等地，出土过印有“宫彊”“宫屯”“宫水”等砖瓦铭文；秦始皇陵兵马俑坑兵俑、陶马身上也发现了许多“宫系”“宫颏”“宫臧”“宫颇”等陶文戳记和刻记。经研究，都是人名前冠以官署名的印记，应是秦代中央官署控制下的制陶作坊生产的产品。其人名前的“宫”则是秦代制陶业的中央官署之一。①

闽越国城邑、宫殿建筑形式乃至建筑材料等，都显示出其受秦都咸阳

---

① 中国硅酸盐学会编：《中国陶瓷史》，文物出版社，1982 年。刘占成：《秦兵马俑陶文浅析》，见《中国考古学研究论集》，三秦出版社，1987 年。

宫殿建筑和建材的深刻影响。因此，城村汉城出土日用陶器上的文字“官黄”“官径”“官信”等，可能系闽越国制陶官署名与官营作坊中督制人之名合称的印记。中原内地的官营手工业作坊，在战国以来就已有了“物勒工名”（《吕氏春秋》）的制度，秦汉沿袭，闽越国亦不例外。那种印“乾官”和“宫”字印记、字纹的陶器，有可能是给专门的官署机构和王室烧制的产品，后者可能也属于一种标记。而“官长”戳记，可能是负责官营工场的工官长的印记。从《汉书・百官公卿表》中，可见秦汉政府诸多部门都设官长、丞等职。工官也是一样，如在山东临淄曾发现过汉代齐国（侯国）的“齐铁官长”等封泥①，可以证明这个问题。

福州地区的瓦上戳印，绝大部分与汉字有别，几乎无法考释。这种戳印于瓦材的作风虽是受中原秦汉文化影响所致，但符号形戳印则很可能是闽越族自创的人名、符号或者花押。这是一个奇特的现象，有待古文字学家的深入研究。而武夷山东越王城及附属遗址出土的众多瓦类印文，则以可辨识的汉字为主体，只有少部分瓦文类同福州的符号戳印，或难辨或无法考释，这大概反映了闽越王国后期，闽越自创的文字符号与中原汉字此消彼长的历史过程。日用陶器上的印文戳印，在福建全省仅见于东越王城遗址和墓葬中，这些日用陶器已明显可知是属官营制陶作坊专制的器皿。因此，闽越国的官营手工业作坊及王国的司陶官署的情况，在武夷山东越王城遗址、墓葬、窑址中体现得十分典型。

浦城锦城村西汉闽越国建筑遗址由于位于村庄中央，受后世破坏极为严重，福建省考古队于2004年发掘的这处遗址应是一座大型公共建筑，可能属于官署类建筑②。在遗址的瓦砾堆积中，出土了一批带印文应是人名与官营作坊“工”相关联的印章戳记，与武夷山东越王城中陶器印文上的“官黄”“官信”“官长”“官经”等有区别。在东越王城中，单字“黄”“信”“经”等在瓦文中常见，可推定是人名，而冠以“官”字在人名前的印戳应是王国最高司陶官署所专用的。这种例证在秦始皇兵马俑上可见，

① 罗振玉：《齐鲁封泥集存》，1912年。

② 福建闽越王城博物馆：《浦城县上面山汉代遗址发掘简报》，载《福建文博》2012年第1期。

如“宫颒”“宫口”等。“宫”和“官”意思基本相同，应是中央朝廷的司陶官署官吏监制的意思。而浦城的“工程”“工彊”等，则可能是闽越下一级的官营制陶作坊的低级属吏之名，加上管理机构名的印戳。

在福州地区出土的瓦类印纹中，目前还很少发现可辨的戳印文字。但出土的带有戳印的板瓦、筒瓦还是很多，这种戳印与东冶都的闽越王国司陶官署有关，仍是“物勒工名”的产物。只是它们可能是一种闽越人独有的类字形的符号戳印。这种类同人名的花押戳印，在武夷山东越王城遗址出土的瓦材和陶器上，也有少量发现。

城村汉城出土的陶建材中的铺地花纹砖、大型空心砖等，其规格、形制均不亚于中原内地。如空心砖的长度达 2 米多，就同时代来说，也是全国少见的。陶井圈的直径达 1.13 米，陶水管以及日用陶器中的瓮、缸等，形体亦多硕大。由此可推知，闽越国制陶手工业作坊中，烧造这些陶器的窑炉规模相当大，并且这些大型陶制品质地大多十分坚硬，烧制相当精良，反映当时烧窑技术和火候控制已达较高水平。在出土的日用陶器上，还有不少戳印文字与陶瓦材上的印文完全相同，系相同印章印出的。说明这些陶器皿与陶建材都是在共同的官府手工业作坊中生产的，督造人员为同一人，并且在某一宫室或某一单位建筑遗址中，常出土大批量制作及烧制火候相同、印文戳记相同的瓦材，体现出某人负责某一单位建筑整批瓦材的烧制情况。城址中有不少同类型陶器应当是批量生产的，典型之例可见那类“常乐”瓦当和逆读的“常乐万岁”文字瓦当，所出土的同类型陶器全都是相同质地和呈色一致的成品，均可证闽越国官营制陶作坊在同一时空批量烧制某一类型产品的情况。手工业生产空前集中，大规模生产建筑用陶，批量烧造日用陶器，是闽越国官营制陶手工业出现的产物，也是这一历史时期闽越国制陶业空前发达和发展的重要特征。

第四节　建筑技术和特色

秦汉时代是中国建筑发展史上一个非常重要的时期，特别是汉代建筑成为继承和发展前代成就的一个重要环节。这一时期的建筑技术、艺术等，都有了很大的提高，取得了突出成就。中国古代建筑的结构体系和建筑形式的若干特点，到汉代都已基本形成①。闽越国的建筑业和建筑技术水平，也是紧随时代步伐，在汉代建筑技术史中占有一定的地位。

这一时期，中国古代建筑中的木构架已有抬梁、穿斗、井干 3 种不同的结构方式。相应的建筑技术已相当成熟，成组的斗拱已大量用于重要建筑中。闽越国的大型宫殿建筑与中原内地的宫殿建筑形式相类，因此需要相当高水平的建筑技术。这里，笔者把闽越国规模宏大、结构复杂的宫殿建筑作为典型例证，来论述闽越国的建筑技术水平，是因为只有它们才能全面地反映当时建筑技术所达到的高度。从武夷山城村汉城（东越王城）遗址已发掘揭露的部分宫殿建筑基址以及这些基址中柱网结构布局来考察，闽越国的宫室屋宇亦已采用了较为先进的抬梁式和穿斗式的木构架形式，并且宫室的建筑面积相当大，一座大殿常常由十数间或几十间开间组成。从各类宫室楼宇建筑形制布局方面看，可推知斗拱的组合也比较完善，因为那些覆盖屋顶的板瓦、筒瓦、瓦当等，也是与顶架结构和承重能力相适应的。

闽越国宫室建筑的屋顶式样，据目前已发现和较明确的资料看，可知四面出檐的庑殿式占有较大的比例②，并且有些较大型的宫殿，推测还是重檐的形式，即“四阿重屋”结构的房顶。例如北岗一号（宗庙）建筑遗址中的前、中、后 3 座大殿建筑，在台基、房基四面有规律地分布着倒塌原状的瓦砾，都是覆盖于原地面上，再参照柱洞、础分布，可证这 3 座宫室都是“四阿”的房顶。而北岗二号建筑遗址中的南侧房屋（F5）③，亦在其址四周发现散水、瓦砾、瓦当分布，推断也是四面出檐的房顶结构。城内

① 刘敦桢主编：《中国古代建筑史》，中国建筑工业出版社，1984 年。

② 以往的发掘资料中，房屋倒塌后瓦砾分布、堆积状况的图形记录不详，给部分房屋房顶结构的推断造成了一定的困难。北岗遗址发掘中，注意到这一点，瓦砾分布图绘制得比较详细完善，对遗址中房顶形式的复原提供了重要的参照资料，同时可据此逆推高胡坪甲组建筑群中的部分建筑屋顶形制。

③ 福建省博物馆、厦门大学人类学系：《崇安汉城北岗二号建筑遗址》，载《文物》1992 年第 8 期。

高胡坪甲组建筑群中宏大的主、侧大殿①，推测也应如是。

闽越国宫殿建筑遗址中，出土建材最多的是陶瓦类。其中板瓦是仰置于屋顶面，筒瓦覆盖在两行板瓦之间，瓦钉是使筒瓦固定、以免滑动，瓦当起装饰作用。这些门类齐全的出土瓦材，证明了闽越国木构瓦房的屋顶设施在当时已十分先进和完善。

东越王城遗址中出土的瓦当，均为圆瓦当，未见中原部分地区汉初还沿用、流行的半瓦当。说明战国时期出现、汉代流行的这种较先进的圆瓦当，已被闽越人娴熟地掌握和接受。汉初制筒瓦和瓦当，一般是将圆瓦筒与圆瓦当直接黏接，然后从中切开，成为两件带半瓦当的筒瓦；如制圆瓦当，则必须在切至当背时再改变方向横切，因此工序较烦琐。东越王城及宫室楼阙不用半瓦当，均用圆瓦当，这样，宫阙殿宇的瓦当装饰不仅造型优美，而且更利于束水吐霤。闽越国宫殿建筑上的瓦当装饰图案，虽师法汉朝但又融进了自身的艺术特色，大多数纹样不完全雷同于中原瓦当。无论是花纹或图案都布局得体，与中原瓦当的原则一样，讲求对称的艺术效果，其文字瓦当亦篆籀精妙。从上述精美的建材上，也可推想当时闽越国宫阙那“如鸟斯革，如翚斯飞”的气象。

在高胡坪甲组建筑群中主殿西部的倒墙上，不仅发现有草掺细泥涂抹的墙面，而且墙面上亦涂有清晰的白石灰层，白灰面上有清楚的朱绘遗迹，可知是彩绘壁画孑遗。② 在城外北岗一号建筑Ⅰ号殿北墙的北面墙根，亦发现有草掺细泥涂抹的墙面残迹，在墙面上有乳黄色的墙皮残存，由此可知墙面是经过粉刷的。③ 由于墙基保存很差，残存物极少，但推测该处如高胡坪甲组建筑一样，原应有壁画。

武夷山东越王城是一座很有特色的山区古城。在该城的建筑方面，较充分体现出“因天材，就地利”因地制宜的特点。有关城邑的建筑特色，

---

① 福建省博物馆：《崇安城村汉城探掘简报》，载《文物》1985年第11期。

② 福建博物院、福建闽越王城博物馆编：《武夷山城村汉城遗址发掘报告1980—1996》，福建人民出版社，2004年，第58页，图版B119—177。

③ 福建省博物馆、厦门大学人类学系考古专业：《崇安汉城北岗一号建筑遗址》，载《考古学报》1990年第3期。

本书第六章中已有专述，这里省略。在城址内外，闽越国宫室庭院建筑组群的布局，也继承了我国商周以来宫殿建筑群的传统手法，大都采用均衡对称的方式，沿着纵轴线（又称前后轴线）与横轴线进行设计。常常是以纵轴线为主，横轴线为辅的布局，但部分建筑物是因地制宜，仅在局部有不拘泥轴线对称的情况。

闽越国建筑技术中，除了主流上师法中原汉朝，承袭商周传统外，地方特点在具体建筑技术方面也有许多体现。例如：建筑主基调虽效法中原的高台建筑形式，但基本不筑夯土台基，而是利用自然地形，采取了以山阜为高台的手法，将小山包挖平，修整成高平台的式样；而不像中原地区，是用夯土层层夯筑成台的。这种做法同样取得了高台建筑的效果，并且既省工，又显得宫室楼宇更居高临下，威严壮丽。

在不少宫室建筑中，吸取了传统的干栏式手法，将地板架空于地面。如城内马道岗，1959 年发掘的一座大型房屋建筑，地面密布间距不足 2 米的础石网。1981—1985 年发掘的高胡坪甲组建筑群中的主、侧大殿，在地面各柱位之间均置三到五列小型础石，间距仅 1 米左右，础石上有的残存有炭化的桩柱和横木。可推知原室内地面是采取在础石上立桩柱，于其上架设横木和木板地板的。从主殿中部红烧土台的高度考察，地板架高于地面 40 厘米左右。从城外北岗一号（宗庙）建筑的前后 3 座大殿内的左右和后侧遗迹看，这些殿内的配房（左右夹室及后室、房等）也都是采用架空于地面、铺地板的建筑手法①，只是与马道岗的大房，高胡坪的主、侧殿所采用的方法上略有小异。其目的都是一致的，即为了通风、防湿、隔潮。

闽越国建筑遗址中的台基或墙基也大都不是中原地区通常采用的挖基或挖基槽后再层层夯筑起基或墙，而是采取利用原生土做台做基的方式，或先设计好台基的形状和范围，然后将其周围的部分挖低，或用填土一次性填筑。因而台基、廊台、围墙中，都不见夯层或明显的夯迹，一般都是很纯净的土。这种形式的房屋台基、廊庑台道及围墙等，可能都不够坚固，

① 福建省博物馆、厦门大学人类学系考古专业：《崇安汉城北岗一号建筑遗址》，载《考古学报》1990 年第 3 期。

因此房屋建筑承重的支柱都是挖深洞埋置的。这类建筑的围墙大都厚达2米左右，是一种承重的土墙，在墙基有时可发现贴壁的木板炭迹，推测应是采用木壁带来加固墙体的。在广州汉墓出土的陶屋建筑模型中，可见这种壁带墙体的实例。①

在武夷山东越王城建筑中，也有部分廊庑的檐柱由于承重力不大，又采用在廊道地基中挖一浅坑将础石置于其中的手法。础石面与地面平或略高出地面。

闽越国建筑技术中，通常对台基地面、边壁，城墙边壁等，用匀火烧烤出红色、平光的硬面。这种手法完全是闽越人的传统建筑手法，主要是起防潮、隔湿和加固的作用，同时也可使台基、城墙、踏步等建筑物体的外观平整美观。

许多不起承重作用或不起主要承重作用的房墙、室内隔墙，闽越建筑匠师们一般是采用木骨泥墙的筑墙方法，或直接以木板为墙的方式建造。建筑遗址中，墙土遗物上多见不同大小的木骨印或竹子印痕。此外，在一些一次性填土筑成的地基、走道、廊台下，常见用大量残碎的瓦砾铺垫的现象。这种加固建筑基础的手法，也是东越王城城址建筑技术中的一种特色。

陶水管和陶井圈的烧制和应用，是闽越国建筑业和建筑技术的又一重要成就。陶水管在中原地区商周时期已经出现，发展到战国时代基本臻于成熟，秦汉时期广泛应用，但在福建地区，仅发现于汉代闽越国遗址中。这时期闽越宫室遗址中，各种形状、大小不同的圆筒形陶水管以及曲尺状双接水管等都很完善，地下水管道已成为闽越国城市建设中的重要设施之一，为当时城邑住人的日常用水、排水提供了很大的便利。

东越王城高胡上坑发现的闽越国水井，已使用了陶制的井圈（陶井甃）。陶井圈的使用，是我国东周时代才出现的新建筑技术，这对当时的社会生产和生活都有十分重要的意义。当时闽越国已经推广了这种陶井建筑技术。东越王城中的陶井，井甃（圈）上有4个相互对称的小圆孔。这种

① 广州市文物管理委员会等：《广州汉墓》（下），文物出版社，1981年，图版六一。

小孔的设置，主要是便于井外地下水源不断地流入井内，同时便于吊装入井安置时穿接绳索使用。陶井的建造方法是先挖一个比井略大的圆筒形土坑，然后把井圈一节一节重叠地放入井坑内，一直叠到井口为止。陶井圈的创制和应用，使人们可以在各种土质的地点打井，并保持井水的质量和清澈度，即使遇到土质极差的流沙地区，也同样可以打井。因此陶井圈的创制也是当时建筑技术的重要成就。①

以上情况，充分反映出闽越国建筑技术所达到的水平以及闽越建筑文化的重要特色，也充分展现了闽越国文明所达到的高度。

① 中国硅酸盐学会编：《中国陶瓷史》，文物出版社，1982年。

第九章　陶器与制陶技术

第一节　出土陶器及种类

闽越国的陶器文化包含了日用生活陶器和建筑陶器两大内容。建筑用陶在上一章已有专述，本章则专论闽越人日常生活所用的陶器。日用陶器主要指储容器、炊煮器、饮食器、盥洗器等日常生活用器。另外，我们也把陶制的纺轮、席镇、网坠、支座、陶拍等与生产、生活有关的陶器一并归入日用陶器来论述。

日用陶器是闽越国物质文化中，最基本、最常见，也是最富特色的一个文化因素。在闽越国遗址中，是最普遍、最多见的遗存物，同时也是辨别遗址是否属闽越国时代的最主要的参照物。在城村汉城（东越王城）遗址的发掘中，先后出土了大量的日用陶器，并且可复原率极高，目前已复原了数千件陶器。这是因为该城址是在汉武帝元封元年（前 110 年）突然火毁，湮埋至今所造成的特殊现象。其中有相当数量完整或可复原的器形，是出土于遗址原居住面上的。这些出土的日用陶器与城址中的陶质建材一样，有着很高的工艺水平。它们以质地坚致、造型优美独特、做工精细、装饰精妙而著称于世，展示了闽越国制陶业所达到的相当高的生产技术水平。此外，21 世纪以来东越王都外围的墓葬和闽越国其他地区的墓葬中，也出土了不少造型精美的陶器。

一、陶质

以东越王都遗址为代表的闽越国日用陶器，陶质可分为泥质陶和粗砂陶两大系。

（一）泥质陶

除少数较小型的器皿胎质十分纯净细腻外，大多数器物的坯胎中都含有一些砂粒。泥质陶器皿中，陶质也有硬、软的差异，这主要是由于烧成火候的差异造成的。一般来说，烧成温度较高的胎质都较坚硬，反之，烧成温度较低的，胎骨较疏松。大多数泥质陶烧成火候很高，胎体已经烧结，叩击时有铿锵之声。这类硬质陶器一般器表和胎心的呈色不尽相同，器表似有一层薄衣，系高温下"窑汗"所致。这类坚硬的陶器呈色有青灰、灰褐、赭紫等色。少数泥质陶因烧成火候的欠缺，陶质略软或疏软，器物呈色为砖红、橙黄、灰黄或灰白色。泥质陶中，褐色、赭紫色、砖红色等陶器占了很大的比例，这是由于胎土中含铁量较高的缘故。另外，泥质陶中有相当数量的器物烧制精美、器形优良，绝大多数大型器如瓮、缸、提桶（筩）、大盆、大罐等，都是高温烧成的硬质陶。

（二）粗砂陶

粗砂陶陶胎中含有大量砂粒，有的还含有少量石英。这种陶质主要见于炊煮器、可加热的盛食器等器类，如釜、盆、支座、三足盘等器形，另有个别鼎、匏壶、提梁盉等器皿也制成夹砂器。这些夹砂陶也因烧成火候、温度的高低，形成质硬质软方面的差异。器物成色因煅烧火候差异而有所不同，情况大体类同泥质陶。总体来讲，大多数火候较高，陶质也较硬。

上述泥质、粗砂两系陶器虽然因烧成的温度不同而有硬、软的差别，但都与中原地区的泥质灰陶判然有别，东越王都遗址出土的陶器都属南方越系的硬陶系统。

二、纹饰与文字记号

闽越国陶器分为有纹饰器和无纹饰（素面）器两类。其中大多数器物都装饰着或繁或简的花纹，完全无纹饰的器物不多，它们大都是小型器如三足盘、小盆和盅之类。

由于装饰花纹是为了美化器物，同时有的纹饰如拍印花纹也是为了成型的需要而有意为之的。因此，花纹也往往根据器物的不同种类、形状和大小分别选用。闽越国陶器有一器饰一种纹样的，也有一器饰两种以上或多种花纹的。纹饰的施制有拍印、模印、旋压、刻划、镂孔、附加、捏塑等多种方式和表现形式。另外，在陶器上印文或刻划文字、记号的情况也很常见，有的印文兼有装饰的意义，多数是纯粹的印记。

（一）纹饰

1. 印纹

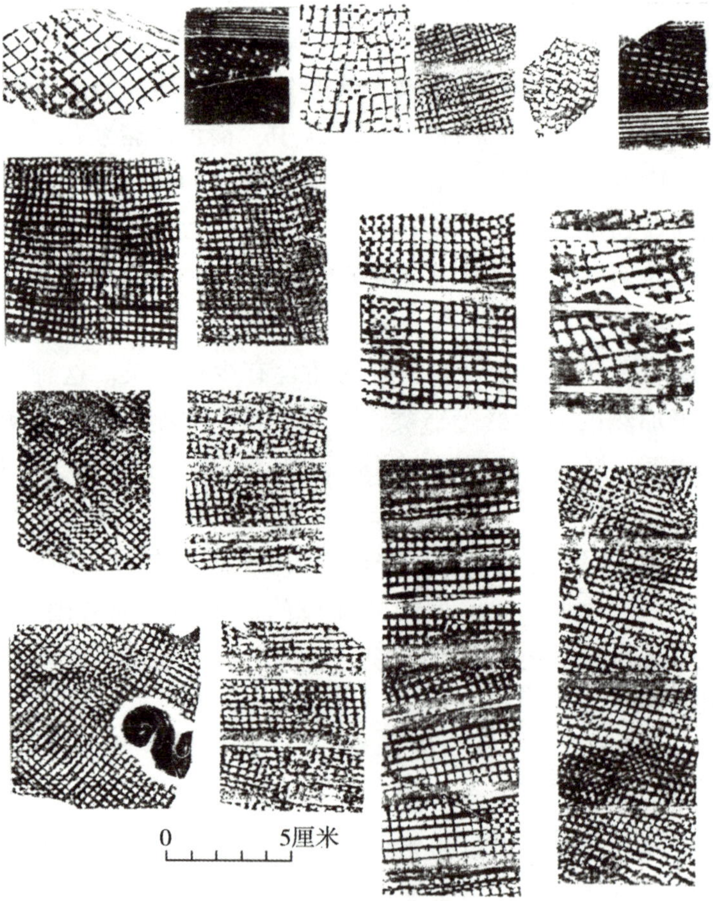

图 9-1　闽越国陶器上的各种方格纹（拓片）

以方格纹为主，其次为绳纹，还有极少数菱格纹、菱形回纹、凸麻点（或称乳钉）纹、米字形纹、网格纹、圆圈纹和几何图形戳印纹。

方格纹　有大小不同的纹样，最常施于瓮、罐两类陶器上；大缸、部分大盆和支座上也可见到（图9-1）。

绳纹　分粗细几种，主要施于釜的底部及部分支座上（图9-2：10—18）。

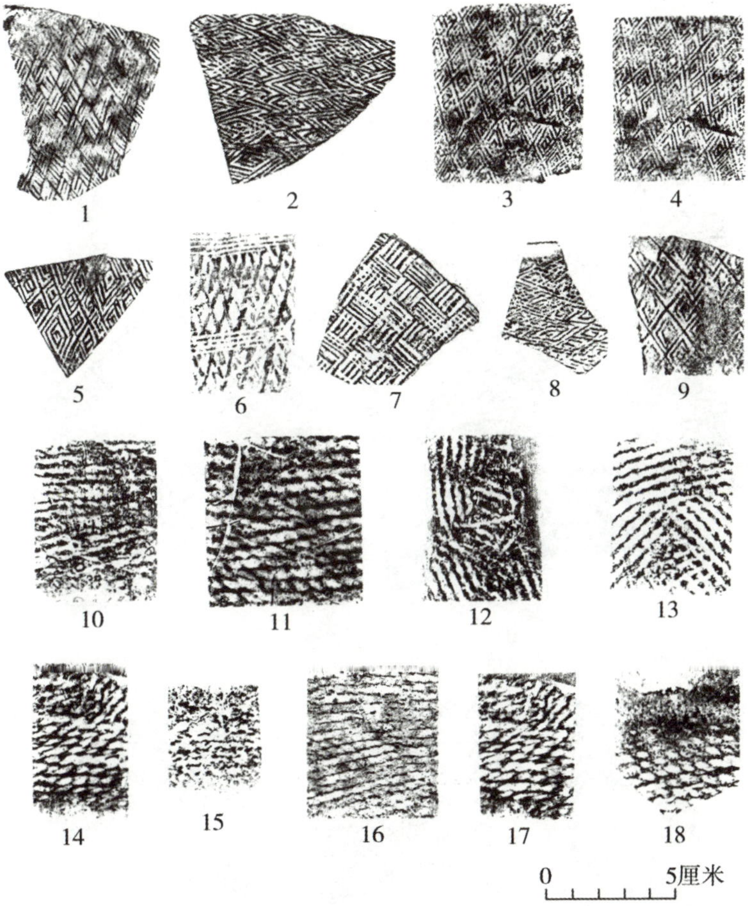

图9-2　闽越国陶器上的各种几何形印纹和绳纹（拓片）

菱格纹　仅见个别罐上（图9-2：2）。

菱形回纹　纹样不甚规则，近似雷纹，仅见于部分罐片上，有的类似竹编纹（图 9-2:3、4、5）。

米字形方格纹　纹样不规则，偶见于个别采集来的陶片上。

凸麻点纹（乳钉纹）　与瓦类凹面习见的纹样相同。见于少数罐内壁。

网格纹　与瓦内面纹样类同，偶见于罐壁（图 9-2:6）。

圆圈纹　为小竹管戳印于少数瓿、提桶（筩）上。通常是与其他花纹配合施用的，也有大圆圈形状的纹样（图 9-3:5）。

几何图形戳印纹　少数瓮上可见这类纹样，图形为方框中填交叉线或三角纹，也有圆圈形纹。它们必以方格纹作地纹相衬，是由一种以方格纹作地纹，上刻各种几何图形小戳印的专制的陶拍，在器坯未干时在器表上逐段拍印出来的（图 9-3）。

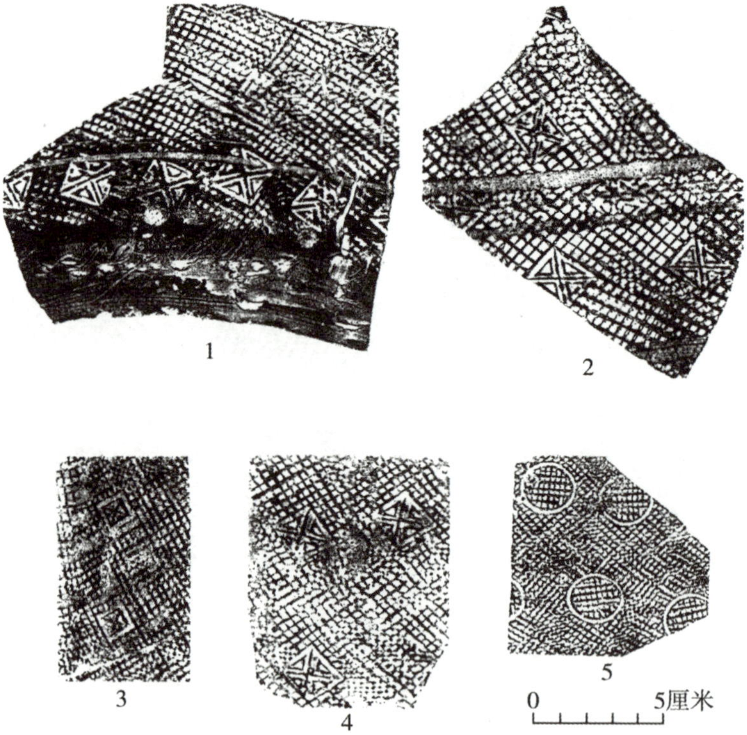

图 9-3　闽越国陶器方格纹上的各种几何图形戳印纹（拓片）

铺首印纹　模印成型后粘贴于器表，这种浮雕式印纹仅见于圈足洗（盆）上，系兽面铺首（图9-9:9）。

2. 旋纹

有宽旋纹、细弦纹及“瓦纹”几种形式。

宽旋纹　主要是凹进的旋纹，常见于瓮、罐的肩腹，宽达0.5—1厘米。瓮体常饰几道或十数道的纹饰，而罐体往往只饰2—3道纹饰，有的盆体亦可见上述情况。宽旋纹常与方格纹等印纹配合施用，系将器物置于陶车上，用竹木棒按在器坯上旋出的纹样（图9-4）。

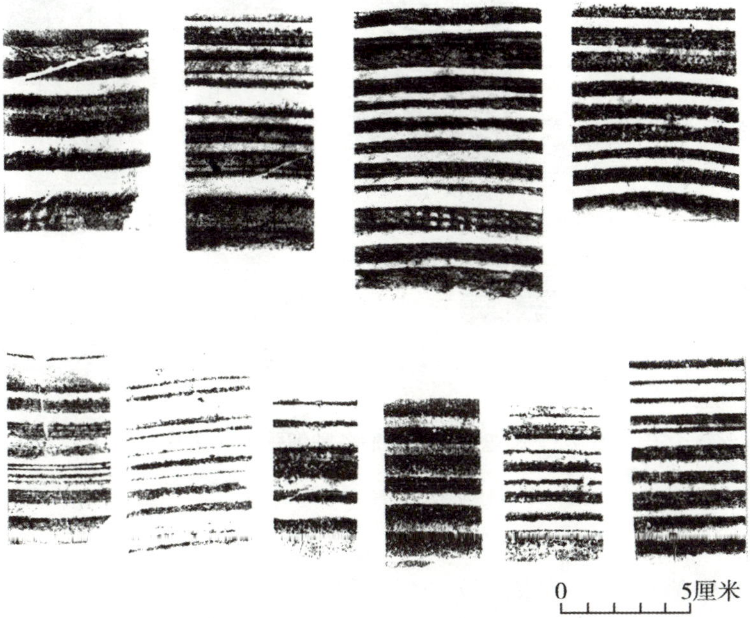

图9-4　闽越国陶器上的各种宽旋纹和瓦纹（拓片）

细弦纹　一般由几道以上平行的细线组成的，作为专门的纹饰或组合纹饰的间隔，多与水波纹、锯齿纹或篦点纹等配合使用。多施于罐、盆、瓿、壶、盒、盂、杯、提桶（筩）、匏壶、熏炉、提梁盉及各类器盖上。这类细弦纹的施制方法是用篦梳类工具在器表上旋出的（图9-5）。

瓦纹　因断面呈瓦垄形而得名，系由密集排列的凹凸宽旋纹组成。这种装饰多见于一些盆体。个别罐、提桶（筩）和甑，亦为此装饰（图9-4）。

图 9-5　闽越国陶器上的各种细弦纹（拓片）

3. 刻划纹

刻划纹中最常见的是水波纹、篦点纹、锯齿纹等。其次，还有栉齿纹、绹纹、半圈纹、“ε”形纹、三角形纹、重菱纹、凹凸竖条纹和短道刻纹等（图 9-6、图 9-7）。

水波纹　一般是三道以上至十数道成组的，形如波涛起伏。但纹样形状常各有差异，或繁密或疏简，有的细密整齐，有的简略草率。施制时常与弦纹配合，有时也与其他纹样复合，组成繁缛复杂的花纹饰满器身。水波纹主要施用于瓿、盆、匏壶、提桶（筩）、小盒、小杯、钵和少数罐体。它是闽越国陶器中富有代表性的纹饰（图 9-6）。

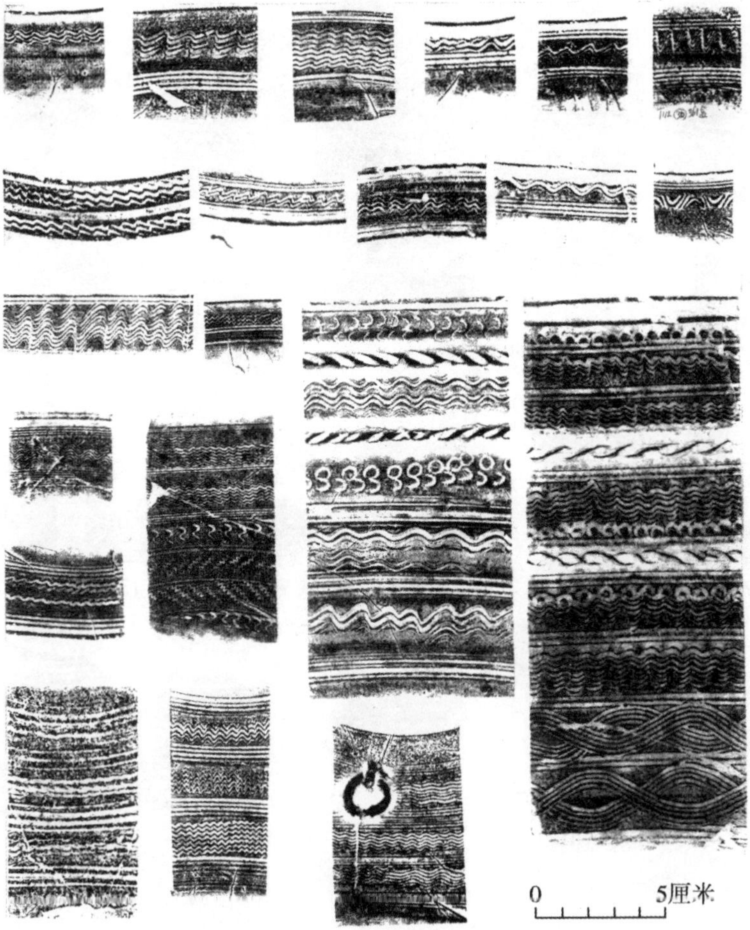

图 9-6　各种形式的水波纹、绹纹（拓片）

篦点纹　系用篦齿类工具逐个刺刻出来的，排列较密，一般作斜行排列，常与细弦纹配合使用，多见饰于器盖面及瓿腹等处（图 9-7）。

锯齿纹　形如锯齿，排列样式有斜行也有纵列，主要见于器盖，偶见于瓿腹（图 9-7）。

栉齿纹　由多条平行排列的垂直线纹组成，多与细弦纹及其他花纹配合，施用于瓿腹处及提桶（筩）腹部处（图 9-8：2）。

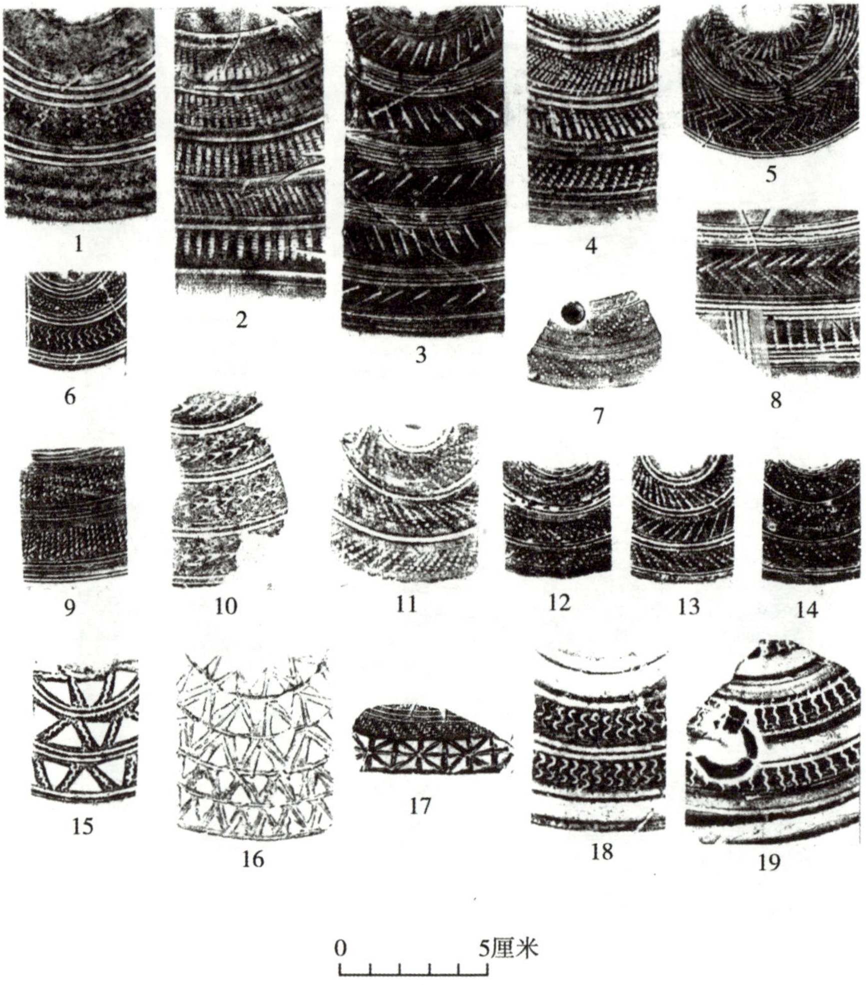

图 9-7　锯齿纹、篦点纹、镂孔纹和“ε”形纹（拓片）

绹纹　形如绞索，见于部分提桶（筩）的腹部处，通常与其他纹样配合装饰（图 9-6）。

半圈纹　在器体上刻出半圆形纹样，一般均呈密集排列（图 9-8:3）。

“ε”形纹　见于个别器盖和陶洗口沿处（图 9-7:18）。

三角形纹　为双道或几道的复线三角形刻纹，见于陶壶腹部处及熏炉盖上。

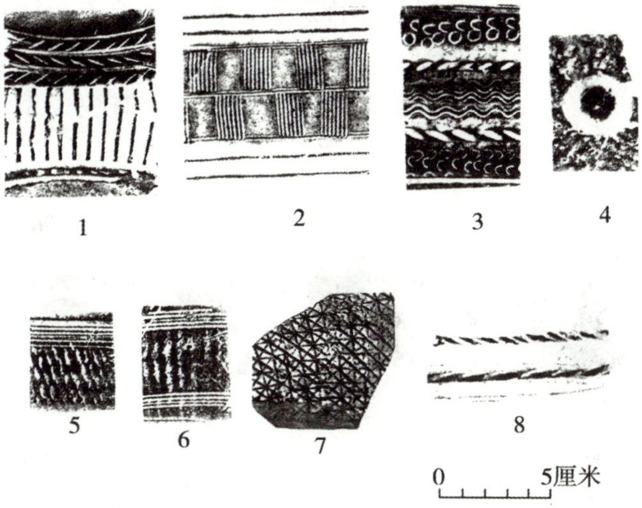

图 9-8　凹凸竖条纹、栉齿纹、圆圈纹、半圈纹、"ε"形纹、附加堆纹等（拓片）

1. 凹凸竖条纹　2. 栉齿纹　3. 半圈纹　4. 圆圈纹

5、6. 绳纹与弦纹　7. 米字形纹　8. 附加堆纹

重菱纹　菱形纹样，大小几重相套，见于熏炉的腹部处（图 9-7）。

凹凸竖条纹　刻成凹凸相间排列的竖行条纹，只见于三足罐和个别匏壶上（图 9-8:1）。

短道刻纹　有两种形式:一种用 3 根小竹木棍捆在一起，在器腹上刻出 3 个相排列的纹样，见于瓿腹处；另一种用单个或两个并列的竹木棍在器物上刻出深刻的道纹，这类纹饰多见于盆的近底部处。

4. 镂孔纹

镂孔纹仅见于香熏体及熏盖上，为三角形镂孔或圆形小孔。

5. 附加堆纹

附加堆纹见于提桶（筩）、大缸、大盆和大瓿的腹部处，一般一器只饰二周，均在附加的泥条上压出凹凸形斜线，形如绳索。这种纹饰有大也有小，多与加固耳、系有关（图 9-8:8）。

6. 捏塑

在一些陶器的器耳、盖钮、铺首及盉的流、提梁上，往往可见兽、禽类的捏塑造型。在部分提桶（筩）和瓿上，常见塑刻成蛙形的器耳，香熏炉盖上多为立鸟装饰。另外，不少器盖和器腹，也有捏成小泥饼、乳钉或环形的贴塑装饰（图 9-9）。

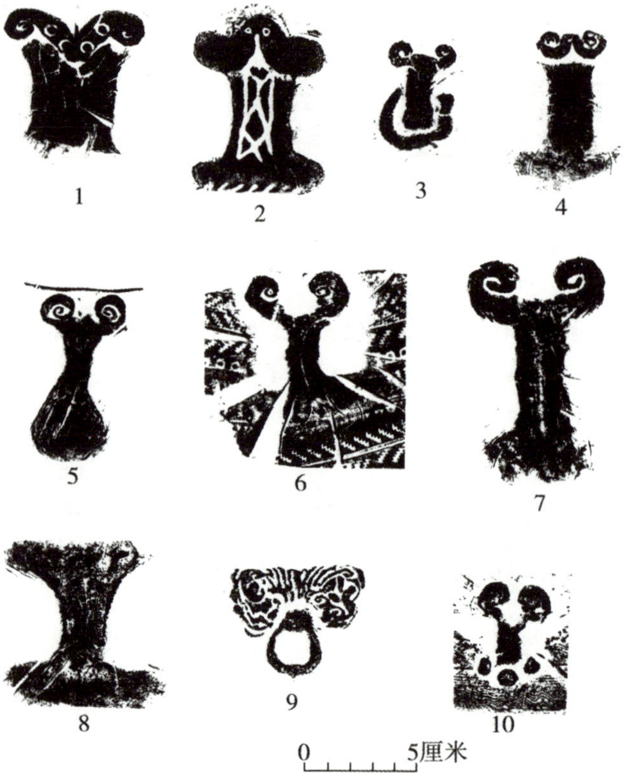

图 9-9　闽越国陶器的器耳捏塑和铺首纹饰（拓片）

（二）施釉

在武夷山城村汉城（东越故城）遗址的出土陶器中，除一件原始青瓷碗施釉外，在极个别器盖和盆片上也发现有黄绿色釉层的现象，可惜釉层剥落严重。其中部分可能是人工刷釉，部分可能为“窑汗”形成的自然釉。

在浙江温岭塘山一号墓出土的陶器中，有两件有釉的器物：1 件为瓿、1 件为匏壶。发掘者认定两者皆为原始瓷器①，但笔者认为匏壶可能是釉陶器。

（三）文字

有印文和刻划文字两种，前者较普遍，后者很少见。

1. 印文

一般常见于瓮、罐的肩、腹部处，釜的口沿或腹部处。常见的戳印文字有“官长”“官黄”“官径”“官仗”“乾官”“黄”“唐”“伤”“倄”“卖”“分”“从”“眉”“径”“封”等。还有一种“宫”字作为装饰刻在陶拍上，拍印于器体上（图 9-10、图 9-11）。

图 9-10　东越王城遗址出土陶器上的戳印文字（拓本）

1、2. 从　3. 伤　4. 倄　5. 杸　6. 隼　7. 严　8. 径　9. 封　10. 宫　11. 分　12. 眉

① 浙江省文物考古研究所编著：《浙江越墓》，科学出版社，2009 年，第 178—179 页。

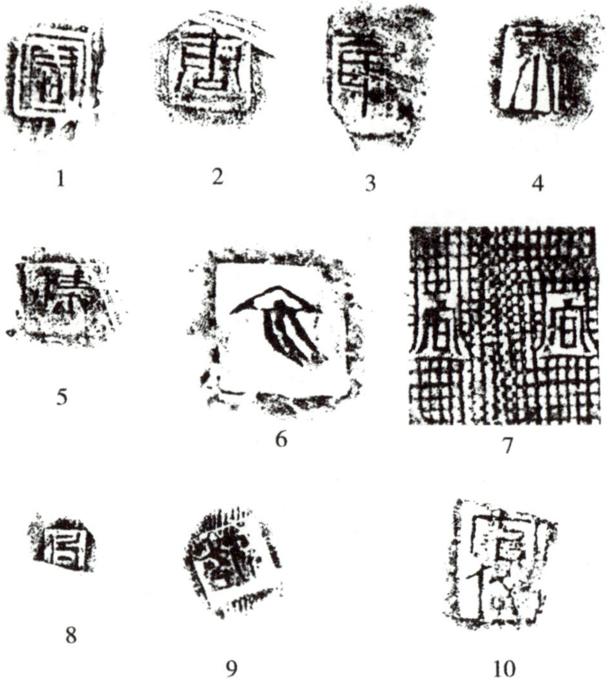

图 9-11　东越王城遗址出土陶器上的戳印文字（拓本）

1. 君　2. 唐　3. 最　4. □　5. 集　6. □　7. 宫　8. □　9. □　10. 官信

2. 刻文

刻文较少见，较常见的是数字。文字有“公”及刻于豆盘内的“三武之□”[1]。数字刻文见于器盖捉钮上的有“廿”“卅”，见于盅底的有“十”，刻于器腹的有“二”等。

（四）刻划符号

刻划符号较少见，有“×”“>”“∏”“E”“=”“M”等，其中有的不排除可能是草刻的数字（图 9-12）。

---

① 杨琮：《福建崇安城村古城遗址出土文字及考释》，载《东南文化》1993 年第 1 期；《闽越国文化》，福建人民出版社，1998 年，第 380—396 页，第十二章“闽越国文字文化”。

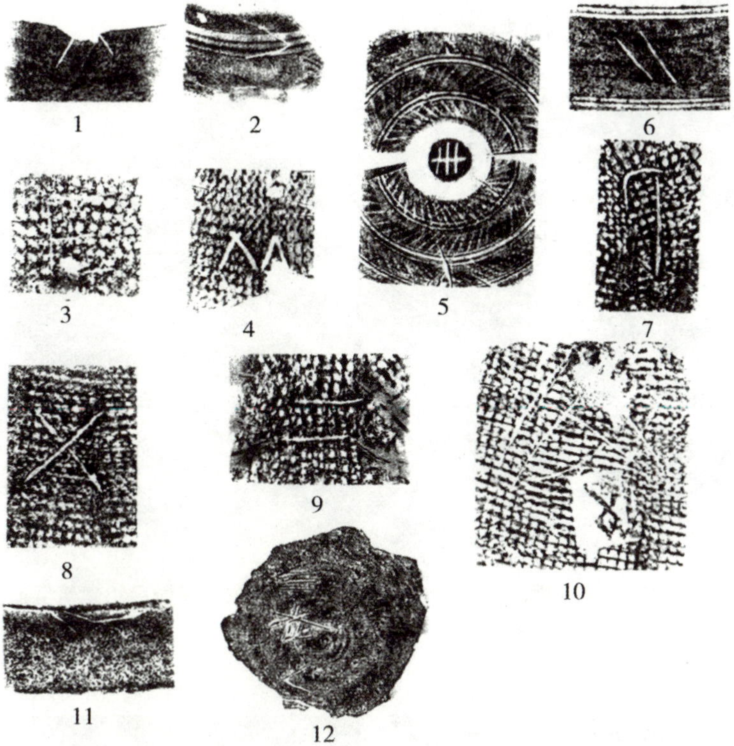

图 9-12　闽越国陶器上的刻划文字、数字及符号（拓片）

1—4、6—9、11. 刻划符号　5. 刻文“卅”　10. 刻文“公”　12. 刻文“三武之□”

三、器类与造型

闽越国遗址和墓葬中出土了大批陶器，按其用途分有储容器、炊煮器、饮食器、盥洗器、酒器、日用器及生产工具等。器物种类有瓮、罐、盆、盘、釜、盒、钵、盂、盅、杯、碗、壶、匏壶、提桶（筩）、熏炉、三足盘、圈足洗（盆）、鼎、甑、缸、盉和各种器盖以及纺轮、网坠、陶拍、支座等，其中各器类中又有不同的。

瓮　皆侈口、广肩，腹部向下渐内收，平底微内凹，器形很高大，通体装饰方格纹，少数外加几何形戳印纹样。其中又有口沿或直或外撇、造型或高或矮、器体或胖或瘦的不同形式，有的瓮肩安有四系耳，有的无耳，器形不一，分二型（图9-13—图9-16）。

图9-13　东越王城甲组建筑群遗址出土的Ⅰ型陶瓮

图9-14　东越王城甲组建筑群遗址出土的Ⅰ型陶瓮

图9-15　东越王城甲组建筑群遗址出土的Ⅰ型陶瓮

图9-16　东越王城甲组建筑群遗址出土的Ⅱ型陶瓮

罐　有平底罐、圈足罐、三足罐 3 种。以平底罐为主，后两种器形极少见。平底罐中又以两头略小，中腹鼓出的造型如鼓形的罐，最多最普遍，这类罐是闽越陶器中有代表性的器物。鼓形罐中又分有通体饰方格纹的大罐和仅饰几周弦纹的中、小型罐，个别也有饰水波纹、菱格纹的。东越王城遗址出土了 190 余件平底罐，可分四型（图 9-17—图 9-20）。圈足罐和三

图 9-17　东越王城遗址出土的 I 型陶罐
（采自《武夷山城村汉城遗址发掘报告 1980—1996》）

图 9-18　东越王城遗址出土的 II 型陶罐
（采自《武夷山城村汉城遗址发掘报告 1980—1996》）

图 9-19　东越王城北岗遗址出土的 III 型陶罐

图 9-20　东越王城黄瓜山遗址出土的 IV 型陶罐

足罐器形较精致，装饰较繁密复杂。东越王城遗址出土的圈足罐和三足罐极少，仅出土 2 件圈足罐和 1 件三足罐（图 9-21—图 9-23）。

图 9-21　东越王城甲组建筑群遗址出土的Ⅰ型圈足罐

（采自《武夷山城村汉城遗址发掘报告1980—1996》）

图 9-22　东越王城甲组建筑群遗址出土的Ⅱ型圈足罐

（采自《武夷山城村汉城遗址发掘报告1980—1996》）

图 9-23　东越王城福林岗遗址出土的三足罐

坛　2 件，泥质灰硬陶。敛口，溜肩，椭圆腹，平底。肩部饰宽带状双耳。通体拍印方格纹并加饰 3—4 周凹弦纹。腹内壁有明显的拉坯旋纹（图 9-24）。

图 9-24　东越王城甲组建筑群遗址出土的陶坛

盆　东越王城遗址出土的陶盆数量很多，有 280 件。器形式样亦繁多，皆为平底。有敞口外折沿的盆，有直口或敛口造型似钵的盆，也有盘形口的盆。器体有大有小，有的还有四系耳或双系耳。一般来说，大型盆皆为敞口沿外折的形式；盘形口的盆多为小型盆，少数为中型盆；敛口盆少见，并且均为中、小型盆类。在闽越国形式多样的盆中，装饰花纹方面也差异颇多，纹样或繁密或疏简，素面无纹饰者亦为数不少，可分为六型（图 9-25—图 9-28）。

图 9-25　东越王城遗址出土的 I 型陶盆

图 9-26　东越王城遗址出土的Ⅲ型盆

图 9-27　东越王城遗址出土的Ⅳ型盆

图 9-28　东越王城遗址出土的Ⅴ型盆

图 9-29　东越王城遗址出土的Ⅰ型双耳盆

图 9-30　东越王城遗址出土的Ⅱ型双耳盆

另外，还有双耳盆（图 9-29、图 9-30）和四系大盆。

盘　东越王城甲组建筑群遗址出土了 4 件陶盘，分为二型。

釜　均为夹砂粗陶，大都为盘形口，器形大小不一，以釜底饰绳纹为主。个别大型釜为敞口外折沿，上腹部有一对鱼鳍形耳鋬。东越王城遗址出土了 40 多件釜，分为五型（图 9-31—图 9-35）。

图 9-31　东越王城遗址出土的Ⅰ型陶釜

图 9-32　东越王城遗址出土的Ⅱ型陶釜

图 9-33　东越王城遗址出土的Ⅲ型陶釜

图 9-34　东越王城遗址出土的Ⅳ型陶釜

图 9-35　东越王城遗址出土的Ⅴ型陶釜

异形釜　浦城锦城村金鸡山二号墓葬和东越王都遗址的牛栏后一号墓葬中，都出土了一种有绳索状双耳并且都有护耳的平底陶釜。它们的造型与东越王城遗址中出土的陶釜有很大差异，应是一种悬吊起来炊煮的陶釜（图 9-36）。

甑　仅在东越王城遗址中出土 1 件，为深腹盆形，口沿外折，底部有 5 个分布不规则的箅孔，器腹饰凹凸旋纹（瓦纹）（图 9-37）。

图 9-36　浦城锦城村金鸡山二号墓出土的异形陶釜

图 9-37　东越王城遗址出土的陶甑

鼎　在东越王都遗址中仅出土 1 件残器，为夹砂硬陶，子口（原有盖）、浅腹、双立耳和三足皆残缺，原状不明①，腹部饰细密的水波纹、弦纹（图 9-38）。

但在东越王都的墓葬中以及浦城金鸡山的闽越国墓葬中都出土有可复原的陶鼎。

三足盘　东越王城遗址出土了 50 多件。均素面无纹饰，三足短

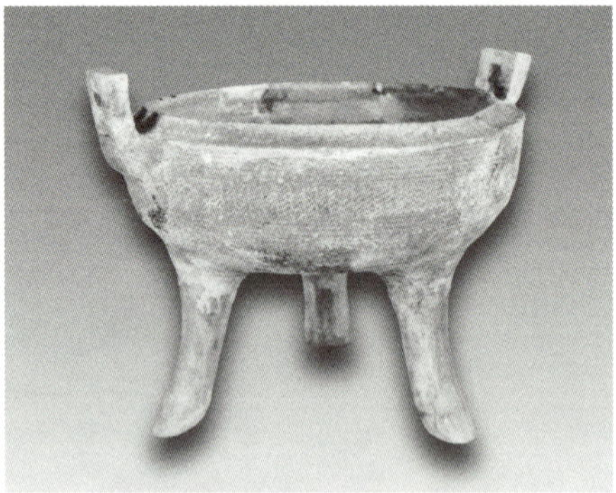

图 9-38　东越王都门前园遗址出土的陶鼎

① 此陶鼎 1981 年出土时三足皆残，修复时所修的三足严重失真。这里特此注明。

小。大多是胎内含砂的陶质，有的大量羼粗砂。器物造型方面也存在着腹深、腹浅，口沿或外折或盘形，足有圆足，也有方足或扁足的。可分三型（图 9-39—图 9-41）。

图 9-39　东越王城甲组建筑群遗址出土的Ⅰ型陶三足盘

图 9-40　东越王城甲组建筑群遗址出土的Ⅱ型陶三足盘

图 9-41　东越王城甲组建筑群遗址出土的Ⅱ型陶三足盘

钵　敛口，平底，个别口唇厚直。在造型方面有深腹、浅腹，或大或小的不同形式。装饰方面，有的近口处饰水波纹，有的饰弦纹，有的素面。陶钵不仅在东越王都遗址中出土的数量很多，在各处闽越国遗址和墓葬中都很常见。东越王城遗址出土陶钵 110 余件，考古报告根据它们形状的差异共分为三型（图 9-42、图 9-43）。

图 9-42　东越王城甲组建筑群遗址出土的Ⅰ型 1 式陶钵

图 9-43　东越王城福林岗一号墓出土的Ⅰ型 2 式陶钵

碗　仅发现一件原始青瓷碗，造型为直腹微外敞，假圈足，胎骨为瓷土，呈灰白色，碗内壁及内底有规则的旋印，施青黄色釉，多已脱落（图 9-44）。此种造型的原始青瓷碗，主要生产于浙江和苏南，福建地区也有少量发现，为战国时期的遗物。

图 9-44　东越王城甲组建筑群遗址出土的原始青瓷碗

盒　器形较小，均带盖，为子母口，有平底盒和圈足盒两种形制。装饰方面或腹饰水波纹、弦纹或仅饰凹凸旋纹。东越王都遗址共出土了 40 件，分为二型（图 9-45、图 9-46）。

图 9-45　东越王都遗址出土的Ⅰ型 1 式陶盒

图 9-46　东越王都门前园遗址出土的Ⅱ型陶盒

小杯　1 件，筒形，平底微内凹，腹部有四条弦纹。口径 4.1 厘米、底径 3.6 厘米、高 4 厘米。（图 9-47）

洗　仅出土 1 件。造型为直口外折沿，圈足外撇，腹安一对衔环兽头铺首，腹内外及口沿处皆饰竖条波纹。可确定系 1 件仿铜的盥洗器（图 9-48）。

图 9-47　东越王城遗址出土的小陶杯

图 9-48　东越王城遗址出土的陶洗

盂　敛口侈沿、平底。有两种不同的器形，一种罐形，一种盆形，前者肩腹饰水波纹、弦纹，后者素面。在东越王城遗址出土了 14 件，分三型（图 9-49、图 9-50）。

图 9-49　东越王城遗址出土的 I 型陶盂

图 9-50　东越王城遗址出土的 II 型陶盂

唾盂（渣斗）　闽北出土 1 件。喇叭形口，圆腹，平底。腹饰大方格纹。口径 9.5 厘米、高 8.2 厘米、底径 6.2 厘米。①

缸　仅出土 1 件。器形特大，造型为敞口外折沿、深腹，腹由上往下渐内收，底部残缺，应为平底。上腹安有桥形四系耳②，用以提抬。通体装饰方格纹，上腹耳系处外加两周绳索状附加堆纹，以加固耳系。

壶　出土 1 件。口残，器形较大，平底，肩部有双卷曲形耳，颈腹饰锯齿形纹、三角形纹、弦纹等繁缛的复合纹饰（图 9-51）。

匏壶　形如匏瓜而得名。均为小口、平底。造型方面略有小异，有长颈和短颈之分。纹饰方面，饰水波纹、弦纹的较多，也有仅饰简单弦纹的。大都为泥质陶，个别也有夹砂粗陶胎的。匏壶是闽越国陶器中的典型器物，闽越国每座墓葬中至少有 1 件。东越王城遗址出土了 10 件可以复原的陶匏壶，根据器形差异分为二型（图 9-52、图 9-53）。

① 收藏于福州市的冶山春秋博物馆。

② 此物因残缺，耳系不全。复原器形为双耳，显系失误。这种器形在闽越遗址中皆为四系耳鋬，从无例外。

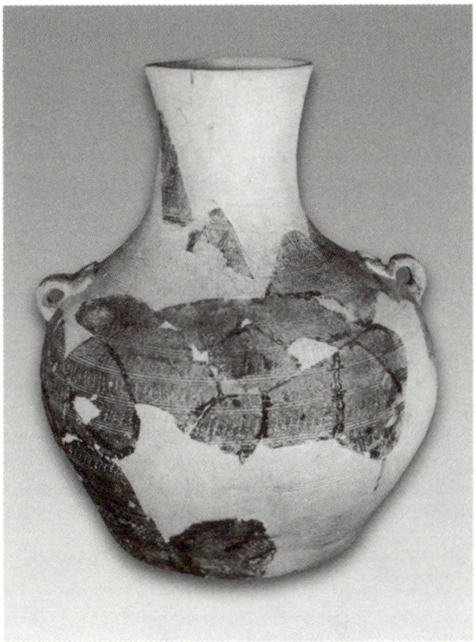

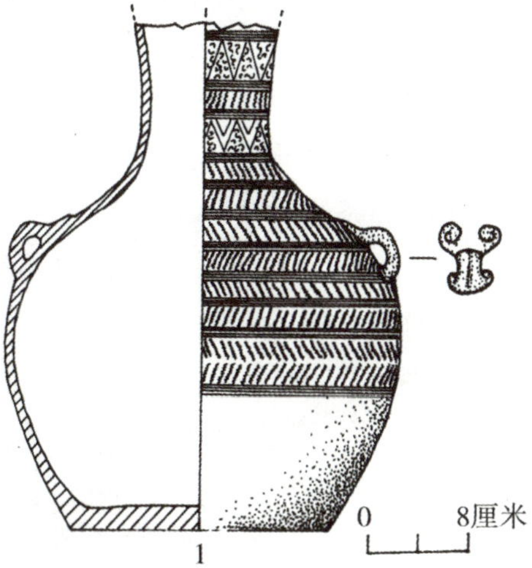

图 9-51　陶壶

（采自《武夷山城村汉城遗址发掘报告 1980—1996》）

图 9-52　东越王都遗址渡头村墓葬出土的Ⅰ型陶匏壶

（采自《武夷山城村汉城遗址发掘报告 1980—1996》）

图 9-53　东越王城甲组建筑群遗址出土的Ⅱ型陶匏壶

（采自《武夷山城村汉城遗址发掘报告 1980—1996》）

带盖匏壶　20 世纪 50 年代在福州闽侯关口出土了 1 件，口、颈皆粗大，有盖，盖上有鸟形钮。腹部以密集的竖条纹为主，上下间饰弦纹和篦点纹，造型精美（见下册第十七章，图 17-8）。

三足匏壶　体形较大，口、颈较粗大，底有 3 个矮足，双耳衔璧环。腹部以密集的竖条纹为主，上腹部饰弦纹和篦点纹等纹饰。造型独特、复杂。①

盖杯　均带盖，为子母口，有小桥形双耳，器腹多饰弦纹，也有饰水波纹、弦纹的。东越王城遗址出土了可复原的 6 件。泥质灰硬陶，子母口，小筒形，分二型：Ⅰ型 1 件，有小桥形双耳。Ⅱ型 1 件，无双耳（图 9-54）。

图 9-54　东越王城甲组建筑群遗址出土的盖杯

盅　口沿或直或微侈，小平底，素面无纹饰。其中有稍大、稍小和盅腹略深、略浅的差异。

瓿　器形多扁圆，有的形似罐。均小口、鼓腹、平底。偶见底边外撇似假圈足者。造型有不同式样：有大有小，口沿有直沿也有侈沿；器腹有深也有浅；或双耳或四系耳，耳系的形状也不尽相同。装饰方面：多见水波纹、弦纹，也有纹饰为多种花纹组合的，也有周身只饰极简单的弦纹。陶瓿也是闽越国时期的典型器物，闽越国时期的墓葬的陶器组合中，一般都有 1 件。东越王城遗址出土了 13 件可以复原的陶瓿，根据器形的差异分为四型（图 9-55—图 9-58）。

① 此件三足陶匏壶系笔者从武夷山的一位收藏家手上看到的。

图 9-55　东越王城遗址出土的 I 型陶瓿

图 9-56　东越王城甲组建筑群遗址出土的 II 型陶瓿

图 9-57　东越王城甲组建筑群遗址出土的 III 型陶瓿

图 9-58　东越王城北岗建筑遗址出土的 IV 型陶瓿

盉　器腹扁圆形似罐、瓿，平底，原带盖。有龙首形流嘴及龙身形提梁，造型上大同小异。东越王城遗址出土了 2 件，分二式（图 9-59、图 9-60）。浦城临江锦城村的金鸡山二号墓出土了 1 件三足陶盉（图 9-61）。

图 9-59　东越王城遗址出土的 1 式陶盉

图 9-60　东越王城遗址出土的 2 式陶盉

图 9-61　浦城临江锦城村的金鸡山二号墓出土的三足陶盉

提桶（篙）　亦可称之提筒。皆桶（篙）形。具体形制及装饰略有差异，多为四系耳，个别为双耳，有的口做成流状。在纹饰上有的以水波纹、弦纹、栉齿纹、绹纹、附加堆纹等组成复合装饰，有的饰水波纹、弦纹、圆圈纹等，有的仅有凹凸旋纹（瓦纹），纹样或繁或简，形式不一。东越王城遗址出土了7件可以复原的提桶（箐），根据造型的差异分为四型（图9-62—图9-65）。

图9-62　东越王城遗址出土的Ⅰ型陶提桶（箐）

图9-63　东越王城遗址出土的Ⅱ型陶提桶（箐）

图9-64　东越王城遗址出土的Ⅲ型2式陶提桶（箐）

图9-65　东越王城遗址出土的Ⅳ型陶提桶（箐）

个别提桶（箐）为双耳，有的口做成流状。在纹饰上有的以水波纹、弦纹、栉齿纹、绹纹、附加堆纹等组成复合装饰；有的饰水波纹、弦纹、圆圈纹等；有的仅有凹凸旋纹（瓦纹），纹样或繁或简，形式不一。

器盖　在闽越国的东越王城遗址中出土有众多的陶器盖，主要有瓿、盒、杯、罐、壶、熏炉等器皿之盖。形式种类繁多，大小不一，盖面纹饰多细致繁密，少数为较简单的纹饰，也有素面无纹饰的，盖钮捉手的造型也形状各异。其中的绝大多数出土于东越王城遗址，有 80 余件，分为九型。在福州和浦城的闽越国遗址中都有一些出土；在建阳平山遗址中还出土有双层母口的盖，造型十分别致（图 9-66—图 9-71）。

图 9-66　Ⅰ型陶器盖

图 9-67　Ⅱ型陶器盖

图 9-68　Ⅲ型陶器盖

图 9-69　Ⅳ型陶器盖

图 9-70　V 型陶器盖

图 9-71　Ⅸ型陶器盖

熏炉　也称香熏。豆形、圈足，装饰纹样和造型不尽相同。一般来说：炉盖均为三角形镂孔，盖钮多见鸟形，炉腹有的亦有镂孔并饰几何形刻纹。在闽侯庄边山秦代楚人墓葬中出土的一件闽越熏炉，系大小 3 个套连为一器的造型，十分精美别致。① 东越王城遗址于 20 世纪 50 年代末和 80 年代初，先后出土过 2 件炉身和 10 余件炉盖（图 9-72、图 9-73）；东越王都遗址的墓葬中也有出土 3 件熏炉；浦城锦城村的金鸡山二号墓出土了 3 件熏炉（图 9-74）。

图 9-72　东越王城甲组建筑群遗址出土的陶熏炉

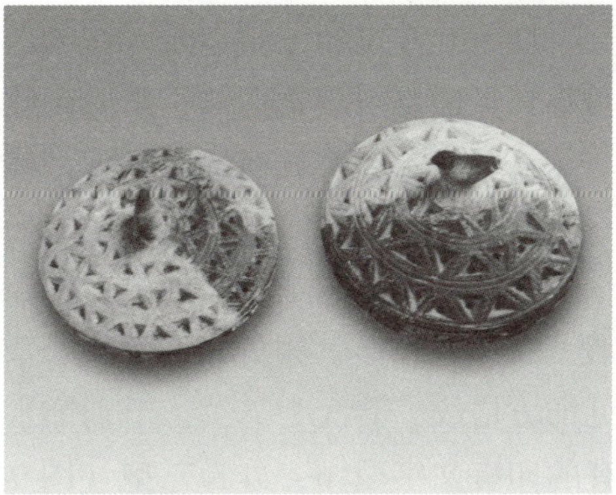

图 9-73　东越王城甲组建筑群遗址出土的 1 式、2 式陶熏炉盖

① 林公务：《福建闽侯庄边山的古墓群》，载《东南文化》1991 年第 1 期。

图 9-74　浦城锦城村的金鸡山二号墓出土的陶熏炉

灯座　在东越王城遗址中发现了一件。豆形、浅盘、口沿外折，足为实心，足边修削成九边形，素面无纹饰。

豆　在东越王城遗址中出了一残件，盘底刻有文字“三武之□”，最后一字已残。足亦为实心，削成多边形。

支座　在东越王城遗址出土了 30 余件。材质均为夹砂陶，形状为牛角形，底部有圆形、抹角方形等式样，有实心的，也有底部内空的。外表多见饰方格纹，其次为绳纹，个别饰水波状刻纹。其中有的在座体刻有符号，有的印有文字戳印，分为三型（图 9-75、图 9-76）。

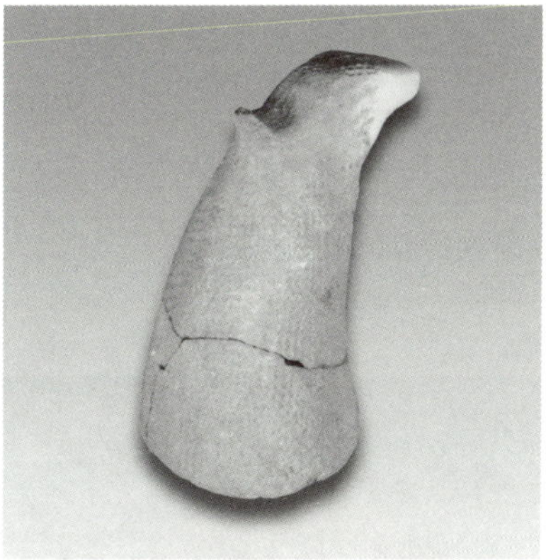

图 9-75　东越王城甲组建筑群遗址出土的Ⅱ型陶支座

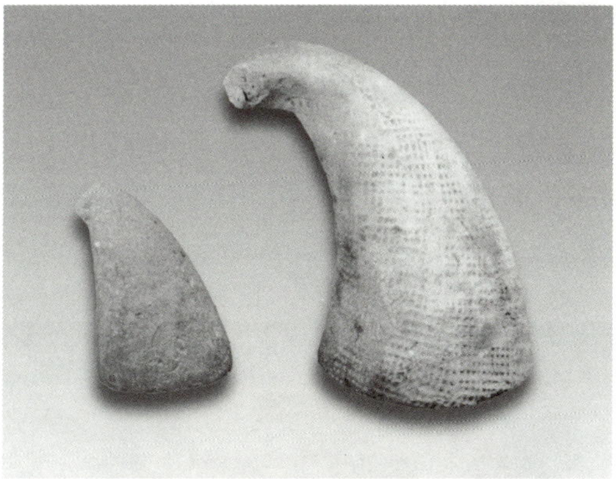

图 9-76　左为东越王城甲组建筑群遗址出土的Ⅲ型陶支座，右为Ⅰ型陶支座

纺轮　造型均为算珠状，当中有一穿孔。装饰多为素面，有的有旋印纹。东越王城遗址出土了 50 件，分为三型（图 9-77、图 9-78）。其他闽越国墓葬中也有一些出土，均为算珠形，形状基本与东越王城的Ⅰ型陶纺轮相同。

图 9-77　左上为Ⅱ型的陶纺轮，其余均为Ⅰ型陶纺轮

图 9-78　左为Ⅰ型的陶纺轮，右为Ⅲ型陶纺轮

陶镇形器　东越王城遗址共出土 6 件。1959 年出土了 4 件，半圆形，镇面印圆圈纹或弦纹、水波纹（图 9-79）。① 1998 年高胡坪的探方中出土

① 福建省文物管理委员会：《福建崇安城村汉城遗址试掘》，载《考古》1960 年第 10 期。过去认识不足，现今来看应当是陶镇。

了 1 件；后又在城外的小马路遗址出土了 1 件大型的陶镇形器。以往出土此物，称“纺锤”，现疑为“陶镇”。平底、自身立面为半圆形，中有插孔，顶塑一只乌龟，龟头、尾已残断，中孔直穿龟背，龟身为圆点纹。全器饰密集的锯齿形纹和弦纹，底径 6.8 厘米、器高 5 厘米、中孔径 0.6 厘米。

图 9-79　1959 年东越王城马道岗遗址出土的陶镇形器

网坠　共 16 件，主要出土于东越王城外的北岗遗址和门前园遗址中。有两种形式：一种为扁圆形，身有两对横槽，两侧各有一道纵槽，用于缚在网绳上捕捞用；一种形体较大，圆柱状，中有一穿绳孔，便于穿在网绳上捕捞用（图 9-80、图 9-81）。

烛台　1 件，淡黄色泥质陶，豆形，盘口，八棱形柱足，盘底有一圆孔伸向器足。盘口径 8.6 厘米、底径 6.6 厘米、通高 8.4 厘米。

陶具　1 件，正面梯形，底面方形，中有孔。孔径 0.8 厘米、底边 5.6 厘米、高 6.2 厘米。

另外，东越王城遗址中还出土了一些不同的残陶器和陶器上的耳鋬、脚足、豆把、提梁等残件（图 9-82、图 9-83）。

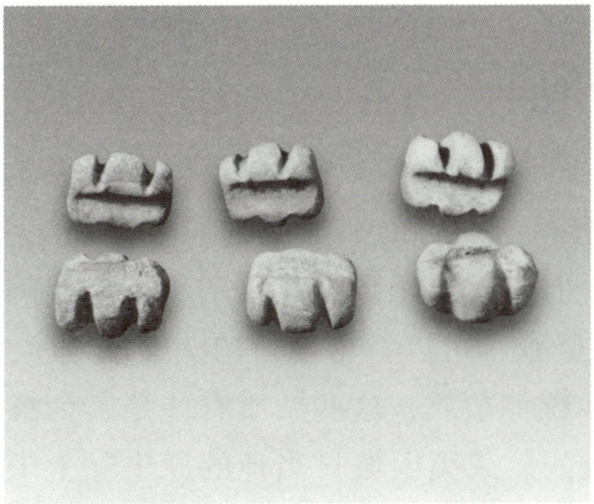

图 9-80 北岗遗址出土的Ⅰ型陶网坠

图 9-81 门前园遗址出土的Ⅱ型陶网坠

图 9-82 甲组建筑群遗址出土的大型陶耳鋬

图 9-83 北岗遗址出土的大型陶瓿残部

陶拍 在武夷山东越王都遗址中出土了5件。其中4件为蹄形，有素面也有印方格纹、绳纹的；[①] 1件为方形，素面。1996年底至1997年初，在后山窑址中又出土了几件残陶拍及窑具。

此外，还出土有一些器耳、器腿和陶器装饰物等器形不明的残片、块。

① 福建省文物管理委员会：《福建崇安城村汉城遗址试掘》，载《考古》1960年第10期。

第二节 陶器的生产工艺

这些陶器的生产制作，首先是采挖陶土，陶土都是当地原生的黏土，这些黏土需经过淘洗后才和制成泥坯。但这些出土数量甚巨的陶器中，陶胎质地有差异，有的器物胎质相当细腻坚致，可以看出坯料淘洗细致纯净；有些器物胎骨中含有一些大小不均的砂粒等杂质，这些杂质有些是人为掺进泥坯的，有些是陶土淘洗粗略所造成的。武夷山城村当地的原生黏土中普遍含砂，如不经过精细地淘洗，是无法使坯料达到很纯细的状态的。也有一部分器物的坯胎中，含有相当的杂质及砂粒，质地比较粗疏，这大概是陶土坯料未经淘洗所致，这些都是泥质陶器在器坯上反映出的几种状况。

另一类夹砂陶器的坯料，则是有意羼入或掺进一定的砂粒和石英等物质，尤其是炊煮器类。这类炊煮器主要是陶釜、盘口小盆、三足盘、鼎等器具。这些夹砂陶器就相当于现代的砂锅，因此，炖煮出的食物一般味美可口。这些夹砂陶器中，也有不少器物诸如釜等，是坯料略经淘洗直接羼砂后制成泥坯的，因此杂质含量较高，陶质疏松。

在陶器成型的制法上，轮制、手制均有。一般较小型的陶器如盅、钵、杯、盘、匏壶、小瓿、小罐、盂、盒、器盖等，都是用陶车拉坯成形的，器形规整，器壁厚薄较均匀，器物的内底自底心开始，有一圈圈的螺旋纹（图9-84:1），外底有一道道切割的线痕（图9-84:2）。一般较大型的陶器如缸、瓮、大罐、大盆、提桶（篙）等器物，仍采用泥条盘筑法手制，另外接底，然后还要置于陶轮上修整口沿和修削外形。在这些大器的内壁，有时会留有一道道泥条印和拍打的痕迹。不过大多数器物边壁都修整得较平坦。由于器底是另外接上的，接合处常见刮抹痕迹。

在器物成形后，即施以装饰花纹，有时花纹装饰是与成型同时进行的，因为花纹的制作也与成型的大小有关。一般来说手制的大器在成型时才用陶拍在器物外体上拍印出印纹来，如瓮、缸、大罐、大盆、釜等，并且多用方格纹、绳纹或菱格纹、菱形回纹、几何形戳印纹等比较粗犷的纹样。

图 9-84　轮制器物内底的螺旋纹和外底绳线的切割痕

而那些小型陶器都是快轮成型，则不适宜拍印花纹，通常是用尖端圆滑的工具，在将干未干的器坯面上压划弦纹、水波纹，有的还精细地刻划出其他花纹如篦点纹、锯齿形纹、圆圈纹、半圈纹、S 形纹、ε 形纹等。在轮修大器时，也常常在已拍印了印纹的器物如瓮、缸、大罐、大盆等器表上，再用工具旋划出宽凹旋纹等纹饰，或在提桶（筩）等器上压划出多种装饰花纹。

一般的器物都是在已施好装饰花纹后，才酌情安装耳系、鋬手、器把、铺首、盖钮、泥饼、泥钉等，这些附件大多是手捏成型的。在出土陶器的器耳等部位的脱断处，常见露出的印痕、花纹等。此外，一些大型陶器如缸、大盆、提桶（筩）、大瓿等的附加堆纹，往往都是最后装饰的，大都是两周，主要是为了加固黏接上的耳系，便于穿索提、抬。

在陶器入窑装烧方法上，有多器叠烧，也有大器套小器套烧，还有一器独置的仰烧。在不少器物的口沿或底部处，或见粘痕、印痕，反映出叠烧的现象。在一些器物的口、肩，如瓿、盉、盖罐、瓮等，可见成色不同的明显印记，分明是带盖配套装烧的。瓮可能与他器扣合装烧，少数特大器和一些特制器可能为独置仰烧的。

以武夷山东越王城遗址出土物为代表的闽越国陶器，在烧制工艺上极富地方特色，器形风格方面也有一定的基调和规律可循。它们与中原内地生产的陶器面貌不同，例如，器物基本是竖状安附的耳系。另外，陶器群中罕见有鼎、甑等器物，仅出的一件残鼎，器身主体本是一件腹饰水波纹、弦纹的平底盒，只是在盒底和口部安接了三足和附耳，便成为一件小鼎（图9-38）。它完全不是有些人所认为的“汉式”陶器，而应是闽越器。另一件残甑（图9-37），造型为盆形，腹略深，只是在底部挖了几个不规则的洞，便成为甑，用来蒸炊食物。此器周身饰凹凸的旋纹（瓦纹），也是当地盆及提桶（筩）上常见的装饰特点，因而亦是闽越作风的器物。此外，在众多的三足盘中，有一种为深腹盘口，由小浅盆加上三足而成。但由于器形较小，可能还不宜称其为“三足盆”，故而称其为三足（深腹）盘较合适。

在闽越国遗址中出土的极具代表性的器形，如“鼓形”的罐，三短足盘，盘口夹砂的小盆，以及釜、钵、盅、盆、小盒等，数量很多，系批量生产的常用陶器。其次，瓿、瓮、匏壶、提桶（筩）、熏炉等，也都是常见的闽越国文化的典型陶器，在造型和制作工艺上都有其独到之处。

总之，从东越王城遗址中出土的大批优质陶建材和胎质坚致、造型独特、花纹优美的日用陶器上，已较充分地展现了闽越国时期高水准的制陶工艺及其所形成的陶艺风格。甚至在后来的东汉时代，福建地区所发现的、造型与中原内地几乎一致的陶器，也未能达到闽越国时代那种装饰精细美观、造型别致、烧制高超的水平。

第三节　官营与民营的制陶作坊

在新石器时代晚期，福建地区就已出现了较集中的制陶手工业作坊，如闽侯昙石山新石器时代文化遗址中，多座陶窑集中分布在一处，证明当时已有了专门的制陶作坊。① 尽管当时规模很小，手工劳动者可能还未脱离农业生产，但它已为后来农业和手工业劳动的专门分工打下了基础。中国

---

① 福建省博物馆：《闽侯县石山新石器时代遗址第六次发掘报告》，载《考古学报》1976年第1期；《福建闽侯县昙石山遗址发掘新收获》，载《考古》1983年第12期。

历史进入文明时代以后，福建地区闽越先民的制陶手工业作坊也有了很大的发展。在武夷山市兴田镇西郊村南侧的葫芦山遗址中，发现了面积更大，窑炉更先进，分布、排列也更为密集的窑群遗迹。① 表明这一时期制陶手工业的进步和作坊的扩大。其年代距今约4000年至3500年，相当于中原夏王朝时期。商周以后，又有浦城猫儿弄山发现的早商时期的窑群，已出现了最初的龙窑②；武夷山竹林坑又发掘出西周时期的原始青瓷龙窑遗址③。随着福建地区优质的印纹硬陶器、原始青瓷器的出现和盛行，反映出闽越人在制陶手工业方面又有了长足的进步，手工业愈益与农业分离。制陶手工业作坊成为技能性很强的一个社会生产部门，陶瓷作坊的规模也更加扩大。

到了秦汉时期，在东越王城遗址中普遍出土大量烧造精良的硬质印、刻纹陶器，表明制陶手工业持续发展的状况。福建地区建筑用陶的出现和广泛烧造，是闽越国时期官营手工业作坊的产物。但是专门烧制日用陶器的窑址，目前还未发现，是否也在砖瓦窑中烧造，由于资料欠缺还无法判定。日用陶器与建筑用陶不同之处是，建筑用陶的烧造明显受到了中原文化和社会制度的影响，而闽越人日用陶器的烧造技术则源远流长，西汉闽越国时期的日用陶器必然以民间陶器作坊为主。各地各个聚落普遍可以烧造生活陶器，但是大多数地区没有能力烧造大型的建筑材料。闽越国各处遗址里发现的日用陶器，绝大多数都应该是民间窑场的产品。目前只在武夷山东越王都遗址和墓葬中，出土了印有戳印文字符号的陶器，这类陶器肯定是王国官府控制的官营手工业作坊烧造的产品。不过，并非所有官营作坊的产品都是印有文字或符号戳印的。

另外，东越王都宫殿遗址出土的瓦文戳印，除了个别文字戳印同时见于瓦材和日用陶器外，绝大部分的瓦材戳印与陶器戳印是不相同的。这说明在官营作坊中，烧造建筑材料和烧造日用陶器有一定的分工。

① 杨琮等：《葫芦山古陶窑遗址发掘的初步认识》，载《福建文博》1993年第1、2期合刊。

② 郑辉、陈寅龙："浦城猫耳弄山窑群"，见福建博物院编：《21世纪初福建基建考古重要发现》，福建人民出版社，2009年，第59—72页。

③ 福建博物院、福建闽越王城博物馆、武夷山市博物馆：《武夷山市竹林坑一号原始瓷窑址发掘简报》，载《福建文博》2012年第3期。

由于福建各地出土的日用陶器中，大都不见印文戳记，估计当时民营的制陶作坊，在地方上也比比皆是。这些民间的制陶手工业作坊，主要生产用以满足广大人民生活需求的日用陶器。福建各地出土的闽越国时代的陶器，皆属印、刻纹硬陶体系，与武夷山城村汉城（东越王城）遗址出土陶器的质量差距不大，风格大都一致。说明当时闽越国官营和民营作坊生产日用陶器，在器类和制作方式上基本类同。另一方面，不独闽江流域，从浙南到闽南，从瓯江流域到九龙江流域，出土的西汉前期陶器无论造型还是装饰，都完全相同。这个现象不仅说明了闽越王国的社会文化高度的统一，同时也表明了闽越王国在日用陶器的烧造和用途以及类型方面，有一定的规制。王国司陶官署所烧制的各类日用陶器，在社会各阶层和王国领域里有着标杆的作用。

第四节　陶器的变化与分期

在古代历史文化的年代和分期研究中，特别在同一个王朝之中，除了纪年文字之外，器物类型学是最重要的参照物。考古学中的早晚年代分期，墓葬和随葬陶器的分期至为关键。墓葬的分期也成为某一特定文化年代分期的主要依据，墓葬分期是考古学年代分期比较准确的手段。闽越国立国92年，在西汉历史分期中，占据了整个西汉早期以及西汉中期的前段。在闽越国近百年的时间里，目前基本可以区分出闽越国前期与后期两个阶段。我们现在能够借助的就是闽越国时代前期、后期墓葬中陶器的变化和异同来分期。

由于西汉闽越王国的历史共计92年，时间并不太长。如果仅在某一居住遗址中，很难分出早、晚期的物质文化特征和变化规律。但是，依靠早晚不同时间的墓葬出土陶器，我们可以比较清晰地分出早晚的时间。虽然迄今考古发掘的闽越国墓葬的数量不多，但经过对出土随葬陶器的型式仔细分析，仍可大致分出前、后（早、晚）两期。

目前可以确定的闽越国早期的墓葬，是浦城的金鸡山一、二号墓。金鸡山二号墓虽在汉代中期后亦被盗，但在福建地区迄今已发掘的闽越国墓葬中，尚属保存情况最好的。此墓共出土了50多件随葬陶器，器物群形成了一定的组合，并显示了一致的风格。虽然同是闽越国的陶器文化，但与武夷山东越王城墓葬出土的陶器，在器形上有一定的变化，反映出一种演变的规律。根据金鸡山两座闽越墓葬陶器的组合和造型，笔者判断它们应属闽越国早期的陶器。而在武夷山东越王都遗址中，已发掘的闽越国后期墓葬的随葬陶器，与金鸡山墓葬出土陶器的面貌已有较大的变化。我们以两地墓葬中变化较大的部分陶器为例，进行分析。

鼎　金鸡山二号墓中出土了5件陶鼎，造型虽不尽相同，但器形风格一致，均较高大，有的有盖，均三足较长，足身制作时被竹刀削成多面，有棱角，造型与闽侯庄边山秦代楚墓中出土的陶鼎风格接近。金鸡山二号墓随葬五鼎，是东周列鼎制度的遗风，反映出陶礼器的组合。而武夷山东越王都墓葬中出土的陶鼎，如牛栏后一号墓也出土了3件陶鼎，按列鼎制度的遗风则相当于士这个等级。但是器形已经明显矮小，鼎足很短，足身或扁或圆，不见刀削的棱角。在新亭园的4座墓葬中，仅在二号和三号墓各出土1件陶鼎，估计有的陶鼎等器物被盗，器物组合全貌已不可复原。在城址中也出土了1件足残的陶鼎，器形也明显偏小，鼎身偏矮了，东越王城官署遗址出土的个别陶鼎也是器形偏矮小。

罐　浦城金鸡山二号墓出土的闽越特色“鼓形罐”共14件，其中Ⅱ型7件、Ⅳ型7件。[①] Ⅳ型罐通体都饰有繁缛的花纹，主要是弦纹与水波纹的组合纹饰。其中部分罐为子口，但未见陶盖。武夷山城村等地的闽越国墓葬中也出土许多“鼓形罐”，基本是东越王城遗址大批出土的Ⅰ、Ⅱ型罐的样式，除方格纹的Ⅱ型罐外，大都是素面或仅饰几周弦纹的Ⅰ型罐，纹样很简单。

盉　金鸡山二号墓出土了1件陶三足盉，这是件仿铜陶器。这类三足铜盉主要流行于春秋战国，仿铜陶盉主要流行于战国，此墓所出土的三足

---

① 这种型式的区分，主要是按《武夷山城村汉城遗址发掘报告1980—1996》中的分型分式标准。

陶盉应是汉初沿袭战国器的遗风。武夷山城村周边闽越墓葬中不见这种陶盉出土。只在城村汉城（东越王城）遗址中出土两件，但已无三足，系平底器，造型、纹饰也大大简化了。

杯　金鸡山二号墓葬中出土3件圈足的陶盖杯，在武夷山及其他闽越墓葬中，目前未见。但这种杯也是闽越陶器文化中典型的器物，在武夷山东越王城遗址中出土不少这种风格的盖杯，只是皆为平底，已不见金鸡山二号墓中盖杯的繁缛纹饰和圈足。它们与盉一样，都是从三足或圈足演化为平底，而平底器在闽越国后期的陶器文化中是普遍流行的器形。

熏炉　金鸡山二号墓出土3件陶熏炉都是相同风格的，较高瘦，而城村闽越国墓葬中出土熏炉很少，很个别，当然这与早期被盗严重有关，但所出的熏炉造型已明显变宽变矮了许多。

匏壶　闽越国早期墓葬如金鸡山二号墓、福林岗一号墓、温岭塘山一号墓出土的陶匏壶，都是壶颈较短粗者。而武夷山东越王都墓葬如亭子后一号墓、牛山一号大墓、新亭园墓葬、蛇子山墓葬等出土的陶匏壶，壶颈都已变得较细长。在东越王城遗址出土的10余件可复原陶匏壶中，陶匏壶多为小口细颈者，少见那种大口粗颈的。

综上所述，笔者把目前已发掘的闽越国墓葬出土的陶器作排比分析，可大致分出闽越国存世92年中前、后两个阶段的差别。两阶段的陶器虽有一定的变化，但从整体上看陶器文化面貌仍是一脉相承的，只是在造型和纹饰特征上，出现了随年代发展变化而产生的小差异。闽越国早期墓葬以浦城县临江镇金鸡山一、二号墓为代表，闽越国晚期墓葬则以武夷山城村周边墓葬为代表，其他地点的闽越墓葬发现不多，考古发掘更是零星个别，因此只能参照这两地早、晚两期的墓葬出土标型器来认定大致的年代，在下册的“丧葬制度和文化”章节中会有专门的论述。

国家出版基金资助项目
福建省优秀出版项目

国家出版基金项目
NATIONAL PUBLICATION FOUNDATION

HISTORY OF MINYUE KINGDOM

闽越国史

下册

杨琮　著

海峡出版发行集团 | 福建人民出版社
THE STRAITS PUBLISHING & DISTRIBUTING GROUP | FUJIAN PEOPLE'S PUBLISHING HOUSE

图书在版编目（CIP）数据

闽越国史．下册 / 杨琮著．--福州：福建人民出版社，2025.5．-- ISBN 978-7-211-09580-3

Ⅰ．K289

中国国家版本馆 CIP 数据核字第 2025MU7542 号

闽越国史

MINYUEGUO SHI

作　　者：杨　琮
责任编辑：田成海　庄郁军
美术编辑：白　玫
责任校对：陈　璟
出版发行：福建人民出版社　　电　　话：0591-87533169（发行部）
网　　址：http://www.fjpph.com　　电子邮箱：fjpph7211@126.com
地　　址：福州市东水路 76 号　　邮政编码：350001
印　　刷：恒美印务（广州）有限公司
地　　址：广州市南沙经济技术开发区环市大道南路 334 号
开　　本：700 毫米×1000 毫米　1/16
印　　张：51.25
字　　数：728 千字
版　　次：2025 年 5 月第 1 版
印　　次：2025 年 5 月第 1 次印刷
书　　号：ISBN 978-7-211-09580-3
定　　价：268.00 元（上下册）

下册目录

第十章　青铜制造业

第一节　出土铜器及种类

到目前为止，武夷山城村汉城（东越王城）遗址是福建地区出土闽越国时期青铜器最多的遗址。在该城址发掘出土的青铜器中，以镞的数量为最多，其次为弩机，另外还有镜、铎、钟、鼎的残件及盖弓帽、伞柄箍、镦、帐构、琴轸、帽形器、管圈、印、饰件和残器足、器耳、鋬系、柱头等①。福州的闽越国遗址中也有镞、镜片等残器的零星出土。

一、兵器

镞　到1996年止，东越王城遗址中出土的可辨器形的铜箭镞共222件，另外还有不少已粉碎。在城内的高胡坪甲组建筑群遗址、东城门的门卫房遗址和城门外北岗建筑遗址中，都曾发现过成堆或成捆的铜箭镞遗存（图10-1、图10-2）。

---

① 福建省文物管理委员会：《福建崇安城村汉城遗址试掘》，载《考古》1960年第10期。福建省博物馆：《崇安城村汉城探掘简报》，载《文物》1985年第11期。福建省博物馆、厦门大学人类学系考古专业：《崇安汉城北岗一号建筑遗址》，载《考古学报》1990年第3期。福建省博物馆、厦门大学人类学系：《崇安汉城北岗二号建筑遗址》，载《文物》1992年第8期。

图 10-1　东越王城高胡坪甲组建筑群遗址中出土的铜箭镞堆积

图 10-2　东城门遗址中出土的整捆铁铤铜箭镞堆积

东越王城遗址出土的铜箭镞可分为四种类型①：

Ⅰ型　1 件。器表为深绿色，十分光亮。镞身为圆锥形，出三翼，关部为圆形。铁铤残断。镞残长约 5. 5 厘米（图 10-3、图 10-6:5）。

Ⅱ型　1 件。镞身呈三棱形，较细瘦，无血槽，关部为圆形。铁铤残断。镞长 3. 6 厘米（图 10-5:8）。

Ⅲ型　208 件。镞身呈三棱形，断面为等边三角形，无血槽，关部为六角形。其中又有大、小两种，小的镞长约 2. 2 厘米，大的镞长约 3. 4 厘米。铁铤一般长达 20—40 厘米（图 10-5、图 10-6）。1996 年，东越王城东城门又出土了整捆Ⅲ式铜箭镞（图 10-2）。

图 10-3　东越王城遗址出土的Ⅰ型铜箭镞

图 10-4　东越王城遗址出土的Ⅳ型铜箭镞

① 笔者最早把它们分为四式，见《闽越国文化》第 267—269 页；后在《武夷山城村汉城遗址发掘报告 1980—1996》中，改为四型。其实不矛盾，都是一样的四种型式。

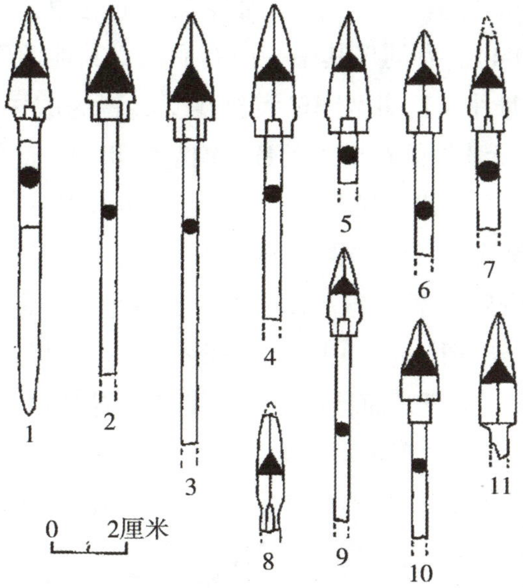

图 10-5　东越王城遗址出土的Ⅱ、Ⅲ型铜箭镞

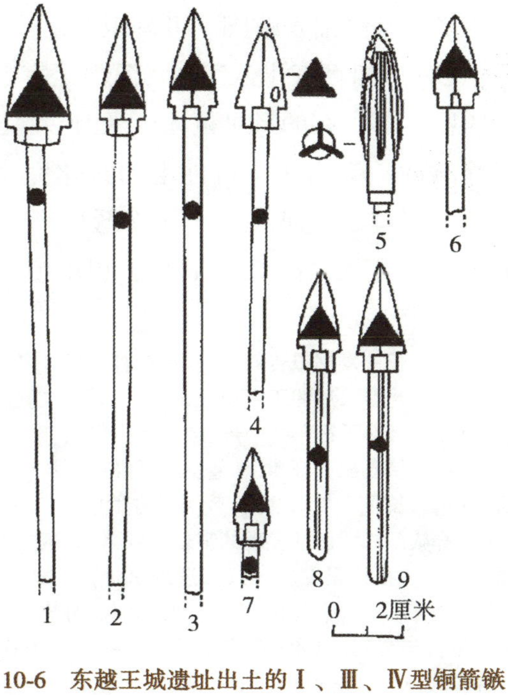

图 10-6　东越王城遗址出土的Ⅰ、Ⅲ、Ⅳ型铜箭镞

Ⅳ型　12 件。镞身呈三棱形，三面各有一个血槽，关部为六角形，长约 3.4 厘米（图 10-4）。有的仅其中一面有血槽，其他两面无血槽。

在东越王城遗址中，Ⅰ、Ⅱ型铜箭镞极少见，皆为战国器作风。Ⅱ型镞与《长沙发掘报告》① 所述战国墓出土的Ⅲ型铜箭镞相同。此物在西汉前期偶有沿用。除该城址外，在广州秦汉造船工场遗址中也有发现②。Ⅳ型镞是汉代流行的一种较先进的杀伤力较强的铜箭镞，这种铜箭镞在该城址中出土的数量也很少，说明当时应用还不普遍。城址中出土数量最多的是Ⅲ型镞，这种铜箭镞在战国时期已经出现，秦汉时期十分流行。它不仅是河北易县战国燕下都遗址和墓葬中常见之物③，而且在山西长子县东周墓④中及秦都咸阳故城遗址⑤中均有出现，并且常见于全国各地的西汉遗址和墓葬中。

弩机　在东越王城内外普遍出土。1959 年在城内建筑遗址中出土 1 件弩机栓塞，器身刻铭“河内工官二千六百五十六甲”⑥。1981 年至 1985 年，在城内高胡坪甲组建筑群遗址中出土了 9 件，有望山、悬刀、牙、栓等机件（图 10-7—图 10-17），大多数机件上面都有刻铭，铭文均为隶书，多数笔画纤细潦草，有的文字笔画细若蚊脚。可辨识的铭文有：“河内工官二千二百卌二丙”“河内工官千四百五十八丁”“河内工官二千二百卌甲”“河内工官四千五百卌四甲”等。有的弩机机牙、悬刀一起出土（图 10-7）；有的弩机望山、悬刀等部件一起出土，机件上的刻铭完全相同（图 10-10）。1986 年，在城外北岗一号建筑遗址中出土 1 件弩机郭，郭前侧刻“之二”，郭后刻“河内工官三百十丁”，字体细如毫发（图 10-11）。1988 年，在北

① 中国科学院考古研究所：《长沙发掘报告》，科学出版社，1957 年。

② 广州市文物管理处等：《广州秦汉造船工场遗址试掘》，载《文物》1977 年第 4 期。

③ 河北省文化局文物工作队：《燕下都第 22 号遗址发掘报告》，载《考古》1965 年第 11 期。河北省文物管理处：《河北易县燕下都 44 号墓发掘报告》，载《考古》1975 年第4 期。

④ 山西省考古研究所：《山西长子县东周墓》，载《考古学报》1984 年第 4 期。

⑤ 陕西省博物馆等：《秦都咸阳故城遗址发现的窑址和铜器》，载《考古》1974 年第1 期。

⑥ 福建省文物管理委员会：《福建崇安城村汉城遗址试掘》，载《考古》1960 年第 10 期。该简报释文“河内工官……三十斤□五十□”。张其海、林忠干：《福建崇安汉城遗址出土文字符号》，载《考古与文物》1988 年第 4 期。纠释为“河内工官二千六百五（十）六甲”。笔者认为后者的释读是正确的。

岗二号建筑遗址中又出土 1 件弩机栓，其上刻铭残缺，仅可辨“河内工官□千……”（图 10-13：3）。上述这些刻铭青铜弩机，均系西汉河内郡设于怀县（今河南武陟）的工官所制，它们都是从中原输入的产品。

图 10-7　东越王城高胡坪甲组建筑群遗址出土青铜弩机零件的遗迹现场

图 10-8　东越王城遗址出土的青铜弩机零件（望山）

图 10-9　东越王城遗址出土的青铜弩机零件（悬刀）

图 10-10　东越王城遗址出土的青铜刻铭弩机零件（望山、悬刀）

图 10-11　东越王城遗址出土的青铜弩机郭（“河内工官三百十丁”刻铭）

图 10-12　1959 年东越王城遗址出土的青铜刻铭弩机栓

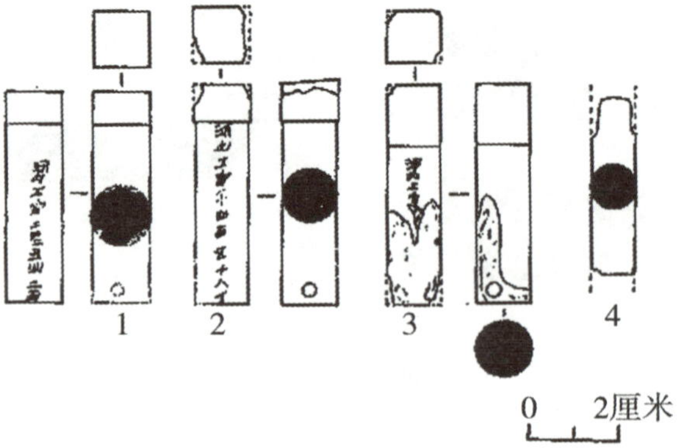

图 10-13　东越王城高胡坪甲组建筑群遗址中出土青铜弩机零件（机栓线图）

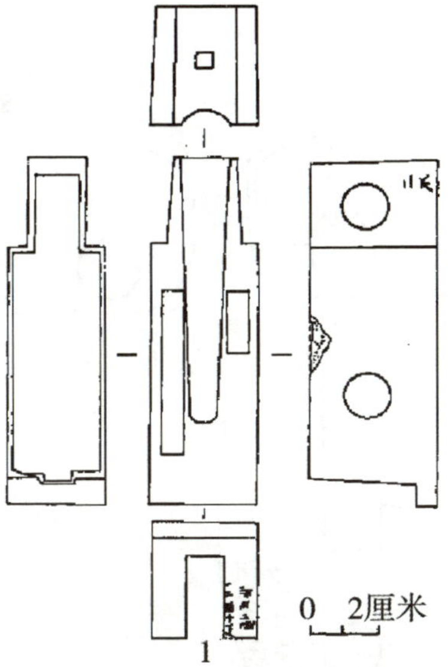

图 10-14　东越王城北岗建筑遗址中出土的刻铭青铜弩机郭（线图）

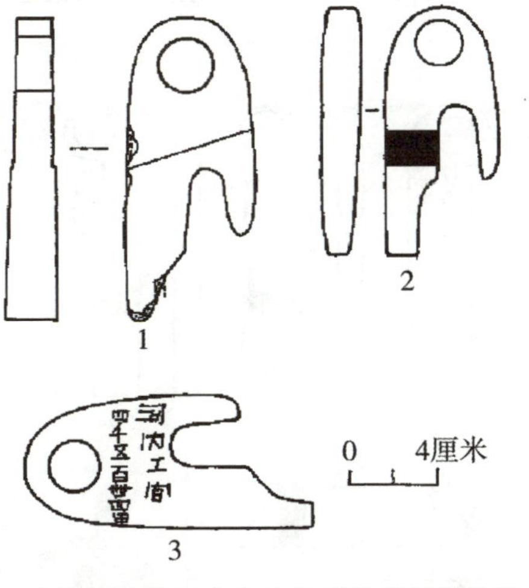

图 10-15　东越王城遗址中出土的刻铭青铜弩机牙（线图）

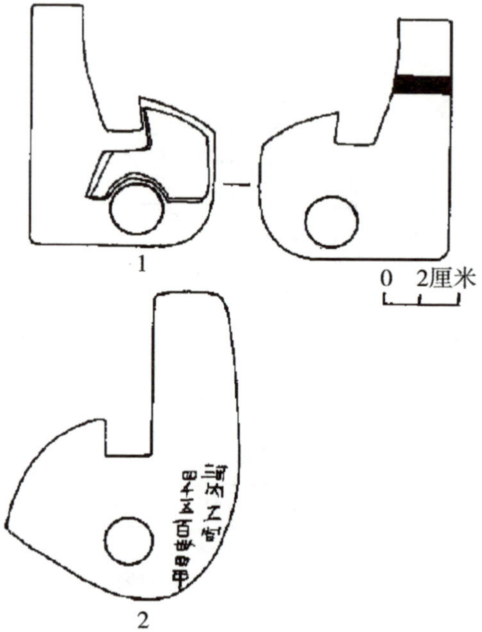

图 10-16 东越王城遗址中出土的刻铭青铜弩机望山（线图）

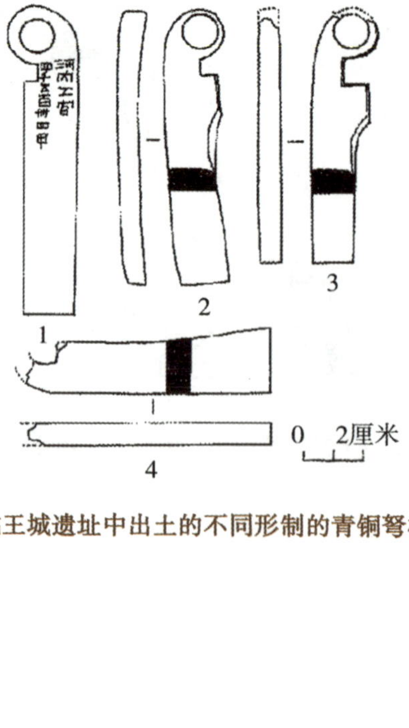

图 10-17 东越王城遗址中出土的不同形制的青铜弩机悬刀（线图）

另外，在建瓯城关的基建中也出土了一件青铜弩机零件（望山）①，机件上未发现刻铭。

镦　1件。出土于东越王城高胡坪甲组建筑群西厢房遗址中。体呈圆筒形，断面略呈鸡心形，素面。高5.2厘米、直径3厘米（图10-18）。

图10-18　高胡坪甲组建筑群遗址出土的铜镦

二、礼乐器

铎　1件。1985年在北岗建筑遗址中出土。器残，其表呈灰青色，断面呈深灰色。筒残缺，舞面为蟠虺纹，残存两对相互缠绕的虺蛇。体侧上部饰云雷纹、勾连云雷纹及三角形的变体蛙头纹等组合纹饰。器壁厚0.2厘米（图10-19）。此铎为典型的战国青铜器。其花纹图案装饰，在山彪镇与琉璃阁战国墓中出土的铜器上习见②。在广东地区战国墓出土的青铜器上③，也多见与其相同的纹样。另外，江苏淮阴高庄战国墓出土的铜铎舞面

① 建瓯市城关建房挖出，私人收藏。笔者见到过，故收录于书。

② 郭宝钧：《山彪镇与琉璃阁》，科学出版社，1959年。

③ 广东省博物馆：《广东罗定出土一批战国青铜器》，载《考古》1983年第1期；《广东罗定背夫山战国墓》，载《考古》1986年第3期。

图 10-19　东越王城北岗建筑遗址出土的青铜铎残器

上的蟠虺纹饰①也与其相类似。

钟　1件。在城内高胡坪甲组建筑群遗址中出土。仅残存铣部，其残存的铣部花纹为鸟形纹（图 10-20、图 10-21）。它不仅具有战国遗风，而且有一定的地方特色。

图 10-20　高胡坪甲组建筑群遗址出土的铜钟铣部

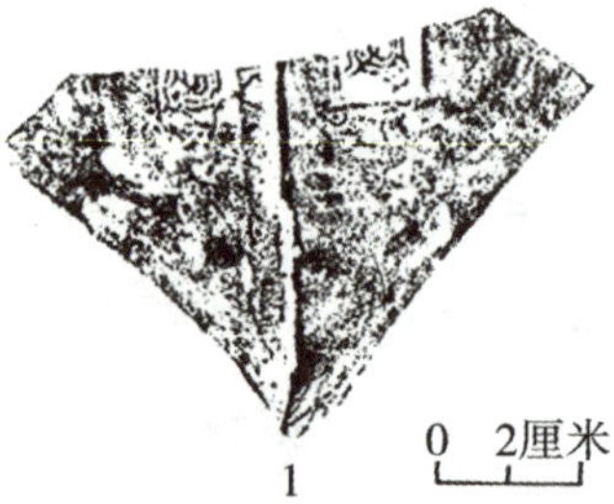

图 10-21　铜钟铣部（拓片）

琴轸　1件。1959年于城内出土。器为圆头细颈，方腹实心，颈部有一孔。通高 3.5 厘米（图 10-22），为漆木琴上的附件。

① 淮阴市博物馆：《淮阴高庄战国墓》，载《考古学报》1988年第2期。

图 10-22　1959 年东越王城遗址出土的铜琴轸

三、生活用品

镜　1985 年，在东越王城东城门外侧的北岗一号建筑遗址中出土了 3 个个体残件。其中 1 件为蟠螭纹镜，残体仅为原镜大小的六分之一。镜体很薄，镜缘断面为三角形。器表呈黑色，比较平光，断面呈银白色。纹饰分主纹和地纹，主纹为夔龙纹，造型生动，地纹系圆圈与三角形组合成的变体云雷纹，细密清晰。此镜复原直径 25 厘米、镜体厚 0.2 厘米（图 10-23、图 10-24:1）。另外两件仅存较小的残片，1 件是镜的边缘部分，镜体也很薄，表面呈黑色，有光泽，边缘断面为三角形。1 件表面呈深绿色，光泽度很好，镜体亦很薄，纹饰分主纹、地纹，主纹仅残存有麟羽的瑞兽，地纹为圆涡纹，纹样极细密繁缛（图 10-24:2、3）。这 3 件铜镜残片，皆具战国铜镜之遗风，是西汉初年流行的式样。西汉中期武帝以后，这类铜镜绝迹。2021 年在福州杨桥路空军招待所工地的黄末山（牛头山）闽越国宫署遗址中出土的 1 件铜镜残片①，也与武夷山东越王城北岗建筑遗址的铜镜类同，是战国晚期至西汉早期流行的形制。

① 福建闽越王城博物馆、福州市文物考古工作队：《福州市牛头山汉代遗址考古发掘简报》，载《福建文博》2017 年第 1 期，第 17 页：图二七。

图 10-23　东越王城北岗建筑遗址出土的青铜镜

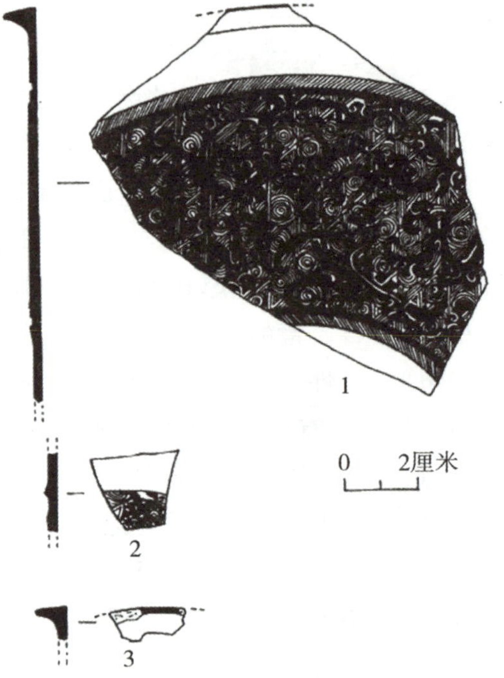

图 10-24　东越王城遗址出土的 3 件铜镜残片（拓片）
（采自《武夷山城村汉城遗址发掘报告 1980—1996》）

盘口鼎　1件，残。在城内高胡坪甲组建筑群遗址中出土。鼎口为盘形，扁圆腹，造型为釜形。器壁很薄，素面无纹。口径约20.4厘米（图10-25:1）。此鼎为典型的“越式”鼎，流行于东周至西汉前期，西汉中期后绝迹。在江西贵溪东周崖墓中出土有与其类同的仿铜陶鼎①；在两广地区的战国至西汉前期墓葬中，这种铜鼎也很常见。如在广州西汉前期南越人墓②、象岗南越王墓③、广东罗定背夫山战国墓④及广西贵县⑤罗泊湾一号西汉前期墓⑥中，均出土有与其基本相同的“越式”铜鼎。

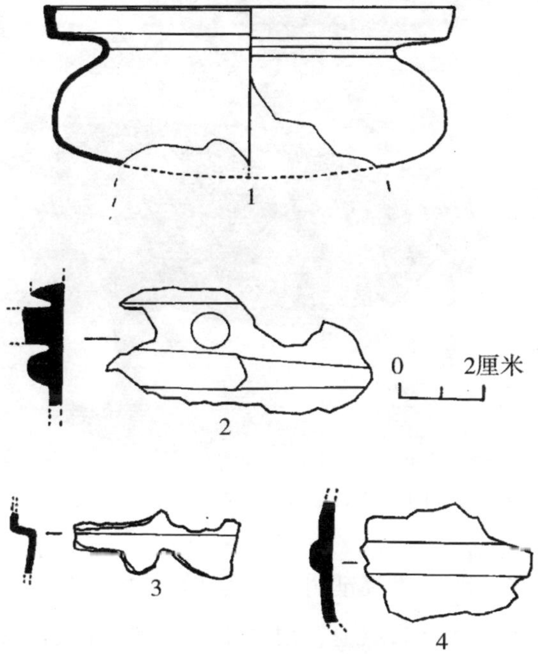

图10-25　东越王城遗址出土的“越式”盘口鼎和其他铜器残片（线图）

① 江西省博物馆等：《江西贵溪崖墓发掘简报》，载《文物》1980年第11期。
② 广州市文物管理委员会等：《广州汉墓》（上册），文物出版社，1981年，第137页。
③ 广州象岗汉墓发掘队：《西汉南越王墓发掘初步报告》，载《考古》1984年第3期。
④ 广东省博物馆：《广东罗定背夫山战国墓》，载《考古》1986年第3期。
⑤ 旧县名，在广西东部。明由贵州改置，1988年改设贵港市。
⑥ 广西壮族自治区文物工作队：《广西贵县罗泊湾一号墓发掘简报》，载《文物》1978年第9期。

釜形鼎　1件。浦城出土①。造型为典型的“闽越式”铜鼎，与国内外现存的战国晚期至西汉前期的青铜鼎造型迥异。外体铸有极细密的纹理，下腹部有绳纹装饰，并且有两个穿耳，应该是可以穿绳索或挂在金属钩上的穿耳，抑或是挂提梁的穿耳。总之为器形完整、保存良好、形制独特的闽越国釜形青铜鼎。口径约30厘米，高度约28厘米（图10-26）。

图10-26　“闽越式”釜形鼎

兽面器足　1件。出土于高胡坪甲组建筑群遗址中，可能是附属于日用铜器或漆器上的器足。器足为双腿，很矮小，中空。正面为兽面形纹（图10-27）。从该器的造型及装饰花纹看，是典型的东周器。在安徽寿县蔡侯墓中出土的铜器群中②，以及河南山彪镇、琉璃阁东周墓中出土的铜器中③，都有许多与此器风格一致的兽面纹器足。

① 现藏于福州市的冶山春秋博物馆。

② 安徽省文物管理委员会等：《寿县蔡侯墓出土遗物》，科学出版社，1956年。

③ 郭宝钧：《山彪镇与琉璃阁》，科学出版社，1959年。

图 10-27　高胡坪甲组建筑群遗址出土的兽面铜器足

图 10-28　东越王城东城门遗址出土的鎏金铜伞柄箍

四、车器与杂项

伞柄箍　1 件（东城门遗址第 17 号标本）。鎏金，圆筒形，底端稍大，中间有凸棱，箍筒中残存炭化木柄，上部残，伞柄箍残长 26 厘米、筒径 6 厘米（图 10-28）。

盖弓帽　8 件。出土于城内高胡坪及城外北岗建筑遗址中，均为鎏金器（图 10-29—图 10-33）。个别器表的鎏金光亮如新；其余大多略泛红色，分二型。Ⅰ型 7 件，它们的造型均相同①，仅器形大小略有差异。其中北岗遗址出土的Ⅰ型鎏金铜盖弓帽的帽顶为圆饼形，帽下边有一横穿的小孔，器身的中部伸出一个向上的弯钩（图 10-29）。这种形制的盖弓帽，是西汉时期普遍流行的样式。与其相同之物，在广州西汉前期墓②、四川涪陵西汉初期墓③中，

① 福建省博物馆：《崇安城村汉城探掘简报》，其中的一件鎏金铜盖弓帽的复原图有误，其残帽顶亦应为圆饼形，而非尖锥形，载《文物》1985 年第 11 期。

② 广州市文物管理委员会等：《广州汉墓》（上册），文物出版社，1981 年，第 147 页。广州象岗汉墓发掘队：《西汉南越王墓发掘初步报告》，载《考古》1984 年第 3 期。

③ 四川省文物管理委员会等：《四川涪陵西汉土坑墓发掘简报》，载《考古》1984 年第 4 期。

都有出土。此外，山东淄博西汉初齐王墓陪葬坑中出土的Ⅱ型铜帽形饰①、河北满城一号汉墓中的Ⅱ型2式盖弓帽②等，也都与之基本相同。Ⅱ型1件，残，表皮已剥落，造型近似Ⅰ型，帽头为圆棱形，棱线上有瓣形花纹装饰，残长9.6厘米（图10-30、图10-33：2）。

图10-29　北岗建筑遗址出土的Ⅰ型鎏金铜盖弓帽

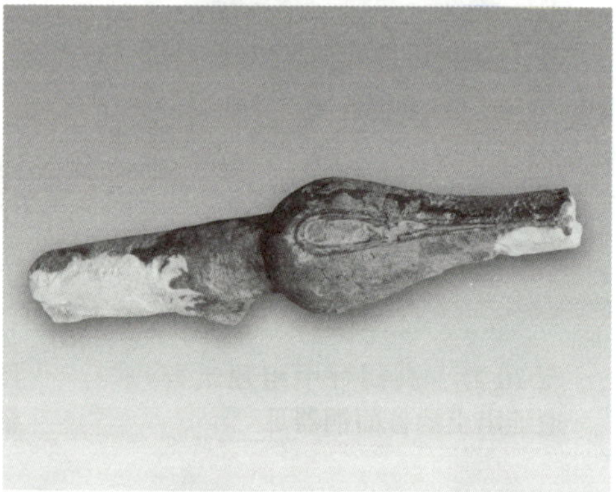

图10-30　东城门遗址出土的Ⅱ型铜盖弓帽

图10-31　北岗、甲组建筑遗址出土的部分Ⅰ型鎏金铜盖弓帽

图10-32　东越王城北岗建筑遗址出土的鎏金铜盖弓帽残段

① 山东淄博市博物馆：《西汉齐王墓随葬器物坑》，载《考古学报》1985年第2期。
② 中国社会科学院考古研究所等：《满城汉墓发掘报告》，文物出版社，1980年。

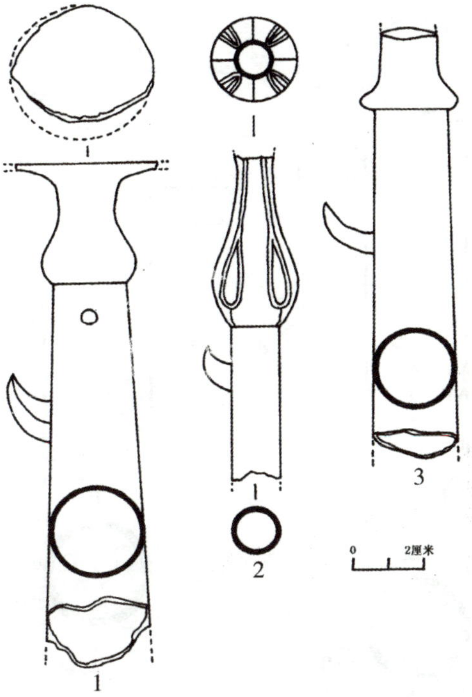

图 10-33 东越王城遗址出土的 I 、II 型鎏金铜盖弓帽（线图）
（采自《武夷山城村汉城遗址发掘报告 1980—1996》）

帽形器 2 件。2 件造型类似，略有差异。帽顶为伸出两边的横杠，帽中空，1 件近项处有一小穿孔（图 10-34、图 10-35）。

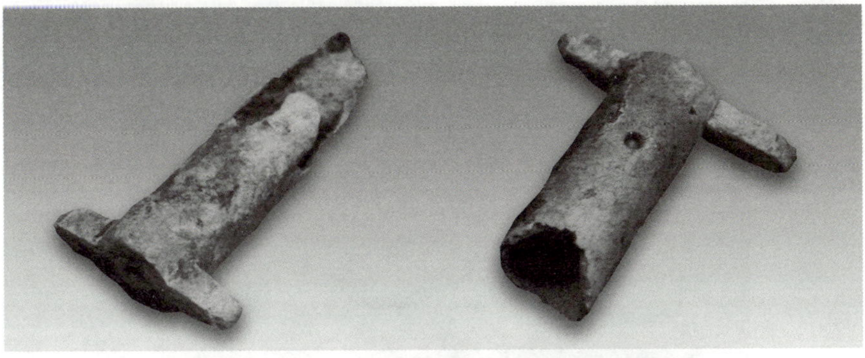

图 10-34 高胡坪甲组建筑群遗址出土的铜帽形器

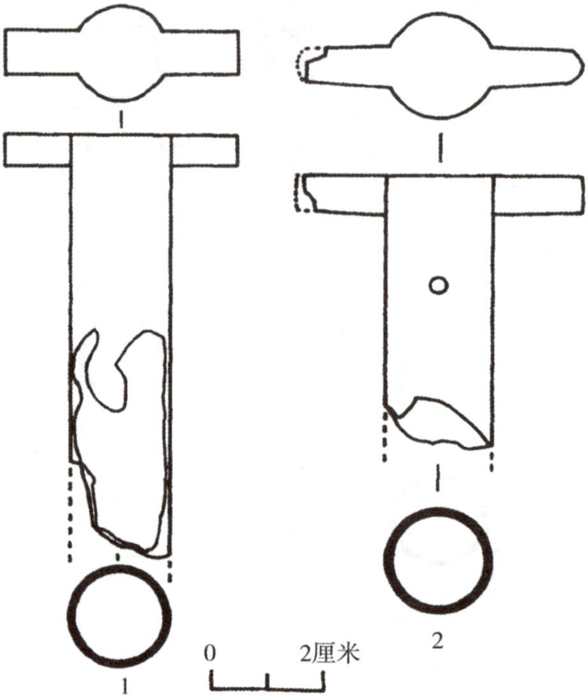

图 10-35　高胡南坪甲组建筑群遗址出土的铜帽形器（线图）

帐构　2 件。均残（图 10-36）。应是与建筑有关的铜构件，与河北满城汉墓中的铜帐构类似。

图 10-36　东越王城高胡坪甲组建筑群遗址出土的铜帐构

包金、错金银铜件　3件。在甲组建筑群遗址中出土。为漆器上的附件。其中两件保存略好，长方形，表饰流云纹，残长约6.7厘米（图10-37:1、2）。

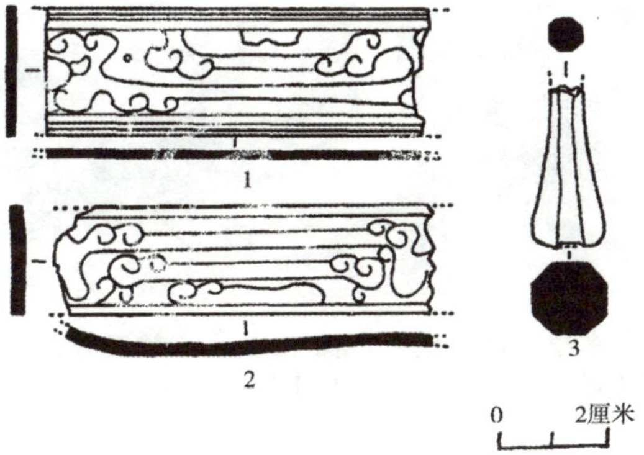

图10-37　东越王城遗址出土的包金、错金银铜件、鎏金柱头等（线图）

图10-38　东越王城遗址出土的多棱鎏金铜柱头

多棱柱头　1件。残，鎏金。残长3厘米（图10-37:3、图10-38）。

管　1件。残，残长3厘米、径0.8厘米。

圈　1件。于北岗建筑遗址出土。略锈蚀，器表呈灰紫色，高2.5厘米、径3厘米、壁厚0.3厘米。

印　1件。下寺岗遗址出土，出土后被碰残，底座方形，背覆斗形，鼻钮，边长1.8厘米。印文为“中门信印”（图10-39）。

图10-39　下寺岗遗址出土的铜印

此外，在东越王城城内甲组建筑群遗址中还出土有环 2 件（图 10-40）、中空的残器甬部 1 件（图 10-41）、绳索状耳鋬 1 件（图 10-42）。

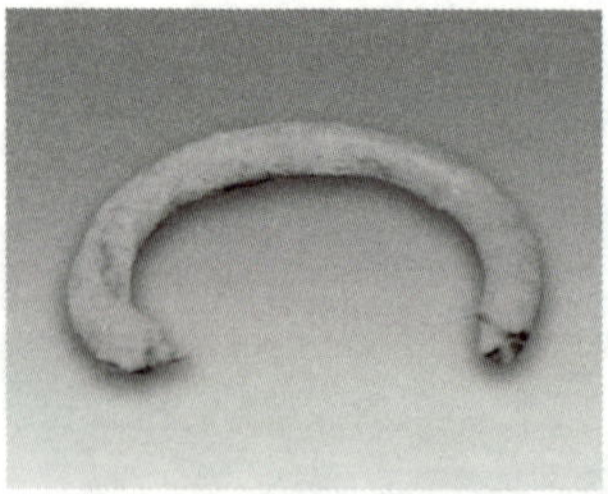
图 10-40　东越王城遗址出土的铜环残件

图 10-41　东越王城遗址出土的残铜器甬部

图 10-42　东越王城遗址出土的残铜器耳

连于一铜器残片上的绳索状附耳，可能是“越式”鼎上的附耳，与其相同的铜鼎附件，在两广地区西汉前期墓葬中习见。

其他还出土有不知名的残铜器和残铜针。①

第二节　有关的历史问题

一、出土铜器的年代

上述青铜器除个别出土于福州的闽越国遗址外，其余皆出土于武夷山城村汉城（东越王城）遗址的第 3 层中，其中绝大部分遗弃于基址的居住面上②。前文已对其中时代特征明确的器物作了初步分析，不难看出，这些共存于相同地层中的青铜器的年代跨度为战国至西汉前期。如铜铎、钟、兽面器足等，都是东周风格的器物，而鎏金盖弓帽、弩机等都是西汉器物，

① 福建博物院、福建闽越王城博物馆编：《武夷山城村汉城遗址发掘报告 1980—1996》，福建人民出版社，2004 年，第 341—369 页。

② 福建博物院、福建闽越王城博物馆编：《武夷山城村汉城遗址发掘报告 1980—1996》，福建人民出版社，2004 年，第 341—369 页。

其余的镜、鼎，Ⅰ、Ⅱ、Ⅲ型镞等，则是战国时代已出现且西汉前期继续流行的器物。由于这些青铜器中不见确系西汉中期以后开始出现的器物，因而它们的年代下限应止于西汉中期。从铜器本身来看，只在西汉前期还存在沿用战国器或承袭战国器作风的情况，而到西汉中期以后，汉代风格已完全确立，这种现象便销声匿迹了。

在判断此城址出土青铜器的年代问题时，除了从铜器形制本身所显示的时代特征上考察外，还应参考共存陶器的情况，并且应考虑这些出土遗物的年代与城址使用的年代是否统一。通过对城址中出土陶器的分析，已知这些与铜器共存的陶器群，除了具有浓厚的地方特色外，其时代应属于西汉前期①。这与历史文献记载的情况相吻合。因此，这些青铜器使用的年代下限可确定在汉武帝元封元年（前110年）。

武夷山东越王城遗址中出土的不少弩机，以及遗址中成堆或整捆的铜箭镞的遗存现象，说明元封元年汉军占领王城后并没有打扫战场，即奉命焚城迁民离开了。西汉中、后期闻风而来的内地群盗，在废墟中也无法盗掘彻底，所以我们在高胡坪甲组建筑群遗址、北岗建筑遗址和东城门遗址中，都发现了成堆散落或整捆的铜箭镞遗存（图10-1、图10-2）。

二、闽越国遗存青铜器的有关问题

武夷山东越王城遗址中出土的青铜器，它们不仅在制作年代上有差异，体现出东周铜器与汉代铜器共存的现象，同时，这些青铜器所反映的文化面貌也有所不同，表明了器物来源不同。其中既有“越式”作风的青铜器，也有中原风格的青铜器，后者占多数。如蟠螭纹铜镜等，具有楚镜的风格，很可能是从中原或楚地输入的。从遗物上看，镜的铸造工艺十分精良，虽埋在酸性土壤中已2000余年之久，但锈蚀甚微。蟠螭纹铜镜的断口呈银白色，明显属含锌很高的优质铜镜。与此类似的铜镜，在湖南长沙战国楚墓及西汉初期墓葬中较多见。此外，遗址中出土的鎏金铜盖弓帽、伞柄箍、包金铜饰，制作工艺也属上乘，其形制风格在中原地区常见，亦应是从中

① 杨琮：《论崇安城村汉城的年代和性质》，载《考古》1990年第10期。

原地区输入的产品。城内外普遍发现的“河内工官”铭文的弩机，均为中原输入的器物。《汉书・地理志》仅记载河内郡的怀县设有“工官”，但关于河内工官设置的时间及产品生产情况，文献无征。在清以来的金石及考古学家的古器物著录中，多见收录“河内工官”弩机的情况，如《簠斋吉金录》《小校经阁金文》《梦鄣草堂吉金图》《贞松堂集古遗文》《汉金文录》中，所收的“河内工官”弩机，铭文均纤细，为凿刻的隶书，字体和行文方式与此城址中出土的弩机完全相同。但这些著录古器的学者在对“河内工官”弩机时代的认识方面，意见不尽一致。大多数认为是汉代之物，但也有人认为是魏器或六朝器。此城址“河内工官”弩机的发现，可证它们皆应属西汉时代的产品。它们开始生产的年代不会晚于汉武帝初期，应当还会更早一些。据《史记・周勃世家》和《汉书・景帝纪》中有关的记载，西汉郡国工官的设置最晚于景帝时已开始。河内郡工官于景帝时已设并且开始制作弩机的可能性极大。

武夷山城村汉城（东越王城）遗址中出土“河内工官”弩机的编号，最小的为“三百十，丁”，最大的为“四千五百卌四，甲”。这就说明，在汉武帝元封元年（前110年）之前，河内郡工官不仅早已设置，而且已生产了数量众多的青铜弩机。关于弩机铭文“河内工官”后面的数字，应是产品先后的编号。方诗铭指出：“数字是标明这批成品中的第几件，‘甲’、‘乙’、‘丙’等字，可能是批数的编号。”① 笔者考虑甲、乙、丙、丁有可能还代表着不同规格的产品。例如，在云南江川李家山汉代墓葬中出土的一件“河内工官”弩机的机郭形制②，与福建武夷山城村汉城（东越王城）北岗一号遗址中出土的一件机郭形制完全相同。前者郭长10.5厘米，后者郭长10.6厘米，两器测量数据仅差1毫米。推测这1毫米的误差可能是测量或器体磨损造成的。这两种机郭应出自同一种模范。但广西贵县淀粉厂出土的“河内工官”弩机，郭身形状与上两者明显不同，且郭长为11.8厘

① 方诗铭：《从出土文物看汉代“工官”的一些问题》，载《上海博物馆集刊》，上海古籍出版社，1983年。

② 云南省博物馆：《云南江川李家山古墓群发掘报告》，载《考古学报》1975年第2期。

米，差别较大。这可证“河内工官”弩机中确实存在着不同规格的产品。同时，东越王城遗址出土的同种构件而形状不尽相同的实例，也能说明这个问题。此城址目前的出土物，已反映了当时甲、丙、丁不同批（规格）的弩机编号都达到“千四百五十八”至“四千五百四十四”件。从目前所发现的情况推测，这4种（规格）批号①的产品在生产数量上很可能是基本同步的，差距不会十分悬殊。我们若按甲批产品的编号平均计算，那么“河内工官”所生产的甲乙丙丁4批弩机，在汉武帝元封元年（前110年）以前已生产了近2万件②，这还不包括在广西贵县淀粉厂出土的铭文为“河内工官，第二十四”和《小校经阁金文拓本》中的“河内工官，三千三百□十九”等这类可能属另一种规格形式的弩机。总之，如此大量的青铜弩机，绝不可能是河内郡怀县的工官在很短时间内可以制造出来的，显然到此时，河内郡怀县工官的设置和投产已有了较长的一段时间。对于《汉书·贡禹传》载“蜀、广汉主金银器，岁各用五百万，三工官官费五千万……”，颜师古注引如淳曰：“《地理志》河内怀，蜀郡成都、广汉皆有工官。工官主作漆器物者也。”③ 这里，如淳将河内怀县的工官与蜀郡成都及广汉的工官并提，可见河内工官与蜀郡工官及广汉郡工官都是西汉时设置较早的工官。蜀、广汉的工官可能源于秦代类似工官的手工业作坊，即秦器铭文上的“西工”“东工”。④ 河内郡系汉高祖二年（前205年）设立，⑤ “河内工官”的设立

---

① 从广西贵县淀粉厂出土的“河内工官第廿四”弩机及《小校经阁金文拓本》中收录的“河内工官三千三百□十九”弩机来看，可能在甲乙丙丁4种之外，河内工官同时还生产有另一种弩机。

② 甲乙丙丁4种弩机如均按“四千五百四十四甲”来计算，共有18176件弩机，若加上另一种末尾无批号的弩机，即可达22720件。另外，从这些弩机在闽越城址中出土情况看，它们绝非武帝元封元年（前110年）入闽汉军带入丢弃于城址废墟中的，而应是更早的时候闽越国从内地输入的兵器。

③ 尽管颜师古及后来的一些学者，对“三工官”所指，意见不尽相同，但有一点是没有疑义的，如果河内工官是设立于西汉末或王莽新朝之时，去汉不远的曹魏陈郡丞如淳是不会随意往前比附的。

④ 方诗铭：《从出土文物看汉代“工官”的一些问题》，载《上海博物馆集刊》，上海古籍出版社，1983年。

⑤ 《汉书·地理志》，中华书局点校本，1962年，第1554页。

应当在此后的一段时间里，虽不大可能早到高帝、惠帝及吕后时，但可能要早于汉景帝后元元年（前 143 年）。西汉河内郡工官生产的弩机不仅中原地区多见，在南方边地也常发现，除该城址外，在广西贵县①、云南江川李家山②等地均有出土。

武夷山城村汉城遗址中出土的残钟、铎、兽面器足等，也是输自中原或吴、越国东周时期的铜器。它们反映了西汉前期的闽越人仍沿用中原战国铜器的情况，这也与西汉前期南越人保存使用中原战国青铜器的情形相同③。

武夷山城村汉城遗址出土的铜器中，可确定为地方特点的有“越式”盘口鼎、“闽越式”釜形鼎等一些残器。其余的小型器或一些造型简单的铜器，亦可能是地方产品。

上述情况，反映出当时先进的青铜兵器如弩机以及复杂的车器等，多是依赖于中原内地的输入。先秦时越国的青铜器文化并不落后，《史记·东越列传》记载西汉闽越王是越王句践之后，东周时越国制造的青铜剑等兵器就已闻名天下。越人曾有着较为先进的铜器制造技术，按理入闽的部分越国后裔在汉代亦应继承故越国的青铜业生产才是。近 20 年来，我们发现闽中地区青铜器遗留较少，和汉代中、后期遭公开盗掘也有很大关系。从另一方面看，当时闽越人确实已经掌握了一定水平的金属冶铸工艺，所以在铁矿资源较为充裕的情况下，当地的制铁业得以迅速兴起。这从城址出土铁器的比例远远大于铜器的实况，也可以说明一些问题。当然，西汉后期的群盗应该是不大会盗掘已经锈蚀的铁器的，盗掘青铜器、玉器应该是其重要目标。

此外，从城址中完整铜器少见而多为残器的现象看，由于当时青铜器较为珍贵，也不排除在汉军平定闽越而迁其民焚其城时，闽越人带走或汉军掳走一定数量青铜器的可能性。城址中出土的陶器，亦有不少仿铜器的器形，如提筒（箭）、圈足带兽纹铺首的洗、带环形铺首的盖罐、龙首提梁盉等，可证明当时存在着不少造型类似的青铜器。

---

① 广西壮族自治区文物管理委员会编：《广西出土文物》，文物出版社，1978 年。此书定这件弩机年代为东汉，实误，应为西汉前期器。

② 云南省博物馆：《云南江川李家山古墓群发掘报告》，载《考古学报》1975 年第 2 期。

③ 黄展岳：《论两广出土的先秦青铜器》，载《考古学报》1986 年第 4 期。

第十一章　铁器制造业

第一节　出土铁器及种类型式

闽越国遗址中，武夷山城村汉城（东越王城）遗址出土的铁器最为丰富，福州地区的闽越国遗址和墓葬中，也有零星出土。

武夷山城村汉城（东越王城）遗址，在1958年文物普查和翌年7月复查时，除发现许多陶器、瓦当外，还采集到铁剑、齿轮等铁器。1959年11月至12月的初步发掘，在遗址中出土了156件铁器，其中可辨器形的71件，有犁、锄（锸）、镬、锯、矛、剑、刀、凿形器、锥形器、镞、釜、钩、钉和甲片等①。在这次发掘中，铁器的大量出土引起了学术界的关注。此后，铁器一度成为有关学者对城址性质和年代讨论的重点问题②。1980年至1988年间，在该城址的一系列发掘中，又连续出土了大批的铁器③。其中可辨器形的就有140余件，残碎不可辨器形的更多。器形有锸、锄、犁、耙、镰、斧、凿、锤、锯、钉、锛、小铲、拨铲、钩、削、镞、矛、

---

① 福建省文物管理委员会：《福建崇安城村汉城遗址试掘》，载《考古》1960年第10期。

② 蒋炳钊：《关于福建崇安汉城的性质和时代的探讨》，载《厦门大学学报》（社会科学版），1978年第2、3期合刊。

③ 福建省博物馆：《崇安城村汉城探掘简报》，载《文物》1985年第11期。福建省博物馆、厦门大学人类学系考古专业：《崇安汉城北岗一号建筑遗址》，载《考古学报》1990年第3期。福建省博物馆、厦门大学人类学系：《崇安汉城北岗二号建筑遗址》，载《文物》1992年第8期。

戟、剑、刀、钺形锛、匕首、甲片、渔叉、鱼镖、三足支架、釜、环、圈、门环、铺首、门臼等建筑构件及链、镣铐等杂器，种类十分丰富。①

城址出土的铁器按功能、用途可初步分五大类：生产工具、兵器、生活用品、建筑构件和杂器。②

一、生产工具

城内外各遗址中出土的生产工具，无论是数量和品种都比较丰富，其中又可细分为农业工具和手工业工具。在当时，农业和手工业已有明确的分工。我们将这两类工具区分开来，有助于对当时社会分工问题进行深入的研究和探索。

（一）农业生产工具

有锸、锄、镢（镬）、镰、犁、五齿耙。

锸　早在1959年的试掘中，就出土了7件铁锸。当时在试掘简报上称为锄、镬③，通过长沙马王堆三号墓铁口木锸的出土④，以及楚都纪南城水井中双刃铁口木锸的出土⑤，可证武夷山城村汉城（东越王城）遗址出土的这类与它们相同的农具，应该是锸。在1980年至1988年的城址发掘工作中，先后在高胡坪甲组建筑群遗址出土了6件铁锸，在城外西侧的元宝山遗址出土了4件（图11-1），在城东门外左侧的北岗一号建筑遗址中出土了8件，在北岗二号遗址中出土了1件⑥。因而，到目前为止，在城内外遗址

---

① 杨琮：《闽越国文化》，福建人民出版社，1998年，第287—322页。

② 福建博物院、福建闽越王城博物馆编：《武夷山城村汉城遗址发掘报告1980—1996》，福建人民出版社，2004年，第301—340页。

③ 福建省文物管理委员会：《福建崇安城村汉城遗址试掘》，载《考古》1960年第10期。

④ 文保：《马王堆三号汉墓出土的铁口木锸》，载《文物》1974年第11期。

⑤ 湖北省博物馆江陵纪南城工作站：《一九七九年纪南城古井发掘简报》，载《文物》1980年第10期。

⑥ 福建省博物馆：《崇安城村汉城探掘简报》，载《文物》1985年第11期。福建省博物馆、厦门大学人类学系考古专业：《崇安汉城北岗一号建筑遗址》，载《考古学报》1990年第3期。福建省博物馆、厦门大学人类学系：《崇安汉城北岗二号建筑遗址》，载《文物》1992年第8期。

中发现可辨器形的铁锸达26件，根据它们在形状方面的差异分为三型。

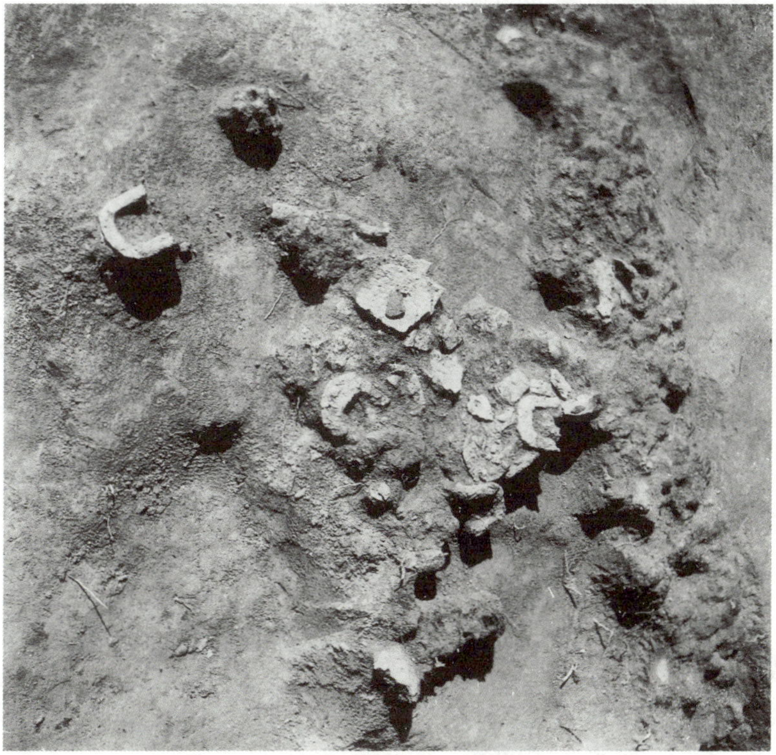

图11-1　东越王城元宝山遗址中铁锸的出土现状

Ⅰ型　仅存“凹”形的铁口，叶、柄等木身均无存。这些锸出土时大多锈蚀严重，但有的因埋在红烧土等建筑废料中，保存较好。此型锸又可分三式。

1式　弧形刃，刃口部较窄，銎部较宽，断面呈椭圆形。以高胡坪出土标本（T210）和北岗出土标本（T17:18）为例，前者体长12厘米、宽13.6厘米、刃部宽3.2厘米（图11-2）；后者体长9厘米、宽12厘米、刃部宽3.3厘米。

2式　器形较方正，刃部较宽、刃口微有弧度（图11-3）。以北岗出土标本（T29:6）为例，体长12.6厘米、宽12.9厘米、刃部宽4.2厘米。

3 式　数量较多，是城址中出土较普遍的一种（图 11-4）。锸首尖，刃部呈三角形，较宽，但銎部的宽窄不一。以高胡坪标本（T170:19）和北岗标本（T29:3）为例，前者体长 13.5 厘米、宽 14.3 厘米、刃宽 6.9 厘米；后者体长 13.2 厘米、宽 13 厘米、刃宽 7.2 厘米。

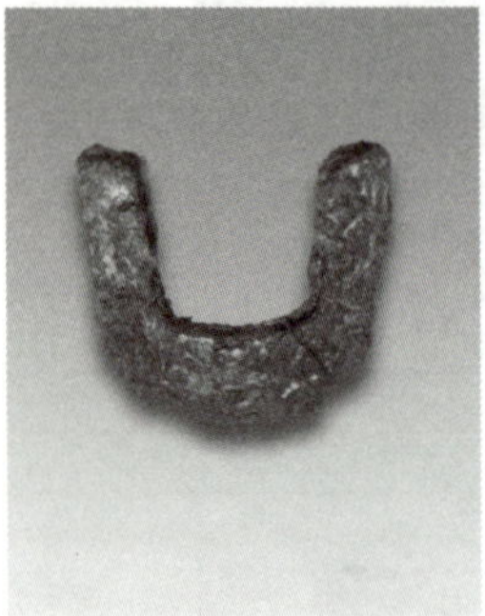

图 11-2　东越王城高胡坪甲组建筑群遗址出土的Ⅰ型 1 式铁锸

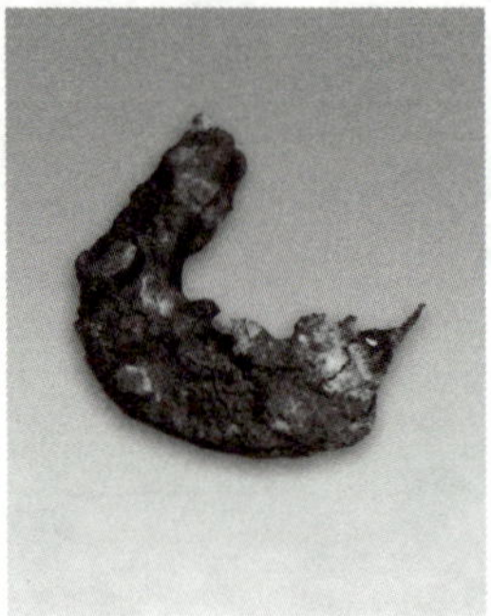

图 11-3　东越王城元宝山遗址出土的Ⅰ型 2 式铁锸

图 11-4　东越王城元宝山遗址出土的Ⅰ型 3 式铁锸

Ⅱ型　铁口亦为“凹”形，但体为瘦长形。可分二式。

1 式　以高胡坪标本（T314）为例，其刃部较宽，刃口呈圆弧状。体长 17 厘米、宽 12 厘米、刃宽 7.2 厘米。

2 式　器形稍小。三角形尖刃，刃两侧也有尖突。1959 年试掘时即出土过一件。现以元宝山出土标本（T1101）为例，体长 11 厘米、宽 8.5 厘米、刃宽 4.5 厘米（图 11-5）。

Ⅲ型　亦为“凹”形的铁口木锸，但体形小。其复原面貌是由两个相同的小锸头共同在分叉木叶上组成一个“双刃锸”。此城址中出土的这种锸可分为二式。

1 式　器形较瘦长，弧形刃，刃部略窄（图 11-6）。以北岗遗址出土的标本（T17:19）为例，体长 8 厘米、宽 6.6 厘米、刃宽 2.4 厘米。

2 式　形亦瘦长，銎部较宽，刃部稍宽。以元宝山遗址出土的标本（T1101）为例，体长 9 厘米、宽 6.5 厘米、刃宽 3.6 厘米。

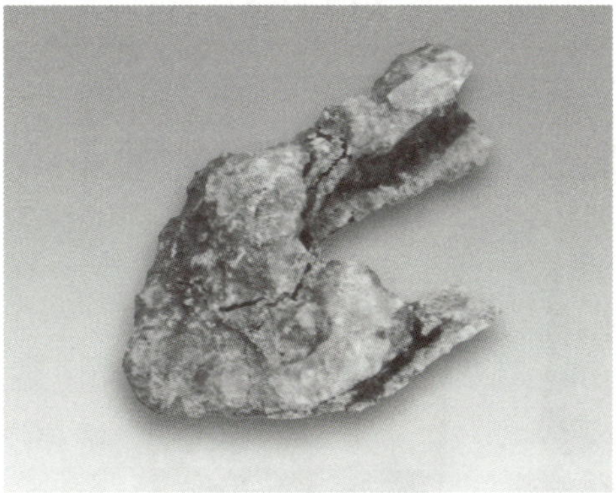

图 11-5　东越王城元宝山遗址出土的Ⅱ型 2 式铁锸

图 11-6　东越王城高胡坪甲组建筑群遗址出土的Ⅲ型 1 式铁锸

锄　此城址中出土的锄不多，除了一部分平刃锸（Ⅰ型 2 式锸）或可安装成锄外，目前从器形上可确定为锄的铁器仅 2 件，它们皆出土于高胡坪遗址中，亦为“凹”形，与锸十分相近，只是形体较宽扁，刃两侧有向外的突角。根据它们形制的差异也可分二式。

1 式　以高胡坪标本（T239）为例，其略呈方形，弧刃，两侧宽角较长。体长 12 厘米、宽约 15 厘米、刃宽 3.9 厘米。

2 式　以高胡坪标本（T129）为例，器形大而扁宽，刃微弧。体长 12.6 厘米、宽 18 厘米，刃宽 4.8 厘米（图 11-7）。

图 11-7　1959 年马道岗遗址出土的 2 式铁锄

镢（䦆） 东越王城遗址出土的镢，造型类似斧（图11-8）。可分二式。

图11-8 东越王城高胡坪甲组建筑群遗址出土的铁镢（䦆）和铁斧

1式 略呈长方形，銎、刃略等宽，腰微内收。以北岗二号建筑遗址出土的标本（T30:2）为例，长11.3厘米、宽6.4厘米。

2式 銎稍宽于刃部，体瘦长。以高胡坪遗址出土的标本（T267:12）为例，长13厘米、銎部宽6厘米、刃部宽5.4厘米。

镰 城内高胡坪遗址出土1件（T313:10），残。镰体呈微弧形，前端较窄，后端较宽（图11-9）。

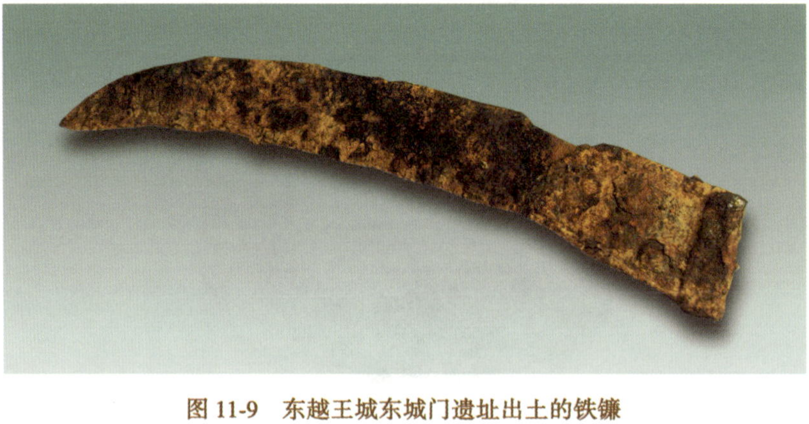

图11-9 东越王城东城门遗址出土的铁镰

图 11-10　1959 年东越王城马道岗遗址出土的铁犁

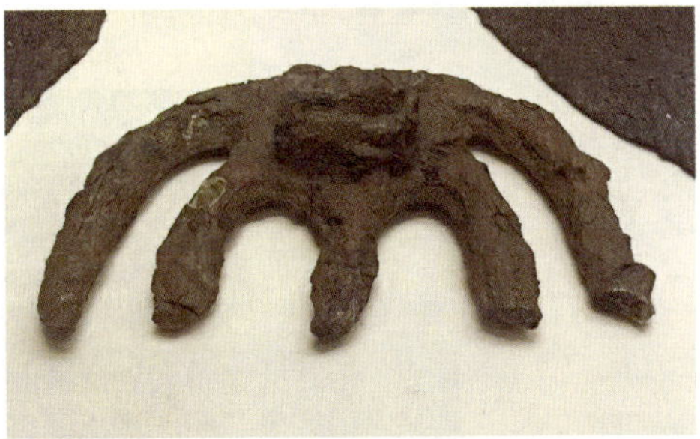

图 11-11　东越王城高胡坪甲组建筑群遗址出土的铁五齿耙

犁　1959 年发掘中出土 1 件完整犁。舌形，重 15 公斤（图 11-10）。

五齿耙　在东越王城高胡坪甲组建筑群遗址出土 1 件（T312∶1），个别耙齿略有一点残缺，背呈弧形，长方形柄穿（图 11-11）。通高 11.2 厘米、宽 16 厘米。

（二）手工业生产工具

有斧、斤（锛）、锤、凿、削、錾、锯、镌、钉、齿轮、小铲、拨铲、凿形器、钺形器等。

斧　东越王城城内外遗址中普遍出土。有 10 余件，分二型。

Ⅰ型　系铸造器（图 11-12、图 11-13）。1 式銎部有二凸棱。高胡坪遗址出土 1 件（T234∶27）。2 式最常见。弧刃，刃部宽于銎部。

图 11-12　东越王城高胡坪甲组建筑群遗址出土的Ⅰ型 1 式铁斧

图 11-13　东越王城高胡坪甲组建筑群遗址出土的Ⅰ型 2 式铁斧

Ⅱ型　系锻銎器。斧銎部套模锻卷合拢，接合部有缝隙（图 11-14）。

图 11-14　东越王城高胡坪甲组建筑群遗址出土的Ⅱ型铁斧

斤（锛）　器形似斧，器体较小，出土的很少。这可能是因为斤（锛）和小斧器形大体相同，仅就单面刃还是双面刃来区分，难度较大。由于有的器物很可能兼有斧、锛的用途，情况不明显。所以归为斧的较多，确定为锛的很少（图 11-15）。

图 11-15　东越王城遗址出土的铁斤（锛）

锤　在东越王城高胡坪甲组建筑群遗址中出土了2件（图11-16、图11-17），在城外元宝山遗址出土了1件（图11-18）。有大小两种规格的铁锤，截断面均为圆角方形，中有长方形柄穿。

图11-16　东越王城高胡坪甲组建筑群遗址出土的铁锤

图11-17　东越王城高胡坪甲组建筑群遗址出土的铁锤

图11-18　东越王都元宝山遗址出土的铁锤

凿　有多种形式和形状，可分三型。

Ⅰ型　椭圆銎，较大。窄刃平直。以北岗标本（T24:1）为例，长17厘米。

Ⅱ型　长条形，銎、刃略等宽，中腰稍内收。又分二式（图11-19）。

1式　以高胡坪标本（T315:15）为例，长方形銎，体长21.6厘米。

2式　以高胡坪标本（T287:31）为例，圆形銎，体长23.1厘米。

图11-19　东越王城高胡坪甲组建筑群遗址出土的Ⅱ型1式铁凿

Ⅲ型　凿体断面方形，銎部锻制成圆筒形，凿头较小。以北岗标本（T16:4）为例，残长17.6厘米。

削　均环首。有两种形式。

1式　通体等宽。以北岗标本（T16:16）为例，通长30厘米。

2式　把窄于削刃部。以北岗标本（T14:5），为例，残长24.6厘米。

图11-20　东越王城高胡坪甲组建筑群遗址出土的Ⅰ、Ⅱ、Ⅲ型錾

錾　一种小型凿。可分三型（图11-20）。

Ⅰ型　近方形錾，刃头微上翘。高胡坪遗址出土1件，长6.6厘米。

Ⅱ型　圆銎，銎部略宽于刃部。高胡坪出土1件，为9厘米。

Ⅲ型　方銎，錾头收成尖锋。出土多件。以高胡坪标本（T167:21）为例，长6.5厘米。

锯　1959年发掘出土1件。已残断。①

镌　现代亦称钎、桩。有大小两种。

① 福建省文物管理委员会：《福建崇安城村汉城遗址试掘》，载《考古》1960年第10期。

大镌　高胡坪遗址出土 1 件（T277:2），首小，后部渐大，断面方形，后部有十字形裂隙（图 11-21）。长 30 厘米。

图 11-21　东越王城高胡坪甲组建筑群遗址出土的大镌

小镌　高胡坪遗址出土 1 件（T187:12），体细长，断面方形。长 18.6 厘米。

钉　长条形、尖头，靠钉头断面方形，后端钉体断面为圆形。以高胡坪标本（T313:11）为例，后端有敲击痕，钉长 13 厘米。

钩　断面皆方形，主要可分三式。

1 式　直钩形状。高胡坪遗址出土 1 件（T187:10），高 21 厘米。

2 式　弯钩形状。高胡坪遗址出土 1 件（T214:14），高 12 厘米（图 11-22）。

3 式　后端为环形。高胡坪遗址出土 1 件（T313:11），高 17.7 厘米。

总之，铁钩的样式很多，分有多式（图 11-23）。

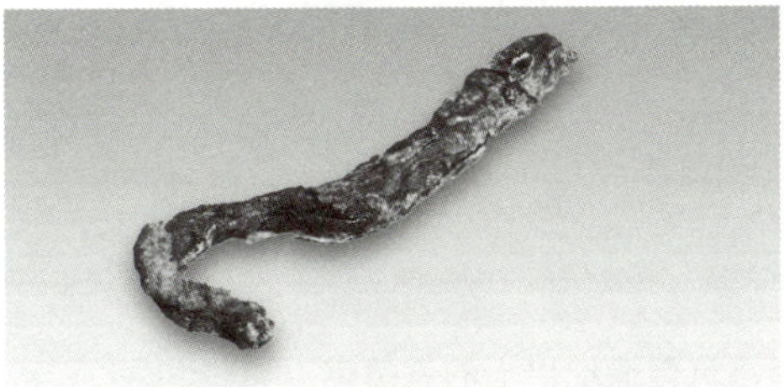

图 11-22　东越王城高胡坪甲组建筑群遗址出土的 2 式铁钩

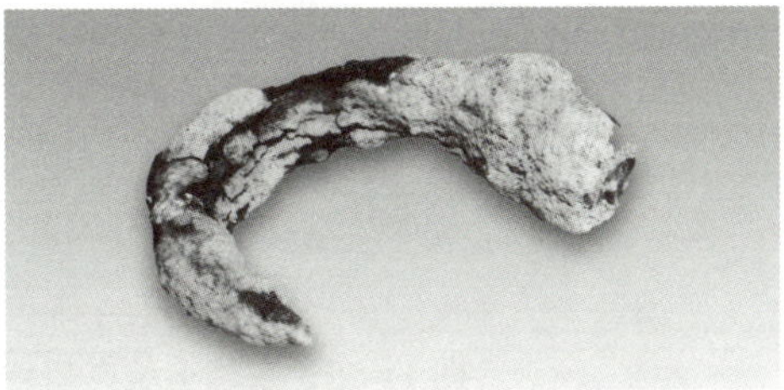

图 11-23　东越王城高胡坪甲组建筑群遗址出土的残铁钩

齿轮　1959 年出土 1 件①（图 11-24）。

图 11-24　1959 年东越王城出土的铁齿轮

小铲　共 3 件。铲头略呈方形，长柄、圆銎。高胡坪遗址出土 2 件，1 件柄残断。1 件完整，长 46 厘米。

拨铲　细长柄，铲头略呈圆形，柄前端弯曲（图 11-25）。此铲长约 97 厘米，与上述 2 件长柄小铲出土同一探方中。

凿形器　分二型。

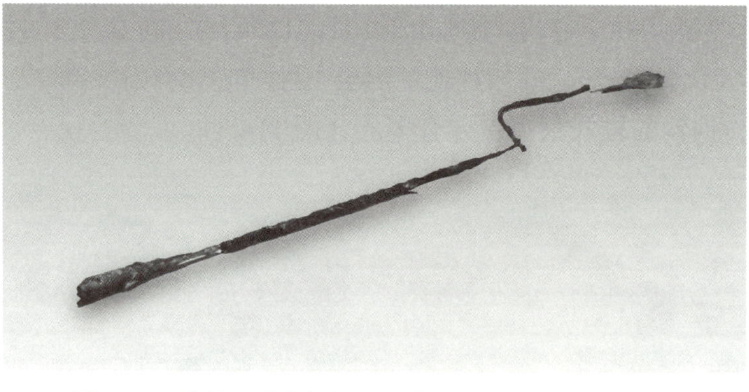

图 11-25　东越王城高胡坪甲组建筑群遗址出土的铁拨铲

① 福建省文物管理委员会：《福建崇安城村汉城遗址试掘》，载《考古》1960 年第 10 期。

Ⅰ型　城址中出土很普遍。扁宽体“凹”形卷銎。可分二式。

1式　器首渐收成尖锋。以高胡坪遗址出土的标本（T312:2）为例，长25.2厘米。

2式　全器首尾等宽，器首方平（图11-26）。以高胡坪出土的标本（T287:35）为例，长26厘米。

Ⅱ型　器身方形，器首钝。可分二式。

1式　圆銎。以高胡坪遗址标本（T171:5）为例，长20厘米。

2式　长方形銎。以高胡坪标本（T187）为例，该器首稍残，残长15.6厘米。

钺形器（钺形锛）　长方形銎与斧同，刃两侧伸出，较宽，方形，如标本（T129③:30）（图11-27），高9.6厘米、宽14厘米。城外南岗又采集钺形锛标本，刃部两端弯翘，高8.6厘米、宽14厘米。

图11-26　东越王城高胡坪甲组建筑群遗址出土的Ⅰ型2式凿形器

图11-27　东越王城高胡坪甲组建筑群遗址出土的铁钺形器（钺形锛）

二、兵器

武夷山东越王城遗址出土的铁兵器数量不少，种类主要有剑、矛、矛镈、戟、刀、匕首、箭镞、钺，另外还有防御护身的铁甲残片。

剑　遗址中出土的数量不多，且大多残断受损。其中保存较好的以高胡坪遗址标本（T287:32）为例，长44厘米，柄（茎）部无存。根据形状可分三式：

1式　1件，体扁，茎较宽，中部有1穿孔。标本（BT42③:6），剑身长40厘米、茎长10厘米、总长50厘米。

2式　茎尖细，剑体断面菱形。如标本（T287③:32），剑身长44厘米、茎长10厘米、总长54厘米。

3式　长剑，茎为长条形。如标本（DT26③:51），局部鞘尚残留，剑身残长60厘米、茎长20厘米、总长80厘米；标本（DT26③:50），剑茎残断，出土时剑身局部残留木鞘皮，剑身长87厘米、茎残长10.2厘米、总长97.2厘米。

矛　遗址中出土较普遍。可分二型。

Ⅰ型　短矛。高胡坪遗址出土1件（T194:12），身较短，本、骹约等长，通长21厘米（图11-28）。

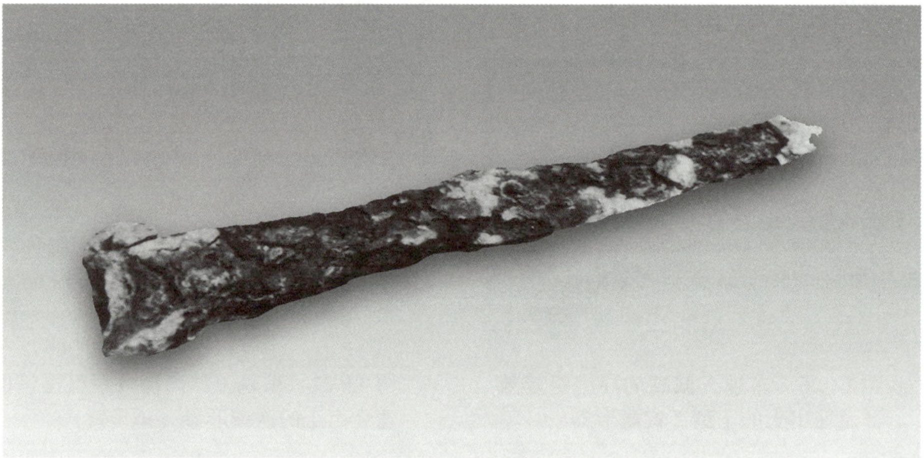

图11-28　东越王城高胡坪甲组建筑群遗址出土的Ⅰ型铁矛

Ⅱ型　长矛。各遗址均有出土。矛身很长，本均长于骹。此型矛大小长短也不尽相同（图11-29—图11-31），大多数中脊不明显。其中矛身最长者可达81.5厘米。

图 11-29　东越王城高胡坪甲组建筑群主殿外东侧出土的铁矛

图 11-30　东越王城高胡坪甲组建筑群遗址出土的Ⅱ型铁矛

图 11-31　东越王城高胡坪甲组建筑群遗址出土的Ⅱ型铁矛

矛镦　矛柄（矜）下头所安之物。此城址所出铁矛镦下端皆为尖锋状。可分二型。

图 11-32 东越王城遗址出土的Ⅰ型铁锛

Ⅰ型　短身。以北岗遗址标本（T29:37）为例，长 8.6 厘米（图 11-32）。

Ⅱ型　长身。以北岗遗址标本（T29:48）为例，长 16 厘米。

锛形器　东越王城高胡坪甲组建筑群遗址还出土了一些锛形铁器，用途不明。

戟　东越王城高胡坪甲组建筑群遗址出土 1 件（采:11），残，“卜”形，残体上可见三穿，两穿在横枝上。横枝残长 12.4 厘米、戟身残长 23.6 厘米。

刀　东越王城遗址出土的铁刀有两种，一种小刀与削类同，属工具类；一种稍大的刀可能属兵器类。这类刀可分三式。

1 式　刀柄非铁制，与刀身复合而成。如高胡坪标本（T193:16），长 39.2 厘米（图 11-33）。

图 11-33　东越王城高胡坪甲组建筑群遗址出土的 1 式铁刀

2式　刀柄、身皆铁制，刀身宽于柄。高胡坪遗址出土1件（T174:13），残断，残长40厘米。

3式　铜柄铁刀，残断，铜柄很短。

匕首　北岗遗址出土1件（T17:26），锋残，环首，两面刃，柄部略窄。残长17.8厘米。

箭镞　均三棱形。分二式。

1式　镞头断面为等边三角形，有的铤断面为梯形。大小不一（图11-34）。

图11-34　东越王城高胡坪甲组建筑群遗址出土的1式铁箭镞

2式　圆铤，镞头三棱形，各边均微凹（血槽的初级形式），大小均有。

甲　在武夷山城村汉城（东越王城）遗址1959年发掘时，就出土了铁甲片（图11-35）[①]。20世纪80年代在高胡坪遗址中，也出土有类同的方形铁甲片，甲片周边有小洞，系相互穿连绳索所用（图11-36）。甲片以高胡坪标本（T130:10）为例，长方形，长6.8厘米、宽5.6厘米，厚2毫米。

① 福建省文物管理委员会：《福建崇安城村汉城遗址试掘》，载《考古》1960年第10期。

图 11-35　1959 年东越王城马道岗遗址出土的铁甲片

图 11-36　东越王城遗址出土的铁甲片

札甲　20 世纪 80 年代在武夷山城村汉城（东越王城）高胡坪甲组建筑群遗址中，已经出土了成堆的长条形的铁片①（图 11-37）；不排除是铁札甲的原材料。1998 年武夷山城村汉城（东越王城）遗址北城门发掘时，出

① 福建博物院、福建闽越王城博物馆编：《武夷山城村汉城遗址发掘报告 1980—1996》，福建人民出版社，2004 年，图版 B85：109。

土了一种长条形的铁甲片①，甲片周边有小洞，系相互穿连绳索所用。这是一种编织起来置于胸背部的札甲。

图 11-37　东越王城高胡坪甲组建筑群遗址出土的长条形的铁片

三、生活用具

有匙、鼎、釜、三足釜架、鱼叉、鱼镖、书刀、饰件等。

匙（匕）　高胡坪甲组建筑群遗址出土 1 件（图 11-38）。圆凹状叶，柄较短尖。原应有木柄插连，已无存。

鼎　建阳平山遗址出土 1 件残器，盆形，双耳立于口沿。

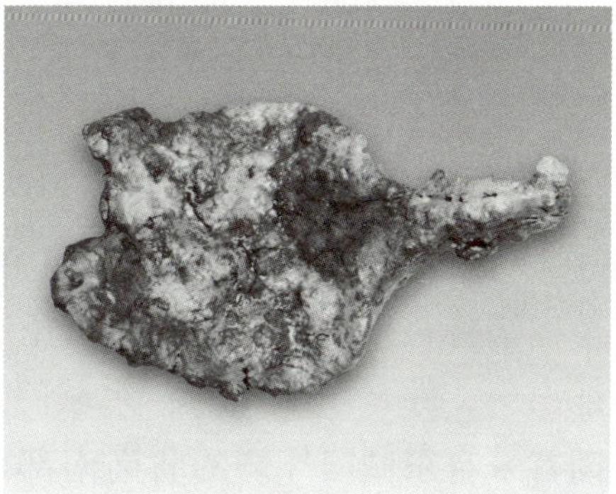

图 11-38　东越王城高胡坪甲组建筑群遗址出土的铁匙

① 目前北城门的考古简报尚未发表。

釜　出土物均残缺。北岗遗址出土 1 件釜底残片，尚存乳突状足。复原形状已不可确知。

三足釜架　北岗遗址出土 1 件（T22∶2），圈形，下接三足，一足已残失。圈有一交接点，相接后外套以铁足，再用铆钉固定。架高 19 厘米、圈径 31.2 厘米。

鱼叉　东越王城高胡坪遗址出土 1 件（图 11-39）。三股叉，两侧枝有倒钩刺，叉头宽 4.8 厘米、长 18.8 厘米。

图 11-39　东越王城遗址出土的铁鱼叉

鱼镖　高胡坪遗址出土 1 件（T227③∶1），前部有倒钩，中部杆呈方形，边长 2.1 厘米、长 30.6 厘米。

书刀　高胡坪遗址出土 3 件，其中 1 件柄首鎏金。

饰件　高胡坪遗址出土 1 件（T170∶20），兽头形，高 5.4 厘米、宽 4.4 厘米。

四、建筑构件

可辨器形、知用途的有门上的铺首、门环、门枢、臼座几种。

铺首　东越王城遗址共出土了 4 件，可分二型。高胡坪甲组建筑群遗址出土 2 件（图 11-40）；东城门遗址出土 2 件（图 11-41），其中 1 件巨型铺首采自东城门外侧的北岗南部（图 11-42）。铺首均兽面形，鼻垂下呈圆环形，为穿环处。

图 11-40 东越王城高胡坪甲组建筑群遗址出土的Ⅰ型铁铺首（小型）

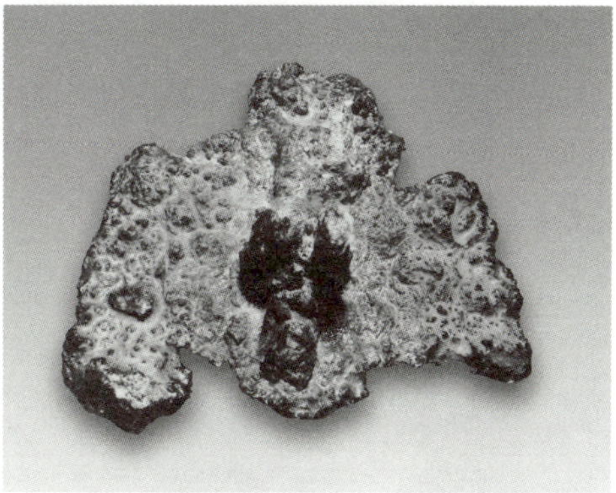

图 11-41 东越王城东城门遗址出土的Ⅰ型铁铺首背面（小型）

图 11-42 东越王城北岗建筑遗址出土的Ⅱ型铁铺首（大型）

门环 高胡坪遗址出土 1 件（T175），圆形，带扁钉，环径 8.8 厘米。

门臼座 东越王城遗址共出土 5 件。高胡坪甲组建筑群遗址出土 4 件（图 11-43），东城门出 1 件（图 11-44）。

5 件门枢臼座大小不同（图 11-45）。最小的 1 件（T129:15），方形，长宽为 5.2 厘米。高 2 厘米。最大的是东城门门枢臼座，方形，长宽为 14 厘米，高 8.4 厘米，臼坑径 11.2 厘米，另 1 件为长方形，长 10.4 厘米、宽 9.4 厘米、高 5 厘米，臼坑偏靠一边。

图 11-43　东越王城高胡坪甲组建筑群遗址出土的铁门臼（小）

图 11-44　东越王城东城门遗址原地出土的铁门臼（大）

图 11-45　东越王城遗址出土的房门和城门大小悬殊的铁门臼

图 11-46　东越王城北岗遗址出土的大型铁护枢

护枢　东越王城遗址共出土 3 件，1 大 2 小。高胡坪甲组建筑群遗址出土 2 件小护枢，东城门外侧的北岗南部出 1 件大护枢（图 11-46）。

此外，城址还出土不少铁件和残器，推测有相当部分是建筑构件。但在器形和用途尚不能确定的情况下，本文暂将它们一并归入杂器类。

五、杂器

有环、圈、链、镣铐、方形铁件、叉形器等，另外还有管、钩形器、尖状器、弯形器、板、块、片、条及一些不知名称、用途的构件等。

环　2件，大小有异。如：标本（T210③:24），较大，残径8厘米；标本（T194③:11），较小，直径3.6厘米。

圈　2件，如（标本BT6③:3）（图11-47），圆环形，边侧有一处突棱（疑为车器）。高3.9厘米、径10.4厘米；标本高胡坪（采:5），造型类同前一件，但器体稍大，径20厘米、厚0.7厘米、高4厘米。

镣铐　1件，残缺，仅存两件链条和一个相连的铐圈（图11-48），每节链条长21.2厘米、圈径约12.4厘米。

链　1959年在东越王城马道岗遗址出土了1件铁链（图11-49）。

图11-47　高胡坪遗址出土的铁圈

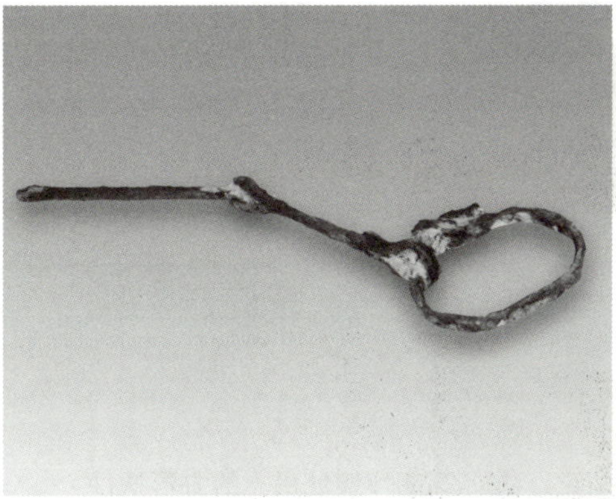

图11-48　高胡坪遗址出土的铁镣铐

图11-49　1959年东越王城马道岗遗址出土的铁链

方形铁件　1件，残，中间有方形孔（标本T287③:33），边长约11厘米、厚1.1厘米，方孔边长2.2厘米（图11-50）。

钩形器　此器均残，为不同式样。

1式　1件（标本BT16③:6），环首，前部残断，残长约7厘米。

2式　1件（标本BT6③:1），一端为环状，一端残断，形状为“∽”形，残长9厘米。

3式　1件（标本BT8③：1），体为扁条状，一端残，一端弯起，残长约6厘米（图11-51）。

弯形器　2件，均残，标本（BT13③:5），断面圆形，残长约29厘米（图11-52）；标本（BT01③:8），断面方形，残长约24.8厘米（图11-53）。

图11-50　高胡坪遗址出土的方形铁件

图11-51　东越王城东城门遗址出土的铁钩形器

图11-52　东越王城东城门遗址出土的弯形铁器

图11-53　东越王城东城门遗址出土的弯形铁器

带把圈形器　1件（标本BT29③:18），锈蚀严重，近椭圆环形，边有一扁条形器把相接。

异形器（灯形器）　1件（标本T315③:15），残断，圆筒形銎，前部略呈十字形分枝，有二枝极长，出土时弯曲严重（图11-54）。

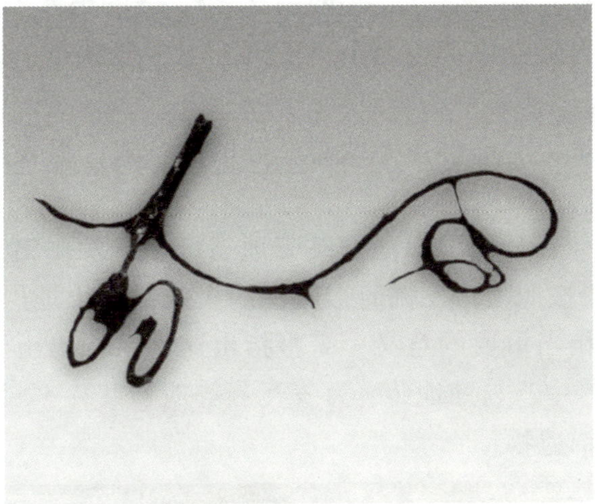

图11-54　东越王城高胡坪甲组建筑群遗址出土的异形铁器（灯形器）

未名铁器　1件（标本T187③:13），造型奇特，用途不明，器体为圆形铁条缠卷焊成，长47.5厘米。

锛形器　出土1件（标本T316③:14），残甚，器形不明确，有銎，有刃，残高11厘米、残宽4.2厘米。

异型铁工具　1件（标本T313③:10），残，器体后端为一长形铁板，中有伸出的细悬臂，头部残呈弯板形，通体残长43厘米。

拱形铁板　1件（标本T316③:40），残，用途不明，残长14厘米、残宽148厘米、厚2厘米。

器壁　1件（标本BT9③:4），残，器形、周途不明，体呈弧板形，周边为残孔边缘，残长29厘米、残宽20.4厘米、厚0.7厘米。

圈形条　1件（标本BT9③:1），锈蚀，断为3节，断面为长方形，全长 63.4 厘米。

镞形器　1 件（标本 BT30③:7），锈蚀严重，残长 3.3 厘米。

尖锥器　4 件（标本 BT13③:3），均已残，器体稍弯曲，锐尖，器身有一倒刺，残长 11.2 厘米。

管　1 件（标本 BT13③:4），残甚，中空，一端稍弯。残长 3.8 厘米。

此外，在城内外各建筑遗址中，还出土不少残铁条、铁片及不明铁器的碎块和铁渣等。

需要说明的是，本章对各种铁器所分的型、式，只表示器物造型上的差异，不表示年代上的关系。

另外，2013 年在福州屏山地铁站工地遗址中，发掘出土了 1 件大铁锚（图 11-55）。如果按照考古发掘简报所说的大铁锚出土地层确实的话①，那么这个发现具有相当重要的意义。简报指出这件铁锚出土于西汉地层中的后期水沟（G14）中，与铺地砖、万岁瓦当等遗物共存②。那么，应该是闽越国后期的大铁锚遗物。

图 11-55　福州屏山地铁站工地闽越国遗址大铁锚

① 因为屏山地铁站工地遗址也与冶山周围其他遗址一样，地层堆积非常复杂，不像武夷山东越王城遗址那么单纯。

② 福建博物院、福州市文物考古工作队：《福州市地铁屏山遗址西汉遗存发掘简报》，载《福建文博》2015 年第 3 期。

第二节　铁器的用途和名称考略

对武夷山城村汉城遗址出土的一部分器形完整的铁器，笔者试根据古文献记载、前人研究的成果及其他地区类同器形的比较，略考其用途与名称。

一、农具和手工业工具

武夷山城村汉城（东越王城）遗址中出土的Ⅰ、Ⅱ型锸系铁口木锸，其复原形状应与长沙马王堆三号墓出土的铁口木锸①相同（图11-56:1）。在四川牧马山发现的东汉时期左手持箕、右手持锸俑②，其锸的形制也是这种样式（图11-56:2）。在河南邓州学庄北朝彩色画像砖墓里，有一块画像砖上刻画一人侧身而立，身躯前倾，双手持锸作掘地状③。以上这些实例，都体现出这种铁口木锸的完整形状和使用的情况。

Ⅲ型锸体形较小，其复原面貌一般是由两个相同的小锸共同组成一个“双刃锸”。在湖北江陵战国时期楚国故都纪南城的水井中，曾出土一件完整的双刃锸④（图11-56:4）。另外，在湖南长沙西汉晚期墓中，曾发现持“双刃锸”的陶俑⑤。在江苏铜山东汉墓石刻上，则刻画有持“双刃锸”的人物形象⑥（图11-56:3）。这些考古发现，为我们提供了这种农具的原型及使用方法。

---

① 文保：《马王堆三号汉墓出土的铁口木臿》，载《文物》1974年第11期。

② 四川省博物馆：《四川牧马山灌溉渠古墓清理简报》，载《考古》1959年第8期。

③ 中国社会科学院考古研究所编：《新中国的考古发现和研究》，文物出版社，1984年。

④ 湖北省博物馆江陵纪南城工作站：《一九七九年纪南城古井发掘简报》，载《文物》1980年第10期。

⑤ 中国科学院考古研究所编著：《长沙发掘报告》，科学出版社，1957年。

⑥ 江苏省文物管理委员会编著：《江苏徐州汉画像石》，科学出版社，1959年。

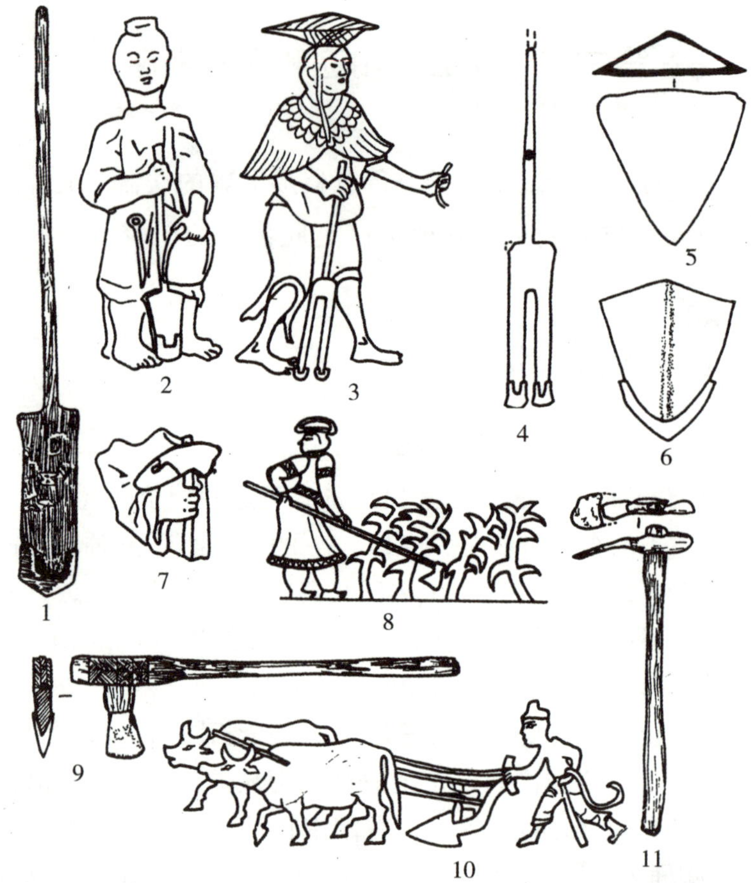

图 11-56　其他地区出土的铁制工具及有关生产场景（线图）

1. 长沙马王堆三号汉墓出土的铁口木锸　2. 四川牧马山出土的持锸俑　3. 江苏铜山汉画像石上的执锸人物　4. 楚都纪南城水井中出土的双刃铁口木锸　5. 山东滕县汉代巨犁　6. 装铧冠的铁铧　7. 成都青杠坡汉墓出土的持锄俑残段　8. 山东泰安汉画像石中执锄立薅人物　9. 汉代乐浪出土的木柄铁斧　10. 江苏汉画像石中的人物犁地图　11. 汉代乐浪出土的木柄铁斤

武夷山城村汉城（东越王城）遗址出土的单刃锸和双刃锸，都只存锸头的金属部分，即“锸金”。因为锸柄、叶木体部分在福建的酸性土壤中无法保存下来。这类安在木体耒耜上的锸金，当时也称为鏊。《说文》云

“鐅，河内谓臿头金也”。《方言》郭注：江东亦“呼锹刃为鐅”。因此，城址中出土的Ⅰ、Ⅱ型锸亦可称锹。《汉书·沟洫志》记录关中修渠工程时，有“举锸为云，决渠为雨”的描写。颜师古注曰：“锸，锹也。所以开渠者也”。王祯《农书》亦云：“盖古谓臿，今谓锹，一器二名，宜通用”。此城址出土的锸金皆作“凹”形，当时中原地区除这种锸金外，还流行一种“▭”形的锸金，福建地区至今未发现。城址出土的Ⅲ型锸则可名“茉”，如若安在曲柄上便可称“耜”。《说文》：“茉，两刃臿也。从木，丫象形。宋魏曰茉也”。吴越则不称茉，而称作“铻”。《吴越春秋》：吴王夫差“梦两铻殖吾宫墙”。《说文》段注：“玄应曰：茉，古文奇字作铻。”闽越王为故越王句践的后裔，在西汉时为越族之正统。当时这里很可能沿袭吴越习俗，称双刃锸为铻，而不一定从宋魏之俗作茉。

《释名》说：“锸，插也，掘地起土也。”上述三型锸，不论形制差异多少，都是用于掘地起土的工具，当时主要应用于农田耕作、挖沟修渠，亦用于建房筑城等动土工程中。

东越王城遗址中铁锄出土不多，这主要是它们亦为“凹”形，与锸的区别不大。它是一种挖土及中耕锄草的重要工具。《释名》：“锄，助也，去秽助苗长也。”锄也称作钼，《说文》曰：“钼，立薅斫也。”《盐铁论·申韩篇》说：“犀铫利钼，五谷之利而闲草之害也。”山东泰安出土的画像石中，表现了执锄立薅的情形（图 11-56:8）。战国秦汉时期的铁锄，有多种形式和形制，有全铁制的，有在木锄叶上装铁口的。闽越国遗址目前所出土的锄，均系在木锄叶上装“凹”形铁口之锄。它们与城址中出土的“凹”形锸头金较难区别，主要取决于木叶、木柄的装法。木柄横装于木叶上的，即锄。木柄竖装于木叶上的，即锸。城址中凹形锸，凡平刃口的，如Ⅰ型 2 式锸口，也可安在锄叶上成为锄。关于这种“凹”形铁锄的原貌，在四川成都青杠坡东汉墓出土的执锄俑残段上，可见它装在木叶、木柄上的原状（图 11-56:7）。据此，我们也可推断出东越王城遗址出土锄的原形。

汉代称镢为䦆，它是挖硬土的农具。汉代的䦆有多种形式，其中有一种全铁制的䦆，与现代镢头相同，只要横穿上木柄即可，另外也有“凹”形铁口平刃的。此城址出土的镢（䦆），类似斧形，但刃口与銎部近等，銎中安木叶，横柄穿接于木叶上。《说文》："镬，大钼也。"它与锸一样，系常用的挖土、起土工具。《淮南子·精神训》云："今夫繇者揭镬臿，负笼土。"《淮南子·齐俗训》又有："修干戚而笑镬插。"高诱注："镬，斫也"。

城址中出土一件铁五齿耙，应当是耙田、松土的农具。与其类同的器形仅见于战国燕下都遗址①。它亦可用于锄草和掘土，所以也可称五齿镬（锄）②。《释名》说："齐鲁间谓四齿杷为欋（镬）"，可证此说。目前汉代出土物中，未见四齿耙，但双齿和三齿耙（镬）常见。在农田的精耕细作中，五齿耙（镬）是优于二、三齿耙（镬）的。

汉代用于收获庄稼的农具有铚、镰等。铚是用于掐禾穗的，镰是连稭收割的农具。汉代铁镰虽有不同的形制，但皆大同小异。此城址出土的铁镰，镰身拱曲，是当时中原习见的一种较为先进的铁镰。

城址中出土的铁犁，系汉代出现的一种巨型犁铧，它的形制与河北满城二号汉墓出土的铁犁铧③基本相同，都属于舌形大铧。但满城汉墓出土的这件犁铧重 3.25 公斤，东越王城遗址出土的这件铁犁铧则重 15 公斤④，属特别厚重者，是目前为止，全国所发现的汉代铁犁中最重的一件。与其类似的较大型的铁犁，在辽宁辽阳三道壕遗址、山东滕县长城村及石家庄东岗头村等地⑤，都有出土（图 11-56:5）。东越王城遗址出土的这件大犁也可称为"钤镛"，《说文》："钤镛，大犁也。"多数研究者都认为此城址出土的这件大犁，可能是一种由数牛牵挽的开沟犁⑥，即王祯

① 河北省文化局文物工作队：《燕下都第 22 号遗址发掘报告》，载《考古》1965 年第 11 期。

② 孙机：《汉代物质文化资料图说》，文物出版社，1991 年。

③ 中国社会科学院考古研究所等：《满城汉墓发掘报告》（上册），图一八八:1，文物出版社，1980 年，第 279 页及第 281 页。

④ 福建省文物管理委员会：《福建崇安城村汉城遗址试掘》，载《考古》1960 年第 10 期。

⑤ 东北博物馆：《辽阳三道壕西汉村落遗址》，载《考古学报》1957 年第 1 期。庄冬明：《腾县长城村发现汉代铁农具十余件》，《文物参考资料》1958 年第 3 期。

⑥ 蒋炳钊：《关于福建崇安汉城的性质和时代的探讨》，《厦门大学学报》1978 年第 2、3 期。杨琮：《福建崇安城村汉代城址出土的铁农具》，《农业考古》1990 年第 1 期。孙机：《汉代物质文化资料图说》，文物出版社，1991 年。

《农书》所称的“浚犁”。它在土质较松软的田中，也可用来窜垡、活地（图 11-56：10）。此犁铧还需在刃口套上比较锋利的铧冠来使用（图 11-56：5、6）。

城址中出土的铁制手工业工具种类和数量都不少，其中又以斧最多。这主要是因为斧是重要和常用的伐木斫材的工具。《释名》说：“斧，甫也；甫，始也。凡将制器，始用斧伐木，已，乃制之也。”可见斧在当时是攻木的手工工具之首。城址出土的斧，均与现今柄直接穿进斧头的斧不同，需要在铁头和横柄之间用楔木或木叶连接。从长沙浏城桥出土的春秋木柄铜斧、江陵楚墓出土的木柄铁斧及朝鲜出土的古乐浪遗物中木柄铁斧上①（图 11-56：9），可见这类斧的结构和原型。另外，中原地区汉代除常见这种斧外，还流行一种木柄直接穿入斧头的“关头斧”，其与现代斧的器形和结构一般无二，使用功效较高。按《说文》《释名》记载，“关头斧”也可称作“斨”。这种“斨”在东越王城遗址中则不见。

城址出土的锛及小斧，应当是当时平木的工具——斤。《说文》中称“斤，斫木斧也”。斤的铁刃头是横装的，与斧头装法、方向都不同，而与䦆（锄）的装法相同。《国语·齐语》说：“恶金以铸锄、夷、斤、欘。”韦注：“斤形似锄而小。”可见斤与䦆（锄）的区分，主要是大小的差别。东越王城遗址出土的斧、䦆、斤等，在器形上都基本相同，它们的区别除器物大小的差异外，也取决于木柄、叶的不同安装（图 11-56：11）。

城址出土有三型錾，它们有各自的特殊功用。《说文》曰：“錾，小凿也。”它们与凿一样，都是攻木的工具，主要用于木器制作及建筑木构的制作方面。

城址出土的铁镌也有大小两种。《说文》：“镌，破木镌也。……一曰琢石。”其小镌可用来破裂大木，大铁镌应当是用来“琢石”的，如《淮南子·本经训》中记载的“镌山石”。东越王城建设中少不了这类工具，除用小镌破大树外，宫殿建筑中众多的柱础石，都是镌山石而得之。此外，从

① 《长沙浏城桥一号墓》，载《考古学报》1972 年第 1 期。孙机：《汉代物质文化资料图说》，文物出版社，1991 年。

湖北大冶铜绿山①、山西运城洞沟②等采矿遗址中均出土铁镌来看，当时采矿也常用这种工具。

铁锤，用途很广泛。不仅常和凿、錾配合使用于攻木，在采石、采矿中，常和铁镌配合使用。如山西运城洞沟铜矿遗址的矿洞中，就有铁锤和铁镌共出的情况③。同时，它也是用于锻铁的主要工具。它在建筑等手工业中，有多种用途。

城址中出土的小铁铲，系锻铁时所用的长柄小炭铲。与其相同者，在中原地区汉代出土物和画像石中均能见到④。

二、兵器

武夷山东越王城遗址出土的铁兵器中，以铁矛为最多，其中除一件Ⅰ型矛较短外，余皆为Ⅱ型长矛。Ⅱ型矛，矛头均在50厘米以上，最长者为81.5厘米。目前可与之相比的西汉中期以前的矛有：河北满城一号汉墓中出土的通长2.9米的带镦铁矛，矛头长65.3厘米⑤；广州南越国墓葬出土的铁矛头长72厘米⑥。后者矛身很短而骹很长，前者骹亦长于矛身。东越王城遗址出土的这种Ⅱ型矛，矛身皆长于骹，其中最长者可谓西汉前、中期最长最大的铁矛。当时这类长、大的铁矛名曰："稍""锬"。《说文》云："锬，长矛也。"《释名·释兵》曰："矛长丈八曰稍，马上所持，言其稍稍便杀也。"《艺文类聚》引《通俗文》说："矛长丈八者，谓之稍。"汉尺丈八，相当于现在的4米多。此城址中Ⅱ型铁矛，矛头81.5厘米，柄按《周礼·考工记·庐人》"过三其身"推断，再加上铁镦，可达4米。与古文献记载的"稍""锬"或"酋矛"大体相合。实际上，当时的矛柄常

① 铜绿山考古发掘队：《湖北铜绿山春秋战国古矿井遗址发掘简报》，载《文物》1975年第2期。夏鼐、殷玮璋：《湖北铜绿山古铜矿》，载《考古学报》1982年第1期。

② 安志敏、陈存洗：《山西运城洞沟的东汉铜矿和题记》，载《考古》1962年第10期。

③ 安志敏、陈存洗：《山西运城洞沟的东汉铜矿和题记》，载《考古》1962年第10期。

④ 孙机：《汉代物质文化资料图说》，文物出版社，1991年。

⑤ 中国社会科学院考古研究所等：《满城汉墓发掘报告》（上册），文物出版社，1980年，第108页及第110页，图七四：8、9。

⑥ 广州市文物管理委员会等：《广州汉墓》，文物出版社，1981年。

见超过矛头三四倍以上或数倍的。那么，其长度则可能更长。《说文》段注："矛者，酋矛，长二丈。建于兵车者也。"西汉闽越国被认为"无车骑弓弩之用"①。当时，这种说法虽与事实有些出入，但闽越国缺乏骑兵是毋庸置疑的。闽越人擅长的是水战，即当时公认的"习于水斗，便于用舟"②。因此，我认为这些城址中常见的Ⅱ型铁矛（稍或锬），可能是便于在水上船战的长兵器。当然，这种长矛可能同时也适于山地作战。因为这种长矛除了可在距离较远处刺杀外，还可横向斫杀。

此城址出土的矛头较短的Ⅰ型矛，可称为"鏦"或"铊"。《说文》云："鏦，矛也。""铊，短矛也。"铊也称为鏦。段玉裁注："《方言》曰：矛，吴扬、江淮、南楚五湖之间谓之鍦，或谓之鋋，或谓之鏦。按鍦即铊字。"《史记·东越列传》载：余善"即鏦杀王，使使奉其头致大行"。余善正是用这种较短的铁矛刺杀闽越王郢的。

东越王城遗址中出土不少圆锥状铁器，我们把它们定为镈，即矛柄（矜）下端可镈入地的铁镈。《说文》："镈，柲下铜也"。又说："镦，矛戟柲下铜镈也。"可见汉代矛镈还流行铜制品。这在考古发现中不乏例证。闽越国的东越王城遗址中矛镈大都为铁制品，仅出土一件圆筒形平底铜器，可能是镦。尽管《说文》将镈、镦视为同一物，但不少文献和研究者认为二者应有别。段玉裁注：《说文》云"锐底曰镈，取其镈地。平底曰镦，取其镦地。按镈地可入地。镦地箸地而已"。《尚书·牧誓》有"称尔戈"，"立而矛"。《释名》亦说："矛，冒也，刃下冒矜也。下头曰镈，镈入地也。"从东越王城遗址及其他地区都出土圆锥状铁矛镈来看，汉代亦流行这类尖形镈。

城址出土的铁剑，不见格、首，仅存尖细的柄（茎），说明其茎、首、格等都是其他质料配置的，并都已残失。据广州南越国墓葬出土的铁剑，在细柄外大多有朽木痕，有的还存有缚缠细线痕迹。③从这种情形来看，东

① 《汉书·严助传》，中华书局点校本，1962年，第2781页。
② 《汉书·严助传》，中华书局点校本，1962年，第2778页。
③ 广州市文物管理委员会等：《广州汉墓》，文物出版社，1981年。

越王城遗址中的这种铁剑的茎，也应为在细铁柄芯外加附木茎。至于剑上当时是否有玉格等玉制剑具配件，因未发现实物，尚不可考。不排除这类玉格在西汉中、后期入闽的盗掘狂潮中被盗掘走了。近十几年来在闽北各地普遍发现民间出土的玉剑具，有的还是四件套的出现，应该都是侥幸逃脱古代盗掘的闽越国贵族墓葬中的遗物①。

城址出土两种样式的铁刀，1 式刀柄与剑柄一样，仅存中央的铁芯部分。它也应是外附木柄或其他质料的附柄，因无存，具体原貌已无从考证。2 式刀是全铁柄，由于刀首残，也不能确知其原状。《释名》说："刀，到也，以斩伐。到其所，乃击之也。"汉代铁刀中，除了长铁刀外，还有短刀。长刀多长达 1 米，短刀长约 20—40 厘米。这类短刀按《释名》《汉书》等文献记载，可称为"拍髀""服刀"或"尺刀"。但中原地区出土的这类短刀，多数较短小，与书刀较难区别。东越王城遗址中出土的这两式刀，复原长度均在 40 多厘米。它们是随身佩带的短兵器无疑，但是否可称之为"拍髀""服刀"或"尺刀"，尚难确定。

东越王城遗址中出土的铁钺，形制与中原内地习见的钺有别。它不是那种柄直接穿进銎中的钺，而与城址中的铁斧类似，系长方形直銎，须安木叶将其与柄连接②。《说文》说："戉，大斧也。"段注："俗多金旁作钺。"在广州南越王墓出土的铁工具中，有一种和其造型一致但器形较小的锛，所以笔者更倾向认为它是一种木作的工具。

城址中出土的一件铁匕首较短，环首，无镡。应是当时随身佩带的护身短兵器。古代谓匕首为短剑③。《汉书·邹阳传》曰"匕首窃发"，颜注："匕首，短剑也，其首类匕，便于用也。"《通俗文》也说："其头类匕，故曰匕首也。"城内高胡坪遗址（T112）中，曾出土过一件在环首上有鎏金的残匕首④，虽然残甚，但仍可看出原是一件精美的治简书刀。

① 这些在浦城、建瓯的古玩市场上突然出现的西汉时期的玉剑具，应该都是当代盗掘出土的。

② 孙机：《汉代物质文化资料图说》，文物出版社，1991 年，第 129 页，图版 33—2，长斧。

③ （唐）司马贞：《史记索隐》，见《史记》，中华书局点校本，1982 年，第 1464 页注一七。

④ 出土之后，笔者亦曾见到过。由于锈蚀严重，很快即破损。

三、生活和建筑用具

东越王城遗址出土的生活用品中的铁匙亦称匕。《说文》："匙，匕也。"段玉裁注："《方言》曰：匕谓之匙。苏林注《汉书》曰：北方人名匕曰匙。玄应曰：匕或谓之匙，今江苏所谓搽匙、汤匙也，亦谓之调羹。实则古人取饭载牲之具。"先秦时，匕是从鼎镬中取肉的用具。《诗·大东》毛传："匕，所以载鼎实。"同时匕叶多尖锐、薄利，亦用来分解熟肉或"全烝"之牲。《仪礼·士昏礼》郑注："匕，所以别出牲体也。"汉代，匕叶凹入的情况愈来愈普遍；这样，用途更广，可舀羹等食物。此城址出土的匙（匕），叶较内凹，匙柄短而尖，是安上竹、木柄来使用的。

城址出土的铁三足釜架，是我国长江流域及南方汉代常见之物。有的学者考证这种铁三足釜架即古文献中所说的"烓"①。《说文》："烓，行灶也。"烓亦可称煁，《说文》："煁，烓也。"

汉代重要的宫室宅邸或礼制建筑中，大门上通常有金属的铺首。如河北满城一号汉墓后室石门上，即装有鎏金的兽首铜铺首②。在沂南汉画像石中的庙门图像上，亦有兽首衔环铺首。此城址高胡坪出土的铁铺首以及北岗遗址出土的大型铁铺首、铁护枢，亦为汉代流行的安在大门上的兽面衔环造型之铺首。另外，在高胡坪甲组建筑群遗址及东城门遗址中均出土安置铁门枢的铁臼座，而未见铜、石臼座。据此推测，当时与之配套的门枢及门扇角叶也应为铁制品。

第三节　铁器文化的历史问题

一、闽越国铁器的年代问题

铁器年代的判定是与城址兴废的年代相关联的。早在 1959 年对此城址

① 孙机：《汉代物质文化资料图说》，文物出版社，1991 年，第 335 页。
② 中国社会科学研究院考古研究所等：《满城汉墓发掘报告》（上册），文物出版社，1980 年，第 17 页。

的初步试掘时，就出土了许多铁器，无论数量及品种，都毫不逊色于中原内地西汉时期遗址所出土的铁器。只是当时囿于出土资料等客观条件的限制，不少研究者尚不敢设想这是闽越人的城邑，对其年代问题，也推定偏晚。通过自 1980 年至今的一系列考古新发现及全国各地汉代考古新资料的积累，特别是广东（以广州为主）两汉考古学年代标尺的建立①，开阔了福建考古工作者的眼界。通过对此城址出土的建筑材料②、日用陶器③、青铜器④、文字⑤及碳-14测定数据、墓葬形制、建筑布局⑥等一系列的研究探讨，得出的结论与文献记载的西汉闽越国建立及灭亡时间相吻合。由于在城址中基本不见汉以前的陶器群及建筑材料，因此，这处遗址的始建年代可定在汉高祖五年（前 202 年）以后⑦。东越王城遗址建成于建元六年（前 135 年）后，废弃的时间为汉武帝元封元年（前 110 年）。整个城址及周围遗址同时火毁的情况，可证汉武帝平定闽越国后焚城迁民的史实。这从考古的实物材料上证实《史记》记载不误。《史记·东越列传》说：武帝元封元年“皆将其民徙处江淮间。东越地遂虚”。其“皆”字当指全部的意思，“虚”字不仅指人迁走了，还包含着旧地从此成为废墟的意思。司马迁言简意明，所以《汉书·西南夷两粤朝鲜传》基本按《史记·东越列传》录，元封元年以后未补一字，足见终西汉时代闽越国故地一直废弃⑧。因此，城址中出土的铁器年代下限均不晚于汉武帝元封元年（前 110 年）。这证明了闽越国最晚在汉武帝初期，已进入了全盛的铁器时代。

---

① 广州市文物管理委员会等：《广州汉墓》，文物出版社，1981 年。

② 杨琮：《福建崇安汉代城址出土的建筑材料》，载《文博》1990 年第 1 期；《崇安汉城出土瓦当的研究》，载《文物》1992 年第 8 期。

③ 杨琮：《福建崇安汉城址陶器及文化内涵》，载《考古与文物》1992 年第 3 期。

④ 杨琮：《福建崇安汉城出土的青铜器及有关问题》，载《华夏考古》1991 年第 2 期。

⑤ 杨琮：《福建崇安城村古城遗址出土文字及考释》，载《东南文化》1993 年第 1 期。

⑥ 杨琮：《崇安汉代闽越国故城布局结构的探讨》，载《文博》1992 年第 3 期。

⑦ 杨琮：《论崇安城村汉城的年代和性质》，载《考古》1990 年第 10 期。福建省博物馆、厦门大学人类学系考古专业：《崇安汉城北岗一号建筑遗址》，载《考古学报》1990 年第 3 期。福建省博物馆、厦门大学人类学系：《崇安汉城北岗二号建筑遗址》，载《文物》1992 年第 8 期。

⑧ 这不包括西汉后期设立浙南属会稽郡的冶县。

二、闽越国铁器的应用问题

西汉时期，闽越仍被中原内地人看作是落后的“蛮夷”，或认为是“方外之地，劗发文身之民也。……不居之地，不牧之民”①。这种观念一直影响着汉以后的史学，也影响了近现代史学界对闽越国社会文化的认识。通过地下文物的不断出土，以往那种认为闽越国文化落后、社会生产力低下的观念，受到东越王城中发达的铁器文化的冲击。考古学者正通过考古新发现和不断地发掘，来填补以往闽越国史研究中的空白点和不确之处。

诚然，我们还不能因东越王城遗址中大量出土的铁器，即认为闽越国社会发展的程度已等同于中原地区。毫无疑问，闽越国的铁器文化是在中原铁器文化的影响下，才迅猛发展起来的。由于目前福建地区战国时代的考古资料发现极少，囿于文物出土的偶然性，我们至今尚未发现福建地区汉以前的铁器，或者说我们目前还不能确认它们。不管怎样，这种情况与中原地区在战国时代已普遍使用铁器及铁器的大量出土来比较，应当存在着很大的差距。

但到了秦汉时期，情况则有了很大的不同，秦始皇统一中国，在闽越地设立闽中郡。闽越王被废为君长。秦末，闽越王无诸等率闽中兵响应中原内地的反秦起义，随诸侯灭秦。秦亡之后，又因项羽不予封王，再佐汉击楚。汉高祖刘邦于公元前 202 年击灭项羽，登皇帝位并大封诸侯时，即复立无诸为闽越王，王闽中故地。从秦平闽越地到汉高祖复立闽越国这短短十多年中，闽越人民经历了翻天覆地的历史大变革，极大地加强了与中原内地的联系，受到了中原先进文化全方位的冲击，在汉廷复立闽越王后不久，闽越国便采取了一系列振兴的措施。而铁器的大量应用，正是在这种历史背景下产生的。

按历史发展的一般性规律，落后的民族凡与先进民族交往，最先也最容易吸收和接受先进的生产技术、军事装备等，而在传统的生活方式及社会习俗方面，往往受影响或变化得较缓慢。固有的东西常顽固地得到一定

① 《汉书·严助传》引淮南王语，中华书局点校本，1962 年，第 2777 页。

保留。从文献记载及考古发现来看，闽越国的发展正符合这条基线。

再从另一个方面看，闽越王及闽越国部分臣民是故越王句践及故越国臣民的后裔，就历史渊源来说，也应当传承了冶铁制器的技术。早在春秋战国之际，吴越的冶铁已很著名。根据《越绝书》记载，春秋末年，楚王命风胡子请著名的欧冶子、干将二人作铁剑。事成后，风胡子议论说："……禹穴之时，以铜为兵，以凿伊阙，通龙门，决江导河，东注于东海，天下通平，治为宫室，岂非圣主之力哉？当此之时，作铁兵，威服三军，天下闻之，莫敢不服，此亦铁兵之神，大王有圣德。"① 后来，吴被越灭，最后越灭于楚。越国部分遗民退入浙南、福建，与当地闽越人融合。因而，他们继承先祖的冶铁技术，在一定的有利条件下，大力发展闽越国的铁器制造业也是顺理成章的事。

西汉前期，铁器的使用，在战国时代大发展的基础上进一步普及，并且遍及很多边远地区。特别是一些诸侯国及割据政权，为了自身的发展，更是大力倡兴铁业。在我国东南边地，当时铁器文化发达的不独闽越国，其西南的南越国亦如此。在考古发现中，南越国墓葬和遗址中出土铁器的情况很普遍。如在广州发现的182座南越国墓葬中，就有51座墓发现铁器或铁器的残迹，共出土铁器156个号件。其中炊煮器有釜，兵器有剑、矛、戟、镞铤，生产工具有斧、锄、镰、凿、刮刀，服饰及用具有带钩、钩形器、削、镊等②。在广西贵县罗泊湾西瓯君墓葬中，也出土有铁镞等铁器。③ 在广西平乐银山岭发现的100余座汉初西瓯墓葬中，出土了181件铁器。其中除鼎、矛外，主要是生产工具锄、斧、锛、凿、刀、刮刀、削等。④ 1983年，在广州发现的南越王墓中，不仅出土了大型的"南越式"铁鼎，还在主室中出土了成捆的铁剑和铁矛、戟、镞等，南越王的腰间两

① （汉）袁康：《越绝书》卷十一《越绝外传记宝剑》。

② 广州市文物管理委员会等：《广州汉墓》，文物出版社，1981年。

③ 广西壮族自治区文物工作队：《广西贵县罗泊湾一号墓发掘简报》，载《文物》1978年第9期。

④ 广西壮族自治区文物工作队：《平乐银山岭战国墓》，载《考古学报》1978年第2期。原报告认为这批墓葬的年代是战国至汉初，近年来学术界普遍认为应定为汉初南越国早期。

侧还佩带10把铁剑。此外，亦发现有铁弓和比较完整的铁甲。特别引人注目的是出土的整箱修简工具，计有斧、锛、曲柄铲、梆头、削刀、刮刀、带鞘刻刀、凿、锉、锯等共70余件①。上述资料都说明了南越国在用于征战的兵器方面，用于农业生产、开发山林、造船建房和其他手工业生产的工具方面，都已大量使用了铁器。

广东南越地区先秦时代的铁器发现得很少，但到了西汉前期，铁器便大量出土，这说明西汉南越国社会经济的发展也是突飞猛进的。秦始皇南平百越，在岭南留下了大批中原戍卒，此后又迁入大批中原罪人②。南越王赵佗也是秦将。因此，这些中原人民不可能不懂得冶铁术（因为中原地区在战国时已广泛使用了铁器）。我们推测，当时南越国应当有了自己的冶铁业，否则仅靠关市贸易是无法如此普遍地应用铁器的。以往那种认为南越国无冶铁术，必须靠中原输入的观点，现在无论从哪个角度来看都是站不住脚的。文献记载汉初吕后曾禁南越关市铁器③，这只能说明汉初南越对铁器的大量需求，不足以证明南越国始终无自己的冶铁业。

相比之下，闽越国的社会经济虽然要比中原地区以及南越国稍落后，但这种落后从目前的考古资料上看，也仅限于社会商品经济及财富的聚积方面。这种差距，一方面是由于闽越在先秦时代社会生产比较低下，经济基础远比中原及南越地区薄弱。另外，地广人稀、阻山负海、交通不便、自然环境险恶等客观因素，也在相当大的程度上阻碍了闽越社会经济的发展。

尽管如此，汉代闽越国在中原高度发展的社会文化的深刻影响和推进下，也在西汉前期的几十年中，励精图治，迅速地追赶了上来。尤其在建筑业及制铁、制陶等一系列社会生产的重要领域中，已不逊于中原内地和南越国了。以往那种认为闽越国社会远比中原内地落后，因此不可能有大量铁器制造的观点，现在看来是太保守了。

首先我们从东越王城遗址出土的铁器资料上可以看到，其中除全国各

① 广州象岗汉墓发掘队：《西汉南越王墓发掘初步报告》，载《考古》1984年第3期。

② 《史记·秦始皇本纪》，中华书局点校本，1982年，第253页。

③ 《史记·南越列传》，中华书局点校本，1982年，第2969页。

地当时习见的一些器形外，还有相当部分的铁器为其他地区不见或具有一定的地方特色。如钺、Ⅰ型凿形器、拨铲、饰件以及各种难以定名的杂器、构件，皆为本地所独有之器。另外，錾、镌、Ⅱ型凿形器、Ⅱ型矛、短刀、链、镣铐、叉形器等，在器形上又有一定的地方特色，不尽同于中原。说明这些铁器都应是闽越人自行铸造或锻制的器具。其次，从闽越城址出土铁器的数量以及铁器应用之普遍等情况来看，也可说明闽越国当时应当有自己的冶铁业。例如在农业生产工具及手工业生产工具中，皆为铁器，未见青铜工具和石工具。当时在中原地区也还有一定的青铜工具继续使用。在兵器中，除箭镞和弩机外，余皆铁兵器，基本不见铜兵器。甚至连矛镈也基本都为铁制①。当时中原及南越国，尚有铜兵器沿用，而矛镈则多见为铜制。在闽越的建筑构件中，连铺首、门环、门枢臼座等，也都为铁制品。在中原则以铜制品为多见。同时，在众多的日用杂器及构件中，大都是铁制品，铜制品较罕见。上述情形，虽然从一个侧面可能喻示着闽越缺铜的情况，但主要是表明了闽越国已在社会生活的各个方面都普遍使用了铁。铁已不是什么稀有之物，铁器已完全取代了铜、石制品。单从闽越国的东越王城这一典型遗址来看，铁器在各方面应用的广度和深度都超过了中原地区通常的遗址。这种现象不仅证明了闽越国铁器文化的高度发展，也从另一面反证了这座城邑绝不可能是西汉后期的军事边塞或县邑。其重要而丰富的内涵，不是一般的军事城堡和县城所能包容，目前已知的西汉边防要塞和边疆县城没有一处可与之比拟。而广州汉墓资料却证明了南越政权灭亡之后，在汉朝设置的郡县中，铁器文化则衰微不振②。西汉王朝没有在南越和闽越地区设立铁官，因此，西汉后期两越地区不可能有高度发展的铁器文化。

恩格斯在《家庭、私有制和国家的起源》一书中曾经指出："一切文化民族都在这个时期经历了自己的英雄时代：铁剑时代，但同时也是铁犁和

① 城址中仅出土一件铜镦。

② 广州市文物管理委员会等：《广州汉墓》，文物出版社，1981 年，第 252、294 页。

铁斧的时代。”① 闽越族正是在这个时期，进入了他们的英雄时代。在西汉文、景之时，淮南王刘长和吴王刘濞企图造反，都曾联络过闽越出兵②。这证明了闽越国有相当的军事实力。《史记・东越列传》记载汉武帝建元三年(前 138 年)，闽越发兵围困东瓯国，迫使东瓯不得已而内属；建元六年闽越又发兵击南越，南越不得已而求助于汉廷。如果说闽越军队没有大量装备先进的铁兵器，仅靠铜、石兵器又如何能称雄东南沿海，既围东瓯又击南越呢？吴楚七国叛乱时，东瓯出兵响应，在七国战败后，驻扎在丹徒的东瓯兵尚有万余人③，这还不包括留驻本国的东瓯军队。闽越能出兵把东瓯国围困得无路可走，足见兵锋之盛。此外，上文也述及南越国当时已普遍使用铁器，军队已大量装备铁兵器。闽越军若无精良的铁兵器装备，怎敢以卵击石去侵犯南越国呢？而面对闽越的侵犯，南越王只好求助于汉廷派大军制裁。汉廷遣两路大军伐闽越，闽越王郢竟发兵抗拒。连与闽越国邻近的淮南国王刘安也在上武帝书中说“（闽）越甲卒不下数十万”④。《汉书・严助传》说：闽越王“又数举兵侵陵百越，并兼邻国，以为暴强，阴计奇策，入燔寻阳楼船，欲招会稽之地，以践句践之迹”。可见闽越国的实力相当强盛，在武帝初期已称雄百越地区，并且势力扩张得很快，曾派兵达长江，又焚烧寻阳的汉军楼船（颜师古注曰：“汉有楼船贮在寻阳也”）。东越王城遗址中出土的大批铁器及众多铁兵器，恰与历史文献中记载的当时闽越国强兵悍的史实相吻合。

由此可见，闽越国当时有自己发达的制铁业，铁器已普及到社会生活和生产的方方面面。铁器的广泛应用，已成为闽越国历史文化的一个重要特征。

---

① 恩格斯：《家庭、私有制和国家的起源》，人民出版社，1972 年，第 160 页。

② 《史记・淮南衡山列传》《史记・吴王濞列传》，中华书局点校本，1982 年，第 3076 页、第 2828 页。

③ 《史记・吴王濞列传》，中华书局点校本，1982 年，第 2835 页。

④ 《汉书・严助传》，中华书局点校本，1962 年，第 2782 页。

三、武夷山东越王城遗址出土铁器的金相组织检测与研究

（一）以往的出土铁器及认识

根据1959年的第一次发掘及1980年至1988年的第二次大规模发掘出土的资料，笔者对武夷山东越王城遗址中出土的铁器，试作初步的研究。

众所周知，铁器是衡量社会生产力水平的一个重要标尺。因此，对其进行广泛深入的研究是很有必要的。许多问题有待进一步地研究解决，例如闽越城址中出土的铁剑、矛等兵器，是否已是钢剑、钢矛了？它们的含碳量及有关成分如何？

在战国时期，中原地区已能用块炼法得到海绵铁增碳以制成高碳钢，而且有了淬火技术①。当时钢制的剑、矛、戟已不是罕见的兵器了。北京钢铁学院曾对燕下都44号墓出土的9件铁器做金相检验，结果有6件是熟铁或钢，3件是生铁制品。② 早在春秋战国之际，吴、越的冶金术及制造铁兵器的技术已相当先进。《越绝书》记载楚王曾以重宝聘请越人欧冶子和吴人干将，用茨山出产的铁英，制成三把名为“龙渊”“泰阿”“工布”的铁剑。到了汉代，钢制品已有了较大的发展。闽越王为故越王句践后裔，闽越国中不乏故越国人的后裔，应当会制作高质量的钢兵器及其他制品。东越王城遗址出土的铁剑及长矛都较薄利，有的有相当的韧性。如果仅是一般的生铁，则很难胜任当时的征战杀伐。这些出土的铁剑和长矛，从外表观察多见分层现象，可知是铸造成型后又经过热处理和反复锻打而产生的，大多数可能是锻制的。另外，当时的锻件很多，如锻銎的斧、凿形器以及甲片、小铲、拨铲、刀、匕首等。甚至钺的刃部可能也是经过铸铁韧化处理。铸铁韧化技术的发展，导致铸铁脱碳钢的产生。以铸铁制钢的关键是脱碳，而以块炼铁制钢的关键则是渗碳。春秋战国时的钢剑，就是用块炼

① 北京钢铁学院压力加工专业：《易县燕下都44号墓葬铁器金相考察初步报告》，载《考古》1975年第4期。

② 北京钢铁学院压力加工专业：《易县燕下都44号墓葬铁器金相考察初步报告》，载《考古》1975年第4期。

铁锻打渗碳而成的。如河北满城汉墓出土的钢剑，原料与前代的相同，只是锻打的次数增多了，使碳的扩散更为充分而已。

另外，除武夷山城村汉城（东越王城）外，以往在邵武发现过铁锸，在福州发现过铁剑，在建阳平山遗址也发现过铁鼎①，在长汀河田竹子山发现过铁鼎、铁剪和铁刀②。2001 年在福州黄末山（牛头山）遗址中，出土了铁削、铁尖状器③；近年在福州屏山地铁站的冶都遗址中也出土了大铁锚④。由此看来，当时不独武夷山城村汉城（东越王城）遗址，整个闽越地区铁器也已普及。但是毫无疑问，武夷山城村汉城（东越王城）遗址已成为闽越国铁器文化的代表。

（二）实验方法和检测结果

北京大学的陈建立选择了武夷山城村汉城（东越王城）高胡坪甲组建筑群遗址、北岗和东城门等发掘地点出土的铁器 29 件，其中农具 4 件、工具 7 件、兵器 7 件，以及板、片等 11 件，约占整个遗址出土铁器数量的 10%，数量较多且种类较为齐全，具有较好的代表性。通过金相组织观察和电子探针分析研究铁器的材质和制作工艺，利用加速器质谱碳-14 年代方法测定铁器年代。

样品全部取自残断处，经过镶样、磨光、抛光后，用 4%硝酸酒精溶液浸蚀，在北京大学考古文博学院莱卡 DM4000M 型金相显微镜下观察样品的金相组织，并拍摄照片（图 11-57）⑤，其中样品镞 T42③:33（FWC14）、铤 29（FWC15）和甲片 T313③（FWC18）等 3 件样品因锈蚀严重，没有金相组织残余而无法判定材质。

---

① 杨琮：《福建建阳平山汉代遗址调查》，载《考古》1990 年第 2 期。

② 《厦大人类博物馆在长汀县发现新石器时代遗址及汉代铁器》，载《文物参考资料》1956 年第 3 期。

③ 福建闽越王城博物馆、福州市文物考古工作队：《福州市牛头山汉代遗址考古发掘简报》，载《福建文博》2017 年第 1 期。

④ 福建博物院、福州市文物考古工作队：《福州市地铁屏山遗址西汉遗存发掘简报》，载《福建文博》2015 年第 3 期。

⑤ 陈建立、杨琮、张焕新、林繁德：《福建武夷山城村汉城出土铁器的金相实验研究》，载《文物》2008 年第 3 期，第 89 页，表一。

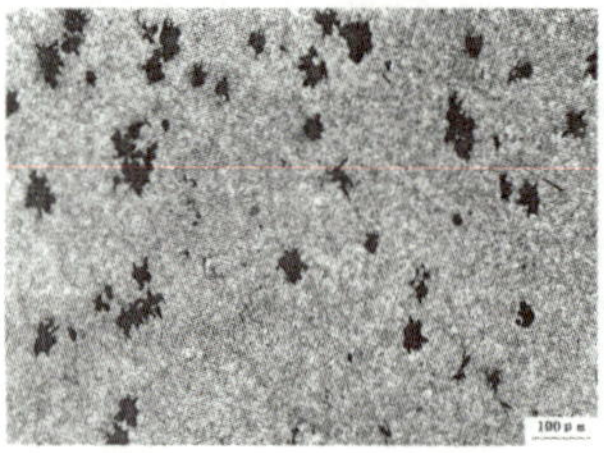

铁锸 FWC03 韧性铸铁组织

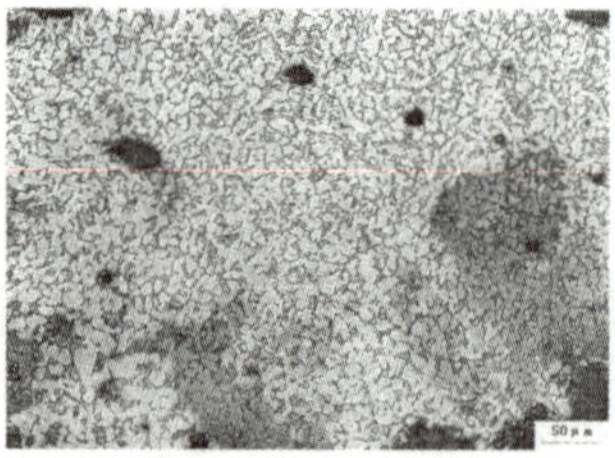

铁斧 FWC06 刃部铁素体+珠光体组织

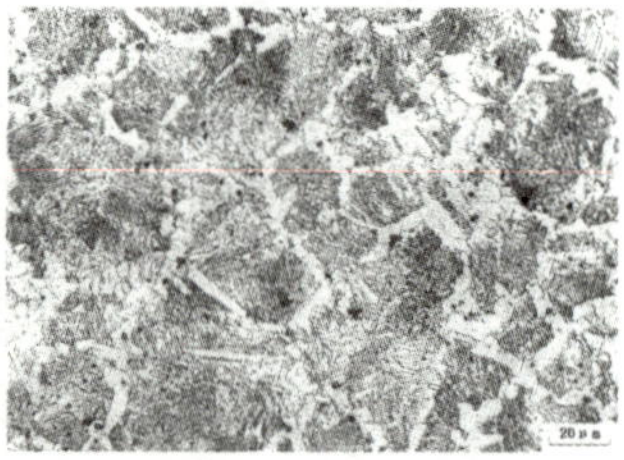

铁削 FWC09 珠光体+渗碳体组织

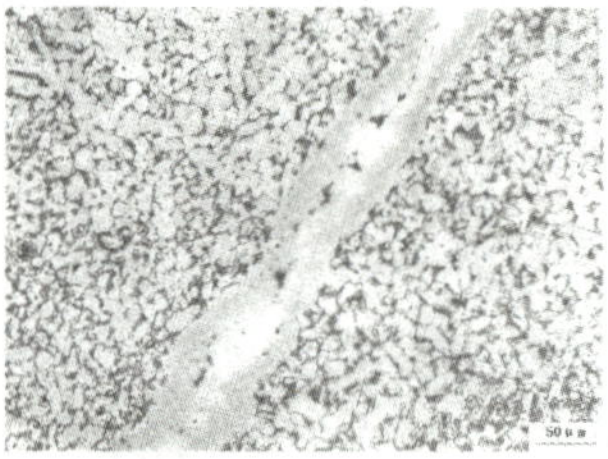

铁錾 FWC10 的带状组织

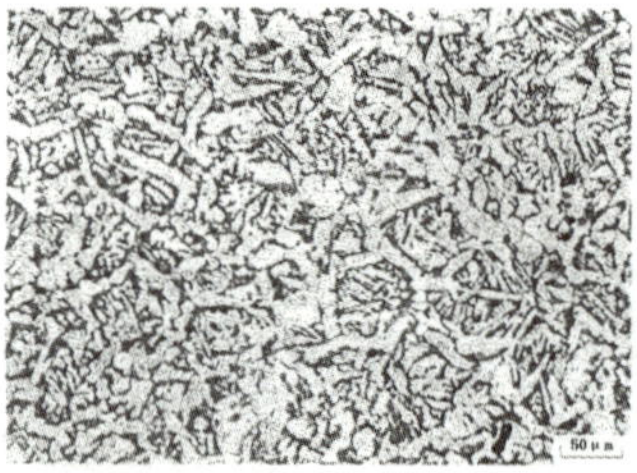

铁凿 FWC11 铁素体+珠光体组织

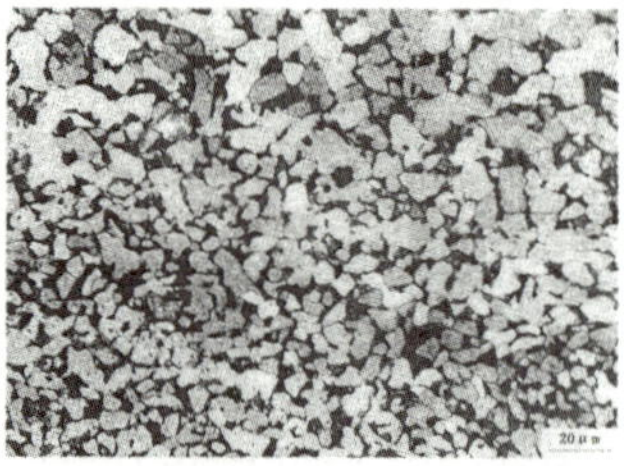

铁矛 FWC12 铁素体+珠光体组织

铁予 FWC13 珠光体+渗碳体组织

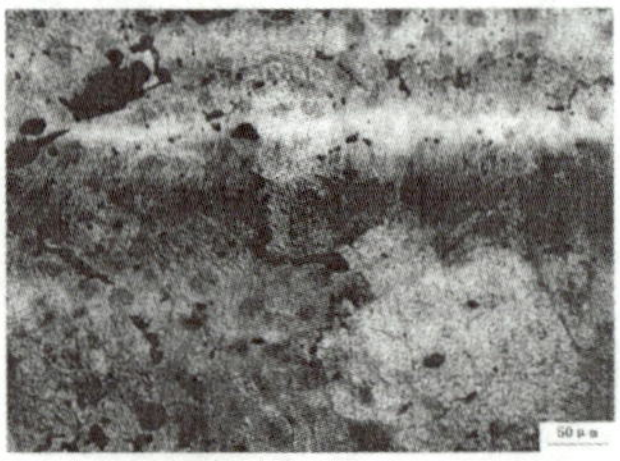

铁剑 FWC16C 马氏体组织

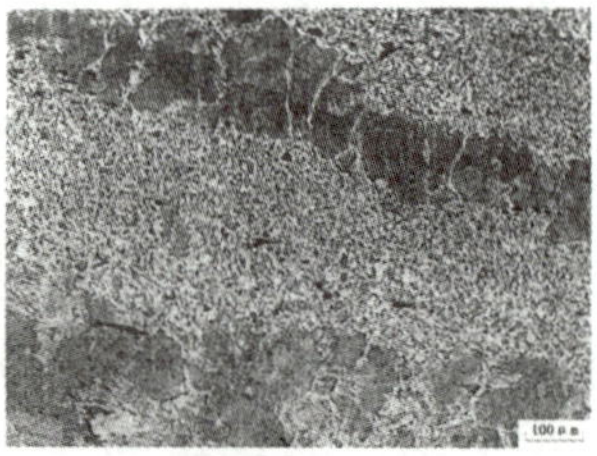

铁剑 FWC17 珠光体+铁素体组织

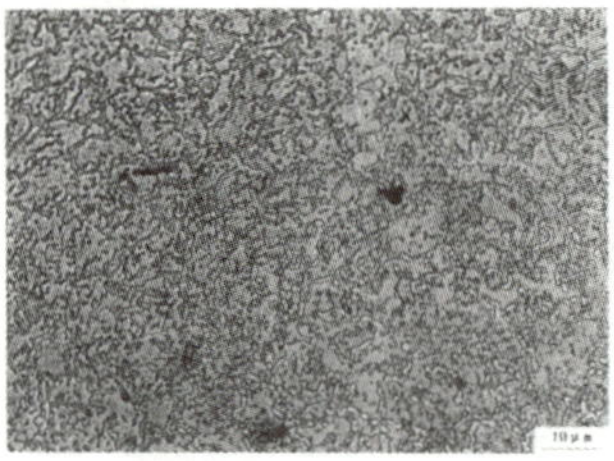

铁环首匕 FWC20 珠光体+铁素体组织

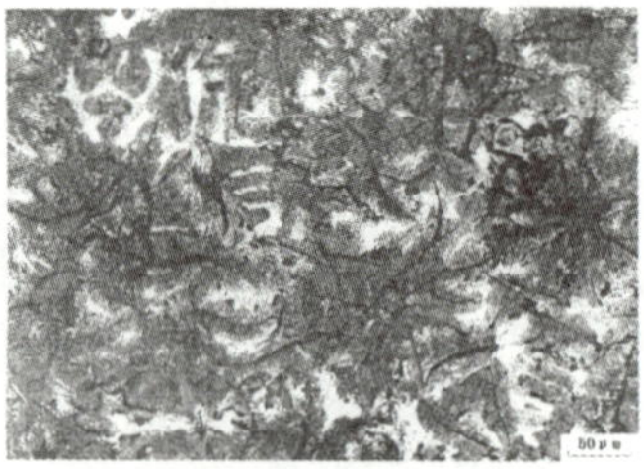

铁耳形器 FWC21 灰口铁组织

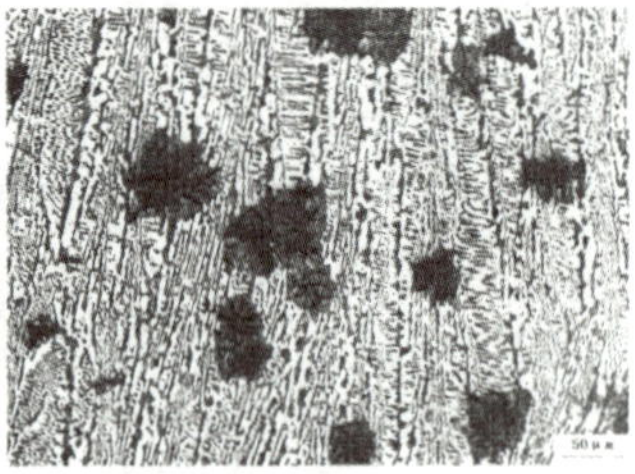

FWC23 韧性铸铁组织

图 11-57　在金相显微镜下观察到的不同铁器样品的金相组织

（采自《文物》2008 年第 3 期）

根据金相组织观察，锸（FWC01）、犁铧（FWC04）、器残片（FWC28、WC29）4件样品为白口铁制品；锸（FWC03）和器残片（FWC23）2件样品的金属基体上有团絮状石墨，为韧性铸铁制品；耳形器（FWC21）、器耳（WC22）和器残片（FWC26）等3件样品具有板条状石墨，是典型的灰口铁制品；器残片（FWC27）的芯部为共晶白口铁组织，边部为珠光体+渗碳体组织，为脱碳铸铁制品。这些样品具有十分明显的组织特征，材质比较容易判定，但对于其他样品需结合夹杂物的元素组成分析来进行综合判定。

用北京大学地球与空间科学学院JXA—8100电子探针及INCA—400型能谱仪对10件样品（斧FWC05、斧FWC06、钉FWC07、錾FWC10、凿FWC11、矛WC12、剑FWC16、尖形器FWC19、环首匕FWC20和细条形器FWC25）的夹杂物进行成分分析①，分析条件为加速电压15KV、束流1×10^{-8}A。铁器样品夹杂物的电子探针分析结果表明，斧（FWC05）、凿（FWC11）和尖形器（FWC19）的夹杂物多为单相硅酸盐夹杂，成分均匀，不同夹杂物间各种元素含量基本相同；斧（FWC06）刃部和銎部的夹杂物元素组成不同，刃部夹杂物磷含量高，而銎部的磷含量较低，銎部夹杂物硅含量较刃部稍高，系两块不同含碳量的钢材锻打而成；结合金相组织，这些样品可判定为铸铁脱碳钢制品。钉（WC07）和细条形器（FWC25）的夹杂物元素组成比较均匀，但个别元素含量波动较大；剑（FWC16）的夹杂物根据元素含量可分为两类，一类为分布于带状组织处的硅钙低铁高夹杂物，一类为分布于金属基体的硅钙高铁低夹杂物，二者组成都比较均匀，但磷和锰含量有一定波动，该件样品为采用两块原材料锻打而成的；这些样品的金相组织及夹杂物元素组成的均匀性没有铸铁脱碳钢的好，夹杂物中含有少量在炒炼过程中接触耐火材料带入的钾、镁等元素，并有少量锻打时夹裹的复相氧化亚铁+硅酸盐夹杂物，可判定为炒钢制品。錾（FWC10）和矛（FWC12）的带状组织处砷含量最高达5.08%，而无带状组织处砷含量仅0.41%，所以元素砷的偏析引起带状组织。部分样品含有

① 陈建立、杨琮、张焕新、林繁德：《福建武夷山城村汉城出土铁器的金相实验研究》，载《文物》2008年第3期，第91页，表二。

微量钛、钴和砷等元素，系冶炼时矿石中带入的，反映了产地的信息。

为判定该遗址的年代，更好地了解当时的冶铁技术水平，研究团队选择3件铁器样品在北京大学考古文博学院进行碳-14年代测定①。在利用碳-14浓度计算年代时，碳-14平均寿命取8033年，以43000年为本底，碳-14年代以1950年为纪年起点，误差为1个标准方差，树轮校正采用牛津大学OxCal软件进行。

（三）检测得出的几点认识

1. 武夷山东越王城遗址出土的铁器的年代与《史记》《汉书》等文献所记载的闽越国存在的年代很接近。公元前333年越王句践第七代孙无彊被楚威王所杀后，越国人南迁，进入浙南和福建的闽越地区。汉高祖五年（前202年）闽越首领无诸被刘邦封为闽越王，至汉元封元年（前110年）被汉武帝所灭，共历92年。我们选择3件铁器残片进行碳-14年代测定，结果表示碳-14年代集中在公元前4、前2世纪，即战国晚期至西汉早期。而根据铁器碳-14测年结果，其年代数据较铁器本身的年代一般要早一些，所以这3件样品的年代以定在西汉早期为宜。综合武夷山城村汉城（东越王城）遗址出土的铁器的碳-14年代测定及考古学研究结果表明，该遗址的年代与文献记载的闽越灭国的年代相吻合。当然，从本次测年结果看，铁器材质与测年结果有一定联系。

2. 武夷山城村汉城（东越王城）遗址出土铁器的材质通过金相组织观察和夹杂物的电子探针分析，26件铁器中，有白口铁4件、灰口铁3件、韧性铸铁2件、脱碳铸铁1件、铸铁脱碳钢10件、炒钢4件及铸铁脱碳钢和炒钢复合材质2件，反映了当时闽越国的钢铁技术的水平很高。

检测的4件农具中有3种材质，其中锸（FWC01）和犁铧（FWC04）为白口铁制品，锸（PWC02）为铸铁脱碳钢制品，锸（FWC03）为韧性铸铁制品，在制作技术上与中原地区相同。其中犁铧形制与中原地区相似，重达15公斤，是当时实行深耕的重要实物例证。锸、镢、犁铧、镰刀等农具在形制上既有中原地区的特点，又存在明显的当地特征。

---

① 陈建立、杨琮、张焕新、林繁德：《福建武夷山城村汉城出土铁器的金相实验研究》，载《文物》2008年第3期，第92页，表三。

本次检测7件工具中，斧（FWC05、FWC06）、钉（FWC07）、钩（FWC08）、削（FWC09）和凿（FWC11）为铸铁脱碳钢制品，錾（FWC10）为铸铁脱碳钢和炒钢原料锻打而成。7件样品的夹杂物较少，均沿加工方向变形拉长，为热锻成型，其中斧（FWC05、FWC06）的銎部及钩（FWC08）因脱碳完全形成熟铁，其他样品组织均匀，含碳量适中。河北满城汉墓①、广州南越王墓②、徐州北洞山汉墓③，狮子山楚王陵④、永城保安山梁王墓⑤，北京大葆台汉墓⑥等汉王陵墓中出土的铁制工具有錾、凿、镌、斧、锯、撬、锛、锥、锤、削和锉等多种，已鉴定的有近30件，斧、锤和砧等为铸制，材质有白口铁和韧性铸铁；錾、凿、镌、锯、撬、削和锉等多采用锻制，材质有铸铁脱碳钢、炒钢、块炼铁和块炼渗碳钢，表明西汉时期工匠已能根据工具用途选择合适的材质来加工制作。这7件工具均选用质量较高的铸铁脱碳钢和炒钢制成，具有较高的质量。

检测的7件兵器中，有3件样品因锈蚀严重而不能判定材质，矛（FWC12）采用铸铁脱碳钢、矛（FWC13）和剑（FWC16、FWC17）用炒钢锻打而成。矛（FWC12）和剑（FWC16）均显示因微量元素偏析引起的带状组织，可提高兵器硬度。矛（FWC13）和剑（FWC16）经过淬火处理，有马氏体组织，硬度较高。检测结果显示武夷山城村汉城（东越王城）遗址出土的兵器有较高的制作技术水平。钢铁兵器质量的提高和数量的增加，在军队的装备、数量、兵种、战术和战争规模等方面产生了重大的影

① 北京钢铁学院金相实验室：《满城汉墓部分金属器的金相分析报告》，见中国社会科学院考古研究所河北省文物管理处：《满城汉墓发掘报告》，文物出版社，1980年。
② 北京科技大学冶金史研究室：《西汉南越王墓出土铁器鉴定报告》，广州市文物管理委员会等：《西汉南越王墓》，文物出版社，1991年。
③ 韩汝玢、姚建芳、刘建华：《北洞山西汉楚王墓出土铁器的鉴定》。徐州博物馆、南京大学历史系考古专业：《徐州北洞山西汉楚王墓》，文物出版社，2003年。
④ 北京科技大学冶金与材料史研究所、徐州汉兵马俑博物馆：《徐州狮子山西汉楚王陵出土铁器的金相实验研究》，载《文物》1999年第7期。
⑤ 李秀辉、韩汝玢：《永城保安山寝园及二号墓出土金属器物的鉴定》，见河南省文物研究所编《永城西汉梁国王陵与寝园》，中州古籍出版社，1996年。
⑥ 北京钢铁学院《中国冶金史》编写组：《大葆台汉墓铁器金相检查报告》，见大葆台汉墓发掘组等编《北京大葆台汉墓》，文物出版社，1989年。

响。经过检验的汉代铁制兵器有戟、剑、矛、镞、铠甲和钩镶等，如满城汉墓的剑和戟经过淬火处理；广州南越王墓出土的剑是锻打成型的，表面渗碳，最后经淬火处理；狮子山楚王陵矛也发现有折叠锻打和表面渗碳现象。综合本次武夷山城村汉城（东越王城）遗址出土兵器的鉴定结果，显示在西汉前、中期已能通过折叠锻打、表面渗碳或淬火等工艺的综合应用以提高兵器的使用性能，为研究中国古代钢铁兵器提供了新资料。

3. 鉴定的武夷山城村汉城（东越王城）遗址出土的铁器中有近半数经过退火处理。从目前的考古资料来看，中国至迟在春秋晚期或战国早期已经发明了铸铁退火处理技术。因铸铁退火处理的条件不同，使脱碳和石墨化的程度亦不同，产品可分为脱碳铸铁、韧性铸铁、铸铁脱碳钢和熟铁。经过鉴定的汉代铁器中发现有大量的样品是退火处理的，如高邮天山汉墓、北洞山汉墓、满城汉墓、大葆台汉墓、永城保安山汉墓，以及狮子山楚王陵中都有韧性铸铁和铸铁脱碳钢制品出土。武夷山城村汉城（东越王城）遗址铁器中同样存在着铸铁退火处理这一现象，再次说明了各种生铁及生铁制钢技术在汉代各诸侯国内均得到了广泛的应用，反映了汉代钢铁技术的进一步发展状况。

4. 本次鉴定首次证实了在福建地区发现炒钢制品。所谓炒钢是在半熔融状态下将生铁炒炼脱碳成钢的一种工艺。目前已在河南巩县铁生沟、南阳瓦房庄和方城赵河等冶铁遗址出土有多座炒钢炉①。对出土铁器的实物检验证明，至迟在公元前 2 世纪中叶，中国已开始用炒钢来制作兵器和生产工具，其中徐州狮子山楚王陵出土的 5 件炒钢制品是当前所发现最早的物证，炒钢技术在东汉时期已比较普及。在广州南越王墓、昆明羊甫头、江川李家山②以及武夷山城村汉城（东越王城）等地所发现的汉代炒钢制品，说明炒钢技术自西汉早期发明不久就由中原地区向南方地区传播。

5. 武夷山城村汉城（东越王城）遗址铁器的出土与金相的鉴定，为研究东南沿海地区秦汉时期钢铁技术的发展提供了新资料。该遗址出土的铁

① 李众：《中国封建社会前期钢铁冶炼技术发展的探讨》，载《考古学报》1975 年第 2 期。

② 李晓岑、韩汝玢、杨帆：《昆明羊甫头出土金属器的初步研究》，见云南省文物考古研究所等编《昆明羊甫头墓地》，科学出版社，2005 年。

制工具、农具、兵器等，种类众多，涉及农业生产、狩猎、战争和日常生活的各个方面，特别是铁建筑构件、镞，以及铁条、铁板和铁片等铁器原材料的大量出现，说明了闽越地区已有一定规模的钢铁生产能力。

城村汉城（东越王城）遗址出土铁器的形制和制作技术有明显的中原地区特点。可辨器形的铁器的形制在中原地区常见，属战国至秦汉时期逐渐流行之器。从铁器的金相组织和夹杂物的成分分析结果来看，其制作技术依然属于中原地区的技术传统。

城村汉城（东越王城）可能存在有使用其他地区输入的铁原材料来进行再加工处理的活动。城村汉城（东越王城）出土的铁器的制作技术虽属中原地区的技术传统，但部分铁器仍具有地方特色。有学者指出武夷山城村汉城（东越王城）出土的锻銎铁器，特别是C型銎锻銎凿形器等，无论其制作技法还是其形态，都有鲜明的地方特点，应当是采用发生于中原地区的锻銎技法在当地制作的①。另外也有部分铁器在中原地区少见且具有地方特点，如鱼叉、鱼镖等捕鱼工具，显然应为当地所制作。值得注意的是，城村汉城（东越王城）城内外各建筑遗址中出土的形体较大的壁厚为2厘米的拱形铁板（T316③:40）、规格基本相同的长条形铁板（T218③:63和T196③:2等），以及数量不少的残铁条、铁板碎片、不明铁器的碎块和铁渣等，说明这里可能存在制作铁器的原材料。本文选择尖形器（FWC19）、器残片（FWC23-FWC29）等进行分析，发现有白口铁、灰口铁、韧性铸铁、脱碳铸铁、铸铁脱碳钢和炒钢等多种材质，并对其中3件进行碳-14测年，结果为西汉早期，与文献关于闽越国年代的记载相合。这些发现和检测结果说明，城村汉城（东越王城）可能存在使用其他地区输入的铁原材料进行再加工处理的活动，但是目前尚未在遗址内确认锻冶遗迹，所以关于城村汉城（东越王城）出土铁器原料的来源，尚需进一步的考古调查、发掘和研究。

（四）研究的结论

通过对武夷山城村汉城（东越王城）遗址出土铁器的年代及制作技术

① 白云翔：《先秦两汉铁器的考古学研究》，科学出版社，2005年，第135—145页。

进行实验研究，发现汉代钢铁技术已在闽越国中得到了很大的发展。如生铁、韧性铸铁、铸铁脱碳钢和炒钢等钢铁制品普遍存在，退火和淬火等多种热处理工艺，以及优越的锻造技术在东越王城都得到了广泛的应用，表明了闽越国对钢铁性质的认识达到了较高的水平。特别是炒钢制品的发现，再次为炒钢技术的发展和大规模使用提供了实物资料。①

虽然东越王城遗址出土的铁器，有很多与中原地区冶铁业相类同，但从部分铁器的制作工艺和夹杂物的成分分析来看，东越王城遗址出土的铁器仍具有强烈的地方特点。

冶铁业的发展促进了铁兵器的制造，除东越王城遗址出土的铜箭镞绝大部分是铁铤外，尤其值得一提的是城址中还发现了不少铁镞。铁镞是一种消耗性武器，只有在铁器能够得到快速发展和普遍广泛应用时才有可能出现。这种情况不仅仅显示闽越国军事装备的先进，更说明了闽越国已有一定规模的钢铁生产能力。

再从东越王城高胡坪甲组建筑群遗址出土的铁门臼、铁铺首以及东城门遗址出土的大型铁门臼、铁护枢和巨大的铁铺首来看，这里铁制品的使用极为普遍。

综合上述现象，都证明了闽越国不可能只依靠中原进口铁器，区域内应该已有了采矿、冶铁的能力，而且充分掌握了锻铸优质钢铁的先进技术。

（五）与冶铁有关的问题

关于武夷山城村汉城（东越王城）遗址内外的制铁遗址情况，1985 年的探掘简报认为：城内“下寺岗发现制铁作坊区一处”，“在城外……福林岗、黄瓜山、元宝山和赵厝圩四处发现冶铁遗址”②。而城内外这几处所谓的制铁、冶铁遗址，除元宝山有过一个探方的试掘外，余皆未经发掘。元宝山遗址的探方中，出土了一些铁工具及一些陶纺轮，由于发掘面积极有

① 陈建立、杨琮、张焕新、林繁德：《福建武夷山城村汉城出土铁器的金相实验研究》，载《文物》2008 年第 3 期。本文为国家自然科学基金资助项目中国冶铁技术起源的年代学研究（No. 10405003）的部分研究成果，得到北京科技大学韩汝玢和中国社会科学院考古研究所黄展岳的悉心指导，北京大学考古文博学院吴小红和潘岩也给予热情帮助。

② 福建省博物馆：《崇安城村汉城探掘简报》，载《文物》1985 年第 11 期。

限，未见重要遗迹。推测有可能是手工业作坊区，但若确定其为冶铁遗址，还缺乏足够的物证。其余几处未发掘的遗址，更是证据不足，也未见器范、模及炼炉等有关遗物遗迹。

由于在高胡坪甲组建筑群遗址中，出土有长柄小炭铲及铁锤等与锻制铁器有关的遗物，加之有铁镌、铁板等物的出土，说明此城址内外及周围应该有制铁或锻铁作坊。但仍需通过进一步深入的考古工作来确认。

我们推测福州的闽越国冶都之中应该有西汉前期的制铁作坊，只是目前尚未发现踪迹。

第十二章　玉器文化

第一节　闽越国玉器的出土

一、考古发掘出土的玉器

迄今为止，福建地区出土的闽越国时期的玉器，均出自墓葬中。

（一）福州闽侯出土的玉器

1960年及1982年，考古工作者先后两次对闽侯庄边山古遗址进行了发掘，在发掘中发现了9座楚墓①。近年发表的专门报告，将这批楚墓的年代定在战国晚期至西汉前期，认为是这一时期入闽楚遗民的墓葬②。目前对这批墓葬的年代和历史背景，考古工作者们还有不同的认识，笔者认为应是秦设闽中郡后派遣的楚人官吏的墓葬。虽然我们仍把其中出土的5件玉石璧收录于此，但是并不排除这批玉璧中，有的可能系楚地带入之物。1960年庄边山遗址试掘时，在一座楚墓中出土了1件完整的玉石璧，璧呈灰白色微泛黄，直径16.8厘米，中间的好径4.2厘米，璧体厚0.6厘米，两面

① 福建省文物管理委员会：《闽侯庄边山新石器时代遗址试掘简报》，载《考古》1961年第1期。林公务：《福建闽侯庄边山的古墓群》，载《东南文化》1991年第1期。

② 林公务：《福建闽侯庄边山的古墓群》，载《东南文化》1991年第1期。

均谷纹①。1982—1983 年发掘时，在 8 座楚墓中出土了 4 件玉器。2 件残损，其中 1 件璧（图 12-1：1）已碎为多片，但可复原。该璧呈灰白间青绿色，两面雕饰卷云纹，直径 14 厘米，中间的好径 4.5 厘米，璧体厚 0.3 厘米。另外 2 件略为完整，1 件（图 12-1：2）略大，呈色绿而间白，有瑕斑，双面雕饰密集的谷纹，直径 13.8 厘米，好径 5 厘米，璧体厚 0.4 厘米；1 件稍小，呈色灰白，有黑斑，亦饰谷纹，直径 7.9 厘米，好径 1.9 厘米，璧体厚 0.35 厘米②。

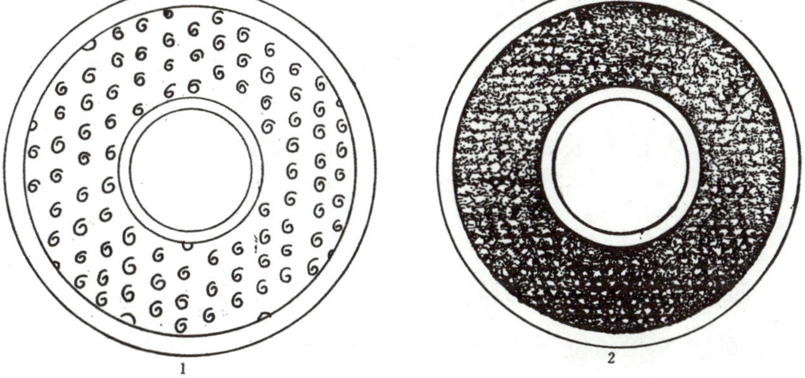

图 12-1　闽侯庄边山秦代墓葬出土的玉璧（线图）

（采自《闽越国文化》）

因福建地区目前出土的这些战国末至西汉前期的玉石璧，均未经专门的质地检验，所以目前尚难以确定它们中是否全为真玉或为琉璃质，因此，暂且笼统称之为玉石璧。

（二）闽南长泰出土的玉器

1986 年文物普查时，福建省考古队在长泰县石牛山发现了一座闽越国

① 福建省文物管理委员会：《闽侯庄边山新石器时代遗址试掘简报》，载《考古》1961 年第 1 期。原报告称之为“琉璃璧”。

② 林公务：《福建闽侯庄边山的古墓群》，载《东南文化》1991 年第 1 期。

时代的墓葬，在这座残墓中除出土钵、瓿等陶器以外，还出土一件玉石璧，此璧双面为谷纹①（图 12-2）。

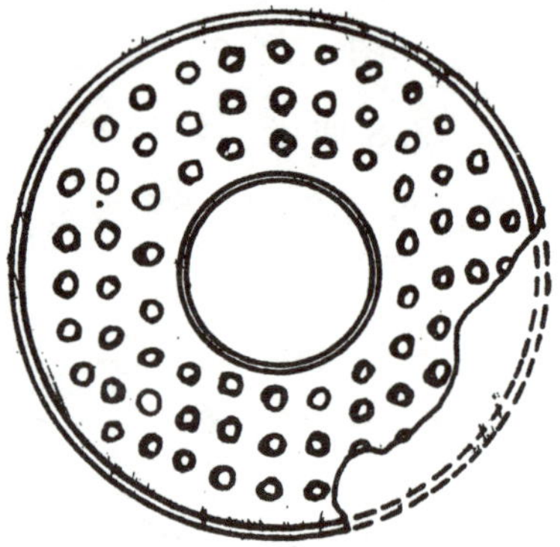

图 12-2　长泰石牛山闽越国墓葬出土的玉璧（线图）
（采自《闽越国文化》）

（三）闽北浦城金鸡山闽越国墓葬

金鸡山闽越国墓葬位于浦城县临江镇南部锦城村西南面的小山岗上，是隶属于锦城村闽越国邑落的墓葬区之一。在 2002 年福建省闽越文化遗存专题调查活动中，考古工作者对锦城村遗址进行复查时发现了这处墓葬区。报经国家文物局批准后，福建闽越王城博物馆组织考古队于 2003 年 9 月至 11 月，对金鸡山墓葬区其中的两座墓葬进行了发掘。编号为浦金一号墓（M1）和二号墓（M2）。

尽管金鸡山二号墓（M2）前室已遭盗掘，但是仍在后室中出土了一批玉器。在后室前部偏南处发现了玉璧 4 件，在后室后部的棺内部位发现了一套组玉佩，分别由 18 件镂雕的玉环、玉璜、玉管及各种玉件饰组成。

① 据调查资料及郑辉等：《九龙江流域先秦文化发展序列的探讨》，见《福建历史文化与博物馆学研究》，福建教育出版社，1993 年，第 96 页。

图 12-3　在金鸡山二号墓后室前部偏南位置出土的玉璧叠压现状

金鸡山二号墓出土的玉璧 4 件，出土时摞在一起（图 12-3）。由于受到酸性红土壤的长期侵蚀，有 3 件已经全部呈鸡骨白色；仅夹在中间的一件保存较好，虽断裂，玉质保持了碧青色。在做好所有的田野记录之后，用石膏打模，连土一起取回待自然脱水后才得以保存。

根据大小和纹饰差异分二种。

第一种　2 件。圆形，中有孔（好）。两面均有纹饰，分内外两区。外区以粗细阴线刻饰双体龙纹。1 件断裂修复完整（M2∶35），外区以粗细阴线刻饰五组双体龙纹，内区饰网格形蒲纹，磨光。直径 27.4 厘米、好（孔）径 6.2 厘米、内宽 10.5 厘米、厚 0.6 厘米（图 12-4）。另一件（M2∶36），是出土玉璧中尺寸最大但保存最差的，几乎呈白石膏状，只在边缘的一角及一些局部可以看到该玉璧有纹将其分为内外区，内区纹饰不清，外区可见到阴线刻双体龙纹。直径 32 厘米、孔径 6 厘米、厚 0.6 厘米。

图 12-4　浦城金鸡山二号墓出土的第一种玉璧

第二种　2 件。圆形，中有孔（好）。近外缘处有一道浅细的郭线。两面均饰排列整齐的谷纹。1 件（M2:34）直径 24 厘米、孔径 4.8 厘米、厚 0.6 厘米。1 件（M2:37）直径 21.4 厘米、孔径 4.4 厘米、厚 0.6 厘米。

组玉佩 1 套（M2:60）。由玉环、玉璜、玉片、圆钮玉饰、管状玉饰共 18 小件组成，土沁色呈鸡骨白。出土时因棺腐朽后泥土的堆压，互相连接的丝线已朽，器件原有的位置有所移位（图 12-5）。

图 12-5　浦城金鸡山二号墓出土组玉佩的现场位置

玉环　1件（M2:60，18），整体阴刻、镂空透雕3对共6个首尾相接的变体凤纹，两面以极细的线条阴刻出眼睛、羽毛等，内外边缘凸起边棱。直径7厘米、好径4厘米、厚0.3厘米。

玉璜　2件，纹饰、大小有所不同。

1件（M2:60，2），半圆形。镂空透雕（部分阴刻）变体凤纹，镂空透雕三个半的凤纹，双面阴刻细线凤的圆眼与羽毛，璜正中钻有一小孔；直径5厘米、外边长16厘米、内边长10.2厘米、宽1.7厘米、厚0.3厘米。

1件（M2:60，1），形近半圆，两端略残，外边有戚齿，边缘刻凹线形成突起的棱边，两面雕刻涡纹，两端头正中钻有小孔。直径3.3厘米、外边长10.5厘米、内边长4厘米、宽1.9厘米、厚0.35厘米。

长方形玉串饰　10件，均为长方形，部分玉质腐蚀较严重，纹饰较模糊；依雕刻纹饰，钻孔方式，可分三种型式。

第一种　1件（M2:60，8），四周戚齿边，两端各有一小孔，双面雕刻勾连云纹；长3.8厘米、宽2.1厘米、厚0.3厘米。

第二种　4件（两对），四周戚齿边，玉质腐蚀较严重，纹饰已模糊不清，局部可辨纹饰涡纹，两端各有一小孔。一对（M2:60，3、10），长5.8厘米、宽2厘米、厚0.3厘米。一对（M2:60，4、6），其中一件角残缺，长4.5厘米、宽2厘米、厚0.3厘米。

第三种　5件，长宽不一，皆为双面雕工。分别雕刻卷云纹、涡纹、勾连云纹，上下两头有对穿孔。一对（M2:60，11、16），双面雕刻勾连云纹，长4厘米、宽1.8厘米、厚0.3厘米。1件（M2:60，9），双面雕刻卷云纹，长3.5厘米、宽1.4厘米、厚0.5厘米。1件（M2:60，14），双面雕刻涡纹，长3.5厘米、宽1.2厘米、厚0.7厘米。1件（M2:60，19），双面雕刻勾连云纹，长3.6厘米、宽1厘米、厚0.5厘米。

图12-6　浦城金鸡山二号墓出土的组玉佩（排列推测的一种）

圆钮玉饰　4件，大小不一，一面刻凹弦纹一圈，另一面刻云纹，上下有纵向对穿的孔。1件（M2:60，12），直径1.3厘米、厚0.5厘米。1件（M2:60，17），直径1.2厘米、厚0.3厘米。1件（M2:60，15），直径1.2厘米、厚0.4厘米。1件（M2:60，7），直径1.4厘米、厚0.4厘米。

管状玉饰　1件（M2:60，13），圆柱状，中有孔，一头略大，管身刻凸弦纹八道。长3.6厘米、直径0.8厘米、厚0.2厘米。①

有研究者根据出土时组玉佩分布图做了一个关于复原排列的推测（图12-6），认为复原排列的次序自上而下为镂空阴刻凤纹玉环1件，管状玉饰1件，长方形玉片3件，间以圆形玉饰4件，涡纹玉璜1件，长方形玉片3对，长方形玉片1件，镂空阴刻凤纹玉璜1件。②

（四）闽北武夷山东越王城墓葬

福建闽越王城博物馆于2003年底至2004年初，对距城村汉城（东越王城）遗址西南约2公里的新亭园墓葬区进行了考古发掘。发掘了其中一处条形山岗上并排的4座墓葬，这4座墓葬均在汉代即已遭到盗掘。我们还是在其中二号墓坑的盗洞底发现了盗贼滑落的玉环、玉带钩各一件（图12-7）。

图12-7　新亭园二号墓坑出土两件玉器的现场

① 福建闽越王城博物馆、浦城县博物馆：《福建浦城县金鸡山闽越墓葬发掘简报》，见《东南考古研究》第五辑，厦门大学出版社，2023年。笔者是这项考古发掘项目的领队，对整个考古发掘过程也比较清楚，对简报上的部分枝节问题做了一些调整。

② 林存琪：《论汉代闽越国玉器》，载《上海文博论丛》2007年第1期，第28—32页。本书将其列出仅供参考。目前这个排序是林存琪的个人看法，其实多种不同的排列组合也都是可以成立的。

玉环　1件（编号M2:2）。环的内外各有一周边棱，边薄而锐，中间厚。正、背双面均饰有谷纹，呈三行排列。玉质受土沁严重腐蚀呈鸡骨白色。直径6厘米、孔径3厘米（图12-8）。

图12-8　新亭园墓葬出土的玉环

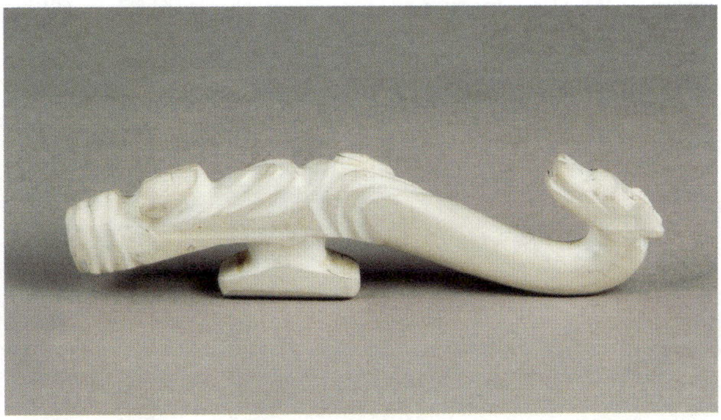

图12-9　新亭园墓葬出土的玉带钩

玉带钩　1件（编号M2:3）。带钩头为龙形。雕刻有双角、凸眼、钩背深雕出山峰起伏状纹饰。受沁，色呈鸡骨白，有玻璃光。长7.3厘米、宽1厘米、厚1.8厘米①（图12-9）。

（五）闽北浦城龙头山闽越国墓葬

2018年秋和2020年冬，厦门大学考古专业师生与福建博物院及浦城县博物馆的考古工作者对龙头山遗址进行过两次考古发掘。发现了从新石器时代晚期直到汉代的不同时期的遗存，其中发掘出4座西汉时期闽越国墓葬。4座闽越国墓葬皆遭早期盗扰，部分又被晚近施工活动破坏。其中第一期的一座闽越国墓葬（总编号M60），为带斜坡墓道的竖穴土坑墓，墓内残存随葬品有玉剑首、剑彘②。

① 福建闽越王城博物馆：《福建武夷山市新亭园闽越国土墩墓》，载《南方文物》2017年第1期。由于该考古发掘简报的执笔者未参加过这处墓葬的考古发掘工作，所以简报中错误很多。笔者在本书中有所纠正。

② 付琳、黄运明等：《福建浦城龙头山遗址发现新石器时代、夏商周、秦汉三叠层》，载《中国文物报》2021年12月24日。

（六）浙江温岭闽越（东瓯）塘山一号墓

西汉早期隶属于闽越国（或东瓯国）的浙江温岭塘山一号墓，虽然也是早期被盗掘过，仍然出土了玉璧和玉觿各 1 件（图 12-10、图 12-11）。其玉璧形制和浦城金鸡山二号墓出土的第二种玉璧相同。

图 12-10　温岭塘山一号墓出土的玉璧

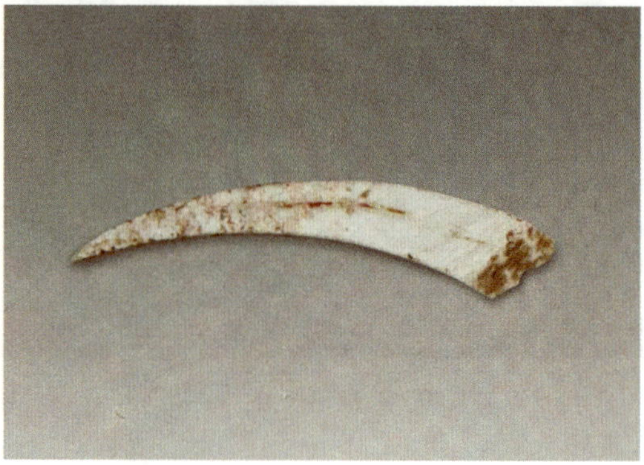

图 12-11　温岭塘山一号墓出土的玉觿

二、民间出土的闽越国玉器

虽然在武夷山城村汉城（东越王城）遗址外围的调查勘探中，以及在闽越文化遗存专题调查中均发现了不少闽越国时期的墓葬，但由于主动考古发掘项目很难得到批准，考古专业力量还比较薄弱，闽越国时期的大中型墓葬多在灭国迁众后遭到严重盗掘，因此绝大多数已发现的墓葬均未经考古发掘。近 20 年来社会上亦存在不少盗掘现象，被盗的闽越国时期的墓葬中的文物有许多都流散在各地。福建闽越王城博物馆为了陈列展览的需要，后来在浦城征集了一些出土的闽越国时期的玉器，如玉剑具、玉带钩等。此外，笔者亦在调查中发现了一些民间出土的玉器，还发现有 4 件（玉剑格、玉剑首、玉剑彘、玉剑珌）成组的玉剑具（图 12-12—图 12-15）。可惜的是这些民间玉器尚未引起有关单位的重视与保护。

图 12-12　浦城出土的玉剑格

图 12-13　玉剑彘（残缺）

图 12-14　玉剑珌

图 12-15　玉剑首

第二节　出土玉器的名称和用途

根据目前已发现的闽越国玉器来看，它们都是战国以来到西汉早期全国各地十分流行的玉器种类。其中尤以玉璧发现得较多，推测也是最普遍的瘗玉。

玉器作为装饰品，早在新石器时代已出现，如距今 8000 年前的兴隆洼文化遗址中已出土有玉玦等。① 作为礼玉的玉璧，在新石器时代中期已经出现，发展到新石器时代晚期，玉璧已相当流行。在我国东、西、南、北各地区的新石器时代晚期文化遗址或墓葬中普遍出土。特别典型的如苏南、浙北及上海地区的良渚文化遗址和墓葬中，大量出土玉璧及其他玉器，已经反映出越地的原始先民特别崇尚玉璧等祭祀礼器。到了商周时期，玉璧已发展成为重要的“礼玉”。《周礼》记载“疏琮璧以敛尸”。这种中有圆孔的扁体圆形玉器是中国礼器制度的重要器形，汉代许慎的《说文解字》说：“璧，瑞玉，圜也。”《玉篇》也说：“瑞玉，圜以象天也。”《周礼·春官·大宗伯》云：“以玉作六器，以礼天地四方。以苍璧礼天，以黄琮礼地，以青珪礼东方，以赤璋礼南方，以白琥礼西方，以玄璜礼北方。”是为“六器”。西周的礼器制度和瘗玉习俗，经东周（春秋、战国）的发展，到了西汉已成为最流行的墓葬瘗璧的葬俗，凡有一定社会地位的人无不于墓葬中随葬玉璧。地位不同，随葬玉璧的大小、品质和数量也有所不同。汉代对随葬的玉璧和玉璧的器形，已经十分明确，对这种圜形中有孔的玉器称为“璧”的解释，在古文献中记载非常清楚。《尔雅·释器》说：“肉倍好，谓之璧。”注云：“肉，边也；好，孔也。”根据肉好的不同比例区分璧、环、瑗三种圜形玉器。文献还对这种葬玉制度有专门记载，《聘礼》记录：“享君以璧，享夫人以琮。”《周礼·考工记》载：“璧琮九寸，诸侯以享天子者……”文献记载也包括了随葬玉璧的大小尺寸。

战国至西汉时期，我国各地普遍盛行琢制玉璧和以玉璧随葬的风气。闽越国是先秦越国的正宗继承者，所以并不例外。不仅普遍随葬玉璧，同时还随葬陶璧。陶璧是仿制玉璧的，在战国时期它们就共同用来随葬瘗埋，一直延续至西汉前期。为什么已经随葬有玉璧，还要同时随葬陶璧呢？这可能还有其他原因，值得今后进一步探讨。

佩玉的文化习俗在新石器时代中期之前已产生，中、后期已流行。在东南沿海的良渚文化中也非常盛行。在中原地区，各种各样的佩玉在商代贵族中非常盛行。到西周时期佩玉不仅盛行，而且已发展成为礼仪制度。

① 杨伯达主编：《中国玉器全集》（下），河北美术出版社，2005年，第646页。

组玉佩在西周时期就已开始流行，在考古发掘中，所发掘的西周贵族及封国君主、显贵的墓葬中，经常发现组玉佩的身影。《礼记·玉藻》说："君子无故，玉不去身"就是指贵族平时从不离身的佩玉礼制。对于葬玉，《荀子·礼论》说："丧礼者，以生者饰死者也，大象其生以送其死也。故事死如生，事亡如存，始终一也。"指明了古代事死如事生的习俗。西周时期出现了多件不同的玉器穿缀于一起的集合体。对于这种由多件不同玉饰组合成的佩饰，目前学术界称之为"组玉佩""玉组佩"等，也就是古文献记载的"杂佩"。《诗经·郑风·女曰鸡鸣》曰："知子之来之，杂佩以赠之"。《正义》说："杂佩者，珩、璜、琚、瑀、冲牙之类。"《周礼·玉府》云："共王之服玉、佩玉、珠玉。"郑玄注引《诗经》曰："佩玉，上有葱衡、下有双璜、冲牙、玭珠以纳其间。"《大戴礼记·保傅篇》记："下车以佩玉为度，上有双珩，下有双璜，冲牙玭珠，以纳其间，琚瑀杂之。"浦城金鸡山二号墓出土玉饰中即有两个璜，也与文献记载组玉佩（杂佩）中的双璜相符。对于"佩"的说明，王先谦《释衣服》说："佩，倍也。言其非一物，有倍贰也。"① 指明古代佩是成组多件的。

在浦城仙阳的管九村西周土墩墓中，就有出土被盗后残存组佩的玉管等②，由此可证早在西周时期已流行简单的串饰玉佩。后来在闽越国遗存的考古发现中，又于浦城金鸡山二号西汉初期闽越贵族墓葬中出土了一组完整的组玉佩，这组原下葬时佩于墓主身上的组玉佩十分典型，个体共计 18 件。其中有环 1、璜 2，其余为管状饰、牌状饰和圆饼饰达 15 件。它们反映了闽越国贵族佩玉和随葬佩玉的实况。

在浦城金鸡山二号墓出土的这套组玉佩中，可以定名的有透雕的玉环、双璜。其余的除玉管、牌形饰、扁圆形玉坠饰，多数也是成双配对的。它们应是文献中所记载的琚、瑀及玭珠等。

从西周以来至西汉时期，考古出土的组玉佩组合式样，虽有基本的规

---

① 王先谦：《释名疏证补》，上海古籍出版社，1984 年，第 25 页。

② 福建博物院、福建闽越王城博物馆：《福建浦城县管九村土墩墓群》，载《考古》2007 年第 7 期。

律，但很少有完全相同的，常见近似者，反映出在组合佩玉的文化习俗中并无严格的规定，凸显出一定的个性。但是部分重要的部件则有一个基本的悬佩方式，如环（璧、瑗）、璜、冲牙等都在组佩的编排形式中，有一个基本的位置。根据出土时的位置、排列来恢复组玉佩的样式，是复原组佩最重要的依据。由于金鸡山二号墓组玉佩已移动而不在原位，有的玉件已移位或重叠，因此这个图示（图 12-6）的排列只是上部的玉环和下部的玉璜位置正确外，还有其他不同的排列方式也都在合理范围中。

关于闽越墓中出土的较常见的环，其中，金鸡山墓中的透雕工艺很高，新亭园墓中的谷纹环则玉质极佳。《尔雅 · 释器》曰："肉倍好谓之璧，好倍肉谓之瑗，肉好若一谓之环。"《说文》说："环，璧也。肉好若一谓之环。"金鸡山和新亭园墓葬所出的环，正符合文献记载，大体是"肉好若一"。当时组玉佩（杂佩）中，环是最基本的佩件，尽管考古发现的组佩编排和造型多样，但大都少不了环。对此古文献的记述也与考古发现的相吻合。《玉藻》记"孔子去鲁，佩象环五寸，而綦组绶"。《列女传 · 贞顺传》载"鸣玉环佩"，注："玉环佩，佩玉有环"。以文献与实物对照，可确定组玉佩中环是不可或缺的玉饰件。而金鸡山汉墓中出土的两件半圆形的璜，也与文献中所记载的"下有双璜"相吻合。其实自春秋战国至汉代的组玉佩（杂佩）中，确是有双璜的组合，也有多璜的组合的，形式相当多样，反映了礼制崩坏的情况以及人们审美和组佩形式的多样化的发展。但璜的形状则大同小异，基本是半圜形或半圆环形的。《说文》讲："璜，半璧也。从玉黄声。"高诱注《淮南子》也说："半璧曰璜，夏后氏之珍器也。"按《周礼》中记载，璜也是六种礼玉之一，是"以玉作六器，以礼天地四方……以玄璜礼北方"。璜在中国新石器时代晚期已出现，良渚文化遗址中也常有出土。从东周至汉代考古出土的玉璜，并非全是半璧（半圆）形的，半圜形的也很多，甚至有的璜只有璧的三分之一弧形的，有的甚至仅有圆璧的四分之一弧形的。形状、大小并不完全一致。有素面无纹饰的，还有谷纹、涡纹、卷云纹的，还有透雕或龙、凤、瑞兽等纹样的。但作为组佩中的重要组合部件，璜上都有穿孔，以供上下穿缀，以连接其他玉佩件。

在武夷山东越王城西部的新亭园二号墓中还出土了一件玉带钩（图12-9），也与谷纹玉环同样，出土于盗洞底部，系盗墓者盗后遗漏下的玉器。此带钩已钙化较严重，与谷纹玉环一样，呈牙白色，已不透明，但依然润滑，钩首为简单的龙首形，钮为长方形，长7.3厘米、面宽1厘米，钩背高1.8厘米。由于闽越国稍有规模的墓葬在灭国后的不久均悉数被盗，所以这是目前闽越国考古发掘出土的唯一的一件玉带钩。战国至汉代的文献中对带钩不乏记载。《庄子·胠箧》已有“窃钩者诛，窃国者为诸侯”的记述。《淮南子·说林训》记有：“满堂之座，视钩各异，于环带一也。”确实，从东周（春秋战国）至汉代，考古出土的玉带钩，形制各异，几乎难有完全一模一样的①。

第三节　闽越崇玉、礼玉的渊源及文化现象

中国崇玉、礼玉文化源远流长。目前发现的新石器时代玉器，出现的时间至少可以追溯到距今8000年前的兴隆洼文化。新石器时代的中、后期，中国大部分地区的史前文化中都出现了玉器，福建、浙江自不例外。特别是浙江地区，在距今7000年前的河姆渡文化中就发现了不少的玉器饰件；后来的马家浜文化、松泽文化、良渚文化中，史前玉器的发展亦一脉相承。福建地区发现的距今6500年前的壳丘头文化遗址中，已发现有小玉器；距今5000年前的昙石山文化中，玉器已有一定的发展。进入夏、商、周以后，浙江、福建中北部已形成的越文化圈，崇玉、礼玉现象非常普遍。特别是在商周以来的墓葬中，普遍出土有玉器和玉饰品。两地土墩墓中瘗玉现象已成风气，导致玉器在古代就被盗掘严重；偶有未遭盗掘的大、中型土墩墓，就会出土大量的玉器。从实物资料和文献资料中，都能看出越人自古有崇玉、用玉和礼玉的文化传统。即使在汉代就遭到严重盗掘的西

① 中国社会科学院考古研究所：《带钩概论》，载《考古学报》1985年3期。

周时期的闽越土墩墓中，如浦城管九村的洋山7号墩一号墓，也出土了一些玉管，这些玉管亦已明确是佩玉串饰中的部分玉管①。商、周以来，浙、闽地区崇玉、礼玉的文化愈益成熟，形成越族和越国政治文化中的礼玉制度。西汉时期的闽越国依旧承袭了这一佩玉、瘗玉的礼玉制度和文化传统，这也与中原内地的礼玉文化完全一致。

从极少数未被盗掘的闽越国瘗玉墓葬来看，完全可以推定闽越国佩玉和瘗玉之风盛行。闽越国的大、中型墓葬中均有随葬玉器；有的中型偏小的墓葬中也会随葬小型的玉璧。闽南漳州长泰县石牛山一号残墓中也出土了玉璧，即是实证②。由于此地区远离闽越国中心区域，因此免遭了汉代毁灭性的盗掘，成为闽越灭国后内地流民盗墓狂潮中的幸存者。但是，由于闽南地区近现代人稠地狭，当代密集的开垦山林行为也毁坏了当地仅存的闽越国的遗存。

虽然由于特殊的历史原因，闽越国遗址和墓葬在汉武帝灭其国迁其民之后，遭到内地流徙群盗大规模的公开盗掘，葬玉大都损失殆尽，但从已发现的闽越国墓葬中遗存的玉器情况来看，当时闽越国的玉器文化还是很发达的，并且流行随葬玉器的现象。

在武夷山城村汉城（东越王城）遗址内的下寺岗宫室建筑基址中，曾出土一批作为台阶踏步的空心砖，经复原，其中1件长202厘米、宽32厘米、高30厘米、壁厚6厘米，是迄今为止出土的最大的踏步空心砖。砖的两端印有谷纹玉璧纹饰，朝前一面的中部印有四组绶带挂玉璧纹为主题，并间饰菱纹等几何形的纹样③（图12-16）。这些遗存在建筑材料上的谷纹玉璧和绶带玉璧纹饰，也从另一方面窥见闽越人崇玉和礼玉文化之一斑。

---

① 福建博物院、福建闽越王城博物馆编：《福建浦城县管九村土墩墓群》，载《考古》2007年第7期。

② 杨琮：《闽越国文化》，福建人民出版社，1998年，第325页。

③ 福建博物院、福建闽越王城博物馆编：《武夷山城村汉城遗址发掘报告1980—1996》，福建人民出版社，2004年，第124页。

图 12-16　东越王城下寺岗宫室空心砖上的谷纹玉璧和绶带玉璧纹饰

福建地区不产玉石，闽越国出土的玉器原材料应来源于其他地区。也由于考古资料较少以及文献记录的缺乏，目前还未找到闽越国琢玉的手工业作坊。但是从已发现的闽越国墓葬瘗玉的遗迹来看，闽越国不仅大、中型墓葬基本都会有不少随葬的玉器，甚至连中型之中偏小的墓葬都会随葬玉器①。根据这些实证可以推断出闽越国是有琢玉业的。

闽越国是故越国文化的直接传承者，其玉器的来源除保存、传承战国遗物外，其与中原内地的广泛交往及商贸交流，也会大量得到玉器等物品。闽越国早期与汉王朝中央政府关系密切，其后又与周邻诸侯王国有密切往来，史载闽越国早期，南越王赵“佗因此以兵威边，财物赂遗闽越、西瓯、骆，役属焉，东西万余里”②，说明南越国不仅仅是武力威胁，还赠以财物笼络闽越。文献和考古发现都证明了南越国礼玉、佩玉、瘗玉盛行，玉器当时都是作为贵重的礼品或财物来馈赠的。到了闽越国中、后期势力强大了，富庶的南越国更会以财物交好闽越国。武夷山城村汉城（东越王城）

① 如长泰县石牛山一号墓虽残，也出土 1 件玉璧。

② 《史记·南越列传》，中华书局点校本，1982 年，第 2970 页。

东门外左侧的宗庙遗址，出土了可确定是“南越式”的陶器罐、壶盖等遗物①，遗址中还出土有一枚封泥，正好配壶盖的封泥卡口，疑其为南越国赠予的酒壶封泥。除南越国外，临近闽越的吴国、淮南国以及后来分置的庐江、江都等诸王，都曾与闽越有密切之交流，其赠献的礼品中也不乏玉器。②《汉书》记录汉武帝时，江都易王建“遣人通越繇王闽侯，遗以锦帛奇珍……”③，史载“南海王织上书献璧帛皇帝，忌擅燔其书，不以闻”④，说明了南海国王也曾向汉文帝贡献玉璧等礼品。这也证明了当时同属闽越族的南海国⑤、东瓯国、闽越国皆十分崇尚玉文化，也并不缺乏玉器。

① 福建省博物馆、厦门大学人类学系考古专业：《崇安汉城北岗一号建筑遗址》，载《考古学报》1990 年第 3 期。

② 《汉书·荆燕吴传》，中华书局点校本，1962 年，第 1916 页。《汉书·淮南衡山济北王传》，中华书局点校本，1962 年，第 2154 页。《汉书·景十三王传》，中华书局点校本，1962 年，第 2416—2417 页。

③ 《汉书·景十三王传》，中华书局点校本，1962 年，第 2416—2417 页。

④ 《汉书·淮南衡山济北王传》，中华书局点校本，1962 年，第 2154 页。

⑤ 后来南海国为汉所灭，领土为闽越国所并。

第十三章　石、木、竹、漆器及遗迹

第一节　出土的石器与木器

一、石器

1. 石箭镞

闽越国时代，随着铜、铁等金属在社会生产和生活中的广泛应用，先秦时代大量使用和制造的石质生产工具和兵器等已经很罕见了。在西汉闽越遗址中出土的零星的石锛、石镞，大约都是先秦时代的遗物。只是其中的石镞，尚不能完全排除皆非闽越国时期的遗物，如在武夷山城村汉城（东越王城）遗址和建阳邵口垴闽越遗址中，都发现少量的石箭镞，不排除可能为狩猎时使用的石箭镞①（图 13-1）。箭镞是一种消耗性兵器，闽越人当时既要对外征伐作战，又要为了生产和生活从事一定的狩猎活动，无疑全靠铜、铁箭镞是不够的。对于射杀那些较弱小的兽类，使用杀伤力很强的铜、铁质三棱（角）箭镞，既不经济又无必要，石箭镞则足以胜任。因此，先秦时代闽越人常用于作战和狩猎的石箭镞，在这时期可能还部分地延续下来，作为一种补充性的猎具来使用。同时，社会下层的闽越平民，也很难得到大量的铜、铁箭镞以用于渔、猎副业中。

① 也不排除是西汉闽越国时期的遗址在形成过程中，打破早期遗存，从而遗留下来的石箭镞。

图 13-1　高胡坪和元宝山遗址出土的石箭镞

2. 砺石

砺石几乎在各个闽越国时期的遗址中都有发现。如 1981 年至 1985 年，在武夷山城村汉城（东越王城）高胡坪甲组建筑群遗址中，曾出土多件（图 13-2、图 13-3）；1985 年至 1988 年，先在城村汉城外北岗一号（宗庙）建筑遗址中出土 1 件残砺石（T1③:7），赭色，正面光滑，有金属砥磨痕迹，残长 12 厘米[①]；后在北岗二号（祭坛）建筑遗址中也出土 1 件（T14③:13），残长 13.6 厘米、宽 6.4 厘米、厚 5 厘米[②]。另外，在建阳平山闽越国遗址中也出土 1 件[③]；近年在福州市屏山闽越国宫室遗址中，亦有出土[④]。其他地点也有零星的发现和采集。砺石是用来砥磨刀、剑、矛、矢等

① 福建省博物馆、厦门大学人类学系考古专业：《崇安汉城北岗一号建筑遗址》，载《考古学报》1990 年第 3 期。

② 福建省博物馆、厦门大学人类学系：《崇安汉城北岗二号建筑遗址》，载《文物》1992 年第 8 期。

③ 杨琮：《福建建阳平山汉代遗址调查》，载《考古》1990 年第 2 期。

④ 笔者在福州屏山建设银行工地汉代闽越宫殿遗址调查时曾采集到 1 件砺石器及一批残瓦片。

金属器的磨石，类同现今的磨刀石，用途和使用范围较广，因而在闽越国诸遗址中常见到，但出土的数量却不多。

图 13-2　东越王城高胡坪遗址出土的砺石

图 13-3　东越王城高胡坪遗址出土的砺石

3. 石建材

石建材在闽越国建筑遗址中均可见到，以柱础石和建筑铺石为主，它们基本都是从其他地点开采出来加工好以后，专门运送到建筑现场的（图 13-4）。对此，笔者已有专门述及①。这里需要补充说明的是，在东越王城高胡坪甲组建筑中主殿（F1）房基的四周，发现一种以一定规律摆置的大石（类似太湖石），它们色泽比较纯净，有的近乳白或灰白色，有半透明感且造型美观。其用途似均非柱础石，推测为建筑装饰用石。从所处的位置来看，应是置于门道或走道两边起装饰作用的美石。它们还具有其他什么特定用途或寓意，目前尚不清楚。②

① 杨琮：《闽越国文化》，福建人民出版社，1998 年，第 167—189 页。

② 由于这类石质较软，遗址发掘揭露后，遗物暴露于外，经十数年风雨日晒、霜雪冰冻，已受蚀毁坏殆尽。近年笔者再赴遗址时，看到这些美石大都毁碎无存了，甚至连遗址中质地十分坚硬结实的山岩石础和卵石亦皆开始裂碎，毁蚀严重。

图 13-4　东越王城高胡坪甲组建筑群遗址中密布的柱础石实况

二、木器

由于木质制品易腐朽，难以长期保存，所以闽越国时期的木质文物现今极罕见。但在武夷山城村汉城遗址中，炭化的木质遗物普遍被发现，在各座建筑基址中都遗留着大量的木炭遗存。其中绝大多数为建筑材料，如木柱、木板等，许多尚可辨其原形。其他类的木炭则多残碎，原器形不辨。

在目前尚存未炭化的珍贵木质文物中，有独木舟、木梳以及井栏木等遗物。

1973 年，在连江县浦口乡山堂村鳌江口下游近海处，发掘出一艘独木舟的残体[①]（图 13-5）。此舟首窄尾宽，不设档板，舟尾中部凸出一个长宽约 60 厘米×48 厘米的木座，近舟首两侧舷上凿有对称的凹槽。此舟长 7.1 米，首部宽 1.2 米，尾部宽 1.6 米。两侧舷已残损，近尾部侧舷最高处尚残存 0.83 米。据江西省木材工业研究所与福建林业科学研究所鉴定，舟体系整根樟木刳成。经中国科学院贵阳地球化学研究所对舟体木材检测，其年代距今 2170±95 年，为闽越国时期之遗物。

图 13-5　连江出土闽越国时期的独木舟在福建博物院展出

20 世纪 80 年代在武夷山城村汉城（东越王城）遗址之内位于高胡上坑的水井中，出土有榫卯结构的木架残件和已不辨原形的受蚀木器体。推测前者系原井栏架的残存（图 13-6）。此外，在井底还出土 1 件木梳，木梳为半圆形，木齿部分稍残（图 13-7）。当时因掉落于井中，在泥水下才得以保存至今。

① 福建省博物馆等：《福建连江发掘西汉独木舟》，载《文物》1979 年第 2 期。

图 13-6　东越王城遗址水井中出水的井栏木

图 13-7　东越王城遗址水井中出水的木梳

除上述实物外，我们还可根据木器的金属配件以及与木质相配成器的铜、铁器的遗存，来辨识部分木器的名称和器形。① 闽越国时期遗址出土的众多铜、铁质的工具、农具和兵器的木柄、叶及木柲情况不言自明。在闽越国时代，由于福建地区山峦重叠、森林密布，各类木材资源十分丰富，因此，当时的建筑用木和各类木器的生产、利用非常广泛。只是木质器除幸存于水下之外，其余的基本无法保存下来。

第二节　竹编和漆器遗迹

一、竹编遗迹

20 世纪 80 年代初的考古发掘中，在武夷山城村汉城（东越王城）高胡坪甲组建筑群南门房遗址，曾发现有房屋顶棚塌落的炭化竹编遗迹（图 13-8）。20 世纪90 年代在东城门和北城门处的考古发掘中，也都先后在门卫房的居

① 参见《闽越国文化》第八章及第十四章。

住面上发现和清理出炭化的竹编遗存物①（图13-9—图13-11）。这些遗迹遗存应该是房屋内部竹编顶棚火毁倒塌后形成的。

图13-8　东越王城高胡坪甲组建筑群遗址发现的房屋顶塌落的炭化竹编遗迹

图13-9　东越王城东城门遗址发现的竹编遗存

① 福建博物院、福建闽越王城博物馆编：《武夷山城村汉城遗址发掘报告1980—1996》，福建人民出版社，2004年，第33页，图版A：9、10。

图 13-10 东越王城东城门遗址北门卫房发现的竹编遗存

图 13-11 东越王城北城门遗址发现的炭化竹编遗存

二、漆器遗迹

汉代在全国各地流行的漆器，可能因为难以保存的原因，目前在闽越国城址和遗址中均未发现①。但在这一时期的庄边山墓葬中，发现有遗存痕迹。如在其中一座墓（M50）中，出土了3件原应为漆器上附件的小铜环。

① 在闽越国城址中，由于曾遭受火焚，因此遗址内的遗存大多无法保存下来。

此墓与另一墓葬（M16），都在摆放随葬品的位置上发现有小片的漆皮朱彩①，应当是漆器朽蚀后留下的遗迹②。这些遗存的附件和彩色遗迹，证明在这些墓葬的随葬品中，曾有色泽艳丽的漆器，但已朽蚀腐毁。另外，在武夷山东越王城中的高胡坪甲组建筑群遗址里，先后发现了 3 件铜饰件，除一件受蚀粉碎外，其余两件保存稍好。经确认它们系漆器上的铜附件，铜件表面都是包金或错金银的流云纹样，由此可推断出已朽毁的漆器原物应是十分精美的。

21 世纪初，福建闽越王城博物馆考古队在对城村汉城遗址东北部的牛山大墓进行发掘时，在墓葬的前室地面上发现了漆器的印记。清理时明确发现两片朱彩漆皮的痕迹，残存的痕迹呈长方形，每块漆木痕长 44—54 厘米、宽 14—16 厘米，可能是漆木榻散落分布的遗存痕迹（图 13-12）。③ 同样，又在此墓的后室处发现了棺木的褐红彩漆皮及朽木遗迹。

图 13-12　牛山大墓中前室的大型漆木榻遗痕

① 林公务：《福建闽侯庄边山的古墓群》，载《东南文化》1991 年第 1 期。

② 笔者于大学实习期间，曾在湖南地区发掘过战国楚墓及两汉墓葬，其中亦可见这种遗迹现象，均为漆器遗存无误。

③ 福建闽越王城博物馆：《武夷山城村牛山汉墓发掘简报》，载《福建文博》2018 年第 1 期。

第三节　对竹、木、漆器和石器的几点认识

武夷山城村汉城（东越王城）遗址发现的建筑用石，主要是密集分布的柱础石。这些石材需要从其他地方开采后运输到城里。笔者在城村汉城周边地区的调查中，只在东部崇阳溪对岸的山脚发现有与宫殿柱础石相类的岩石，也发现有凿石开采的痕迹。由于未经矿物学鉴定，尚不能确定与宫殿遗址的础石是否完全相同。所以今后对宫殿遗址础石的开采地点和运输方式进行调查和研究也是十分重要的。另外，东越王城内外宫殿和其他大型建筑的散水和道路遗迹主要是用河卵石铺砌的，对所选河卵石的形状也有一定的要求，所以，当时在河流周边选采河卵石的工作量很大。

闽越国时代的木质文物被发现的极少，这与木质物体难以保存有关。凡保存下来的，都是由于特殊原因及特殊环境所致，如木质文物埋陷于泥水下或泥沙下等原因。据《史记》《汉书》的有关记述以及闽越城址中发现数量巨大的炭化木建材判断，闽越国当时应当存在着相当规模的木器制造业，并拥有相当生产能力的木工作坊。而且，闽越国人民应有相当一部分人是以“渔猎山伐为业”的①。东越王城遗址中大量出土的斧、斤（锛）、凿、削、钉以及铁锯的发现，直接反映了这种历史实况。《汉书·严助传》记载：“（闽）越人欲为变，必先田馀干界中，积食粮，乃入伐材治船。”也进一步说明了闽越人善于伐木造船。同书还说：“其入中国，必下领水，领水之山峭峻，漂石破舟，不可以大船载食粮下也。”可见闽越人已有大型船只。《史记》《汉书》还记录了建元六年（前135年），汉武帝为救南越国派大行王恢、大司农韩安国率两路大军夹击闽越国，闽越王弟余善曾与相、宗族谋划杀郢降汉，若汉不依，则力战，若不胜则率众撤逃到海中的计划②。如果说闽越国没有相当数量的海船，那就根本谈不上举众

① 《汉书·地理志》，中华书局点校本，1962年，第1666页。

② 《史记·东越列传》，中华书局点校本，1982年，第2981页。

“亡入海”。在考古发现中，福州地铁屏山站工地闽越国遗址中出土的大铁锚①，也是闽越国已有大型船只的确证。《史记·东越列传》记载武帝平南越时，“东越王余善上书，请以卒八千人从楼船将军击吕嘉等。兵至揭阳，以海风波为解不行，持两端，阴使南越”。其所遣的军队，据考应是取海道而往的8000人舟师②。这也可间接反映出闽越国伐木造船业的水平。

闽越国的东越王城遗址中出土的多种铁质手工业工具，建筑基址中发现众多巨大的方形炭化木柱及大量的炭化木建材遗迹，均表明了闽越国当时已有十分发达的伐木业，且制材和木作生产水平不低。当时的木作、木器制造行业均比较发达，木制品在社会生产和日常生活中的应用十分广泛。它们也构成了闽越国物质文化的一大特色。

另外，在东越王城内的高胡坪甲组建筑群的南门房和王城东城门门卫房的倒墙下，都曾清理出经纬状编织的竹编炭化物遗迹（图13-8—图13-11），也都从遗迹实物证明了闽越国当时还存在着竹编手工业。而后，在北城门的发掘中，一再发现炭化的竹编遗迹（图13-11），说明了当时竹编顶棚和有关竹席的使用十分普遍。在城门的门卫房中尚有竹编的精致顶棚，那么，在城内的宫殿中肯定有更为广泛地使用了。所以，闽越国的竹编手工业无疑是非常发达的。

漆器，在汉代社会生活中十分盛行。漆器在两广、长沙及浙江等地的汉代墓葬中普遍发现，当时南越国已有漆器制造业，在南越的布山（位于今广西贵港境内）市府内，亦可看出南越先民已能制造漆器。广西贵县罗泊湾汉墓中出土的漆器中有“布山”的烙印可证。③ 闽越国与内地及周边邻国交往密切，肯定也广泛地使用了漆器。其实早在西周时期闽越人就使用

① 福建博物院、福州市文物考古工作队：《福州市地铁屏山遗址西汉遗存发掘简报》，载《福建文博》2015年第3期。

② 《史记》《汉书》记载中，风波均是针对行船所遇的水上风浪而言。《汉书·郊祀志》：“有风波舟楫之危”。《汉书·贾谊传》说：“中流而遇风波，船必复矣”。因此，史籍闽越传中的“海风波”均确指闽越所遣八千卒是乘海船浮海击南越的。

③ 广西壮族自治区文物工作队：《广西贵县罗泊湾一号墓发掘简报》，载《文物》1978年第9期。

了漆器，浦城管九村西周土墩墓中就已经发现了朱色漆皮的遗存（图 13-13）。武夷山城村汉城（东越王城）遗址出土的漆器铜附件，以及牛山大墓中前、后室都有发现大型漆木器的遗痕，这一切都是物证，证明闽越国当时应该与西汉王朝及周边邻国一样，已经有着成熟的漆器手工业，且能够广泛地制作漆木器。在日常生活中，也普遍使用漆木器。

图 13-13　管九村西周土墩墓中出土的铜箭镞旁的漆器遗痕

第十四章　宗庙制度

第一节　庙坛建筑遗址的发现和发掘

武夷山城村汉城（东越王城）遗址东城门外左侧紧靠城墙处有一高地，当地称北岗。北岗高出周围地面7米左右。1980年，考古工作者对城址内外做全面钻探，发现北岗上有础石和瓦砾堆积，确定是属于城址的一处建筑遗址①。后来，当地村民在北岗东部建窑烧砖还在北岗东坡挖土做砖坯，使岗上的遗址受到一定的破坏。1984年底，厦门大学唐杏煌、萨之烨老师和崇安城村汉城考古队，先在遗址东部做小规模试探性发掘。1985年11月至1986年1月，城村汉城考古队与厦门大学人类学系考古专业实习队师生，联合对北岗遗址进行了大规模的发掘揭露。崇安城村汉城考古队1986年7—8月，完成了遗址北部最后的发掘工作。前后三次发掘共揭露出2200平方米的范围，揭露了一组约1481平方米的大型建筑遗址，命名为北岗一号建筑遗址②。

1988年9月初至11月上旬，城村汉城考古队又与厦门大学人类学系人类学专业实习队师生共同探掘了北岗一号建筑遗址西侧的台基和长廊遗址，

① 福建省博物馆：《崇安城村汉城探掘简报》，载《文物》1985年第11期。

② 福建省博物馆、厦门大学人类学系考古专业：《崇安汉城北岗一号建筑遗址》，载《考古学报》1990年第3期。

命名为北岗二号建筑遗址①。这次发掘面积为1000多平方米，是局部发掘，配合勘探，搞清了这个总面积约2600平方米的露台与长廊、房屋基址。

1998年武夷山申报世界文化与自然遗产名录时，考古队对东越王城遗址展开进一步保护的过程中，又对北岗南部遭人为破坏后残存的局部遗迹进行了考古发掘清理，并将其命名为三号建筑遗址。

北岗遗址的地层堆积与城内外其他建筑遗址基本相同，即地层堆积较薄，内涵也比较简单。分有四层：第1层，表土层。第2层，为唐代以后至近代的扰乱堆积，其中又据土色、土质及不同时代的包含物再细分为A、B两小层。第3层，汉代文化层，是汉代建筑倒塌形成的堆积，包括居住面上遗留的汉代生活遗物。第4层，汉代的建筑基址。以下为山地原生土层。

一、北岗一号建筑遗址

这组建筑遗址是由3个大体相同的单位建筑联成一体的。建筑平面基本呈长方形②，方向15度，即建筑朝南略偏东。是一座四面围墙的封闭式的组合建筑，面积约1481平方米（图14-1—图14-3）。

图14-1　北岗一号建筑遗址（南→北）

① 福建省博物馆、厦门大学人类学系：《崇安汉城北岗二号建筑遗址》，载《文物》1992年第8期。

② 由于其中的Ⅰ号基址稍宽于Ⅱ、Ⅲ号基址，因此整组建筑只是大体的长方形。

图 14-2　北岗一号建筑遗址殿台边的瓦砾堆积（局部）

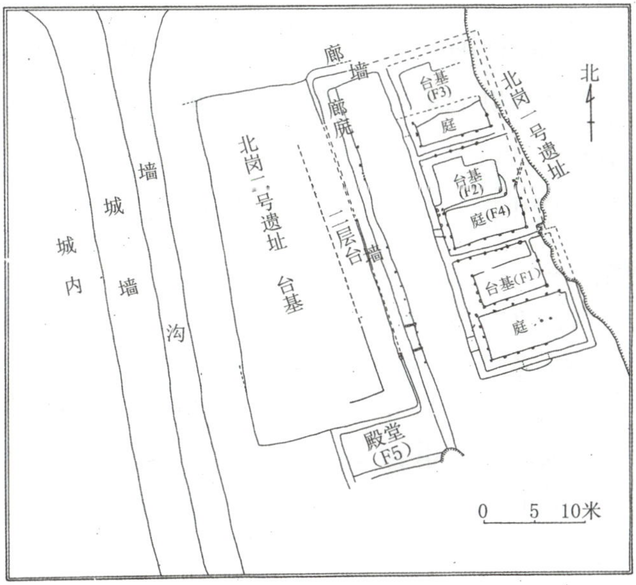

图 14-3　北岗一、二号建筑遗址平面示意图

（一）围墙和门道

遗址有四面围墙，整个平面略呈长方形。南墙、西墙墙基遗迹保存稍好，东墙、北墙受破坏严重。南墙中部有一门，西墙有3个门，东墙、北墙已无门道痕迹可寻。

南墙长23.8米，基宽约1.4米。南墙西端靠近西墙南端处，有两块间距3.8米的柱础石。西墙基全长约66.7米，宽1.5—1.9米。西墙基上有3个门道，每门之间距约20米。北墙长度略短于南墙，宽度相当。东墙仅存南段14.3米，基宽1.3—1.5米，长度约与西墙相等。

四面围墙的范围大约是南北长66.7米，东西宽23.8米。南门是整组建筑的正门，位于南墙中间。门道遗迹不清，门外台阶宽5.8米，进深1.2米。台阶东侧靠墙基处存一柱洞。西侧门有3个，Ⅰ、Ⅱ、Ⅲ号3座建筑基址中，各有一个西侧门。

（二）主体建筑

北岗一号建筑在四面围墙中，由3个自成一体的可封可联的封闭式单体建筑组成。从南到北顺序编号为Ⅰ号基址、Ⅱ号基址、Ⅲ号基址。

1. Ⅰ号（单元）基址

由一座大殿（殿中一台基）、一个天井（庭）、4条回廊和围墙组成（图14-4）。面积长20.8米，宽23.8米。

Ⅰ号基址的东、西墙是整组建筑围墙的南段部分，南墙是整组建筑的南围墙。北墙也是Ⅰ号殿堂（F1）的后墙，将Ⅰ、Ⅱ号基址分隔开来，墙基宽0.9—1.2米，墙基南壁有9个成一排的壁柱洞，柱洞平面或圆形或椭圆形，洞口直径分别在40—50厘米之间，洞深约80—120厘米（图14-5）。墙基中部的南壁还发现4个宽20—25厘米、深10厘米的方形凹槽，各个凹槽的间距1—1.4米。

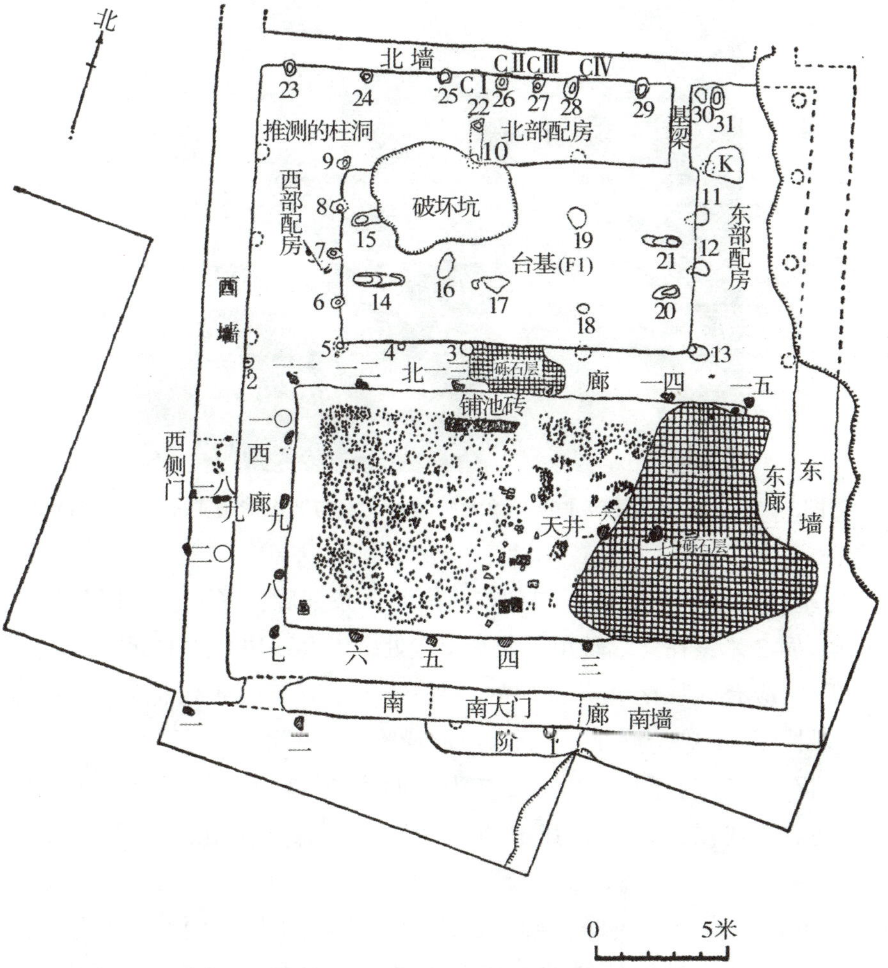

图 14-4　北岗一号建筑Ⅰ号（单元）基址平面图

（采自《武夷山城村汉城遗址发掘报告 1980—1996》）

图 14-5 北岗一号建筑Ⅰ号（单元）基址北墙与凹沟遗迹实况（东→西）

Ⅰ号基址的天井（庭）周围有东西南北 4 条回廊，平面呈“回”形。东廊长 13 米、宽 2 米，在北端转角与北廊交接处，尚存一块共用的廊檐柱础石。

东廊原应有 5 块南北向排列的檐柱础石（应与西廊对称），4 块现已无存。南廊长 20.8 米、宽 2—2.1 米。原应有 7 块檐柱础石，2 块已缺失，现存 5 块础石，各础石间距 2.4—2.7 米。西廊长 13 米、宽 2 米。廊道边沿南北向排列着 5 块檐柱础石，其中两块为南、北廊交接处的共用础石，各础间距 1.9—2.3 米。北廊即Ⅰ号殿堂（F1）的前廊，长 20.8 米、宽 1.8—1.9 米。此廊原应有 7 块檐柱础石，现仅存 5 块（其中两块为共用础）。北廊中部残存风化石堆积的斜坡，宽 3.4 米，应是殿堂前踏步（台阶）的位置。廊北靠台基处发现 4 个柱洞。

天井（庭）平面为长方形，十分规整，宽 16.7 米，进深 9.2 米。天井地面低于四周回廊现存地面约 10—12 厘米。天井地面用河卵石铺砌。天井中部北边遗存一排东西向排列的铺地花纹方砖，南边仅存两块排列的花纹砖，中部还零乱地分布着一些被扰动的残砖。从遗迹来看，天井中部原应有一条由花纹方砖铺砌的南北走道。在天井东部基面上，遗存有两块东西排列的未经扰动的础石，体积较大。

Ⅰ号殿堂（F1）是Ⅰ号基址的主体部分，平面东西宽23.8米、南北进深13米。殿堂中间部分是一座长方形台基（Ⅰ号台基），长13.2米、宽约6.9米。台基上原居面已毁，台基现存高度高出回廊地面15—30厘米。台基上面发现8个洞，其中有4个洞的位置比较明确，深90—120厘米，洞口开口较大，至底逐渐收小。台基四周边沿有柱洞，尚存11个，其中南边3个（缺一个），西边4个，北边1个，东边3个（缺一个）。从建筑形制看，估计原柱洞比现存柱洞要多一些。现存柱洞口径30—50厘米、深40—60厘米。

台基东西北三面是较规整的凹沟，凹沟平面呈“⬚凹”形，三面的宽度均在3.3—3.9米之间，沟深40—60厘米。沟内都填垫着大量的烧土块、烧渣及碎瓦片等建筑废料，面上还遗存部分木板炭化的遗迹。根据遗迹现象判断，台基三面的凹沟，应是大殿内两侧及后侧房屋的位置。根据凹沟地面上普遍发现的大片木炭的遗迹来看，这些配房的地面原应是铺设地板，地板面与台基面大体处于同一水平。

2. Ⅱ号（单元）基址

形制结构与Ⅰ号基址大同小异。基址的东墙已遭破坏，但内收的痕迹仍清楚可辨。基址平面宽约21.3米、进深21.4米。回廊3条，平面呈“凹”形，无北廊。廊道长度短于Ⅰ号基址，南廊长约18米，东廊、西廊长约10米，皆宽1.6—1.8米。3条廊道原应有檐柱础石12个，现存8个，余4个或被破坏或扰动至天井中。

从Ⅱ号基址的结构和天井（庭）中部的卵石走道方向等遗迹来看，Ⅱ号基址可能有一南门与Ⅰ号基址大殿相通。但未保存下明显的遗迹。

Ⅱ号基址的天井（庭），宽14.6米、进深7.5米，地面铺设卵石层。（图14-6、图14-7）天井东部基面被一座后建的方形房屋建筑（F4）打破，房基上堆积着大量的瓦砾。天井东北角有一条简易排水道，系筒瓦套合而成，上面盖板瓦，水管道延伸至东围墙外。

图 14-6　北岗一号建筑Ⅱ号（单元）基址天井卵石散水遗迹（北→南）

图 14-7　北岗一号建筑Ⅱ号（单元）基址天井卵石散水遗迹（南→北）

Ⅱ号殿堂（F2）保存情况很差。据复原推测，平面宽 21.3 米、进深 12.5 米。殿堂中部台基平面呈“凵”形，南边长 13 米、东边长 7.7 米、西边长 10 米。台基南边有二层台，台宽 0.8—1 米，高出天井地面 20 厘米。台边壁平整，经匀火烧烤。南侧壁面有一排方形的向北凹进 5—8 厘米、东西宽 10—15 厘米的凹槽，现存遗迹较清楚的有 9 个，应与木栅栏有关。

Ⅱ号基址中现存础石 18 块，洞有 19 个。

3. Ⅲ号（单元）基址

平面布局与Ⅱ号基址基本相同。遗迹保存很差。基址东西宽 21.3 米、进深约 20 米。基址回廊平面与Ⅱ号基址相同，呈“凹”形。南廊长 18 米，东廊、西廊长约 7 米。仅存 6 个廊柱础石。天井（庭）宽 14 米、进深 5.5 米。Ⅲ号殿堂（F3）的平面布局与Ⅱ号殿堂相同。Ⅲ号基址现存础石 13 块，柱洞 15 个。

在Ⅲ号基址的西侧门外，有一条东西向走道，宽约 4 米。走道北边与西墙西边的夹角处，有一洼地和浅坑，其中出土有一批陶器、铁器，并发现一处密集的铁铤铜箭镞堆积，推测是一捆箭镞散乱于此地，上下叠压，约 50 余根。

在北岗一号建筑遗址中除出土了大批板瓦、筒瓦、瓦当以外，还出土了一批陶、铁、铜器等闽越国时期的遗物①。

二、北岗二号建筑遗址

北岗二号建筑遗址以一座近长方形的台基为主体，东、南部绕以围墙、廊庑及房屋（F5）。台基西边是壕沟和城墙，北部已形成漫坡。整个建筑面积约 2600 平方米（图 14-3）。

（一）大型台基

台基平面略近长方形，南宽北窄，南宽 32 米，北宽约 22 米，南北长约 70 米。以整体建筑形制推断，这座台基原状应是比较规矩的长方形，后受破坏成为现状。受地形限制，台基面距四周地面的高度不等，南边高出台下房基约 2 米；北边与山坡连成漫坡，高出山下田地约 7 米；东边高出遗址原地面约 1—2 米；西边高出城墙外的壕沟约 3—4 米。台基顶部较平坦，上面有人工铺筑的一层河卵石，但受后世破坏严重。东边有二层台；南边利

① 福建省博物馆、厦门大学人类学系考古专业：《崇安汉城北岗一号建筑遗址》，载《考古学报》1990 年第 3 期。

用原岩石地形略作加工筑成，受到一些破坏，二层台不大明确；北边原基受破坏，边缘不清；西边为断壁。东、南两边的第 2 层边台宽约 4—5 米。东部第 2 层边台低于台基顶面约 0. 5 米。

（二）廊庑

台基东侧为一条南北向的廊庑（图 14-8）。廊墙紧靠台边，墙基宽 1. 8—2 米。墙基与台基边，相隔一条宽 0. 4—0. 6 米、深约 0. 1—0. 45 米的排水沟，以便于露天台基上的积水向南、北两端排泄。在南段的排水沟中发现两条并列的陶水管道，共 4 节（图 14-9），顶上用填土夯实，这是一段暗沟，上面应是台、廊相通的门道。廊墙基本与台基等长，北端往东折成直角，与一号建筑北围墙相接。另外，此墙基北边还发现有外廊地面的遗迹，但保存很差。

图 14-8　北岗二号建筑遗址中的廊道和两条水管遗迹

图 14-9　廊庑排水沟中两条并列的陶水管道遗存

墙基东侧为宽 2 米左右的廊基，仅中段偏南处保存略好，基面高出东边地面约 30 厘米，形成第三层台。廊道南、北两端的檐柱础石均遭破坏无存，其余也受不同程度的破坏，仅中部偏南处一段础石保存情况较好。全廊现存檐柱础石共 13 块，它们之间的排列间距有两种规制：一种柱础间距 2. 7—3 米；另一种柱础间距 3. 8—4 米。推测廊柱间距大的应与通台基上的门道有关。

在门道两旁分别清理出两条埋于廊基下的东西向陶水管。水管管径与筒瓦相等，小于上述排水沟中的水管。其南侧一条为 4 节水管套接，北侧一条为 5 节水管套接，排水口皆向东。两条水管均至墙根前中断，不见穿过墙基的遗迹。夹在两条水管中间的廊道边沿有一层小台阶，阶面低于廊面 15 厘米，高于地面 15 厘米。

廊南部的一段基面，是在受风化的原生石层上凿筑而成的。另外，通过对廊基的局部解剖，发现部分地段有在廊基下填垫瓦砾以加固基础的现象。

（三）房屋（F5）

位于台基外边的东南部处，基址保存很差。房基凿筑于原生岩石层上，不见柱洞和柱础，可能是直接在石层上立木建房的。这座建筑的范围和布局，是靠周边卵石层散水的形制、瓦砾堆积的分布和瓦当出土的位置等判定的。房屋（殿堂）平面为长方形，东西宽约 21. 8 米、南北进深 10. 4 米。东、南部有廊与台基东廊相接。南、西、北三面有散水，散水宽约 1—1. 6 米。

二号建筑遗址出土遗物以建筑材料为主，有大量的板瓦、筒瓦，还有瓦当、陶水管及少量的残砖；另外还出土了一批陶器和少量的铜、铁、石器等闽越国时代的遗物①。

三、北岗三号建筑遗址

北岗三号建筑遗址位于东越王城遗址东城门的外侧，北岗一号建筑遗址的南侧。在抢救性发掘北岗一号建筑遗址时，笔者已经注意到它的南部遭受了严重的破坏，不过它们都是闽越国时期的建筑遗址。北岗三号建筑遗址原有的范围不小②，但是，在近、现代中，当地居民在修筑道路时穿过城址的中部，使遗址受到一定的破坏。1958 年“山改田”时，挖掉了城址东城门的出路和北岗建筑遗址的南部，从断坡边沿仍可以看到瓦砾堆积层。20 世纪 80 年代末期至 90 年代初期建山门和房屋、道路时，破坏了残存的建筑遗迹，殊为可惜。1998 年，城村汉城（东越王城）遗址在参加武夷山联合申遗的整治、保护过程中，对北岗三号遗址北部残存的一点尾巴进行了发掘清理和保护工作。发掘清理工作自 1998 年底直至 1999 年 3 月止，发掘清理面积共 248 平方米。清理出面积约 190 平方米的建筑残存遗迹，定名为北岗三号建筑遗址。

北岗三号建筑遗址的地层堆积基本与北岗一、二号建筑遗址相同。北岗三号建筑的遗迹方向接近正南北方向，与北岗一、二号建筑遗址相同。残存的遗迹有活动面、沟、柱洞、柱础石和河卵石散水等。遗址出土了一批板瓦、筒瓦、瓦当等建筑材料和少量日用陶器，以及个别铁甲片、铁剑和一些铜、铁箭镞等。

北岗三号建筑遗址受破坏后残存的建筑材料和建筑遗迹等，均与北岗一、二号建筑遗址的情况基本相同。由于该遗址只残存了北部的一小部分，所以整个遗址的面貌已经不可能了解到了。③

---

① 福建省博物馆、厦门大学人类学系：《崇安汉城北岗二号建筑遗址》，载《文物》1992 年第 8 期。

② 也许不止一座建筑，不排除是几座联成的建筑群。

③ 福建闽越王城博物馆：《武夷山市城村北岗三号建筑遗址发掘简报》，载《福建文博》2011 年第 1 期。发掘简报的编写者虽然也是发掘的参加者，但对于北岗建筑遗址的整体关系认识不够，对遗迹间的关系也认识不清，所以对遗迹现象等描述不够清楚。另外，发掘简报中突兀冒出的“F4”也不知是作者还是编者的误笔。

四、北岗遗址建筑技术及特点

北岗建筑遗址的原建筑物，亦为壮丽雄浑的宫室建筑，是闽越国较高建筑水平的又一物证。关于闽越国总体的建筑技术水平，在本书第八章已有详述。因此，这里仅论其独具的特点和局部技术。

（一）台基

北岗一号建筑中的3座大殿内均有台基，二号建筑主体亦为一巨大的台基。它们与中原地区在平地上层层夯筑起的高台不同，而是利用原生的山丘，将顶面铲平，设计好台基的形状和范围，然后将其周围的部分挖低形成的。有的也可能是用填土一次性填筑成的。然后将台面和周边修平整，再用火均匀烧烤台面和周边，以使整个土台能够平整、干燥、结实。但二号建筑中的大台基未发现明显的烧烤面，一号建筑中的3座台基周边都有保存较好的烧结面。在这种台基中，不见人工夯层的现象和遗迹，因此不如中原那类夯土台基坚实，所以台基上及基旁的柱洞也必须挖得较深，才能使这类大型建筑物坚固。

（二）墙

墙基的修建方法与台基相同，也应是利用山岗原生土层做基，两侧挖低而成。在发掘这些墙基时，靠墙基两侧的瓦片堆积才得以确定墙基的边缘和宽度。经局部解剖，均不见事先挖墙基沟槽的情况，墙基土极纯净，与原生土完全相同，亦不见人工夯筑遗迹。

墙体有的是木骨泥墙。在一号建筑的第3层堆积中，发现不少带有竹、木条印痕的墙土块，在墙基倒塌堆积中，还发现有红烧砖的碎块。因而推测一号建筑的墙身可能是木骨泥墙，局部用红烧砖垒砌。在Ⅱ号殿北墙基及遗址东围墙的残基中，都发现有横向平铺的竹、木炭条遗迹。表明有的墙体可能是预先编织好经纬木骨架的。另外，墙基外边有的还遗存着木板壁带夹护的炭化遗迹。在Ⅰ号殿北墙的北面墙根（可能后利用为房屋F4的屋墙），发现有草掺细泥涂抹的墙面残迹，在墙面上有乳黄的墙皮残存。可知墙壁面是经过粉刷的。

(三) 廊基

北岗一、二号建筑中的廊基，也与台基类似，是利用原生土为基，将周边的地面或天井挖低而成的，有的则是一次性填土筑成的。局部地段为了使填筑的廊台基坚固平整，采用了在基土下垫筑瓦砾等建材废料的手法，廊道边沿均置廊柱础石，立檐柱以支撑廊庑顶架及瓦房顶。在部分保存稍好的廊道地面上，可见抹有一层厚3—5毫米的黄白色细腻的沙泥质材料，表面十分平整。说明廊道地面都是经过专门处理的，原地面比较考究。

(四) 天井、散水

北岗遗址中的天井和房屋建筑外的散水，都是挖低于房基、廊基建成的。在一号建筑的3个前后有关的天井（庭）中，均在地面上铺设了整层的卵石，在二号建筑中房屋F5的周围，亦用整层卵石铺成散水。目的都是使雨水不致聚集。卵石的使用都是经过选择的，每个单位散水中所用的卵石大小比较接近。其中极有特点的是一号建筑Ⅰ、Ⅱ、Ⅲ号3个天井（庭）中所用的卵石，规格是由小逐步增大，而天井（庭）的进深则每次递减一个础距长度。

在Ⅰ号天井（庭）东部基下，发现用大量建筑废料填垫地基的现象，反映出当时将坡地填平垫高的筑基技术和手法。

(五) 柱础、柱洞

柱础多用于廊柱之下。一号建筑中的3个回廊及二号建筑长廊檐柱，均在廊台上垫置础石。一号建筑中的殿堂大都挖柱洞，柱洞一般较深，在0.8—1.2米间。柱洞中不垫础石，而是用建材废料填垫洞底和周围空隙。殿堂建筑中个别地方可能是用础石代替柱洞的，遗址中的础石均采于自然山石，略经加工使之平整，形状多近方形、长方形，大都不十分规则。

(六) 配房地面结构

在一号建筑3个殿堂内台基的两侧及后侧，均有深浅不同的凹沟，平面形状有一定规律。在Ⅰ、Ⅱ号殿北墙基保存略好的部分，又都有排列规则的方形基槽，与台基平面大体保持水平，所以我们推测它们应是殿堂两侧和后侧铺设地板的配房。配房的地板应与台基面水平，而墙基上的方形凹槽，可能是放置在地板下支撑的枕木基槽。凹沟中可能还有桩木支撑枕木。地板下规范的凹沟，大概是在建筑木骨泥墙时就地取土而挖成的。铺架地板时，在这些凹沟中填进烧土渣、炭渣和瓦砾等建筑废料，使之在地板下起到隔湿防潮的作用。

这种在房屋中架空于地面，铺地板的手法，是干栏式建筑手法的遗风。其与城内马道岗的大型房屋及高胡坪甲组建筑群中的主、侧殿的居住面架空结构，有异曲同工之妙。

（七）排水设施

除天井、散水将雨水渗、散于地下外，主要排水设施有水沟和水管两种。二号建筑台基和廊庑间的水沟可将露天台基上的雨水向南北两端排出。水沟局部因上面过道的缘故用双列陶水管搞成暗沟设施，而此处廊基中也发现两条出口于东边的东西向小陶水管。一号建筑Ⅱ号基址天井东北角也发现简易的陶水管设施，可将天井（庭）中的积水排出东墙之外。

第二节　庙坛遗址的考证和确定

关于闽越国的城邑制度，汉代文献中没有具体记载。但从《史记·东越列传》及《汉书·西南夷两粤朝鲜传》对闽越国历史活动的记载来看，作为西汉王朝的藩臣属国，闽越国在城邑制度等方面基本是仿秦汉制度的。武夷山城村汉城（东越王城）遗址出土的各类建筑材料以及揭露出的建筑形制和布局，大都与中原内地一致，通过上述几章的论述，情况已十分明确，闽越国城邑建设、宫室制度均效仿中原。因此，我们必须把此城址及宫室遗址纳入当时中国城邑、宫室制度的文化体系中来考察和研究。

通过对东越王城北岗一、二号遗址的发掘和初步研究，笔者认为北岗一号建筑遗址应是宗庙遗址，二号遗址是附属于宗庙的坛地遗址。两遗址应是合为一体、不可分割的闽越庙坛建筑遗址。

以下从几个方面来考察研究。

首先从一号建筑遗址的形制布局方面来看，它是由 3 个布局基本相同的单体建筑基址组成的一组前后相互通连的封闭式建筑。其中每个单体建筑基址都是由大殿、前庭和回廊组成的。遗址的发掘报告已根据考古发现的遗迹情况，指明其不是以居住为目的的宫室建筑遗址，而应是一座公共性质的建筑遗址①。北岗一号建筑遗址中的每座单体基址的形制结构，都与河南偃师二里头文化的宗庙（宫殿）建筑遗址（图 14-10）十分近似。两者在布局上，均以北部大殿为主体，南部为庭，周围系廊庑、围墙。② 此外，北岗一号建筑遗址在布局结构方面，也与陕西岐山凤雏西周甲组建筑基址③很相似。虽然凤雏甲组建筑是前后庭二进深的建筑，而北岗一号建筑系前、中、后庭三进深的建筑，但在建筑构思上则基本相同，其一脉相承的关系也是很明显的。两者的局部差异是：岐山凤雏西周甲组建筑中，庭的两侧及前方为厢房和门房所环绕（图 14-11）；北岗一号建筑中的庭周为廊庑环绕。

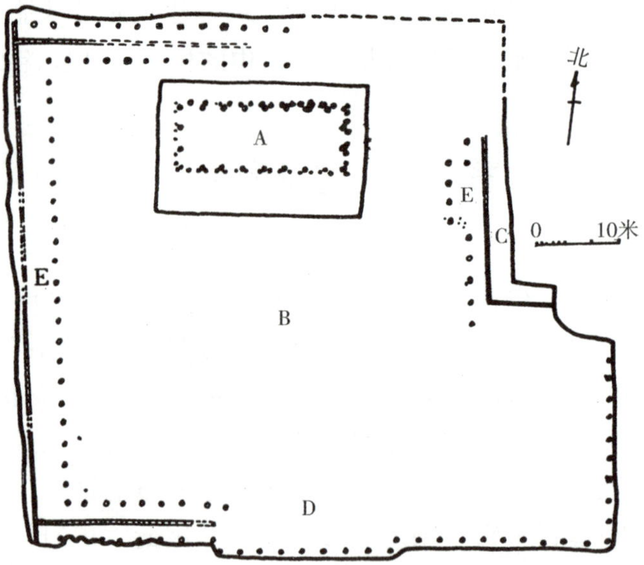

图 14-10　二里头宗庙建筑遗址平面图

A. 宫室台基　B. 庭　C. 墙　D. 大门　E. 回廊

---

① 福建省博物馆、厦门大学人类学系考古专业：《崇安汉城北岗一号建筑遗址》，载《考古学报》1990 年第 3 期。

② 中国科学院考古研究所二里头工作队：《河南偃师二里头早商宫殿遗址发掘简报》，载《考古》1974 年第 4 期。

③ 陕西周原考古队：《陕西岐山凤雏村西周建筑基址发掘简报》，载《文物》1979 年第10 期。

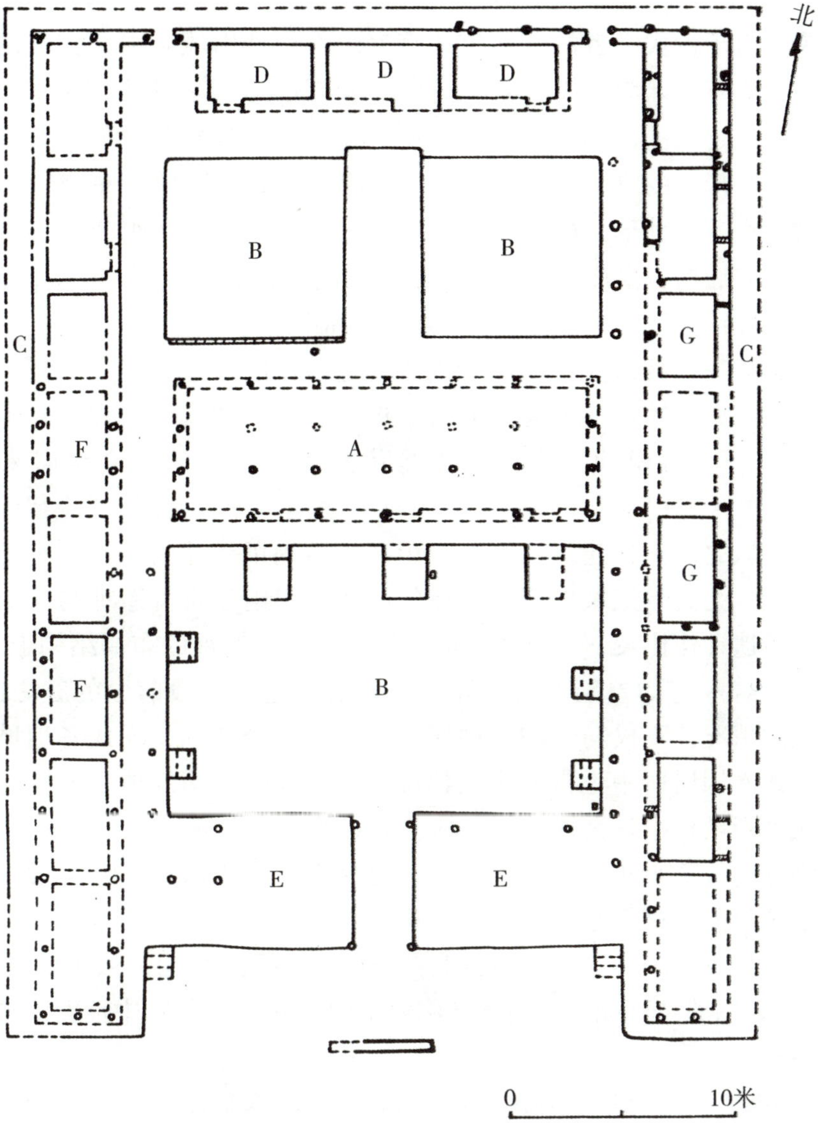

图 14-11　岐山凤雏甲组建筑基址平面图

A. 殿堂台基　B. 庭　C. 墙　D. 后室　E. 门房　F. 西厢房　G. 东厢房

因此，北岗一号建筑的布局正合清代学者江永注《朱子仪礼释宫》所说的宗庙“庭之两旁无屋”。以往各家的仪礼宫室图，在大庭两侧一般也都不绘房屋。由于古代学者的这些仪礼宫室图都与岐山凤雏甲组宫室建筑形制不合，因而有人认为古代经学家们的解释有误①。笔者认为并不能因岐山凤雏西周甲组建筑的庭两侧有厢房，便全盘否定后世经学家们的推断。实际应当是两种形式的宫室建筑都存在。在武夷山城村汉城（东越王城）遗址中，就存在着两种形式的宫室建筑，如城中的高胡坪甲组建筑群遗址的前庭，两侧有厢房，南面有门房②。而在城东门外的北岗一号建筑中，庭的两侧只是廊庑而无厢房③。关于岐山凤雏西周甲组建筑的性质问题，学术界的意见并不统一，或认为是宗庙，或认为是居住的宫室。但对于当时祭祀死人的宗庙，亦大体按活人居住的宫室形制来建造的看法，大家基本都是一致的，即唐兰所说的“宗庙根本是仿照生人所住的整套房屋来建立的”④。《汉书·郊祀志》记载王莽之言：“宗庙，王者所居”，说得十分明白。东越王城北岗一号建筑遗址与岐山凤雏西周甲组建筑相比，则更符合宗庙的性质。尤其是把城内用于居住的高胡坪甲组建筑群遗址与同时的北岗一号建筑遗址作比较，无论从遗迹现象上还是从遗址的布局结构上来看，两者都存在着一定的差别。高胡坪甲组建筑群遗址主殿前面的庭之两侧、前侧有屋的情况，不仅与现城村中居民的旧宅完全相同，现代各地城乡保存着的旧式木构居所中也常见类同情况。而北岗一号建筑遗址的布局结构则与现城址旁城村中三大姓（赵、林、李）的家族宗祠（宗庙）基本相同。城村中现存三大家族的宗祠（庙），大约都建于清代以后，形制皆大同小异，这里举目前保存最好的“赵氏宗祠”为例，它的形制特点是以北部的大殿为主，殿两侧设配房，殿后侧亦有类同开间的结构，殿前为庭（天井），庭周为围墙及廊庑，大门开在南墙中间，庭（天井）中地面上铺设一

---

① 北京大学历史系考古教研室商周组编著：《商周考古》，文物出版社，1979年，第183、184页。

② 福建省博物馆：《崇安城村汉城探掘简报》，载《文物》1985年第11期。

③ 福建省博物馆、厦门大学人类学系考古专业：《崇安汉城北岗一号建筑遗址》，载《考古学报》1990年第3期。

④ 唐兰：《西周铜器断代中的“康宫”问题》，载《考古学报》1962年第1期。

层卵石，中有走道通殿堂的中阶（图14-12）。整个宗祠（庙）的建筑设计，与北岗一号建筑遗址中的每个单体基址基本类似，只是在一些细节和局部安排上稍有小异。由此看来，两者的传承关系是显而易见的。这绝不可能是一种偶然的巧合，而是中国建筑传统的表现。众所周知，中国的木构建筑，根据不同的用途，在布局构思和形式方面，从古至今基本是一脉相承的。即便是西周初期的岐山凤雏甲组建筑遗址，也与当地村落中众多的近现代建筑的形制结构相类似。因此，城村现存的与北岗一号建筑Ⅰ、Ⅱ、Ⅲ号基址布局结构基本相同的宗祠（宗庙）建筑，亦可作为判断北岗一号建筑遗址性质的有力旁证。

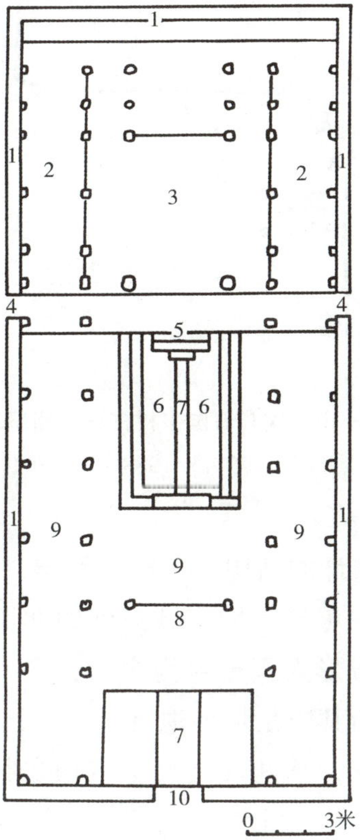

图14-12　城村清代赵氏宗祠（庙）平面实测图

1. 围墙　2. 夹室（配房）　3. 殿堂　4 侧门　5. 阶
6. 庭（卵石地面）　7. 中道　8. 木板挡门　9. 回廊　10. 大门

此外，在山西侯马晋国牛村古城外南端发掘出的一座东周时期的宗庙建筑遗址①，其布局结构也与闽越国北岗一号建筑中的各单体基址大体类似（图 14-13）。这也可证东越王城北岗一号建筑遗址，应当与侯马晋国牛村古城的宗庙遗址的性质一致。

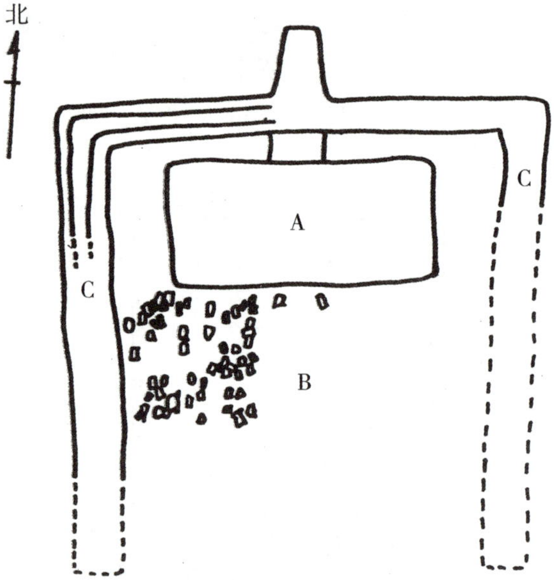

图 14-13　山西侯马晋国牛村古城宗庙遗址平面图

（采自载《考古》1988 年第 10 期）

A. 台基　B. 庭　C. 墙

其次，从北岗二号遗址的结构、性质及其与一号遗址的关系方面来看，亦可得到相同的结论。在东越王城东城门外的北岗一号建筑遗址西侧的二号遗址，是一座以近长方形露天土台为主体，东有廊庑，南有殿堂的建筑基址。遗址发掘报告推断其应是坛地遗址②。对于古代坛的情况，《周礼·秋官司寇》记载："司仪，掌九仪之宾客摈相之礼，以诏仪容辞令揖让之

① 山西省考古研究所侯马工作站：《山西侯马牛村古城晋国祭祀建筑遗址》，载《考古》1988 年第 10 期。

② 福建省博物馆、厦门大学人类学系：《崇安汉城北岗二号建筑遗址》，载《文物》1992 年第 8 期。

节。将合诸侯，则令为坛三成。”郑玄注云：“三重也。”针对《史记·齐太公世家》“鲁将盟，曹沫以匕首劫桓公于坛上”，《集解》何休曰：“土基三尺，阶三等，曰坛。会必有坛者，为升降揖让，称先君以相接也。”同时，《集解》亦引《越传》，说禹冢“坛高三尺，土阶三等，周方一亩”。在《越绝书》中也有基本相同的记载。《汉书·郊祀志》：“祠坛放亳忌泰一坛，三陔。”颜师古注说：“陔，重也。三陔，三重坛也。”北岗二号建筑中的主体部分——大土台，虽南北西三面因保存情况较差而原貌不甚清楚（原状已受不同程度的破坏），但在保存情况略好并经发掘揭露的台基东面，可确知为三层台。第一层台上建廊庑，第二、第三层为露天台顶，第三层的台顶面还残存一些用卵石铺筑地面的遗迹。因而这座平面近似长方形的高台，在结构方面正合古文献的三阶之说。这种建三层台的中国古代坛制，一直延续到明清时期，如北京的天坛仍沿用三层台的制度，其中的圜丘和祈谷坛的周边，皆为三层台。因此，将北岗二号建筑遗址的露天高台定名为“坛”，证据充足。

《吴越春秋·句践伐吴外传》记载：“句践有命于夫人、大夫曰：‘国有守御。’乃坐露坛之上，列鼓而鸣之，军行成阵……。”《越绝书·越绝外传记宝剑》也记载句践：“王曰：‘然巨阙初成之时，吾坐于露坛之上……’。”[①]这种露天之坛亦可称“露坛”。

北岗一、二号建筑遗址仅相隔9米，两遗址不仅方向完全一致，且北端有墙廊相连接。一号遗址（庙）有西侧门直通二号遗址坛下的廊台门道，两者不可分割的组合情况十分明确。二号建筑（坛）附属于一号建筑（庙）毋庸置疑。根据古代文献记载，通常是祠、庙建筑旁多建坛。特别是宗庙，一般都要建坛，合称为坛庙。《礼记·祭法》云：“天下有王，分地建国。置都立邑，设庙祧坛墠而祭之。……是故王立七庙，一坛一墠。……诸侯立五庙，一坛一墠。……”《汉书·文帝纪》记有文帝诏曰：“朕获执牺牲珪币以事上帝宗庙……广增诸祀坛场珪币。”《汉书·郊祀志》：“则，郊、梁、丰、镐之间周旧居也，固宜有宗庙坛场祭祀之臧（藏）。……臧（藏）之于宫庙也。”

① 《越绝书·越绝外传记宝剑第十三》，中华书局，2021年，第207页。

在《隶辨》中，录有汉《陈寔坛碑》说："其云坛者，盖指庙中之坛。"另录有《八都神庙碑》曰："天下碑录云，在镇州元氏县西北二十里庙坛下，光和中立"。《隶辨》亦收有《太公庙碑》说："水经注云：汲县有太公庙，……遂立坛祀为之位主。"《隶释隶续》还记有："魏下豫州刺史修老子庙诏……为坛饰淳金铅器"。《西汉会要》卷十二载："（刘）歆又以为礼去事有杀，故《春秋外传》曰：'日祭，月祀，时享，岁贡，终王'。祖祢则日祭，曾高则月祀，二祧则时享，坛墠则岁贡，大禘则终王。"这是刘歆议孝武皇帝世宗庙不宜毁时所述之言，足见宗庙旁确有坛地之设。古文献中，这类有关庙坛情况的记载不胜枚举，这都可证北岗一、二号建筑遗址应是闽越人的庙、坛遗址。另外从两遗址的位置排列上看，二号遗址（坛）位于一号遗址（宗庙）的右侧，从清代学者任启运依据经文绘制的《诸侯五庙都宫门道图》上（图 14-14），可见坛地正是设于太祖庙的右侧。两者反映的情况完全相合。

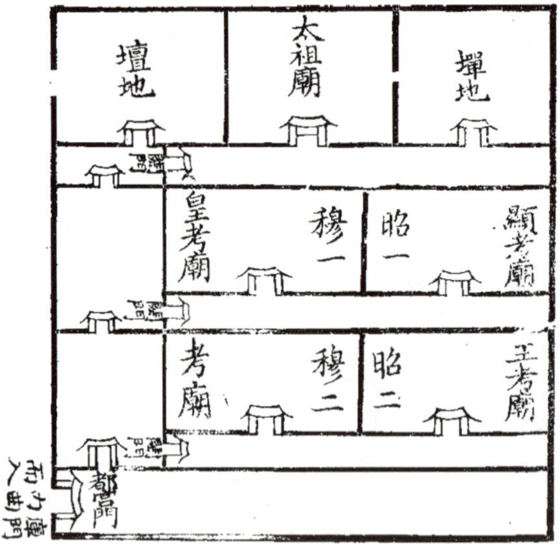

图 14-14 《诸侯五庙都宫门道图》

其三，再从北岗一、二号遗址与城址的关系及所处的位置方面来看，北岗一、二号建筑遗址，正位于武夷山东越王城东城门（正门）外的左侧（图

14-15)，而城门外右侧的南岗遗址正与北岗遗址相对应。根据考古探掘资料看，此城址应当是一座宫城（王城）①。在本书第五、六章中已有详细论述。据《周礼·考工记》记载，宫城外置“左祖右社”。《春官·小宗伯》也说：“小宗伯之职，掌建国之神位，右社稷，左宗庙。”贺业钜在《考工记营国制度研究》一书中，根据小盂鼎铭、《尚书·顾命》《仪礼·聘礼》及《周礼·司仪》等文字、文献的记述，指出宗庙在宫城外左前方②是正确的。后来历代都城皆沿袭《周礼》“左祖右社”的布局规制，直至明清北京城，亦把宗庙、社稷立于宫城正门外的左、右两侧。从北岗建筑遗址所处的位置上看，正是位于城址正门外的左前方，因此，北岗一、二号建筑遗址正是闽越人的宗庙、坛地遗址无疑。

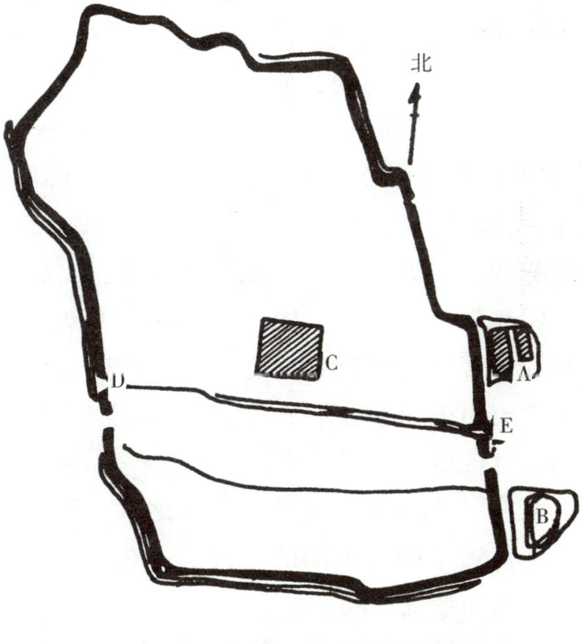

图 14-15　城村汉城北岗建筑遗址位置图

A. 北岗　B. 南岗　C. 高胡坪甲组建筑基址　D. 西城门　E. 东城门

① 杨琮：《论崇安城村汉城的年代和性质》，载《考古》1990 年第 10 期。参见《闽越国文化》第五章，福建人民出版社，1998 年，第 105—166 页。

② 贺业钜：《考工记营国制度研究》，中国建筑工业出版社，1985 年。

而城门外右前方的南岗，则与北岗左右对应，其山丘顶十分平坦，形状大体呈长方形，与北岗平坦的丘顶一样，系人工修整过。南岗遗址遗迹虽受后世人为破坏严重，但笔者在调查时，亦在岗顶被翻动的土中，发现了一些瓦砾、陶片，该岗丘被破坏的部位也遍布碎陶片。因此，南岗上原有重要遗址毋庸置疑。城村东越王城东城门外的南、北二岗十分对称，甚至连山岗被人工修削的高度也基本一致。两岗都是典型的利用山阜为高台的建筑基址。从其所处的位置上推测，南岗遗址可能是与北岗宗庙遗址相对应的社稷遗址，因为它正位于城址正门的右侧，恰合“右社稷”的位置。

古代文献记有“国之大事，在祀与戎”。说明宗庙祭祀在国家政治中所占的重要位置。《礼记·曲礼》说：“君子将营宫室，宗庙为先，厩库为次，居室为后”，也指明宗庙在古国中的重要性。西汉闽越人将重要的宗庙、社稷建于王（宫）城大门外左右两侧的岗丘上，既显示了宗庙、社稷建筑的威严隆重，又严格按照《周礼》的礼制和营城制度。《汉书·高帝纪》记载汉高祖五年（前202年），刘邦封立闽越国时说：“故粤王亡诸世奉粤祀，秦侵夺其地，使其社稷不得血食。诸侯伐秦，亡诸身帅闽中兵以佐灭秦，项羽废而弗立。今以为闽粤王，王闽中故地，勿使失职。”《史记·东越列传》记述了闽越王郢被其弟余善所杀，献首汉廷后，汉武帝“乃使郎中将立丑为越繇王，奉闽越先祭祀”（《汉书·西南夷两粤朝鲜传》记载亦同）。这些文献记载也都说明了闽越国确有宗庙、社稷的建制，能与考古发现互相印证。笔者认为武夷山东越王城东城门外两侧的北岗、南岗的建筑遗址，应是闽越人的宗庙、社稷遗址。

古代战争中，素有“灭其国，毁其宗庙”之举。北岗宗庙、坛地遗址与整个城址一样，突然毁于西汉中期的大火中，毫无疑问，正是击败闽越国的汉朝大军所为。南岗遗址亦同。

从迄今已知的考古资料的情况看，在中原地区发现的商周时期的宗庙遗址，大都同时发现有祭祀坑，并且祀坑数量都不少，反映了当时杀牲祭祀宗庙的习俗。其中不仅有以牛、羊、马、猪、狗等动物为牺牲，亦有杀人祭祀的。杀人祭祀宗庙的现象尤以商代为典型，二里头文化晚期的宗庙

（宫殿），在基址的庭之中部，就有可能是作为牺牲来埋葬的人骨架坑和兽骨坑。① 在河南安阳小屯商代后期宗庙（乙七）前，亦见排列众多的人祭坑、马坑、车坑、羊坑等葬坑。② 春秋时秦国雍城马家庄一号建筑群（宗庙）的庭中，也有众多的祭祀坑。③ 而晋国的牛村古城外的宗庙遗址前庭部分，也排列着不少的祭祀牲坑。④ 但是，在中原地区，除宗庙外，其他的重要居址及墓葬，也常见杀牲以殉的现象。殷商遗址、墓葬中，殉人殉牲的情况很普遍，直到春秋时期，还同样存在着这种现象。如秦国雍城除宗庙外，在大辛村遗址即见两个大圆形埋牲的祭祀坑。⑤ 在中原各地，这类实例亦不少。

自汉以来，据史籍所记，一般都是用牲畜来祭祀的，多表现为瘗埋牺牲。汉朝同样不仅祭祀宗庙用牲，对于其他的一些祭祀活动也均用牲。这在《史记·封禅书》和《汉书·郊祀志》中，多见明确具体的记述。那么，闽越人是否也是以瘗埋马、牛、羊、猪等牲牢来祭祀宗庙呢？在北岗一、二号建筑遗址及其周围都没有发现祀坑，而在整个城址的钻探和大面积发掘中，也从未见实例。这类祀牲的情况，不仅在福建地区汉代考古资料的发现中无一例证，而且在福建先秦时代的诸遗址、墓葬中也未见任何迹象。这都表明，闽越人不是以瘗埋牺牲为祭祀手段的。《史记·封禅书》载："后有人复上书，言'古者，天子常以春解祠，祠黄帝用一枭破镜；冥羊用羊祠；马行用一青牡马；太一、泽山君地长用牛；武夷君用乾鱼；阴阳使者以一牛'。令祠官领之如其方，而祠于忌太一坛旁。"对其中祠武夷君不用牲牢，仅用乾鱼之事，《索隐》顾氏案："《地理志》云建安有武夷山，溪有仙人葬处，即《汉书》所谓武夷君。是时既用越巫勇之，疑即此神。今案：其祀用乾鱼，不享牲牢，或如顾说也"。这就明确说清了当时闽越人的

① 中国科学院考古研究所二里头工作队：《河南偃师二里头早商宫殿遗址发掘简报》，载《考古》1974 年第 4 期。

② 北京大学历史系考古教研室商周组编著：《商周考古》，文物出版社，1979 年，第 77 页，图五二。

③ 陕西省雍城考古队：《凤翔马家庄一号建筑群遗址发掘简报》，载《文物》1985 年第 2 期。

④ 山西省考古研究所侯马工作站：《山西侯马牛村古城晋国祭祀建筑遗址》，载《考古》1988 年第 10 期。

⑤ 雍城考古队：《陕西凤翔县大辛村遗址发掘简报》，载《考古与文物》1985 年第 1 期。

祭祀方式与中原祀牲牢的风俗不同。因此，武夷山东越王城北岗庙坛遗址中没有发现牲坑遗迹，也是合乎情理的。

第三节　庙坛建筑的布局结构

武夷山城村汉城（东越王城）的北岗建筑（庙坛）遗址布局比较规范。宗庙中的3个基址，在布局结构上都大同小异。主要以大殿为主，宫殿结构是“前堂后室”。大殿前皆有庭，庭周围是廊庑，再外则是墙，在南墙和西墙中有南大门和西侧门。

由于北岗一号建筑遗址是由3个基本相同的基址（庙）组成的，但其中建筑结构和遗迹保存较清楚的仅Ⅰ号基址。其他两个基址（Ⅱ、Ⅲ号基址）的遗迹，特别是大殿遗迹，保存情况极差。因此，下文主要以Ⅰ号（庙）基址（图14-16）为说明的例证，其余则可类推。此外，基于闽越宗庙遗址的布局与中原地区的宗庙建筑有着一脉相承的关系，那么对其具体的结构、用途和定名，也应按中原礼制来对照探讨和解释。

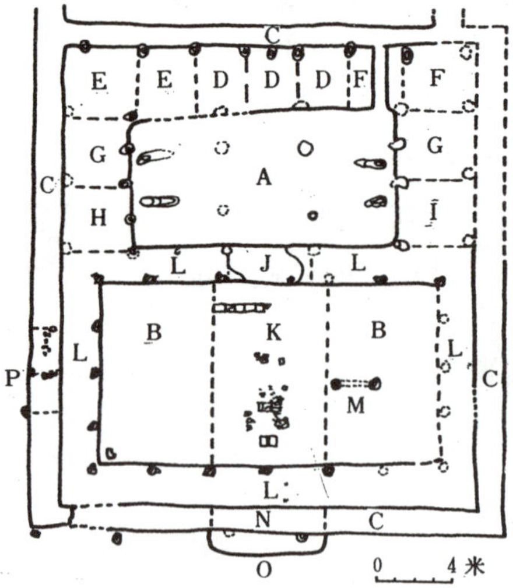

图14-16　北岗一号建筑Ⅰ号基址平面复原图

A. 殿（堂）　B. 庭　C. 墙　D. 室　E. 西房　F. 东房　G. 夹室
H. 西堂　I. 东堂　J. 中阶（陛）　K. 中唐　L. 廊　M. 碑　N. 南大门　O. 阶　P. 西侧门

庭

《说文》说："庭，宫中也。"段玉裁《说文解字注》："凡经，有谓堂下为庭者。"《玉海》也说："堂下至门谓之庭。"清代经学家任启运在《朝庙宫室考》中云："陛下谓之庭。"《尚书·顾命》有："出缀衣于庭。"而在《乡射》《大射》《聘礼》《燕礼》《觐礼》《士礼》中，皆记有"中庭"。北岗一号建筑中3个基址的殿堂前均有长方形的天井，其皆应称为"庭"，即古文献中记载的"庭""中庭"。

廊

位于庭周。《汉书·百官公卿表》记有："（始元六年）轑阳侯江德为太常，四年，坐庙郎（廊）夜饮失火，免。"《西汉会要》卷十二记有："（任）宣子章为公车丞，亡在渭城界中，夜元服入庙，居郎（廊）间，执戟立庙门。"上述记载都可证当时宗庙皆有廊，并且廊与庙门通连，正与北岗闽越宗庙建筑各庭周为廊庑的状况相符合。

殿（堂）

《说文》："堂，殿也。"段玉裁《说文解字注》："堂之所以称殿者，正谓前有陛，四缘皆高起，沂鄂显然。故名之殿。许以殿释堂者，以今释古也。古曰堂，汉以后曰殿。古上下皆称堂，汉上下皆称殿。"其实，汉时虽称"殿"，但也时常称"堂"，名称无严格的限制。如《西汉会要》录有："后元元年，御史大夫商丘成坐为詹事侍孝文庙，醉歌堂下。曰'出居安能郁郁'，大不敬，自杀。"《汉旧仪》云："高祖（庙）盖地六顷三十亩四步，祠内立九旗，堂下撞千石钟十枚，声闻百里。"《汉书·郊祀志》记载："以立世宗庙告祠孝昭寝，有雁五色集殿前。"又载："广川国世宗庙殿上有钟音，门户大开，夜有光，殿上尽明。"闽越国北岗一号（宗庙）建筑遗址三座基址的主体建筑F1、F2、F3中，皆有长方形或"凸"形的台基，即宗庙殿堂的台基。在各台基的左、右及后侧有铺设地板的"配房"，它们即堂后及左右的"室""夹室"和"房"。遗址中各殿堂的台基前均有陛。

陛（阶）

即殿堂前的台阶。北岗一号建筑中，第Ⅰ号基址中庭的北廊中部与殿台通连处有阶。由于其位于殿堂下的中部，所以应称为“中阶”。因遗迹保存很差，在此处现存的碎石呈斜道漫坡状。在陕西凤翔秦国雍城马家庄宗庙遗址之陛，亦为碎麻石铺砌成漫道式。[①] 北岗一号建筑遗址Ⅱ、Ⅲ号基址的堂基前侧，则为二层台道式，虽遗迹保存不理想，但推测阶道亦在当中。《尚书·顾命》中仅见“阼阶”（东阶）和“宾阶”（西阶）之载。清代学者戴震在《考工记图》中，按《顾命》和《仪礼·觐礼》所绘制的宗庙图中也只有阼、宾两阶。清代诸礼家按典籍来绘制的周代宗庙图，大都只有东（阼）、西（宾）阶。在凤翔秦国雍城马家庄宗庙遗址中的殿堂前面也仅见阼、宾两阶。但岐山凤雏西周甲组建筑基址的堂前，不仅有东、西阶，还有中阶[②]。《礼记》中虽普遍见阼（东）、宾（西）阶的记载，但仍可找到“中阶”的记录。《礼记·明堂位》说：“昔者周公朝诸侯于明堂之位，天子负斧依南乡（向）而立。三公，中阶之前北面东上。诸侯之位，阼阶之东西面北上。诸伯之国，西阶之西东面北上。”在闽越北岗一号建筑遗址Ⅰ号基址堂基前仅见中阶。推测有两种可能性：一是可能汉以后有些具体情况不尽合先秦周制，二是当时可能还同时存在着两种不同的形式。汉代及以后的宫室、宗庙堂前只有中阶的例子很多，如山东沂南汉墓中石刻建筑图像、四川成都汉画像砖中的大堂图像，在房屋或殿堂前均只见中阶[③]。在遗址旁的城村中，清以来各大家族的宗祠（庙）堂前，也都只有中阶。

室

戴震《考工记图》中的宗庙示意图上，堂后当中绘有室（图 14-17）。任启运《朝庙门堂寝室各名图》中，堂后亦绘有室（图 14-18）。张惠言《仪礼图》中亦可见堂后之室（图 14-19）。《仪礼·特牲馈食礼》云：“祝筵几于室中东面。”郑玄注说：“为神敷席也。至此使祝接神也。”《礼记·郊特牲》记：“孔子朝服立于阼，存室神也。”任启运《朝庙宫室考》曰：

---

① 陕西省雍城考古队：《凤翔马家庄一号建筑群遗址发掘简报》，载《文物》1985 年第 2 期。

② 陕西周原考古队：《陕西岐山凤雏村西周建筑基址发掘简报》，载《文物》1979 年第 10 期。

③ 刘敦桢主编：《中国古代建筑史》，中国建筑工业出版社，1984 年。

“庙主必藏于室之奥，若无室，何以藏之。”江永《仪礼释宫增注》也说：“室谓堂后之室也。室是事神处，衅庙不可遗也。”北岗一号（宗庙）建筑遗址的I号基址中，堂后有铺设地板的“室”，即发掘报告中所说的台基后面中部的“配房”①。Ⅱ、Ⅲ号基址都与I号基址大同小异，可以以此类推。

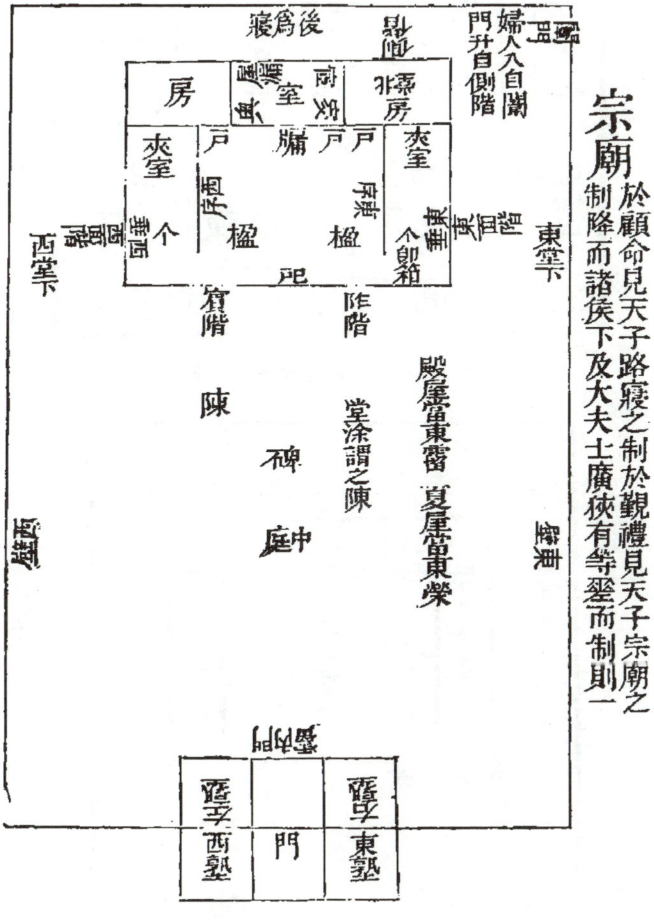

图 14-17　戴震《戴氏遗书·考工记图》中的宗庙图

① 福建省博物馆、厦门大学人类学系考古专业：《崇安汉城北岗一号建筑遗址》，载《考古学报》1990 年第 3 期。

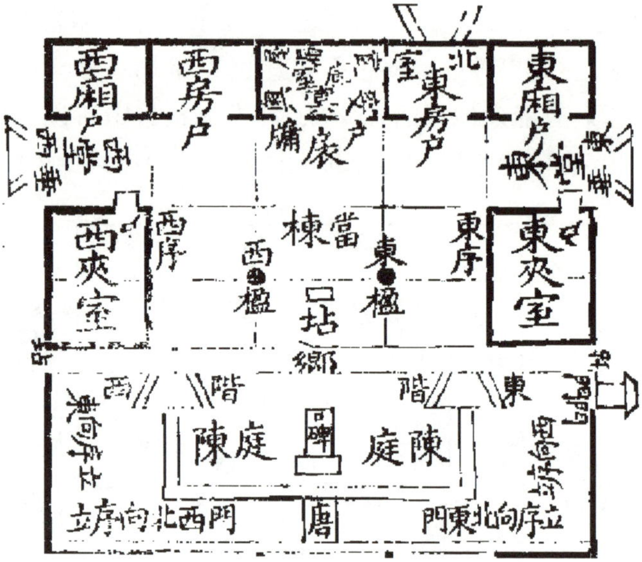

图 14-18　《朝庙门堂寝室各名图》

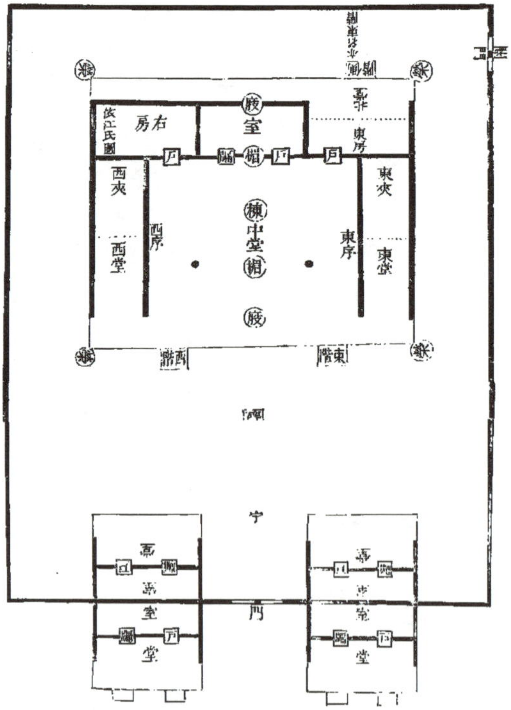

图 14-19　张惠言《仪礼图》插图

东、西夹室

北岗一号（宗庙）建筑遗址Ⅰ号基址中，堂的东西两侧有夹室，即发掘报告中所述的东西侧铺地板的“配房”①。由于Ⅱ、Ⅲ号基址台基不如Ⅰ号基址台基规范，所以仅从台基结构上来看，似乎它们的西夹室均窄小，东夹室则较大。因Ⅱ、Ⅲ号两基址台基保存极差，目前还难以确定这些问题。从全组建筑的整体上来看，它们的位置布局都与戴震《考工记图》中宗庙图、任启运《朝庙门堂寝室各名图》等所绘的东、西夹室相同。《朝庙宫室考》说：“堂上东西墙曰‘序’，序东为东夹室，西为西夹室。”北岗一号（宗庙）建筑各基址殿堂与夹室间不见隔墙（序）的遗迹，但从Ⅰ号殿堂台边柱的排列结构看，其应有墙（序）相隔，推测是木板墙（序），所以遗址火毁以后无存了。在当地城村三大族的宗祠（庙）中，殿堂两侧的东西夹室均为木板隔墙，它们的形制布局大都与Ⅰ号基址相同。

东、西堂

庙有东、西堂，《尚书·顾命》曰：“一人冕执钺，立于东堂；一人冕执钺，立于西堂。”戴震《考工记图》中的宗庙图，将殿堂东、西夹室南侧的房屋定为东、西堂。张惠言《仪礼图》亦同。而任启运所绘的《朝庙门堂寝室各名图》，则将东、西堂定于东、西夹室的北侧。据北岗一号建筑遗址Ⅰ号基址的具体结构来看，东、西夹室北侧为东、西房，没有置东、西堂的空间。因此，东、西堂的位置位于东、西夹室南侧则比较合理。东、西夹室南侧的房屋，不仅通连中央大堂，很可能还可通向庭两侧的回廊。

房

按古文献记载及后世经学家们所绘制的宗庙图来考察，北岗一号（宗庙）建筑遗址Ⅰ号基址中，堂台后面的一排开间七间的“配房”，除中间部分（开三间）应为室（可能包括太室和侧室）外，靠左右两边的开间（各二间）则可称为“房”，东部的称为“东房”，西边的称为“西房”。《礼记·礼器》云：“庙堂之下，县鼓在西，应鼓在东。君在阼，夫人在房。”

---

① 福建省博物馆、厦门大学人类学系考古专业：《崇安汉城北岗一号建筑遗址》，载《考古学报》1990年第3期。

《汉书·郊祀志》：“西河筑世宗庙，神光兴于殿旁，有鸟如白鹤，前赤后青。神光又兴于房中，如烛状。”庙中有房，记载甚明。《释名·释宫》曰：“房，旁也，室之两旁也。”《说文》说：“房，室在旁也。”段玉裁注疏：“凡堂之内，中为正室，左右为房。所谓东房、西房也。”① 《仪礼释宫增注》也说：“堂后室居中，左右有房。”又说：“东夹、西夹之北，各有房壁隔之，与房东、房西相当，不与房通也。”但焦循认为：“房必有户以达于堂。又必有户以达于东夹、西夹。”② 两者解释略有小异，但所说房的位置是完全相同的。《仪礼·特牲馈食礼》说：“豆笾铏在东房。”《仪礼·少牢馈食礼》说：“主妇被锡衣，移袂，荐自东房。”《礼记·曾子问》曰：“祭于宗子之家。当室之白，尊于东房。是谓阳厌。”《仪礼·大射》云：“荐脯醢由左房。”《仪礼·聘礼》有：“……负右房而立。”东房即左房，右房即西房。北岗一号建筑Ⅰ号基址中，位于堂之后、室两侧及东、西夹室北面的“配房”，即经文中指称的“房”，室之东的谓东房（左房），室之西的谓西房（右房），它们的位置布局则与戴震所绘的《宗庙图》相符。北岗一号建筑中Ⅱ、Ⅲ号基址结构亦可类推，只是在大小形状上与Ⅰ号基址略异。

中唐

北岗一号（宗庙）建筑的Ⅰ、Ⅱ号基址中，庭的中部皆有一条明确的南北向走道。Ⅰ号庭基是用花纹方砖铺砌的，Ⅱ号庭基中仅存密集的卵石垫道，Ⅲ号庭基面受破坏殆尽，按Ⅰ、Ⅱ号庭基类推，应有一条中道。我认为闽越宗庙中这三个基址庭中部的走道，即古文献所记载的“唐”或“中唐”。《尔雅·释宫》说：“庙中路，谓之唐。堂涂，谓之陈。”唐即是宗庙当中的走道无疑。按戴震《考工记图》中所绘的宗庙示意图看，中庭当中未见唐，只是在堂前两阶（阼、宾）有正对的两条道为“陈”。任启运《朝庙门堂寝室各名图》除绘有与前者相类的两条道路“陈”外，当中还有一段中路，标明为“唐”（图14-18）。在北岗一号建筑Ⅰ号基址中，仅发现中阶，未见东、西的阼、宾阶，因此也只有正对中阶的“中唐”，而无

① （清）段玉裁：《说文解字注》，上海古籍出版社，1981年。

② （清）焦循：《群经宫室图》。

东、西两阶所对的两“陈”。或许是因东、西回廊通道可通“唐”或庙门，无须再设“陈”，或兼有“陈”的作用。Ⅰ号基址庭中间用花纹方砖铺设的南北向道路是很明确的，此中道（唐）连接堂下中阶和庙门。《诗·陈风》说：“中唐有甓。”甓即砖（甓），《说文》中有解。Ⅰ号基址庭中路铺砖的情况正与古文献记载相合，应当定其名为“中唐”。Ⅰ号基址庭中唐系在卵石层庭基地面上加铺砖。Ⅱ号基址庭中唐仅见用卵石铺砌的走道，是否系原卵石层上有铺砖，后被人为破坏呢？只是笔者的猜测，是否属实还难以确定。Ⅲ号基址庭中仅见残存的零星卵石，整个庭中的地基被后世人们的活动破坏殆尽。

碑

北岗一号建筑Ⅰ号基址庭中略偏东部处，有两块较大的础石，两础大于庭周回廊的廊柱础，系水平垫置于庭基中，础石面与庭地面等平。由于两础紧靠庭中路（中唐）砖道旁，位置显著，可能是庙庭中的碑础。《仪礼·祭仪》疏曰：“君牵牲入庙门系著中庭碑也。”任启运《朝庙门堂寝室各名图》及戴震《考工记图》的庙庭中部，皆绘有碑或注明碑的位置。《隶辨》和《隶释·隶续》中，多见收录汉代庙碑之文的记述，如“中平三年……其云坛者盖指庙中之坛，段光为孙叔敖立庙作碑，其文云兴祀立坛是也”。①《水经注》说：“汲县有太公庙，庙前有碑。”据上述记载来看，当时庙中一般都有碑。北岗一号建筑Ⅰ号基址庭中双础呈东西排列，不仅从它们所处的位置上看，大体与文献所记立碑之处相合，而且从方向上看，此东西础所立之碑牌无疑面南，亦与经学家们所绘制的宗庙立碑图相符。

《仪礼释宫增注》说：“碑之材用石为之。”在《隶辨》《隶释·隶续》中，也多见记石碑者。此庙中庭础类于柱础，因而疑或为木碑（牌），或为石碑嵌于木框架中。由于无任何础上的遗迹残存，庭的地面曾遭后世人扰乱，详况不可考。

栏楯

北岗一号建筑Ⅱ号基址殿堂台基前是二层台阶，阶壁有一排内挖的方

① （宋）洪适撰《隶释·隶续》，中华书局，1986年，第181页。

形凹槽，凹槽均边壁较平整，经过火烧烤，大都比较规则。它们绝不可能是壁柱槽的遗留物，因为都是较小的方槽，推测它们应是原立木栅栏楯的壁槽。栅栏早已火毁无存，但壁槽遗存十分清楚。其木栅名称应是“栏楯”。《隶释·隶续》有：“尧庙碑……共作殿前石礶、阶陛、栏楯……”，《隶辨》收录：“尧庙碑，永康元年……遂饬治大殿，仲氏宗家共作殿堂石礶、阶陛、栏楯，乃立此碑……”。

祭坛

《礼记·祭法》记载：“天下有王，分地建国。置都立邑，设庙祧坛墠而祭之。……是故王立七庙，一坛一墠。……诸侯立五庙，一坛一墠。……”陈澔《祭法注》云：“起土为坛，除地曰墠也。”就汉文帝十四年（前166年）春下的诏书：“朕获执牺牲珪币以事上帝宗庙，……其广增诸祀坛场珪币”①，颜师古注曰“筑土为坛，除地为场”。在中原地区，祭坛一般是封土筑成。北岗二号建筑主体为一座大型的近长方形的土台。我们将其定为宗庙右侧的祭坛。但它的建造与中原地区的筑土或封土不尽相同，而是利用原山岗的形势来修筑成的，仅台边局部有填土和封土。其东部已发掘，可知其东台边大致有三层，因此与古文献中筑坛三层的记录基本相合。将其定为祭坛的认识，上文已作了较详的考述，这里不再赘述。

墠（场）

古代宗庙设置，有坛有墠。《说文》：“墠，野土也。”段玉裁注：“野者，郊外也。野土者，于野治地除草。”② 陈澔说：“起土为坛，除地曰墠也。”③ 颜师古说：“筑土为坛，除地为场。”段玉裁认为：“墠即场也。”④按任启运绘制的《诸侯五庙都宫门道图》，太祖庙西（右）为坛地，东（左）为墠地（图14-14）。北岗一号建筑遗址的西侧（右侧）确有祭坛，宗庙东部（左侧）已被现代窑场取土挖成断崖。宗庙遗址的东部也已遭如此严重的破坏，所以，闽越国宗庙遗址旁是否曾设墠（场）亦已不可考了。

---

① 《汉书·文帝纪》，中华书局点校本，1962年，第126页。

② 段玉裁：《说文解字注》，上海古籍出版社，1981年。

③ 陈澔：《礼记注》。

④ 段玉裁：《说文解字注》，上海古籍出版社，1981年。

由于坛系高土台，墠（场）只是平地除草，所以古代坛易保存下来，而墠（场）既不易保存，也不易认识。到目前为止，全国尚无一地发现和辨认出古代的墠（场）遗址。

亳社（胜国之社）

北岗二号建筑遗址（坛）的南边，有一座殿堂（F5）建筑基址，基址筑于原生的岩石层上。原房基居住面因后世的严重破坏，已无存。仅于房基四周的低凹部分，保存了一些建筑物毁塌倒圮时遗留的瓦砾、瓦当残存。此外，房基西、北两侧散水中的卵石铺砌遗迹及房东、南面的外廊道遗迹，还有部分残存①。根据现存的遗迹推测，基址的西、北原亦应有外廊道存在。房基中未发现础石及柱洞遗迹，推测应是在岩石地基上直接立木建房的。从房基四周的散水遗迹及其周边发现的瓦当分布情况来看，此殿堂屋顶应是四面出檐的结构。由于基址上不见明确的墙基，所以四壁可能是木板或木栅墙。从这座殿堂（F5）建筑基址的形制结构及所处的位置方面来考察，它可能是北岗一号建筑外边西南侧的“亳社”建筑遗址。

关于周制宗庙外侧立“亳社”的情况，古文献典籍中多有记载。古者建国必先立社，商都曰亳，所以称亳社，即“殷社”。“亳”字最早见之于甲骨卜辞。据《殷契粹编》第二十片：“癸巳贞，御（祭祀之意）于父丁其五十小罕（牢）于亳土（社）御。”焦循在《群经宫室图》中，也记载有依《公羊传》所绘出的《亳社图》（图 14-20）。殷社，系周灭殷后，迁殷庙神主，仿建亳社于周宗庙处安置，仍称其为“亳社”或“薄社”，即所谓的“亡国之社”，也常称为“胜国之社”。在《周礼》中，就多次提到“胜国之社”的情况。《白虎通》云：“王者诸侯必有诫社，示存亡也”。陈澔注《礼记·郊特牲》说：“薄，书作亳。薄社于周为丧国之社，必存之

① 福建省博物馆、厦门大学人类学系：《崇安汉城北岗二号建筑遗址》，载《文物》1992年第 8 期。

者”。在陕西凤翔春秋时期的秦国宗庙中，曾发现有亳社的遗迹。① 韩伟对当时秦雍城宗庙设有亳社的情形，也有十分精辟的分析。②

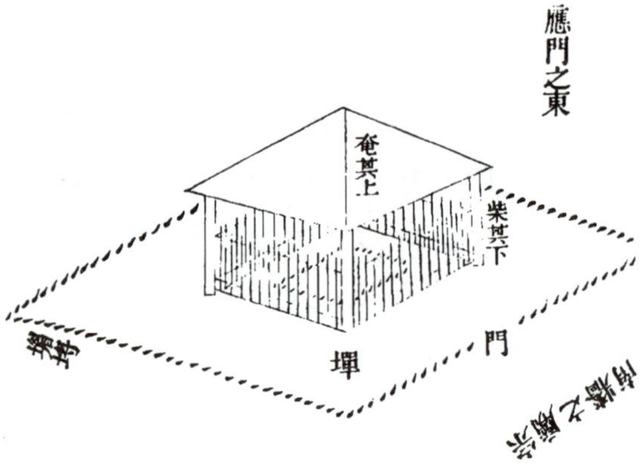

图 14-20 焦循《群经宫室图》中的亳社图

对于亳社与宗庙的关系及其设置的位置，《穀梁传》曰：“亡国之社为庙屏。”即指将亳社建于宗庙墙南侧，当作庙屏使用。《白虎通》也说：“置宗庙之墙南，盖为庙屏……庙门外望见之，故以为诫也。”周人设殷社于宗庙南侧的目的，除了安置亡国的神主外，亦以此告诫国人应居安思危。北岗二号建筑遗址之南的殿堂（F5），即是安排于庙坛南侧，使其为庙坛之屏，出庙门即可见，与古文献记载的位置相符。特别是它的建筑结构形制，也与文献记述的情况基本相合。《礼记·郊特牲》说：“丧国之社屋之，不受天阳也。”《公羊传》云：“亡国之社盖掩之，掩其上而柴其下。”掩其上，即盖房屋瓦顶，柴其下，焦循说：“盖编木为壁，蔽其四面，如今之栅栏也③。F5 即四面出檐的屋顶，合“掩其上”“屋之”之说。而其建筑无墙基遗迹，当系木板墙壁或“编木为壁”的缘故。

---

① 陕西省雍城考古队：《凤翔马家庄一号建筑群遗址发掘简报》，载《文物》1985 年第 2 期。

② 韩伟：《马家庄秦宗庙建筑制度研究》，载《文物》1985 年第 2 期。

③ （清）焦循：《群经宫室图》。

第四节 庙制考

古制，级别不等，庙数也不等。按周制，天子七庙，诸侯五庙，大夫三庙。《穀梁传》曰："天子至士皆有庙，天子七，诸侯五，大夫三，士二。始封之者必为其太祖。"《礼记・王制》说："天子七庙，三昭三穆，与大祖之庙而七。诸侯五庙，二昭二穆，与大祖之庙而五。大夫三庙，一昭一穆，与大祖之庙而三。士一庙。庶人祭于寝。"《仪礼・聘礼》贾公彦疏曰："诸侯有五庙，太祖之庙居中，二昭居东，二穆居西。"以上记载将诸侯的庙数及安排的位置都讲得很明白。任启运也曾依经文绘制了《诸侯五庙都宫门道图》，大体勾画出各庙的位置和布局。武夷山城村汉城为闽越的东越王（宫）城，闽越国系西汉时少数民族（越族）诸侯国之一，按中原周制，应有五庙，为太祖庙一，昭、穆庙各二。可是关于闽越的庙制，古文献史籍中无征。只记载说闽越有宗庙和社稷的祭祀①。所以对于庙制，需要再进一步的探讨。

对于闽越的庙数，笔者曾根据考古发掘的北岗一号建筑组合来看，推测可能是三座庙的组合。② 笔者认为闽越的三庙，相互通连成一组组合建筑（即北岗一号建筑）。此组建筑中，每个自成一体的封闭式建筑遗址即一庙，即北岗一号建筑中的Ⅰ、Ⅱ、Ⅲ号基址各为一庙。这里每个基址的形制，不仅与清代礼家所绘的宗庙图一致，也与诸多考古发现的有关宗庙遗址相合。如它们大致与二里头早商宗庙（宫殿）遗址③、晋国牛村古城外侧的宗庙遗址④等类同，与城村中现存的各家族宗祠（庙）的布局结构亦类同。

---

① 《汉书・高帝纪》，中华书局点校本，1962 年，第 53 页。

② 杨琮：《崇安汉城北岗遗址性质和定名的研究》，载《考古》1993 年第 12 期；《闽越国文化》，福建人民出版社，1998 年，第 336—376 页。

③ 见《商周考古》，文物出版社，1979 年，第 27—28 页。

④ 山西省考古研究所侯马工作站：《山西侯马牛村古城晋国祭祀建筑遗址》，载《考古》1988 年第 10 期。

当时，这种认识①也受了春秋时期秦国雍城马家庄宗庙遗址的发现和认定的影响。研究者认为仅见三庙，不合周制，而合周以前的庙制②，确实是夏商庙制，与西周以后的庙制不同。

关于庙数，《通典》曰："唐虞立五庙，夏氏因之。"《尚书正义》孔颖达曰："惟周有七庙……。故郑玄《王制》注云：'此周制七者……，殷则六庙，契及汤与二昭二穆；夏则五庙，无太祖，禹与二昭二穆而已'。"所以，周以前不是七庙制度。焦循《群经宫室图》说："盖五庙之制，自虞至周，自天子至附庸皆同。"西周初期也是五庙，到了中期，于五庙之外，更立二祧庙，于是周天子庙制为七，诸侯庙制为五。

历史文献中对秦王朝建立后立有七庙，已有明确记载。如《汉书·陈胜项籍传》说："（秦代）一夫作难而七庙堕。"《史记·秦始皇本纪》亦如此记载，都指明了秦王朝为七庙。汉承秦制，所以也是七庙。王莽立九庙则是西汉末年的事情了③。闽越国是西汉中央王朝的藩臣属国，所以还不能排除所建的宗庙为诸侯王的五庙之制。

如果把位于东城门左边（北边）、北岗一、二号建筑遗址南边的三号建筑群遗址纳入整体布局的范围，就不能排除五庙的可能性。北岗建筑遗址群的整体布局和方位，与《诸侯五庙都宫门道图》非常近似（图 14-14）。

北岗三号建筑遗址在 20 世纪 80 年代前期和 90 年代初期两次遭到人为的破坏，非常之可惜。如果当时在北岗一、二号遗址以南的区域能先进行考古发掘，然后再考虑是否适合于此处进行建设的话，那么我们就可以对北岗三号建筑遗址的大部分遗迹情况和基本的布局结构有更多一些的了解。

由于位于北岗一、二号建筑遗址南侧曾经有一大片建筑（三号建筑）遗址的存在，尤其是我们还不能排除三号建筑是几个建筑联合体的可能性，

---

① 杨琮：《闽越国文化》，福建人民出版社，1998 年，第 336—376 页。

② 韩伟：《马家庄秦宗庙建筑制度研究》，载《文物》1985 年第 2 期。

③ 考古研究所汉城发掘队：《汉长安城南郊礼制建筑遗址群发掘简报》，载《考古》1960 年第 7 期。黄展岳：《汉长安城南郊礼制建筑的位置及其有关问题》，载《考古》1960 年第 9 期；《关于王莽九庙的问题——汉长安城南郊一组建筑遗址的定名》，载《考古》1989 年第 3 期。

所以不排除被破坏的三号建筑的主体是宗庙建筑群的另外的组成部分，从所处的位置上来看，或许是昭、穆庙建筑遗址。我们从北岗一、二、三号建筑群整体的位置布局，以及它们与城址正大门（东门）的关系来考虑，不排除整个宗庙建筑群有可能与任启运的《诸侯五庙都宫门道图》的布局近似，为诸侯王五庙的庙制。那么，被破坏的北岗三号建筑遗址应是宗庙建筑群中的昭、穆庙，一号建筑遗址就是祖庙，二号建筑遗址仍是祖庙右侧的祭坛遗址，一号建筑（祖庙）遗址左侧（东侧）被后世破坏并被现代窑场彻底挖掉的遗址应该是墠（场）。

第十五章 文字文化

在福建的武夷山城村汉城（东越王城）遗址①、浦城临江锦城村闽越国建筑遗址②、福州浮村③、屏山南部和冶山等闽越宫室遗址④以及黄末山（牛头山）遗址⑤中，都先后发现和出土了闽越国时期的文字资料或符号戳印。其中尤以武夷山东越王城遗址中出土的文字资料最为丰富，其次是福州冶山的诸遗址和浦城临江锦城村的汉阳遗址。这批珍贵的闽越国文字资料，为研究闽越国历史文化提供了十分宝贵的实物材料。

第一节 陶器印、刻文字考释

迄今为止，闽越国时期陶器上的文字，均发现于武夷山东越王城遗址

① 福建省文物管理委员会：《福建崇安城村汉城遗址试掘》，载《考古》1960年第10期。福建省博物馆：《崇安城村汉城探掘简报》，载《文物》1985年第11期。福建省博物馆、厦门大学人类学系考古专业：《崇安汉城北岗一号建筑遗址》，载《考古学报》1990年第3期；《崇安汉城北岗二号建筑遗址》，载《文物》1992年第8期。

② 福建闽越王城博物馆：《浦城县上面山汉代遗址考古发掘简报》，载《福建文博》2012年第1期。

③ 曾凡：《福州浮村遗址的发掘》，载《考古学报》1958年第2期。

④ 福建博物院、福州市文物考古工作队：《福州冶山路财政厅工地发掘简报》，载《福建文博》2005年增刊；《福州市地铁屏山遗址西汉遗存发掘简报》，载《福建文博》2015年第3期。

⑤ 福建闽越王城博物馆、福州市文物考古工作队：《福州市牛头山汉代遗址考古发掘简报》，载《福建文博》2017年第1期。

及浦城临江锦城村遗址中。东越王城城址出土的陶器文字绝大部分是戳盖在陶器上的印文，陶器上的刻画文字发现很少。戳印文字仅流行于瓮、罐、釜这几类陶器上，陶瓮上的印文，皆印于肩部；陶罐上的印文，亦印于肩部或近口沿处；陶釜上的印文，有印于腹部，也有印于口沿处。这些陶器印文均一字或二字，文经考释有：官长、官黄、官径、官仪（信）、乾官、宫、唐、伤、俌、从、卖、径、分、封、林、眉、隼、集、最、君、严、校、裹、仪、□金等（图 15-1—图 15-4）。其中有几个字因残缺，难辨。

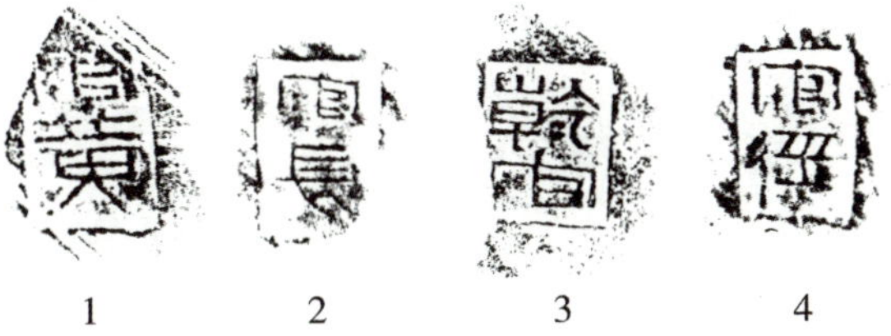

图 15-1　陶器戳印文字（拓本）

1. 官黄　2. 官长　3. 乾官　4. 官径

图 15-2　陶器戳印文字（拓本）

1. 2. 从　3. 伤　4. 俌　5. 校　6. 隼　7. 严　8. 径　9. 封　10. 宫　11. 分　12. 眉

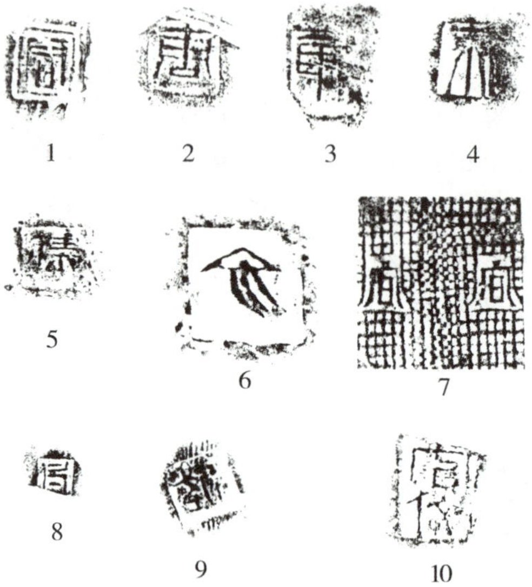

图 15-3　陶器印文和符号戳印（拓本）

1. 君　2. 唐　3. 最　4. □　5. 集　6. □　7. 宫　8. □　9. □　10. 官信

图 15-4　陶器印文（拓本）

1. 官长　2. 官黄　3. 官径　4. 官仪　5. 乾官　6. 宫　7. 封　8. 分　9. 眉　10. 严　11. 君　12. 径

有的学者曾认为陶文“□”（图 15-4:10）为“岁”字。① 笔者认为此解难通。此城址出土瓦当上的“岁”字为“□”及“□”，这两种书写字形都与此陶文大异，但城址瓦当文字中的“乐”字作“□”“□”，与陶瓦文“□”字相同。因此，笔者认为此陶文不是“岁”字，而是“严”字。汉印中“严”常作“□”“□”②，与此陶文大体一致，汉印中“□”字的“攵”，写法有繁有简，不尽相同，此城址出土的陶文、瓦文常简化写法，如瓦文“最”中的“又”亦作“□”可印证。在《汉印文字征》中收录的“郑严”印文“严”作“□”，与此陶文的书写基本相同。

武汉大学夏渌考城址出土陶文“□”为“分”字，笔者认为是正确的。东汉许慎《说文解字》（下皆简称《说文》）“分”作“□”，先秦时代金文中的“分”字有“□”“□”“□”的写法③，皆与此陶文相合。

武夷山东越王城遗址陶文中有“□”字，有人认其为“段”④，然未说明何据。《说文》中“段”字写作“□”，两字差距颇大，“□”可隶定“殳”部，但偏旁“□”与“□”相径庭。周代“段簋”铭文“段”作“□”，而“段金□尊”“段金□簋”等铭文“段”亦作“□”“□”等⑤，都可证两字的差异。笔者认为其偏旁“□”可能是木旁，该字释为“投”字较妥。

武夷山东越王城遗址出土的双字陶器印文：“官长”“乾官”“官黄”“官径”“官仪”等（图 15-1；图 15-4：1—5），都容易辨认，字体也都较为规范。其中的“官长”“乾官”印文，应是职官名。前者虽然还不足以说明是哪一部门的官长，但谓其与中原战国秦汉某些官职类同，当不至于有误。笔者将在下一章对其略考。

---

① 张其海等：《福建崇安汉城遗址出土的文字符号》，载《考古与文物》1988 年第 4 期。

② 《汉印分韵合编》，上海书店出版社，1979 年，第 194 页。

③ 高明编：《古文字类编》，中华书局，1980 年，第 342 页。

④ 张其海等：《福建崇安汉城遗址出土的文字符号》，载《考古与文物》1988 年第 4 期。

⑤ 容庚：《金文编》，科学出版社，1959 年，第 162 页。高明：《古文字类编》，中华书局，1980 年，第 83 页。

武夷山东越王城遗址中发现的陶器刻画文字很少，目前仅见于陶豆残片及一些陶盅、陶器盖和某些残器片上。陶盅内底刻一“十”字，器盖钮（捉手）上刻有“卄”“卅”，个别器腹部刻有“二”“公”等字。在一件豆形器片上现存完整三字和一残字，其刻文为“三[illegible]乙□”。笔者考其文应读为“三武之□”，后一字大半残，已不可考。①

第二节　瓦文考释

武夷山东越王城遗址出土的板瓦、筒瓦上，印文现象十分流行。瓦文形式有两种：一种是戳印的文字，一种是拍印（或衬印）满瓦体内（凹）面的装饰性文字。前者为印章文字戳盖于瓦上，通常是一瓦一印，也有少数是一瓦两印或多印者。后者一般是整瓦印满同一字，也有少数整瓦印满两字的情况，这种印文形式大多见于板瓦的凹面。筒瓦的凹面虽也有，但极少见。而戳印文字均见于板瓦内（凹）面和筒瓦背（凸）面。在板瓦当中，也有少部分在内面印满文字后，又加印一戳印文字的情况。

瓦上戳印文字有单字和双字两种，经考释，文有：胡、林、马、径、赞、居、裹、会、真、气、邓、莫、脩（脩）、封、诘、佶、作、由、屋、卢、根、锻、赖、皋、眉、周、卒、蓝、侍、良、五、唐、徐、最、卑、寿、柽、钱、从、驭、乐、横、夫唐、日利、气结、胥须、马□、□旂等（图15-5—图15-8），以及一些不可考的残字。

而那种在瓦内（凹）面印满的装饰文字有：狼、良、木、蓝、裹、辕、黄、赖等（图15-7、图15-8）和个别字形不全者。

① 杨琮：《福建崇安城村古城遗址出土文字及考释》，载《东南文化》1993年第1期。

图 15-5　瓦文（拓本）

1. 卑　2. 作　3. 裹　4. 诘　5. 胡　6. 胡　7. 卢　8. 屋　9. 夫唐　10. 真　11. 林　12. 邓

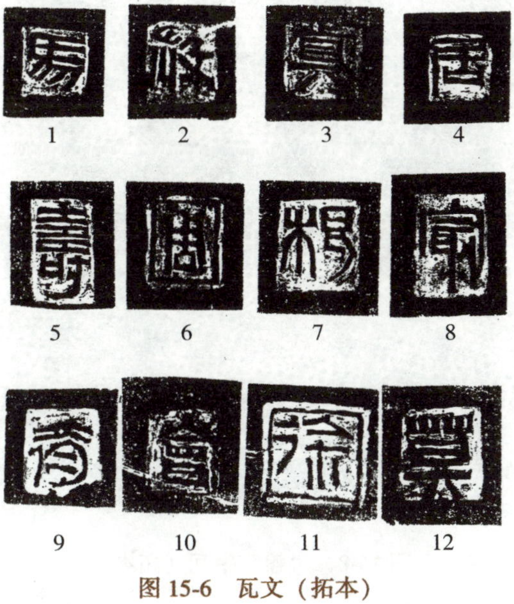

图 15-6　瓦文（拓本）

1. 马　2. 校　3. 真　4. 居　5. 寿　6. 周　7. 根　8. 最　9. 脩（脩）　10. 会　11. 徐　12. 莫

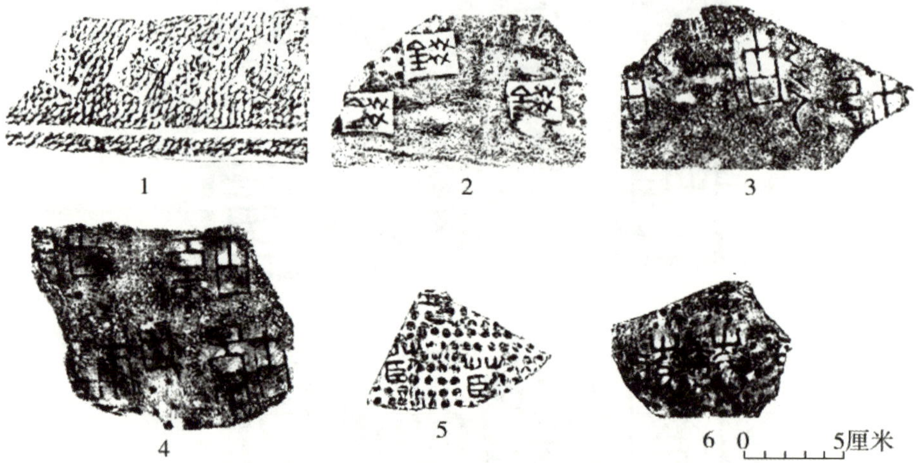

图 15-7　瓦内外戳印和拍印文字（拓本）

1. 戳印文字　2. 戳印文字“镪”　3. 拍印文字“气结”

4. 拍印文字“结”　5. 拍印文字“蓝”　6. 拍印文字“镶”

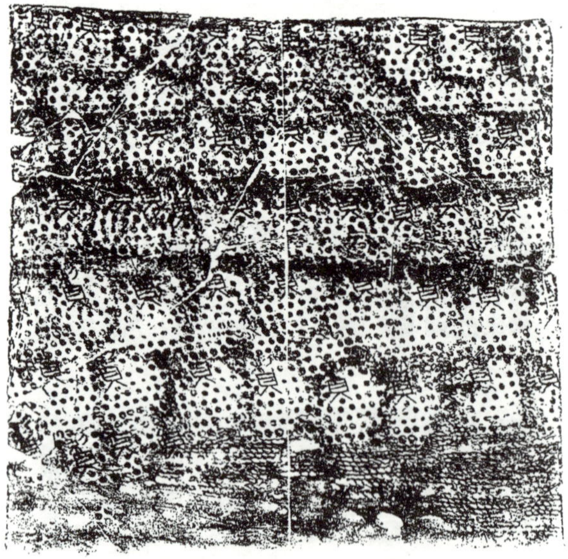

图 15-8　“赖”字瓦（拓本）

瓦文中有：胡、径、赞、裹、会、真、气、邓、屋、赖、蓝、良、驭、夫唐、气结等文字，都有两种以上或不同大小、不同写法的字印。此外，夏渌解瓦文“畀”为“卑”，十分正确。“卑”字《说文》作“卑”，在《汉印分韵》及《隶辨》所收的汉代印文、碑文中，此字普遍写作“畀”“畀”“畀”和“畀”等。在福州屏山闽越国建筑遗址出土板瓦上，可见一种一字的印文作“浮”，夏渌隶定为“得”，认为是一个后世已佚的古字。①

在1960年和1985年发表的两次简报中，都将瓦文“林”和“气结”误释为“龙”字②，应予纠正。有的研究者将瓦文“气”（气）考为“从”，将“詰”释为“诰”，将“邓”字残偏旁“吕”解为“吴”字③，实误。“从”字在这里的瓦文、陶文中，皆写作“從”，“詰”字（图15-5：4）当为“诘”。对那种释瓦文“馭”为“驸”字的看法④，笔者存疑。“驸”字不见于字书，出土文字资料中也不见，因此释为此字无依据。城址瓦文中有三种不同的写法作“馭”“馭”“馭”，应是同字在印章上刻写稍异。笔者认为该字应隶定为“驭”字。《说文》中“驭”作“馭”，说：“驭，古文御，从又马”。《隶辨》对“又”旁在不同古字中形体写法的不同和变化，作了许多考证，举例说其可作：ナ、子、子、子。据此，笔者认为此瓦文可能是“驭”字或“驭”字的别体。

武夷山城村汉城（东越王城）、浦城临江锦城村宫署、福州屏山、冶山宫殿等闽越国遗址，出土瓦材上的文字或符号戳印，皆见于板瓦的内（凹）面和筒瓦的背（凸）面，无一例外。这种手法风格是秦及西汉中期以前的作风。⑤ 这说明闽越国的文字文化现象（作风）与内地大致相同。

---

① 武汉大学夏渌给笔者的复信中考释。

② 见《福建崇安城村汉城遗址试掘》图一二：5，载《考古》1960年第10期；《崇安城村汉城探掘简报》图五：3，载《文物》1985年第11期。

③ 张其海等：《福建崇安汉城遗址出土的文字符号》，载《考古与文物》1988年第4期。

④ 张其海等：《福建崇安汉城遗址出土的文字符号》，载《考古与文物》1988年第4期。

⑤ 陈直：《福建崇安城村汉城遗址时代的推测》，载《考古》1961年第4期；《秦汉瓦当概述》，载《文物》1963年第11期。

第三节　铜印文字与封泥文字考释

一、铜印文字

20世纪90年代中期，在武夷山城村汉城（东越王城）中的下寺岗遗址，出土一枚铜印，印面方形，有四字："中门信印"（图15-9）。背为鼻钮，系较典型的西汉前期铜印，风格与中原内地出土物基本一致。

图15-9　东越王城下寺岗遗址出土的"中门信印"铜印印面

二、封泥文字考释

迄今为止，在武夷山东越王城遗址中先后出土了3枚封泥，其中一枚全残，另两枚保存较好。这两枚封泥上的印文皆呈屈曲缠绕状，与同遗址中出土的陶器、瓦类的印文及青铜器刻铭等字体大异（图15-10）。从字体上考察，认其为缪篆的看法①，基本是符合实际的。《汉书·艺文志》记载，汉初太史试学童，亦以六体试之，曰："六体者，古文、奇字、篆书、

① 张其海等：《福建崇安汉城遗址出土的文字符号》，载《考古与文物》1988年第4期。

隶书、缪篆、虫书，皆所以通知古今文字，摹印章，书幡信也。”颜师古注云：“缪篆谓其文屈曲缠绕，所以摹印章也。”由于此封泥文字不仅与该遗址中共存的印文有异，亦与其他地区多见的印章文字有差异，笔画更为曲卷，不似一般的缪篆文，其融进了许多“虫书”的表现手法是显而易见的。

图 15-10　东越王城遗址出土的二枚封泥

此两封泥中，一枚文字为“”（图15-10：1），有人考其为“仏”字①。笔者认为将此字隶定为“仏”字不通。该字偏旁“”为“亻”旁无误，但其右“”部则难以隶定为“太”。查汉印文字中，“太”字有“”“”等诸多写法②，字形皆与此字大异。笔者认为其当隶定为“立”，全字应是“位”字。《说文》中无“仏”而有“位”，字作“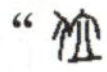”，说“位”：“从人立”。汉印中立字都作“”“”“”等③，均与此封泥文右部形义相同，尤其后一字字形也完全一致。其字下边非为一点，而明确是连成一横，表示立于地的形象。《说文》解“立”曰：“从，在一之上”。段玉裁注云：“六，人也。一，地也。”④ 所以该字应隶定为“位”字。

① 张其海等：《福建崇安汉城遗址出土的文字符号》，载《考古与文物》1988年第4期。
② 《汉印分韵合编》，文物出版社，1978年，第314页。
③ 《汉印分韵合编》，文物出版社，1978年，第403页。
④ （清）段玉裁：《说文解字注》，上海古籍出版社，1981年。

另一枚封泥文作“□”（图15-10：右），凡见者都说字形怪异。其虽似一字，但细审应为两字。与其类似的字印结构，在上述瓦材印文中也有实例。该封泥字印中，一字占三分之二，一字占三分之一的位置安排，与瓦上印文“气结”等字印相类同。封泥左边一字“□”，可隶定为“氏”字。《说文》中“氏”写作“□”，“□”写作“□”，“氐”写作“□”；汉印文字中“氏”常见写作“□”“□”①；而汉“刚羝右尉”印中，“氏”旁写“□”；“刚羝道长”印中，“氏”旁作“□”②；汉“郡邸长印”中，“氏”旁作“□”③等，皆可证“□”为“氏”字无疑。《隶释·隶续》有“驺氏胡虏”，其“氏”写为“□”，也类同此封泥印文。其右边一字“□”，可能是“蜚”字。此字下部的“□”，可隶定为“虫”字，《说文》中“虫”字作“□”，这是小篆的规范写法。秦汉文字资料中，“虫”字的写法多见一些不同的变异。如：□、□、□、□等，不胜枚举。此封泥印文字形虽屈曲缠绕，但形、义等方面仍基本与《说文》中的“虫”字相同。虽该字上部的“□”头比《说文》中规范的部首“□”字中间多出一竖，但考东周秦汉古字中，常见增、减笔画的现象，如“典”字写作“□”“□”“□”④或“□”“□”⑤，汉印文中“扁”字写作“□”或“□”⑥，汉碑中曲字写作“曲”和“□”⑦。这些情况都可为旁证。因此，笔者认为“□”可能是“非”字的异体写法，“□”可隶定为“蜚”字，此封泥印文从右至左可读为“蜚氏”。

---

① 《汉印分韵合编》，文物出版社，1978年，第205页。
② 《汉印文字征》，文物出版社，1978年。
③ 《汉印分韵合编》，文物出版社，1978年，第229页。
④ 《金文编》，第246页。
⑤ 《古文字类编》，第487页。
⑥ 《汉印文字征》卷二第21页上。
⑦ 《隶辨》，中华书局，1986年，第165页。

第四节　瓦当文字和弩机铭文

武夷山城村汉城（东越王城）遗址中出土的文字瓦当，有“万岁”“乐未央”“常乐”“常乐万岁”几种和个别不可识的残片（图15-11—图15-15）。①瓦当文字皆为篆书，书写都十分规整秀劲，文字的布局结构方面，也都十分巧妙和谐、均衡对称，具有很高的书法艺术价值，这也体现了闽越国能工巧匠高度的智慧和文化修养。福州地区的冶山一带闽越国宫殿遗址和黄末山（牛头山）闽越国宫室遗址，也都分别出土了“万岁”“万岁未央”“常乐万岁”等文字瓦当。福州出土的文字瓦当中，有一部分反映了闽越国早期的瓦当文字，大都不如闽越国晚期东越王城遗址的瓦当文字遒劲有力。当然福州冶都也出土有闽越国后期的“常乐万岁”等文字瓦当，风格与东越王城一致。在浦城临江锦城村的闽越国汉阳邑官署遗址中，出土了一件“汉阳未央”瓦当残段（图15-16），其风格更接近中原内地，受汉地影响很深。关于瓦当的问题，本书第六章和第十七章有论及，此处省略。

图15-11　东越王城甲组建筑群遗址出土的“万岁”“常乐万岁”文字瓦当

① 福建省文物管理委员会：《福建崇安城村汉城遗址试掘》，载《考古》1960年第10期。福建省博物馆：《崇安城村汉城探掘简报》，载《文物》1985年第11期。福建省博物馆、厦门大学人类学系考古专业：《崇安汉城北岗一号建筑遗址》，载《考古学报》1990年第3期。《崇安汉城北岗二号建筑遗址》，载《文物》1992年第8期。杨琮：《崇安汉城出土瓦当的研究》，载《文物》1992年第8期。

图 15-12　东越王城甲组建筑群遗址出土的“万岁”文字瓦当

图 15-13　东越王城北岗建筑遗址出土的“常乐”文字瓦当（局部修复）

图 15-14　东越王城北岗建筑遗址出土的另一种字体的“常乐万岁”文字瓦当

图 15-15　东越王城遗址出土的“乐未央”文字瓦当

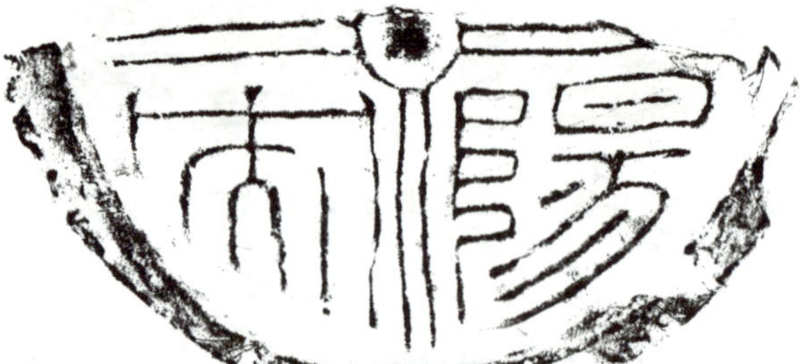

图 15-16　浦城临江锦城村官署建筑遗址出土的“汉阳未央”瓦当残段（拓本）

在闽越国武夷山东越王城遗址中，还先后出土了不少刻铭的青铜弩机机件。1959年出土一件弩机栓（图10-16），原简报释读其刻铭为“河内工官三十斤□五十□”①。陈直释为“河内工官三十斤百五十□”，认为“三十斤为重量，百五十□为号码”。② 后有学者考其铭应为“河内工官二千六百五（十）六甲”③。笔者同意后者的看法。查以往著录的“河内工官”铭文弩机，以及近年来出土的“河内工官”和“南阳工官”铭文弩机，其文体皆如后者，不见记重量单位者。

从1981年至1988年对武夷山城村汉城（东越王城）遗址的发掘中，又陆续出土了不同的郭、牙、栓、望山、悬刀等弩机机件，其中许多都见刻铭，且均为“河内工官”的产品。铭文有“河内工官三百十丁”“河内工官千四百五十八丁”“河内工官二千二百四十甲”“河内工官二千二百四十二丙”“河内工官四千五百四十四甲”及“河内工官□千……”等。其中有一件弩机的望山和悬刀一起出土，器上的刻铭相同，都是“河内工官四千五百四十四甲”（图15-17）。参考云南江川李家山古墓出土的一件弩机，其郭、悬刀、机牙、栓塞等各部件上铭文完全相同的情况④分析，在同一编号的弩机中还分有编序为甲、乙、丙、丁4种不同规格（批数）的弩机，以及另一种数字后无编序文字的弩机。这些出土的“河内工官”弩机刻铭，皆为隶书，字体大都很细小，细考它们之间也有一些变化，编号最小的，字体也最细小，如“河内工官三百十丁”，其文细如发丝，而其余编号较大的，字体也都略大于此器。其中字体明显较粗大的，则是编号最大的弩机“河内工官四千五百四十四甲”。这些产品生产时间的早晚应是按编号顺序排列的。在东越王城北岗一号（宗庙）建筑遗址中，出土一件完整的青铜弩机郭，除郭后有铭文“河内工官三百十丁”外，在郭侧还有刻铭

---

① 福建省文物管理委员会：《福建崇安城村汉城遗址试掘》，载《考古》1960年第10期。

② 陈直：《福建崇安城村汉城遗址时代的推测》，载《考古》1961年第4期。

③ 张其海、林忠干：《福建崇安汉城遗址出土的文字符号》，载《考古与文物》1988年第4期。

④ 云南省博物馆：《云南江川李家山古墓群发掘报告》，载《考古学报》1975年第2期。

“⿱之二”① （图 15-18）。笔者考其应是二字相连，自上而下可释读为“之二”其上“㞢”应为“之”字，在汉代印文②和碑文③中，多见类同者，其下为“二”字无疑。类似的刻铭在河北满城汉墓出土的铜弩机上习见，在郭旁或刻“一”，或刻“二”，或刻“第一”等。发掘研究者认为：它们显然是为了装配方便而刻的记号④。东越王城出土弩机郭侧的“之二”文字，可能也是为了便于与配件组装而刻写的记号。

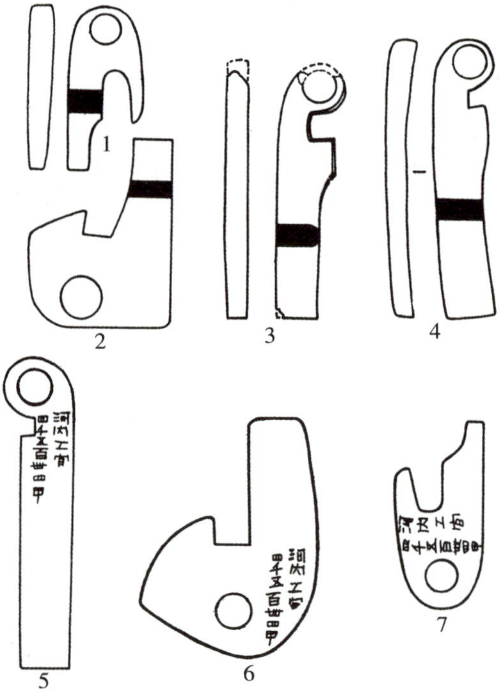

图 15-17　东越王城遗址出土的刻铭青铜弩机机件（线图）

---

① 福建省博物馆、厦门大学人类学系考古专业：《崇安汉城北岗一号建筑遗址》图二一：7，图二三：1，载《考古学报》1990 年第 3 期。

② 参见《故宫博物院藏古玺印选》，文物出版社，1982 年。袁日省、谢景卿等编：《汉印分韵合编》，上海书店，2012 年。

③ 参见《隶辨》。

④ 中国社会科学院考古研究所等：《满城汉墓发掘报告（上册）》，文物出版社，1980 年，第 84—87 页。

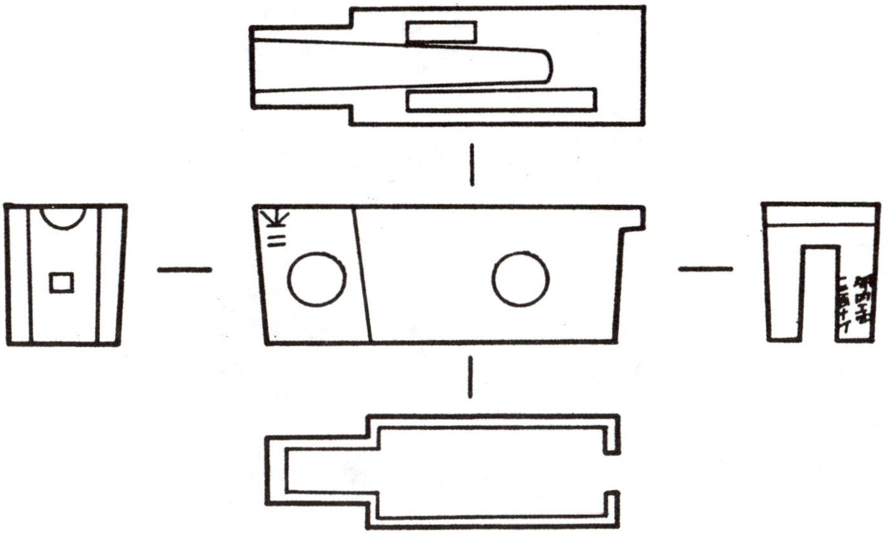

图 15-18　东越王城遗址出土的“河内工官三百十丁”青铜弩机郭（线图）

第五节　一种未识的符号戳印遗存

在武夷山城村汉城（东越王城）遗址的多次发掘中，都出土有许多带戳印的板瓦、筒瓦。这些戳印文字大部分为可辨的汉字，也有一小部分不识，当时笔者已经认识到这可能是不规范的字体或者是一种符号戳印。① 20 世纪 90 年代前期，在福州屏山建设银行工地里挖出的大批瓦砾，其中不少都有类同武夷山东越王城遗址瓦类的戳印，但是戳印中的“字”体皆怪异，无法按汉字笔画来隶定。后来，无论在冶山路的省财政厅工地的闽越国宫室遗址（图 15-19），还是在地铁屏山站工地的遗址（图 15-20），不断有被发掘出土的瓦材，其上的戳印内容均无法辨认。

① 杨琮：《闽越国文化》，福建人民出版社，1998 年，第 380—394 页。

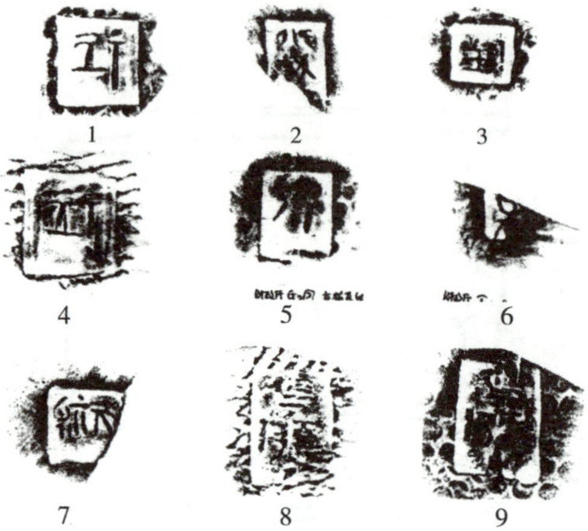

图 15-19　福州冶山省财政厅工地宫室建筑遗址出土的板瓦、筒瓦戳印（拓本）

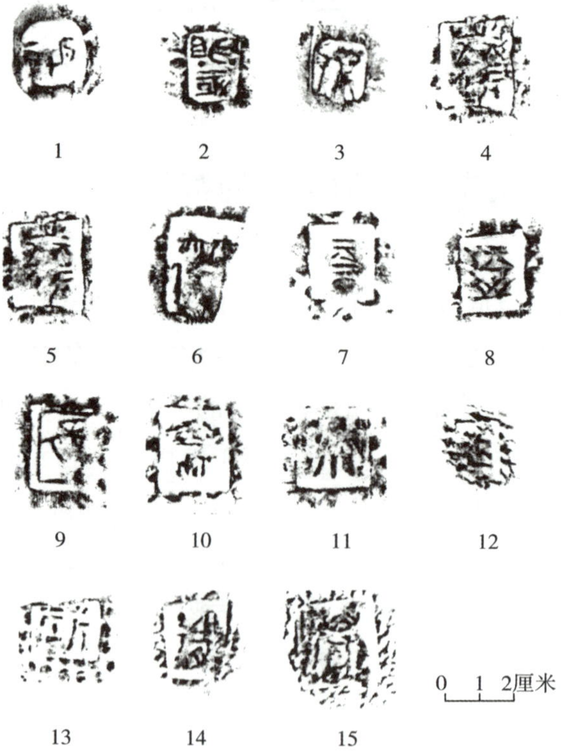

图 15-20　福州地铁屏山站冶都建筑遗址出土的板瓦、筒瓦戳印（拓本）

虽然有人专门进行了辨认和考证①，但其实这些根本是无法辨认和隶定的符号。笔者认为把它们作为一种闽越人自己的文字系统是没有依据的，因为无法追溯它们的源头。闽越国上层贵族大部分来源于先秦时期越国的王室贵胄，先秦时期的越国也没有自创的一套文字体系。先秦越国青铜器上的文字，都是来自中原的金文篆书。而福建地区商周以来的文化传统中，也从未产生过独立的文字体系，仅见十分简单的刻画符号。因此，这些完全无法辨认的、戳印在瓦材上的“文字”，笔者推测只是一种代表了不同人(匠人）或作坊官吏的符号形押印②。目前还没有发现有连排成句的这类符号，所以判定其为一种成熟的文字为时尚早。这种建材上的符号戳印，或许性质与武夷山东越王城遗址中出土的建材上可辨的文字戳印一样，是文献记录的那种“物勒工名，以考其诚”的性质，故这些戳印均无法辨析与隶定。

福州冶山地带诸遗址宫室建筑基址中出土的这类有“符号戳印”的瓦材，应该早于武夷山东越王城出土的文字戳印瓦材，这也是我们判定福州冶山的闽越国冶都年代早于武夷山东越王城的依据之一，由于后者到了西汉中期前段，受中原文化的影响更为强烈和成熟了。但是，武夷山东越王城遗址出土的陶器和瓦类戳印中，仍保存了少量类同福州闽越国冶都遗址的符号戳印的情况。

第六节　文字文化反映的历史问题

对武夷山东越王城遗址中出土的陶文、瓦文，以往不少人认为以隶书为多为主的看法，是不准确的。这些出土文字中，较标准的隶书不多，有不少字体都介于篆、隶之间，呈现出一种过渡的状态，反映出文字书体要求不甚严格的情况。这与西汉初期篆、隶并行的情况相一致。《汉书·艺文

① 郑国珍：《闽越文字考》，见《闽越文化研究》，海峡文艺出版社，2002年，第260—272页。

② 也不排除是不同家族的符号形押印（花押）。

志》记汉代行六体字：古文、奇字、篆书、隶书、缪篆、虫书，在不同用途上一般都使用不同书体来表现。这在东越王城出土的文字上，也有较明确的反映。如瓦当上的吉语文字皆行篆书，且字体都规范工丽，有较高的书法艺术价值；所出的两枚封泥文字，则都是虫书的表现形式。城内下寺岗遗址出土一枚铜印，印文为“中门信印”，字体及布局较规范，与中原内地印文一致，正合所谓“缪篆谓其文屈曲缠绕，所以摹印章也”的记载。陶文、瓦文大都应属当地官营制陶作坊专门印于产品上的各种戳记，其陶器印文中，有表示职官的戳印文如“官长”“乾官”等，以及表示官署与人名相连的字印“官黄”“官径”“官仪”等，也有仅书“宫”字者。这类文字，字体多标准易辨，说明其中有的印文陶器是专门为宫室或官署机构烧制的器物，而这些器物也大多出土于城内外重要的建筑遗址中，在已发现的小型墓葬中及闽省其他地方出土的同类器物中并不见。瓦上印文很多样，除其中有一部分与一些陶器印文相同外，其余还有许多不见于陶器上的文字。这些陶文、瓦文中，有很多可能都是人名戳印。另外，还有一些瓦文如“日利”等，则是当时流行的吉语，此文在中原地区常见。还有一些瓦文可能与遗址的性质有密切关联，如“寿”“乐”等字印，仅出土于城址东门外的坛地遗址中。

另外，21 世纪初在浦城临江锦城村官署遗址出土瓦材上发现戳印的“工彊”“工程”等文字①，也同样是“物勒工名”的表现，只不过这种“工×”和“官×”的不同戳印，可能是都邑和次一等邑落的区别。

总括东越王城遗址出土的这些陶文、瓦文，虽有许多字体很规则或较规则，但其中也不乏不规范的字体，这可能与大多数人名戳印是较下层的属吏有关，体现出与中原王朝官营作坊中“物勒工名”相类似的情况。在瓦文中可见同字书写差距较大的现象，如书写规范的“马”字作“馬”，不规范的为“馬”。其实这种笔画缺漏的例子，在中原朝野中也很常见，如《史记·万石张叔列传》中，即记有“（石）建为郎中令，书奏事，事下，

① 福建闽越王城博物馆：《浦城县上面山汉代遗址发掘简报》，载《福建文博》2012 年第 1 期。

建读之，曰：‘误书！“马”者与尾当五，今乃四，不足一。上谴死矣。’甚惶恐”。朝廷大臣上奏本尚有马字漏笔之误，下层属吏就更无法苛求了。在西汉早期的官印中亦可见相近的例子，如“军假司马”印即有书为“馬”者，但西汉中期以后至晚期的官印中，已不见这种书“马”漏笔画的现象了。① 东越王城遗址出土的陶文、瓦文中，多见介于篆、隶间的过渡文字及部分隶书文字，常见从简易的面貌，这与文献所载隶书“主徒隶，从简易也”的情形大致相合。此外，城址中也有瓦材上面的戳印内容不可辨识的，这种类“文字”的戳印，与福州冶都宫室瓦材上的类文字戳印相同，是那种符号戳印的孑遗。

东越王城遗址中出土的弩机铭文皆隶书，应是中原河内郡工官中工匠的刻文，其器皆为中原输入之物。

有的研究者认为该城址出土的陶文，都是姓氏名字符号，其中一部分是土著的闽越人，一部分是由中原迁居福建的汉人，其陶文所反映的应是福建地区汉越杂处交流融合时期的社会历史面貌。② 笔者认为这种观点是与史实有出入的。众所周知，早在春秋时期，越国就已流行中原文字，这在文献记载和考古资料中已有大量的明确物证，已属定论。史载闽越国的统治者是南下的故越国王族后裔，有名有姓，其不可能不通中原文字。在秦末汉初的战乱中，闽越首领率闽中兵随鄱君吴芮及各路诸侯先灭秦后击楚，在中原转战数年，因功受汉封为藩臣属国，其受中原文化影响很大是毋庸置疑的。对于西汉闽越国流行中原文字的情况，文献中已有确载。《史记·东越列传》不仅对闽越的王、侯、将等人名有记录，而且其中如越衍侯吴阳等人都与中原人姓名一致，连闽越王郢也与汉初朝廷大臣郢③同名。闽越的爵位官制也类似中原，有侯、相、将军等，如“越衍侯”“建成侯”及“吞汉将军”“徇北将军”等并且东越王余善还刻“武帝”玺，自立为帝。

① 参见孙慰祖：《西汉官印、封泥分期考述》中的《西汉官印部分常见字形体演变表》，见《上海博物馆集刊》（第六期），上海古籍出版社，1992 年。

② 张其海、林忠干：《福建崇安汉城遗址出土的文字符号》，载《考古与文物》1988 年第 4 期。

③ 即吕后时宗正刘郢。见《汉书》卷四《文帝纪》，中华书局点校本，1962 年，第108 页。

另外，在元鼎五年（前 112 年）南越反汉时，余善还上书汉武帝，请以卒八千人从楼船将军击吕嘉等。这些史实都说明，西汉时闽越贵族已熟驭中原文字。因此，并不能以在东越王城址中出土有大量的文字，即认为其处于与汉人杂居的环境中，而将西汉闽越国的情况与南越国的情况等同起来。更不能以此证明闽越灭国后的西汉中、后期，中原人民即大量迁入此地。文献记载汉政府发兵灭两越后，对两越地区采取了不同的政策，对南越地则重划郡县统治，对闽越则皆迁其民于江淮之间，墟其故地。对此，不仅《史记》中《东越列传》《南越列传》以及《汉书》中《两粤传》都记载凿凿，在《汉书·武帝纪》中，也对两地不同情况有明确记录："（元封元年）东越杀王余善降。诏曰：'东越险阻反覆，为后世患，迁其民于江淮间'。遂虚其地。"对南越的政策则是："遂定（南）越地，以为南海、苍梧、郁林、合浦、交阯、九真、日南、珠厓、儋耳郡。"

尽管闽越国时期存在着少数汉人亡命闽越的事例，典型的如汉政府通缉的吴王太子刘子驹亡入闽越的记载，但绝非汉人已大量迁入。与南越地区秦时中央政府大量迁入中原内地人民的情形完全不同。因此，我们以尊重史实和《史记》《汉书》实录为基础，不同意那种闽越地汉越人杂居及汉人大量迁入的臆测。笔者认为闽越城址、宫署中出土的文字，除弩机刻铭外，绝大部分的陶文、瓦文都是在闽越国流行的文字，它们反映出当时闽越国的人名、职官、吉语、印章等，都是效仿中原的历史实况，均与《史记》《汉书》中的有关记载是相符合的，这也与其宫室城邑制度模仿中原制度的表现是一致的。这些出土的文字资料，也体现了西汉闽越国时期闽越族在文字文化和文明程度上所达到的较高的水平。

第十六章　官制及姓氏人名

第一节　闽越国官制

关于闽越国的百官建制，古文献中没有专门记载，《史记》《汉书》闽越本传中仅有个别涉及，历来研究者不多，更无人专门考述。以往探研闽越族历史的学者，多数人认为闽越国社会政治相当落后，在政治制度方面以血缘为纽带的氏族残余占有重要位置。这种看法实际上并不全面。中国古代社会中，无论中原王朝还是方国政权，无不在政治思想方面笼罩着浓厚的宗族观念。宗族是王权的支柱，宗法制度是中国古代社会政治中贯穿始终的主线。笔者认为《史记》《汉书》记载中所透露的信息，可以证明闽越国政治类似中原，并不例外。

从《史记》《汉书》两书记录的史实来看，闽越王为汉高帝刘邦所封，王国系汉朝的藩臣属国。按一般情况，其官吏设置必然应按汉朝的制度来设置安排，特别是闽越王为故越国王室后裔，无论从承袭东周越国旧制，还是师法汉朝制度来说，闽越国的百官建制都应该以中原政治制度为蓝本来建设。在这方面，其与南越国比较相类，而与自长、自王的西南夷诸国有较大的不同。中原的政治文化对闽越国有着深刻的影响，据汉代文献记载，西汉王朝分封的诸侯王国“宫室百官同制京师”“群卿大夫都官如汉朝”①。南越国的

① 《汉书·百官公卿表》，中华书局点校本，1962 年，第 741 页。

建制亦“与中国侔”①。通过对文献记载及出土实物资料的研究，笔者认为闽越国的宫室百官亦师法中原。②

《史记·东越列传》记载，建元六年（前135年）汉朝为救南越而击闽越，余善杀王谢汉时“乃与相、宗族谋”，得到了“相”和“宗族”的支持。《汉书·百官公卿表》记载，西汉“诸侯王，高帝初置，金玺盭绶，掌治其国。……丞相统众官，群卿大夫都官如汉朝。景帝中元五年（前145年）令诸侯王不得复治国，天子为置吏，改丞相曰相”。闽越国在武帝建元六年见于记载的有“相”，而不称“丞相”，推测是景帝中元五年（前145年）所改。可见闽越国官制中这类职官是按汉朝内地诸侯王国的建制。闽越国系当时的地方割据政权，其百官中的“相”当为自置，情形大体与南越国相同，皆自置“相”，而与内地诸侯国有所不同，内地诸侯国的“相”均由朝廷派置。《史记》《汉书》记载中对南越国或称“丞相”或称“相”，这种不同称号可能与南越国对内对外有别、对内僭帝对汉称侯王臣子的表现有关。

对于闽越“宗族”参与国事的现象，迄今有不少学者认为是反映了原始氏族的残余，是政权中以氏族血缘关系为纽带的落后状态的反映。其实这也属中国宗法制度下的政治传统，因此，还不宜简单化地理解这个问题。由于闽越国政权的主要统治支柱是以国王为主的王族势力，王室宗亲是王国政治中最重要的势力，也是王国大臣、将相的主要承担者。例如，文献中记载的“吞汉将军”驺力即姓“驺”，为王族宗亲子弟无疑。即便当时的汉王朝，皇室宗族也是国家政权的中坚力量。因而，仅凭闽越王依靠宗族的力量及宗族参与国家大事，而理解其政治制度落后，具有原始社会因素，乃失之偏颇。当时西汉王朝也十分重视宗族的力量，如刘邦就曾与诸开国大臣等有“刑白马盟曰：‘非刘氏而王，天下共击之’”③。汉分封诸侯也主要是刘姓宗族，可证宗族于中原王朝也被视为国家政权的重要根基。

① 《史记·南越列传》，中华书局点校本，1982年，第2969页。

② 杨琮：《从崇安汉城看西汉闽越文化》，载《东南文化》1990年第3期；《福建崇安城村古城遗址出土文字及考释》，载《东南文化》1993年第1期。

③ 《史记·吕太后本纪》，中华书局点校本，1982年，第400页。

《史记·孝文本纪》云："高帝封王子弟，地犬牙相制，此所谓盘石之宗也，天下服其强。"当时数位开国大臣灭吕氏后曾与刘姓宗室及臣吏共议，立代王刘恒为皇帝。"代王曰：'宗室将相王列侯以为莫宜寡人，寡人不敢辞'。遂即天子位。"①

古文献中闽越国的"宗族"，即国王的同姓亲属，在秦汉王朝官制中有"宗正"一职。《汉书·百官公卿表》记载："宗正，秦官，掌亲属，有丞。平帝元始四年更名宗伯。……王莽并其官于秩宗。"在诸侯王国的百官建制中亦有宗正的设置，职能与汉中央宗正相同，但景帝中元五年（前145年），汉朝罢省了诸侯王国的"御史大夫、廷尉、少府、宗正、博士官"②，因此，在武帝时文献中只见"宗族"而无"宗正"记录，也属正常，符合汉制。至于闽越国原来是否有"宗正"一职的设置，以及后来"宗族"与朝臣职官的关系又如何？目前还没有资料可以说明。

据《史记》《汉书》确载，闽越国有封侯和将军的设置。《史记·东越列传》中录有"故越衍侯吴阳"及"建成侯敖"。《索隐》引徐广云："敖，东越臣。"《汉书·景武昭宣元成功臣表》"外石侯吴阳"条下，有"以故东越衍侯佐繇王功侯，千户"③，在"开陵侯建成"条下，记有"以故东粤建成侯与繇王斩余善侯，二千户"④，他们均应是闽越王属下的列侯，这亦证明了闽越国的封侯制度如汉朝，并且"建成侯"一名最早见于汉朝封侯的事实。《史记·吕太后本纪》记载：汉初刘邦曾封吕后"次兄吕释之为建成侯"。由此也可证闽越国封侯仿汉的建制。

《史记·东越列传》有东越王余善"号将军驺力等为'吞汉将军'""使徇北将军守武林"及"东越将多军"等记载（《汉书·西南夷两粤朝鲜传》相同）。《汉书·景武昭宣元成功臣表》记"无锡侯多军"条下说：

① 《史记·孝文本纪》，中华书局点校本，1982年，第416页。

② 《汉书·百官公卿表》，中华书局点校本，1962年，第741页。

③ 《史记·东越列传》记其被汉朝封为"北石侯"；《汉书》中《西南夷两粤朝鲜传》则记为"卯石侯"；《景武昭宣元成功臣表》记为"外石侯"。三者皆不统一，疑其中有两处系抄误。

④ 《汉书·景武昭宣元成功臣表》记其名为"建成"，应是记误或后世传抄错误。其名应按史、汉两书的本传所记，名为敖。

“以东粤将军，汉兵至，弃军降，侯，千户”。“将军原是春秋时代晋卿的称号，因为春秋时代卿大夫不仅有统治的权力，而且是由有宗族和私属的军队来亲自统率着。到战国时代，由于统治范围的扩大，官僚机构的庞大复杂，由于常备兵的建立和征兵制度的推行，战争规模的扩大和战争方式的改变，在官僚机构中不得不文武分家，产生了文官的首长——相、武官的首长——将”①。秦、汉因袭战国制度，《汉书·百官公卿表》记汉朝“所加或列侯、将军、卿大夫、将、都尉、尚书、太医、太官令至郎中，亡员，多至数十人”。从文献记载中闽越国将军设置较多的情况，能推知当时闽越国对兵备的重视，并存在着比较庞大的军事建制。闽越封有“徇北将军”“吞汉将军”等，这种专门的将军名号，形式亦同汉朝所封的“横海将军”“伏波将军”“戈船、下濑将军”等。

史书记载闽越王之下还有封王及封君的情形。据《汉书·西南夷两粤朝鲜传》记述：“故瓯骆将左黄同斩西于王，封为下鄜侯。”知东越王属下还封有“西于王”，其类似南越王属下的“苍梧王”②。在《史记·东越列传》中不见这条记载，系《汉书·西南夷两粤朝鲜传》所补记。《汉书·景武昭宣元成功臣表》中，“下鄜侯左将黄同”条下亦记录他“以故瓯骆左将斩西于王功侯，七百户”。有人将“瓯骆左将黄同”视为南越左将，把“西于王”视为南越国属下的封王，并认为“西于王封地在今越南北部”。③对于视“瓯骆左将黄同”为南越国属将，笔者无异议，因南越先灭，南越故将佐降汉参与击闽越是可能的事，但将《汉书·西南夷两粤朝鲜传》中补记的“西于王”也归为南越国，则难以苟同。如是，为何《汉书·南粤传》中不录，而专录于《闽粤传》中呢？论者说“西于王”为南越王封于越南北部的王④，但未指出《史记》《汉书》等文献记载或考古发现的依据，所以应按《汉书》记载为准，视其为闽越（东越）王属下的封王，《汉书·严助传》记载了闽越有“三王之众”亦可证之。另外，《史书》

① 杨宽：《战国史》，第204页。

② 《史记·南越列传》，中华书局点校本，1982年，第2977页。

③ 余天炽等合著：《古南越国史》，广西人民出版社，1988年，第64页。

④ 余天炽等合著：《古南越国史》，广西人民出版社，1988年，第64页。

《汉书》均记录东越王余善于元鼎六年（前 111 年）反汉时，自立为“武帝”，其既僭皇帝制，是否曾按帝制对属下封王呢？文献无征，尚不可知，因而还不能排除“西于王”为余善称帝时所封的可能性。朱维幹在《福建史稿》中认为是“西干王”，其封地在江西余干，“是拥护余善的越将或越中贵族”。

至于东越王余善于元鼎六年僭号“武帝”时，有否重新按皇帝的建制再封百官朝臣，文献未提。估计由于时间仓促，又处于战争环境中，未必能做出相应的安排，余善于次年即被杀，国亡。

闽越国在国王之下，除有王、侯封置外，还有“君”的设置和称号。如“闽（越）君摇”“繇君丑”等都为《史记》《汉书》确载，这是东周旧制。春秋战国时期，诸侯王的兄弟宗室等以及重要臣属，即常称为“君”，并有封邑，如“信陵君”“春申君”“平原君”等皆如是①。“闽越君（摇）”系秦汉之前的称号，但“繇君（丑）”则为汉代闽越保留的旧制。对《史记·东越列传》记录的“无诸孙繇君丑”，《索隐》云：“繇音摇，邑号也。丑，名。”说明这位宗室封君，有自己的封邑。史载“越衍侯吴阳以其邑七百人反，攻越军于汉阳”②，也证闽越列侯如中原汉朝有封邑的情况。

在武夷山城村汉城（东越王城）遗址中曾出土过许多有戳印的陶器，其中“官黄”“官径”“官仪”等印记与秦都咸阳、阿房宫、始皇陵等地出土的“宫彊”“宫屯”“宫水”“宫系”“宫颏”“宫臧”“宫穨”“宫颇”等陶文③，形式类同，都属于前面冠以官署标记，后面为人名的印记，反映出闽越国设有专门的王国司陶官署的建制。④

至于陶器上的“官长”印文，可能是王国司陶官署的官长或某部门的

① 参见《史记》卷七十六《平原君虞卿列传》及卷七十八《春申君列传》等，中华书局点校本，1982 年。

② 《史记·东越列传》，中华书局点校本，1982 年，第 2983 页。

③ 中国硅酸盐学会编：《中国陶瓷史》，文物出版社，1982 年，第 119 页。刘占成：《秦兵马俑陶文浅析》，见《中国考古学研究论集》，三秦出版社，1987 年。

④ 杨琮：《闽越国文化》，福建人民出版社，1998 年，第 263—266 页。

官长。在中原战国时代的印玺中就有发现“东平飤官长印”① 等，在山东临淄一带也发现过汉代齐国的“齐铁官长”② 等封泥。此外，《汉书·百官公卿表》中，可见秦、汉政府的诸多部门都设有官长、丞等职，可为之证。但我们还不能完全排除，此种印文类同前文系官署与人名结合的印文的可能性。

还有一种“乾官”戳印，有人认为该“乾官”可读作“干官”，其与“斡官”通，又认为“视其为郡县官职则比较合适，可视为是该城邑的末流官吏”③。笔者认为，此论断还缺乏确切的根据。《汉书·百官公卿表》中无“乾官”一职，但记有“斡官、铁市两长、丞”，并说“初，斡官属少府，中属主爵，后属大司农”，其是中央属官，非郡、县属官，因此这种认“乾官”为“斡官”，又谓其郡县官职的论点前后矛盾，不足为证。“乾官”究竟是闽越国何种职官？因文献无征，难以确定。疑其与先秦周代官制有关。“乾”为八卦之首，代表天。该字又为干湿之干（乾）。《说文》说：“乾，上出也。”段注：“此乾字之本义，自有文字以后，乃用为卦名。……上出为乾，下注则为湿，故乾与湿相对。”④《说文》中另有“榦（幹）”，说：“榦，筑墙耑木也。”段注：“榦，俗作幹。”文献未说乾与幹相通。对《汉书·百官公卿表》所记“斡官”，如淳曰：“斡音筦，或作幹。斡，主也，主均输之事，所谓斡盐铁而榷酒酤也。”晋灼曰：“此竹箭之官长。均输自有令。”颜师古曰：“如说近是。”《汉书·郊祀志》记录汉武帝时制诏御史：“朕临天下二十有八年，天若遗朕士而大通焉。乾称‘飞龙’……”孟康曰：“得道若飞龙在天。”师古曰：“飞龙在天，乾卦九五爻辞也。”同书又载：“夏，旱。公孙卿曰：‘黄帝时封则天旱，乾封三年。’”汉武帝下诏云：“天旱，意乾封乎？”郑氏曰：“言适新封则致旱，天欲乾我所封乎？”总括之，都可证乾代表九五爻卦中“天”的意思及天旱之干的意思。《汉

① 罗福颐主编：《故宫博物院藏古玺印选》，文物出版社，1982 年，第 64 页，图三五六。

② 罗振玉：《齐鲁封泥集存》，1912 年。

③ 张其海、林忠干：《福建崇安汉城遗址出土的文字符号》，载《考古与文物》1988 年第 4 期。

④ （清）段玉裁：《说文解字注》，上海古籍出版社，1981 年。

书·百官公卿表》记云：“夏、殷亡闻焉，周官则备矣。天官冢宰，地官司徒，春官宗伯，夏官司马，秋官司寇，冬官司空，是为六卿，各有徒属职分，用于百事。”《周礼》记载周代六卿之首即天官冢宰，因疑“乾官”与其有关，或为相类似的官职名。当然，这里亦不排除“乾官”可能为闽越自创之职官名。

另外，东越王城出土的板瓦上还见“胥须”的印章戳记，章印为长方形，文字上下排列，与陶器戳印“官长”“官黄”“官径”等形式一致，内容亦应与之相同，当为官职名与人名两者合一的印章文字。“胥”为周代官制中的职官名，在《周礼》的《天官冢宰》《地官司徒》《春官宗伯》《夏官司马》《秋官司寇》等篇章中，均详细记载“胥”的建制、职能和人数。胥，为徒之长，掌管徒。徒是供官吏召呼使役之事者。因此，胥为低级官吏。这反映出闽越国官制中有因袭周官旧制的内容。

1995 年在武夷山城村汉城内下寺岗遗址出土一枚文为“中门信印”的铜印①，“中门”一职在周代和秦汉时中原官制中均不见，可能系闽越国自置的官职。《汉书·百官公卿表》内京城官职中有“黄门”“中黄门”“期门”“门大夫”之职的设置，不知与其关系若何？另外，汉长安城还设“城门校尉掌京师城门屯兵，有司马、十二城门侯。”颜师古注曰：“门各有侯，萧望之署小苑东门侯，亦其比也”。东越王城中的“中门”是否与汉长安城门侯或门官意义相同，有待进一步研究。

在闽越国，其官制除了主要效仿秦汉制度外，还存在一些因循旧制的方面，与南越国全部照搬秦汉官制略有不同。由于南越国是秦将赵佗率领中原戍卒在岭南越地建立的地方政权，治国甚有文理，“称制，与中国侔”，而闽越国为故越国王室后裔在福建、浙南等地建立的越族王国。在春秋时期，越国就已受中原周朝的影响，有类同周制的职官制度，因而西汉时期的闽越国官制不完全雷同于汉朝，而保留了若干周代官制，也是符合情理的。由于文献记录的内容不多，地下出土的遗物资料虽能对其做一定的补

---

① 福建博物院、福建闽越王城博物馆编：《武夷山城村汉城遗址发掘报告 1980—1996》，福建人民出版社，2004 年，第 100 页，图版 B185：435。

充，但总体来说，闽越国百官建制方面的研究还有许多缺环。这与文献记载较多以及出土资料丰富的南越国百官建制情况相比，相去甚远。另外，还由于目前闽越国官僚显贵的墓葬绝大部分在西汉中、后期遭到大规模毁灭性的盗掘，因此它们与两广南越国官僚贵胄墓的大量发现，以及与南越王墓出土资料的丰富程度均无法比拟。它们存在一些缺环，有待于今后出土的新资料来填补。

第二节　姓氏人名与印章

对于西汉闽越国时代闽越的姓氏人名情况，《史记》《汉书》两书记载得不多，并且也都限于闽越王族和上层显贵。闽越国遗址出土的陶器、瓦材上的印章戳记，为我们认识和研究闽越国中、下层属吏的人名与印章提供了新的实物资料。

《史记·东越列传》与《汉书·西南夷两粤朝鲜传》均记录闽越开国王无诸为故越王句践的后裔，姓驺氏。但书中对闽越国人其他的姓氏，则仅见吴姓一例。《史记》《汉书》按当时的习惯，叙述人物多只写人名，常不将姓与名全称。闽越本传中，只有“将军驺力”和“越衍侯吴阳”可确断为姓与名的全称。前者驺为姓，力为名，以此可推知闽越将军驺力也应是闽越王室宗族成员。吴阳则是姓吴名阳的闽越衍侯，《汉书·西南夷两粤朝鲜传》说：“及横海军至，阳以其邑七百人反，攻粤军于汉阳。……封阳为卯石侯。”这是只记其名省其姓的例子，由此可证其为吴姓。文献中，对其他人的记录则只见人名，如郢、余善、丑、居股、敖、多军等。其中除敖和多军外，余可确知为王，均姓驺氏。从《史记》《汉书》记载中可见，闽越人有单名，亦有双名，与中原人名基本相同。闽越国遗址中出土的印文实物也证实了这个问题。

有的研究者将闽越国遗址出土陶器和瓦材上的戳印文字分为两种，一种说是姓，一种说是名。如将单字印文皋、屋、辕、狼、会、胡、马、林、黄、莫、赖、卢、邓（图 15-5、图 15-6）等皆认为是姓，将其中的根、居、从等认作人名。① 不知论者依据什么来将形式作风相同的单字印，或指为姓，或指为名？从闽越遗址中所出的陶器印文官黄、官径、官仪等，与秦朝宫室陵园砖瓦、兵马俑上的宫疆、宫水、宫屯、宫系、宫颏等印文相类来看，可证闽越国这类印文与秦制相类同。该陶器戳印上的“官”字为职官标记，后面的“黄”“径”“仪”皆为人名，而非姓，否则岂不成了凡姓黄、径、仪的人都成了官吏？这不符“物勒工名”的要求和制度。所以说这些官字后的“黄”“径”“仪”等，均应为人名。以此类推，其余单字和少数双字的印文，也大都系人名。② 从广州南越王墓出土的单字印和封泥所示均为人名的实证，亦可说明这个问题。③ 这与当时一般多呼人名，鲜呼其姓的习惯有关。文献记载中也多见只记其名不记其姓的情况。

另外，从这些出土的印文资料中，也能了解到当时的闽越人虽然双名和单名皆存，但以单名者占多数。

迄今为止，在闽越国遗址出土的陶器、瓦材上的戳印，除了那种与秦制相类似的“官黄”“官径”“官仪”以及“官长”“乾官”“胥须”（图15-3、图15-4）以外，其余的人名印（不包括吉语印），皆为私印；尚未见那种四字以上，文为“××官印”“××长印”及“××侯印”等正规官印，连两枚封泥也系私印所钤。后来在武夷山城村汉城（东越王城）下寺岗遗址中出土的一枚铜印，印文为“中门信印”（图15-9），有的学者认为也可能是私印，笔者认为应该是官印，但由于缺乏同类官印佐证，还有待进一步地深入探研。将闽越国城址资料与南越国遗址、墓葬出土的资料进行对比，异同现象一目了然。南越王墓和南越官吏贵胄墓中出土不少印玺及官印所钤的陶器、封泥等，其中官印“景巷令印”“厨丞之印”（封泥）、“长秋居室”（陶器钤记）等形式，闽越国遗址中未出。南越的另一类私印情况则与闽越国遗址中所出的私印钤记类同，如广州南越国宫殿遗址中出土的“卢”

① 张其海、林忠干：《福建崇安汉城遗址出土的文字符号》，载《考古与文物》1988年第4期。

② 其中少部分的吉语等他类印文除外。

③ 广州市文物管理委员会等：《西汉南越王墓》，文物出版社，1991年。

“公”等①瓦上的戳印，以及南越王墓中出土的“眛”“结”“衍”等封泥②，均为仅刻写人名的私印，与闽越国遗址陶器、瓦材上的印文钤记“卢”“黄”“径”“结”“气结”等相同，闽越“位”字封泥亦为这种只有人名的私印所钤。南越王墓出土的“泰官”封泥、南越官吏墓出土的“食官”陶器戳印③，则与闽越“乾官”陶器戳印形式相类似。以上反映出南越目前所见的官印情况，目前闽越国官印和官印钤记资料的缺乏，主要由于官吏和上层人士的墓葬被盗严重，发掘不多。在南越国，这类官印均出土于显贵官吏及国王的墓葬中，其遗址中连私印戳记都很少，远逊于闽越国遗址中出土的资料。我们推测，随着今后闽越官僚显贵墓葬的新发现，田形格的四字或多字的官印也许将会随之出土。

从出土的陶器、瓦材上的戳印资料，可以知道这类闽越私印和官印主要有两种形状：方形和长方形。双字印中，文为上下排列的，印则为长方形；文为左右排列的，印则为方形。单字印以方形为多，但长方形者亦不少。这种长方形印是汉以前印章的遗风，汉印已普遍为方形。另外，闽越长方形印章均无边栏，而方形印中亦少数有边栏，大多数无边栏，但两枚封泥钤印均有边栏。南越国单字印中两类皆存，南越王墓中印记多有边栏，而宫署瓦材戳印多无边栏。④

《汉书·南粤传》记载：第三代南越王婴齐“藏其先武帝、文帝玺”。在广州发现的第二代南越王赵胡（眛）墓中，出土一枚“文帝行玺”金印，应为婴齐将其藏葬墓中，证明文献记载确实。

《史记·东越列传》《汉书·西南夷两粤朝鲜传》均记载：东越王“余善刻‘武帝’玺自立”。推测当时余善所刻的“武帝”玺，可能与南越王的帝玺类似，即大体类同于汉朝皇帝的印玺，但行文应有异。文献记载秦朝汉朝皇帝有六玺：“皇帝行玺”“皇帝之玺”“皇帝信玺”“天子行玺”

① 广州市文物管理处等：《广州秦汉造船工场遗址试掘》，载《文物》1977年第4期。

② 黄展岳：《出土文字资料汇考》，见《西汉南越王墓》第一〇章，文物出版社，1991年。

③ 广州市文物管理委员会等：《广州汉墓》，文物出版社，1981年。

④ 参见《西汉南越王墓》及《广州秦汉造船工场遗址试掘》。

“天子之玺”“天子信玺”。① 而南越文王墓中仅出有“文帝行玺”和“帝印”，至于其他五玺则未见，估计其未必如汉中央皇帝那样六玺完备。其行文作“文帝”而异于汉朝的“皇帝”，这是由于汉朝的“文帝”“武帝”称号皆为后代皇帝追赠先帝的庙号。因此，类推南越第一代王赵佗亦曾有“武帝行玺”之类的帝玺。由于南越王僭号“武帝”“文帝”之事，东越王余善十分清楚，因此，其所刻“武帝”玺推测应类似于南越。

① 参见《汉旧仪》《晋书·舆服志》及《西汉南越王墓》。《汉旧仪》记汉朝：“皇帝六玺，皆白玉螭虎纽，文曰‘皇帝行玺’‘皇帝之玺’‘皇帝信玺’‘天子行玺’‘天子之玺’‘天子信玺’，凡六玺。”以“皇帝行玺’为凡封之玺，以“皇帝之玺”赐诸侯王书，以“皇帝信玺”发兵；其征大臣以“天子行玺”，策拜外国事以“天子之玺”，事天地鬼神以“天子信玺”。《晋书·舆服志》说：“乘舆六玺，秦制也。汉旧仪曰‘皇帝行玺’‘皇帝之玺’‘皇帝信玺’‘天子行玺’‘天子之玺’‘天子信玺’，此则汉遵秦也。”

第十七章　艺术、宗教及民俗

第一节　艺术

目前已发现的闽越国美术资料孑遗主要有以印、刻纹样为主的陶器装饰图案，陶塑，建筑美术以及包含于建筑艺术中的壁画和瓦当美术。有关音乐方面的资料发现很少，但也能反映出一些问题。

一、美术

(一) 陶器图案装饰

早在先秦时代，闽越先民就在自己创作的造型优美的陶器上，配以绚丽的彩绘图案或印纹图案进行装饰。在新石器晚期至夏代，陶器彩绘纹样有卵点纹、宽带纹、三角纹，成组平行的竖线纹、横线纹、网格纹、梯格纹、方格纹、方格加点纹、雷纹、菱形纹、卷云纹等几何图形；印纹中也有绳纹、篮纹、方格纹、栅篱纹、席纹、云雷纹、叶脉纹和各种竹篓编织纹。商周时期，彩绘衰落，印纹图案愈加丰富多彩，纹样有方格纹、网格纹、绳纹、曲折纹、席纹、重菱纹、云雷纹、变体雷纹、弦纹、水波纹、漩涡纹、重圈纹、叶脉纹、编织纹、米字纹、S 形纹、夔纹等。在闽侯黄土仑遗址中出土的一批造型纹样精美别致的陶器上，多见云雷纹、方格纹以及用篦点、复线及三线等刻画成的三角纹、雷纹、曲折纹、变体回纹、S 形纹等图案，有不少器物实行印纹和刻纹并用或不同纹样互配的装饰手法。

这些都是闽越先民美术中极富民族特色的代表作。

闽越国时期的陶器图案花纹装饰，继承了商周以来的部分传统，但又有所变化，形成了这一时期具有鲜明特色的闽越国陶器装饰艺术。

在闽越国时代闽越人创造的“闽越式”陶器上，还可见一些编织纹、回形（雷）纹、米形印纹的余绪，但印纹主要盛行大小不等的方格纹，粗细不等的绳纹，此外还流行菱格纹、凸麻点纹、圆圈纹以及方框、交叉线和三角形复合组成的几何图案戳印纹等（图 17-1）；刻划纹则相当时兴，有宽旋纹、细弦纹、瓦纹、水波纹、篦点纹、锯齿形纹、栉齿纹、绹纹、半圈纹、ε 形纹、三角形纹、重菱纹、凹凸竖条纹、短道刻纹及镂刻的三角纹等。尤其是那类用多种纹饰配合而成的多层次组合图案，更是典雅优美，绚丽多姿（图 17-2—图 17-4）。

关于古越人这些几何形装饰花纹的起源及其意识背景，学术界有不同的说法，或认为是由于生产工艺的需要，或认为是人对自然的模仿，或认为源于图腾崇拜等。不管从何种角度来认识和考虑，笔者认为都离不开当时人们所处的自然生活环境和所从事的社会生产活动。这些图案中的不同纹样，是象征性的美术表现。换句话说，是人对自然事物高度概括化的表

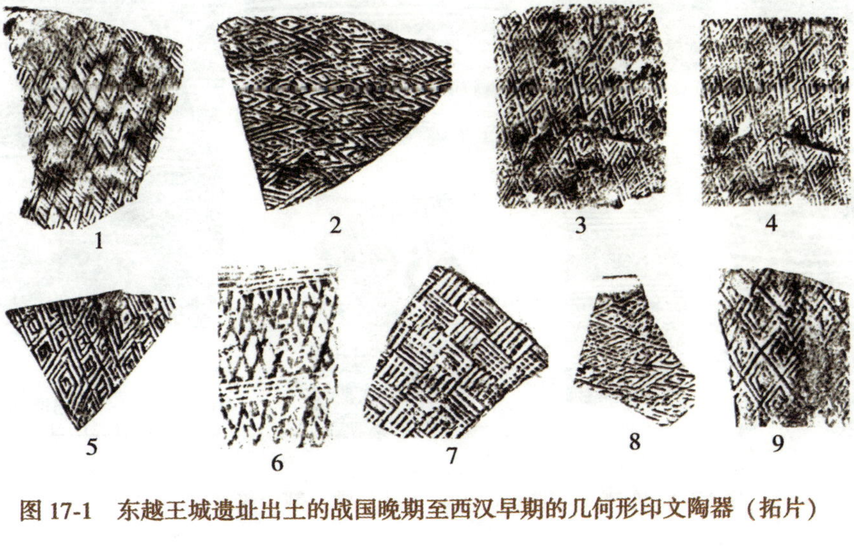

图 17-1　东越王城遗址出土的战国晚期至西汉早期的几何形印文陶器（拓片）

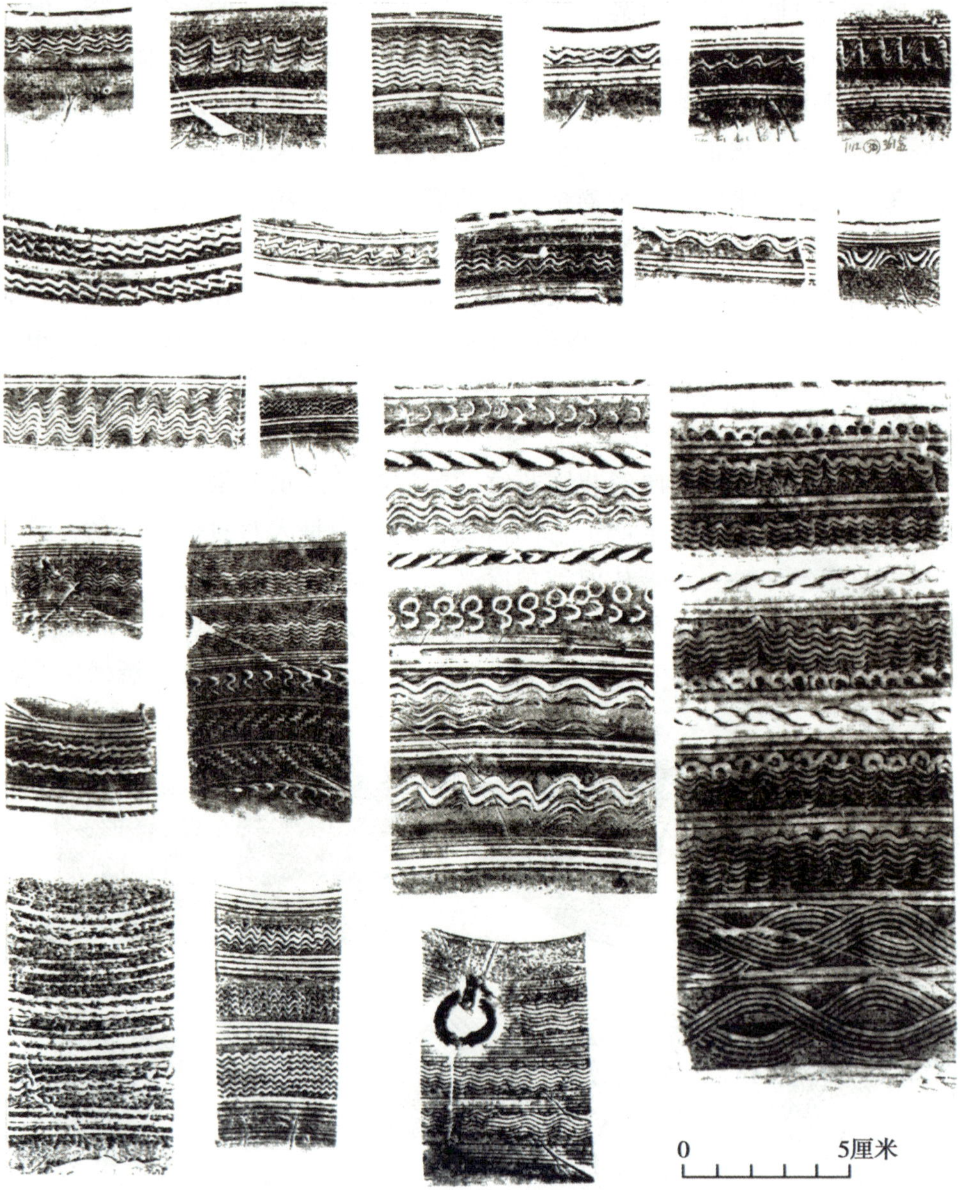

图 17-2 东越王城遗址出土的各种刻画、戳印纹饰（拓片）

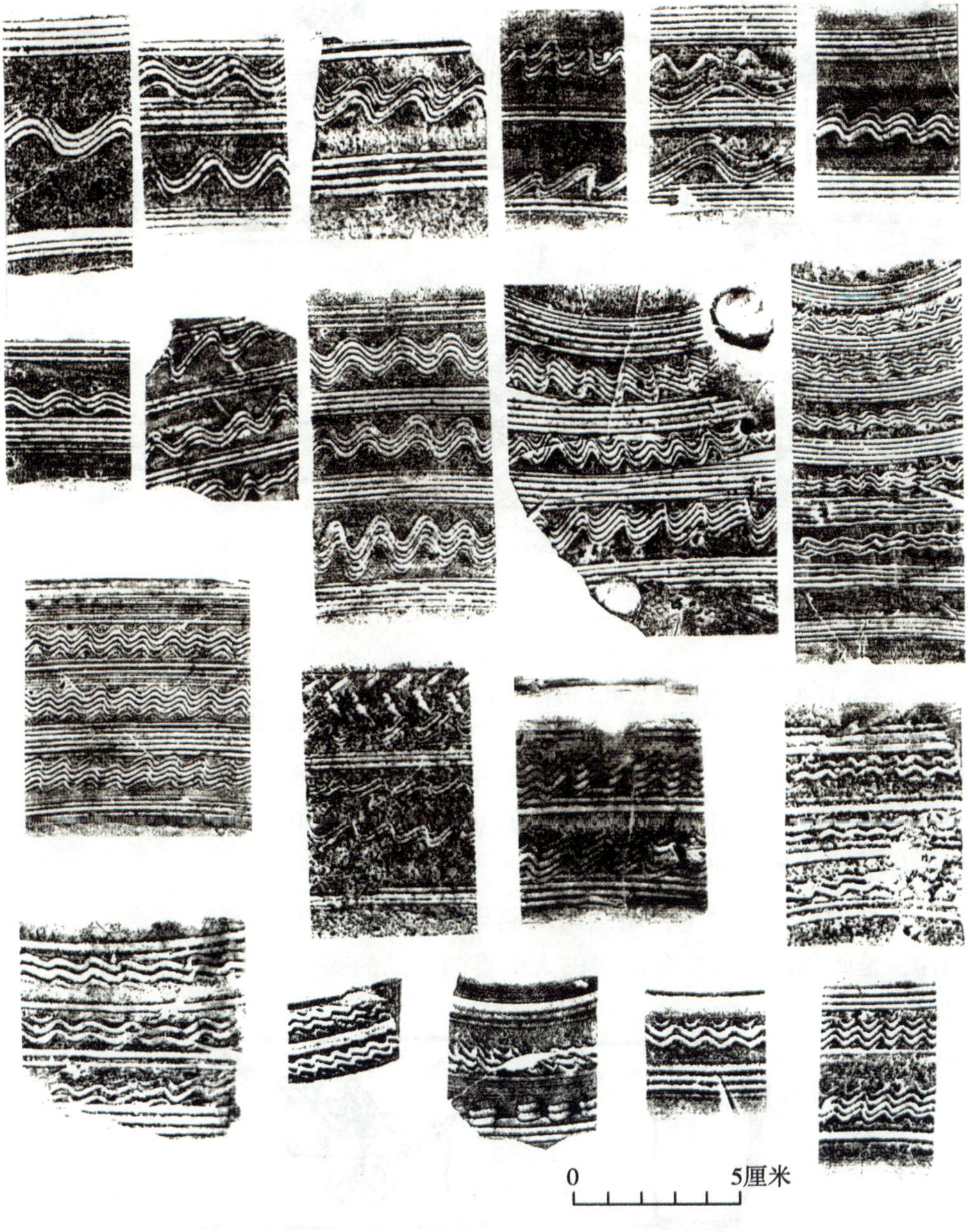

图 17-3　东越王城遗址出土的各种陶器上的水波纹（拓片）

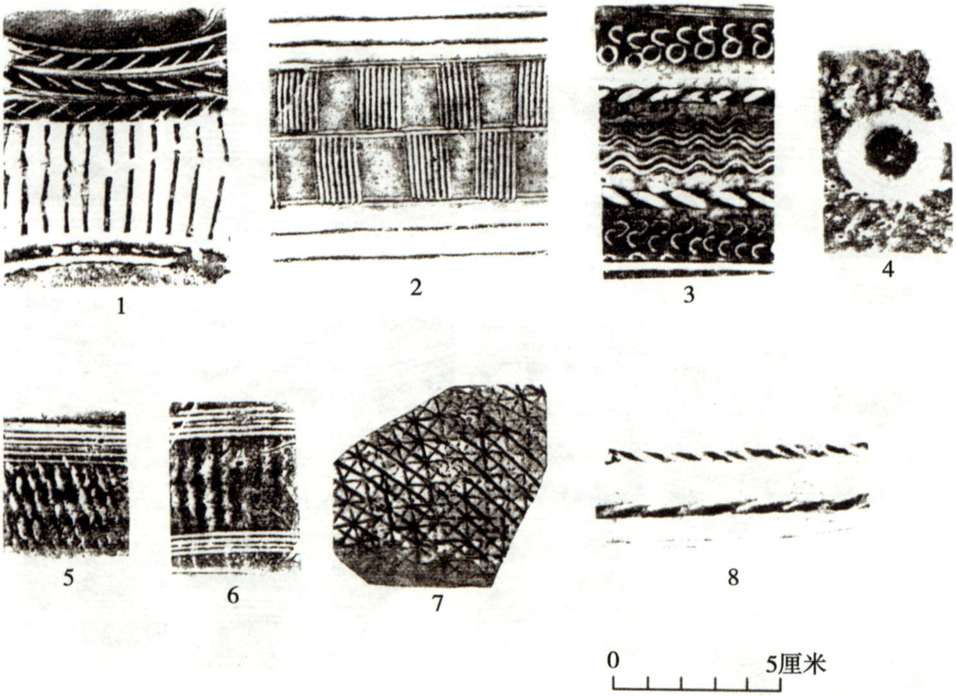

图 17-4　东越王城遗址出土的各种拍印、刻画、戳印的不同纹饰（拓片）

现，是一种形式美。应该说这些具有抽象意义的、象征形式的图案装饰美术，体现了闽越人对客观事物的主观想象和他们运用形式美对复杂的大自然所作的简练的表现。

这种陶器装饰美术，是当时闽越国艺术中的一种最具普遍意义的美术创作，是闽越国社会中各阶层的人们喜闻乐见的美术形式。

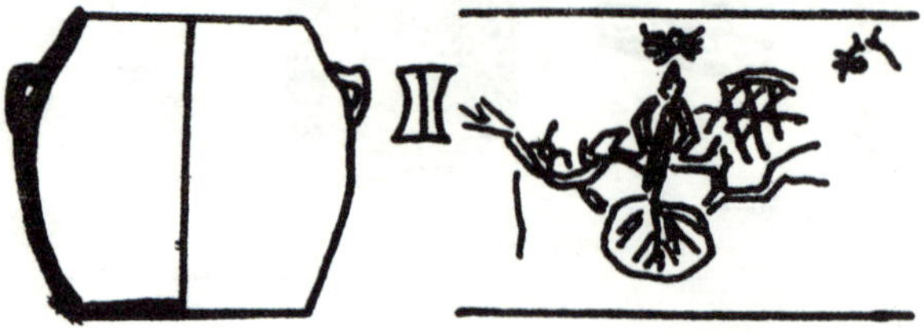

图 17-5　邵武出土的闽越国时期的陶罐上的刻画图画

1956年邵武出土的一件闽越国时期的陶罐，器表上刻画了一幅较复杂的图案（图17-5）。有人认为是一株植物与蜘蛛、网格等组成的图案①。笔者认为这幅图画很可能系普通陶工为了表现某种寓意或象征而刻绘于器物上的，由于目前尚属孤例，因此图案所表现的内容有待进一步研究。

（二）雕塑

闽越国时代的艺术匠师们，不仅精擅于平面上的美术创作，也具备了相当的立体塑形技艺。目前出土的雕塑品实物，以陶器上的动物造型为主（图17-6—图17-9）。如陶提梁盉上的龙，陶熏炉盖、匏壶盖上的立鸟，陶瓿耳系上的青蛙，陶提桶（筩）上的蛙首，陶洗上的兽面铺首等。这些陶塑作品，均出自社会下层手工业工匠之手，虽然只是作为点缀、装饰陶器的塑形，但这些作品与独树一帜的陶器造型相配，更显优美别致、极富情趣。

图17-6 闽越国时期的鹈鹕钮陶熏炉（浦城金鸡山M2出土）

图17-7 闽越国时期的大小鹈鹕钮陶盖杯（浦城金鸡山M2出土）

① 林忠干：《浅谈西汉闽越的墓葬及其陶器》，载《福建文博》1984年第2期。

图 17-8　闽越国时期的鸟形盖钮的陶匏壶（闽侯关口工程遗址出土）

图 17-9　闽越国时期的野鸭形盖钮的陶熏炉（东越王都新亭园 2 号墓出土）

另外，由于这些有陶塑装饰的陶器，许多都是仿铜器皿，由此可推知当时闽越人自铸的铜器上，可能亦有类似或更佳的铜塑作品。在目前出土的一些青铜器残件和附件中，有兽形的雕塑和夔龙、蟠虺、鸟、瑞兽、流云等的浮雕作品（图 17-10—图 17-12），由于这些铜器有的可能是来源于中原内地的产品，有的尚不能确定是否本地自制之物，因此，这里仅作为参考。

图 17-10　东越王城甲组建筑群遗址出土的兽面铜器足

图 17-11　东越王城北岗建筑遗址出土的蟠螭纹青铜镜

图 17-12　东越王城北岗建筑遗址出土的蟠虺纹、几何形纹青铜铎残件

（三）建筑艺术

建筑艺术是闽越国文化艺术的典范和集大成者。武夷山东越王城中的宫室屋宇、廊台、庭院，都体现了闽越建筑匠师的艺术智慧。那绵延起伏于岭峦，如若龙蛇盘亘的城垣，雄浑庄重的城门楼阙，堪称建筑艺术之杰作。

先秦越国建筑艺术中，那种治材“巧工施校，制以规绳，雕治圆转，刻削磨砻，分以丹青，错画文章，婴以白璧，镂以黄金，状类龙蛇，文彩生光”的技艺，以及“筑作小城。周千一百二十一步，一圆三方。西北立龙飞翼之楼，以像天门。东南伏漏石窦，以像地户。陵门四达，以像八风”的景象①，在东越王城建筑艺术中也有所体现，并且发展得更为博大精深。因为这里还更多地融入了中原秦汉建筑艺术的精粹。东越王城在建筑构思规划、布局结构、空间组织、建筑造型、建筑装饰、利用地方材料和因地制宜的设计施工方法等方面，既吸收了中原建筑文化的优秀成果，又有传统特色和创新之处。虽然原建筑立体已毁圮为墟，仅遗存着历经劫难的建筑基址，但地基下纵横着预设严密的水管道，基面上纹饰工丽、井然有秩的铺地方砖，密布的础网，朱绘白底的残墙等（图 17-13），都喻示了当时建筑物的恢宏、壮丽。

① 赵晔：《吴越春秋》卷八《句践归国外传》、卷九《句践阴谋外传》，中华书局，2020 年。

图 17-13 东越王城甲组建筑群遗址主殿出土的彩绘墙皮残迹

闽越国建筑中铺地方砖饰有繁密的重菱形装饰图案（图 17-14），造型为大菱形纹附小菱形双耳，是一种实用器耳杯的变形表现。这种几何纹样导源于东周，盛行于秦汉。这里的纹样图案并不与他处完全雷同，应是闽越国匠师对中原艺术形式的吸收、学习和再创作。在出土的大型空心砖上，也有一种装饰繁缛的菱纹图案，显得华丽工整，更为杰出的是空心砖上还有一种以绶带穿挂玉璧图样为主题，几何纹样为旁衬的图案装饰（图 17-15），表达了具象和抽象艺术形式的交融。这种艺术风范应当来自中原地区，但这种图案设计，在其他地区不见相同者，可证亦是在秦汉艺术思潮的影响下闽越国艺术家再创造的美术图案。

图 17-14 菱形装饰图案铺地方砖

图 17-15　东越王城下寺岗遗址出土的花纹空心砖

（四）瓦当艺术

瓦当艺术既包含于建筑艺术中，又可独树一帜。

瓦当是覆于房檐端的瓦头。汉代文字瓦当中有“兰池宫当”“宗正官当”等，都自称为“当”。班固《西都赋》云：“裁金碧以饰（当）。”韦昭注曰：“金碧以为榱头，则（当）为檐口出头之木。”《史记·司马相如列传》：“华榱璧（当）。”韦昭曰：“裁玉为璧，以当榱头。”司马彪曰：“以璧为瓦当。”瓦当之位置正是在榱头之上，因此得名。瓦当有着两种功能：一是作为实用的建筑材料，在瓦头束水吐霤；二是一种独特的艺术形式，给人以美的享受。秦汉瓦当的装饰图案丰富多彩，或绘生动的动、植物图画，或印抽象的云纹图案，或以象征吉祥的语言文字（也有宫殿官署名）为装饰。其目的主要是装饰建筑物，起到高贵、壮丽和威严的艺术效果。秦汉时期的瓦当一般用于较大的宫殿阁宇或重要的官署、住宅之上，使之显得堂皇壮观，社会下层的民居和一般建筑是难以拥有此物的。但无论其使用如何，都不能不承认它是当时劳动人民和艺术匠师们劳动智慧的结晶，体现着一定的文化艺术水平。

闽越国瓦当目前仅发现于武夷山城村汉城（东越王城）遗址和福州屏

山、冶山及黄末山宫殿建筑遗址中，[1] 后者所出瓦当相对较少且多残碎。武夷山东越王城宫殿建筑和城门遗址中出土的瓦当，数量和品种都较丰富，把它们和福州冶都遗址结合起来，可作为闽越国瓦当的代表。

根据闽越国瓦当装饰内容题材的不同，目前可将它们分为六大类型，各类型中又有不同的式样。[2]

第Ⅰ类型的瓦当为阳云纹图案的瓦当（图 17-16）。这类瓦当图案的特点是纹样规范、布局均衡对称、当体厚重，纹饰局部又有乳钉纹的多寡和位置的不同，有的分区双线中有细密的米字形纹样，总之，类似风格的瓦当在秦都咸阳宫殿遗址及关中秦汉各遗址中习见。这种闽越瓦当，应是受到中原秦汉文化的影响，推测关中秦代这类瓦当，即闽越瓦当所模仿的原型。

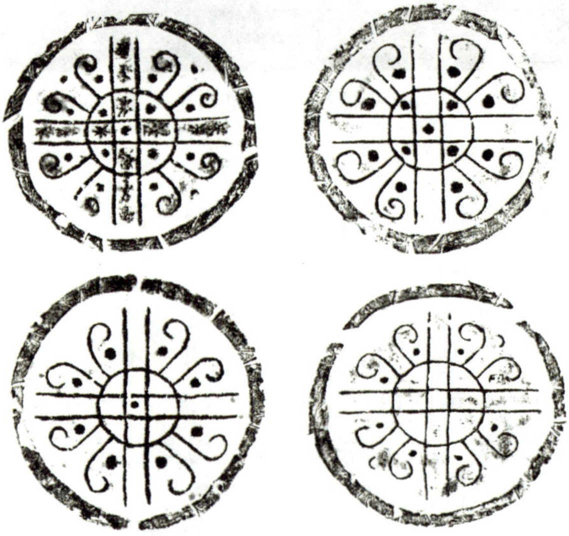

图 17-16　第Ⅰ类型的 1—4 式阳云纹图案瓦当（拓本）

① 武夷山城村汉城遗址出土瓦当已达 700 多件。福州屏山、冶山和黄末山等宫殿遗址中出土瓦当也有不少，形式种类大部分在东越故城瓦当中可见，也有一部分造型不同。

② 笔者在《论福建地区汉代的瓦当装饰艺术》（载《福建工艺美术》1987 年 3、4 期合刊）、《福建崇安汉代城址出土的建筑材料》（载《文博》1990 年第 1 期）中，将它们分为五类。后在《崇安汉城出土瓦当的研究》（载《文物》1992 年第 8 期》一文中，按编辑部的意见，将其中相近的两类合并为一，于是分成四大类型。实际上分四类、五类均可，前后并不矛盾。在本书中，是把全省的瓦当共分为六大类型。

第Ⅱ类型的瓦当为阴云纹图案的瓦当。这种瓦当装饰图案十分别致，在中原秦汉遗址中，这类阴纹的云纹瓦当亦不多见。因此，这种图案花纹的瓦当可能是在中原艺术影响下闽越人创作的一种艺术图案，其卷云纹样造型，如绽开的四朵花瓣（或如柿蒂），造型优美，显得生气勃勃（图 17-17）。

图 17-17　第Ⅱ类型的阴云纹图案瓦当（拓本）

第Ⅲ类型的瓦当，以云树（镞）纹或以云树（镞）纹为主，辅以其他纹样的图案①。这类瓦当图案均以树尖向上，图形是以卷云表现上天，树木立于地上，表示大地，用以反映天地合一的现象。这类图案又有许多局部纹样上的变化，是闽越国瓦当中最富地方特色的一类。其中以云树纹配以蛇、鸟纹图案最具鲜明艺术个性，如图案中的一只展翅飞鸟和两条相绕的蛇虫形象，简练生动，栩栩如生（图 17 18）。

第Ⅳ类型的瓦当，为文字瓦当。文字瓦当以吉语“万岁”“常乐”“乐未央”“常乐万岁”“万岁未央”五种为主（图 17-19），另有地名加吉语的“汉阳未央”②。其中“万岁”“乐未央”“常乐万岁”中还有不同的式样。“万岁”瓦当以文字为主题，在字上仍加饰云树纹样，当心留有圆泡，这种文字与云树花纹结合得十分巧妙的图案，极具地方特色，在中国千姿百态的

① 关于这种纹样，有人称镞形纹、箭镞纹，也有称树纹者。笔者曾在初步研究的文章中（见《福建工艺美术》1987 年 3、4 期合刊）沿用探掘报告上的镞纹说，后从树纹说，认为可能是一种简化的树纹。

② 福建闽越王城博物馆：《浦城县上面山汉代遗址发掘简报》，载《福建文博》2012 年第 1 期。

图 17-18　第Ⅲ类型的云树（镞）纹瓦当（拓本）

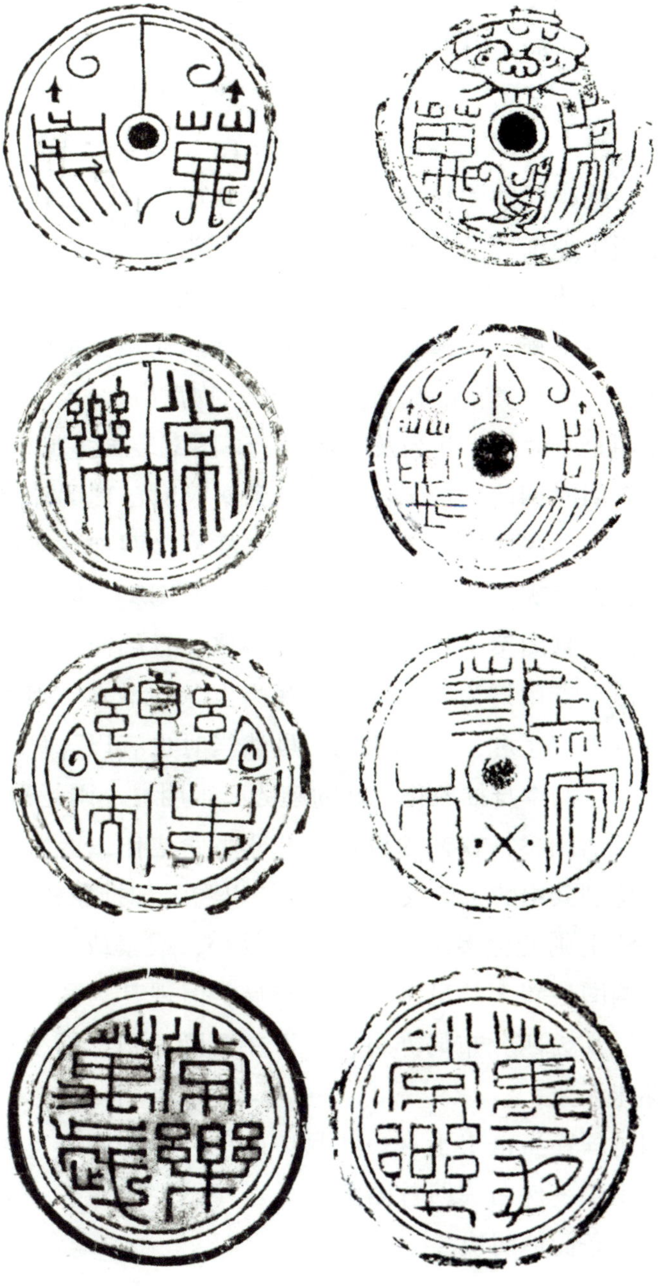

图 17-19　第Ⅳ类型的文字瓦当（拓本）

秦汉瓦当中，也是难觅的珍品。“乐未央”瓦当三字为三分布局，作“品”状，但也可谓二分布局，因为乐字在上，占了二分之一的位置，字体扁宽，未央二字位于下部，共占二分之一的位置，此瓦当在文字表现上，图案化倾向很强烈。“常乐”瓦当，两字为二分布局，字体十分秀长，为了使之构图饱满和严整，闽越匠师除将两字的一些笔画加长外，还在边缘加饰了竖线条及在两字当中加饰“亣”形线纹，此种瓦当在书法表现上，创造了与字体宽扁的“乐未央”相对的秀长体例。“常乐万岁”瓦当，四分布局，每字各占一隅，均匀平衡，字体端庄。第Ⅴ类型的瓦当，是配以神兽动物为装饰的文字瓦当。第Ⅵ类型的瓦当，是神兽动物瓦当。

在我国东周至秦时的半瓦当及圆瓦当上，图案装饰多见生动活泼的动、植物绘画，而东周时期萌芽的云纹图案，到秦汉时已广为流行。汉以后的瓦当中，尽管还有一些神采飞扬的禽兽、树草及“四神”等画瓦，但这种画当的数量和比例已大大减少了。云纹等抽象的图案，以及象征性的装饰占了压倒的优势，且图案一反过去的繁缛风格，日趋简洁明快，同时以当时流行的吉祥语、专用语为装饰的文字瓦当也急剧增多。闽越国瓦当就是在这种历史背景下产生和发展起来的，虽然当时也有以飞鸟、蛇虫形象为装饰的图案，但它们本身抽象化设计的趋势已很明显。闽越国这些抽象的、具有象征性的瓦当图案，在艺术设计上并非平庸之作，恰恰是既富于变化又十分巧妙。特别其中的云树纹图案，虽皆以卷云加抽象树纹为主要内容，可是在表现手法上则变化多端，纹样或大或小，或繁或简，有纤秀者，也有粗犷者。在构图位置上，虽多为四分布局，但视其为两分布局亦通；而两分布局者，说其为四分布局亦可，上下左右既对称又有变通。总之，都各具匠心，趣味无穷。

当然，闽越国瓦当也出土有一些具体的动、植物图案，在福州闽越国东冶遗址中出土了一件白虎回首图案的瓦当（图 17-20），一只神兽被刻画得生动可爱，线条简洁明快。

图 17-20　福州闽越国东冶遗址出土的神兽（白虎）纹瓦当（拓本）

图 17-21　浦城锦城村遗址出土的“汉阳未央”文字瓦当（拓本）

另外，在福州闽越国东冶遗址中也出土了一件四叶纹瓦当和一件残缺的云纹瓦当。四叶纹瓦当应与第Ⅲ型云纹瓦当中图案简约者相类似，目前仅见于福州闽越国东冶遗址中（图 17-18）。但是那件残缺的云纹瓦当，则完全是中原秦汉瓦当的形制和作风，在陕西咸阳秦宫遗址和西汉长安城遗址中，常见这种典型的中原秦汉式云纹瓦当。这就完全说明了闽越国都东冶的宫室建设是在秦宫室和汉初宫室的影响下建构的，不排除中原地区秦汉工匠参与了技术指导等工作。

中原秦代汉初瓦当的出现，进一步证明了福州东冶都邑早于武夷山东越王都邑。

闽越国遗址出土的这些瓦当，从瓦当图案的发展来看，大致可分三个阶段：第一阶段，云纹瓦当；第二阶段，云树纹瓦当；第三阶段，文字瓦当。总体上，它们均流行于闽越国时代，因此它们之间普遍有着同一时间共存的关系。①

以文字为装饰图案的瓦当，是稍晚才出现的新形式。先是以云树纹衬饰“万岁”文字，以兽面凤鸟纹衬饰“万岁”文字，其后又为整个瓦当饰以文字。这时闽越国瓦当制作水平已达巅峰，特别是以这种变化多姿的美术字形图案的出现标志了汉代瓦当与书法艺术的结合达到了新的高度，如

① 杨琮：《崇安汉城出土瓦当的研究》，载《文物》1992 年第 8 期。

“万岁”“乐未央”“常乐万岁”“万岁未央”等吉语文字，在书体的表现上，常常字同体异，图案性和布局的对称性很强烈。这些闽越国艺术匠师创造的文字瓦当，篆籀精妙，既赋予其浓厚的装饰意趣，又不失为书法佳作。这种现象虽说是受中原文化浓厚熏陶，可是在艺术创作手法上，却有一定的独创。瓦当艺术是闽越国美术中的一枝奇葩。

（五）壁画

秦汉时期的宫室府邸建筑中，十分流行壁画艺术。在秦都咸阳宫殿遗址的发掘中，就发现有彩绘壁画的残存。① 文献记载汉长安城未央宫的麒麟阁即有图绘壁画。② 汉武帝在甘泉宫也曾派人绘制了壁画。当时在各地诸侯王的宫室里都流行绘制壁画，汉王延寿的《鲁灵光殿赋》中记录当时鲁王的宫室壁画的情况：“图画天地，品类群生，杂物奇怪，山海神灵，写载其

图 17-22　东越王城甲组建筑群遗址中发现的彩绘墙皮遗存

① 秦都咸阳考古工作站：《秦都咸阳第三号宫殿建筑遗址发掘简报》，载《考古与文物》1980 年第 2 期。

② 参见《史记·留侯世家》，中华书局点校本，1982 年。

状，托之丹青，千变万化，事各缪形，随色像类，曲得其情。”在广州象岗发现的南越王墓室中，也绘有彩色壁画。① 1981 年，在东越王城高胡坪甲组建筑群遗址的发掘中，发现主殿西侧的倒墙残壁上，刷有一层白石灰，白灰面上遗留着清楚的朱绘壁画边框遗迹（图 17-13）。② 由于仅存墙壁下部，壁画遗存很少（图 17-22），所以无法确知原壁画的具体内容。但由此可证，当时闽越国东越王城的宫室建筑中存在有图绘大型壁画的艺术形式。

二、音乐

古代越人也善歌舞、音乐。先秦文献《吕氏春秋》中，记载越王善野音③，即喜善越人自己的民族音乐。《说苑・善说篇》亦记载公元前 528 年，楚国令尹子皙泛舟湖中时“会钟鼓之音毕，榜枻越人拥楫而歌”。越人船夫用越语即兴而歌，得到了楚鄂君子皙的赞赏，他听后“乃橇修袂行而拥之，举绣被而覆之”，以隆重的礼节优待了这位平凡的越人歌手，由此可反映出越族是一个擅歌唱的民族。研究这首越人歌的学者认为，榜枻越人歌“为即兴之作，诚为难能可贵。设若歌者所属人群，没有歌唱的风气，也无歌唱的素质，难以设想歌者俄顷间能唱出此等样歌。所以我们说，歌者不愧为古代越族优秀的歌手，越族也不愧为深有歌唱素养而擅长歌唱的民族”④。

越人不仅善歌，亦善乐器，东周时越国已有专门的乐作和乐师。《吴越春秋・句践伐吴外传》记载越王伐吴得胜后，“置酒文台，群臣为乐，乃命乐作伐吴之曲。乐师曰：臣闻即事作操，功成作乐，君王崇德，诲化有道之国，诛无义之人，复仇还耻，威加诸侯，受霸王之功，功可像于图画，德可刻于金石，声可托于弦管，名可留于竹帛，臣请引瑟而鼓之”。从文献记述上可知当时有打击和管、弦音乐。浙江绍兴 306 号墓出土的铜屋模型中，就有人物

① 广州市文物管理委员会等：《西汉南越王墓》，文物出版社，1991 年。

② 福建省博物馆：《崇安城村汉城探掘简报》，载《文物》1985 年第 11 期。福建博物院、福建闽越王城博物馆编：《武夷山城村汉城遗址发掘报告 1980—1996》，福建人民出版社，2004 年，图版 B119：177。

③《吕氏春秋・遇合篇》：“客有以吹籁见于越王者，羽角宫徵商不谬，越王不善。为野音而反善之。”

④ 白耀天：《“榜枻越人歌”的译读及其有关问题》，载《广西民族研究》1985 年第 1 期。

击鼓、弹四弦琴、吹笙等造型①。武夷山北麓的贵溪战国崖墓中，曾出土有十三弦木琴②；福建闽侯黄土仑商周遗址中，出土有仿木鼓的陶鼓模型③；南安县大盈残墓出土了8件铜铃④；建瓯小桥乡阳泽村地下出土一件西周时期的青铜铙⑤，铜铙通高76.8厘米，重100.35公斤，为国内不多见的几件大（铙）之一⑥。后来，建瓯南雅等地又先后出土了3件青铜甬钟⑦。南雅出土的两件造型相当、大小有异的铜钟，不排除可能是原成组配套的乐器。⑧《说文·金部》《尔雅·释乐》皆云："大钟谓之镛"（《商颂》《毛传》均同）。《说文》又说："钟，乐钟也。……锸钟或从甬"。《释名》说："钟，空也。空内受气多，故声大。"甬钟发声洪亮，古为诸乐之首。这些资料可证，汉以前的闽越先民已善音乐。

反映闽越国音乐方面的资料目前还发现不多。从1980年以来，在武夷山城村汉城（东越王城）遗址中，已发现出土的只有青铜钟、青铜铎的残件。⑨另外，1959年初次发掘时，曾出土有一件铜质琴轸（图17-23:3），原发掘简报定为"坠"，认为可能是一件装饰品。⑩笔者曾在一篇有关文章中亦沿其说。⑪后经研究比定，予以了改正⑫，此物应该是琴类乐器上的青

① 浙江省文物管理委员会：《绍兴306号战国墓发掘简报》，载《文物》1984年第1期。
② 江西省博物馆等：《江西贵溪崖墓发掘简报》，载《文物》1980年第11期。
③ 福建省博物馆：《闽侯黄土仑遗址发掘简报》，载《文物》1984年第4期。
④ 庄锦清、林华东：《福建南安大盈出土青铜器》，载《考古》1977年第3期。
⑤ 王振镛：《福建建瓯县出土西周铜钟》，载《文物》1980年第11期。
⑥ 由于甬钟与铙的结构大体一致，所以湖南学者高至喜称此钟为铙。参见高至喜：《中国南方出土商周铜铙概论》，《湖南考古辑刊》（2），湖南古籍出版社，1984年。目前国内比建瓯铜铙更大的有2件铜铙，分别为154公斤和109公斤，均出自湖南。
⑦ 有2件现藏于福建博物院，资料未发表。另一件现藏于建瓯市博物馆，资料待刊。
⑧ 这些铜甬钟，从造型纹样上看，虽为西周至春秋时制造和流行。但福建出土的这些铜钟可能保存沿用时间较长。在两广地区也有将早期的青铜礼乐器保存沿用很久的例证。参见黄展岳：《论两广地区出土的先秦青铜器》，载《考古学报》1986年第4期。
⑨ 福建省博物馆：《崇安城村汉城探掘简报》，载《文物》1985年第11期。福建省博物馆、厦门大学人类学系考古专业：《崇安汉城北岗一号建筑遗址》，载《考古学报》1990年第3期。
⑩ 福建省文物管理委员会：《福建崇安城村汉城遗址试掘》，载《考古》1960年第10期。
⑪ 杨琮：《福建崇安汉城出土的青铜器及有关问题》，载《华夏考古》1991年第2期。
⑫ 杨琮：《闽越国文化》，福建人民出版社，1998年，第440—441页。

铜附件——轸。此琴轸上端为上小下大的方棱柱体，下端为圆筒形，束腰有一穿孔，内通口。使用方法是绷上琴弦安于琴轸沟中，琴上有几弦就有几轸。在广州南越王墓西耳室中，也发现有木胎已朽的木琴，遗存着 11 枚琴轸①，还出土了用于套琴轸调弦的轸钥（图 17-23：1、2）。

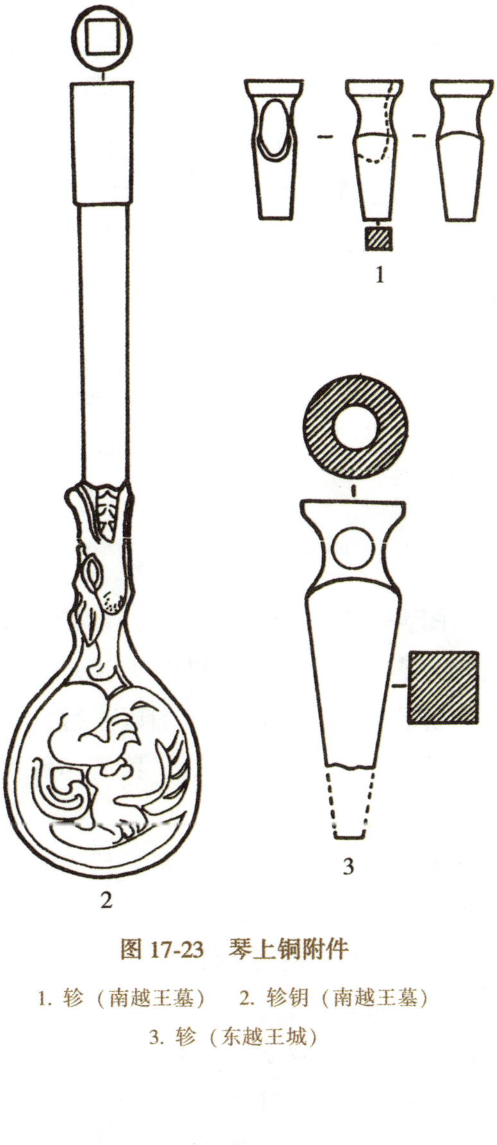

图 17-23　琴上铜附件

1. 轸（南越王墓）　2. 轸钥（南越王墓）
3. 轸（东越王城）

尽管历史文献中对闽越国时期的音乐情况缺载，并且木、竹、皮革等质地的乐器在地下难以保存至今，我们仍可从这些出土的铜乐器及附件上，管窥闽越国音乐之一斑。闽越国无疑继承了先秦时期闽越人及故越国的音乐传统，同时可能还吸收了中原秦汉音乐文化的许多内容。其城址中出土的青铜钟铣残件上，有鸟形纹样，可能为越器②；但铜铎上的虺纹和几何图形花纹图案，与一些中原流行铜器上的花纹相似③，不排除可能是引自中原内地的乐器。铎，形似钟，内有舌。《说文·金部》说："铎，

① 广州市文物管理委员会等：《西汉南越王墓》，文物出版社，1991 年。
② 由于此钟仅存铣部一角，全貌情况不明。
③ 此铎上的花纹图案装饰，在河南的山彪镇与琉璃阁战国墓出土的青铜器上多见相似者。参见郭宝钧：《山彪镇与琉璃阁》，科学出版社，1959 年。

大铃也。从金，睪声。军法，五人为伍，五伍为两；两司马执铎。”说明铎也用于军乐之中。《周礼·小宰》郑注云：“木铎，木舌也。文事奋木铎，武事奋金铎。”《周礼·鼓人》贾疏：“金铃金舌者为金铎。”《吕氏春秋·仲春纪》高注：“金口木舌为木铎。金舌为金铎。”由于闽越国东越王城遗址中出土的铎已成为残件，舌已失，因此无法考证舌是木、是金（铜）。

史书记载闽越王世奉故越国祭祀、社稷①，因而必承其故国礼乐传统，于东越王城遗址中出土的重要仪礼乐器残件当是证物，闽越国在民间音乐的基础上，亦应有专门的宫廷音乐。

第二节　宗教信仰

一、图腾

图腾崇拜，是每个古老民族都曾有过的原始宗教意识。在原始社会的氏族部落，都有将自然界中与本氏族关系最密切的某种动、植物或自然物，视为自己的祖先或保佑神加以崇拜，并引为标记，以期保佑和帮助自己的生存及发展。这种原始的宗教信仰传统，往往还一直保留延续到文明社会时期。

闽越人的图腾崇拜，亦缘起于原始氏族时代。古代越族的图腾，是一种动物抑或是多种动物呢？是否诸支越人有过统一的图腾崇拜呢？学术界意见不一。这也是今后百越史学界需要深入研究的课题之一。但闽越族的图腾可以肯定是蛇。对于这个问题，文献记载、历史传说和出土文物皆基本可以证实。《说文》记载：“闽，东南越。蛇种。”已很明白地指出当时的闽，即东南越族，是蛇图腾。宋代《太平御览》中的有关条目也进一步说明：“闽州，越地，即古东瓯，今建州亦其地，皆蛇种。”对于先秦越国为蛇种，文献也多有记述。《国语·吴语》载：吴王阖闾“欲并大越，越在东

① 《史记·东越列传》，中华书局点校本，1982年，第2981页。

南，故立蛇门……越在已地，其位蛇也，故南大门上有木蛇，北向首内，示越属吴也”。还记载伍子胥劝吴王夫差，不可放越王句践归国，云：“夫越王好信以爱民，四方归之，年谷时熟，日长炎炎，及吾犹可战也。为虺弗摧，为蛇将若何……”。这些史料上的记载，都是把蛇视为越国标记的证明。在《山海经·海内南经》中，也有南方地区之神为人首蛇身的记载。汉代闽越国系故越国遗族与福建土著闽越人相融合后，建立起的王国。因此，崇拜蛇图腾如故。在武夷山东越王城遗址出土的瓦当中，一种极富地方特色的瓦当图案上，即有蛇、鸟纹样，也应是闽越国对蛇的重视以及蛇图腾崇拜的一例旁证。该城址出土的铜铎，虽然有可能是中原输入物，但铎之舞面装饰着极形象的蝮虺（蝮蛇）纹，恐怕不只是一种偶然的巧合，大概与闽越人喜蛇有一定的关联。在闽越国陶器上常见蛙纹或蛙头塑形，这些形象往往见于陶器耳系器鋬上。蛙，亦闽越地区和我国南方习见的动物，同时也是蛇类喜食之物。闽越人将蛙形纹制于饮食用器之上，除了审美因素外，是否也是崇蛇观念的一种表现，抑或是以蛙向蛇进奉食物之暗示？着实耐人寻味。

闽越人的崇蛇信仰，在福建地区自汉以后仍传沿不断，历代都流传着各种崇蛇的故事和神话。

此外，鸟可能也是闽越人崇拜的图腾之一。关于蛇、鸟图腾的产生，不知是否源于原始社会中越族先民不同图腾的氏族部落间的通婚联姻及联合。总之，闽越人在崇蛇的同时，亦有崇鸟的习俗。在闽侯黄土仑的先民遗址中，曾出土过禽形壶，其造型即为禽鸟之形象。在东越王城遗址出土的瓦当上也可见与蛇并列的飞鸟形象纹饰，在铜钟残铣部也能见到生动的鸟纹装饰。此外，许多熏炉盖上和个别匏壶盖上亦塑鸟形钮，这都反映出闽越国人对鸟的喜爱和崇鸟的情况。晋人张华《博物志·异鸟》说：“越地深山有鸟如鸠，青色，名曰冶鸟。……越人谓此鸟为越祝之祖。”《史记·越世家》记载越王句践“长颈鸟喙”。或许也反映了一种喻示和表现了它们之间的比较。《吴越春秋·句践伐吴外传》也记录范蠡“夫越王为人长颈鸟喙”之语。湖北江陵望山一号汉墓出土的“越王句践剑”上铸刻有“戉王鸠浅（句践）自作用鐱（剑）”的鸟书文字。习用鸟篆文字也是故越国的一个特点，说明越人喜鸟。① 文献史籍中不仅记述越人的“鸟语”②，还多见关于越人“鸟田”的事迹③。浙江绍兴 306 号东周墓出土的越人铜屋模型，屋顶上有一大柱，柱端塑一鸠鸟。④ 这应是先秦故越国鸟图腾的又一见证。闽越国器物塑形和纹样中习见鸟形，大概与当时承袭鸟图腾的崇拜信仰不无关联。

二、祖先崇拜

虽然图腾信仰是祖先崇拜的形式之一，但闽越国当时无疑还存着对自己先祖的敬仰、崇拜和祭祀。这种具体的崇祖祭宗，是文明社会祖先崇拜的主要特征。对祖先的崇拜和祭祀，当时中国各族人民都大体相似，只是表现方式不尽相同。《汉书·郊祀志》说：“祀者，所以昭孝事祖，通神明也。旁及四夷，莫不修之。”当时无论是秦汉中央王朝，还是地方郡国，抑或蕃王属国，大都立有宗庙、社稷，用以祭祀祖宗和国家土地，以期祖宗的在天之灵能保佑后代。《汉书·高帝纪》载闽越王无诸世奉故越国宗庙祭祀及社稷。《史记·东越列传》《汉书·西南夷两粤朝鲜传》中都确记余善杀闽越王郢后，汉武帝派郎中将立丑为越繇王，奉闽越国祖先祭祀。《汉书·严助传》记述严助对淮南王指出：闽越王郢“又数举兵侵陵百越，并兼邻国，以为暴强，阴计奇策，入燔寻阳楼船，欲招会稽之地，以践句践之迹”，即闽越国企图复兴其祖越王句践的霸业。《史记·东越列传》记太史公曰：闽“越虽蛮夷，其先岂尝有大功德于民哉，何其久也！历数代常为君王，句践一称伯。然余善至大逆，灭国迁众，其先苗裔繇王居股等犹尚封万户侯，由此知越世世为公侯矣。盖禹之余烈也”，他按正统观念对闽越国王世代封侯的现象正本清源。在考古发现方面，于武夷山东越王城外

① 这种鸟篆书文字虽具有中原文字文化的传统，但越国王室贵族习用。越国青铜剑、矛上十分流行这种鸟书文字。

② 《周礼》：“南八蛮，雕题交趾，有不粒食者焉。春秋不见于经传，不通华夏，在海岛，人民鸟语。”

③ 《越绝书·越绝外传记地传》。

④ 浙江省文物管理委员会：《绍兴 306 号战国墓发掘简报》，载《文物》1984 年第 1 期。

发掘揭露出闽越国宗庙和祭坛的遗址，更是闽越人崇宗祀祖的实证。关于闽越国有关的宗庙制度等问题，本书第十四章已有详考，此处省略不赘。古云：国之大事，在祀与戎。在当时，崇宗祀祖不仅是闽越国最重要的国家政治大事之一，对于汉王朝来说，也是首要的政治大事。自先秦以来，宗庙社稷就是国之根本。《吴越春秋·夫差内传》记载：子贡见越王句践，句践对他说："昔者，吴王分其民之众以残吾国，杀败吾民，鄙吾百姓，夷吾宗庙，国为墟棘，身为鱼鳖。"同传记公孙圣为吴王夫差占梦有："两锞殖宫墙者，越军入吴国，伐宗庙，掘社稷也。"越败吴，吴王向越王请成，越王曰："吾将残汝社稷，夷汝宗庙。"可见先秦时的越国和汉代闽越国都是把宗庙看作国之根本。崇拜和祭祀祖宗是闽越国宗教信仰中最重要的内容和形式，它也反映了闽越国宗教信仰的文明程度。

三、尊天地、事鬼神

崇敬天地（山川）鬼神，尊祀天地（山川）鬼神，是闽越人宗教观念的要素之一。

祭天地（山川），是对自然神或自然中神圣现象的迷信，鬼神亦被视为自然现象中的权威。历史唯物主义认为，宗教迷信是人类对自然现象的一种歪曲的反映。在古代社会，人类无法解释许多神奇莫测的自然现象，因此必然产生尊天地、事鬼神的宗教观念和迷信活动。闽越人亦然，闽越国时期的这种宗教迷信观念亦源于先秦时期的传统意识。

关于先秦时期越人事天地鬼神的宗教迷信之事迹，史籍中不乏记录。《吴越春秋·句践阴谋外传》记载越王采纳文种强国九术之首即"尊天事鬼，以求其福"，于是"立东郊以祭阳，名曰东皇公。立西郊以祭阴，名曰西王母。祭陵山于会稽，祀水泽于江州。事鬼神二年，国不被灾"。《越绝书·越绝德序外传记》云：越灭吴以后，越王句践"春祭三江，秋祭五湖。"宋《太平御览》卷一八五引《拾遗记》说："越欲灭吴，……杀三牲以祀天地，杀龙以祀川海。"这些记载反映了崇信、敬祀天地（山川）鬼神是先秦越国人的宗教信仰。

汉代闽越国人，除亦继承故越国的一些宗教观念外，还承袭有当地的宗教迷信观念。《史记·封禅书》记载汉武帝曾令祠官祀“武夷君用乾鱼”。“武夷君”应是武夷山山神，如果闽越人没有祭祀“武夷君”的宗教习俗，那么汉武帝从何得此举措？可见用乾鱼祭祀“武夷君”的活动，首先应是闽越国人宗教活动的大事之一。《史记·封禅书》还记载：元封二年(前109年)，“是时既灭两越，越人勇之乃言‘越人俗鬼，而其祠皆见鬼，数有效。昔东瓯王敬鬼，寿百六十岁。后世怠慢，故衰耗’。乃令越巫立越祝祠，安台无坛，亦祠天神上帝百鬼，而以鸡卜。上信之，越祠鸡卜始用”。从上述信史的明确记述中，得知闽越应有祀“天神上帝百鬼”的越祠，并且还应有事神的巫、祝，中原称之为“越巫”“越祝”①。《汉书·郊祀志》说：“是以圣王为之典礼。民之精爽不贰，齐肃聪明者，神或降之，在男曰觋，在女曰巫，使制神之处位，为之牲器。”师古注曰：“巫觋亦通称耳。”同书又说：“使先圣之后，能知山川，敬于礼仪，明神之事者，以为祝。”颜师古曰：“祝谓主祭之赞词者。”《说文·示部》：“祝，祭主赞辞者。”段注：“谓以人口交神也。”《说文·巫部》：“巫，巫祝也。女能事无形，以舞降神者也。”不知是《说文》原本有误，还是后世传抄误字，段玉裁注纠误说：“按祝乃觋之误。巫觋者皆巫也。故觋篆下总言其义。《示部》曰：祝，祭主赞辞者。《周礼》祝与巫分职。二者虽相须为用，不得以祝释巫也。”当时，巫与祝是在祭礼中配合事神鬼的，一个以舞通神，一个以言通神。《汉书·景十三王传》载：江都王“建恐诛，心内不安，与其后成光共使越婢下神，祝诅上”。连一般的“越婢”都习于下神祝诅人，足知当时越人极善事神弄鬼。《淮南子·人间训》载：“荆人鬼，越人禨。”禨亦为䰯。《说文》说：“䰯，鬼俗也。从鬼，几声。《淮南传》曰‘吴人鬼，越人䰯’”。先秦时中原人对吴和楚亦称“荆”，因而文献记荆或吴并不相矛盾。《景十三王传》亦载：“彭祖不好治宫室禨祥，好为吏。”服虔注曰：“求福也。”颜师古注曰：“禨，鬼俗也，字或作䰯。《淮南子》曰‘荆人鬼，越人䰯’。禨祥，总谓鬼神之事也。”《史记正义》引顾野王云：“禨

① （晋）张华：《博物志·异鸟》：“……越人谓此鸟为越祝之祖。”

祥，吉凶之先见也。”段玉裁《说文解字注》综引诸说：“皆好事鬼之意耳。”上述文献记载的“越巫”“越祝”“越婢”，可能系指闽越人，至少包括了闽越人。因为越人勇之所举东瓯王敬鬼的事例，即闽越人的鬼俗。① 因此，“其祠”以及武帝命越巫立的越祝祠，也都应是以闽越巫按闽越习俗立的闽越祠。而使“越婢下神”的江都王刘建及主编《淮南子》的淮南王刘安，都与闽越国往来密切，互为依靠，十分亲善。②

在武夷山东越王城北岗一号建筑遗址旁边，坐落一近长方形的坛，正是闽越国祭祀祖先以及“天神上帝百鬼”的祭坛。关于汉武帝听越人勇之所言，令越巫立的越祝祠，为何“安台无坛”？《史记》《汉书》记载中语焉不详，已无从查考。但《吴越春秋·句践伐吴外传》记载越王句践建有“露坛”③，可证越人亦设有祭祀用的祭坛。东越王城北岗二号建筑遗址，其祭祀的用途应与汉朝所立的那类祠天地鬼神之坛大体相类，只是祭祀手段上可能有些差异。《史记·封禅书》记汉武帝时，有人上书“言‘古者天子三年壹用太牢祠神三一：天一、地一、太一’。天子许之，令太祝领祠之于忌太一坛上，如其方。后有人复上书，言‘古者天子常以春解祠，祠黄帝用一枭破镜；冥羊用羊祠；马行用一青牡马；太一、泽山君地长用牛；武夷君用乾鱼；阴阳使者以一牛。令祠官领之如其方，而祠于忌太一坛旁”。同书还记录汉文帝制曰：“朕即位十三年于今，赖宗庙之灵，社稷之福，方内艾安，民人靡疾。……皆上帝诸神之赐也。……乃诸祠，各增广坛场，珪币俎豆以差加之。而祝釐者归福于朕，百姓不与焉。……”史志中，对祭坛用来祭祀祖宗之灵及天地鬼神的记述，不胜枚举。东越王城的祭坛亦不例外。在祭坛的东廊台中，出土有印“寿”字和“乐”字的板瓦，其他建筑遗址中则未见，其或许与祭坛的性质有某些关联，并可与文献上的有关记述互证。可能闽越国王室贵胄在此坛也曾有过为祈寿求乐而事天

① 东瓯国亦为闽越族建立的另一王国，东瓯王与闽越王同宗。因此文化风俗皆同。参见《史记·东越列传》，中华书局点校本，1959年，第2979页。

② 《史记·淮南列传》，中华书局点校本，1959年。

③ （汉）赵晔：《吴越春秋》卷十《句践伐吴外传》。

地鬼神的迷信活动。

鸡卜，也是闽越人求助神灵预示凶吉的一种宗教手段。《史记·封禅书》记录汉灭两越，越人勇之向汉武帝建议立越祝祠，祠天神上帝百鬼，用鸡卜，汉朝鸡卜由此开始，可见闽越此前已盛行鸡卜的占卜方法。当时，鸡卜可能不仅是闽越人宗教迷信的占卜习俗，也为百越所共同奉行。关于鸡卜之法，《史记正义》张守节注云："鸡卜，用鸡一、狗一，生，祝愿讫，即杀鸡狗煮熟，又祭，独取鸡两眼骨，上有孔裂，似人物形则吉，不足则凶。今岭南犹存此法也。"唐人段公路《北户录》记载："南方当除夜及将发船，皆杀鸡择骨为卜，古法也。"宋代周去非《岭外代答》说："南人以鸡卜。其法：以小雄鸡未孳尾者，执其两足，焚香祷祈，占而捕杀之；取腿骨洗净，以麻线束两骨之中，以竹筵插所束之处，俾两腿骨相背于竹筵之端，执筵再祷，左骨为侬，侬者我也，右骨为人，人者所占之事也；乃视两骨之侧，所有细窍，以细竹筵长寸余者遍插之，或斜、或直、或正，各随其斜、直、正、偏，而定吉凶。其法一十八变，大抵直而正或近骨者多吉，曲而斜或远骨者多凶。亦有用鸡卵卜者，焚香祷祝，书墨于卵，记其四维而煮之，熟乃横截，视当墨之处，辨其白之厚薄，而定侬、人、吉、凶焉。昔汉武帝奉越祠鸡卜，其法无传，今记之。"① 此外，宋代的《太平寰宇记》、范成大《桂海虞衡志》及明代邝露的《赤雅》等书中，都记载有南人鸡卜的情况及占法。明代以后南方地区志书，亦多见此俗的记载。近代民俗调查中也能见到实况②。这都应是汉代越人鸡卜之法的流传、演绎。

第三节　生活习俗

闽越人也与其他民族一样，有着自己的生活习惯和风俗，其特定的风俗习惯也是在本民族漫长的发展中，逐步产生和形成的。这些风俗习惯既

---

① （宋）周去非：《岭外代答》卷十。

② 参见蒋炳钊、吴绵吉、辛土成：《百越民族文化》第九章。

有自然环境影响的因素，也有社会历史方面的原因，其又与闽越族人民的生产劳动、宗教信仰、文化交流等社会活动有直接或间接的关联。因此，闽越人民的生活习俗也是闽越国社会文化的重要组成部分。

一、食俗

闽越人与我国南方的广大居民一样，以稻作农业生产为主，因此，主食是以稻米为主。先秦时期的闽越人，农耕经济不甚发达，食物来源除稻米外，渔猎和采集经济还占了相当大的比重。① 西汉闽越国时期，闽越人的稻作农业飞速发展，从武夷山东越王城遗址中出土的众多铁制锸、锄、镬（镢）、镰、耙、犁等农具来看，闽越国的农耕经济在整个国民经济中占了主要地位。《汉书·严助传》记录了淮南王安所述：闽“越人欲为变，必先田余干界中，积食粮，乃入伐材治船”，说明闽越国已有大面积垦田和农耕的能力。当时的稻作农业已成为闽越国经济的基础，这已毋庸置疑。东越王城遗址中出土的大量夹砂陶釜及盘口平底的砂陶小盆，都应是煮米炖饭等的炊器，这与其他地区习用砂陶器炊食的情况并无太大区别。

2016年在东越王城北城门遗址中进行第二次发掘时，厦门大学师生在北城门遗址浮选所获炭化物中，发现有一定数量的炭化稻米遗存。这是东越王城遗址考古中，第一次做植物考古的探索。在北城门遗址采集的土样中，共发现炭化种子167粒。其中可以鉴定的种子包括稻（Oryza sativac）、稗（Echinochloa crus-galli）、滨柃（Eurya emarginata）、蓼科（Polygonaceaes）、莎草科（Cyperaceae）、菊科（Compositae ）、野慈姑（Sagittaria trifoliac）、紫苏（Perilla frutescens）和悬钩子属（Rubus）等（图17-24）。以炭化滨柃种子的发现为最多，有81粒；稻的数量次之，有58粒。

水稻是唯一浮选出的炭化农作物种子（图17-25），总共58粒，其中较为完整的有41粒，残破的有17粒，其绝对数量占所有出土植物种子的数量的35%，占比较高。这些炭化稻粒均呈现烧烤后膨胀变形的特征，有的内容物外泄，有的在破碎处可见内部蜂窝状组织（图17-25中箭头所示），显示埋藏

① 参见陈存洗、杨琮：《福建青铜文化初探》，载《考古学报》1990年第4期。

图 17-24　东越王城北城门遗址出土的炭化水稻和其他植物种子

（采自《南方文物》2020 年第 6 期）

图 17-25　东越王城北城门遗址出土的炭化水稻

（采自《南方文物》2020 年第 6 期）

前应经过了高温氧化的过程。炭化稻的发现反映了所在地区的农业经济形态，由于没有发现其他农作物的遗存，我们认为稻作农业应该是当地最主要的农业类型，这与《史记》《汉书》中的有关记载是一致的。

日本学者加藤等在20世纪初最早将亚洲栽培稻分为粳（Japonica）和籼（Indica）两个类型，成为后世研究水稻分型的滥觞。20世纪80年代，我国学者程侃声建立了以形态特征为主要依据的区分水稻粳籼类型的方法，被称为程氏指数法，该法因为简便易行而被国内学界广泛采用。根据程侃声的划分，粳稻的粒型较为短圆，而籼稻的粒型则较为细长，以长宽比来区分，界限大约为2.5。为了考察东越王城北城门遗址发现水稻的性质，我们选取了形态保存较完好的19粒炭化稻，分别对其长宽进行了测量。结果显示，这些炭化稻的长度范围为4.32—5.45毫米，平均值为5.00毫米；宽度范围为2.28—3.11毫米，平均值为2.78毫米；长宽比的范围为1.55—2.14毫米，平均值为1.80毫米。这些炭化稻米的长宽比数据均落在小于2.5的范围内。据此，我们大致可以推断城村汉城（东越王城）遗址出土的水稻为粳稻。

这次浮选发现稗的种子11粒，绝对数量占比6.6%。稗是禾本科稗属的一年生植物，分布遍及中国及全世界的温暖地区，多生于沼泽地、沟边或水稻田中。稗是稻田中的常见杂草，常在水稻收获时混入，所以在很多发现有稻的植物考古工作中，往往也会出土稗或稗属的种子。

浮选中还发现滨柃种子81粒，绝对数量占比为49%。出土的滨柃种子呈黑色。滨柃是一种高1—2米的常绿灌木，主要分布在沿海地区，多生长在基岩海岸的岩石缝中，特别能够抗海风、耐干旱和盐碱环境。滨柃在城村汉城（东越王城）遗址中的发现，显示闽越人是专门将沿海树种移植到内陆山区，应当是用于庭院绿化或是园艺造型。

出土紫苏种子共3粒，绝对数量占比为1.8%。紫苏为唇形科紫苏属一年生直立草本，我国各地广泛栽培。紫苏的茎叶芳香，可用作中药和食用香料，种子榨出的油名苏子油，可供食用或作工业用防腐剂。[①] 西汉史游

① 吴征镒、李锡文主编：《中国植物志》，科学出版社，1977年，第66卷。

《急就篇》中载："葵韭葱蓼鳘苏姜"①，其中将紫苏与葱姜韭等具有特殊味道的蔬菜放在一起，显示当时人们的食物分类体系中是把紫苏作为调味料来看待的。浮选还发现少量蓼科、莎草科、菊科、悬钩子属及慈姑的种子，均为闽北地区常见的杂草，可以在一定程度上反映当时的植被环境。

上述对武夷山东越王城北城门遗址中的土样进行的浮选，获得了一批有价值的植物遗存，提供了西汉中前期闽越国经济生活的重要信息。初步分析表明，稻是东越王都先民的重要农作物和主食，出土的炭化稻粒型的量化分析揭示其为粳稻。② 当然，在北城门这样一小块发掘区域，又从局部堆积中浮选出少量炭化种子遗物，发现了粳稻的遗存，并不能证明当时的主食中没有籼稻。笔者认为福建地区的先民在7000多年前已经有了以人工栽培的水稻为食③，根据董诗华等人在武夷山市葫芦山遗址中开展的浮选工作的内容可知，该遗址的土样中有稻的炭化种子（3843—3691cal. BP）和小穗轴，表明了武夷山地区的稻作农业可以上溯到新石器时代末期。④ 到了2000多年前的闽越国时期，在武夷山地区的闽越人应该是有了同时可以栽培籼稻和粳稻的农业技术。

这里所述的食俗，除了主食稻米之外，着重指闽越人在辅助性副食方面的饮食习惯。据史书记载，越人喜食水产、蛇、蛤等食物。中原人多称越人喜食"异物"。《逸周书·王会解》云："东越海蛤，瓯人蝉蛇，蝉蛇顺食之美。"这是指闽越（亦称东越、东瓯）人的食俗习惯。晋人张华在《博物志》上记说："东南之人食水产，西北之人食陆畜。食水产者，龟、蛤、螺、蚌以为珍味，不觉腥臊也。"说明食俗习惯与人所处的自然环境关

① （汉）史游：《急就篇》，四部丛刊续编景明钞本。

② 葛威等：《福建武夷山市城村汉城植物考古及年代学新资料》，载《南方文物》2020年第6期。

③ 福建省昙石山遗址博物馆编著：《闽江下游流域史前遗址考古调查与研究》，科学出版社，2018年，第334—347页。

④ 董诗华、葛威：《武夷山市葫芦山新石器时代晚期遗址植物遗存研究》，见《东南地区民族植物学调查与研究》，厦门大学出版社，2017年，第109—144页。笔者认为葫芦山遗址这一时期应该是在夏代，是福建地区"东张文化"中的"葫芦山类型"。

系密切。闽越人居住活动的地域不小，大致为今福建全境及赣东、浙南部分地区，居于沿海一带的则多食海产（亦食淡水水产）①；居闽西北山区的则多食淡水水产②。总而言之，都以喜食水产类为主。《盐铁论·论菑篇》也记述："盖越人美蠃蚌而简太牢。"而《史记·封禅书》及《汉书·郊祀志》中，均记载汉武帝祠"武夷君"不用牲牢，而是供奉乾鱼的事例，也间接地反映了闽越与中原人的食俗不同，所以祭神的食物也有所不同。武夷山东越王城内外各遗址中，都普遍出土有渔网上使用的陶网坠，可证当时人们重渔捞业及喜食水产的习俗。《史记·货殖列传》记载当时江淮以南"楚、越之地，地广人稀，饭稻羹鱼……果隋蠃蛤……"，应是越人食俗的实录。除"饭稻羹鱼"外，闽越人喜食蟒蛇的习惯亦可见记载。《淮南子·精神训》记有："越人得髯蛇以为上肴，中国人得而弃之，无用。"

闽越人的食俗，与他们所处的自然环境和所拥有的自然资源是分不开的。闽越地总的自然地理是面大海而负高山，全境群山叠嶂，江河纵横，森林密布。这种环境不利于大面积的农业耕作的发展，但水产类和动植物资源十分丰富，为当时的闽越居民提供了大量的副食。这些水产类食物在先秦时代还常常处于主食的地位。《汉书·严助传》中，淮南王刘安上汉武帝书时曾对闽越国的地理和自然环境有过较详的描述，指出闽越人"处溪谷之间，篁竹之中，习于水斗，便于用舟，地深昧而多水险……以地图察其山川要塞，相去不过寸数，而间独数百千里，阻险林丛弗能尽著"，"入越地，舆轿而隃领，拖舟而入水，行数百千里，夹以深林丛竹，水道上下击石，林中多蝮蛇猛兽……"。③ 这些写实的记述，与福建现今的自然地理环境也相当吻合。可见闽越国人民的饮食习俗，是闽越人在这种特定的自然生态环境中，顺应客观条件，充分利用自然资源而长期发展形成的。

---

① 福建沿海地区的古遗址中多见贝类壳成堆，即贝丘遗址。其中贝类壳多为海产，也有部分为淡水贝类，同时还见鱼骨、鳖骨等鱼类遗骨。

② 福建闽西北等山区内陆的古遗址中，亦多见淡水渔捞工具等遗物，如石网坠、陶网坠、石鱼镖、陶制鱼篓形器（竹篓无法保存下来）等，反映了发达的淡水渔捞业状况。

③ 《汉书·严助传》，中华书局点校本，1962 年，第 2778—2779 页。

二、衣俗

闽越国时期闽越人的衣着习俗，目前在地下出土的文物资料中还没有实例，这主要是由于当时的服饰难以保存至今。从历史文献中看，当时的闽越人可能与其他百越人一样基于气候和生产劳动的原因，习惯穿着用麻、丝或葛布做成的短衣短裤。这种衣俗也是先秦以来越人的传统。在武夷山先秦时代闽越先民的崖洞船棺中，就曾出土了大麻和苎麻两种纤维的麻布，还出土了丝绸和青灰色的棉布残片。① 其中的棉布经鉴定可能是属于联核型木棉的品种。② 先秦文献《尚书·禹贡》即云扬州的贡品“岛夷卉服，厥篚织贝”。传曰：“木棉之精好者，谓之吉贝。”《汉书》颜注引孟康曰：“闽人以棉花为吉贝。”《书经集传》中蔡沈引注《禹贡》说：“卉，草也，葛越，木棉之属。”孔颖达《尚书正义》释曰：“卉服，葛越也，南方布名，用葛为之。”《史记·夏本纪·正义》说：“东南之夷，草服葛越。”《淮南子·原道训》说：“匈奴出秽裘，于越生葛絺。……九疑之南，陆事寡而水事众。于是民人被发文身，以像鳞虫。短绻不绔，以便涉游。短袂攘卷，以便刺舟。”《汉书·景十三王传》记载：江都王刘建“遣人通越繇王闽侯，遗以锦帛奇珍。繇王闽侯亦遗建：荃、葛、珠玑、犀甲、翠羽、蝯熊奇兽，……”。颜师古注：“许慎云‘荃，细布也’。字本作絟，……盖今南方筒布之属皆为荃也。葛即今之葛布也。”可见当时的闽越国已能够生产上好的细布、葛布，并作为特产赠送给邻国王侯。当时闽越国人民一般的衣着习惯，推测是常用丝、麻、荃、葛制作的短衣短裤为主。

在东越王城等有关的闽越国遗址中，出土不少陶纺轮，与文献共证闽越国当时存在织布、制衣业，但具体情况，目前尚缺乏资料说明。闽越国遗址出土的瓦类，有的内面遗留着当时麻布衬印下的痕迹，也可一瞥闽越国麻布纺织情况。

此外，“左衽”也是闽越人及越族共同的衣着习俗之一。《史记·赵世

① 福建省博物馆：《福建崇安武夷山白岩崖洞墓清理简报》，载《文物》1980 年第 6 期。

② 高汉玉：《崇安武夷山船棺出土的纺织品》，载《福建文博》1980 年第 2 期。

家》记载："夫剪发文身，错臂左衽，瓯越之民也。"

三、住俗

《越绝书·越绝外传记地传》记载越人"水行而山处"。《汉书·严助传》记淮南王语，闽越人"处溪谷之间"。据考古调查资料，汉代闽越国时期的遗址，基本都位于山丘、高地之上，大多沿河临溪，与史籍记录的情形一致。这种选择居住地的方式及习俗，也是先秦时代闽越先民的住俗传统，是主要基于因地制宜，为生活、用水、交通方便，防潮避湿、朝阳通风等方面着想而长期形成的习俗。

在居室建筑中，干栏式住房建筑为越人的一大特征。这也是先秦时代闽越先民传继下来的住俗之一。晋人张华《博物志》云："南越巢居，北朔穴居。避寒暑也。"巢居是干栏式建筑的原始形态，出现于原始社会时期。当时的原始先民为了避潮湿、暑热以及猛兽的侵袭，将简单的房子建构在大树上。以后随着人与自然斗争能力的加强，社会生产力的发展，将住房建到了地面，形式虽然演变成以立木柱架空于地面建房屋，仍是为了避潮湿和野兽的侵袭。在霞浦黄瓜山发掘的夏商时期闽越先民的遗址中，发现成排成组的柱洞，但地面没有居住面和房基遗迹，被认为是干栏式建筑的遗迹。① 与福建黄瓜山遗址年代相近的台湾凤鼻头文化遗址中，亦发现有干栏式建筑形式的房屋遗迹。②《临海水土志》记述浙南的闽越后裔"安家之民，悉依深山，架立屋舍于栈格上似楼状"③。在武夷山脉西北麓的贵溪战国崖墓中，也发现有房屋形大棺，它的底部悬空，有六足支撑着，应即仿生前干栏式住房制成。④

在武夷山东越王城遗址中发掘揭露的闽越国宫殿、居室和大型房屋建

① 林公务：《黄瓜山遗址的发掘与认识》，载《福建文博》1990 年第 1 期。

② 韩起：《台湾省原始社会考古概述》，载《考古》1979 年第 3 期。

③ 学术界大都认为浙江瑞安的"安家之民"即闽人一支。黄展岳亦考证"安家之民"为闽越族之后裔。参见黄展岳：《闽越、南越和夷洲的比较研究》，载《福建文博》1990 年增刊。

④ 江西省博物馆等：《江西贵溪崖墓发掘简报》，载《文物》1980 年第 11 期。

筑中，都可见到架空于地面40—60厘米处，用木柱支撑并铺设地板于其上的建筑结构。这也是先秦干栏式建筑的遗制，是经改良的干栏式建筑。在中原地区的秦、汉宫室中，也偶见铺木质地板的类似的建筑形式。① 不知是否为文化交流的产物，抑或其他呢？这些问题有待研究。

需要指明的是干栏式建筑只是闽越人富有特色的住俗之一，无论是先秦时代还是秦汉时期，闽越人在住房建筑方面，还有非干栏式的建筑，即直接在地面建基盖房的。福建先秦时期的建筑遗址中，不乏直接住于地面的房屋遗迹，东越王城址中不少非干栏式的建筑物亦可证实这个观点，但闽越人居于水流附近的岗丘或高地之上的习俗，则是普遍现象。

四、行俗

闽越人生活环境和活动区域多处于江河溪流附近，又临海，所以交通行俗与中原广大地区在旱路大道以骑马、乘车为主有很大的不同，而是以划舟行船为主。舟船是他们主要的交通工具，江河湖海之水流成为他们的"道路"。古文献记述越人"山处"住俗的同时，亦指明其"水行"的行俗。②《吕氏春秋》对比入秦与入越的情况云："如秦者，立而至，有车也；适越者，坐而至，有舟也。"说明入越地和在越地活动要靠舟船。《越绝书·越绝外传记地传》记述越人"以船为车，以楫为马，往若飘风，去则难从"。《淮南子·齐俗训》也说："胡人便于马，越人便于舟。"《汉书·严助传》记淮南王刘安指出：闽越国人"习于水斗，便于用舟"，可证乘船行舟是闽越国人民的主要行俗。

《史记·东越列传》《汉书·西南夷两粤朝鲜传》记载建元六年（前135年），闽越王弟余善在汉朝大军压境，闽越王郢发兵抗拒的当口，欲杀

① 在陕西临潼秦始皇陵园区曾发现铺设地板的建筑遗址，被认为是管理祭祀者的住所。石兴邦：《秦代都城和陵墓的建制及其相关的历史意义》，见《秦文化论丛》，西北大学出版社，1993年。在汉长安城未央宫第四号建筑遗址中，也发现铺设地板的房屋。中国社会科学院考古研究所汉城工作队：《汉长安城未央宫第四号建筑遗址发掘简报》，载《考古》1993年第11期。

② （汉）袁康：《越绝书·记地传》。

郢夺王位，曾与相、宗族谋划，举一下策说：若力战不过汉军，将率众逃到海上。这反映出当时的闽越人既善在江河中行舟，还具备了在海上航行海船的能力。《史记》《汉书》还记录元鼎五年（前112年）汉发江南10万楼船师平南越时，东越王余善亦上书要求出兵，并派8000人乘船从海上配合汉楼船将军合击南越国都番禺（今广州）。尽管后来以海风波为借口按兵不前，但闽越国舟师水行和航海的能力，仍可由此体现出来。《史记·东越列传》中说“兵至揭阳，以海风波为解，不行，持两端，阴使南越”，当时所谓风波均是针对行船所指的水上风浪。《汉书·郊祀志》“有风波舟楫之危”，尚是指汉朝皇帝乘大船在汾阴渡大川（河）而言，《汉书·贾谊传》说“中流而遇风波，船必覆矣”。东越王以海风波为借口，足证其所发8000卒是乘海船击南越的。武夷山东越王城有意选建于环河流之处，说明了当时非常重视水上交通并主要依赖于水上交通的状况，也体现出闽越人水行的特点。

五、劗（剪）发文身

劗（剪）发文身习俗，是百越民族共有的一种生活习俗，也是闽越国人民流行的习俗。《汉书·严助传》记载：“（闽）越，方外之地，劗发文身之民也。”《汉书》注引晋灼曰：“淮南云‘越人劗发’，张揖以为古剪字也。”颜师古曰：“劗与剪同，（晋）〔张〕说是也”。《战国策·赵策》说：“被发文身，错臂左衽，瓯越之民。”《史记·赵世家》则云：“夫翦（剪）发文身，错臂左衽，瓯越之民也。”《淮南子·原道训》曰：“九疑之南，陆事寡而水事众。于是民人被发文身，以像鳞虫。”高诱注之云：“被，翦也。”尽管有人对“被”和“翦”两字是否同义，抑或有方法与发式上的差别等均存在不同的看法。① 但文献史籍中所指的习俗无疑是相同的。因此《淮南子·齐俗训》中亦说：“中国冠笄，越人劗发。”还说：“越王句践劗发文身。”劗发即剪发，也称断发。故《庄子·逍遥游篇》说：“越人断发文身。”《论衡·四讳篇》记吴太伯语“吴越之俗，断发之身”。文身即在

① 徐恒彬：《断发文身考》，载《民族研究》1982年第4期。余天炽等：《古南越国史》，广西人民出版社，1988年。

人体皮肤上刺划出各种纹样或动物等形象，再黥染以墨，等伤口愈合后，其有色的纹样便永远保留在皮肤上了。高诱注《淮南子·原道训》中记载的文身以像鳞虫的情况说：“文身，刻画其体，内默其中，为蛟龙之状，以入水蛟龙不害也。故曰以像鳞虫也。”所谓的“蛟龙”很可能是指水中凶猛的鳄鱼。《淮南子·泰族训》亦记载文身：“刻肌肤，镵皮革，被创流血，至难也。然越人为之，以求荣也。”这种“文身”习俗至今在海南岛的黎族人和台湾岛的高山族人群中，还可看到。① 这是古代越人习俗之孑遗。

此外，在古越族民俗中大概还存在着诸如拔牙、凿齿、赤足等习惯，可见之于一些史志文献及近现代民族学中的实例，有的学者也已论及②，由于文献典籍中未见确指闽越者（亦缺出土文物的实证），因此暂付阙如。

六、葬俗

中国古代的葬俗也是民俗文化中非常重要的内容，中国人自古以来都是事死如事生，非常重视丧葬文化。关于闽越国时代闽越人的葬俗，史书文献无载。近 20 年来，闽越国的墓葬发现了很多，但是经过考古发掘的并不多。这是由于闽越灭国之后，其遗迹曾遭到过大规模的盗掘，尤其是福州东冶都邑和武夷山东越都邑遭到了几乎彻底的盗掘，已经是十墓十空了（虽然墓中随葬品绝大部分被反复盗过，但是大多数还会残存一些陶器）。另一方面，对众多闽越国时期墓葬的主动发掘存在不少困难，希望这方面的工作能得到更多的支持和推进，实地发掘一些墓葬群，以期今后能够解决更多历史和学术的问题。不过，就目前已经发掘的一小部分闽越国时期的墓葬所得到的资料来探究，我们已经能够较好地了解和认识闽越国丧葬的一些习俗了。

笔者认为闽越国时代闽越族人民主要的葬俗，是选择丘岗高地处为公共墓地或家族墓葬区。在闽越国都特别是东越王都遗址中，发现有大型的

---

① 笔者 1984 年赴海南岛曾亲见此俗。另外，可参见蒋炳钊、吴绵吉、辛土成著《百越民族文化》和辛土成著《台湾海峡两岸的古闽越族》。

② 蒋炳钊、吴绵吉、辛土成：《百越民族文化》，学林出版社，1988 年。辛土成：《台湾海峡两岸的古闽越族》，厦门大学出版社，1988 年。

王室和贵族墓葬区，它们连成了大片的岗峦山丘封陵，形成了一定的规模，应该是贵族、官吏陪葬王陵的现象。

闽越人葬俗埋葬的方法，即选择埋葬的地点均在距离居住地较近的山丘岗台或高地之上，并且许多葬地都是临水或靠河。这反映了闽越国人为死者选择居地（葬地），亦按生者选择居地的风俗。而这种选择丘岗高地安置死者，挖土坑埋葬，并且在墓上封土丘的葬俗，也是先秦时代闽越先民的主要葬俗之一。①

闽越国时期的墓葬，在一般情况下都有棺或棺椁等葬具，极小型的墓或特殊情况下可能无棺椁。② 流行墓底铺砌卵石层防潮隔湿的手法，这种葬俗滥觞于先秦时代闽越先民葬俗中。在武夷山地区就发现过商代后期底铺卵石的墓葬③，西周时期底铺卵石的闽越墓葬已经较为普遍了④。闽越国同时也存在着不铺砌卵石垫底的另一种防潮隔湿形式，部分大、中型墓葬采用将墓坑深挖到岩石层，或者纵向铺设枕木，架空棺椁，以及墓坑四周挖建排水沟的办法。闽侯荆溪庙后山四号墓，墓地无卵石，但墓坑长度仅1.66米，可能没有棺椁⑤，或许反映出底部未铺卵石的闽越国墓葬中，有一部分可能是无棺椁的极小墓葬。

随葬品的多寡、好坏，则以墓主身份地位和财产情况，以及生前的社会阶级、等级状况而定，或者与之有关。

关于闽越人的丧葬习俗到了商周时期就已经形成一种不同阶层有别的丧葬制度，而至闽越国时期产生了更为严格的丧葬制度，并且是社会政治、经济和文化的重要反映和缩影，这些内容在下一章我们将会详细述及。

---

① 先秦时代武夷山脉还多见崖洞悬棺葬，亦系这一地区居住的闽越先民的一种葬俗。

② 如夭折、凶死等非正常死亡的人，有可能都属于这种特殊情况。如荆溪庙后山四号墓，推测可能是这种情况。还需今后更多的发现来进一步证实。

③ 笔者在武夷山市西郊村葫芦山遗址发掘时所发现，系一座被破坏的商后期的墓葬。参见杨琮、陈子文：《武夷山发掘商代居址和窑群》，载《中国文物报》1991年12月8日。

④ 福建博物院、福建闽越王城博物馆：《福建浦城县管九村土墩墓群》，载《考古》2007年第7期。

⑤ 因为还不能排除其为小孩墓葬，葬具用小棺的可能，尽管这种可能性很小。

第十八章　丧葬制度与文化

关于闽越国的丧葬文化，我们是在很晚的时期才有了一个全新的认识，因为所有的历史文献中都没有任何记载，所以只能以地下考古发现获得的信息作为认识和了解的资料并进行研究。与其他地区不同的是，对于闽越国时期的墓葬，直到20世纪末都一直未有重要的发现。而在我国的其他地区，在西方田野考古学传入中国后的近一个世纪中，考古发现最多、最普遍的都是古代的墓葬。丧葬文化的资料是考古资料中最丰富的。这一方面，在福建地区汉代考古中则是全然相反的情况。直到20世纪90年代末期，福建地区发现的汉墓屈指可数，而可以确定的西汉前期闽越国时期的墓葬更是十分零星，且都是小型残墓。经考古清理的仅有闽侯荆溪庙后山四号小墓①，武夷山城村汉城（东越王城）外福林岗一号残墓②，以及在城村东南渡头发现有受破坏的汉墓中出土的陶器③，另有长泰县石牛山一号残墓④，仅能了解到闽越国时期的小型的墓葬，其中有的有河卵石铺墓底的现象以及均随葬10件以下陶器的情形。当然，在长泰石牛山一号残墓中，意外出土有一件小玉璧。到了20世纪90年代末，在福建地区已陆续发现了不少闽越国时代的遗址，其中最为重要的考古发现和发掘，是武夷山城村汉城

---

① 黄汉杰：《福建荆溪庙后山古墓清理》，载《考古》1959年第6期。

② 福建博物院、福建闽越王城博物馆编：《武夷山城村汉城遗址发掘报告1980—1996》，福建人民出版社，2004年，第121—122页。

③ 福建博物院、福建闽越王城博物馆编：《武夷山城村汉城遗址发掘报告1980—1996》，福建人民出版社，2004年，第122页。

④ 郑辉等：《九龙江流域先秦文化发展序列的探讨》，见《福建历史文化与博物馆学研究》，福建教育出版社，1993年，第89—96页。

（东越王城）遗址。针对闽越国墓葬缺项这一问题，1996 年后新改组的武夷山城村汉城考古队，开始对城址的外围展开详细的调查勘探。同时还引进了地磁遥感探测的新手段，在城址外围周边的山头做了大量地磁探测工作，终于在 20 世纪 90 年代末有了突破性的发现。

首先，考古队在城北面崇阳溪以北名叫“亭子后”的小丘上，根据地磁遥感探测的疑点，开探方发掘，最后发掘出一座与城址时代一致的闽越国墓葬，当时定名为亭子后一号墓。亭子后一号墓的发现，成为武夷山城村汉城考古队认识闽越墓葬的一把钥匙，此后不久，一座接一座的闽越国墓葬便不断地被勘探出来了。

但由于小型墓葬很难发现，它们没有封土堆或封土极小，因此目前被发现及被考古发掘的均极少，这类墓都是被偶然发现或开探方所套住的。而这类小型墓由于埋得很浅，很容易被后世人们的生产或生活活动所破坏，因此是闽越国墓葬中受破坏最甚的。在闽北和福州周边等地区，人们所发现器型完整的闽越国时代的陶器皿，大多是小型墓葬受破坏后的出土遗物。

第一节　闽越国墓葬的发现和发掘

一、闽越国墓葬的发现

与全国各个地区的情况完全不同，福建文物考古界对闽越国时期墓葬的发现和认识，有一个相当漫长的过程，现在回过头来，才能悟出其中的原因。福建地区在西汉中期至东汉前期的历史过程中，因为原住先民全部被迁走后形成了历史的断层，这种现象是独一无二的。西汉元封元年（前 110 年），汉武帝遣四路大军平定闽越国后，将闽越人举国举族迁到了内地的江淮地区。同为东、南两越诸侯王国，汉灭南越国后设置了郡县并进行了有效的管理，所以南越国时期的墓葬大部分保存完好。对闽越国地区则尽迁其民空虚闽中地，不设地方政府，此后的百余年间（甚至更长时间里），内地的“流民”毁灭性地扫荡了闽越人历代大大小小的墓葬①。这就给我们现代的墓葬考古带来了一段很长时间难以发现的空缺和发现遗物却无法确认的困惑。

（一）早期偶然发现的墓葬

1959年之后，有几位参加过城村汉城（东越王城）遗址试掘的考古人员开始认识到福建的汉代陶器。对发现的闽越国时期的墓葬，通过对出土陶器的比定可以判断为汉代。由此，福建考古学界对闽越国时期的陶器，对闽越国时期的考古学文化内涵便有了一个认识的过程。所以，我们应正本清源，从头进行一次梳理。

1. 南福铁路工程中福州郊区发现的墓葬遗存

20世纪50年代中期，福建省文物管理委员会配合南福（南平—福州）铁路的修建，在福州附近发现了部分闽越国时期的小墓。

杜武村墓葬

据当时调查发掘者的报道：“首先在南福铁路杜武村地方发现了一批石器时代印纹和划纹陶器。经探掘结果，在深1米多的红色地层中出土了完整的陶器8件，能复原者15件。器形有陶钵、带耳陶罐、螺旋双耳陶罐、陶杯、豆形器，并有一件陶纺轮。陶器的纹饰以回形纹为多，划纹次之，方格纹又次之。制作手、轮兼用。”② 虽然当时的考古调查发掘者还不认识西汉闽越国时期的陶器遗存，但是他们对陶器的描述和所掌握的出土器物的资料，均可作为闽越国的墓葬遗存的证明。

连江园和厚屿村墓葬

当时的考古调查发掘者已经认识到这些均是汉代的遗存：“汉代的考古学资料，在福建省尚未发现过，杜武村及与之东西相隔约1公里的连江园和厚屿村出土了类似汉代的遗存，有陶瓿、陶壶、陶钵、陶罐等，计完整

---

① 根据后来的考古发现，了解到西汉中期以后的无政府状态和失去原住居民的情况下，闽越人从西周到西汉闽越国时期历代稍有一定规模的墓葬，都曾遭到过规模性的公开盗掘。这种现象是全国其他地区都不曾有过的。

② 福建博物院编：《福建考古资料汇编（1953—1959）》，科学出版社，2011年，第233—234页。

者7件，能复原者6件，多数陶器的口沿和肩部都有几道弦纹，除此无别的花纹。陶质有细泥紫红陶和灰陶两种，火候相当高，制作十分精巧。有一陶瓿，高19厘米、口径15厘米、底径16.7厘米、腹径29厘米，肩腹有三道波浪纹和四道弦纹，两纹相间，不但美观而且精致，显现出高度的技巧和优美的艺术性。这些陶器和上述的陶器相比较，显然不是同时代的作品，后者比前者进步得多。"① 这无疑都是西汉闽越国时期的墓葬遗存。

2. 武夷山万家山墓葬遗址

当年的调查者描述："万家山位于赤石西南约2.5公里，在岩头子村的对面，东靠南（平）崇（安）公路，西邻较高的山丘，南北隔一宽50米山谷为裴家山和草山，遗址是在这山上。地表被雨水破坏严重，露出大量的印纹硬陶，分布范围甚广，东西长100米、南北宽50米，皆有大量陶片分布。同时出有残石镞2件。在遗址中西北部发现有成堆的陶器摆放在一起，以这些现象分析它可能是一葬地。"调查者也认为采集的陶器"其质坚硬，纹饰为方格纹，与城村遗址同"。② 根据当时在地面采集的完整和可以复原的硬陶罐来看，大都与城村汉城（东越王城）遗址出土的I型罐一致；采集的钵也与城址中出土的I型钵相同；采集的断面作菱形的陶纺轮，也与城址中出土的I型陶纺轮相同。③ 所以，当时的调查者也认识到这是一处墓葬区。④

3. 福州市洪塘金鸡山等地的墓葬

1975年在西郊洪塘金鸡山发现一座闽越国时代的土坑墓，出土匏壶1件、陶钵2件。此外，1951年至1966年，先后在市区内的511工地、新生建筑公司工地、金斗山、桃枝山，福州市北郊的新店、战坂一带山坡，福州市西郊的清泉山、祭酒岭等地，零星出土过闽越国时代的匏壶7件、罐

① 福建博物院编：《福建考古资料汇编（1953—1959）》，科学出版社，2011年，第233—234页，"南福铁路工程中福州附近的考古发现"。

② 福建博物院编：《福建考古资料汇编（1953—1959）》，科学出版社，2011年，第482—486页，"崇安城村等地的古遗址"。

③ 福建博物院、福建闽越王城博物馆编：《武夷山城村汉城遗址发掘报告1980—1996》，福建人民出版社，2004年，第190—295页。

④ 福建博物院编：《福建考古资料汇编（1953—1959）》，科学出版社，2011年，第482—486页，"崇安城村等地的古遗址"。

12 件、钵 6 件、瓿 2 件①。当时还不太清楚陶器的时代，现在可以断定都是闽越国时期墓葬的出土器物。

4. 闽侯庙后山墓葬

位于荆溪乡庙后山麓，遗址属于墓葬区，先后发现和清理西汉至南朝的墓葬群。其中第四号墓为闽越国时代的小型墓葬，出土的随葬品有：瓿、钵、匏壶共 3 件陶器②。此外，在被破坏的墓葬处还采集了一批陶器，其中有闽越国时代带鸟钮盖的陶匏壶等遗物。

5. 闽侯庄边山墓葬

此遗址位于榕岸东南的庄边山上，遗址中的主要文化层是新石器时代晚期遗存和夏末商初文化遗迹、遗物。但在该遗址中先后又发现了 9 座秦代的楚吏墓，其中除出土有楚式陶器外，还出土了一批闽越陶器瓮、瓿、盆、匏壶、熏炉等。同时在地层中还出土一些闽越国时代的陶盆、陶罐等③，应该是遭后世破坏的闽越国小型墓葬中的遗物④。

6. 其他地点墓葬

此外，1951 年至 1966 年，考古队还先后在弯里村、关口村分别出土了闽越国时期的陶器：匏壶 1 件、罐 3 件、瓿 3 件。⑤ 当时知道应是古墓葬出土的遗物，但不知道是闽越国时期的墓葬。

（二）后期专项调查发掘的闽越国墓葬

20 世纪 80 年代福建省博物馆组建了崇安城村汉城考古队以后，通过对城村汉城（东越王城）遗址的发掘，对出土的闽越国陶器及其文化内涵有了初步的了解，于是开始有了对闽越国墓葬随葬陶器的进一步认识。

---

① 曾凡：《福州洪塘金鸡山古墓葬》，载《考古》1992 年第 10 期。其余据福建博物院藏品及林忠干：《浅淡西汉闽越的墓葬及其陶器》，载《福建文博》1984 年第 2 期。

② 黄汉杰：《福建荆溪庙后山古墓清理》，载《考古》1959 年第 6 期。

③ 林公务：《福建闽侯庄边山的古墓群》，载《东南文化》1991 年第 1 期。笔者将其原定的战国晚期至汉初的墓葬群改定为秦代。

④ 考古发掘者在发掘时未注意到被破坏的闽越国墓葬。后来才认识到上层地层中出土的许多闽越国时期的完整陶器可能来自西汉时期的闽越国小型墓葬。

⑤ 曾凡：《福州洪塘金鸡山古墓葬》，载《考古》1992 年第 10 期。其余据福建博物院藏品及林忠干：《浅淡西汉闽越的墓葬及其陶器》，载《福建文博》1984 年第 2 期。

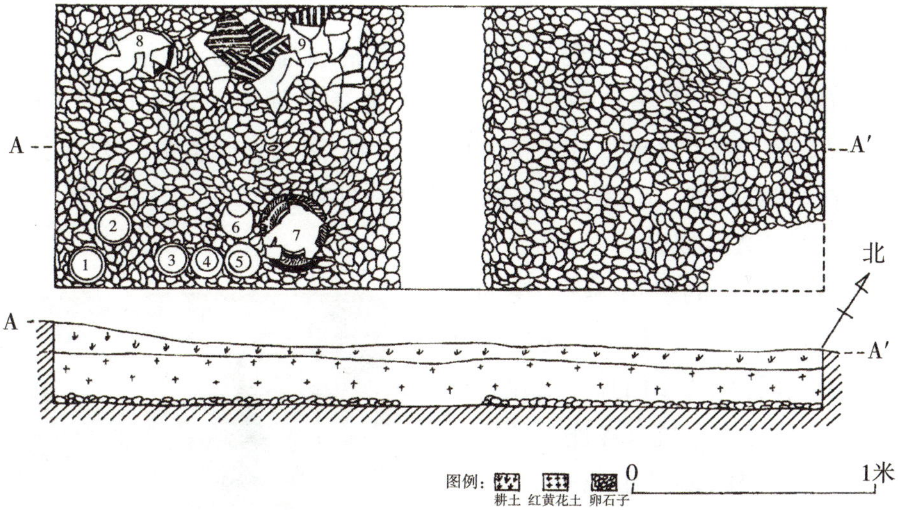

图 18-1　福林岗一号墓平、剖面图

（采自《武夷山城村汉城遗址发掘报告 1980—1996》）

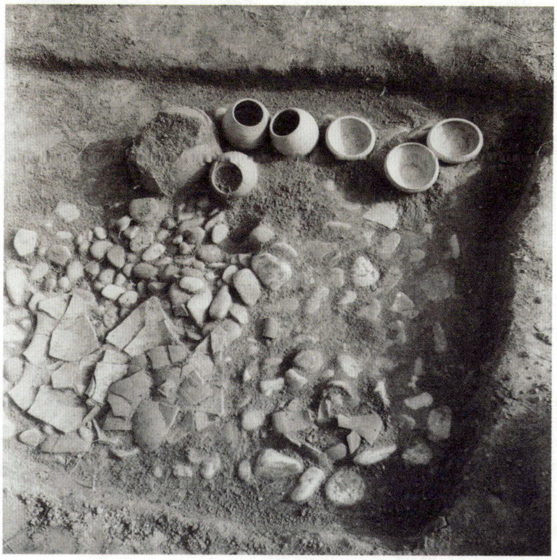

图 18-2　福林岗一号墓出土器物的实况

1. 福林岗一号墓

在武夷山城村汉城（东越王城）南城墙南侧福林岗发现，墓葬陶器已被雨水长期冲刷暴露于地表。遂被考古队发掘和清理，并定名为福林岗一号墓，该墓平面呈长方形，为土坑竖穴墓。墓口距地表20厘米。长3.16米、宽1.2米、深0.4米。墓底铺河卵石，葬具和骨殖均已腐朽，随葬品均为红色硬陶器，计有钵、双耳罐、小罐、瓿、匏壶等共9件（图18-1、图18-2）。①

2. 渡头村墓葬遗存

墓地位于城村的东北、崇阳溪的东岸，北距渡头村约50米。遗址是个地表长满灌木和竹林的小山丘。因建桥修路，发现汉代竖穴土坑墓4座。从剖面观察，这些墓葬的墓口距地表约2米。其中出露地表两座，平面为长方形，残长约2.2米，宽0.9米。墓底铺河卵石，上置陶器（已被民工先期取出），填土为夹有白膏泥、木炭和黄沙土，质地松软。4座残墓中共采集随葬陶器7件，其中匏壶2件（图18-3），敛口钵3件，双耳罐和瓿各1件。②

图18-3 东越王城遗址渡头村墓葬出土的陶匏壶

3. 石牛山一号墓

长泰石牛山一号墓，也是较浅的长方形竖穴土坑式，墓长约5米，因残甚，宽度不可知，墓底的平面的位置大部分遭破坏无存了。墓底也铺河

① 福建省博物馆：《崇安城村汉城探掘简报》，载《文物》1985年第11期。福建博物院、福建闽越王城博物馆编：《武夷山城村汉城遗址发掘报告1980—1996》，福建人民出版社，2004年，第121、122页。

② 福建博物院、福建闽越王城博物馆编：《武夷山城村汉城遗址发掘报告1980—1996》，福建人民出版社，2004年，第122页。

卵石，随葬品仅存玉璧1件及瓿、钵等几件陶器。①

4. 斗米山遗址墓葬

在邵武沿山镇百樵村斗米山遗址发现西汉闽越国墓葬一座（编号为95SDM29）。层位为2层下，打破夏商时期的地层和新石器时代的建筑遗迹。墓葬结构为竖穴土坑，方向90度。墓坑平面形状为长方形，长4.4米，宽1.82米。墓口距地表0.4米，距坑底深0.4米。坑壁规整，墓底平坦，中部平铺一层河卵石，西端放置陶器瓮、壶、钵、罐等7件，葬具及骨架均无存。墓内填土为黄褐色土，夹有红烧土块、碎石等，土质松散。文化遗物均属陶器，以灰色或灰褐色硬陶为主，多属轮制，器型规范。陶器表

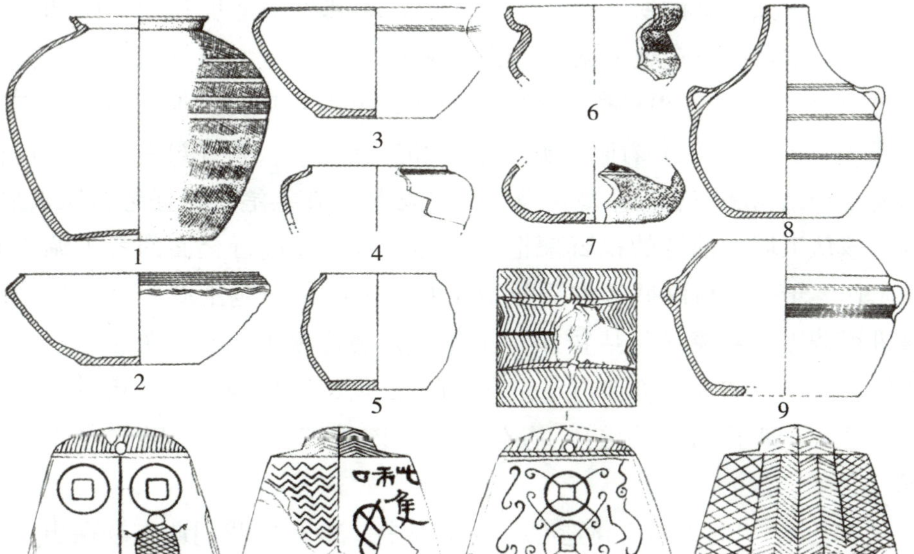

图18-4　斗米山闽越国墓出土的陶器（线图）

（采自《福建文博》2002年第1期）

1. 瓮　2、3. 钵　4. 瓿　5、9. 罐　6. 釜　7. 器底　8. 匏壶　10. 其他是混入物

---

① 1986年文物普查时，省考古队陈子文同志发现并清理。资料未发表。部分资料见郑辉等：《九龙江流域先秦文化发展序列的探讨》，见《福建历史文化与博物馆学研究》，福建教育出版社，1993年，第92页。

面装饰较简单，以拍印方格纹最常见，少量米格纹，刻划弦纹、水波纹也较多。主要器形有釜、瓮、瓿、匏壶、罐、钵等（图 18-4）。①

二、经过科学勘探发现的闽越国墓葬区

（一）对闽越国墓葬的系统探查

自 1996 年起，笔者担任福建省博物馆武夷山城村汉城考古队的领队，主持城村汉城（东越王城）的考古与研究工作。当时由于城村汉城（东越王城）遗址已经获批为全国重点文物保护单位，国家文物局基本不再批准该城址的考古发掘项目，于是在笔者的主持下，考古队启动了新的重点工作，加强保护该城址的所有遗址，全面展开城郭外围遗址和遗存的调查与勘探工作，重点寻找东越王城周边的墓葬区。

自 1980 年以来，福建省博物馆崇安（武夷山）城村汉城考古队在该城址中工作了 17 年，但只着眼于城圈之内和边缘地段，始终没有考虑到古代城市的布局结构和应有的墓葬区及郊野的必然存在。笔者担任考古队长后，认为应该从王城、都邑的视野来把握，对这座城址进行全面的考古调查和勘探工作，于是城村汉城考古队开始在城村汉城（东越王城）外更广大的区域进行调查和勘探（包括物探）工作。开展这项工作十分艰苦，犹如大海捞针。但是，功夫不负有心人，终于在 20 世纪末发现了一处接一处的大型墓葬区②。到了 21 世纪初，基本摸清了该城郭外围墓葬区的主要分布情况。

在 21 世纪初的闽越文化遗存专题调查中，2003 年我们调查勘探出了位于福州新店益凤村的闽越国贵族墓葬区和益凤山大墓，揭示出福州冶都③北部郊野中的贵族墓葬区之一，从而也揭示了福州东冶都邑与武夷山东越都邑布局的相近之处。

---

① 福建省博物馆：《邵武斗米山的汉唐遗存》，载《福建文博》2002 年第 1 期。笔者认为其中的“权形器”或许不是闽越国时期墓葬中的随葬品，不排除是混入年代更晚的遗物。

② 在 1998 年至 1999 年还因为插进了城址与武夷山共同申报世界遗产和建博物馆的艰苦工作，延缓了调查勘探工作的时间。

③ 冶都核心区位于冶山区域。

（二）不断发现的闽越国墓葬以及存在的问题

城村汉城考古队在20世纪90年代后期，揭开了城村汉城（东越王城）遗址1—2公里外的闽越国墓葬区的神秘面纱。考古队首先从城邑郭区北部的亭子后墓葬开始，一座座闽越国墓葬，一个接一个区域的公共墓葬不断被发现。城郭之外的北部、东北部、东部、东南部、南部以及西部，都先后发现了众多与城邑相关的大范围的墓葬区。首先在城郭北部的崇阳溪以北的成脉的小山麓中，发现了绵延近2公里的大型墓葬区。这也与汉长安城北部的陵墓区非常相似。接着，又发现了渡头村墓葬区，此墓区位于景屏山脚下的东北坡，考古队在调查时，于其中一座林木掩映的墓顶上，发现了现代的方形盗洞。可见当时盗墓贼已经发现并盗掘了闽越国贵族墓葬。这种情况，在我们调查到城址东部崇阳溪东岸之时，亦有同样的发现。锦屏山（前山）脚下的西北坡也有大型墓葬区。之后，我们在城址外西部偏南的新亭园一带，亦发现了大规模的闽越国贵族的大型墓葬区。后来，在城址外较远的南部也发现了隶属城邑的闽越国墓葬。

从20世纪末开始，对该城郭外围发现的闽越国不同型式的墓葬进行了试点发掘及抢救性的考古发掘。首先发掘的是亭子后一号墓，其次为牛栏后一、二号墓，接着发掘了牛山一号大墓和斧头山一号墓，后来还发掘了新亭园一、二、三、四号墓。目前在该城郭外围所发掘的墓葬，还不到已经勘探发现的数量的十分之一。① 我们的目的是了解武夷山城村汉城（东越王城）遗址外围墓葬区的分布情况，发掘部分墓葬也是为了了解墓葬早晚的年代和闽越国不同阶层的丧葬规格和习俗。

意想不到的是，该城址外围所有的大小墓葬全部在两汉时期就被大规模盗掘过，无一漏网，进一步证实了《史记》《汉书》所记载的当年汉武帝平定闽越国后，皆迁其民到江淮之间的史实。由于闽越国故地已经没有了人烟，西汉王朝也未设地方政府，但是当时周边地区之人都知道，曾经辉煌一时的闽越国已不复存在，于是内地的大批“流民”进入闽越国故地，大量盗掘闽越国墓葬和城邑。当时，考古队在发掘该城址内外的宫室庭院

① 首先是由于报批困难，其次所有墓葬在西汉中、后期基本被盗空，仅存少量陶器。

建筑遗址时，对地层下宫殿基址曾经被翻扰破坏的现象百思不得其解，许多廊台走道的铺地方砖都被翻了过来，建筑面被盗扰的现象很普遍。现在，随着闽越国墓葬均遭早期盗掘情形的发现，才悟到这一罕见的历史现象的真实情况，即宫殿遗址和墓葬在闽越国被灭国迁众后均曾遭到过规模性的盗掘。在这么短的时间内，故国城邑、墓葬即遭灭顶之灾，着实令人难以置信，这种大规模的盗掘行动，还延伸到闽越故地的西周、春秋以来的土墩墓葬。我们在浦城管九村一带所发掘的土墩墓群中，发现了这些土墩墓无不遭到早期（西汉闽越灭国后）的大规模的盗掘。① 可见闽越被灭国迁众后，人去地空、无地方政府管理的闽中故地，曾经遭到过持续时间很长的、大规模的、光天化日之下的外来盗掘，福建地区自周代、秦汉以来的墓葬、宫邑遗存，绝大部分都遭到了成规模性、持续的破坏。

福建地方学术界中曾经普遍流传一种说法，即在闽越国灭国之后，只是上层贵族被迁走了，下层民众并未被迁走。笔者认为他们是参考了后世的文献中记述的《建安志》中“有逃遁山谷者颇出，立为冶县”②。但《建安志》早已遗失，所谓的记载也只是传说。笔者认为参考这种记载的观点是不正确的，与史实是相悖的。正史从未记载过这个情况，如《史记·东越列传》《汉书·西南夷两粤朝鲜传》记录闽中地区都是“皆迁其民于江淮之间，其地遂虚”，并且在国家组织的三次文物普查和福建的闽越文化遗存专题调查中，从所了解的古代遗存实况中，我们完全可以印证正史所记载的“皆迁其民于江淮之间”是属实的。而闽越国时期墓葬在灭国后悉数被盗的实况，更进一步证明了闽中地在西汉中期之后已无闽越原住居民的存在，否则就不会出现内地盗贼在光天化日之下，规模性地盗掘闽越国故地宫室废墟和所有闽越中、上层贵族、官吏墓葬的情况。闽越国被灭国迁众，“其地遂虚”的史实，在考古调查和发现中得到了有力证实。

---

① 福建博物院、福建闽越王城博物馆：《福建浦城县管九村土墩墓群》，载《考古》2007年第7期。

② 冶县也不是山民可以自立的，《汉书·地理志》中有西汉后期出现的冶县。笔者认为汉政府在闽越灭国百余年之后，在浙南和闽中如此广大的区域仅设立一个县治，足以说明闽越故地的长期空虚。

三、闽越国墓葬的系列考古发掘

（一）亭子后一号墓

这处墓葬坐落于武夷山城村的北部略偏西，在崇阳溪北岸的低矮丘陵上，距城村汉城（东越王城）遗址直线距离约2公里。它是20世纪90年代后期以来福建省博物馆武夷山城村汉城考古队通过田野调查和物探发现的城郭外围北郊的第一座中型墓葬。1999年9月考古队经报批后，对这座闽越国墓葬进行了考古发掘（图18-5）。①

图18-5　亭子后一号墓的考古发掘现场

1. 墓葬形制

墓葬位于当地称为“亭子后”的低矮山岗上，为带斜坡墓道的平面呈“甲”字形的土坑木椁墓，墓葬坐东朝西，方向280度。

（1）封土堆

墓上封土受到破坏，残存厚度已不到1米，为红褐黏土组成的五花土，土质紧实，略经夯打，未发现明显的夯层。

（2）墓道

墓道平面呈长条形，为朝西的斜坡墓道，坡度为15度，连接墓坑前室中部。墓道长3.1米，宽1.4米。

（3）墓室坑

墓室坑平面为长方形，长5.9米，宽2.9米，深约1.6米。坑壁较直，分为前、后两室（图18-6）。

① 所有的考古发掘项目都要报国家文物局批准，所以书中的所有考古发掘项目不再说明这一点。

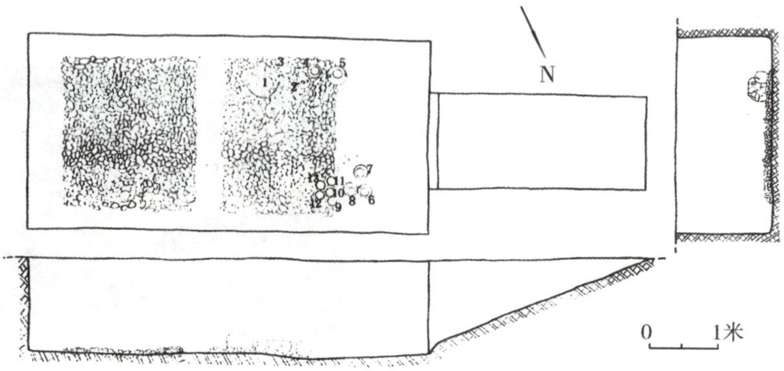

图 18-6 亭子后一号墓平剖面图

前室墓底的遗迹遭盗受破坏严重，椁室遗迹无存。推断前椁室长 1.9 米，宽约 2 米。前室有一个近圆形直径 1.4 米的盗洞，打破封土至前室墓底。盗洞内的土质较杂乱，且略显松散。

后室长 4 米，宽约 2.2 米。后室底面铺较为规整的河卵石子，中间有宽约 0.4 米的枕木沟，墓室坑内填土为红褐色、灰褐色的五花土，夹有红烧土及灰烬，近底处出现较多的青膏泥土（图 18-7）。墓室的棺椁葬具和人骨均已腐朽无存。

图 18-7 亭子后一号墓底的铺石与枕木沟遗迹

2. 出土遗物

这座墓葬虽然早期已遭盗掘①，墓内残存的随葬陶器共计 13 件，分别有大罐 1 件、匏壶 1 件、瓿 1 件，小罐 5 件，钵 5 件。主要分布在后室前部河卵石子上的两侧（图 18-8）。

图 18-8　亭子后一号墓遗迹与出土陶器（西→东）

Ⅱ型罐　1 件（M1:1），泥质灰硬陶，腹下火候偏低呈黄色，敛口，溜肩，肩部有对称的桥形双耳，圆鼓腹，最大径位于腹中部，腹径大于器高，平底微内凹；通体拍印方格纹（图 18-9:3）。口径 22.2 厘米、腹径 32.8 厘米、底径 22.8 厘米、高 29.6 厘米。②

Ⅰ型罐　5 件，泥质灰硬陶，其中两件火候偏低呈灰黄色；形体大小基本一致，敛口，溜肩，肩部有小桥形双耳，圆鼓腹，肩耳部饰二组刻划弦纹，每组四五道，平底微内凹。M1:3，口径 11.6 厘米、腹径 18 厘米、底径 12.4 厘米、高 15.8 厘米。M1:4，口径 11.6 厘米、腹径 17.6 厘米、底径

① 推断在西汉中期后即被盗。

② 由于东越王城的几处墓葬的发掘简报系不同的人所撰写，各人撰写的简报中对闽越陶器型式划分的随意性很大，相同的陶器所分的型式并不相同，不利于闽越国陶器文化的整体研究。本书对闽越国陶器的型式区分，统一按照《武夷山城村汉城遗址发掘报告 1980—1996》书中的型式，全书前后一致。

12.2 厘米、高 15.6 厘米。M1:6，口径 12 厘米、腹径 18.4 厘米、底径 12.6 厘米、高 15.4 厘米。M1:7，口径 11.4 厘米、腹径 17.6 厘米、底径 12.4 厘米、高 16 厘米。M1:8，口径 11.4 厘米、腹径 18 厘米、底径 12.2 厘米、高 16 厘米（图 18-9:4—6、9、10）。

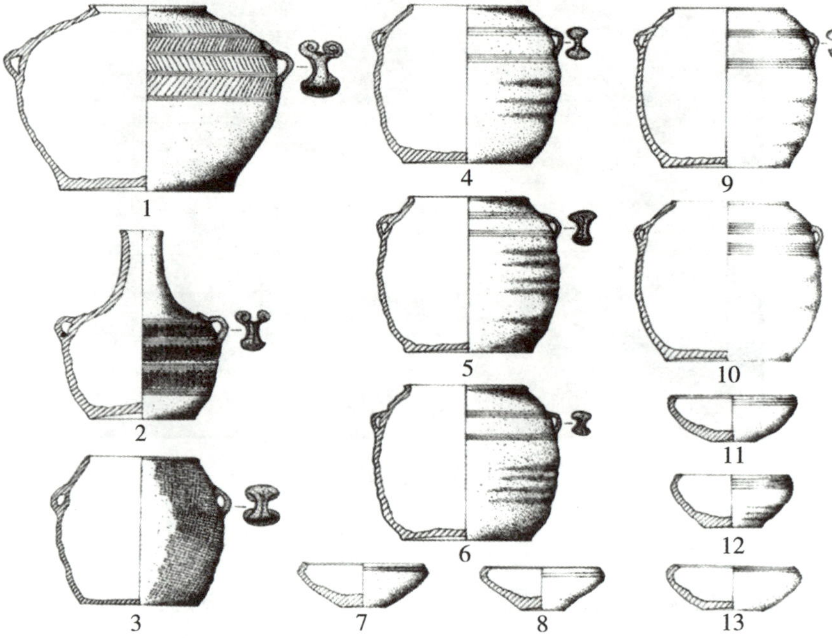

图 18-9　亭子后一号墓出土的陶器（线图）

（采自《福建文博》2011 年第 1 期）

1. 陶瓿（M1:5）　2. 陶匏壶（M1:2）　3. 方格纹陶罐（M1:1）　4—6、9、10. 弦纹陶罐（M1:3、4、6—8）　7、8、11—13. 陶钵（M1:9、12、10、11、13）

匏壶　1 件（M1:2）。泥质夹砂灰硬陶，微侈口，长颈较直，广弧肩，肩部有对称的桥形双耳，耳上部为泥捏，呈卷曲羊角状，鼓腹，最大腹径近肩部，下腹斜弧收，平底内凹。肩腹部间隔饰有四组刻划弦纹和三组水波纹，弦纹每组四道，水波纹 8—9 道。口径 4.2 厘米、腹径 15.6 厘米、底径 10.6 厘米、高 18.8 厘米（图 18-9:2）。

瓿　1件（M1:5）。泥质灰硬陶。敛口侈沿，溜肩，肩腹上有对称的桥形双耳，耳上部为泥捏，呈卷曲羊角状，鼓腹，腹径大于器高，下腹斜收，平底微内凹。肩和上腹部间隔饰有四组刻划弦纹和密集篦点纹，弦纹每组四道。口径11.6厘米、腹径26厘米、底径17厘米、高18.4厘米（图18-9:1）。

钵　5件。泥质灰硬陶。敛口，圆弧肩，肩部饰二道刻划弦纹，腹壁斜弧收，平底微凹。M1:9，口径1.8厘米、底径4.2厘米、高4.4厘米（图18-9:7）。M1:10，口径12厘米、底径4.4厘米、高4.6厘米（图18-9:11）。M1:11，口径15厘米、底径5.6厘米、高5.2厘米（图18-9:12）。M1:12，口径1.3厘米、底径4.2厘米、高4.3厘米（图18-9:8）。M1:13，口径118厘米、底径6厘米、高4.4厘米（图18-9:13）。

3. 有关认识

从此墓葬结构形制来看，主室与城址南部清理出的福林岗一号墓葬的河卵石棺床的铺筑手法基本相同。但是，亭子后一号墓比福林岗一号墓大，多出一个前室。而福林岗一号墓大部分遭受破坏，仅存河卵石棺床部分和几件随葬陶器。这种情况推测一是小型墓葬和中型偏小墓葬的埋葬方式，二是闽越族西周以来丧葬的遗风①。

这座墓葬只是这一大片墓葬区中较小的一座，位于这片山丘南部低矮的小丘上（亭子后边之地名），是城村汉城（东越王城）郭区之外郊野墓葬区的组成部分。它的发现和发掘揭开了城村汉城（东越王城）遗址郭区外围多处大型墓葬区地书的第一页，从此，城郭外更多的墓葬和遗址一处处纳入我们的视野中。②

（二）牛栏后一、二号墓

“牛栏后”是城村北部崇阳溪北侧一处小山包的地名，距城村汉城（东越王城）遗址2公里多。两座相近的墓葬都位于牛栏后小山顶上，西边距

① 闽北西周时期的闽越族墓葬中普遍采用墓底铺设河卵石棺床方法。参见福建博物院、福建闽越王城博物馆：《福建浦城县管九村土墩墓群》，载《考古》2007年第7期。

② 福建闽越王城博物馆：《武夷山市城村亭子后西汉闽越国墓葬发掘简报》，载《福建文博》2011年第1期。该简报较为简略，其中遗漏了一些重要数据，如墓室深度等；也写错了一些数据。笔者是考古发掘主持者，从头到尾亲历发掘过程，所以在文中作了个别修正。

图 18-10 牛栏后一号墓的考古发掘现场

亭子后闽越国墓葬不到 1 公里，处于同一片大型墓葬区中，经调查勘探得知这处位于城址北部的大型墓葬区，东西方向绵延 2 公里左右，是城址外围多处墓葬区中最大的一处。经报批后，于 1999 年 11—12 月对其中的两座墓葬进行考古发掘（图 18-10）。

1. 墓葬形制

这两座墓均分布在城村牛栏后较平缓低矮的山岗上，坐东朝西，纵向并列，相距不到 60 米。平面整体呈“甲”字形，为带墓道的长方形竖穴土坑木椁墓，墓上有封土堆。封土隆起明显，整体呈长形馒头状，系人工堆筑而成，顶部略为平缓。封土堆积为灰褐、黄褐粘土组成的五花土，土质紧实，未发现明显夯层。

两座墓葬封土堆的西部（墓葬前室与墓道的接合部）均有早期打破封土至墓底的不规则圆形盗洞，直径均为 2 米左右，洞内淤满了灰褐色杂土，土质较疏松。

牛栏后一号墓（M1）方向 235 度。一号墓现存封土堆底座东西长 25 米，南北宽 18 米，高约 2.5 米。此墓的墓道朝西，底呈斜坡状，坡度为 15 度。长 11 米，墓道两壁略有收分，上口宽 1.9 米，底宽 1.6 米。墓室平面呈“凸”字形，分前后室。墓口到墓底深 3.6 米。前室较小，坑壁上下有收分，坑口长2米、宽2.3米，底长2米、宽2米。后室就是墓葬主室，主室坑口长6米、宽4—4.3米，墓底长5.6米、宽3.4—3.9米。南部有二层台，台面宽0.6—0.8米，距墓口深0.7米（图18-11）。

墓坑内的棺椁和人骨腐朽无存，仅坑底两侧各残存有一条纵向的浅沟，前后室的沟略有交错，沟宽0.2—0.3米、深0.2米。墓坑内填土为红褐、黄绿色土，夹较多的红烧土及零散的青膏泥土块粒。在坑口东部填土中清理出土一件铁锄（可能是建墓时遗弃的工具）。一号墓虽然早期被盗掘，仍残存了随葬陶器29件，分别为瓮、罐、鼎、瓿、匏壶、釜、熏炉、璧、角形器等，主要分布于墓室中后室的后部，部分散乱在前室。

图18-11　牛栏后一号墓清理后的实景（东→西）

牛栏后二号墓（M2）方向250度。二号墓现存封土堆底座东西长27米，南北宽20米，高约2.8米。墓葬平面为“甲”字形，墓道朝西，底呈斜坡状，坡度为15度。长9米，两壁略有收分，上口宽2米，底宽1.5米。墓室坑口平面呈长方形，也分前后室，两室相通并等宽。墓坑深约3米，坑壁有收分，坑口总长8.6米、宽4米，坑底总长7.9米、宽3米。墓内的棺椁和人骨腐朽无存。墓底两侧各有一条交错的纵向浅沟，沟宽0.25—0.3米、深0.2米。根据墓底沟交错内收的遗迹分析，确定墓坑分前、后两室。前室较短，为方形，长3米、宽3米，后室较长，长5米、宽3米。墓坑内填土为红褐、黄绿色土，夹杂较多的红烧土及零散的青膏泥土块粒。二号墓早期被盗掘得极为彻底，墓底仅存一件可复原的陶璧和零星陶器碎片。

2. 出土遗物

图 18-12　墓室后壁的一排陶器还在原来位置（西→东）

牛栏后一、二号闽越国墓葬早在古代就已遭受盗掘，一号墓中残存的小部分随葬器物均为陶器。这些残存的陶器有的受到破坏，有的被扰乱已非原位，仅靠墓室后壁的一排陶器还在原来位置（图 18-12）。二号墓已经完全被盗空。

一号墓残存器物

瓮　1 件（M1:12）。器形较大，泥质灰硬陶。侈口，束颈，广肩，圆鼓腹，最大腹径近肩部，下腹斜弧收，平底。通体拍印方格纹，颈部饰一组弦纹，肩腹间饰有六道凹弦纹。高 43.6 厘米、口径 26.4 厘米、腹径 46.4 厘米、底径 23.6 厘米。

熏炉　1 件（M1:15）。泥质硬陶。器身为豆形，子母口，盖面有镂孔，盖钮残缺，喇叭形圈足（图 18-13:1）。器表饰有刻画纹。盖面有三组交错的三角形镂孔，间隔有三周“八”字形刻画纹。器身腹上部刻画菱形“回”纹，腹下部饰两周弦纹和篦点纹。通高 9.6 厘米、口径 8.1 厘米、底径 7.5 厘米。

匏壶　1 件（M1:25）。泥质灰硬陶，夹少量砂粒。匏瓜形，小口，鼓腹，肩部有对称桥形双耳，平底（图 18-13:2）。肩部饰一组水波纹，腹部饰粗旋纹，底部有轮制时线割遗留的旋印。壶高 19.6 厘米、口径 3.8 厘米、腹径 18 厘米、底径 11.4 厘米。

瓿　1 件（M1:24）。泥质灰硬陶，敛口，立沿微侈，广肩，鼓腹，腹上饰一对称桥形双耳，腹径大于器高，下腹斜弧收，平底（图 18-13:3）。器表有旋纹。器内壁有较明显的泥条盘筑痕，器底为接底。高 18.6 厘米、口径 11.4 厘米、腹径 26 厘米、底径 15.6 厘米。

釜　2 件，根据器形差异可分二型。

Ⅲ型釜　1 件（M:17）。夹砂灰陶，盘形口，束颈，上腹有桥形双耳，深腹，最大腹径偏下，圜底（图 18-13:4）。上腹部有一周凹弦纹，下腹部至底拍印粗绳纹。釜高 21.6 厘米，口径 22.6 厘米、腹径 26 厘米、底径 16 厘米、腹深 19 厘米。

异型釜　1 件（M1:13）。夹砂灰陶，盘形口，口沿上附有对称弧形护耳，口沿内侧有绳索状半圆形立耳，微鼓腹，圜底。外腹下部至底拍印绳纹。通高 18.4 厘米、口径 27.7 厘米、腹径 24.4 厘米、腹深 12.4 厘米。

鼎　3 件，夹砂灰硬陶。根据器形大小和差异，可分三型。

Ⅰ型鼎　1 件（M1:14）。器表呈紫灰色。盒形鼎，子母口，带盖，小桥形盖钮，腹上部附有一对方形立耳，平底（图 18-13:5）。底部三足均削成六棱形。通体素面。通高 21.8 厘米、口径 13.4 厘米、盖径 17.2 厘米、底径 10.4 厘米。

Ⅱ型鼎　1 件（M1:1）。釜形鼎，盘形口，束颈，盘口外侧附有一对称环形立耳，鼓腹，圜底，底部所附三足均六棱柱形。腹下部至底拍印粗绳纹。器高 25.2 厘米、口径 24 厘米、腹径 23 厘米、腹深 14.2 厘米。

Ⅲ型鼎　1 件（M1:16）。器形较小，盆形鼎。盘形小敞口，束颈，盘口内穿附一对环形耳，鼓腹，平底。底部三足削为六棱柱形。通体素面。器高 13.8 厘米、口径 15.4 厘米、底径 10 厘米、腹径 14.6 厘米、腹深 5.6 厘米。

罐　10 件。均泥质灰硬陶，均为敛口，鼓腹，上腹部有小桥形双耳，平底。器形一致，仅纹饰有一点差别。有 2 件肩腹饰三组刻画弦纹，每组三至五道。M1:6，口径 17.2 厘米、底径 18.4 厘米、高 23 厘米。M1:7（图 18-13:6），口径 17.2 厘米、底径 18.6 厘米、高 24 厘米。有 5 件肩腹间饰二组弦纹，每组三至五道。M1:3，口径 15.4 厘米、底径 16.6 厘米、高 22 厘米。M1:10，口径 16 厘米、底径 16.4 厘米、高 22.3 厘米。M1:4，口径 17.2 厘米、底径 18 厘米、高 23.4 厘米。有 3 件素面无纹饰。以 M1:2 为例，口径 16.2 厘米、底径 18.4 厘米、高 21 厘米。

1. 熏炉（M1:15）

2. 匏壶（M1:25）

3. 瓿（M1:24）

4. 釜（M1:17）

5. 鼎（M1:14）

6. 罐（M1:7）

图 18-13　牛栏后一号墓出土的部分陶器

陶角形器　4 件。灰红色泥质磨光软陶。呈犀角状，上部呈橙黄或红色，近底部各饰一周戳印圆圈纹和锯齿形篦点纹。底座呈椭圆形，挖有凹洞。陶角形器由于质地疏软，加之受到严重盗扰，大都受损或变形严重。残存的每件角形器也是大小不一。

陶璧　5 件。灰红色泥质磨光软陶。每件大体相差不多，上面微呈凸起状。面上有整圈排列的戳印纹或刻画纹。纹饰可分为两种组合：第一种有 2 件，器底面间隔刻画有二、三组弦纹和二组斜篦点纹；器表面间隔刻画有三组弦纹和二组圆圈纹。第二种有 2 件，1 件（编号 M1:20）表面刻画有二组弦纹和二组圆圈纹，底面刻画有三组弦纹和一组斜篦点纹、一组月牙纹。

1件（编号M1:26）器底面间隔刻画有三组弦纹和一组斜篦点纹、一组圆圈纹，器表面间隔刻画有三组弦纹和二组圆圈纹。

铁锄　1件（编号M1封：1）。残体，锈蚀较严重。“凹”形锄，弧刃，刃口宽于銎部，銎断面呈长方形。残长6.4厘米、刃部宽12.1厘米。

牛栏后二号墓仅出土了残存陶璧1件。器表两面均刻画有三组弦纹和二组圆圈纹。直径10.8厘米、孔径4厘米、厚0.8厘米。与一号墓的两种纹饰稍有不同。①

3. 认识

牛栏后一号和二号这两座墓葬，应该是汉代通行的夫妇异穴合葬墓。这是福建地区首次发现和发掘的闽越国时期的夫妇合葬墓。此外，也是城村汉城（东越王城）北部墓葬区中，最早发现的中型墓葬中较大的一类墓葬。

此次发掘中首次发现了福建地区的闽越国墓葬中有仿犀角陶器和仿玉的陶璧随葬品。在一号墓的前室中，不仅陶犀角和陶璧数目相同，而且发现陶犀角穿套在陶璧孔中的现象。一号墓中还发现了3件不同的陶鼎，为研究墓主人的身份级别提供了实物参考。

但是，二号墓在早期被盗后仅存1件陶璧的情况，在整个中国的汉代墓葬考古中都是罕见的，是闽越国灭国之后一座有相当等级的墓葬被彻底盗空的典型。

（三）斧头山一号墓

斧头山是城村北部崇阳溪北岸的小山丘，与崇阳溪南岸的城村汉城（东越王城）遗址相距约2.5公里，西距牛栏后闽越国墓葬约0.5公里，距离北面牛山大墓约200米。

斧头山墓葬（FM1）于2002年11月村民修路时发现，考古队马上进行抢救性发掘。当时山包已遭工程破坏，封土堆仅残存一点，平面呈长条形馒头状，残存高度仅存0.5米，封土面宽2.6米，长8.2米，封土以灰褐

① 福建博物院汉城考古工作队：《武夷山市城村牛栏后闽越国墓葬发掘简报》，载《福建文博》2013年第2期。由于发掘简报的撰写者没有参与发掘，所以简报写得过于简略，也有一些描述和判断不准确之处。因为笔者是考古发掘的领队，主持了考古发掘的全过程，所以对部分内容作了一些调整和改动。

土、黄褐黏土等填筑而成，有零星烧土炭粒。

1. 墓葬形制

斧头山一号墓（FM1）是一座有斜坡式墓道的竖穴土（石）坑木椁墓，墓道在西面，墓向 260 度。墓室与墓道全长 7.7 米，平面也是“甲”字形

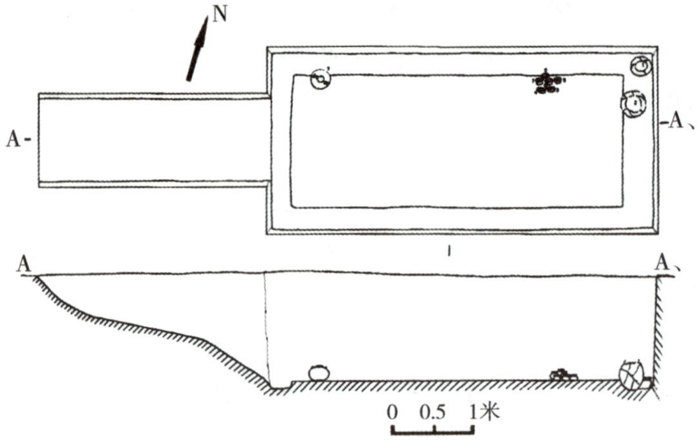

图 18-14　斧头山一号墓平、剖面图

（图 18-14）。在墓道与墓室接合部发现一个不规则的近圆形盗洞，直径在 1.84—1.2 米间，从封土堆斜向伸入墓室前部。墓道斜坡长 2.84 米、宽 2 米。墓室为长方形，长 4.86 米、宽 2.4 米，从坑口到墓底深度为 1.3 米。墓底四周均有宽 0.25 米、深 0.10 米的凹槽沟。由于墓坑是在风化岩山体上挖出来的，所以墓壁修整较垂直，从坑口到底部略有收分。墓底为原生岩石面。墓内填土为五花土，较坚实。葬具尸骨已腐朽无存，出土劫后残存的随葬遗物共 9 件陶器，分布在后部和墓道口处的北侧。器形有瓿 1 件、釜 1 件、瓮 1 件、Ⅰ型盂 3 件、Ⅰ型罐 3 件。

2. 出土的随葬陶器

陶釜　1 件（M1:1）。夹砂灰陶，胎质较硬。盘口，束颈，鼓腹，圜底，下腹部至底饰绳纹（图 18-15:1）。口径 23.2 厘米、高 16 厘米、腹径 23.2 厘米。

陶瓮　1 件（M1:2）。泥质灰硬陶。敞口，束颈，广肩，下腹内收，平底。通体饰方格纹，上腹部间饰三道凹弦纹。口径 23.2 厘米、高 42.4 厘

米、腹径45.6厘米。

Ⅰ型盂3件：

1件（M1:3）。泥质灰陶，胎质较硬，器形较小，敞口，口沿微外撇，平底（图18-15:6）。肩、腹部饰二组弦纹，中间夹一组水波纹。口径10.4厘米、高7.1厘米、底径7.8厘米。

1件（M1:4）。泥质灰陶，胎质较硬。器形较小，腹部较深，敞口、口沿外撇，平底（图18-15:8）。肩、腹部饰三组弦纹，中间夹二组水波纹。口径9.9厘米、高7.9厘米、底径7.5厘米。

1件（M1:5）。泥质灰陶，胎质较硬。器形较小，敞口，口沿外撇，深腹，平底（图18-15:7）。肩、腹部饰二组弦纹并夹杂一组水波纹。口径10.2厘米、高7.8厘米、底径6.8厘米。

Ⅰ型陶罐3件：

1件（M1:6），泥质灰陶，鼓形。敛口，鼓腹，平底，器表可见几道弦纹，外底有切割痕迹（图18-15:4）。口径8.2厘米、高10.7厘米、底径8.6厘米、腹径12厘米。

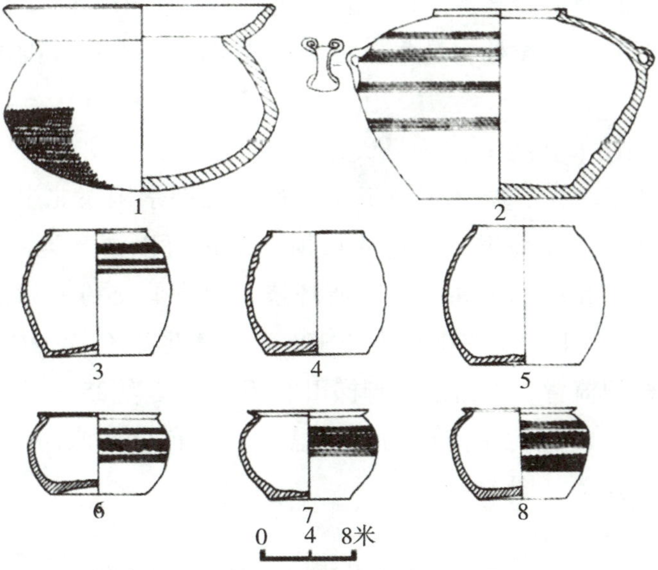

图18-15　斧头山一号墓出土的陶器（线图）

1. 釜M1:1　2. 瓿M1:9　3. 罐M1:7　4. 罐M1:6　5. 罐M1:8　6. 盂M1:3　7. 盂M1:5　8. 盂M1:4

1件（M1:7），泥质灰陶，鼓形。敛口，鼓腹，平底（图 18-15:3）。上腹部饰弦纹，器表有一层很薄的自然釉，器底有旋印切割痕。口径 8.4 厘米、高 11 厘米、底径 9 厘米、腹径 12.6 厘米。

1件（M1:8），泥质灰褐陶，胎呈黄红色。敛口，鼓腹，平底（图 18-15:5）。素面，外底有切割痕迹。口径 8.6 厘米、高 12 厘米、底径 9.4 厘米、腹径 13.9 厘米。

瓿　1件（M1:9），泥质灰硬陶。敛口立唇，广肩、肩部有双耳，鼓腹、平底（图 18-15:2）。肩、腹部有四组弦纹。口径 11 厘米、底径 13.6 厘米、腹径 25.5 厘米。

3. 认识

斧头山一号墓是城村汉城（东越王城）周边墓葬区中的中型偏小的墓葬①，该墓形制与现已发掘的闽越国时期中型墓葬形制结构相同，此墓虽然未在墓底铺河卵石作为棺床，但该墓室是挖在风化岩石层中，将岩石层作为棺床。然后在岩石墓坑两侧挖有两个排渗水的沟槽，说明当时应有棺，现已朽，这种将岩石层作为棺床，在岩石墓坑四周挖有排渗水沟槽的防潮手法，与城址其他墓葬基本类同。斧头山一号墓位于牛山（交椅山）一号大墓西部偏低的小山坡处，是牛山（交椅山）一号大墓外围的一座较小的陪葬墓之一。

（四）牛山（交椅山）一号大墓

墓葬坐落于城村汉城（东越王城）遗址北部崇阳溪北岸的山丘上，虽然距离城址超过 2.5 公里，但是从墓顶向南仍可以清楚地眺望王城遗址。牛山因为被背后和两侧更高的山峦所环绕，山形似交椅形状，当地又称其为“交椅山”。牛山（交椅山）海拔 196 米，其北部还有海拔 300 多米的高山，很像交椅的椅背。牛山距山脚梯田的相对高度为 25 米，山下的东西两侧为山谷沟垅，山包的正南面为开阔盆地，中有小溪流向南汇入崇阳溪，地理位置非常独特（图 18-16）。

① 福建闽越王城博物馆：《武夷山市城村斧头山一号墓发掘简报》，载《福建文博》2011 年第 1 期。笔者在本书中，对原考古简报中描述不够准确的文字，进行了修改和订正。

图 18-16　牛山（交椅山）一号大墓远景（南→北）

2000 年，福建省博物馆武夷山城村汉城考古队加强了汉城遗址周边墓葬的钻探工作，基本摸清了城郭外围重要墓葬区的分布情况。牛山墓葬就是当年在城村汉城（东越王城）北部山峦调查钻探中发现的。经详细钻探后发现，墓上有人工堆筑的高大的封土堆。经报批后于 2002 年 11 月至 2003 年 5 月再对城村北部牛山大墓进行考古发掘（图 18-17）。

1. 墓葬形制

此墓是一座带斜坡墓道、甬道、外藏椁的平面为“早”字形竖穴土（石）坑木椁墓，墓上有高大的封土。

（1）封土堆

封土堆系人工层层堆土夯筑而成，整体形状基本呈东西向长方形覆斗状。封土基座东西长 40 米，南北宽 32 米，中心最高处现存 7 米，发掘前四面还有保存较好的基座边沿线。封土顶部经长年冲刷成圆形状，顶部较平缓，西部斜坡处凹陷较明显，发掘后确定为早期盗洞所致。封土用五花黏土夯筑，覆盖整个墓坑、甬道、外藏椁及墓道。封土系从墓坑口向上一次性分层堆筑，从封土层的土质、土色和出土大量的商周时期的陶器残片来分析，该墓封土应取自周边及外围山体。墓葬北侧有一条东西向挖成的较规整的断坎沟，部分封土应取自该处。封土夯筑比较坚实，未发现明显的夯窝痕迹。夯层厚薄不一，每层厚 10—20 厘米。封土中出土了铁斧、锄和石杵等 3 件器物，应是建墓时遗留的工具。

图 18-17　牛山（交椅山）一号大墓墓坑的发掘过程

图 18-18　中国社会科学院考古研究所研究员黄展岳（左）与考古领队在现场研究问题

图 18-19　武夷山城村汉城遗址的考古领队（右）与浙江越王陵发掘者陈元甫研究员（中）在考古现场讨论问题

在封土堆的西面偏南处发现有两处盗洞，平面均呈不规则圆形，其中一号盗洞平面直径 2. 5—2. 83 米，二号盗洞平面直径 1. 8—2. 8 米，盗洞内填土较杂，包含有商周陶器残片，在洞底部出土一件可复原的汉代弦纹陶罐。

（2）墓坑

墓坑平面整体呈“早”字形，坐东朝西，方向为 270 度，墓坑中有前后墓室、甬道、外藏椁和墓道，总长约 35 米①（图 18-20）。

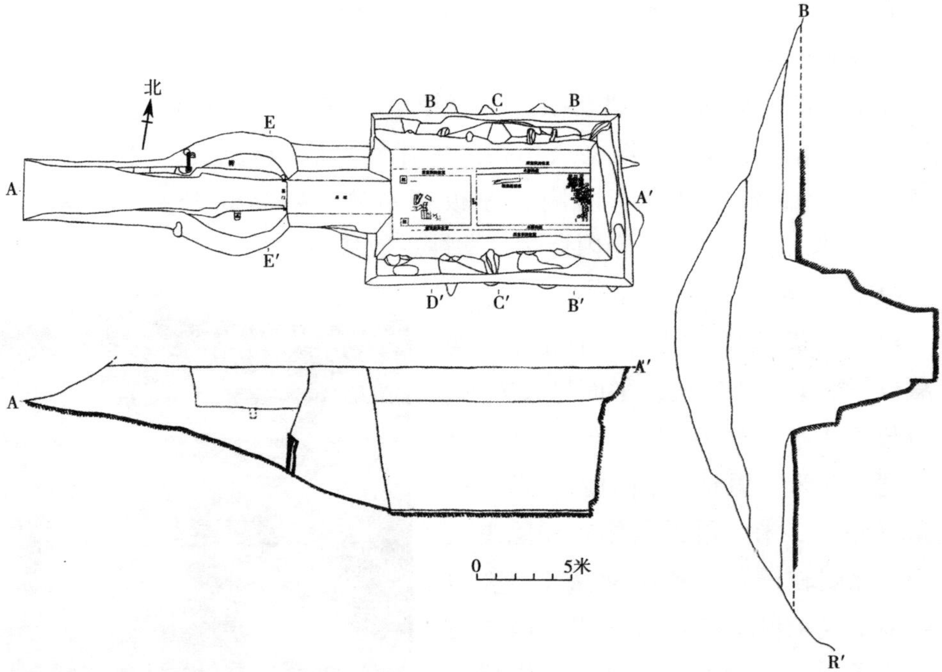

图 18-20　牛山（交椅山）一号大墓平、剖面图

（A）墓道

墓道位于墓坑西部外藏椁西面正中，形制为斜坡形。墓道两壁从上到下略内收，挖凿得较整齐。墓道总长应在 15 米多，已发掘了 13. 8 米。墓道宽 2—3 米。

① 在考古发掘中，因地形限制，墓道未发掘到尽头，只发掘了 32 米多。

(B) 外藏椁

位于墓室墓门外甬道和墓道的连接点，外藏椁的坑口平面呈圆弧形，两壁内收呈斜坡状。东西长6.2米、南北宽6.4米。这种圆形的外藏椁，在其他地区几乎没有发现过。通过考古发掘现场的观察，外藏椁室是在墓道先挖好之后再挖凿的，不排除是墓室坑开凿完成后局部坍塌形成的。

外藏椁箱放置及填筑方式推测：分两次填筑，先把下部长方形斜坡墓道填平，在上面放置椁箱后，再与墓道同步进行填筑，填土基本为青灰色土（青膏泥），夹杂部分黄、红黏土。没有发现很好的夯筑层。填土内出土少量夏商时期的黑衣陶器残片。

椁室中部清理出椁箱腐朽痕迹，椁箱呈长方形，东西残长2.4米、宽1.5米，西侧箱底部与斜坡墓道相接。现存椁室底箱板痕迹2块，底板宽0.35—0.4米、残长2米；两侧有椁板朽木迹，残高0.35—0.65米、厚0.5—0.8米、长2.2米。箱内遗物早期被悉数盗空。

(C) 甬道

甬道在墓葬坑前室西门的正中，与外藏椁下部墓道相连接，平面呈长方形，上口长4.2米、宽3—3.2米，底长5.5米、宽1.6米。甬道底面为斜坡状，高出墓室底0.2米。甬道两侧有塌陷滑坡现象，北侧较严重，整个北壁下滑约1米；南壁仅东段下滑约0.2米。西端设有一道甬道门（墓门），现存被烧毁的门框架木炭遗存，门高1.7米、宽1.2米。上部门梁木板炭痕往东向下斜进，炭板厚约0.5米，门框板宽（厚）10厘米，向里（东）略内收，整个门框梁北侧略被向下压陷约10厘米（图18-21）。

图18-21　牛山（交椅山）一号大墓的墓门和甬道（西→东）

(D) 墓室坑

整个墓室坑平面为长方形竖穴土

（石）坑，墓坑口长 14 米、宽 9.2 米、深 7.2—7.7 米，墓壁内收，有二层台，坑底平整。坑底长 10.2 米、宽 5 米。坑口边沿上部的东、南、北三面分布有填埋时滑土的滑道口 11 个，平、立面呈半漏斗形状，滑道大小不一。在距坑口下 2 米的半腰部设有二层台，面宽 0.8—1 米，台面被下滑土耙出凹坑，边沿上也有与坑口相对的滑道凹痕，滑道相对小和浅。二层台下部的四壁挖掘、修凿得非常整齐规整，由于上部为土质，下部为风化岩层，大部分风化岩呈粉质土，有滑坡崩塌现象。墓坑的风化岩壁面局部还保存有铁锄、铁锸的工具挖痕，遗迹宽 0.08 米。墓坑后室部分南壁紧靠壁面为尖底状小凹沟台，高出坑底 1.2 米，沟面宽 0.15 米，向西与前室交接处 6.5 米的位置消失，沟宽 0.25—0.3 米、长 6 米。东高西略低，应是椁室外的一条排水沟。

（E）墓门、甬道等建筑设施火毁现象

墓室墓道与外藏椁接合部的坑口上发现有南北对称的壁槽两个，南北间距 4.4 米、口宽 0.3—0.4 米、进深 0.3—0.4 米、深 0.8 米，北壁槽下斜靠立着一根烧毁的木炭梁柱，呈方形，边宽 0.15 米。

外藏椁坑口下 2.3—2.6 米处，两侧为半弧台面，中部台沿清出距壁槽 2.5—3 米处有南北对称柱洞两个，间距 3 米，平面呈倭角长方形。北侧柱洞内残存有烧毁的木炭柱，洞深 0.8 米、长宽 0.3 米，南侧柱深 0.8 米、长宽 0.3 米。

从墓门和甬道的许多木炭柱的遗迹情况来分析，是经过火毁的，不排除早期墓葬被盗时失火烧毁的可能。

（3）墓室遗迹

墓室修建于墓坑中，平面为长方形，长 9.4 米，木椁基本腐朽无存，仅存部分的朽木痕迹。墓室分前、后两室。

前室平面为长方形，根据墓底的沟槽坑看，前室长 3.4 米、宽 2.1 米，复原高度约 2 米。因此前室的剖面呈方形。前室残存遗迹为西端两侧角柱位，平面呈方形，长宽 0.35—0.40 米，高 1.5—1.9 米，前室椁盖板残存 7 块，南北向横跨压在椁板痕上，板宽 35 厘米。两侧椁板痕迹为横向竖叠而成。北椁壁底部向内挤压呈倾斜状，有两块椁板痕迹保存完整，长 3.5 米；

南壁木椁痕迹仅存积炭上的遗迹，基本为原状痕迹，出土一段椁木残条，紧贴积炭，长43厘米、宽5厘米、厚0.1—0.3厘米。清出木椁板痕为东西横向竖叠4根，宽36—40厘米、厚30厘米，靠积炭一面带弧状椁木痕，内侧壁平整。

前室地面有两大片漆器的遗存痕迹，呈朱红色；每片漆痕长44—54厘米、宽14—16厘米。考古专家黄展岳认为是漆榻残存的痕迹①。

后室为主室，底部平面为长方形。后室长6米、宽2.8米、残存高度2米，复原高度约3米。椁室呈“人”字形，南侧现存有斜撑椁木板痕迹，为圆木劈成对半后，斜立拼成棚坡状，从清理的椁木板痕迹来看，外侧做工较粗糙，基本保持原木的弧状，内壁应是平整的，椁木板宽36—40厘米、厚约30厘米。北侧斜椁积炭堆积，因墓坑北部填土的塌陷，遗迹受到破坏，仅存椁室底部的东西向沟槽痕迹。沟宽28厘米、深约5厘米。后椁室、后壁有木椁遗迹，是在靠墙的“人”字形椁室遗存里清理出来的，为圆木竖立拼成，直径约60厘米。后室与前室结合部的隔板墙，清出的竖立的木板痕迹遗存约6个，板宽5—15厘米之间。后室后部底面上出土了一些被盗后残存的器物，以陶器为主，陶器被早期盗贼踩踏，破碎和缺失严重。

（4）墓坑回填的方式

甬道上部西侧清理出非常明显的9块档板痕迹，每块宽0.35—0.40米。上下墓坑甬道采用的填土，基本是青灰泥土（青膏泥），夹有红黄色泥土。故而推测填筑墓葬时，先把甬道的西端用档板挡住进行夯筑；同时，墓坑也进行回土填筑，但墓坑的填土中没有发现整层的青膏泥土，大部分回填的土为墓坑挖出的粉岩土及五花土，其运土夯筑时采用滑道进行回土，这种既省时又省力的方法，是否因时间紧迫抑或是突发事件而采用呢？尚不知其因，有待研讨。从墓坑内填土的清理情况来看，北部因滑坡现象使得填土塌陷严重，仅南部及西部的填土基本保持原状。

---

① 当时中国社科院考古研究所研究员黄展岳也在考古发掘清理的现场。

墓坑坑口向下的4.5米以下处，均是用一层土一层木炭的填筑方法，向中心斜面堆积，表明是先填一部分木炭到斜面椁板，再在周围填土夯实，如此反复填筑的。木炭层上发现有非常明显的圆形夯窝，直径5—8厘米、深2—3厘米。由于墓室是“人”字形椁室，两侧为斜坡状，从后壁残存的木炭堆积痕迹来看，积炭顶部为平面，宽60—80厘米。横断面呈梯形，积炭厚20—30厘米，木炭基本呈粉末状，应是夯筑造成的。

墓坑上部填土内含较多商周时期的黑衣陶残片，甬道填土的下部出土一件铁斧，銎内残存有朽木屑，可能是建墓时遗弃的木工工具。

仅在墓后室的前部靠北侧处清出棺木的漆皮及朽木屑的痕迹，是因该处有薄薄一层淤泥，才得以保存下来。长约155厘米、宽20厘米，漆色为褐红色。从位置分析来看，应是盗墓者把其棺盖揭到此处的。

2. 出土遗物

在墓葬的封土中清理出土有铁斧、锄和石杵3件器物。早期盗洞底部清理出可复原陶罐1件。墓室内的前室和后室底部均发现和出土了漆器遗迹和漆棺残迹。

墓葬被盗后的残存器物主要分布在后室的后部，共24件，包括瓮、罐、匏壶（图18-22）、鼎、铁斧等。

3. 新的认识

牛山（交椅山）一号大墓，是目前为止所发现的西汉闽越国时期最大的墓葬。① 它的形制属于“竖穴土（石）坑带斜坡墓道的木椁墓”。在与平面为“甲”字形的中型墓葬大同之下，又有所差异，不仅多出了甬道和外藏椁，较大的主墓室的木椁还是“人”字形的结构。这种“人”字形主椁室的型式与战国早期浙江绍兴印山的越王大墓非常类同，当然后者更大，也更壮观。②尽管这种结构的木椁室在越文化的土墩墓中可能滥觞于西周时期，在西汉前、中期的武夷山城村汉城（东越王城）遗址的墓葬中再现，意义之重大是不言

① 福建闽越王城博物馆：《武夷山城村牛山汉墓发掘简报》，载《福建文博》2018年第1期。

② 浙江省文物考古研究所：《印山越王陵》，文物出版社，2002年。

而喻的。在广州市农林东路发掘的南越国墓葬中，也发现了“人”字顶的木椁①，亦反映出这种东越“人”字形墓室也影响了南越人。

从墓内主室出土的残余随葬的陶器中，有6件带有戳印文字的陶罐，在城村汉城（东越王城）遗址中的高胡坪甲组建筑群遗址中，也有相同符号戳印的Ⅰ型罐片出土②。由此，我们可以看出此墓的主人，生前也是居住在王城内的宫殿中。牛山一号墓葬的形制、埋葬方式、手法等方面，明确承袭了战国初浙江绍兴印山越王陵墓的传统，加之此墓室底发现有大型的漆器以及漆棺的印痕等遗迹，都印证了此墓应是闽越国接近最高等级的墓葬。因此我们认为牛山（交椅山）一号大墓的主人，虽然达不到闽越王的级别，但也是王室中的重要成员。不排除是王后或王妃级别的，因为在牛山大墓北边的一座相连山包上，山顶已被铲成平顶，疑为预留的王级墓地。牛山大墓独占一个重要的山头，前面为开阔的平川河流，后靠更高的山峦，左右两边有山脉环伺，站在东越王城内宫殿遗址中远眺牛山，虽远，但山峦十分清晰和突出，其位置之显要是不言而喻的。

这座墓葬，也与城址周边以及福建全省发现的闽越国大中型墓葬一样，在西汉中期闽越灭国后不久，即遭到盗掘。此墓葬甬道和前室上方出现的巨大盗洞，以及前后椁室、甬道与外藏椁被盗一空并遭到破坏和践踏的遗迹现象，都证明了西汉中、后期曾经发生的历史问题。由于中央王朝未在闽越国故地设立地方政府，内地流民和盗贼大规模盗掘了闽越国中、上层墓葬和城邑、宫殿遗址等。使福建地区自西周以来至汉代的墓葬，都遭受了近乎毁灭性的盗掘劫难。但是，此墓葬的发掘，仍然发现了大量的遗迹信息和线索，意义非常重要。③

---

① 广州市文物考古研究所编辑：《广州市农林东路南越国“人”字顶木椁墓》，《羊城考古发现与研究（一）》，文物出版社，2005年。

② 福建博物院、福建闽越王城博物馆编：《武夷山城村汉城遗址发掘报告1980—1996》，福建人民出版社，2004年，见第192页图一〇一：9。

③ 福建闽越王城博物馆：《武夷山城村牛山汉墓发掘简报》，载《福建文博》2018年第1期。笔者是牛山（交椅山）一号大墓的发掘领队，始终在现场主持了考古发掘工作。由于各种原因，福建闽越王城博物馆未能及时撰写出墓葬考古发掘报告。笔者在本书引用简报资料时做了一些修改。

戳印文字罐（M1:4）

戳印文字罐（M1:10）

戳印文字罐（M1:12）

戳印文字罐（M1:13）

瓮（M1:19）

匏壶（M1:20）

戳印文字（M1:13）

戳印文字（M1:12）

戳印文字（M1:4）

图 18-22　牛山（交椅山）一号大墓出土的陶罐、瓮、匏壶及陶罐上的戳印文字

（采自《福建文博》2018 年第 1 期）

（四）新亭园墓葬

2001 年 6 月中旬，在对汉城遗址西南面约 2 公里的新亭园区域进行田野调查时，发现多处较为明显的山包、墩台及一些人工挖过的沟坎迹象。经过钻探了解到大都是人工堆筑起来的封土堆遗存，可以确定是一处隶属城村汉城（东越王城）的闽越国时期的墓葬区。

2003 年在该区域发现有新盗洞，为了了解这一墓葬区的情况，进一步加强全区域的保护，报经批准后，考古队于 2003 年底至 2004 年初，对该墓葬区其中一处条形山岗上并排的 4 座墓葬，进行了考古发掘（图 18-26）。

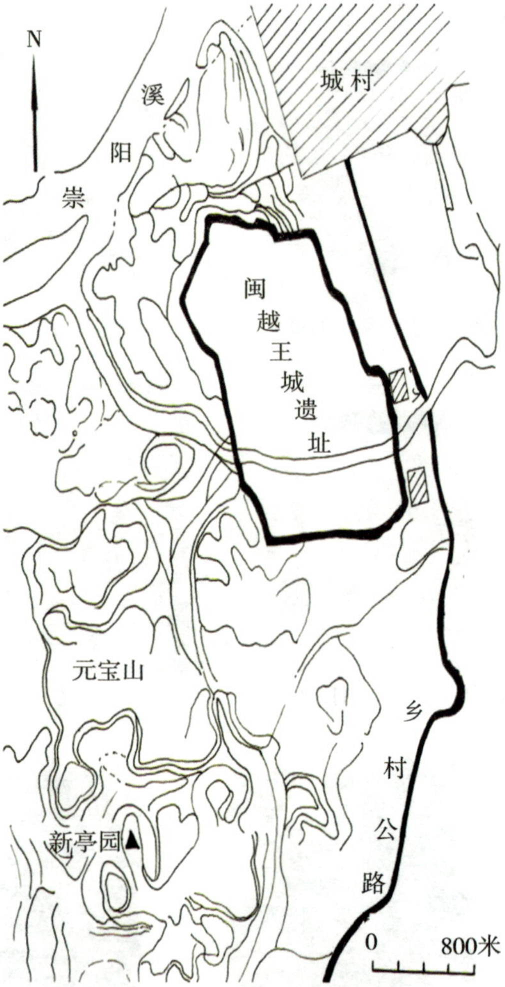

图 18-23　新亭园墓葬区的位置图

（采自《南方文物》2017 年第 1 期）

“新亭园”位于城村汉城（东越王城）遗址西南约 2 公里外的一大片错落的山丘上（图 18-23），现代已被开垦成为果园。这片群峦中有一处呈南北走向的长条形的山岗。山岗的西、北两面为沟垅、水田，东、南面为连片的山丘，相对高度约 25 米（图 18-24）。岗顶较为平缓，4 座有封土堆的闽越国时期的墓葬，在山岗顶部呈一字形排开。从南到北分别编号为新亭园一号至四号墓（M1—M4）。各个封土堆顶部间距都在 20 多米至 30 多米之间，1 号距 2 号是 22 米，2 号距 3 号是 32 米，3 号距 4 号是 34 米。封土堆顶面有高低差别，1、2 号墓近平，低于 3 号、4 号墓。封土堆之间有较明显的人工挖成的沟坎迹象，深约 0.5—1 米、宽约 4—6 米，推测是堆筑封土时取土所挖成的。封土堆均略呈长方形，基座有明显的轮廓线，顶部经长年的雨水冲刷和人为开垦的破坏，现已成为馒头形山包（图 18-25）。

图 18-24　新亭园墓葬区外景

图 18-25　新亭园 4 座封土堆排列的实况

图 18-26　新亭园 4 座墓葬考古发掘现场

1. 4座墓葬的形制结构

（1）一号墓

一号墓是一座墓坑平面为“甲”字形的有斜坡墓道的竖穴土（岩）坑墓。坐西朝东，方向80度。墓上有夯土筑成的封土堆（图18-27）。

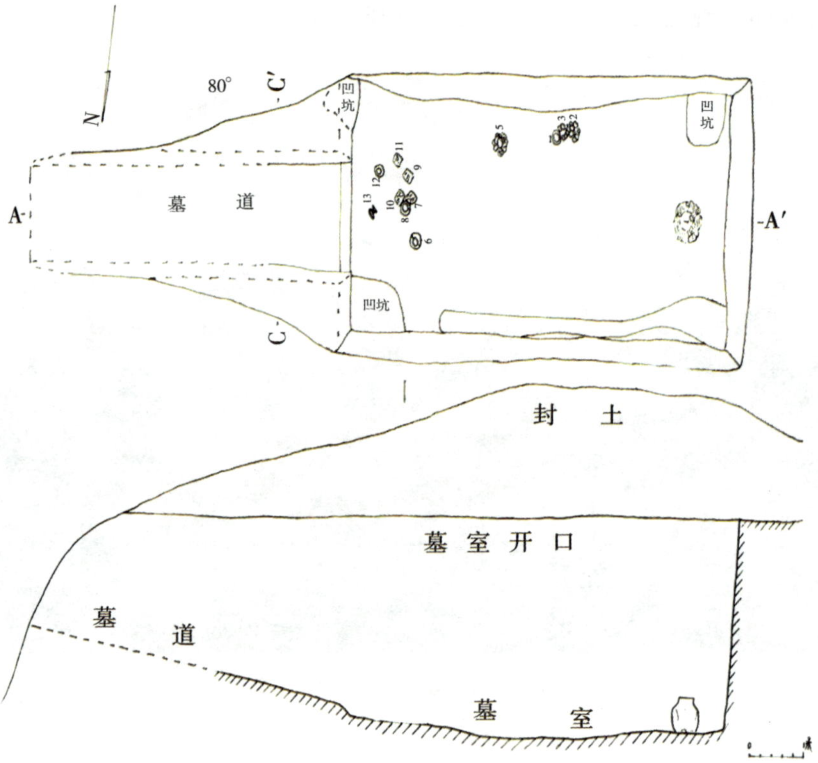

图18-27 新亭园一号墓平、剖面图

（采自《南方文物》2017年第1期）

1. 瓮 2、3、4、7—12. 罐 5. 瓿 6. 钵 13. 豆

（A）封土堆

封土堆系人工堆筑而成，略呈长方形覆斗状。基座东西长15米、南北宽13米，封土堆残高1.8米，坡度较平缓。封土系一次性从墓坑口向上覆盖整个墓坑及墓道。土质较硬，经过夯打，未见明显夯窝印记。说明夯筑方式与城墙不同。在封土中部偏东处发现有一盗洞，呈不规则圆形，直径

约 1. 3—1. 5 米，经清理为竖井洞，深入到墓坑下 1. 5 米。

（B）墓道

为斜坡状，斜坡面为 10 度。挖筑在墓坑的东壁正中。平面呈长方形，墓道西部崩塌较甚。长 5. 8 米、宽 1. 6—2 米。

（C）墓室（坑）

为长方形竖穴土（岩）坑墓（图 18-28）。墓室上坑口长 7. 6 米、宽 3. 6 米；坑深度 2. 8 米，墓壁内收；墓室坑底长 7 米、宽 3. 2 米。坑底部为风化岩面，凹凸不平，四角分别有不规则的凹坑，深 0. 15—0. 2 米。北壁下有一条不规则的沟槽。宽约 0. 2 米，两端与凹坑相连。墓坑底部低于墓道底部 0. 15 米。

可以看出墓坑分为前后室，但是从残存的墓底遗迹上观察，还无法判断出前室和后室各自的长宽度。

（D）随葬品

出土被盗后残存的随葬品仅存 14 件陶器，器类有瓮、瓿、钵、罐。分别分布在后室后部、墓坑中部南侧和前室墓道口处，都是被盗掘扰乱后的残余（图 18-29）。

图 18-28　新亭园一号墓的遗迹（东→西）

图 18-29　新亭园一号墓遗迹（局部）

（2）二号墓

同样是一座带斜坡墓道的平面为“甲”字形的竖穴土（岩）坑墓，坐东朝西，方向 270 度，墓上筑有封土堆（图 18-30）。

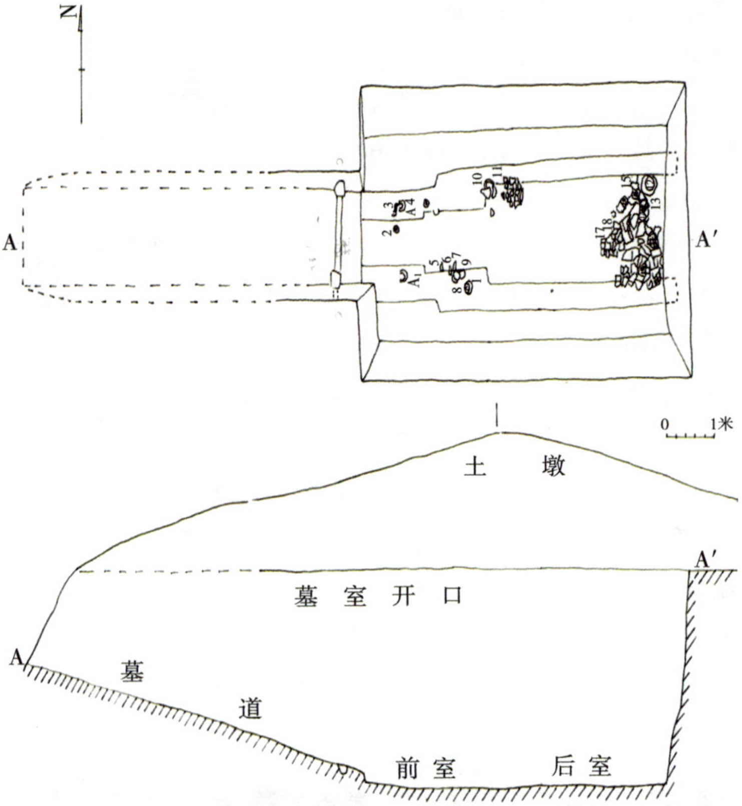

图 18-30　新亭园二号墓平、剖面图

（采自《南方文物》2017 年第 1 期）

A1. 铁镢　A2. 铁锄　1. 匏壶　2. 玉环　3. 玉带钩　4. 陶香熏　5—7. 陶牛角器　8、9. 陶璧　10. 陶瓿　11. 陶钵　12. 陶鼎　13—18. 陶罐　19. 陶瓮　20. 陶盖

（A）封土堆

封土堆是在墓坑、墓道回填后，在上面堆筑成的。经过夯打，土质较硬。封土堆高约 2 米。在封土堆下墓道与墓室接合部的位置，发现盗洞一处，呈不规则圆形，直径约 1.3 米。盗洞中土质较松，土色与封土堆的夯土及墓室填土不同。

（B）墓道

墓道斜坡状，坡度为 13 度。墓道位于墓坑的西壁正中，平面呈长条形，长 6.8 米、宽 1.8 米。墓道两壁有收分，底宽 1.3—1.7 米。墓道东部距墓室约 0.4 米的墓道底部有两个柱洞，间距 1.3 米，柱洞平面为圆角方形，平面直径 0.2 米，深 0.2—0.25 米；两洞之间有凹槽相连，凹槽宽、深约 0.1 米，凹槽应是墓门的遗迹位置。

（C）墓室（坑）

平面依然为“甲”字形的长方形竖穴土（岩）坑墓（图 18-31），坑口长 7 米、宽 4.2 米；墓坑深约 3 米，坑壁有收分；墓坑底长 6—6.2 米、宽 3 米。坑底部为风化岩，墓底略低于墓道底部 0.15 米。清出东西向对称的两条沟槽遗迹。沟槽分前后两段，平面呈“凸”字形。沟槽前段西部至墓道两沟之间距离为 0.85 米（以内沟壁计），长 2 米、宽 0.25—0.3 米、深 0.2 米。沟槽的东端略伸进墓壁中。西端与前段沟槽并列，形成更宽的沟槽，宽度 0.55—0.6 米。

从坑底填土的迹象及清理出的残留的枕木沟遗迹，可看出该墓是分有前后室的。墓坑前室长 2.6 米、宽近 3 米；后室长 3.5 米左右，宽近 3 米。

图 18-31 新亭园二号墓底的遗迹（北→南）

图 18-32 新亭园二号墓的玉带钩出土现场

（D）随葬品

二号墓室出土的盗后残存的随葬品 20 件。前室的盗洞底部出土有玉环 1 件、玉带钩 1 件（图 18-32）、铁锸 2 件、铁刀 1 件；前室的其他位置出土陶匏壶 1 件、陶熏炉 1 件、陶犀角 3 件、陶璧 2 件；后室出土有陶钵 1 件、陶瓿 1 件、陶鼎 1 件、陶罐 6 件。

（3）三号墓

三号墓同样是一座带斜坡墓道的平面为“甲”字形的竖穴土（岩）坑墓。坐东朝西，方向260度，墓上堆筑有封土堆（图18-33）。

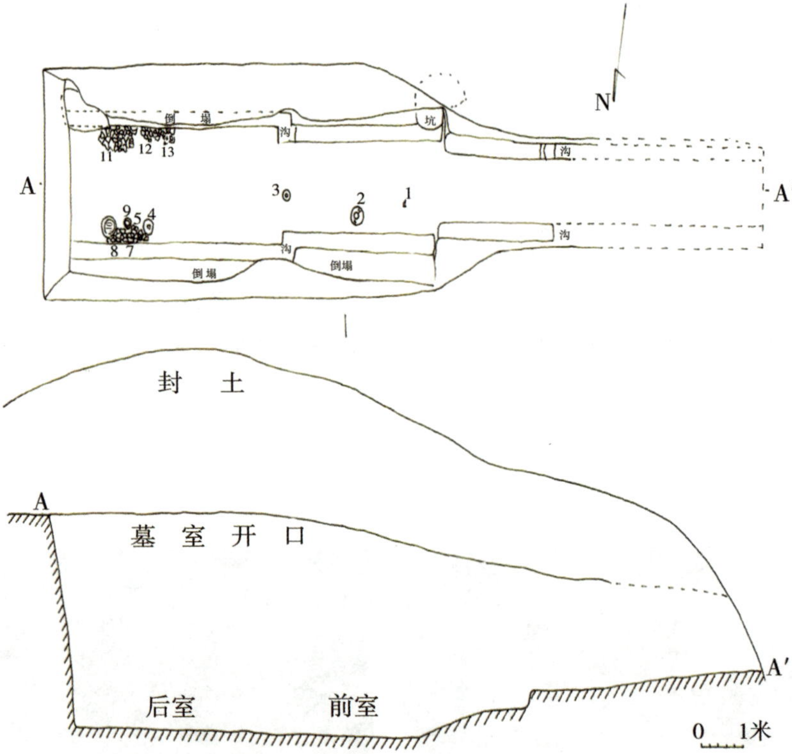

图18-33 新亭园三号墓平剖面图

（采自《南方文物》2017年第1期）

1. 陶牛角器 2. 陶瓿 3. 陶壶 4、10. 陶鼎 5—9、12、13. 陶罐 11. 陶瓮

（A）封土堆

封土堆系一次性从墓坑口向上堆筑的，覆盖整个墓坑、墓道。土色为红褐色，夹砂粒和粉岩土，含零星炭粒，土质较硬。从清理情况分析，是分层倒土，经夯打而成，未见圆形夯窝，所用工具应该与夯筑城墙所用的工具不同。

（B）墓道

墓道为斜坡状，坡度为6度。墓道位于墓坑前室西壁中间。平面呈长条形，长7.8米、宽2米。墓道两壁从上到下有收分，墓道底宽1.7米。墓道底面两侧有沟槽，宽0.25米。

（C）墓室（坑）

墓坑平面为长方形，坑口长9.6米、宽3.8米。墓坑深3.6米。坑壁从上到下有收分，坑底长9米、宽3米。坑底部已经挖到风化岩石层，墓底两侧亦有两条沟槽遗迹，距坑壁内侧约0.20—0.25米，沟槽宽0.20—0.30米。沟槽前后分为两部分，平面呈“凸”字形。前段长3.6米，前端接到墓道口的西壁，后段长5.04米，后端接到墓坑后壁（东壁）。

从沟槽等遗迹来看，此墓结构同样分为前后室。前室宽3米、长3.6米，如按沟槽宽度计算，前室的木椁长近3.5米，宽2米多。后室的木椁长近5米，宽约2.5米。

（D）随葬品

出土了被盗之后残存的随葬器物13件，均为陶器（图18-34）。计陶鼎1件（图18-36）、陶瓿1件、陶匏壶1件、陶瓮1件、陶罐4件、陶犀角1件，大多分布在后室两侧；前室有4件陶璧（图18-35、图18-37）。

图18-34　新亭园三号墓随葬陶器遗存（局部）

图18-35　新亭园三号墓随葬陶璧遗迹

图 18-36　新亭园三号墓出土陶鼎

（采自《南方文物》2017 年第 1 期）

图 18-37　新亭园三号墓出土陶璧

（采自《南方文物》2017 年第 1 期）

（4）四号墓

四号墓同样是一座带斜坡墓道平面“甲”字形的竖穴土（岩）坑木椁墓。方向 88 度，坐西朝东。墓上筑有封土堆（图 18-38）。

（A）封土堆

封土堆同样系人工堆筑而成，现呈不规则椭圆形，顶部较平坦。南北宽 11 米、东西长 14 米，残存封土高 1.4 米。封土系一次性从墓坑向上堆筑的，覆盖整个墓坑、墓道。土质较硬，为红地夹砂黄绿土。有零星木炭粒，经逐层夯打而成。

（B）墓道

墓道亦为斜坡状，平面长条形，坡度为 13 度。挖筑于墓坑的东壁正中，墓道口（西部）的上部坑口与墓坑壁曾崩塌，呈喇叭形。复原宽 1.4 米、长 5 米，墓道两壁上下有收分，墓底底部宽 1 米。

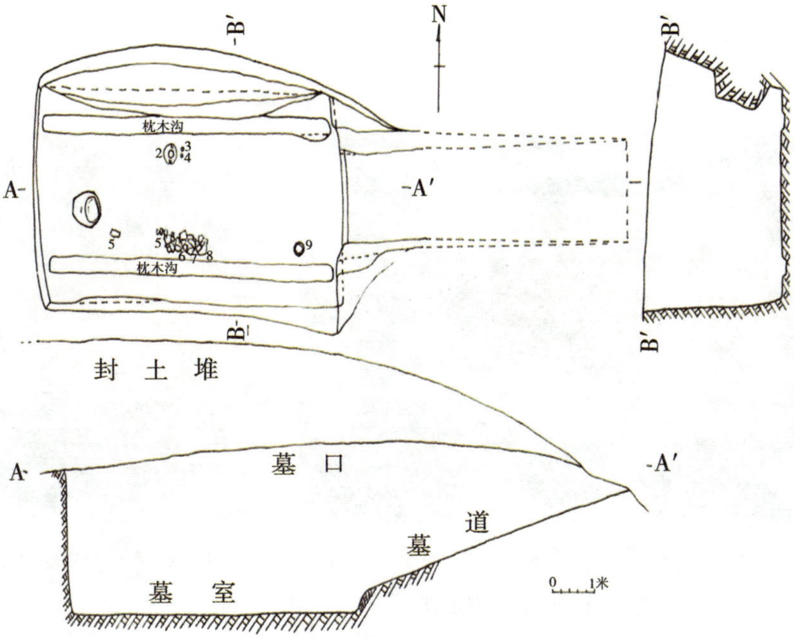

图 18-38　新亭园四号墓平、剖面图

（采自《南方文物》2017 年第 1 期）

01. 陶罐（盗洞）　1. 陶瓮　2. 陶瓿　3、4. 陶纺轮　5、7、8. 陶罐　6. 匏壶　9. 陶钵

（C）墓室（坑）

墓室（坑）为长方形竖穴土（岩）坑。墓坑北壁后来崩塌成弧形，南壁西部后来也略有崩塌。墓坑口长 5.2 米、宽 2.8—3.1 米，复原坑口宽 2.8 米。墓壁略有收分，墓坑底长 5 米、宽 2.5 米。墓坑底部是在风化岩中挖凿的，底面较平坦。墓室底面两侧有两条对称的沟槽遗迹，沟槽宽 0.2 米、深 0.08 米。沟槽距南北两侧的墓壁 0.3 米，两沟槽间距 1.4—1.5 米，两端未与坑壁相连。

仅从墓底的沟槽等遗迹和出土的遗物来考察，尚难以判断出该墓是单室木椁墓还是有前后室的木椁墓。

（D）随葬品

出土劫后遗存的随葬品有 9 件陶器，大多被早期的盗贼扰乱践踏成碎片。经修复可知为瓮 1 件、瓿 1 件（图 18-39）、匏壶 1 件（图 18-40）、钵 1

件、罐3件、纺轮2件，分布在墓室的后（西）部、中部两侧及前（东）部南侧。

图 18-39　新亭园四号墓出土的陶瓿

（采自《南方文物》2017年第1期）

图 18-40　新亭园四号墓出土的陶匏壶

（采自《南方文物》2017年第1期）

2. 4座墓出土的随葬器物

由于墓群早年均已被盗，许多珍贵文物遭到洗劫，4座墓仅遗留数量不多的随葬品。其中以陶器为主，其余还有零星的铁器、玉器。从遗迹现象来看，铁器应该是盗墓者遗弃的工具。

（1）陶器

这4座墓葬中遗存的陶器种类有：瓮、罐、瓿、钵、匏壶、熏炉、器盖、角形器、陶璧、纺轮等。

瓮　出土了4件，一墓1件。泥质灰硬陶。束颈敞口，鼓腹，平底。通体拍印方格纹，外腹部饰有数道凹弦纹。都属城村汉城（东越王城）遗址出土的Ⅰ型陶瓮①。

罐　4座墓葬共出土了24件，是出土数量最多的陶器，每墓出土3—9件。造型基本一致，大小也接近，均为武夷山城村汉城（东越王城）遗址

① 福建博物院、福建闽越王城博物馆编：《武夷山城村汉城遗址发掘报告1980—1996》，福建人民出版社，2004年，第199—201页。

图 18-41　新亭园墓葬出土的罐

中出土最多的Ⅰ型陶罐①（图 18-41）。以泥质灰硬陶为主，少量泥质红陶。形制为敛口，鼓形腹，平底。肩部贴附双耳，器表饰有数周弦纹，有的通体旋印明显。口径 9.4—12.8 厘米、底径 10.2—13.6 厘米、高 13.8—17 厘米。

钵　共出土 3 件陶钵。一、二、四号墓各出土 1 件，三号墓未见。

Ⅰ型 1 式钵　1 件（M4∶9）。泥质灰硬陶。敛口，平底，肩部饰有水波纹加弦纹。口径 18 厘米、底径 10 厘米、高 5.4 厘米。

① 福建博物院、福建闽越王城博物馆编：《武夷山城村汉城遗址发掘报告 1980—1996》，福建人民出版社，2004 年，第 209—216 页。

Ⅰ型2式钵　2件。泥质灰硬陶，造型与Ⅰ型1式相近，素面无纹或简单的弦纹。二号墓1件（M2:10），素面无纹。口径18.8厘米、底径10厘米、高7厘米。一号墓1件（M1:6）泥质灰硬陶，平底微内凹，内外壁有凹凸状轮旋痕。口径20厘米、底径11.2厘米、高6.8厘米。

瓿　共出土4件。一墓1件，均与城址出土的Ⅰ型瓿一样。泥质灰硬陶或灰褐陶。敛口直唇，扁圆腹，平底，肩部捏贴卷曲形双耳，外壁刻画多组水波纹、弦纹。

鼎　共出土3件。二号、三号墓出土，一号、四号墓未出。2件是釜形鼎。夹砂灰陶，盘口，微鼓腹，圜底，双附耳，三足。

匏壶　共2件，仅出土于二号与四号墓中。分二型。

Ⅰ型　1件（M4:5）。泥质灰硬陶。造型矮胖，扁鼓腹，卷曲形双耳，上腹部间饰弦纹和水波纹。口径4厘米、底径9.4厘米、高18厘米。

Ⅱ型　1件（M2:1）。泥质红褐陶。造型瘦高，肩部贴附一对桥形耳，外腹部饰有三组弦纹。口径4厘米、底径10厘米、高21厘米。

熏炉　1件，仅出土于二号墓（M2:4）。泥质灰硬陶，胎质细腻。豆形，带盖，子母口，盖纽作卧鸟形。盖面微弧，饰有三周三角形镂孔纹；器身如矮圈足的豆；外壁饰有二周三角形镂孔纹。工艺十分精美。口径9.6厘米、底径6厘米、通高8厘米。

角形器　4件，3件出土于二号墓中（M2:5—7）。泥质黄褐陶，实心，尖角向一侧弯弧。器表近底部饰有方格纹、三角形纹。底径3.4—3.6厘米、高7—9.6厘米。

陶璧　6件。圆形，胎质软的略有变形。分为2种：第一种只是一面有纹饰，第二种是两面都有纹饰。

第一种正面饰有弦纹、圆圈纹，背面光素无纹。3件。

1件（M3:1），泥质灰硬陶。外径12厘米、内径5厘米、厚0.7厘米。

1件（M3:3），外径12.3厘米、内径5.2厘米、厚0.7厘米。

1件（M3:2），仅存一半，外径12厘米、厚0.9厘米。

第二种两面饰有弦纹、圆圈纹。3件。

1件（M3:4），残，泥质黄褐陶。外径12厘米、厚0.7厘米。

1 件（M2:8），残外径 14.2 厘米、内径 4.4 厘米、厚 0.7 厘米。

纺轮 2 件，均出土于四号墓中。

1 件（M4:3），泥质灰陶。算珠形，中有孔，剖面作菱形。器表饰同心圆圈纹。外直径 2.6 厘米、高 2 厘米。

1 件（M4:4），泥质灰陶。圆算珠形，器表同心圆圈纹。外直径 2.4 厘米、高 1.9 厘米。

（2）铁器

遗存有铁刀 1 件、铁锸 2 件，均出土于二号墓中。两件铁锸均出于盗洞底部，肯定是盗墓工具。铁刀不排除也是盗墓工具。

铁刀 1 件（M2:01）。长条形，剖面呈“V”字形，环首，尖锋，单面刃。长 36.5 厘米、刃宽 2.1 厘米、厚 0.1—0.8 厘米。

铁锸 2 件。出土时仅存“凹”形铁口，腐蚀较严重，叶、柄等木身无存。

1 件（M2:A1）。圆弧形刃，稍尖，刃口部较窄。銎部剖面呈“V”字形。体长 11.4 厘米、宽 12 厘米、厚 0.2—0.6 厘米。

1 件（M2:A2）。弧形刃，刃口部较宽。体长 12.8 厘米、宽 13.4 厘米、厚 0.2—1.1 厘米。

（3）玉器

在二号墓的盗洞底仅存盗贼滑落的玉环、玉带钩各 1 件。

玉环　1 件（M2:2）。环的内外各有一周边棱，边薄而锐，中间厚。正、背双面均饰有谷纹，呈三行排列。玉质受土沁严重腐蚀，呈鸡骨白色。直径 6 厘米、孔径 3 厘米。

玉带钩　1 件（M2:3）。带钩头为龙形。雕刻有双角、凸眼，钩背深雕出山峰起伏状纹饰。受沁，色呈鸡骨白，有玻璃光。长 7.3 厘米、宽 1 厘米、厚 1.8 厘米。①

① 福建闽越王城博物馆：《福建武夷山市新亭园闽越国土墩墓》，载《南方文物》2017 年第 1 期。由于该考古发掘简报的执笔者未参加过这处墓葬的考古发掘工作，所以简报中错误很多。笔者在本书中有所纠正。

3. 初步认识

新亭园墓葬区，位于武夷山城村汉城（东越王城）遗址外2公里的小山包群中，十分明确，是隶属于这座都邑的大型贵族家族墓葬区。已发掘的这4座连排墓葬，可能只是这一大型墓葬区中一个家庭的合葬墓地。从布局位置和大小规模上看，还是墓葬区中大型墓葬外围的陪葬墓而已。

在此城邑已发掘的闽越国墓葬中，仅在此处发现了两座方向朝东的墓葬。应该反映出某种葬俗问题，有待更多的墓葬资料来分析研究。

这处墓地依然在城毁迁众之后被盗严重，但是，盗墓贼在二号墓的盗洞下面遗落了两件玉器。

此外，墓底盗掘处铁锸等盗掘工具的遗弃，同其他的墓葬中遗弃铁工具现象一样，反映出闽越灭国迁众后不久，墓葬群悉数遭到盗掘。遗弃的铁锸与城址中出土的铁锸非常接近，为西汉中、后期的形制。

（五）蛇子山墓葬

蛇子山遗址坐落于武夷山市南黄土村西北约2公里的低矮丘陵上（图18-42）。2006年4月至6月，为配合武邵（武夷山—邵武）高速公路的工程建设，经报批后，由福建闽越王城博物馆组成的考古队对该遗址进行了抢救性发掘，发现汉代闽越国墓葬2座，编号为二号、四号墓（武蛇M2、M4）。①

1. 墓葬形制

二号墓（M2）位于蛇子山遗址发掘南区的探方中，墓坑口距地表深0.5米。墓葬坐东朝西，平面整体呈“凸”（甲）字形，方向290度。

（1）封土堆

封土堆因遭后世破坏，已经无存。

（2）墓道

墓道呈长条形，两壁较直，设在墓坑西壁中部，是从地面向墓坑底倾斜的斜坡式墓道，坡度为20度，长3.5米、宽0.9米。

---

① 因为在此处还发掘了其他时期的两座墓葬，一起进行了编号。

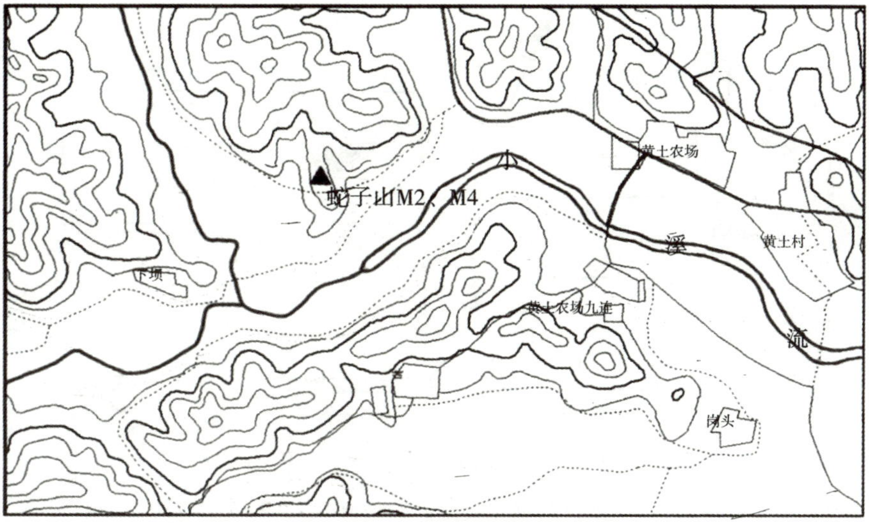

图 18-42　蛇子山闽越国墓葬位置示意图

（3）墓室坑

墓室坑平面为长方形，长 4.65 米、宽 1.85 米、深 1.3 米（图 18-43）。墓坑内填土为灰、红褐土，夹杂有零碎石块以及红烧土、炭粒和商周时期陶片，东部填土中发现有零星青膏泥块粒，土质较松。墓内的棺椁和人骨早已腐朽无存。墓室坑底中部凹陷，靠墓壁两侧和墓后壁清理出宽 15—20 厘米、深 5—10 厘米的沟槽。

虽然从墓底遗迹上难以分清前后室的具体分界，但从墓坑尺寸上推测，应该是有前后室的。

（4）随葬品

二号墓劫后残存的随葬品有 9 件陶器，分别是瓮、罐、钵、瓿、釜、匏壶、纺轮等，大部分分布在前室，个别位于后室的后部。

四号墓（M4）位于蛇子山的岗顶上，地面封土隆起明显。此墓葬为平面呈“凸”字形的竖穴土（岩）坑木椁墓，坐东朝西，方向 264 度。

（1）封土堆

系人工堆筑而成，顶部略为平整，整体呈长方形覆斗状。现存封土堆

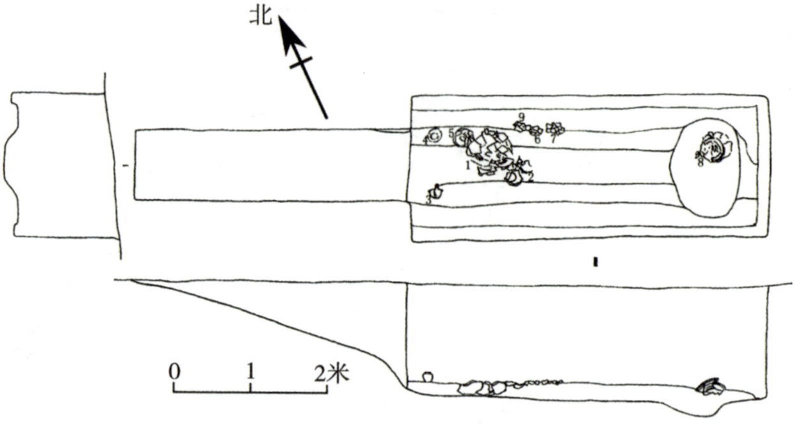

图 18-43　蛇子山二号墓平、剖面图

（采自《福建文博》2014 年第 4 期）

1. 陶瓮　2. 陶瓿　3. 陶匏壶　4、6、7. 陶罐　7. 陶钵　9. 陶纺轮

的底部东北—西南长 19.5 米，西北—东南宽 17 米。封土堆中心处高度 2.3 米。

封土堆人工堆筑层较明显，按土色可分为四层。第一层表土，厚约 0.3 米。第二层厚约 1.2 米，土质较硬，深灰褐土夹有烧土、木炭粒，出土商周的黑衣陶、印纹陶片和石器等。第三层厚约 0.3 米，黄红色砂质土，结构较散，应是挖掘自墓坑内的生土层，分布在墓坑口两侧周围。第四层为平整地面及挖掘墓坑口弃土形成的堆积，内含大量红烧土、炭粒，出土大量的夏、商时期的黑衣陶片和石器。封土的西部正中还发现一个圆形盗洞，直径约 1.3 米，洞内淤积灰黄色花土。

（2）墓道

墓道平面为长条形。墓道口朝西，位于墓坑前室中部，斜坡状，长 6.1 米，坡度为 15 度。墓道两壁从上到下略有收分，上口宽 1.5 米，底宽 1.3 米，墓道中部处理成一级台面，宽 0.8 米，进深 0.7 米，落差 0.2 米。从墓室口开始，墓道壁两侧底部均发现有较密集排列的柱洞，南侧有 7 个，北侧有 5 个，柱洞不是很对应，大小不一且较浅。柱洞剖面多为倒梯形，上口大底部小，口径 0. 18—0. 3 米，底径 0. 1—0. 12 米，深 0. 1—0. 2 米。墓道填土为灰黄色土，较硬实，内含一些陶片和烧炭粒。

（3）墓室坑

墓室坑开口于原山体地层面，平面呈长方形，长 6. 2 米、宽 2. 7 米、深 2 米，墓壁规整且直立，底面两侧清出前、后室相连的沟槽两条，沟槽宽 0. 2—0. 25 米，深约 0. 06 米（图 18-44）。在前、后室底部的交接处，两侧的沟槽呈交错状。根据沟槽等遗迹来看，明确有前、后室之分。

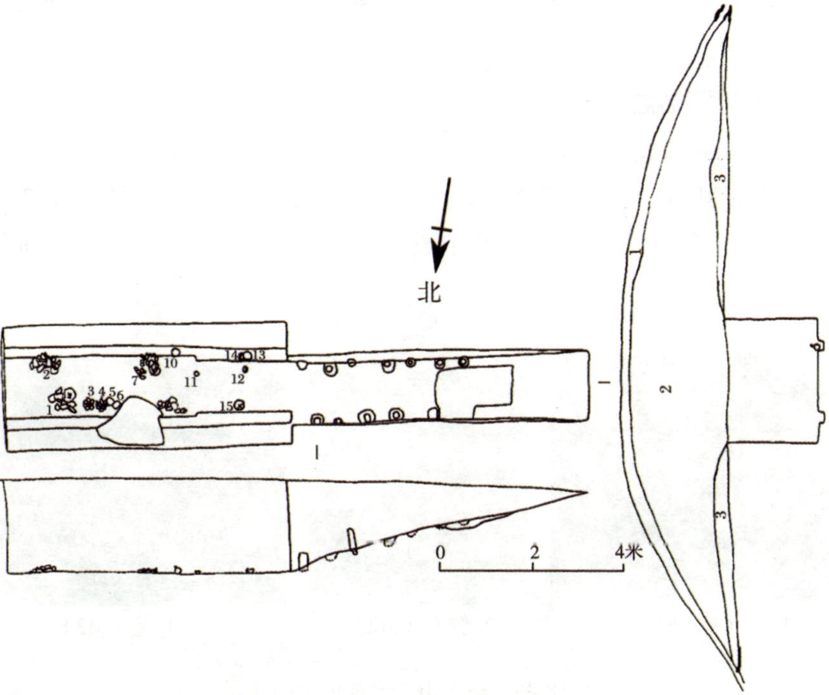

图 18-44　蛇子山四号墓平、剖面图

（采自《福建文博》2014 年第 4 期）

1. 陶瓮　2. 陶釜　3—8. 陶罐　9. 陶瓿　10. 陶匏壶　11—15. 陶钵

墓室填土从坑口下 1. 4—1. 6 米深的填土平面来看，中部及两侧填土的土色、土质有明显不同，中部填土为深灰色土夹烧土炭粒及商周陶片，伴有零星青灰泥块粒出现。两侧的填塞土为纯红土夹块状的红土，并且从所填红土的痕迹看有明显的前室、后室宽度范围。从上述情况来看墓葬明确有前、后室的木椁。

前室长2米，前室两侧填土宽0.75米，前室宽度应为1.2米以上。前室底部的沟槽之间宽1.1米。后室长约4.1米，后室两侧填土宽0.65米，后室宽度应为1.4米以上。后室底部的沟槽之间宽1.3米。

（4）随葬品

四号墓劫后残存的随葬品有15件陶器，分别是瓮、罐、钵、瓿、釜、匏壶等。其中前室散布的5件陶器较完整，后室残存的10件陶器被盗扰、践踏，破碎严重。

2. 出土随葬器物

这两座闽越国墓葬早期就已遭盗掘，随葬器物大部分已非原位。

二号墓（M2）残存的随葬陶器共9件，分别为：瓮1件、罐3件、钵1件、釜1件、瓿1件、匏壶1件、纺轮1件。主要分布于墓室的前部（图18-45）。

1. 瓿（M2:2）

2. 匏壶（M2:3）

3. 釜（M2:8）

图18-45　蛇子山二号墓出土的陶器

（采自《福建文博》2014年第4期）

瓮　1件（M2:1）。器形较大，泥质灰硬陶。束颈，敞口，广肩，圆鼓腹，平底。通体拍印方格纹，肩腹间饰有六道凹弦纹。口径25.6厘米、腹径48厘米、底径22.4厘米、高48厘米。

罐　3件。泥质红陶，器形、大小基本一致。敛口，溜肩，鼓腹，平底。肩部有小桥形双耳，肩腹饰三组弦纹，每组三四道。1件（M2:4），口径 9 厘米、底径 10. 4 厘米、高 13 厘米。1 件（M2:6），口径 10. 6 厘米、底径 11 厘米、高 13. 4 厘米。1 件（M2:7），口径 9. 4 厘米、底径 10. 8 厘米、高 14 厘米。

钵　1 件（M2:5）。泥质红陶。敛口，突肩，肩部饰一组四道细弦纹，腹壁斜弧收，平底。口径 19. 6 厘米、底径 11. 2 厘米、高 8 厘米。

釜　1 件（M2:8）。夹砂红陶。束颈，盘形敞口，深鼓腹，圜底。外腹下部和底部拍印绳纹。口径 29. 4 厘米、腹径 28 厘米、高 19. 4 厘米。

瓿　1 件（M2:2）。泥质灰硬陶，底部火候低，呈灰红色。直口微敞，广肩，鼓腹，肩腹上有对称的卷曲形双耳，平底。肩和上腹部间隔有七组弦纹，每组间有三道水波纹，共六组。口径 13. 2 厘米、腹径 26. 4 厘米、底径 17. 2 厘米、高 17. 8 厘米。

匏壶　1 件（M2:3）。泥质灰硬陶，长颈小口，颈较高直，广弧肩，微鼓腹，最大腹径近肩部，平底。肩部有对称的桥形双耳，肩和上腹部饰有三组刻划弦纹，每组三道。口径 3 厘米、腹径 16 厘米、底径 11 厘米、高 19 厘米。

纺轮　1 件（M2:9）。泥质灰陶，算珠形，纵剖面呈菱形，中有孔，器表饰有细弦纹。直径 2. 6 厘米、孔径 0. 4 厘米、高 1. 6 厘米。

四号墓（M4）后室残存的陶器破碎严重；前室散布 5 件较小陶器，保存较好（图 18-46）。劫后遗留的随葬陶器共 15 件：瓮 1 件、罐 6 件、钵 5 件、匏壶 1 件、釜 1 件、瓿 1 件。

瓮　1 件（M4:1）。泥质灰硬陶。灰色胎，器表呈紫红色，肩部有扣烧痕。器形较大，束颈，敞口，广肩，鼓腹，平底。肩腹间有对称四耳，通体拍印方格纹，肩腹间饰有八道凹弦纹。口径 24 厘米、腹径 45. 2 厘米、底径 24. 4 厘米、高 45. 6 厘米。

釜　1 件（M4:2）。夹砂灰硬陶，盘形口，束颈，深鼓腹，最大腹颈近下部，圜底。外腹下部至底部拍印绳纹。口径 20. 4 厘米、腹径 30 厘米、高 20. 4 厘米。

罐　6 件。形体大小基本一致，泥质灰硬陶，敛口，溜肩，微鼓腹，肩部有小桥形双耳，肩腹饰划几组细弦纹，平底内凹。它们只是在器形和纹饰上有微小的不同。

1.瓮（M4:1）

2.Ⅱ式罐（M4:5）

3.匏壶（M4:10）

4.Ⅰ式钵（M4:12）

5.Ⅱ式钵（M4:13）

图 18-46　蛇子山四号墓出土的陶器

M4:3，肩腹间饰二组弦纹，口径 9.2 厘米、底径 12 厘米、高 14.2 厘米。M4:4，肩腹间饰三组弦纹，口径 9.4 厘米、底径 12 厘米、高 15.4 厘米。M4:6，肩腹间饰二组弦纹，口径 10.4 厘米、底径 12.2 厘米、高 15 厘米。M4:7，腹肩间饰三组弦纹，口径 10.8 厘米、底径 14.8 厘米、高 14.8 厘米。M4:5，腹下斜收，素面，口径 8.8 厘米、底径 9.8 厘米、高 14.2 厘米。M4:8，器表呈紫红色，鼓腹偏下，肩腹间饰二组弦纹，口径 10.4 厘米、底径 12 厘米、高 15 厘米。

瓿　1 件（M4:9）。泥质灰硬陶。直口，广肩，鼓腹，平底。肩腹上有对称的桥形双耳，上部加贴两个小泥饼，肩和上腹部饰有四组刻划弦纹，每组三道。口径 12 厘米、腹径 25.2 厘米、底径 16 厘米、高 17 厘米。

匏壶　1 件（M4:10）。泥质灰硬陶，直口，长颈，鼓腹，平底。肩部有对称的桥形双耳，肩和上腹部饰有三组刻划弦纹，每组四道。口径 2.4 厘米、腹径 16.4 厘米、底径 10.9 厘米、高 18.6 厘米。

钵　5件。灰色泥质硬陶。敛口，突肩，腹壁斜收，平底，都是武夷山城村汉城（东越王城）遗址中的Ⅰ型2式钵，只是分器形大小两种。

小钵　3件。素面。M4：11，口径12.6厘米、底径7厘米、高4.6厘米。M4：12，口径12.8厘米、底径7.8厘米、高4.8厘米。M4：14，口径13.2厘米、底径7厘米、高5厘米。

大钵　2件。器表肩腹部呈紫红色，腹下底部有扣烧痕。M4：13，肩部饰一组三道刻划弦纹。口径17.2厘米、底径10.2厘米、高6.8厘米。M4：15，肩腹有一二道刻划弦纹，口径20.6厘米、底径11.8厘米、高5.8厘米。①

3. 一些新认识

蛇子山遗址的两座闽越国墓葬，坐落在城村汉城（东越王城）遗址的西北部，与城邑的直线距离不超过6公里。这两座墓葬只是这处墓葬区的一部分，附近应该有居住遗址。因此这里应该是东越国都邑外围的重要据点。蛇子山闽越国墓葬在基建中的偶然发现，不仅使我们认识到东越王城外围遗址分布范围广大，同时也看到了城村汉城（东越王城）都邑的郊野乃至畿辅之地，并不仅仅只是沿着崇阳溪（东越溪）上下游密集分布，在周围的山地同样有不少的分布。这对我们今后考古调查的进一步拓展和细致化，有一定的启发。

蛇子山的这两座紧连的墓葬应该是西汉时期流行的夫妇同地异穴合葬墓，这种情况在牛栏后墓葬及新亭园墓葬中都有相同的表现。蛇子山岗顶上较大的四号墓应该是男性的墓主人，而坡下的较小一些的二号墓应该是女性墓主。二号墓中残存的陶纺轮也可以参考。这些遗存现象对我们研究西汉时期闽越国的风俗以及丧葬习俗，都是非常重要的。

（六）浦城县金鸡山闽越国墓葬

金鸡山墓葬位于浦城县临江镇南部锦城村西南面的小山岗上，距临江镇约2公里。它的西北面为连绵起伏的山岗，也有墓葬区；东面为宽阔的盆地农田以及南浦溪的支流临江溪，南部隔山间垅田为与之相连的低矮山

---

① 福建闽越王城博物馆：《武夷山蛇子山闽越国墓葬发掘简报》，载《福建文博》2014年第4期。

丘，亦有墓葬分布。金鸡山岗顶较为平缓，海拔约245米。金鸡山旁边的锦城村遗址早在20世纪80年代第二次全国文物普查时就被发现了，有研究者认为是西汉闽越国“拒汉六城”之一的“临江城”遗址①。2002年福建省闽越文化遗存专题调查小组对锦城村遗址进行复查时，发现了这处墓葬区。报经国家文物局批准后，福建闽越王城博物馆组织考古队于2003年9月至11月对金鸡山墓葬区中的两座墓葬进行了发掘，编号为浦金一号墓（M1）和二号墓（M2）。

1. 墓葬形制与结构

金鸡山一号墓（M1），坐东朝西，方向265度。也是带斜坡墓道的平面为“甲”字形竖穴土坑墓。墓上堆筑有封土堆（图18-47）。

图18-47　金鸡山墓葬的封土堆外景

① 林忠干：《从考古发现看秦汉闽越文化的历史特点》，载《福建文博》1987年第1期。

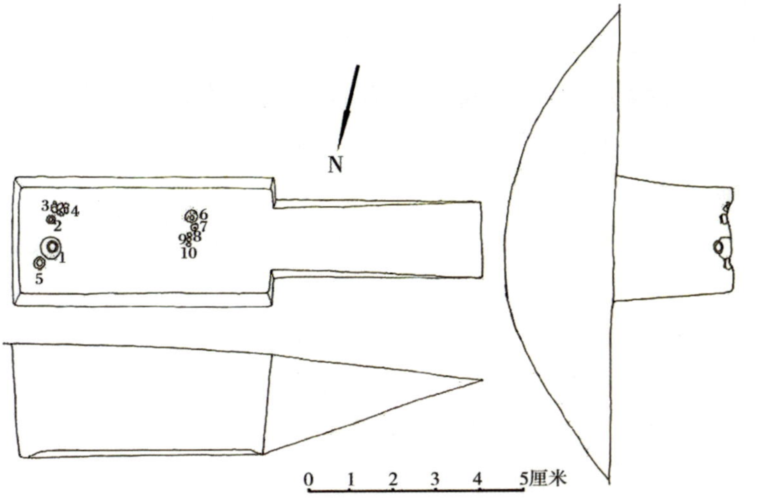

图 18-48　金鸡山一号墓（M1）平、剖面图

（1）封土堆

此墓上的封土堆呈东西向隆起，呈长方形馒头状，现存封土高约 2.5 米，底座东西长约 17 米，南北宽约 15 米。封土堆的土质较硬实，土色为红黏土及五花土，内含有红烧土和炭粒。在封土堆西部发现有一个不规则圆形盗洞，直径 1.35—1.5 米，土质较松，呈灰红土色。

（2）墓道

墓道设在墓室坑西壁中部略偏北侧，为长条形，是向墓室墓门底部倾斜的斜坡式墓道，坡度为 18 度，长 5 米、宽 1.4—1.8 米。墓道两壁从上到下有收分。

（3）墓室坑

墓室坑开口于原山体地层面，平面呈长方形。坑口长 6 米、宽 3 米，坑底长 5.7 米、宽 2.6 米；墓室坑深 2.8 米，从坑口到坑底微有收分(图 18-48)。墓坑两侧均出现坍塌现象。墓坑内填土大多为附近的山土填筑，基本为红褐土，夹杂有灰、黄褐色土及红烧土、炭粒，两侧以及后部大多用挖墓坑时的风化岩土回填。填土略经人工夯打，土质坚实，未发现明显的夯层和夯窝遗迹。

墓内的棺椁和人骨早已腐朽无存，仅墓坑底面两侧清出两条宽约 0.4 米的弧状凸起条形土台。

虽然此墓被盗扰严重，墓室坑底部遗迹保存不好，但笔者认为此墓结构仍是前、后室的形制。

（4）随葬品

此墓被盗扰严重，仅遗留下了 10 件随葬陶器。器类有瓮、罐、釜、钵、瓿、匏壶等。残存随葬品主要分布于墓室的后部和中部。

金鸡山二号墓（M2），墓葬坐东朝西，方向 283 度。为带斜坡墓道平面整体呈“甲”字形的竖穴土（岩）坑木椁墓。由墓道、前室、后室三部分组成。墓上堆筑有高大的封土堆（图 18-49）。

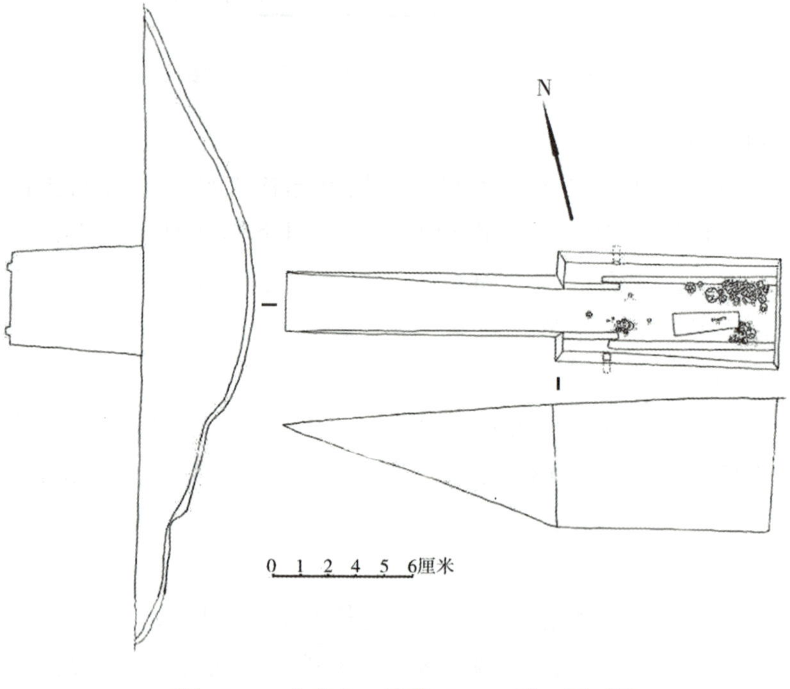

图 18-49　金鸡山二号墓（M2）平、剖面图

（1）封土堆

封土堆在较平坦的小山顶部隆起明显，现存封土堆高约 4 米。封土堆底座东西向长约 25 米、南北向宽约 13 米，顶面长年受雨水冲刷，已呈椭圆

形馒头状（原应为长方的覆斗形状）。封土堆的夯土硬实，土色为红黏土及五花土，内含有红烧土和炭粒，局部发现有夯窝遗迹，直径约 0.05—0.08 米。在封土西部发现一个不规则的圆形盗洞，直径约 2.35 米，洞中土质较松，呈灰红色。

（2）墓道

墓道在墓室西端正中，处理规整，呈长方形，两壁有收分，为逐渐向墓坑底部倾斜的斜坡式墓道，坡度为 18 度，长 10 米，宽 1.5—2.2 米。

（3）墓室坑

墓室坑平面呈长方形，坑口长 8 米、宽 4 米，坑底长 7.6 米、宽 3.2—3.5 米，坑深 4.9 米。墓坑壁略有收分，墓坑口四壁均出现坍塌。墓坑内填土大多采用附近的山土填筑，基本为红褐土夹杂有灰、黄褐色土以及红烧土、炭粒，接近下部处是用夹杂有青膏泥的土来填筑的（图 18-50、图 18-51）。木椁室外两侧以及后部大多用挖坑所得的原风化岩土来回填，西侧墓门外侧至墓道的填土中夹较多的青膏泥，填土经人工夯筑未见夯层，土质结构紧密，局部发现有夯窝遗迹，直径约 0.05—0.08 米。墓葬坑底前、后室两侧清出两条规整沟槽，距离墓壁约 0.4 米，沟槽宽 0.22—0.30 米，深约 0.15 米。根据枕木沟槽的分布位置和填土的平面痕迹分析，明确有前、后两个木椁室，前室短而窄，长 1.8 米、宽 1.5 米；后室较长而宽，长 5.5 米，宽 2.08 米。枕木沟槽前后的交接处交错约 0.4 米。在枕木沟槽上部还保

图 18-50 金鸡山二号墓（M2）的考古发掘现场

图 18-51 金鸡山二号墓（M2）全景（东→西）

存有清晰的灰黑色椁底木板、两椁板腐朽的板灰遗存和木棺腐朽的板灰痕迹。尸骨已腐朽无存。椁底木板为横向架于枕木上，呈东西向排列着的较明显的12块木板，板宽0.45—0.50米。

前室两侧残存3块椁板痕迹，为半圆弧形立于两侧，高约0.3—0.45米，宽约0.45米。后室椁板痕迹残存厚约0.1米、宽约0.3—0.45米。在前、后室之间交接处的两侧坑壁上挖有相对的2个壁槽，南侧距墓底0.86米，壁槽底平，上部崩塌，残存高约0.7米、宽0.3米、进深0.7米，北侧距墓底1.0米，壁槽向里往下斜进，保存较好，高约0.37米、宽0.25米、进深0.3米。木棺痕迹平面呈梯形，长2.4米、宽为东小西大，东部宽0.6米，西部宽0.82米。

（4）随葬品

二号墓（M2）墓室内被盗后遗存的随葬器物共计60件套，前椁室被盗后仅遗存少量陶器，如陶瓿、熏炉等器物。后椁室前部为玉器，如玉璧4件；还有陶璧、纺轮小件陶器；后椁室中部的棺痕内遗存了1套（共18件）组玉佩；后椁室后部出土了成组的陶器，主要分布在后椁室的后部两侧。器类有瓮、罐、瓿、鼎、釜、洗、盅、匏壶、盖杯、熏炉、陶璧、纺轮和提梁盉等。

2. 金鸡山一、二号墓（M1、M2）的随葬品

金鸡山一、二号墓（M1、M2）早期就遭到盗掘，墓室内的随葬器物有些已非原位。且有的器物破碎较为严重，尤其以一号墓为甚，仅仅残余下10件陶器。二号墓虽然也遭到盗掘，推测在第一次盗掘中就因突发情况而结束了，不像其他墓葬盗掘那样彻底。所以遗留下一批玉器和基本完整的陶器组合。

一号墓（M1）残存随葬器物共10件，均为硬陶器，有瓮1件、罐3件、釜1件、瓿1件、匏壶1件、钵3件。

瓮　1件（M1:1）。泥质灰硬陶。器形较大，敞口，束颈，广肩，圆鼓腹，平底。通体拍印方格纹，肩腹间饰有三道凹弦纹。口径24.8厘米、腹径40厘米、底径24.8厘米、高36.8厘米（图18-52）。

罐　3件。形制、大小基本一致。泥质灰硬陶。敛口，鼓腹，平底。有桥形双耳，肩和腹上部饰刻划弦纹三组，每组四道（图18-53）。

1件（M1:2），口径12.4厘米、腹径18厘米、底径13厘米、高14厘米。

1件（M1:3），口径11.9厘米、腹径16.8厘米、底径12.4厘米、高13厘米。

1件（M1:4），口径11.8厘米、腹径17.6厘米、底径13厘米、高14厘米。

图18-52　金鸡山一号墓出土的陶瓮

釜　1件（M1:5）。夹砂灰硬陶。盘形口，束颈，深鼓腹，最大腹径近下部，圜底（图18-54）。外腹下部至底部拍印绳纹。口径22.4厘米、腹径28厘米、高13.6厘米。

图18-53　金鸡山一号墓出土的陶罐

图18-54　金鸡山一号墓出土的陶釜

瓿　1件（M1:6）。泥质灰硬陶。敛口，直沿，广肩，扁鼓腹，平底。肩腹上有对称的桥形双耳，肩上部饰一组曲折篦点纹，肩腹部间隔饰五组刻划弦纹（每组四道）和三组水波纹（每组三至五道）。口径9.8厘米、腹径21.6厘米、底径18厘米、高14.2厘米。

匏壶　1件（M1:7）。泥质灰硬陶，夹少量砂。直敛口，颈部斜直，圆鼓腹，平底。肩部有卷曲桥形双耳。肩腹部间隔饰有三组刻划弦纹（每组四道），间夹二组斜向篦点纹和一组（四重）半圆圈纹。口径 3.6 厘米、腹径 15.4 厘米、底径 10.6 厘米、高 16.6 厘米（图 18-55）。

钵　3 件。形制、大小基本一致，灰色泥质硬陶。敛口，突肩，腹壁斜收，平底。肩部饰刻画纹（图 18-56）。

图 18-55　金鸡山一号墓出土的陶匏壶

图 18-56　金鸡山一号墓出土的陶钵

1 件（M1:8），口径 12.3 厘米、底径 8.3 厘米、高 4 厘米。

1 件（M1:9），口径 12.4 厘米、底径 7.9 厘米、高 3.8 厘米。

1 件（M1:10），口径 12 厘米、底径 8 厘米、高 3.8 厘米。

图 18-57　金鸡山二号墓出土的陶器、玉器的分布

二号墓（M2）随葬器物共60件套。前室中仅遗存少量陶器，成组陶器主要分布在后室后部；后室前部为玉器、小件陶器，后室中部的棺内遗存了1套（18件）组玉佩（图18-57）。陶器种类有瓮1件、罐7件、匏壶1件、瓿2件、鼎5件、釜1件、提梁盉1件、洗5件、盅7件、熏炉3件、盖杯5件、陶璧1件、纺轮1件等（图18-58—图18-69）。玉器有玉璧4件、组玉佩1套（18件）（图12-4—图12-6）。

图18-58　金鸡山二号墓出土的陶罐

瓮　1件（M2:1）。泥质灰硬陶，器形较大，侈口，折颈，广弧肩，圆鼓腹，平底略内。通体拍印方格纹，上腹部饰有五道凹弦纹。口径24.4厘米、腹径46厘米、底径22.6厘米、高41.4厘米。

罐　7件。泥质灰硬陶，形制和大小基本一致。敛口，鼓腹，平底。肩部有桥形双耳，器表饰有刻划的弦纹、水波纹、篦点纹。依口沿、纹饰的一些差别，可分两种。

第一种有3件。子口，鼓腹，平底。肩部有卷曲形双耳，肩腹部间隔饰有三组刻划弦纹和二组水波纹。与武夷山城村汉城（东越王城）遗址出土的Ⅳ型罐相同①（图18-58:1）。

① 福建博物院、福建闽越王城博物馆编：《武夷山城村汉城遗址发掘报告1980—1996》，福建人民出版社，2004年，第223页，图一二九：2，第224页，图一三○。

1 件（M2:5），口径 12.8 厘米、腹径 21.2 厘米、底径 14.4 厘米、高 19.4 厘米。

1 件（M2:7），口径 13.2 厘米、腹径 23.2 厘米、底径 15 厘米、高 20.6 厘米。

1 件（M2:9），口径 13 厘米、腹径 23.2 厘米、底径 15 厘米、高 21.2 厘米。

第二种有 4 件。敛口，鼓腹，平底。肩部有桥形双耳上下附贴卷云泥条装饰，腹部拍印有模糊的方格纹。与武夷山城村汉城（东越王城）遗址出土的一种Ⅳ型的罐基本相同①（图 18-58:2、3）。

1 件（M2:12），肩腹部间隔饰有六组刻划弦纹和三组水波纹、一组四重月牙纹和二组斜向篦点纹。口径 16 厘米、腹径 23.6 厘米、底径 16.6 厘米、高 21.4 厘米。

1 件（M2:16），肩腹部间隔饰有六组刻划弦纹和二组水波纹、四组月牙纹。口径 16.4 厘米、腹径 25.2 厘米、底径 16.4 厘米、高 22.6 厘米。

1 件（M2:17），肩腹部间隔饰有五组刻划弦纹、二组水波纹、三组月牙纹和一组斜向篦点纹，双耳仅上部附贴卷云泥条装饰。口径 14.8 厘米、腹径 23.2 厘米、底径 16.2 厘米、高 21.8 厘米。

1 件（M2:21），肩腹部间隔饰有六组刻划弦纹和三组水波纹、一组四重月牙纹和一组斜向篦点纹；耳面上饰有戳印圆圈纹。口径 16.4 厘米、腹径 24.8 厘米、底径 17.8 厘米、高 24.8 厘米。

匏壶　1 件（M2:2）。泥质灰硬陶，少量夹砂。小口微内敛，颈部斜直，鼓腹，小平底。肩腹部有桥形双耳，耳上下附贴卷云泥条装饰，肩腹部间隔饰有五组刻弦纹、二组斜向篦点纹、三组月牙纹。口径 3.4 厘米、腹径 17.2 厘米、底径 11 厘米、高 21 厘米。

瓿　2 件。泥质灰硬陶，敛口直沿，广肩，扁鼓腹，下腹弧斜收，平底。

1 件（M2:30）。肩腹交接部有卷曲的羊角形双耳，肩腹部间隔饰有三组刻划弦纹和三组水波纹。口径 12.6 厘米、腹径 24 厘米、底径 13.2 厘米、高 15.8 厘米（图 18-59）。

---

① 福建博物院、福建闽越王城博物馆编：《武夷山城村汉城遗址发掘报告 1980—1996》，福建人民出版社，2004 年，第 225 页，图一三一：2。

图 18-59　金鸡山二号墓出土的陶瓿（M2:30）

图 18-60　金鸡山二号墓出土的陶瓿（M2:3）

1 件（M2:3）。器形较大，肩腹部有兽角形双耳，耳面上饰有戳印圆圈、月牙、篦点纹。肩腹部间隔饰有十三组刻划弦纹、七组月牙纹、六组斜向篦点纹。口径 14.8 厘米、腹径 32 厘米、底径 17 厘米、高 20.6 厘米（图 18-60）。

釜　1 件（M2:18）。夹砂灰硬陶。盘形口，口径大于腹径，鼓腹，平底。通体素面无纹饰，口沿面上有凸起的一对弧形护片，内侧装有麻花状半圆形吊耳。口径 27 厘米、腹径 22 厘米、底径 16 厘米、腹深 14 厘米、高 18.4 厘米（图 18-61）。

图 18-61　金鸡山二号墓出土的陶釜（M2:18）

图 18-62　金鸡山二号墓出土的陶三足盉（M2:23）

三足盉　1件（M2:23）。泥质灰硬陶，有夹砂。敛口直沿，广肩，鼓腹，平底，腹下紧贴器底有三个等距八棱柱形兽足，肩腹交接部装有龙首形流，半圆弧形提梁为龙身，尾部卷起，提梁断面为七棱形，提梁上刻饰有月牙纹、斜向篦点纹。盉的肩腹部间隔饰有七组刻划弦纹、四组月牙纹、三组斜向篦点纹。口径11.6厘米、腹径22厘米、腹深17.1厘米、通高25.4厘米（图18-62）。

鼎　5件。泥质灰硬陶，有夹砂。按器形的差异，暂分三种。

第一种3件。3件器形、大小略有不同，都是盖鼎。鼎身为盆形子口，鼓腹，平底，底部安有3个八棱柱形足。鼎盖圆弧形，盖顶有桥形钮，两端贴附卷曲的装饰。腹部有一对环形立耳，肩部饰有一组六道刻划弦纹（图18-63）。

图18-63　金鸡山二号墓出土的第一种陶鼎（M2:15、22、24）

1件（M2:15），口径17厘米、底径14厘米、腹深10.4厘米、通高26.8厘米。

1件（M2:22），口径18厘米、底径15厘米、腹深10厘米、通高27.6厘米。

1件（M2:24），口径21厘米、底径15厘米、腹深11.6厘米、通高31厘米。

第二种1件（M2:13）。盖鼎。鼎身为盆形子口，鼓腹，平底。鼎盖圆弧形，盖顶有桥形钮，两端贴附卷曲的装饰。腹部有一对梯形立耳，耳洞呈三角形，底部安有三个八棱柱形足。肩部饰有一组六道刻划弦纹。口径 20 厘米、底径 17 厘米、腹深 12 厘米、通高 31 厘米。

第三种 1 件（M2:19）。釜形鼎，盘形口，束颈，斜弧腹，平底，底部安有三个八棱柱形鼎足。鼎体素面，颈部外侧有一对环形立耳，耳上饰有斜线纹、月牙纹、圆圈纹、篦点纹。口径 25 厘米、腹径 24.4 厘米、腹深 13.2 厘米、高 32 厘米（图 18-64）。

图 18-64　金鸡山二号墓出土的陶鼎（M2:19）

洗　5 件。依器形大小及装饰的差别，可分三种。

第一种 1 件（M2:25）。器形较大。泥质灰硬陶，口微敞，沿外折，斜腹，平底。器领有等分的四个铺首式吊环耳，耳两端贴附卷云泥条装饰。器表通体间隔饰有十一组刻划弦纹、六组斜向篦点纹和戳印纹（图 18-65）。口径 36 厘米、底径 14 厘米、高 13 厘米。

图 18-65　金鸡山二号墓出土的陶洗（第一种）

图 18-66　金鸡山二号墓出土的陶洗（第二种）

第二种 2 件。泥质红褐陶，有细砂。外折沿，斜弧腹，平底。器领有一对铺首式吊环耳。腹部间隔饰有刻划纹。

1 件（M2:26），口微敛，腹部间隔饰有五组刻画弦纹、二组或三组月牙纹、三组斜向篦点纹（图 18-66）。

1 件（M2:29），口径 25.4 厘米、底径 10.6 厘米、高 7.4 厘米。

第三种 2 件。泥质红褐陶，有细砂。敞口，平折沿，斜腹，平底。器领有一对铺首式吊环耳。腹部间隔饰有五组刻画弦纹、二组月牙纹、三组斜向篦点纹。

1 件（M2:27），口径 27.6 厘米、底径 11.6 厘米、高 7.8 厘米。腹部间隔饰有三组刻画弦纹、二组月牙纹、三组斜向篦点纹。

1 件（M2:28），口径 27 厘米、底径 12 厘米、高 7.4 厘米。

熏炉　3 件。泥质灰硬陶。3 件形制都大同小异。弧形熏炉盖，子母口，盖顶有鸟形钮。器身为豆形，器表饰有刻画纹，盖面有镂孔。每件都有微小的差别。

1 件（M2:31）。喇叭状圈足。盖面间隔刻画三组弦纹、三组双线菱形、三角形纹和三角形镂孔。器身腹部刻画有三组弦纹，二组月牙纹，一组双线菱形和三角形纹（图 18-67）。口径 7.6 厘米、盖径 9 厘米、底径 5.6 厘米、通高 10.5 厘米。

图 18-67　金鸡山二号墓出土的陶熏炉（M2:31）

1 件（M2:32）。喇叭形圈足，足柄部有一道凸棱。盖面间隔刻画有三组弦纹、三组双线菱形、三角形纹和三角形镂孔，盖沿部分刻画有重线“米”字纹；器身近口部刻画有交叉重线三角形纹，腹下部刻画有三组弦纹，一组月牙纹和二组斜向篦点纹。口径 8 厘米、盖径 9 厘米、底径 6.4 厘米、通高 10.6 厘米。

1 件（M2:33）。喇叭形圈足，足柄部有一道向下的凸棱。盖面间隔刻画有双线菱形、三角形纹和菱形镂孔，盖沿部刻画有重线“米”字、叶脉纹；器身近口部刻画有重线“米”字、叶脉纹，腹下部刻画有二组弦纹、二组菱形和三角形纹。口径 8 厘米、盖径 9 厘米、底径 5.3 厘米、通高 10.2 厘米。

盖杯　5 件。形制和大小基本一致，泥质灰硬陶。弧形盖，子母口，圈足。盖顶有鸟形钮，盖背在刻画纹上面贴饰三个鸟形泥钮。腹较深，腹上部有桥形双耳，耳上下附贴卷曲形装饰。通体饰有刻画纹（图 18-68）。依据微小的差别，可分为三种。

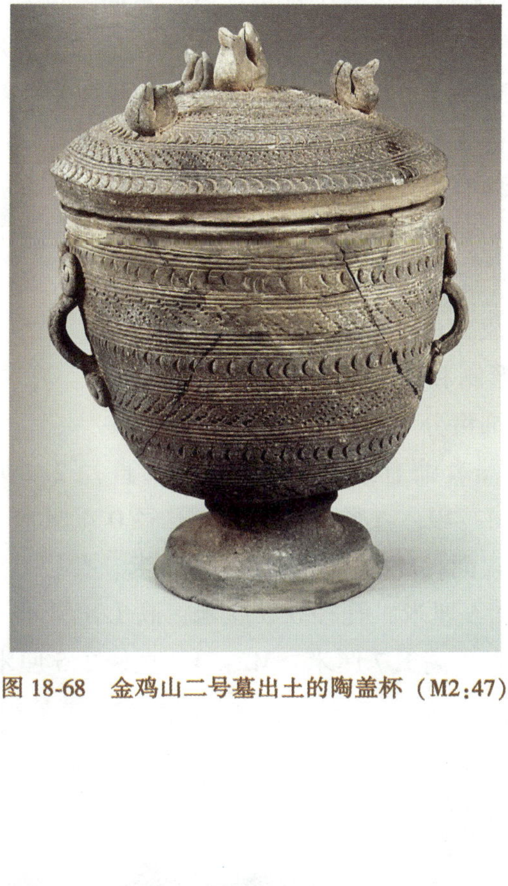

图 18-68　金鸡山二号墓出土的陶盖杯（M2:47）

第一种有3件。喇叭形矮圈足。盖面间隔刻画有五组弦纹、二组月牙纹和二至四组斜向篦点纹。杯身刻画有六组弦纹，二组月牙纹和三至四组水波纹。M2:44，口径8.4厘米、盖径9.8厘米、底径5厘米、通高14厘米。M2:45，口径8.4厘米、盖径9.8厘米、底径5厘米、通高12.8厘米。M2:46，口径8.4厘米、盖径9.8厘米、底径5厘米、通高12.6厘米。

第二种1件（M2:42）。喇叭形圈足，足柄部有一道凸棱。盖面间隔刻画有五组弦纹、二组月牙纹和三组斜向篦点纹；杯身刻画有六组弦纹，三组月牙纹和三组篦点纹。口径8.4厘米、盖径9.8厘米、底径5.6厘米、通高10.4厘米。

第三种1件（M2:47）。盘口状圈足，足柄部有一道凸棱。盖面间隔刻画有五组弦纹和三组月牙纹、斜向篦点纹。杯身刻画有七组弦纹和三组月牙纹、篦点纹。口径8.4厘米、盖径9.8厘米、底径5.8厘米、通高10.4厘米（图18-68）。

盅　7件。泥质灰硬陶，大小基本一致。素面。按差异分二种。

第一种3件。敞口，斜腹，平底。M2:41，口径6.8厘米、底径3.8厘米、高2.8厘米。M2:43，口径7厘米、底径3.4厘米、高3厘米。M2:59，口径6.6厘米、底径3.8厘米、高3厘米。

第二种4件。含有少量砂粒，敛口，沿外侈，斜腹，平底。M2:55，口径7厘米、底径3.8厘米、高2.9厘米。M2:56，口径7厘米、底径3.8厘米、高3厘米。M2:57，口径6.6厘米、底径4厘米、高2.6厘米。M2:58，口径7.2厘米、底径2.6厘米、高3厘米。

纺轮　7件。形制和大小基本一致，泥质灰陶。算珠形，剖面呈菱形，中有孔，依有无纹饰可分为二种。

第一种2件。器表饰有细弦纹。M2:48，直径2.4厘米、孔径0.4厘米、高1.7厘米。M2:49，直径2.2厘米、孔径0.4厘米、高1.6厘米。

第二种4件。素面。M2:51，直径2.5厘米、孔径0.4厘米、高1.8厘米。M2:51，直径2.5厘米、孔径0.5厘米、高1.8厘米。M2:52，直径2.5厘米、孔径0.4厘米、高1.7厘米。M2:54，直径2.5厘米、孔径0.4厘米、高1.9厘米。

1件纺轮已破碎。

陶璧　3件，泥质软陶，均单面刻画纹饰（图18-69），依大小和纹饰的小差异可分为二种。

图18-69　金鸡山二号墓出土的3件陶璧（M2:38、39、40）

第一种2件。M2:38，器表间隔刻画有三组弦纹、月牙纹和二组麦穗纹。直径14.4厘米、孔径3.8厘米、厚0.9厘米。M2:40，器表间隔刻画有四组弦纹、月牙纹和二组麦穗纹。直径15.6厘米、孔径4.6厘米、厚1.0厘米。

第二种1件（M2:39），器形略大，表面间隔刻画有四组弦纹，五组月牙纹和二组麦穗纹、斜篦点纹，璧的边沿间隔刻画有一组月牙纹和二组斜篦点纹。直径17.2厘米、孔径4.4厘米、厚0.9厘米。

玉器共5件（套），器形为玉璧和组玉佩（图18-70）。

玉璧　4件，出土时摞在一起。由于受到酸性红土的长期侵蚀，有3件已经全部呈鸡骨白色；仅夹在中间的一件保存较好，虽断裂，玉质保持了碧青色。根据大小和纹饰的差异可分为两种。

第一种2件。圆形，中有孔。两面均以纹分内外两区，外区以粗细阴线刻饰五组双体龙纹，内区饰网格形蒲纹，磨光。M2:35，直径27.4厘米、孔径6.2厘米、厚0.6厘米（图12-4）。M2:36，直径32厘米、孔径6厘

图 18-70　金鸡山二号墓中 18 件组玉佩成堆出土的现场

米、厚 0.6 厘米。

第二种 2 件。圆形，中有孔。近外缘处有一道浅细的廓线。两面均饰排列整齐的谷纹。M2:34，直径 24 厘米、孔径 4.8 厘米、厚 0.6 厘米。M2:37，直径 21.4 厘米、孔径 4.4 厘米、厚 0.6 厘米。

组玉佩 1 套（M2:60）。由玉环、玉璜、玉片、圆钮玉饰、管状玉饰共 18 小件，土沁色呈鸡骨白（图 12-6）。分述如下：

玉环　1 件（M2:60,18），整体阴刻、镂空透雕三对共六个首尾相接的变体凤纹，两面以极细的线条阴刻出眼睛、羽毛等，内外边缘凸起边棱。直径 7 厘米、好径 4 厘米、厚 0.3 厘米。

玉璜　2 件，纹饰、大小有所不同。

1 件（M2:60,2），半圆形。镂空透雕（部分阴刻）变体凤纹，双面以细线阴刻凤的圆眼与羽毛，璜正中钻有一小孔。直径 5 厘米、外边长 16 厘米、内边长 10.2 厘米、宽 1.7 厘米、厚 0.3 厘米。

1 件（M2:60,1），形近半圆，两端略残，外边有戚齿，边缘刻凹线，形成突起的棱边，两面雕刻涡纹，两端头正中钻有小孔。直径 3.3 厘米、外边长 10.5 厘米、内边长 4 厘米、宽 1.9 厘米、厚 0.35 厘米。

玉片　10 件，均为长方形，部分玉质腐蚀较严重，纹饰较模糊；依雕

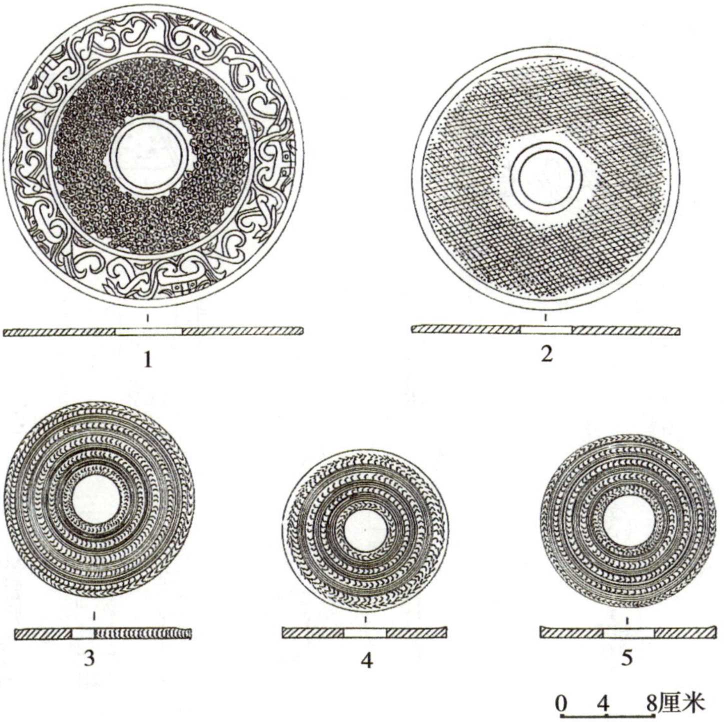

图 18-71　金鸡山二号墓随葬玉璧（1、2）与陶璧（3—5）（线图）

1. 玉璧（M2∶35）　2. 玉璧（M2∶34）　3. 陶璧（M2∶39）　4、5. 陶璧（M2∶38、40）

刻纹饰和钻孔方式，可分三型。

第一种 1 件（M2∶60,8），四周戚齿边，两端各有一小孔，双面雕刻勾连云纹；长 3. 8 厘米、宽 2. 1 厘米、厚 0. 3 厘米。

第二种 4 件（两对），四周戚齿边，玉质腐蚀较严重，纹饰已模糊不清，局部可辨纹饰涡纹，两端各有一小孔。

一对（M2∶60,3、10），长 5. 8 厘米、宽 2 厘米、厚 0. 3 厘米。

一对（M2∶60,4、6），其中一件角残缺。长 4. 5 厘米、宽 2 厘米、厚 0. 3 厘米。

第三种 5 件，长宽不一，皆为双面雕工。分别雕刻卷云纹、涡纹、勾连云纹，上下两头有对穿孔。

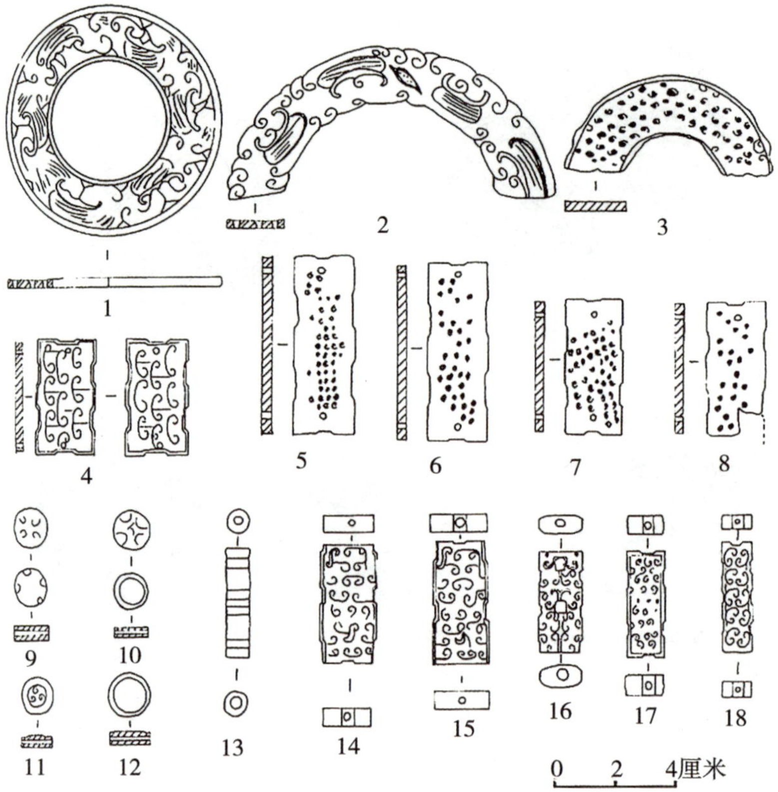

图 18-72 金鸡山二号墓随葬组玉璧（线图）

1. 玉环（M2:60—18） 2. A 型玉璜（M2:60—2） 3. B 型玉璜（M2:60—1） 4. A 型玉片（M2:60—8）
5—8. B 型玉片（M2:60—10、3、6、4） 9—12. 玉圆钮饰（M2:60—12、17、15、7）
13. 玉管（M2:60—13） 14—18. C 型玉片（M2:60—11、16、9、14、5）

一对（M2:60,11、16），双面雕刻勾连云纹，长 4 厘米、宽 1.8 厘米、厚 0.3 厘米。

1 件（M2:60,9），双面雕刻卷云纹，长 3.5 厘米、宽 1.4 厘米、厚 0.5 厘米。

1 件（M2:60,14），双面雕刻涡纹，长 3.5 厘米、宽 1.2 厘米、厚 0.7 厘米。

1 件（M2:60,19），双面雕刻勾连云纹，长 3.6 厘米、宽 1 厘米、厚

0.5 厘米。

圆钮玉饰 4 件，大小不一，一面刻凹弦纹一圈，另一面刻云纹，上下有纵向对穿的孔。M2:60,12，直径 1.3 厘米、厚 0.5 厘米。M2:60,17，直径 1.2 厘米、厚 0.3 厘米。M2:60,15，直径 1.2 厘米、厚 0.4 厘米。M2:60,7，直径 1.4 厘米、厚 0.4 厘米。

管状玉饰 1 件（M2:60,13），圆柱状，中有孔，一头略大，管身刻凸弦纹八道。长 3.6 厘米、直径 0.8 厘米、厚 0.2 厘米。①

3. 一些新认识

浦城县锦城村金鸡山的两座闽越国墓葬，很明显是同地异穴的夫妇合葬墓。随葬陶器完全是西汉闽越国文化的面貌。一号墓残存的陶器与武夷山城村汉城（东越王城）遗址及周边墓葬的陶器，都大体类同。但是，保存相对完整的二号墓中的很多陶器，如陶盖鼎、罐、匏壶、瓿等都与城址墓葬中的同类陶器有所差异和变化。特别是三足提梁盉及圈足的盖杯等，与城村汉城（东越王城）遗址出土的平底盖杯、平底提梁盉等器有一些区别，部分器形在武夷山东越王都等地所发掘的墓葬中都未出现过。然而这两座墓穴中出土的三足提梁盉与浙江越墓出土的原始瓷三足提梁盉②以及江西贵溪崖墓所出的战国的陶提梁盉③较相似。这些都说明金鸡山墓葬的年代应该偏早些。从这些出土的遗物情况来分析，金鸡山一号墓和二号墓的年代应为西汉早期。

两座墓葬在西汉中期以后都遭到了盗掘，一号墓葬遭盗掘严重，仅存 10 件陶器，随葬陶器的完整组合已不可知了。但是二号墓葬被盗并不严重，虽未保留下全部的随葬器物，但是陶器的完整组合应该是得到了基本的保留。这对我们了解同级别的闽越国墓葬陶器的组合，有着极为重要的参考

① 福建闽越王城博物馆、浦城县博物馆：《福建浦城县金鸡山闽越墓葬发掘简报》，见《东南考古研究》第五辑，厦门大学出版社，2023 年。笔者是这项考古发掘项目的领队，对整个考古发掘过程也比较清楚，对简报上的部分枝节问题作了一些调整。

② 浙江省文物考古研究所：《浙江考古精华》，文物出版社，1999 年，第 196 页。

③ 李科友、刘诗中等：《贵溪仙岩发现春秋战国崖墓》，载《福建文博》1980 年第 2 期。

价值。其中随葬5件陶鼎的现象，也为研究闽越国接受中原的列鼎制度和墓主人的身份等级，提供了重要的依据。此外，金鸡山二号墓葬中4件玉璧和整套玉组佩的发现，也为了解闽越国丧葬习俗中葬玉的制度提供了重要的实物资料。

另一方面，在金鸡山墓葬区东北部约700米处，是一处西汉闽越国时期重要的建筑遗存。① 从出土的瓦当和板瓦、筒瓦上的戳印文字研究分析，这处遗址可能就是历史文献记载的闽越国的重要邑落遗址——汉阳邑。

（七）福州新店益凤山一号墓

1. 墓葬位置

新店镇位于福州市北部，属晋安区管辖。地形地貌属于火山岩低山地，主峰旗山海拔1130米，地势北高南低。益凤山（当地称狮羊头山）为一座海拔为108米、相对高度约68米的山岗，坐落于新店西部益凤村的西北面，处于南部低山向丘陵的过渡地带。该山西南为丘陵地带，东南约3公里处为闽越国王都的中心——冶山遗址。

这座闽越国时期的墓葬，是在2002年至2004年开展的全省闽越文化遗存专题调查工作中，由福建闽越王城博物馆考古队对福州市区域调查勘探时发现的。墓葬位于益凤山北面，地处猫头山向南延伸的长条形山岗中部。

经报批后，考古队于2005年3—6月对该墓葬进行了发掘，并定名为益凤山一号墓（编号为福益M1）。

2. 墓葬形制结构

益凤山一号墓（福益M1）的形制结构，也是一座有封土堆、带斜坡墓道、甬道的平面呈“甲”字形的竖穴土（岩）坑木椁墓。墓葬坐东北朝西南，方向238度。

（1）封土堆

封土堆形状较明显，东西向，平面呈长方形覆斗状。封土堆基座除东南面呈坡状并被现代墓破坏外，其余面保存较好。现存封土高3.5米，顶

① 福建闽越王城博物馆：《浦城县上面山汉代遗址发掘简报》，载《福建文博》2012年第1期，第23—31页。

面宽 11 米、长 15 米，底座长 28.5 米、宽 20 米。由于封土堆长年受雨水的冲刷和人为的扰动，外表已呈椭圆形馒头状。封土堆西北面发现宽约 8 米、深约 4 米较规整的沟壕，应系人工堆筑墓葬封土堆时取土所致。

封土及墓坑的填土方法是以整个墓葬纵向中部对半的两个部分同时向里倒土逐层堆筑夯打而成的（即由两组人同时从两侧运土进行夯筑）。封土土色较杂，多由红褐土、灰褐土、黄褐黏土等五花土构成。上层 0.4 米为红褐土夹有零星烧土炭粒，土质偏松，夯打较随意；上层往下为灰褐、黄褐土夹有零星烧土炭粒，土质坚实，局部有出现夯层，未发现夯窝和遗物。在封土堆的西南部发现一个圆形盗洞，直径 1.1 米，洞内淤土较杂，为红褐偏灰色，并夹杂风化岩碎石粒。

（2）墓道、甬道与外藏椁

此墓道口朝西南。墓道、甬道和外藏椁位于宽度大体一致的长道中，为斜弧坡道，坡度为 10—15 度，总长 15 米。墓道上口宽 2.5 米，底宽 1.4—1.6 米，上口往下深 1.2—1.5 米两侧壁有二层台，台面宽 0.2 米，较规整。甬道位于墓坑前室中部，长度约 3 米。甬道与墓道连接处有长 1.8—2 米、宽 1.4 米以上的外藏椁。外藏椁与甬道和墓道的连接处都有门的遗迹。椁室两侧壁分别清出对称竖立的 4 个柱槽，间距 1.8 米。壁柱槽宽 0.45—0.5 米、深入地下 0.3—0.4 米，高达 2 米。壁柱槽底部为相连的凹槽，深约 0.2 米。外椁室西门外的墓道长 10 米。甬道和椁室共长 5 米，甬道与墓室相连。

在甬道和椁室的位置零星发现有一些木板及椁箱留下的遗迹。

（3）墓室坑

墓室坑平面呈长方形，坑口长 9.5 米、宽 5.8 米，墓坑深 5—6 米。坑口南北两侧对称分布着向坑内回填倒土的滑道有六处。坑口向下深 1—1.3 米的两侧有二层工作台，台面不平整，宽约 1 米，台面有高低、大小不等的凹槽、凹坑及台沿流口等处均由倒土形成滑道的遗存（图 18-73）。二层台下深约 1.6—2.3 米处有三层台，台面宽 0.2—0.3 米，台面分为前、后段。前段台面长 3.5 米、距坑底高 1.8—2 米，长 4.5 米、距墓坑底高 1.3 米。三层台下至坑底壁面规整。在墓葬后部两侧的壁面上清出对称竖立的浅弧凹槽两个，宽 0.3—0.4 米，深约 0.05 米，在北侧后段的三层台沿清出一排浅弧痕迹，宽约 0.4 米，深约 0.05—0.08 米，推测有可能是“人”字形木椁斜撑的痕迹。

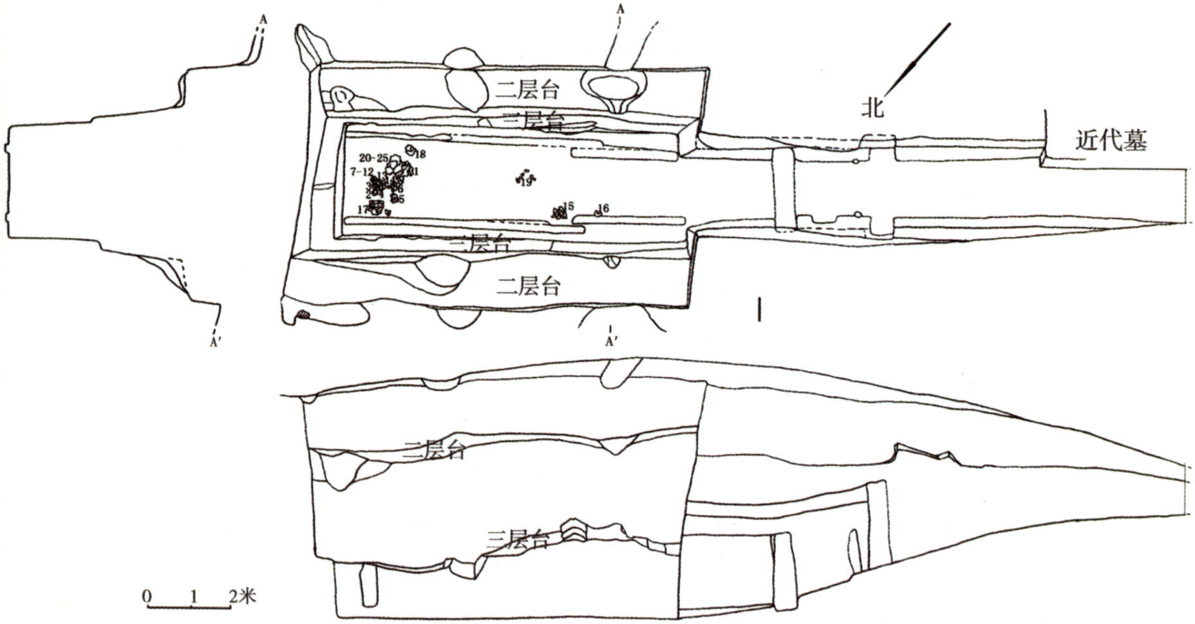

图 18-73　益凤山一号墓葬的平、剖面图

1. 陶瓮　2—6. 陶罐　7. 陶盅　8—14、18、25. 陶盅
15. 陶钵　16. 铁锄　17. 陶釜　19. 陶熏炉　20—24. 陶纺轮

墓坑底长 8 米、宽 2.6 米。前、后室墓底两侧有沟槽两条，沟槽宽 0.18—0.2 米、深约 0.05 米。前、后室的交接处呈错交状。前室沟槽之间宽 1.3 米，后室沟槽之间宽 1.8 米。在墓坑底的后部还保存有 2 厘米高的椁板遗痕，板厚 15 厘米。椁室内宽约 2.1 米，棺木、尸骨已腐朽无存。

从上述墓坑三层台和底部椁板痕等迹象分析，该墓是一座有前、后室的木椁墓。从遗迹推断前室木椁长 2.5 米、宽约 1.8 米左右；后室木椁长 5.7—6 米、宽约 2.2 米左右。三层台的两侧台面较窄，应是架放木椁板用的支撑台，后壁台面较宽而平整，应是构建木椁室的工作台。从三层台面前室高、后室低及台沿架放椁板痕来看，前椁室盖板应是平盖板。有人推测后椁室是“人”字形椁棚顶。① 笔者认为从这些保存较差的遗迹上来看，还不能确定后椁室是“人”字形椁。

图 18-74　益凤山一号墓葬的外藏椁与墓道（东→西）

（4）随葬品和遗物状况

此墓在西汉中期以后曾遭到比较彻底的盗掘，基本被盗空，仅存极少量残破的陶器。② 在盗洞底部清理出土铁凿、残铁锸、残陶璧各 1 件。遗留在墓室内的随葬器物已非原位，且绝大部分陶器破碎严重。前室仅出土 1 件铁锸，与盗洞中出土的 2 件铁工具一样，可推测它们都是盗墓工具。这也是我们判断墓葬在西汉中、后期即被盗的重要依据。

后室残存的陶器主要集中在后部，其中前部仅发现 2 件陶器，中部发

① 福建博物院、福建闽越王城博物馆：《福州市益凤山西汉闽越国墓葬发掘简报》，载《福建文博》2013 年第 3 期，第 9—14 页。

② 福州新店益凤山一号墓被盗空的程度仅次于武夷山城村汉城（东越王城）遗址的牛栏后二号墓。

现1件破碎的熏炉，后部发现陶器22件。这些遗留的随葬陶器主要有瓮、罐、钵、盒、盅、釜、熏炉、纺轮、陶璧等（图18-75）。

1. 罐（M1:2） 2. 罐（M1:3） 3. 钵（M1:15）
4. 盅（M1:13） 5. 盅（M1:11） 6. 盅（M1:10）

图18-75 益风山一号墓出土的部分陶器

（采自《福建文博》2013年第3期）

3. 出土遗物

益风山一号墓葬共出土残存陶器25件，铁器3件。

瓮 1件（M1:1），残，泥质灰硬陶，器表氧化呈紫灰色。束颈，敞口，广肩，鼓腹，平底。肩腹部有小桥形四系耳，通体饰方格纹。口径25厘米、腹径43.2厘米、底径23.2厘米、通高42.4厘米。

罐 5件。体形较小，形体大小一致，泥质灰硬陶，器表氧化呈紫灰色。有3件（M1:2、3、6）腹下部至底火候偏低，呈红色。敛口，鼓腹，平底。桥形双耳，腹部饰一组或二组细弦纹。

1件（M1:2）腹部饰一组细弦纹。口径10.6厘米、腹径15.2厘米、底径10.6厘米、高15厘米。

4件（M1:3—6）腹肩饰两组细弦纹。口径9.8—10.6厘米、腹径13.8—14.8、底径10.4—10.6厘米、高13.4—14.4厘米。

钵　1件（M1:15），残，泥质灰硬陶，器表氧化呈紫灰色。敛口，小平底。肩部有四条水波纹装饰。口径18.6厘米、底径9厘米、高7.2厘米。

盒　1件（M:7），器体较小，残。泥质灰硬陶，器表氧化呈紫灰色。子母口有尖棱凸出，平底微内凹。腹部饰密集的水波纹，下腹部水波纹上有一道细弦纹。口径8厘米、底径4.6厘米、高3.4厘米。

盅　9件。其中5件较小（M1:9、10、12、18、25）；4件较大（M1:8、11、13、14）。泥质灰硬陶，器表氧化呈紫灰色。圆腹，平底，素面。可分三式。

1式5件，口微敛。M1:9，口径8厘米、底径3.2厘米、高3.4厘米。M1:12，口径8厘米、底径3厘米、高3.4厘米。M1:8，口径11.8厘米、底径8厘米、高4.6厘米。M1:14，口径10.8厘米、底径7.2厘米、高4.5厘米。M1:13，腹部饰一道细弦纹，口径10.6厘米、底径3.4厘米、高3.9厘米。

2式1件，口微敞。M1:11，口径11.4厘米、底径5.2厘米、高4厘米。

3式3件，直口。M1:18，口径8.4厘米、底径3.6厘米、高3.3厘米。M1:25，口径8.2厘米、底径4.8厘米、高3厘米；M1:10，腹饰一道细弦纹，口径9.6厘米、底径5厘米、高4厘米。

釜　1件（M1:17），残，可复原。夹砂灰陶，盘口束颈，鼓腹，腹下部饰绳纹，口径26厘米、腹径26厘米、残高12.4厘米。

熏炉　1件（M1:19），缺盖，仅存炉身残片。泥质橙黄软陶，豆形，子母口。腹上部饰几何菱形纹，腹下部饰密集锯齿纹加弦纹。口径8厘米、腹径9厘米、足径6厘米、残高6.8厘米。

纺轮　5件。泥质灰陶，算珠形，剖面菱形，中有孔。有两种微小的区别。

一种2件。M1:20，器表呈紫灰色，饰有一道同心圆线，直径2.2厘米、孔径0.4厘米、高2厘米。M1:24，器表饰有四道同心圆线，直径2.2厘米、孔径0.4厘米、高1.7厘米。

一种3件。素面。M1:21，略扁，3件的直径2.2—2.4厘米、孔径0.4厘米、高1.5—2厘米。

陶璧　1件（M1洞:3），残，仅存半个。泥质橙黄软陶，器表呈紫灰色。圆形，两面纹相同，均饰三组凸圆点纹和一至二道弦纹，外径 15. 2 厘米、内径 7. 2 厘米、厚 1. 2 厘米。

铁器　3 件

锸　2 件。仅存“凹”形的铁口，叶、柄等木身均无存。1 件（M1：16），残，锈蚀严重，弧形刃，銎部略宽于刃口，断面呈长方形。长 12. 4 厘米、宽 13. 4 厘米、刃部宽 12. 8 厘米。1 件（M1 洞：1），仅存刃的中部，锈蚀严重，弧形刃，残长 5 厘米、残宽 7. 5 厘米。

凿　1 件（M1 洞：2），残断，銎内残存有朽木，锈蚀严重，长条形，锻銎呈圆形，銎略宽于刃，体长 22 厘米、刃宽 2. 6 厘米、銎径 3 厘米。①

4. 新认识

益凤山一号墓与武夷山城村汉城（东越王城）遗址的几乎所有闽越国墓葬一样，在闽越灭国的西汉中期之后遭受了近乎毁灭性的盗劫。从此墓盗洞下出土的两件铁工具均与武夷山城村汉城（东越王城）遗址所出的铁器基本相同的情况，即可说明该墓是在西汉中、后期被盗的。

新店益凤山一号闽越国墓的发现和发掘，对于认识福州为闽越国传统都城东冶的意义非常重要。同时，它的位置位于冶山和屏山的北部，与武夷山城村汉城（东越王都）城郭外北部的贵族墓葬区的情况基本相同，亦反映出闽越国东冶故都的贵族墓葬区，在城郭北部郊野的位置。而新店的闽越国村落遗址的考古发现②，进一步为闽越国故都郊野提供了实证。

益凤山一号墓葬作为闽越国贵族墓葬区的一个坐标，让我们认识到这一大片山峦应该是隶属于东冶都城外围的贵族墓葬区之一，对于逐步了解闽越国东冶故都的布局结构，有着重要的意义。

（八）浦城龙头山墓葬

浦城龙头山遗址位于南浦街道解放村处，是 1987 年第二次全国文物普查时发现的。厦门大学考古专业的师生与福建博物院及浦城县博物馆的考

① 福建博物院、福建闽越王城博物馆：《福州市益凤山西汉闽越国墓葬发掘简报》，载《福建文博》2013 年第 3 期，第 9—14 页。

② 福建省文物局、福建省考古研究院编：《浮海阙地　百年求索——福建文物考古集萃》，福建教育出版社，2021 年，第 160 页，“福州新店遗址”。

古工作者，于2018年秋和2020年冬对龙头山遗址进行过两次考古发掘。发现了从新石器时代晚期直到汉代的不同时期的遗存，其中发掘出4座西汉时期闽越国墓葬。4座闽越国墓葬皆遭早期盗扰，部分又被晚近的施工活动所破坏，但仍出土了一些残存随葬品。发掘者认为："均为闽越国贵族墓。通过排比又可分为两期。第一期M60为带单斜坡墓道的竖穴土坑墓，墓内残存随葬品有玉剑首、剑彘，陶瓮、罐、瓿、匏壶和盅，年代可达秦代甚或战国末期。

图18-76　浦城龙头山60号墓（M60）出土的陶器

第二期M4亦为带单斜坡墓道的竖穴土坑墓。墓上残存有少量的封土。在封土底部，墓坑东、南、西三侧依墓坑走向分布有若干大石块，或为封土前临时性建筑之基础。墓残存随葬品有铁铤铜镞，陶瓮、罐和钵，年代约属西汉早期。①

① 付琳、黄运明等：《福建浦城龙头山遗址发现新石器时代、夏商周、秦汉三叠层》，载《中国文物报》2021年12月24日。

图 18-77　龙头山墓葬四号墓（M4）俯视图

浦城龙头山遗址发掘的这 4 座闽越国墓葬的考古报告尚未整理发表，目前只是简讯报道。但是从第一期 M60 的器物照片看，笔者认为应该还是西汉早期（闽越国前期）的墓葬，第二期 M4 应该是到了西汉中期的前段（闽越国后期）。

（九）浙江温岭塘山一号墓

1. 墓葬位置

墓葬位于今温岭市大溪镇塘山村北面、塘岭南麓，这里与黄岩区仅有海拔 270 多米的塘岭为界，东距温岭市区约 20 公里，北距黄岩城区 30 余公里。墓葬之南不足 1 公里处，分布有一座古城遗址，俗称大溪古城，当地一直传说为“徐偃王城”，经过考古调查与试掘，探明此城实系一座西汉初期的东瓯国城址。2003 年，在墓葬北面约 100 米处，塘山村村民在新建清福寺时曾发现过一座西汉初期的（东瓯国）小墓。①

2004 年发现了该墓葬，报经批准，2006 年 9—11 月对墓葬进行了抢救性发掘，墓葬编号温塘 M1。

2. 墓葬形制结构

墓葬形制系一座带墓道的长方形深土坑木椁墓，通长 27.5 米，墓道朝西，方向 260 度。墓上堆筑有高大的封土，墓外设置有陪葬器物坑。

① 浙江省文物考古研究所：《浙江越墓》，科学出版社，2009 年，第 170 页。

图 18-78　浙江温岭塘山一号墓和古城位置图

（采自《浙江越墓》）

（1）封土堆

墓葬封土保存较好，封土呈东西向分布，隆起明显，顶部比较平整。发掘前，发现封土上曾经被开垦种植，封土原形已有改变，但从整体上来观察，原先应呈长方形覆斗状。现存封土东头已有一部分为村民取土所破

图 18-79　浙江温岭塘山一号墓封土堆

（采自《浙江越墓》）

坏，东西残长 30 米，南北宽 18 米左右，中心高 2 米。封土中未见明显的分层夯筑迹象，剖面上可观察到封土中心部位曾经有过坍塌与下陷现象，表明当时墓内有巨大的木椁葬具。在东部封土正中，发现一个口状圆形盗洞，口径 2.5 米，内填碎石。

（2）墓道

墓葬坐东朝西，西壁正中设有墓道。墓道呈逐渐向坑内倾斜的斜坡式，长 12 米以上，底宽 2.3—3 米、上口宽 3.4 米，与墓坑连接处深 3.4 米。直接与墓坑底部相连接。墓道两壁在加工上不够整齐。

（3）墓室

墓坑开口于砾石层中，平面呈东西向长方形，规模较大，坑口长 15.5 米、宽 6.7 米，坑底长 13.5 米、宽 4.5 米，坑深 3.7 米。墓道在西壁正中，墓葬整体平面呈“甲”字形，方向 260 度。墓坑的东壁和北壁比较整齐陡直，南壁曾经坍塌，显得不甚整齐。坑内填土未见填炭填膏泥现象，填土未见分层夯筑现象，结构较为松散。墓内棺椁早已腐朽不存，封、填土中心剖面上，可见因棺椁朽烂消失而形成的坍塌下陷的现象。坑底两侧各留有一条当时垫置棺椁的纵向枕木沟，沟宽0.2米、深0.1米。根据枕木沟的分布状态和填土的平、剖面迹象，可以判定当时木椁分为前、后两室，前室较短较窄，长4.4米、宽2.45米。后室较长较宽，长7.1米、宽2.9米。剖面上显示的椁外填土与椁内塌土之间的分界线呈垂直状态，据此迹象可以判定原先系矩形箱式木椁，木椁高1.5米左右。墓葬在古代已遭盗掘，墓主身边的玉饰品等珍贵文物已基本被洗劫一空。墓内残存随葬器物共计34件，其中玉器2件，其余全部为陶瓷器。出土时，体形较大的器物较为集中地分布于后室的前部与后部，而纺轮多置于后室中部。前室出土器物很少，仅发现1件玉璧和1件硬陶瓿。

图18-80　浙江温岭塘山一号墓

（采自《浙江越墓》）

（4）陪葬器物坑

墓外设置有一个陪葬器物坑。器物坑位于墓道南5.5米处的封土边缘，未被封土所覆盖。器物坑开口于耕土层下，埋藏很浅，长期以来在地面的耕种过程中，对器物坑的扰乱十分严重，大部分已被破坏。发现时，保存范围已很小，原先整个坑的平面形状与范围大小已无法搞清。残存部分东西长约1.5米、南北宽1米。残存器物共28个，皆为仿青铜的陶质乐器，器形有镈、錞于和磬，其中镈5件，錞于3件，磬18件。另有句鑃柄和一些无法辨明器形的残片，说明原先还有句镏与其他乐器的存在，该器物坑应是专门放置乐器的“乐器坑”。出土器物中除1件镈为硬陶外，其余皆为泥质红陶，质地十分松软。出土时器物排列紧密，相同器类集中一起，镈和錞于竖立摆放，众多的磬上下叠压平置。

3. 出土随葬器物

该墓古代曾遭盗掘，墓内残存随葬器物共34件，依质地可分为原始瓷、印纹硬陶、印纹软陶硬陶、泥质陶、玉器等，以硬陶、印纹软陶和泥质陶为主，原始瓷、印纹硬陶、玉器较少。器物种类有匏、罐、瓿、鼎、钵、瓮、杯、纺轮、玉璧、玉觿等。

（1）原始瓷器

共2件。烧成温度高，质地硬，胎灰白色。施釉不及底，釉层未完全烧结玻化，失釉及脱釉现象严重，器形为瓿和匏壶。

瓿　1件（M1:31）。侈口，宽肩，肩上有对称桥形双耳，平底微内凹，肩部施青绿色釉，采用淋釉法施成，无明显的施釉边界线，内底着釉，釉面未完全烧结玻化，有脱釉现象。肩和上腹部饰五组刻划弦纹，每组三或四道。口径13.7厘米、腹径32厘米、底径20.9厘米、高18.9厘米（图18-81）。

图18-81　浙江温岭塘山一号墓原始瓷瓿（M1:31）

（采自《浙江越墓》）

匏壶　1件（M1:19）。匏瓜形。小直口，圆管状高颈上细下粗，广斜肩，上腹扁鼓，平底略内凹，肩部有对称桥形双耳。施釉不及底，釉层薄，呈青绿色，有脱釉和失釉现象。肩和上腹部刻画四组弦纹，每组六道。口径4.3厘米、腹径20厘米、底径12.6厘米、高15.1厘米（图18-82）。

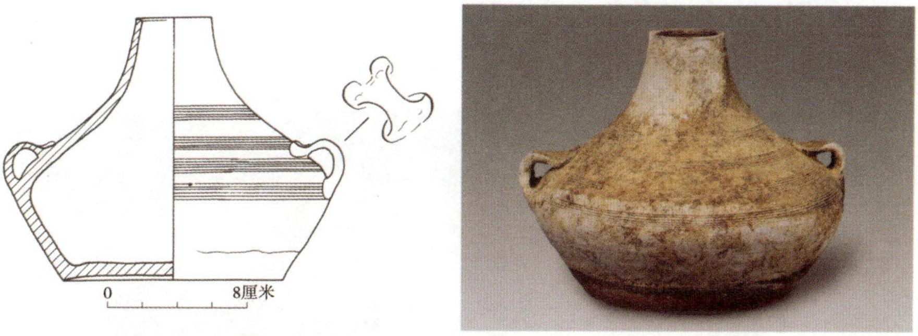

图18-82　塘山一号墓原始瓷匏壶（M1:19）

（采自《浙江越墓》）

（2）印纹硬陶器

共3件。烧成火候高，质地坚硬，均用泥条盘筑法成型。往往通体拍印方格纹。器形有瓮与罐两类。

瓮　1件（M1:5）。胎呈紫红色，器形大。敞口，广弧肩，平底略内凹。通体拍印方格纹。口径23.4厘米、腹径58厘米、底径24.5厘米、高58厘米（图18-83）。

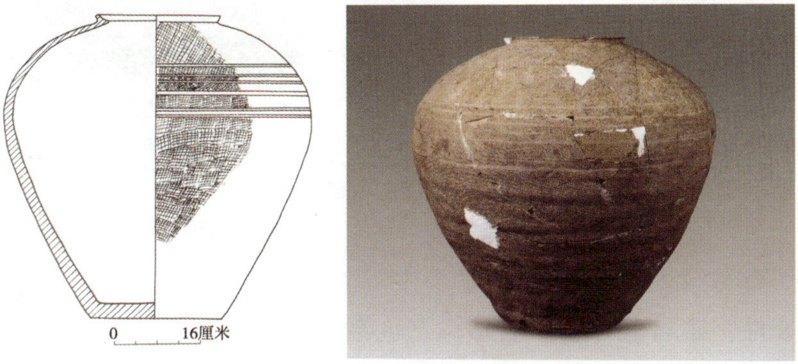

图18-83　塘山一号墓印纹硬陶瓮（M1:5）

（采自《浙江越墓》）

罐 2件。器形基本一致。敛口，双耳，圆鼓腹，平底，通体拍印方格纹。M1:2，灰白色胎，口径14.4厘米、腹径23.2厘米、底径16厘米、高18.5厘米（图18-84）。M1:9，紫红色胎，口径11.7厘米、腹径18厘米、底径13.6厘米、高14.9厘米（图18-85）。

图18-84 塘山一号墓印纹硬陶罐（M1:2）

（采自《浙江越墓》）

图18-85 塘山一号墓印纹硬陶罐（M1:9）

（采自《浙江越墓》）

（3）印纹软陶器

共8件，器形全为敛口双耳罐。也系泥条盘筑法成型，通体拍印有方格纹。它与印纹硬陶的区别是烧成温度低，质地软，胎和器表均呈土黄色。其形制和大小基本一致。形制特征为：敛口，无颈，溜肩，圆鼓腹，平底，最大径位于中腹，腹径大于器高，肩设对称桥形双耳。通体拍印方格纹，肩部有 1 或 2 道抹去方格纹后留下的凹痕。它们的高度均在 15—17 厘米，口径均在 11—13 厘米，腹径均在 18—20 厘米，底径均在 12—14 厘米。（图 18-86）

印纹软陶双耳罐（M1:3）

印纹软陶双耳罐（M1:10）

印纹软陶双耳罐（M1:1）

印纹软陶双耳罐（M1:7）

图 18-86　塘山一号墓印纹软陶罐（M1:3、10、1、7）

（采自《浙江越墓》）

（4）硬陶器

共 10 件。这类器物烧成火候高，质地与印纹硬陶相同，但没有拍印纹饰，只有一些简单的刻划纹。器形有匏壶、瓿、钵、纺轮等。

匏壶　3 件。均为匏瓜形。圆管状高颈上细下粗，广肩，肩有对称桥形双耳，平底。肩和上腹部饰刻划弦纹。依颈、腹部的差异，可分为二型。

A 型 1 件（M1:29）。器表呈灰褐色。颈部斜直，颈较粗。口径 4 厘米、腹径 17.6 厘米、底径 11.2 厘米、高 17.2 厘米（图 18-87）。

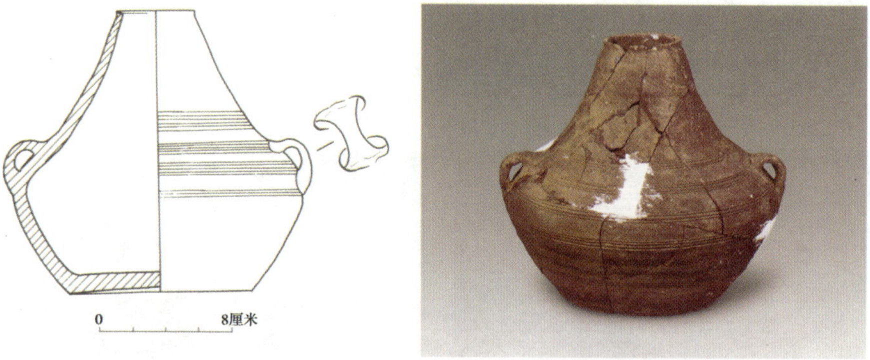

图 18-87　塘山一号墓硬陶匏壶（M1∶29）

（采自《浙江越墓》）

B 型 2 件。直口，颈部较 A 型细，上部较直。M1∶22 器表呈紫红色。口径 4.2 厘米、腹径 16 厘米、底径 14 厘米、高 15.1 厘米（图 18-88∶1、图 18-89∶1）。M1∶20，器表呈灰褐色。口径 4.2 厘米、腹径 16.4 厘米、底径 13 厘米、高 16.6 厘米（图 18-88∶2、图 18-89∶2）。

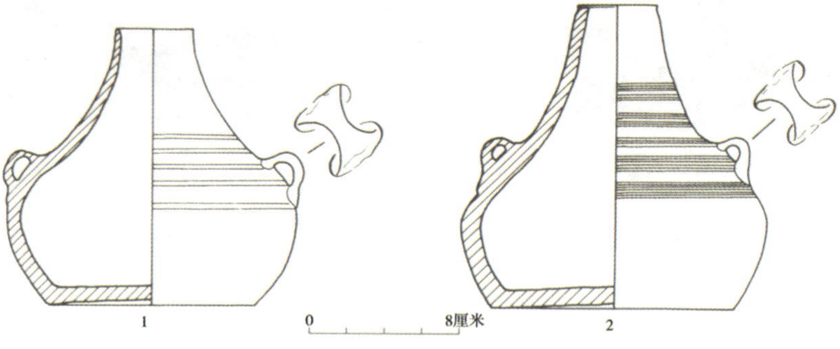

图 18-88　塘山一号墓硬陶匏壶（M1∶22、20）

（采自《浙江越墓》）

瓿　1 件（M1∶34）。器表呈灰色。侈口，广弧肩，平底微内凹，有对称桥形双耳。肩和上腹部饰刻划弦纹四组，每组六道。口径 11.8 厘米、腹径 26.6 厘米、底径 16.6 厘米、高 13.1 厘米（图 18-90）。

图 18-89　塘山一号墓硬陶匏壶（M1:22、20）

（采自《浙江越墓》）

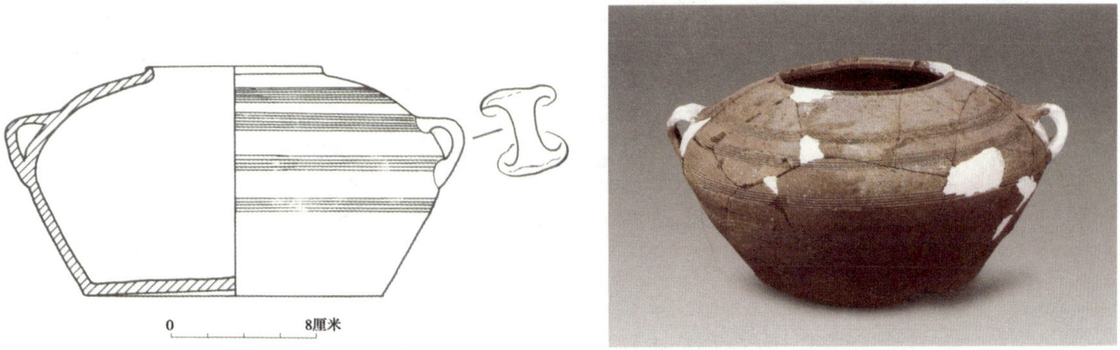

图 18-90　塘山一号墓硬陶瓿（M1:34）

（采自《浙江越墓》）

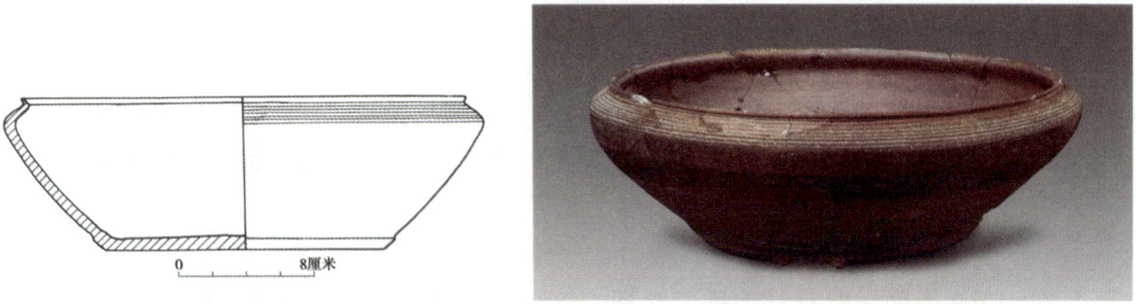

图 18-91　塘山一号墓硬陶钵（M1:30）

（采自《浙江越墓》）

钵　1件（M1:30）。灰色胎，紫红色器表。敛口，平底，体形较大。肩部饰刻划弦纹。口径26.4厘米、底径16.8厘米、高9.4厘米（图18-91）。

纺轮　5件。算珠形，剖面呈菱形，中有圆孔。按有无纹饰可分为二型。

A型2件。紫红色胎，器表饰弦纹。M1:15，器表饰两组细弦纹，每组三道。直径2.7厘米、孔径0.4厘米、高1.8厘米（图18-92:4）。M1:26，器表饰有两道凸粗弦纹。直径3.2厘米、孔径0.6厘米、高2.6厘米（图18-92:1）。

B型3件。器表素面。M1:16，灰色胎。直径3厘米、孔径0.6厘米、高23厘米（图18-92:2）。M1:13，紫红色胎。直径2.15厘米、孔径0.5厘米、高2.3厘米（图18-92:3）。M1:14，紫红色胎。直径2.5厘米、孔径0.5厘米、高2厘米（图18-92:5）。

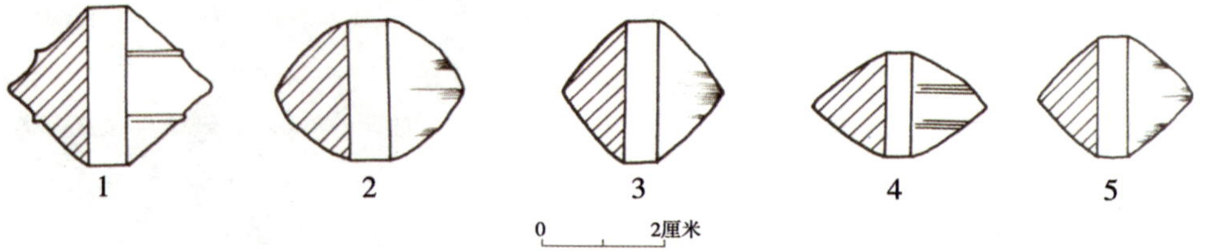

图18-92　塘山一号墓硬陶纺轮A型、B型

（采自《浙江越墓》）

1、4. A型（M1:26、M1:15）　2、3、5. B型（M1:16、M1:13、M1:14）

（5）泥质陶器

共9件。烧成火候低，质地松软，胎呈黄色或土红色，均手制成型。纹饰主要为刻画的弦纹、水波纹和用篦状器施成的戳点纹，另有少量拍印的方格纹。器形有匏壶、盖杯、鼎、纺轮等。

匏壶　1件（M1:32）。泥质红陶。匏瓜形。小直口，圆管状高颈上细下粗，平底微凹，肩有对称桥形双耳。肩与上腹部刻画五组弦纹，每组五道。口径4.2厘米、腹径15.2厘米、底径9.8厘米、高17.6厘米（图18-93）。

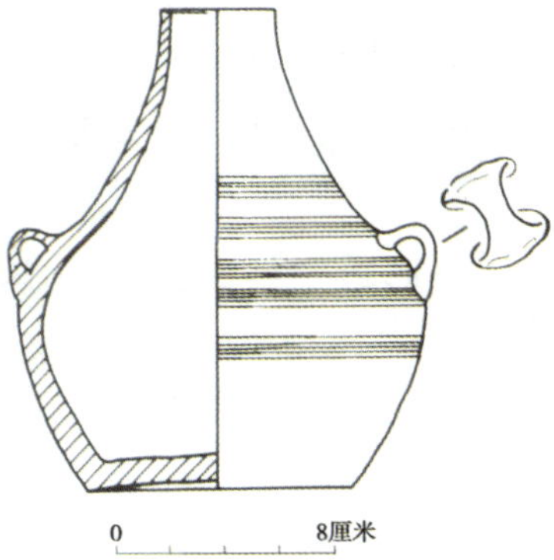

图 18-93　塘山一号墓泥质陶匏壶（M1:32）

（采自《浙江越墓》）

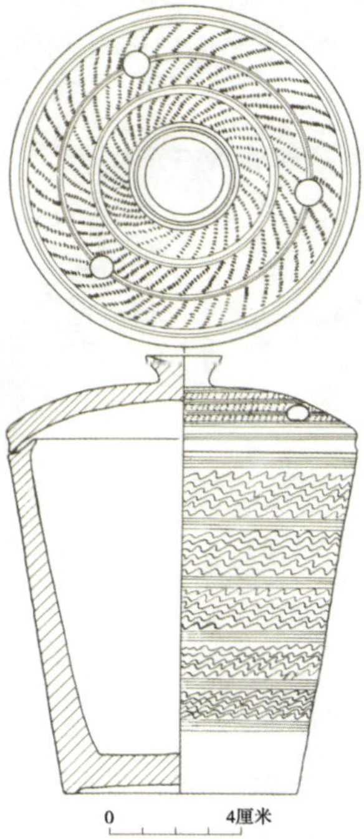

图 18-94　塘山一号墓泥质陶盖杯（M1:25）

（采自《浙江越墓》）

盖杯　1件（M1:25）。泥质红陶，质地稍硬。子母口，平底略内凹。上有盖，盖纽呈喇叭形。盖面间隔饰有4组弦纹和3组篦点纹，贴饰有3个小泥饼。杯身间隔饰有6组刻划弦纹和5组水波纹。口径9.2厘米、底径7.1厘米、通高13.7厘米（图18-94）。

鼎　1件（M1:6）。泥质红陶。釜形鼎，盘形敞口，口径大于腹径，口沿上设对称小环形立耳，底部有3个方柱形足。仅外底部拍印方格纹。口径27厘米、腹径24厘米、腹深14厘米、通高22厘米（图18-95）。

纺轮　6件。算珠形，剖面呈菱形，中有圆孔。按有无纹饰可分为二型（图18-96）。

A型4件。3件灰胎黑衣陶，1件灰陶。器表饰弦纹。直径2.5—3厘米，孔径0.4—0.6厘米，厚2—2.2厘米（图18-96:1—4）。

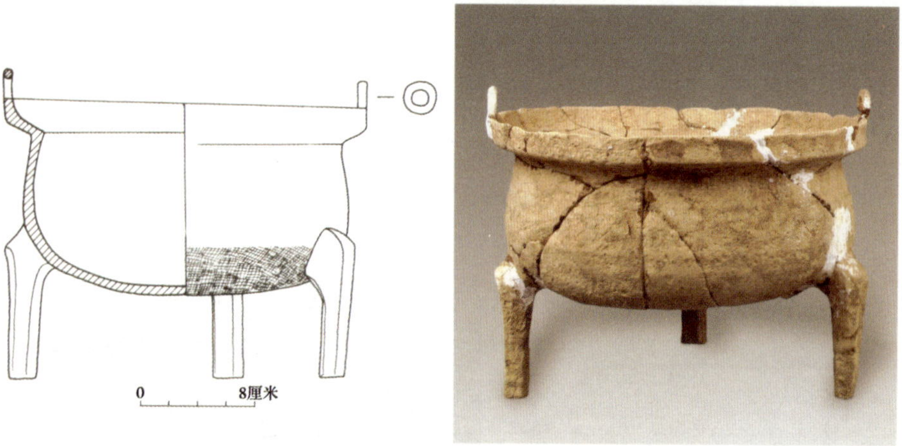

图18-95　塘山一号墓泥质陶鼎（M1:6）

（采自《浙江越墓》）

B型2件。器表素面。M1:27，泥质红陶。直径29厘米、孔径0.5厘米、厚2.4厘米（图18-96:6）。M1:17，泥质灰胎黑衣陶，器表有刻画符号。直径2.8厘米、孔径0.6厘米、厚2厘米（图18-96:5）。

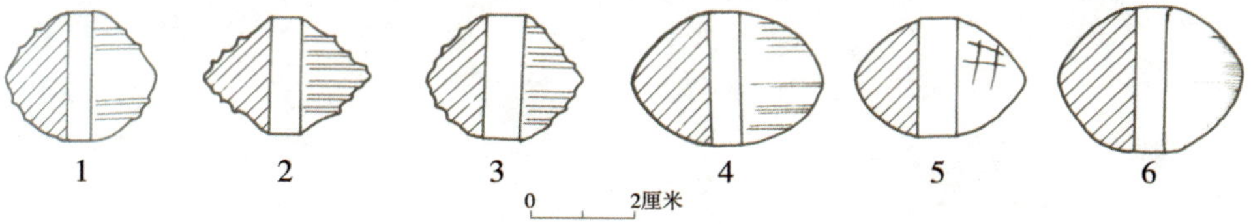

图 18-96　塘山一号墓泥质陶纺轮 A 型、B 型（线图）

（采自《浙江越墓》）

1—4. A 型　5、6. B 型

（6）玉器

共 2 件。璧和觿各 1 件。

璧　1 件（M1:33）。青玉质，较多部位因受沁而呈鸡骨白色。圆形，体扁薄，外缘平直，内缘略斜，近内、外缘处各有一道浅细的廓线。两面均在隐格纹内满饰谷纹，谷纹排列整齐。直径 13.6 厘米、好径 4.2 厘米、厚 0.4 厘米（图 18-97、图 18-98）。

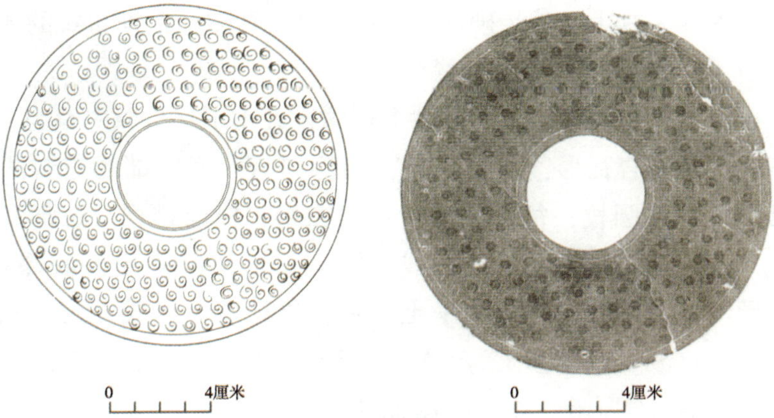

图 18-97　塘山一号墓出土的玉璧（M1:33）

（采自《浙江越墓》）

图 18-98 塘山一号墓出土的玉璧（M1:33）
（采自《浙江越墓》）

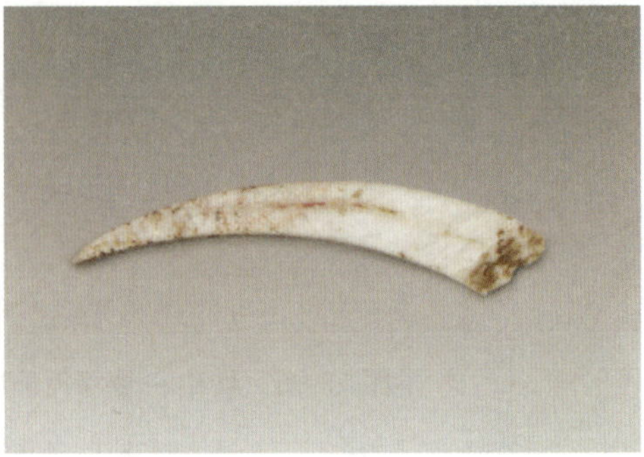

图 18-99 塘山一号墓出土的玉觿（M1:21）
（采自《浙江越墓》）

觿 1件（M:21）。白玉质，残，仅存尖部。弯角形，横断面呈扁方形，端头宽而扁。残长3厘米、厚0.3厘米（图18-99）。

4. 器物坑出土遗物

器物坑内共残存器物28件，均为仿青铜器的陶质乐器，经拼对修复起来的器物26件，另有2件已无法拼对复原。这些乐器除1件镈为硬陶外，其余均为泥质红陶，火候很低，质地极为松软，器表多剥落严重，纹饰不清，器形有镈、錞于和磬。

镈 共5件。其中1件为硬陶，4件为泥质红陶。根据纽式的差别，可分为二型。

A型3件。均为兽形纽，器形基本相同，大小不一，原应编为一组。平舞，平于，镈身呈合瓦形，上窄下宽，两侧斜直。面钲部的左右两侧均有十分低矮的乳丁状圆枚，每侧三组，每组三个，横向排列。钲部和各组枚之间均有一条凹弦纹作为界格栏线。钲部、舞部、篆部和鼓部均素面。M1Q:9，硬陶，大部分未烧透，呈土红色，质地软，烧成处则呈灰色，质地硬。舞上纽已断脱。舞修13.6厘米、舞广11厘米、铣间17厘米、鼓间14.8厘米、残高15厘米。M1Q:10，泥质红陶。舞修13.6厘米、舞广11.8厘米、铣间16.2厘米、鼓间15厘米、纽高4.6厘米、通高21.4厘米。M1Q:11，泥质红陶。舞修1厘米、舞广9.8厘米、铣间15.4厘米、鼓间13.2厘米、纽高4厘米、通高16.6厘米。

B 型 2 件。铃形小镈，扁半环形纽。器形基本相同，大小相近。除纽为扁半环形和体形较小的外，其他特征均与 A 型相同。由于质地疏松，器表多处剥脱，低矮的乳丁状圆枚和凹线已大多很不清晰。M1Q:1，泥质红陶。舞修 8 厘米、舞广 6.4 厘米、铣间 9 厘米、鼓间 7 厘米、纽高 2.8 厘米、通高 11.4 厘米。M1Q:8，泥质红陶。舞修 7.6 厘米、舞广 6.4 厘米、铣间 8.8 厘米、鼓间 6.8 厘米、纽高 3.4 厘米、通高 9.6 厘米。

錞于　共 3 件。个体均较大，器形基本相同，大小相近。泥质红陶，质地松软，均为手制成型。顶呈浅盘式，圆肩，筒形深腹，中段微束，下口微敞，略成喇叭形，平于。顶上有方条半环形纽，纽根贴饰卷云纹。中腹外表保留有直向的瓦棱状刮削痕。根据形式特征的差异，可分为二型。

A 型 2 件。肩部有凸脊，肩径超过于径，腔体最狭处在中线以下。肩脊以上饰一组刻画水波纹，肩脊以下依次饰一组刻画水波纹和两组刻画弦纹，鼓部在两组刻画弦纹之间饰由多重线组成的刻画三角形纹。M1Q:2，盘径 18.5 厘米、纽高 3.3 厘米、于径 21 厘米、通高 38 厘米。M1Q:4，盘径 18.8 厘米、纽高 3.2 厘米、于径 20.8 厘米、通高 36.8 厘米。

B 型 1 件（M1Q:3）。肩部无凸脊，肩径与于径相等，腔体最狭处在中线，下口较 A 型略敞。肩部间隔饰 3 组刻画水波纹和 3 组刻画弦纹，鼓部在 2 组刻画弦纹之间饰由多重线组成的刻画三角形纹。盘径 18.8 厘米、纽高 3.8 厘米、于径 23 厘米、通高 37.6 厘米。

磬　18 件。均为泥质红陶，质地松软，器表均有剥落现象。形制基本一致，大小略有差异。鼓与股之间上边为曲尺形，两者的夹角大于 90 度，分界清楚，其间有一个可用于系挂的小圆孔。下边为弧形。鼓略长于股，宽度则基本相等，端头齐平。器身两面均素面无纹。

5. 几点认识

（1）年代判定

从墓内出土的器物来看，纺轮、匏壶和拍印方格纹的敛口双耳罐，是墓中出土数量最多的 3 种器物。匏壶和双耳罐，不见于浙江地区的战国墓葬中。以往仅在东南沿海的台州路桥等地曾零星出土过少量匏壶，但这种壶是福建及两广地区秦汉墓中一种比较常见的随葬器物，特别是闽北的武夷山、浦城、建瓯、邵武，闽江下游的闽侯、福州等地经常发现，武夷山城村汉城（东越王城）遗址中就有较多的匏壶出土。拍印方格纹的敛口双耳罐，在福建武夷山城村汉城（东越王城）遗址中就更为多见了，两者相比较，不但器形相同或相似，而且在肩或腹部处均有抹去几周方格纹的装饰的特征也完全一致，具有强烈的地区特点和时代特征。墓出土的其他器物，如通体拍印方格纹的印纹硬陶瓮，硬陶双耳瓿、钵以及泥质陶的鼎，也可在武夷山城村汉城（东越王城）遗址的出土物中找到相同或相似的实物。由此可以判定，塘山一号墓（M1）应该是一座西汉初期的墓葬。

（2）国属和墓主人身份

从历史背景来看，西汉初期，浙江东南沿海地区曾有东瓯国的存在。东瓯国自西汉孝惠三年（前192年）受封立国起，至建元三年（前138年）因惧怕闽越国的兼并攻击而请求撤国归汉，率四万民众迁徙江淮之间止，在西汉前期一共存在了54年。温岭市地处东南沿海，现隶属台州地区，其西境直接与温州地区的乐清市相连，可见，温岭大溪塘山M1所在的地理位置，正处在当时东瓯国的地域范围之内，其年代也正与东瓯国的存续时间相吻合。由于东瓯国是从闽越国中分封出来的，他们都为越王句践后裔所建，其文化内涵与越国的一致性也是合乎情理的事情，两者都具有明显的越系文化特征。因此可以判定，塘山M1应该是一座西汉初期东瓯国的墓葬。

该墓规模巨大，它不但是迄今为止台州地区乃至整个浙江东南沿海地区所发现的最大一座西汉墓葬，也是浙江全省目前所发现的规模最大的一座西汉墓。虽因早年被盗，墓内没有出高规格的青铜礼器和礼仪用玉，但其巨大的规模足以表明墓主人的身份绝非一般。更何况墓外还专门设置有一个陪葬器物坑，坑内陪葬有大量的仿青铜的镈、錞于、磬、句鑃等陶质乐器。这种陶质乐器，虽是专门为随葬而制的明器，并无实用价值，但它模仿实用的青铜器，其体形的大小、形制和花纹，都与实用的同类青铜器相一致。把它随葬于墓旁，与实际能使用的青铜乐器有着相同的意义，和中原贵族墓葬随葬青铜乐器的性质是相同的，同样显示了墓主人生前有很高的身份与地位。此外，在这座大墓之南不足1公里处，还有一座古城遗址的存在，可以肯定实际上是一座西汉初期的东瓯国城址。这些情况都足以说明，温岭大溪塘山 M1 应该是一座东瓯国的上层贵族墓。①

（十）温岭市塘山二号墓

2003 年，温岭市大溪镇塘山村在村北的塘岭脚下新建清福寺时，挖掘出一批陶瓷器。经过文物考古工作者前往调查收集，判断是出自一座小型土坑墓，编号为塘山 M2，后经修复，这批陶瓷器共有 12 件，以硬陶为主，原始瓷、印纹硬陶、夹砂陶较少，器型有匏壶、罐、瓮、钵、碗和釜等。

原始瓷碗　2 件。器形较小，直口侈唇，上腰陡直，下腹剧收，平底。因烧造温度低，釉多未显现。1 件（M2:1），高 3.2 厘米、口径 8.2 厘米、底径 5 厘米。

瓮　1 件。器形硕大，作小口束颈，广弧肩，鼓腹，下腹部斜收，平底略内凹。器表拍印方格纹，肩腹部间施 4 道凹弦纹。1 件（M2:3），高 35 厘米、口径 20 厘米、腹径 44.5 厘米、底径 22 厘米。

罐　3 件。均为腰鼓形双耳罐，弧敛口，溜肩，扁鼓腹，平底微内凹。肩设对称的半环形双耳，并有指抹弦纹状凹痕二道，通体拍印方格纹。1 件（M2:4），通高 13.2 厘米、口径 10.4 厘米、底径 11 厘米。1 件（M2:5），通高 13.2 厘米、口径 10.6 厘米、底径 11.8 厘米。1 件（M2:6），通高 13.2 厘米、口径 10 厘米、底径 11 厘米。

匏壶　1 件。匏瓜形，束状小口，颈呈喇叭状、溜肩扁腹，平底。肩设半环形耳一对，肩与上腹部施每组 6 条细线的弦纹 3 组，每组之间以戳印的篦点纹为饰。1 件（M2:8），通高 14.2 厘米、口径 5.6 厘米、底径 16.8 厘米。

瓿　1 件（M2:8）。小口侈唇，广弧肩，扁圆腹，平底微内凹。肩附对称半环形耳一对，肩与上腹部施每组 4 条细线的 3 组弦纹，弦纹间饰戳印篦点纹。通高 14.2 厘米、口径 11.6 厘米、底径 16.8 厘米。

钵　3 件。器型基本相同，敛式大口，圆折肩，斜腹，小平底，素面。1 件（M2:9），高 5.5 厘米、口径 12.6 厘米、底径 6.5 厘米。1 件（M2:10），高 5.4 厘米、口径 19 厘米、底径 6.4 厘米。1 件（M2:11），高 5.5 厘

① 浙江省文物考古研究所：《浙江越墓》，科学出版社，2009 年，第 170—214 页。

米、口径12.2厘米、底径5.5厘米。

夹砂陶釜　1件。为夹砂红陶，烧造温度较高，质坚硬。大敞口，折颈，腹微鼓，圜底近平，腹与底部拍印绳纹。1件（M2∶12），通高19.4厘米、口径20厘米、腹径24.5厘米。

纵观塘山二号墓所出器物中的匏壶、腰鼓形双耳罐、瓿和硬陶瓮等造型特点，均与闽越的同类器型完全相同，通体拍印方格纹，并在旋转的陶车上以手指尖在陶器上抹划若干道弦纹状凹痕，或在匏壶和瓿的肩腹部以带有排针状的篦戳印出正反相间的篦点纹装饰，也很富有特色，可说是西汉之时闽越和东瓯的标准器。因此，塘山二号墓为西汉初期典型的东瓯国墓葬无疑。①

（十一）温岭市城西元宝山西汉前期古墓

温岭市北接台州市区，南连玉环，东濒海，西邻乐清。2009年3月，温岭市城西街道西岙村在村北面的元宝山修建公墓时，先后发现有两座古墓，编号温元M1、温元M2，可惜文物考古工作者赶到时，现场已遭破坏。后经访问得知，两座古墓相距10米多，是属小型长方形竖穴土坑墓。

两墓出土文物经整理拼对修复，共有9件随葬品，依其质地主要分硬陶及印纹陶和泥质陶等，器型有匏壶、罐、钵、瓿、熏炉等。

印纹陶罐　3件，有灰胎及土黄色胎，烧造温度较高，质地坚硬。器型多作弧敛口，溜肩，鼓腹，平底。肩设对称的半环形双耳，通体拍印方格纹。1件（M1∶1），高15.5厘米、口径15厘米、腹径18厘米、底径16厘米。

软陶钵　1件，烧造温度低，器身呈扁平状，敛口卷唇，折肩，扁腹斜收，小平底，素面。1件（M2∶3），高5.9厘米、口径12.6厘米、底径8厘米。

硬陶钵　2件。器型与泥质陶钵相同，唯其肩与上腹部见有一层灰褐色薄釉，故也可称为釉陶钵。

① 浙江省文物考古研究所等：《浙江温岭塘山发现的西汉东瓯国墓葬》，载《东南文化》2007年第3期。吴松弟主编、林华东著：《温州通史·东瓯卷》，人民出版社，2021年，第264—266页。

匏壶　1件，硬陶。器呈匏瓜形，小口，细长颈，广肩，扁鼓腹，平底。肩设对称的半环形双耳，肩与上腹部施有6组（每组6条细线）弦纹，间饰水波纹或斜向篦点纹。1件（M2:4），通高17厘米、口径5厘米、腹径16.6厘米、底径11.9厘米。

瓿　1件，也属硬陶。小口侈唇，广弧肩，扁圆腹、平底。肩部设半环形耳一对，并施有弦纹3组（每组4—5条细线），间饰篦点纹，器表似有黄褐色薄釉，故也可称为釉陶器。1件（M1:2），高14.2厘米、口径11厘米、腹径22.8厘米、底径15.5厘米。

香熏　1件。形如高圈足豆，器作拱弧形盖，并有子母口与炉身上下扣合。盖面有五圈三角形孔，并施有细弦纹和间饰篦点纹，以及三个竖立的长方形贴饰，盖中堆塑鸟形钮，富有艺术美感。器表见有一层薄薄的灰黄色釉，因烧造温度不够而多未显现。1件（M1:3），通高10.2厘米、口径10厘米、底足径5.5厘米。①

从这两座墓中出土的鼓形双耳罐、匏壶、钵和瓿的器型与装饰风格，不仅与塘山M1和M2所出相同，而且也与福建出土的闽越国同类器毫无二致，尤其是颇具特色的匏壶和腰鼓形双耳罐。因此，研究者定其为西汉初期的东瓯国墓葬是完全正确的。②

笔者认为此两墓中的随葬品在出土时已经流失了一部分，因为每墓随葬陶器组合必有的匏壶、瓿等器物，这里有所缺失。

笔者从浙江温州、温岭等地发现和发掘的西汉初期、前期的东瓯墓葬来看，无论从墓葬形制还是出土的遗物，都与福建地区闽越国时期的墓葬是完全相同的。证明了《史记》《汉书》文献记载东瓯和闽越为同族是十分正确的。同时，浙东南地区秦为闽中郡，西汉初期属于闽越国，汉惠帝三年（前192年）分为东瓯国，至汉武帝建元三年（前138年）东瓯国民内迁后，这一地区重又归属闽越国，直至汉武帝元封元年（前110年）闽

---

① 叶艳莉：《温岭元宝山发现西汉东瓯国墓葬》，《东方博物》第三十六辑，浙江大学出版社，2010年，第94—98页。

② 吴松弟主编、林华东著：《温州通史·东瓯卷》，人民出版社，2021年，第264、265页。

越国灭。这百余年间，浙南地区政权归属几番变动，但是居民始终都是闽越族。

第二节　闽越国墓葬的分类和型式

就已发现和发掘的闽越国墓葬，笔者根据它们的大小、形制结构划分为大、中、小三种类型。

一、小型墓葬

小型墓发现得很少，目前已发现的最小的是闽侯荆溪庙后山四号墓。该墓为长方形竖穴土坑墓，坑很浅，墓坑长 1.6 米，宽 0.9 米。随葬品仅 3 件陶器，为已知闽越国时期最小的墓葬。① 武夷山城村东北处渡头修路破坏的两座残墓，依墓的形制无法确知，仅出土个别陶器②，亦应为闽越国时期的小墓。闽越国的小型墓葬由于规模、体积较小，随葬品很少，一般仅为几件陶器，因此很难被人们注意和发现。

1975 年福州西郊洪塘金鸡山发现一座闽越国时期的土坑墓，出土匏壶 1 件、陶钵 2 件。③ 这座墓葬也是小型墓葬，不排除是被破坏的小型墓葬。

小型墓中稍完整的则如城村汉城遗址南部的福林岗一号墓④。福林岗是城外离城最近的墓葬区，由于都是较小型墓葬，埋葬较浅，被后世破坏严重，大多随葬陶器都已暴露于地表，遭到不同程度的破坏，所以满山都是陶片等遗存。福林岗一号墓被发现时，墓上部已被破坏得几乎近墓底了，随葬陶器都已上露。该墓为竖穴土坑，坑长 3 米，宽 1.5 米，因浅坑深不

① 有可能是夭折的孩童墓葬。

② 福建博物院、福建闽越王城博物馆编：《武夷山城村汉城遗址发掘报告 1980—1996》，福建人民出版社，2004 年，第 122 页。

③ 曾凡：《福州洪塘金鸡山古墓葬》，载《考古》1992 年第 10 期。

④ 福建省博物馆：《崇安城村汉城探掘简报》，载《文物》1985 年第 11 期。福建博物院、福建闽越王城博物馆编：《武夷山城村汉城遗址发掘报告 1980—1996》，福建人民出版社，2004 年，第 121 页。

详，墓上有否封土已不可知。墓底遗存9件陶器，分别为瓿1件、匏壶1件、罐4件，钵3件。此墓在闽越灭国之后是否被盗过？已无法确知了。该墓底铺砌河卵石一层。此墓应属闽越国小型墓中较完整者（图18-2）。从此岗的地面冲刷散布的众多陶器残片来看，原来不止一座墓葬。从出土陶片的纹饰风格来看，大都比城址发掘出的陶器偏早。从各个方面考察，推测应该是早于城址修建时的墓葬，因为不可能在王宫的南墙外安排闽越国下层民众的墓葬区。

小型墓中偏大些的有邵武斗米山墓葬（编号为95SDM29），虽然受到一定的破坏，但还保留了基本的形状。墓葬结构为竖穴土坑，方向90度。墓坑平面形状为长方形，长4.4米，宽1.82米。墓口距地表0.4米、距坑底深0.4米。坑壁规整，墓底平坦，中部平铺一层河卵石，西端放置陶器瓮、壶、钵、罐等7件，葬具骨架均无存。墓内填土为黄褐色土，夹有红烧土块、碎石等①。推测曾经被盗扰过或受到严重的破坏，不少器物遗失或被扰乱。

此外，武夷山城村汉城（东越王城）遗址北部十几公里的万家山遗址，应当是城址上游聚落的一处小型墓葬区。当年的调查者也认为这处有5000平方米面积的小山坡上，在地表受到破坏后暴露出一堆一堆的陶器，可能是一处墓地。② 现在看来确实是一处以小型墓葬为主的闽越国时期的墓葬区。

目前为止，经过考古发掘的西汉闽越国时期的小型墓葬极少。在闽江下游的福州周边和闽侯等地，以往农民挖地时发现或文物工作者田野调查采集的闽越国时期的完整陶器，多是闽越国下层民众的小墓的出土物。因为小型墓葬埋藏比较浅，容易遭到后人动土的破坏。这种情况在闽江上游的建瓯、浦城、建阳、武夷山等地以往都有同样的发现。以前，福建的文物考古人员也不清楚闽越国时期的陶器面貌，所以认识不到这种小墓被破坏、扰乱后的现象。

如1951年至1966年，先后在福州市区内的511工地、新生建筑公司工地、金斗山、桃枝山，福州市北郊的新店、战坂一带山坡，福州市西郊的

① 福建省博物馆：《邵武斗米山的汉唐遗存》，载《福建文博》2002年第1期。

② 福建博物院编：《福建考古资料汇编（1953—1959）》，科学出版社，2011年，第482—486页，"崇安城村等地的古遗址"。

清泉山、祭酒岭等地，都采集或出土了闽越国时代的匏壶、罐、钵、瓿等①。这些陶器都是闽越国时期墓葬的基本组合，它们出土于较浅的地表或地层处，都是当时较小型墓葬的随葬品。

20世纪50年代在南福铁路工程中在福州郊区处发现有墓葬的遗存器物。当时在福州附近闽侯的连江园和厚屿村均发现了陶瓿、陶壶、陶钵、陶罐等遗物②。这些陶器都是遭到破坏的闽越国时期小型墓的遗存。

此外，1951年至1966年，还先后在闽侯的杜武村、弯里村、关口村分别出土了闽越国时期的陶匏壶、罐、瓿等器物③。这些也都是闽越国时期小型墓葬的遗存。

在闽侯庄边山遗址的发掘中也出土了一些西汉闽越国小墓的完整陶器④。发掘报告的编写者也指出“同时在地层中还出土一些闽越国时代的陶盆、陶罐等”。⑤ 这些推测都是遭后世破坏的闽越国小型墓葬的遗物。它们应该是叠压或打破偏早的楚墓，由于埋葬较浅所以首先受到后世活动的破坏和扰乱。

由于小型墓葬很难被发现，它们没有封土堆或封土极小，因此目前被发现和被考古发掘的极少，这类小墓都是被偶然发现或开探方所套住的。由于这类小型墓埋得很浅，很容易被后世人们的生产或生活活动所破坏，因此是闽越国墓葬中受破坏最严重的。在闽北和福州周边等地区，人们所发现器形完整的闽越国时代的陶器皿，大多是小型墓葬受破坏后的出土遗物。

今后考古人员要特别注意这一问题，希望能够成规模地发掘闽越国的某一处公共墓地，以期揭示小型墓葬的普遍规律。

另一方面，笔者注意到，在闽越国的墓葬区中，较小的墓葬或中型偏

---

① 曾凡：《福州洪塘金鸡山古墓葬》，载《考古》1992年第10期。其余据福建博物院藏品及林忠干：《浅淡西汉闽越的墓葬及其陶器》，载《福建文博》1984年第2期。

② 福建博物院编：《福建考古资料汇编（1953—1959）》，科学出版社，2011年，第233、234页。

③ 曾凡：《福州洪塘金鸡山古墓葬》，载《考古》1992年第10期。其余据福建博物院藏品及林忠干：《浅淡西汉闽越的墓葬及其陶器》，载《福建文博》1984年第2期。

④ 笔者看到过这些庄边山遗址出土的西汉闽越国时期的陶器，认定它们出自受到破坏的小型闽越墓葬。

⑤ 林公务：《福建闽侯庄边山的古墓群》，载《东南文化》1991年第1期。

小的墓葬一般埋葬的位置较低，处于较大型墓葬的外围或下方，处于陪葬和附属的地位。如亭子后一号墓北部的较高山头上，分布有较大的墓葬；牛山一号大墓的山下坐落着较小的斧头山一号墓等中、小型墓葬；新亭园墓葬区的一、二、三、四号墓，附近更高的山头坐落着大型的墓葬。因此，小型墓葬陪葬中型墓葬、中型墓葬陪葬大型墓葬的现象基本是可以确定的。这是家族墓葬和等级陪葬墓处于同一墓葬区的实况。

二、中型墓葬

中型墓目前发现的很多，考古发掘出的也相对较多些。经过考古发掘的典型的闽越国中型墓葬有：武夷山城村汉城（东越王城）河北墓葬区的牛栏后一、二号墓，城址西南部的新亭园一、二、三号墓，浦城锦城村金鸡山一、二号墓。这类墓近十几年来被当代盗掘的情况特别多，也特别严重，如东越王城外围的渡头村墓葬区中，已发现的方形竖井式盗洞，从封土堆向下深达七八米；在城郭外东部景屏山西南麓的墓葬区也发现了这种竖井式的现代盗洞；在政和县东平镇的闽越国时期的墓葬区，也发现深约9米的竖井式的现代盗洞①。此外中型墓中还有一类较小些的墓葬，如亭子后一号墓、斧头山一号墓及长泰石牛山一号残墓，蛇子山二、四号墓等。这类中型略偏小的闽越国墓葬，一般土坑长5—6米、宽3—4米，有低矮或较小的封土堆。有的因墓坑未挖到岩石层，因而会在墓底土层上铺砌一层河卵石作为防潮的棺床，四周自然形成一周的排水沟。这类墓都有棺，棺外也应有椁室，但木质椁板难以保存。笔者将前者即典型的中型较大者细分为中Ⅰ型墓葬，后者即较小的分为中Ⅱ型墓。分述如下：

（一）中Ⅰ型墓葬

在武夷山城村汉城（东越王城）遗址郭外的几处墓葬区已发掘的中Ⅰ型墓葬有牛栏后一、二号墓，新亭园一、二、三、四号墓，浦城锦城村金

① 城址外围这两处墓葬区是笔者带领考古队调查钻探时发现的，为保护墓葬区未公开报道。政和县东平镇闽越国时期墓葬区的被盗情况，也是笔者带队进行闽越文化遗存专题调查时发现的，见福建闽越王城博物馆：《南平市闽越遗存调查》，载《福建文博》2004年第1期，第17页。

鸡山一、二号墓。

中Ⅰ型的墓葬中也有大小不同的区别，笔者归类的范围是墓室坑长6米以上，宽3米以上，深2.5米以上的墓葬。

这类中型偏大的墓葬，目前已发掘的全部于西汉中期后被盗，无一例外，均在封土和墓坑前室有明确的古代盗洞遗迹，不同之处在于随葬品残存的多寡。

（二）中Ⅱ型墓葬

此类墓葬的大小规模介于中Ⅰ型墓葬和小型墓葬之间，笔者把它们列为中型墓葬中较小的一类。它们的形制结构基本与中Ⅰ型墓葬类同，也有封土堆、墓道，墓室也分前、后椁室。只是大小、规模比中Ⅰ型墓葬要小一些。因此，墓主的身份和级别肯定也小于前者。

这类墓葬，在武夷山城村汉城（东越王城）郭外北部（河北）墓葬区有亭子后一号墓、斧头山一号墓，城址郊野外西北部的黄土蛇子山二、四号墓；闽南长泰石牛山一号墓，都是这类中型中偏小的墓葬。

此类型墓葬中对于墓室地面的处理，又分为两种形式：一种为墓底铺设河卵石棺床的墓葬，一种不铺河卵石的墓葬。如东越王城邑北部亭子后一号墓和长泰石牛山一号墓，都是墓底铺河卵石棺床的。而闽越王城东北斧头山一号墓与黄土蛇子山二、四号墓，则都是不铺河卵石棺床的墓葬。前者在长方形的椁室底部铺设卵石层，中部一般都有横向的枕木槽，这条槽中不铺卵石。后者底部亦如中Ⅰ型墓葬，墓室坑底均有纵向的枕木槽，有的底还挖有排水沟。前者因墓坑较浅，挖在土层中，因而铺石防潮；后者因墓坑较深，直接把墓坑挖在风化岩层中，所以不用再另铺卵石。

（三）关联性

中Ⅰ型墓葬的基本形制与中Ⅱ型墓葬都大体相似，都是平面为“甲”字形的竖穴土坑木椁墓。只是后者规模较小些，随葬品较少些而已。

目前已经探明的这两类闽越国中型墓葬数量不少，无论是在东越王城周边的各个墓葬区中，还是在浦城锦城村的四周都有不少。在东越王城四周的郊野，目前已发现了6处有一定规模的墓葬区，其中最大的是城邑北部的河北墓葬区，其次是城邑西南部的新亭园墓葬区。此外，城邑东部锦屏山的西北麓（城郭外的东北部）和西南麓（城郭外的东部）各有一个墓葬区，城邑南部有两个墓葬区，即南城墙外的福林岗墓葬区和较远的马埠头墓葬区。需要说明的是，福林岗墓葬区很小，而且也都是小型墓葬，推断是建城以前即有的低等级小墓葬群。福林岗位于郭区之内，从位置上看不可能是东越王封立和建城后的墓葬。福林岗地表冲刷出的许多陶器纹饰特征偏早，也能说明问题。位于城郭外的五处墓葬区，目前发现最多的都是中型墓葬。小型墓葬应该也有不少，只是不易发现罢了。

东越王城四周的墓葬区中，绝大多数已知的中型墓葬都未发掘。

三、大型墓葬

闽越国的大型墓葬目前已有一定发现。大型墓葬中也有规模不同的差异，并不完全一致。从数量上看，大型墓葬的数量远远少于小型墓和中型墓。算得上闽越国大型墓葬并经考古发掘的在福建地区仅两座①，一座是武夷山东越王城北部的牛山（交椅山）一号墓，一座是在福州北郊益凤村山顶发现并发掘的益凤山一号墓；在浙江地区的有一座，即台州温岭市塘山一号墓。

（一）大同小异的形制

闽越国时期的大型墓葬与中型墓葬的形制建构大同小异，因为多一个外藏椁，所以墓室与外藏椁之间就多了一个甬道。温岭市塘山一号墓虽然没有外藏椁，但是另有一个器物坑。②

在规模上，大型墓葬比中型墓葬大了不少。当然，随葬品必然会更多，只是闽越国时期的大型墓葬，都是被盗极严重，所以在随葬品方面尚无实证。闽越国时期的大型墓葬也并非都相同，武夷山东越王都牛山（交椅山）一号墓与福州东冶闽越国故城的益凤山一号墓，大同之下仍有小异。这种差异是规模大小的差异，当然也是身份地位的差异。显然，牛山（交椅山）一号墓墓主人的身份要高一些。浙江温岭市塘山一号墓则与福州新店益凤

① 因为在武夷山城村汉城（东越王城）外围的勘探中，还发现有一些大型墓葬。由于未经考古发掘，为了保护期不受破坏，所以没有计入。

② 见吴松弟主编、林华东著：《温州通史 · 东瓯卷》，人民出版社，2021 年，第 270 页。林华东认为这个器物坑的年代偏早，不属于这座墓葬的器物坑。

山一号墓规模、等级接近，所以温岭塘山一号墓的等级也低于武夷山的牛山（交椅山）一号墓。

（二）武夷山东越王都城的牛山一号墓墓主推测

首先，在目前已发掘的闽越国时期墓葬中，东越王都城牛山一号墓是规模最大的一座。从它的形制规模及后室是“人”字形木椁，椁外积炭，墓门口有外藏椁等迹象来看，该墓应为王室高等级贵族的墓葬无疑。同时，该墓虽在西汉中期后即遭到非常规盗掘，但残存的一批陶罐上普遍有相同的符号戳印（图18-22）。而在东越王城内甲组建筑群遗址中，也出土有同样符号戳印的陶罐①。而此符号戳印应是主人专有的印戳，可证该墓主曾是王宫中的某一位重要人物。东越王城宫殿遗址出土的陶器印文远不如瓦文多，陶器戳印文字中除了“乾官”“官长”“官黄”“官径”“官仪”等之外，单字印的所剩无几。而这座墓葬残存的陶罐中，普遍印有同一符号戳印。这就很说明问题。

其次，牛山一号墓葬的形制、埋葬方式、手法等方面，明确承袭战国初浙江绍兴印山越王陵墓的传统，加之此墓室底发现的大型漆棺、大型漆器的印痕等，都印证应是闽越国最高等级的墓葬。

再次，该墓独占一个重要山头（牛山或称交椅山），前面为开阔的平川河流，后靠更高的山峦，左右两边有山脉环伺，所以当地人也称牛山为交椅山，站在东越王城宫殿遗址中远眺牛山，虽远但十分显眼和突出。可见位置十分重要。

最后，距牛山不远的周边和下方，都分布着不少中型或中型偏小的陪葬墓。这些围绕大墓的众多大小不同的陪葬墓，更能说明牛山大墓的重要地位。

笔者推测牛山一号大墓，有可能是东越王余善的王后或王妃之墓。

笔者主持和参与了牛山一号大墓发掘的全过程，在发掘、研究的过程中，认识到该墓的埋葬过程相当匆促和急就，主墓室积炭层外很少见本应

---

① 参见福建博物院、福建闽越王城博物馆编：《武夷山城村汉城遗址发掘报告1980—1996》，福建人民出版社，2004年，第192页，图一〇一：9。

有的白膏泥、青膏泥层，反而在墓道、外藏椁发现大量青膏泥夹杂着红色黏土的杂乱堆埋。疑与下葬时形势紧张，战火逼近有关。在东越王城遗址建设高峰期时，已到了闽越国的后期，该墓北部高地还预留了一块山头平台，应该是人工修整铲平的。可能为另一未来主人预留的墓地位置。因此笔者推测已发掘的牛山一号墓，很可能是东越王余善的王后或王妃之墓，可能匆匆下葬于汉武帝派遣四路大军围剿闽越国之际。

另外，关于牛山一号墓主为东越王余善之王后或王妃的理由之一：除了该墓形制主要沿袭战国印山越王陵的形制和埋葬手法，应该是达到了闽越国最高等级的王室成员墓葬外，该墓也是福建省从古至今所发现的最大规模的墓葬，连五代闽国国王（称帝）及王后（皇后）的墓葬规模都小于此墓。

由于东越王余善是被繇王居股等人刺杀献汉的，所以余善不可能有墓。牛山一号墓北边一处地势很好的平顶高地，不排除是原来留给余善的墓地。西汉流行夫妻埋葬同地异穴（墓）的社会习俗，看来也影响了闽越国。闽越国也流行夫妇异穴合葬，从牛山下西侧的牛栏后一、二号墓到王都西南部墓葬区的新亭园一、二、三、四号墓葬，都是同样的情况，而浦城县锦城村的金鸡山一、二号墓葬亦是如此。

在牛山一号墓出土残存的一批陶罐上，都有相同的一个戳印字形符号，此字在宫城主殿（高胡坪甲组宫殿）基址出土陶罐上发现，可能是该王后（妃）的专用刻押或符号印戳。

（三）福州新店益凤山一号墓

福州新店益凤山一号墓虽然是有三层台的较大墓葬，但比起牛山一号墓还是小很多。虽然益凤山一号墓是福建地区目前已发掘的越国墓葬中，规模仅次于牛山墓的贵族墓葬，比已发掘的一些中型墓葬稍大些，但推测其墓主可能还只是闽越国的上层贵族，达不到王室级别。笔者根据整个墓葬的规模、结构，特别是有小型外藏椁的情况，把它归类于大型墓葬，实际上它的墓主人相当于浦城金鸡山二号墓主的级别，或者稍高一点。

在武夷山东越王城周边还发现不少比益凤山一号墓葬更大的闽越国墓葬，只是目前都还未进行考古发掘。东越王都城周边超过牛山一号墓葬规模的还没有发现。东越王都城目前已勘探发现的大型墓葬中，也有个别非常接近牛山大墓规模的墓葬。

第三节　闽越国墓葬和随葬器物的早晚分期

迄今为止，福建地区已经发现的闽越国时期的墓葬不少。其中尤以东越王都的郊野最多，仅大、中型墓葬区就有5处（不包含福林岗）以上。其次是浦城的锦城村邑落周边的3个墓葬区。其余依次是建瓯、政和、顺昌、福州。福州作为闽越国故都至少有长达近百年的时间，闽越国各个阶层的墓葬应该非常多。但是2000年来历代中心城邑的建设破坏和叠压，严重影响了闽越国墓葬的保存和发现。同样，福州也无法逃脱西汉中期闽越灭国迁众以后的劫难，新店益凤山一号墓发掘出汉代后期彻底被盗的惨景再次说明了这个问题。

我们知道古代墓葬的分期也成为某一特定文化年代分期的主要依据，墓葬分期是考古学年代分期中判断年代早晚的重要手段。西汉闽越国历史共计92年，时间不长，在文化堆积层比较单纯的居住遗址中，很难准确地区分出早、晚期的文化特征和变化。依靠墓葬来进行早晚分期相对比较准确。比如自20世纪50年代至70年代以来，在广州地区的城市建设中先后发现数量众多的两汉时期的墓葬，通过研究排比，得出了比较科学的年代分期。其中也把立国93年的南越国的墓葬归纳在西汉前期，并且通过墓葬排比分为南越国的早、晚两期。① 目前虽然经过考古发掘的闽越国墓葬的数量有限，但是对于不同墓葬出土的随葬陶器的型式做仔细的分析，闽越国时期的墓葬仍可大致分出早、晚两个时期，即闽越国前期和后期。

在已经发掘的闽越国前期的墓葬中，目前仅可以明确地定为闽越国早期（前期）墓葬的只有浦城的金鸡山一、二号墓。金鸡山二号墓虽在汉代也曾被盗，但在福建地区迄今已发掘的闽越国墓葬中尚属保存情况最好的，

---

① 广州市文物管理委员会等：《广州汉墓》，文物出版社，1981年。

共出土了50多件随葬陶器，器物群形成了一定的组合，并显示了一致的风格。虽然有学者认为金鸡山二号墓的年代可以早到战国晚期或秦代，一号墓是西汉初期的墓葬①。笔者认为这个判断稍微偏早了一点。这两座墓葬肯定是闽越国时期的夫妇合葬墓，年代肯定略有早晚，但是还都应该是在西汉的早期，即闽越国时代的前期。把夫妇合葬墓的各自年代，划分为不同的时代是不合适的。由于一号墓陶器被盗严重，陶器群已不完整，尚不能说明问题。二号墓的随葬陶器群应该是相当完整的，可以作为闽越国前期（西汉早期）的标型。特别是陶器的组合也是相当完整的，这对闽越国前期丧葬制度的研究意义非常重要。墓主贵族（或官吏）的身份是无可置疑的，墓葬的规模也是闽越国中型墓中较大的。特别是随葬陶器组合中，成组的鼎、罐、瓿、洗（盆）、盅、熏炉和盖杯等，陶礼器和生活用品相当齐全。陶器群中的盖鼎、三足提梁盉、圈足盖杯、仿铜陶洗等都保存了战国晚期的遗风，参考其他典型的闽越式陶器：瓮、罐、瓿、釜、盅、匏壶、熏炉等，综合考虑，定其年代为西汉早期（闽越国前期）应该是恰当的。

东越王都已发掘的闽越国后期墓葬出土陶器的面貌则与之不同。虽然同是闽越国的陶器文化，但金鸡山墓葬与武夷山东越王都墓葬出土的陶器，在器形上有一定的变化，反映出一种演变的规律。

陶鼎　金鸡山二号墓中出土了5件陶鼎，造型虽不尽相同，但器形风格一致，均较高大，有的有盖，均三足较长，足身制作时被竹刀削成多面，有棱角。造型与闽侯庄边山秦代楚墓中出土的陶鼎风格接近。而金鸡山二号贵族墓随葬五鼎，是东周列鼎制度的遗风，是陶礼器的组合。而武夷山东越王都墓葬中出土的陶鼎已发生了明显的变化，如牛栏后一号墓出土的3件陶鼎，牛山一号大墓残存的1件陶鼎，新亭园二号墓、三号墓各出的1件陶鼎，都是体形较矮小，三足较矮的陶鼎；在城址中也出土了1件足残的陶鼎，器形明显偏小，鼎身也偏矮，从它们身上已经看不到战国晚期至西

① 福建闽越王城博物馆、浦城县博物馆：《福建浦城县金鸡山闽越墓葬发掘简报》，见《东南考古研究》第五辑，厦门大学出版社，2023年。

汉早期那种体形较大、高足、足为刀削多棱的风貌。闽越国晚期的陶鼎，器形明显已变矮小，鼎足很短了，足身或扁或圆，罕见刀削的棱角。

陶罐　金鸡山二号墓出土闽越特色的“鼓形罐”中，Ⅱ型罐7件，通体饰方格纹；Ⅳ型罐7件，通体都饰有弦纹与水波纹的组合纹饰，其中部分罐为子口但未见陶盖。这种Ⅳ型罐，在东越王城遗址仅出土2件，都只是残器和残片，其中一件还出土于城南黄瓜山闽越国早期遗址中①。东越王城遗址和墓葬中，出土最普遍的是Ⅰ型和Ⅱ型罐，这两种陶罐在闽越国早期和晚期均流行，而Ⅳ型罐到闽越国晚期已经消失。

陶盉　陶盉（包括原始瓷盉）主要流行于春秋战国时期，是仿铜陶瓷器，是吴越地区流行的三足铜盉的替代品。金鸡山二号墓出土1件陶三足盉，无疑也是件仿铜陶器。此墓所出三足陶盉应是汉初沿袭战国器的遗风。而在东越王都已经发掘的墓葬中，已经没有这种仿铜的三足陶盉了；只有东越王城遗址中出土了2件，但已无三足，均为平底器，造型、纹饰也大大简化了。

陶盖杯　金鸡山二号墓中出土了5件圈足陶盖杯，而在武夷山东越王都及其他闽越墓葬中，目前未见。但这种杯也是闽越陶器文化中有代表性的器物，金鸡山二号墓中的5件盖杯则有着繁密的纹饰和圈足。在武夷山城村汉城（东越王城）遗址中出土不少这种风格的盖杯，只是皆为平底，已不见了圈足。这种陶盖杯与陶盉一样，都是从三足或圈足器演化为平底器的，而平底器是闽越国后期陶器普遍流行的风格。

熏炉　金鸡山二号墓出土的3件陶熏炉都是相同风格的，体形较高，高圈足，而武夷山东越王都墓葬中出土的熏炉，形制都是矮胖较扁、圈足较矮。② 如牛栏后一号墓葬出土的陶熏炉、新亭园二号墓出土的陶熏炉，以及东越王城遗址出土的陶熏炉，都是器形比较扁矮，反映出闽越国时期的陶熏炉早期和后期的不同。

匏壶　闽越国早期墓葬如金鸡山二号墓、福林岗一号墓、温岭塘山一

① 福建博物院、福建闽越王城博物馆编：《武夷山城村汉城遗址发掘报告 1980—1996》，福建人民出版社，2004年，第224页，图一三〇。

② 东越王都墓葬中出土的陶熏炉很少，很个别，这无疑与灭国后墓葬被盗严重有关。

号墓出土的陶匏壶，都是壶颈较短粗者。而武夷山东越王都墓葬如亭子后一号墓、牛山一号大墓、新亭园墓葬、蛇子山墓葬等出土的陶匏壶，壶颈都已变得较细长。在东越王城遗址出土10余件可复原陶匏壶中，陶匏壶多为小口者；少见那种大口粗颈的，虽然不能简单化来区分，但还是可以看到风格变化的趋势。

陶洗（盆）　金鸡山二号墓出土的接近战国时期作风的仿铜陶鉴1件和陶洗4件。这种器形在东越王都的墓葬中未发现，在城址中有大量出土的陶盆中已经很少见了。早期的装饰纹样复杂的陶鉴和陶洗，都已简化成装饰风格简约的各型陶盆了。

其余如陶瓿等一些器物，也会显示出一些微小的变化，但不典型。这些陶器差异之处，有的是因为早晚的区别，有的则是偶然因素，不一定可以用来作分期的标准。目前由于发掘的墓葬数量不多，闽越国早期的墓葬发现得更少，所有还缺少更多资料来进行系统的排比。

综上所述，笔者把目前已发掘的闽越国墓葬材料集中起来，分出西汉前期越国存世92年中的早、晚两期，两期文化是一脉相承的，但还是在文化和特点上有随年代发展变化而产生的小差异。闽越国早期墓葬是以浦城县临江镇金鸡山一、二号墓为代表；闽越国晚期墓葬则是以武夷山东越王都周边墓葬为代表的。其他地点的闽越墓葬发现不多，考古发掘更是零星个别，因此只能参照这两地早、晚两期的墓葬出土标型器，来认定闽越国时期早、晚大致的年代。

由于福州地区的闽越国时期墓葬发掘的数量不多，所以可以进行断代比较的资料较少，目前还未能形成普遍性的数据资料以及集约化的比定成果。本书的分期只是在现有的资料上来进行分析的。

第四节　反映出的丧葬制度和历史问题

一个民族的丧葬习俗是民族文化的重要组成部分，进入国家和文明社会之后，丧葬习俗必然与社会意识、制度相结合，体现为丧葬的制度。西汉闽越国时期的丧葬制度，从整体方面来讲，是越族丧葬文化的延续，是东周时期越国丧葬制度的流传；从局部方面看，也有一些地方特色和时代的变化。

一、闽越丧葬文化的源流

闽越国的丧葬文化传统，源远流长。他们在墓地上结构封土堆的传统方式，可以追溯到4000年的新石器时代末期至夏代。在浦城仙阳管九村发现的土墩墓群中，就发现了这种葬俗的滥觞，其中最早的社公岗二号墩早期墓葬中出土了软陶器组群，提取的木炭测定数据为距今4600年[①]。虽然不排除测定的年代稍偏早，但是从器形学上看大体是一致的。从同一地区的麻地尾七号墩1号墓（D7M1）出土的随葬品均为黑衣陶器等遗物来看，年代也接近4000年左右，[②] 虽然比二号墩下层早期墓葬略晚，但仍是目前我国南方地区最早的土墩墓之一。土墩墓葬俗是商周时期吴越文化的习俗，最早发现于闽西北、浙西南的越地山区[③]，之后向北流行于长江以南的苏、浙和皖、赣、闽的部分地区，到了商周时期，土墩墓的葬俗已经成为吴越文化的重要特征之一。[④] 在西周时期，土墩墓已经流行于闽江上下游的整个流域，典型的遗存，是浦城县管九村发掘的土墩墓群，其中多座西周时期的土墩墓，墓底基本都铺设河卵石层。[⑤] 这种墓底铺设河卵石的手法与闽越国时期的中、小型墓葬的铺石如出一辙。这种在墓底铺设河卵石防潮的习俗，主要流行于东南沿海的闽、浙、皖南地区，粤地偶有发现，是东南越

---

① 参见福建博物院、福建闽越王城博物馆：《福建浦城县管九村土墩墓群》，载《考古》2007年第7期。提取标本的碳-14年代由北京大学考古文博学院实验室测定。

② 福建博物院、福建闽越王城博物馆：《福建浦城县管九村土墩墓群》，载《考古》2007年第7期。

③ 牟永抗、毛兆廷：《江山县南区古遗址、墓葬调查试掘》，见《浙江省文物考古所学刊》第一集，文物出版社，1981年。杨楠：《江南土墩遗存研究》，民族出版社，1998年，第79—80页。

④ 杨楠：《江南土墩遗存研究》，民族出版社，1998年，第17—20页。

⑤ 福建博物院、福建闽越王城博物馆：《福建浦城县管九村土墩墓群》，载《考古》2007年第7期，第30—36页。

人的葬俗。

到了春秋时期，越族人的墓葬出现了竖穴土坑墓的形式。苏南、闽、浙、粤等地都有表现，尤其是浙、闽地区。在浦城仙阳管九村的晒谷坪、鹭鸶岗，考古发掘出的春秋时期闽越人的墓葬，都已是带墓道的竖穴土坑墓了。① 虽然墓穴还不深，但是有的在土坑墓底铺设河卵石的手法，或者因挖凿于风化岩石层中不再另铺石的手法，都与西汉闽越国时期的墓葬基本一致，它们一脉相承的表现一目了然。

二、闽越国丧葬制度的传统

在20世纪末至21世纪初所进行的专题调查时，发现了不少闽越国时期的墓葬，但是由于种种原因发掘得不多。我们只能通过已发掘的墓葬遗存，通过比较分析，了解闽越国丧葬制度的概貌。

首先，闽越国的丧葬制度本身就是先秦时期闽越族丧葬制度的传承和发展。前面的溯源已经让我们清楚地看到，1000余年来虽然埋葬方式有所发展变化，但是基本的方式和习俗还是一直保持和保留着。这也是有规律可循的，例如墓底铺砌河卵石防潮的手法，如果挖凿到风化岩石层，须挖排水沟槽等，到了西汉闽越国时期依然如此。

值得注意的是，由于福建地区目前缺乏考古发现和发掘的战国时期墓葬，所以只能参考周边相同或相类族群的战国墓葬来比定。在浙江地区和皖南地区，西周时期的墓葬，就与福建地区同时代的墓葬，无论是埋葬方式还是随葬习俗，甚至随葬品都几乎相同或相似。比如都是土墩墓，多见墓底铺石现象；随葬品都是常见的青铜器、原始瓷和印纹硬陶器。甚至这种铸有双耳的青铜剑也只发现于闽、浙地区和皖南屯溪的土墩墓中，所以被称为"越式"青铜短剑。这种铸造得十分精美的有双附耳的青铜短剑，在其他地方都没见到，我们把它称之为"越式"剑乃名副其实。从西周至春秋时期，浙江地区尤其是浙南山区还同时流行一种石室土墩墓或石棚

---

① 福建博物院、福建闽越王城博物馆：《福建浦城县管九村土墩墓群》，载《考古》2007年第7期，第32、36页。

墓。[1] 在福建浦城管九村旁的大王榜山顶，也发现和发掘出一座大型的石室土墩墓。[2] 这种石室的土墩墓是砌石为椁的，这种墓葬始于西周，到战国时期走向衰落。战国时期的“于越人”的墓葬在浙江发现了不少，从绍兴印山发掘的越王大墓，直到越地各处发掘的大、中型墓葬，都是建有封土堆，平面为“甲”字形的竖穴土（石）坑墓。这种战国时期定型的有封土堆的“甲”字形竖穴土（石）坑木椁墓，在福建地区一直延续到西汉中期闽越国的灭亡。福建地区一直未发现西汉中期以后至后期的闽越族的墓葬。

其次，浙江战国至西汉中期以前的墓葬，大中型的墓葬旁边多见陪葬器物坑的现象。在福建地区的闽越国墓葬中，目前一直未发现。只是，福建浦城仙阳管九村二号墩1号墓（D2M1）旁发现了一个同时期的小方形器物坑，坑中埋有陶簋等随葬品。[3] 由于这座土墩比较复杂，先后有两个时期的土墩和墓葬；而且还是孤例。目前还不能排除这种现象只是从战国延续到西汉初期的故越国习俗，福建地区西汉初期到中期的闽越人墓葬中还没有发现。[4]

三、墓葬形制问题

我们已经从西周和东周（春秋战国）越地墓葬发展演变的轨迹，了解了这种独特的于越（闽越）民族丧葬传统。西汉闽越国时期的丧葬制度基本是沿袭战国以来的形制，少量吸收了汉文化的因素，这是完全不可脱离的时代特征。闽越国前期的金鸡山一、二号墓，基本不见墓道中有其他设施；闽越国后期的牛山一号墓，已经出现了西汉时期中原王侯墓葬中常见的外藏椁和甬道；而益凤山一号墓，在墓道中发现了雏形或是简单的外藏椁和甬道，可能是前后过渡时期的现象。

---

① 杨楠：《江南土墩遗存研究》，民族出版社，1998年，第25—30页。

② 福建闽越王城博物馆：《浦城县管九村大王塝土墩墓发掘简报》，载《福建文博》2007年第2期。

③ 福建博物院、福建闽越王城博物馆：《福建浦城县管九村土墩墓群》，载《考古》2007年第7期，第31页，图版柒：3。

④ 闽侯庄边山遗址发掘的9座墓葬，笔者认定为秦平闽越设闽中郡时期的楚人官吏墓葬。

战国早期的绍兴印山越王大墓的椁室是一个整体，未分明确的前后室①；浙江长兴鼻子山一号墓和安吉龙山的战国墓葬②，也都是未分前后室的长方形墓室，墓底都留有两条垫置木椁的纵向枕木沟。到了战国晚期，特别是西汉初期的墓葬中，已出现了分前、后室的现象③；在西汉前、中期闽越国的墓葬中，已经是按照战国晚期后出现的制度，不仅明确分有前后室，而且前后室的形状出现了明显的不同。如椁室遗迹结构比较明确的牛山一号大墓，前室是方形椁室，后室是人字形椁室。④ 这些都是在继承越国传统文化中的时代特征中，受到了同时代丧葬制度的影响。但是，这种时代的影响比较小，越族传统丧葬文化和制度的影响则是根深蒂固的。

四、关于越文化的陶角形器和陶璧葬俗

浙江和江苏南部春秋战国时期的越墓随葬品中，常见的陶质角形器和陶璧是共同出土的。东越王都的墓葬中的同样的发现，说明了战国时期的越国的葬制传承到了西汉闽越国的葬制之中。这种陶角形器一般被认为是仿犀角的明器，有人还对它进行了专门的研究。⑤

浙江和苏南地区春秋战国时期的一些越国墓葬中还出土过一种特殊随葬品，其形制特征为：器体下部内空外撇，呈喇叭状，底部折直，如倒置的盘口状，其平面形状有圆形和椭圆形两种；上部实心，由下往上逐渐变细变尖，并向一侧弯弧。学术界一般把这种形状如角的随葬品命名为角形器。角形器的质地有硬陶、泥质软陶和原始瓷三类，装饰纹样简单。

对于角形器的性质，有人认为是支座⑥；有学者据无锡鸿山邱承墩墓中原始瓷角形器与璧形器等量共存的现象，认为角形器与璧形器可能象征着

---

① 浙江省文物考古研究所、绍兴县文物保护管理所：《印山越王陵》，文物出版社，2002年。
② 浙江省文物考古研究所编著：《浙江越墓》，科学出版社，2009年，第47—168页。
③ 浙江省文物考古研究所编著：《浙江越墓》，科学出版社，2009年，第169—204页。
④ 福建闽越王城博物馆：《武夷山城村牛山汉墓发掘简报》，载《福建文博》2018年第1期。
⑤ 黄昊德：《角形器功能初探》，《浙江省文物考古所学刊》第九辑，科学出版社，2009年，第273—282页。
⑥ 江山县文物管理委员会：《浙江省江山县发现战国墓》，载《文物》1985年第6期。

阴阳，与越人的“淫祀”习俗有关①；也有学者根据角形器的形状和单墓出土的数量，推测其为财富的象征②。

目前已知的浙江和苏南地区春秋战国时期越国墓葬中，有为数不少的墓葬都出土了角形器，主要有江苏无锡鸿山的曹家坟墩 M1、杜家坟墩 M1、万家坟墩 M1、老虎墩 M1、邱承墩 M1③，浙江长兴鼻子山越国贵族墓葬④，安吉龙山越国贵族墓⑤，上虞凤凰山的战国墓⑥，慈溪彭东、东安的土墩墓和石室土墩墓⑦，江山县大溪滩乡大夫第战国墓⑧等。

曹家坟墩（M1），保存完好。出土随葬品 93 件，以泥质陶和硬陶为主。角形器共出土 7 件，位于墓葬中部偏东，与其共存的璧形器 3 件。两者均为泥质陶。

杜家坟墩一号墓（M1），保存完好。出土随葬品 74 件，以泥质陶和硬陶为主。角形器 24 件，璧形器 28 件，分别置于墓坑的东、中、西部，其中东部角形器 11 件，璧形器 13 件，均成堆放置；中部角形器 6 件，璧形器 11 件，西部角形器 7 件，璧形器 4 件。

万家坟墩一号墓（M1），随葬器物有扰动现象，有部分随葬器物破损或缺失。出土随葬器物 519 件，以泥质陶和硬陶为主。主要随葬品集中于西部。璧和角形器分为泥质陶和硬陶两类，其中泥质陶角形器 71 件，璧形器 68 件，硬陶角形器 22 件，璧形器 8 件，主要置于墓葬东、中部，东部角形器 20 件，

---

① 南京博物院、江苏省考古研究所、无锡市锡山区文物管理委员会：《鸿山越墓发掘报告》，文物出版社，2007 年。

② 浙江省文物考古研究所编著：《浙江越墓》，科学出版社，2009 年，第 167、168 页。

③ 南京博物院、江苏省考古研究所、无锡市锡山区文物管理委员会：《鸿山越墓发掘报告》，文物出版社，2007 年。

④ 浙江省文物考古研究所、长兴县博物馆：《长兴鼻子山越国贵族墓发掘报告》，载《文物》2007 年第 1 期。

⑤ 浙江省文物考古研究所编著：《浙江越墓》，科学出版社，2009 年，第 104—166 页。

⑥ 浙江省文物考古研究所：《浙江上虞凤凰山古墓葬发掘报告》，《浙江省文物考古研究所学刊》，科学出版社，1993 年。

⑦ 浙江省文物考古研究所：《慈溪市彭东、东安的土墩墓和石室土墩墓》，《浙江省文物考古研究所学刊》，科学出版社，1993 年。

⑧ 江山县文物管理委员会：《浙江省江山县发现战国墓》，载《文物》1985 年第 6 期。

璧形器45件；中部角形器61件，璧形器31件；西部只有角形器12件。

老虎墩一号墓（M1），由于筑路取土，土墩上部已完全破坏，仅存土墩底部，墓葬已遭破坏，仅在墓底清理出4件随葬器物，其余均在墓葬周围采集，包括许多无法修复的器物，计367件。质地以青瓷、硬陶、泥质陶为主。泥质陶角形器12件，璧形器12件。

邱承墩一号墓（M1），早年被盗，遗留随葬器物1098件，质地有青瓷、硬陶、泥质陶、玉器等。其中玉器和部分大型青瓷器置于主室东部，青瓷乐器主要置于壁龛中，而绝大多数随葬品出土于后室。该墩出土角形器较多，有青瓷（原始瓷）和泥质陶两类，其中，青瓷（原始瓷）角形器18件，璧形器18件，泥质陶角形器136件，璧形器11件，共存于主室中部。

长兴鼻子山越国贵族墓，保存完好。墓坑和陪葬器物坑共出土107件，其中，角形器2件，为硬陶质地，璧形器16件，质地分为玉和滑石两类。

安吉龙山越国贵族墓，是带墓道和木质甬道的长方形土坑木椁墓，墓上堆筑高大的封土，墓外设置有陪葬器物坑。该墓经严重盗扰，残存器物97件，有玉石器、陶瓷器和漆木器。其中以陶瓷器为多，而陶瓷器中，主要为角形器。角形器成堆出土于墓室的西北角，共76件，有泥质陶和硬陶两类，其中泥质陶31件，硬陶45件。璧形器出土于墓室中部，共6件，其中原始瓷1件，硬陶5件。

上虞凤凰山战国墓葬，出土了大量角形器，多为泥质陶，另有少量夹砂陶。报告发表了2个墓例。M35随葬6件泥质陶角形器，出土于墓室中部，与5件璧形器共存；M193，在墓室中部出土2件泥质陶角形，与3件泥质陶璧形器共存。

慈溪彭东、东安土墩墓和石室土墩墓中也有角形器出土，由于简报并未刊布墓葬登记表，无法详知各墓的出土情况，发表的1个墓例（慈M4）只出土2件泥质陶角形器，位于墓室中部。

江山县大溪滩乡大夫第战国墓，出土19件随葬品，分原始瓷和泥质陶器两类。在墓室的南端出土4件泥质陶角形器，与4件泥质陶璧形器和1件石器共存。

由上述墓葬得知，除少量墓的角形器被单独成堆放置外，角形器多与璧形器共存，少见与其他随葬品配伍共存的现象，这说明两者关系密切。

笔者在东越王城牛栏后一号墓的发掘过程中，仔细观察、研究过陶角形器和陶璧放置匹配的现状，确定是处于原位置。综合上述两方面的看法，认为两者是反映了阴阳观念的表现，同时也有财富或人丁兴旺的寓意。这是一种非常奇特的葬俗，完全是越国独有的丧葬习俗（制度），主要流行于浙江的春秋战国越墓、苏南战国越墓、浙南战国西汉越墓、福建地区西汉闽越墓之中，它的轨迹是沿着春秋战国至秦汉越国人进退的足迹流播的。西汉时期在广东南越地区也有受其影响的遗迹。①

由于历史文献未见记录，所以对这种越国特有的丧葬习俗和葬制，我们只能依据遗存现象来分析研究。随着今后新资料的发现，我们对它的研究将会更加深入。

五、随葬陶器的组合与列鼎制度

随葬器物的组合，也是丧葬制度中的重要内容。它是当时的物质文化、丧葬习俗、等级观念等的体现。

在已发现的闽越国墓葬中，随葬陶器中也普遍实行或流行一定的器物组合。几乎所有闽越国的墓葬中都随葬有匏壶、瓿、罐、钵、瓮、釜这几种陶器的组合，很多还可见盅、鼎、熏炉、纺轮、角形（犀角）器、陶璧等陶器。

闽越国墓葬中随葬陶器的组合别具一格，极富地方文化色彩，除与浙南（亦东瓯、越地）大体一致外，与两广“南越式”墓葬②陶器有相近之处，而与全国绝大多数地区有明显的差异，民族文化特征非常鲜明。

西汉闽越国的随葬制度中还有先秦列鼎制度的孑遗。闽越国前期的金鸡山二号墓和闽越国后期的牛栏后一号墓的随葬陶器中，前者陶器组群保存基本完整，出土了5件陶鼎；后者出土了3件陶鼎。按照西周和东周以来的列鼎制度，金鸡山二号墓主应是大夫的级别；牛栏后一号墓主也是士一

① 广州市文物管理委员会等：《广州汉墓》，文物出版社，1981年。

② 广州市文物管理委员会等：《广州汉墓》，文物出版社，1981年。

级的身份。西周以来丧葬制度中的列鼎制度是天子九鼎、诸侯七鼎、大夫五鼎、士三鼎，早期都是铜鼎，东周以后出现陶鼎代替的现象，并成为普遍现象。西汉前期闽越国的丧葬制度，除了主要继承春秋战国的越制以外，中原地区等级制度的影响也是存在的。

目前，完整的陶器组合只发现于金鸡山二号墓中。在该墓后椁室出土的大批陶器中，发现除了五鼎之外，五洗、五圈足盖杯、三熏炉、二瓿、七方格印纹罐、七刻划纹罐、七盅等，都是陶器的重要组合，反映出闽越国墓葬中随葬陶器组合的一斑。由于这类完整的陶器群资料仅是个别墓葬中的发现，只是反映了闽越国早期中型墓葬的一种陶器组合情况，还无法了解清楚闽越国早期和晚期整体变化的脉络。

综合起来看，闽越国最主要的陶器组合特征是：大、中型墓葬文化基本上承袭了战国以来越国墓葬陶器组合的很多特点，同时有一定的演进、改变，特别是很多陶器的器形有了变化。小型墓葬的随葬陶器组合则是大、中型墓的删减版或缩小版，陶器的器形及其变化是基本相同的。

闽越国墓葬的随葬陶器和陶器组合，受中原文化影响很小；除了继承前代的传统外，与周边的浙南、赣东地区则是互相影响的。闽越国陶器的有些器形，与两广地区南越国墓葬的“南越式”陶器有许多相近的特点，但是组合并不相同。总体来看，闽越国墓葬的出土陶器无论是器形还是器物组合，都具有鲜明、独有的地域特色，可以称为“闽越式”陶器、“闽越式”陶器组合。

六、瘗玉制度

从长泰的石牛山一号墓葬①和浦城的金鸡山二号墓中，都出土了随葬的玉璧。有一定身份的人死后随葬玉璧，是战国到西汉以来中国广大地区都有的丧葬文化的特征，西汉时的闽越国应当也是如此。闽越国墓葬绝大部分在西汉中期后即遭盗掘，玉器都是难逃之物。所以，在已经发掘的几乎被盗空的闽越国大、中型墓葬中，未出土玉璧都是正常的现象。地处闽越

① 只是现代开山挖地破坏了大部分遗存。

国边远地区的石牛山墓葬，属于中型墓葬中偏小者，应该是西汉中、后期躲过大规模盗掘的幸存者。虽然现代遭到开山的破坏，从残存的一隅的遗址中也出土了1件玉璧，反映出闽越国中型偏小的墓葬中也存在着随葬一件玉璧的传统制度。而浦城金鸡山二号墓虽然被盗，仍然出土了4件玉璧和18件一套的组玉佩，反映出闽越国较高等级的贵族或官吏葬玉更多的制度。在武夷山东越王城的新亭园墓葬区发掘的4座几乎不同程度被盗空的墓葬中，仍在第二号墓的盗洞底部，出土了当年盗贼滑落的2件小玉器：1件玉带钩、1件玉环。我们从以上这些劫后余生的资料来看，闽越国墓葬一如春秋战国时的越国，非常盛行传统葬玉制度。

这种瘗玉制度也是战国秦汉以来中原内地普遍流行的葬俗和制度，这在各地战国秦汉墓葬资料中不胜枚举，在福建地区闽侯庄边山遗址发掘的秦代楚人官吏墓葬中，也有玉璧。这说明瘗玉制度不仅是越人的传统，同时也是中国战国秦汉时期葬俗与埋葬制度的共性。

闽越国墓葬普遍流行瘗玉和厚葬之风，也是闽越灭国迁众之后，原城邑宫室废墟和众多墓葬被“流民群盗”在光天化日之下洗劫的重要原因。

七、闽越国墓葬的文化特征和历史遗留问题综述

（一）文化特征

在西汉早、中期，我国墓葬流行多种形式，如竖穴土坑木椁墓、崖洞墓、竖穴石室墓、洞室墓、石棺墓、悬棺崖壁葬等。在闽越国所发现的这几种类型的竖穴土（石）坑木椁墓，也是当时非常流行的一种墓葬形式。这种竖穴土（石）坑木椁墓的形式，在南方比较多见，在北方地区也有流行。当时岭南地区的南越国墓葬中，也较流行这种形制的墓。① 但闽越国墓葬在当时仍然体现了许多自身特点，反映出它浓郁的民族文化特征。

第一，就闽越国墓葬的规模来说，凡大、中型墓均有封土堆（小型墓葬目前还不清楚），这是由越族及先越时代的土墩墓发展而来的。土墩（封土堆）的大小与墓葬规模相适应。闽越国墓葬的封土堆，大都为长方形覆

① 广州市文物管理委员会等：《广州汉墓》，文物出版社，1981年。

斗状，形式与战国时代浙江越国墓葬一致，与中原地区方形覆斗状封土堆有区别（尽管中原封土堆也是受南方土墩墓的文化影响才形成的）。

第二，从已发掘的闽越国墓葬来看，墓道基本都是向西，个别向东。平面形状均为“甲”（凸）字形。

第三，已发现的闽越国墓葬均为竖穴土（石）坑木椁墓，大、中型墓坑均挖在岩石层中，并在墓底挖排水防潮的沟槽，较小型墓坑未挖到岩石层的，则常用河卵石铺砌底部，形成卵石砌成的棺床，棺床周边自然形成排水防潮的凹沟。墓底铺砌河卵石防潮的手法，早在西周时期就在福建的土墩墓中流行了。皖南、浙江地区当时也流行铺卵石的土墩墓。

第四，闽越国中型及大型墓葬在土（石）坑穴中，均为前后室的木椁结构。

第五，墓道均为斜坡式，大、中型墓的墓道中亦有木结构，不少墓道中两壁木柱遗迹明确，特别是大型墓和中型较大墓葬的墓道都发现这类遗迹，可能这些木结构的位置本身具有外藏椁的功能，闽越国大型墓葬则有明确的外藏椁。

第六，闽越国大型墓或中型墓中较大者，常见椁外积炭的情况。已发掘的闽越国墓葬中虽仅见于武夷山东越王城牛山一号墓中，但考古勘探所发现的闽越国较大型和中型墓中并不少见。在政和发现一座被现代盗贼刚盗过的闽越国中型墓中，也有积炭现象。

第七，闽越国王室大墓的木椁室为“人”字形的木椁室，如东越王都遗址牛山一号墓与战国浙江印山越王墓“人”字椁的形制类同。其中它的大、中型墓葬的木椁顶部情况不明，不排除由于没有大规模积炭，未留下遗迹。

第八，武夷山东越王都牛山一号墓在埋葬手法上是先填埋墓室，后回填墓道，方法与绍兴印山越王墓完全一致。墓道和外藏椁应是在举行完宗教活动后才回填埋葬的。

第九，闽越国墓葬中随葬陶器的组合，虽因墓的规模大小和数量不同，但基本组合都有：匏壶、瓿、罐、钵、瓮、釜等器型。不少中型以上的墓葬中，还有盅、鼎、熏炉、纺轮、角形（犀角）器和陶璧等，因此形成

“闽越式”陶器组合的文化特色。

第十，闽越国中型以上的墓葬中，普遍随葬玉器。这种瘗玉文化也是闽越文化的传统。虽然在闽越灭国后的百余年间，墓葬反复遭受大规模的公开盗掘，玉器基本被盗光，但从少数墓葬盗后劫余的玉器出土情况判断，闽越国墓葬中是普遍随葬玉器的。

（二）历史遗留问题

从目前闽江流域所有发现的闽越国墓葬的考古资料来看，无一例外在汉代均被盗过。现在可以得出明确结论：凡是中型、大型的闽越国墓葬均在西汉中、后期遭到大规模反复的毁灭性盗掘，无论武夷山各地还是浦城或福州，都逃脱不了被盗的命运。这种现象不仅与两广地区同时代的南越国墓葬情况不同，也与汉代全国所有地区的情况有别。在广州发现和发掘的南越国时期大、中、小型墓葬，除少数外，大多数墓葬未遭盗掘。中原内地的汉墓虽说号称“十墓九空”，被后世盗掘，但大都仍旧留存下许多的遗物（随葬品），一般除大量陶器外，还会有铜、铁、玉器等等部分孑遗。唯独闽越国墓葬在西汉中期灭国之后，很快就遭到了大规模并且比较干净、彻底的盗掘。如牛栏后二号中型墓规模不小，但墓中仅存个别碎陶片，可以说已空无一物。这些在各地发现发掘的越国墓葬，除了浦城金鸡山二号墓属例外，它虽遭与其他墓相同的盗掘，盗洞很大，一直打到墓前室中，但却意外地还残存了大批（50 多件）陶器，部分玉璧和棺中的组玉佩（18 件一套）亦得以幸存。其余所发现的闽越国墓葬都在劫后仅遗留几件到十几件陶器不等，且陶器也被盗掘者反复践踏，破碎严重，说明墓室都是经过盗贼反复进出的。

从目前所有经考古发掘的闽越国墓葬来考察，由于闽侯判溪庙后山四号墓极小，不易被发现，故可能未被盗；长泰牛石山一号墓（大半残），亦由于地点偏远可能古代未被盗掘。其余所有的各地闽越国墓葬均在西汉中期灭国后的不久即被盗掘。盗洞均在墓道与墓室交接之处，特别如武夷山东越王都的牛山大墓和福州冶都的益凤山大墓，汉代的盗洞都大得惊人。

早在 20 世纪 80 年代初，笔者在参加崇安（武夷山）城村汉城（东越王城）遗址的考古发掘中，发现宫殿建筑遗址在废弃后遗迹又被翻动严重的现象，这些现象连续数年来就一直困扰着我们，百思不得其解。后来将闽越墓葬在汉代被盗极严重的情况与之相联系后，城址、宫殿于汉代就遭盗扰的这一历史问题就清楚了。因为闽越国于汉武帝元封元年（前110年）被平定后，汉武帝诏令入闽的四路汉军将闽越人“皆迁于江淮之间”，闽越国“其地遂虚”。闽越举国举族被汉军迁徙到江淮之间，闽越国都邑宫室均被汉军焚毁。汉政府因“东越狭多阻，闽越悍，数反覆”的原因，放弃了对福建地区的行政管理。福建地区在空虚了近300年后，于东汉末的建安年间才设立部分地方行政机构，如侯官、建安县等。到了三国孙吴的永安三年（公元260年）才由孙吴政权在福建建瓯正式建立郡一级的地方政府——建安郡。[①] 福建第二阶段的政治历史再次开启，一直延续至今。福建地区闽越国两都的宫室以及墓葬，在这近300年无政府管辖的历史时期，便遭到外来成群结队流贼规模性的盗掘。闽越国遗址、墓葬中大量的重要遗物以及先秦时期闽越先民的大量墓葬，都遭到洗劫。

与闽越处境完全不同的南越国政权被汉军平灭后，汉朝政府在南越地设置了九个郡进行有效管理，因此在广东地区的考古发现中，从西汉始到东汉终，各个阶段的汉墓形成有序的链接和历史分期。特别值得称道的是西汉前期南越国的贵族上层墓葬被盗现象很少，即使被盗也是两汉后的事情，如三国时的孙吴政权，文献记载为了筹集军饷挖掘了南越王的墓葬。[②] 南越文王的墓葬于20世纪80年代初在基建中发现时，虽是经历了2000多年的漫长时间，但从未被盗掘过。

而在福建地区发现的汉墓，基本都是西汉前期闽越国时代的墓葬，很个别的所谓东汉墓，年代都不能确定，有可能是东汉晚期或三国时期的墓葬。从闽越国墓葬早期被盗的现象和墓中遗留的铁锸等工具来分析，这股盗掘狂潮是在闽越灭国后不久，大致在西汉中、后期便出现了。东汉以后福建地区可能逐步有了一些人迹的活动，东汉后期孙吴政权也有用兵福建的文献记载。

---

① 徐晓望主编：《福建通史》第一卷，“远古至六朝”，福建人民出版社，2006年，第190—197页。

② 广州市文物管理委员会等编著：《西汉南越王墓》，文物出版社，1991年。

有一种说法是汉军平定闽越国后大规模发掘了闽越墓葬。笔者认为这只是一种臆测，没有证据，也太不可能。汉朝政府军不会干这种只有军阀或农民起义军才干的掘墓筹饷之事。否则《史记》《汉书》不可能无一字记录。南越国先一年被汉军所灭，他们被焚的宫室、墓葬都保存较好，可为证。闽越国是因繇王居股和一些将领杀余善降汉，才使汉军快速结束了在闽越国境内的战争。汉王朝对闽越人采取的是军事打击和招降两手政策，平定闽越国后，汉朝虽然采取了将闽越举国迁往江淮地区的措施，但也还封赏了繇王居股等将领为万户侯、千户侯、百户侯不等的爵位，采取了一定的怀柔政策。因此笔者觉得不可能发生政府军盗墓之事，但不能排除汉军士卒退役后参加流贼群体入闽盗墓的可能。一个刚被灭国迁众后的王国废墟和大量厚葬的王室贵族墓葬，肯定会吸引内地民间大批流民的盗掘风潮。因此无地方政府的管理，完全可在光天化日之下盗掘闽越国宫室废墟中和埋于墓葬中的珍宝和财产，还有先越文化墓葬中的遗宝。浦城西周至春秋时期的土墩墓悉数于汉以后被盗，也是一个很明确的例证。这些先秦时期的江南苏、浙、皖的土墩墓遗存保存情况大都好于福建地区，未被盗掘过的占了相当大的比例，这与福建地区的情况有着天壤之别。而福建地区先秦土墩墓虽基本被盗，但保存情况远好于闽越国墓葬，原因是年代已久，在西汉中、后期被盗时，多已坍塌，与西汉闽越墓葬在被盗时可进入房屋般的椁室中任意搬取物品还是有很大的不同。

闽越国各地大批的中型以上墓葬，在灭国不久后即被悉数盗掘，从而丧失了大量珍贵遗存和历史信息。但我们仍可以根据不同墓中不同的遗物残存，来分析和建构它们的历史原貌。因此，考古学界还应该有计划地科学地发掘更多的闽越国墓葬，用更多更普遍的遗迹遗存信息来完善闽越国丧葬文化的研究，来深入研究墓葬遗存所反映出的闽越国社会等级、政治制度、家族结构和历史文化内涵。

第十九章　兵器和军事制度

西汉时期闽越国与南越国一样有着一套完整的军事组织。司马迁的《史记·东越列传》中，对闽越国的历史轨迹作了简要扼述。班固的《汉书·西南夷两粤朝鲜传》中也有基本相同的记述。《史记》《汉书》两书对闽越国的军事组织和制度虽然没有专门的记录，但西汉时期闽越国重要的对外军事行动则都记录在案。按历史文献记载，闽越国在西汉初期由一个军事实力较弱的越族诸侯，到西汉中期逐步发展成为一个军事实力较强的割据政权，自文帝时起，闽越国军事实力即在东南地区崭露头角，如当时经济和军事实力较强的刘姓诸侯王国淮南国和吴国的统治者，都设法交好闽越国。汉景帝时吴楚“七国之乱”起兵，吴王刘濞还派使者请闽越国出兵参战。到了汉武帝时，闽越国先后出兵侵东瓯国、击南越国。直到汉廷平定南越国后，在楼船军的威胁下，闽越国开始发兵反汉，引发了元封元年（前 110 年）的汉朝平定闽越国之战，最终以闽越国被汉廷平灭而告结束。

第一节　文献记录的闽越国由弱到强的军事活动

关于闽越国军事力量由弱至强的史实是根据《史记》《汉书》有关记载归纳出来的。《史记·东越列传》中记录：闽越王无诸和闽君摇在秦末大起义中，出兵听从鄱阳令吴芮的指挥追随刘邦与秦军作战。秦朝灭亡后，因项羽分诸侯时，不予封王，又佐汉击楚。楚霸王败死后，刘邦即皇帝位，下诏说："故粤王亡诸（无诸）世奉粤祀，秦侵夺其地，使其社稷不得血食。诸侯伐秦，亡诸身帅闽中兵以佐灭秦，项羽废而弗立。今以为闽越王，王闽中地，勿使失职。"由此可见，闽越国的封立，与闽越王无诸率闽中兵参加全国的反秦起义及后来在佐汉击楚等战争中的功绩密不可分。可以说闽越在汉初是以军功立国的。

到了汉惠帝三年（前 192 年），汉朝廷借口"举高帝时越功，曰闽君摇功多，其民便附"，"乃立摇为东海王，都东瓯，世俗号为东瓯王"。这次汉廷是以闽君摇在反秦击楚的战争中战功多为由，将闽越国裂土分封为两国：闽越国和东瓯国。

吕后称制时，因为限制汉朝与南越国的关市贸易，引发了南越王赵佗发兵攻打长沙国的战争。赵佗认为是由于长沙王的离间，汉廷才限制其关贸。于是南越王自封"武帝"，发兵攻长沙国边邑，败长沙国数县。吕后为此发兵击南越，因气候暑湿，士卒大疫，兵不能过五岭作战。吕后死，汉军罢兵。南越自以为得势，"佗因此以兵威边，财物赂遗闽越、西瓯、骆，役属焉，东西万余里"。① 这时南越国拥有秦戍卒几十万，军事力量处于最强盛时期。闽越参与多年的中原作战，国家受重创，经济凋敝，需要休养生息，加之开国王无诸已去世，继位的闽越王不敢与南越抗衡。面对南越的软硬兼施、恩威并用，且施与财物收买的外交手段，闽越采取了退让的政策。闽越是否真正如西瓯、骆越那样役属之，还存有疑问，否则《史记》和《汉书》中为什么只字不提呢？不过，无论如何，都说明了当时闽越的国力和军力还不够强盛，还处于建国初期国势恢复的状态中，不敢与赵佗争锋。

到了汉文帝时，文献记载："文帝六年，有司言淮南王长废先帝法……遣人使闽越及匈奴，发其兵，欲以危宗庙社稷。"②《史记·淮南衡山列传》也说："六年，令男子但等七十人与棘蒲侯柴武太子奇谋，以辇车四十乘反谷口，令人使闽越、匈奴。事觉，治之，使使诏淮南王。"同书还记："使

① 《史记·南越列传》，中华书局点校本，1982 年，第 2969 页。
② 《史记·孝文本纪》，中华书局点校本，1982 年，第 426 页。

开章阴告长，与谋使闽越及匈奴发其兵。”这段历史情况说明闽越国的军事力量已有较大的增强。所以，当时国力很强的淮南王刘长欲谋反时，还要请闽越与匈奴一道为后援，匈奴当时是威胁到汉朝北部边界安全的强敌。

汉景帝前元三年（前154年），吴王刘濞勾结其他对汉朝廷削藩不满的诸侯王，发动“七国之乱”时，还派使节“南使闽越、东越（东瓯）”，联络邀请闽越、东瓯两国共同出兵，但“闽越未肯行，独东瓯从吴”。① 后来七国的叛乱被汉朝廷击败，而“东瓯受汉购，杀吴王丹徒”“吴王子子驹亡走闽越”，② 被闽越所收留。闽越虽然不知什么原因未出兵响应吴楚七国的叛乱，但在汉朝平定“七国之乱”后竟然公开收留吴王刘濞的儿子刘驹，还因此引发了后来的闽越围攻东瓯国的战争。

汉武帝建元三年（前138年），当时的闽越王郢在刘驹的煽动下，为了争利夺地，发动了进攻东瓯国的战争。战争一开始，强盛的闽越军队就把东瓯围困成铁桶一般。东瓯国军民孤立无援，派使者告急于朝廷。汉武帝派严助发会稽兵从海上救援东瓯国，闽越得知汉兵来救，遂撤兵回国。东瓯为了躲避闽越的兵锋，向汉朝廷请求举国迁徙内地。在得到朝廷许可后，便举众迁居于江淮之间。东瓯国故地自此被闽越国所吞并。

闽越国据有了东瓯国领地之后，闽越王郢又于汉武帝建元六年（前135年）发动了对南越国的军事进攻。南越王赵胡不敢擅自发兵抵抗，派使者上书汉武帝求援。汉武帝认为南越仁义，守职约，遂调遣两路大军进攻闽越。一路大军由大行王恢率领，出豫章郡（今江西省境），另一路大军由韩安国率领，出会稽郡（今江苏、浙江省境），准备两面合击闽越。闽越王郢得悉汉军临境，立刻发兵守备险道要隘，以抗拒汉军。战争尚未爆发，闽越王弟“余善乃与相、宗族谋曰：王以擅发兵击南越，不请，故天子兵来诛。今汉兵众强，今即幸胜之，后来益多，终灭国而止。今杀王以谢天子。天子听，罢兵，固一国完；不听，乃力战；不胜，即亡入海”③。余善得到

① 见《史记·东越列传》和《汉书·西南夷两粤朝鲜传》。

② 见《史记·东越列传》和《汉书·西南夷两粤朝鲜传》。

③ 《史记·东越列传》，中华书局点校本，1982年，第2981页。

闽越贵族们的支持后，即刺杀了其兄闽越王郢，遣使节将闽越王郢的首级献于大行王恢，向汉朝廷谢罪。汉武帝遂罢伐越之师。

汉武帝元鼎五年（前112年），南越相吕嘉杀王及汉使者叛乱，汉廷发10万大军击南越时，东越王余善上书请求以卒8000人从楼船将军击吕嘉。但闽越军至南越揭阳，便以海上风波为借口，按兵不进，“持两端，阴使南越”。这次闽越国虽派了8000人的船队，配合汉廷进攻南越，但到南越的东面揭阳便按兵不动，直到汉朝大军平定南越，发现闽越军没有赶到番禺（今广州市）配合汉军。于是在灭南越国后，汉楼船将军杨仆上书汉武帝“愿便引兵击东越（闽越）”。[①] 武帝考虑到军旅劳顿，未许，仅令诸校屯兵豫章梅岭待命。

元鼎六年（前111年）秋，东越王余善得知汉楼船将军上书请诛闽越，便公开发兵反汉，除派兵据守交通要道外，还遣“吞汉将军”驺力等率兵进攻驻扎在白沙、武林、梅岭的汉军，杀汉军三校尉。当时统兵屯守的汉朝将军大农张成和故山州侯刘齿，不敢迎击闽越军，撤退回避闽越兵锋，后均以畏懦罪被朝廷斩首。余善在袭击汉军初胜后，便刻“武帝”玺，自立为帝，并欺骗闽越臣民。面对余善的叛乱，汉武帝决心用武力铲除，于是调四路大军围攻闽越国。一路“横海将军韩说（悦）出句章，浮海从东方往”；一路“楼船将军杨仆出武林”；一路“中尉王温舒出梅岭”；一路“越侯为戈船、下濑将军，出若邪、白沙”。元封元年（前110年）冬，汉朝四路大军进入闽越境。“东越素发兵距险，使徇北将军守武林，败楼船军数校尉，杀长吏”。此路闽越军先胜后败，“楼船将军率钱唐辕终古斩徇北将军”，挫闽越军前锋。[②]

就在汉廷四路大军云集闽越国境，大战即将展开的关键时刻，曾受汉廷指派劝谕余善的越衍侯吴阳，率其邑军队700人响应汉军，攻余善驻守汉阳（今浦城锦城村）的军队。后又与闽越建成侯敖、繇王居股合谋，计

① 《史记·东越列传》，中华书局点校本，1982年，第2982页。
② 《史记·东越列传》，中华书局点校本，1982年，第2983页。

杀东越王余善，率国投降汉军，闽越的叛乱被平定。从《史记·东越列传》和《汉书·西南夷两粤朝鲜传》中关于闽越军事状况的大致记载，我们可以看到闽越于西汉初年以军功立国，军事力量在92年中由弱到强的脉络。当然，当时的弱也是相对十分强盛的南越军力而言。南越国的军事力量与闽越国是相互消长的，即闽越益强南越愈弱。另外从《史记》《汉书》及其他汉代文献的记载中，还散见一些关于闽越国扩张军力侵凌周邻及抗击汉廷的情况。《汉书·严助传》记载了武帝建元六年（前135年）闽越击南越国时已有闽越多次侵陵百越、并兼邻国的战争及闽越发兵袭烧汉廷水军基地寻阳江楼船的事件。严助说："今闽越王狼戾不仁，杀其骨肉，离其亲戚，所为甚多不义，又数举兵侵陵百越，并兼邻国，以为暴强，阴计奇策，入燔寻阳楼船，欲招会稽之地，以践句践之迹。今者，边又言闽王率两国击南越。……有司疑其以虎狼之心，贪据百越之利，或于逆顺，不奉明诏，则会稽、豫章必有长患。"① 这一段的记载，使西汉中期闽越国作为诸侯国中的一个军事强国雄霸东南沿海的气势，跃然纸上。

第二节　考古发现的闽越国军事装备

迄今为止，闽越国遗址多发现于闽北及福州地区，其他地区发现得较少，闽北地区尤以武夷山东越王城考古发掘的面积较大，出土遗物丰富。在大量的出土遗物中，也有不少兵器被发现。在城内马道岗遗址、高胡坪甲组建筑群基址、东城门、北城门以及城门外的北岗建筑遗址的先后发掘中，都出土了许多闽越国的兵器和铠甲残片。这些兵器中以铁质为主，其次为铜质兵器。铁兵器的种类有剑、矛、戟、刀、匕首、箭镞等和防护的铠甲片，铜兵器主要是弩机和箭镞。②

① 《汉书·严助传》，中华书局点校本，1962年，第2787页。

② 福建博物院、福建闽越王城博物馆编：《武夷山城村汉城遗址发掘报告1980—1996》，福建人民出版社，2004年，第321—330、341—353页。

闽越国时期的铁戟目前仅出土一件，是1998年秋对东越王城内高胡坪甲组建筑群遗址进行保护时出土的。① 这件残铁戟是西汉时期典型的“卜”字形戟，戟身残长23.6厘米、横枝残长12.4厘米，此戟有三穿：一穿在戟身和枝的连接处，其余是身和枝各有一穿。这种铁戟是出现于战国晚期并于西汉开始流行的重要兵器。早在商代就开始出现矛、戈联装的青铜戟形，西周时期产生了矛、戈合铸一体的青铜戟，战国晚期在燕国遗址中发现了“卜”字戟，其质地是经过锻打的含碳不均匀的钢。② 铁戟作为重要的格斗兵器，主要盛行于西汉至两晋，在西汉政权的尉至最基层的亭长所备“五兵”中，就列有戟。《后汉书·百官志》引《汉官仪》说：“尉、游徼、亭长皆习设备五兵。五兵：弓弩、戟、盾、刀剑、甲铠。”戟是战国末到秦汉时期步、骑兵重要的长柄格斗兵器。《史记·项羽本纪》记载楚汉对垒时楚霸王项羽“乃自被甲持戟挑战”。关于“被甲持戟”作战的记录在《史记》《汉书》《后汉书》《三国志》中常见。在汉代，马戟与铁铠配合使用时，成为骑兵的主要装备，长戟和短戟与盾配合使用，用来装备步兵部队。但在西汉前期，铁戟还是非常先进的格斗兵器。在这一阶段，戟开始是用来装备军队的主力骑兵，兼及步兵。到了东汉以后及至魏晋时期，戟的使用日益普及，戟、盾成为步兵的标准装备。此后马戟开始衰弱，被马稍逐渐取代。

当时五兵之一的护身的盾由于是木制的，在遗址中未发现有保存下来的，其在闽越国军队中使用和装备的情况无实物查考。但是五兵之一的“甲铠”在城址中发现得较普遍，先后在城内马道岗遗址、高胡坪遗址和北城门遗址都发现数量不等的铁甲铠残片。③ 东越王城出土的这些甲铠和铁戟可证当时闽越国兵将“被甲持戟”的实况。铁铠甲出现于战国时期，燕下

---

① 20世纪80年代前期发掘高胡坪甲组建筑群遗址，布10米×10米探方，发掘时留下的隔梁未清理，1998年秋申遗保护遗址时出土了不少原隔梁中的遗物。

② 杨泓：《中国古兵器论丛》（增订本），文物出版社，1980年。

③ 福建省文物管理委员会：《福建崇安城村汉城遗址试掘》，载《考古》1960年第10期。福建省博物馆：《崇安城村汉城探掘简报》，载《文物》1985年第11期。东越王城北城门的考古发掘简报未发表。

都遗址出土过战国晚期的用铁甲片编缀成的兜及铁铠甲片。[①] 到了西汉时期，铁铠甲发展成熟，并且日益占据主要地位，皮甲开始退居次要地位，但仍旧作为一种重要的辅助性的防护装备而存在。在历史文献中，汉代的铠甲又被称为"玄甲"。《史记·卫将军骠骑列传·正义》说"玄甲，铁甲也。"1959 年在武夷山城村汉城（东越王城）的初次发掘中，就出土了 36 片铁铠甲片，[②] 其中多是圆角长方形，周边有小孔，用于穿绳编缀。1980 年至 1985 年，在东越王城内高胡坪甲组建筑群遗址的发掘中，又出土了很多长方形的铁甲片。[③] 20 世纪 90 年代末，在该城北城门遗址发掘中，又出土一种长条形的甲片，形状近似"札"，古代也称为"甲札""札甲"。这种较大札甲主要是编于铠甲的胸、背部位。可惜的是，东越王城毁弃后，在西汉中、后期受盗扰破坏严重，所以在遗址中很难发现完整的铁铠甲，而皮甲则完全无法在遗址中保存至今。即便如此，这些出土的铁甲片足以说明闽越国军队的装备在当时算得上很先进了，并不逊色于中原。

武夷山东越王城出土的铁兵器中，以铁矛为最多，其中除两件Ⅰ型矛较短外（图 19-2:8、9），余皆为Ⅱ型长矛，Ⅱ型矛的矛头均在 60 厘米以上，最长者为 81.5 厘米。[④]（图 19-1；图 19-2:1—7）目前可与之相比的西汉中期以前的矛有：河北满城一号汉墓出土的带柄长 2.9 米的铁矛，矛头长 65.3 厘米，骹长于矛身[⑤]；广州南越国墓葬出土的长 72 厘米的铁矛头[⑥]，矛身很短而骹很长。东越王城遗址出的这种Ⅱ型铁矛，矛身皆长于骹，其

① 河北省文化局文物工作队：《河北易县燕下都故城勘察和试掘》，载《考古学报》1965 年第 1 期；河北省文物管理处：《河北易县燕下都 44 号墓发掘报告》，载《考古》1975 年第 4 期。

② 福建省文物管理委员会：《福建崇安城村汉城遗址试掘》，载《考古》1960 年第 10 期。

③ 福建省博物馆：《崇安城村汉城探掘简报》，载《文物》1985 年第 11 期。福建博物院、福建闽越王城博物馆编：《武夷山城村汉城遗址发掘报告 1980—1996》，福建人民出版社，2004 年，第 329—330 页。

④ 福建省博物馆：《崇安城村汉城探掘简报》，载《文物》1985 年第 11 期。福建博物院、福建闽越王城博物馆编：《武夷山城村汉城遗址发掘报告 1980—1996》，福建人民出版社，2004 年，第 327—328 页。

⑤ 中国社会科学院考古研究所等：《满城汉墓发掘报告》，文物出版社，1980 年。

⑥ 广州市文物管理委员会等：《广州汉墓》，文物出版社，1981 年。

图 19-1　东越王城遗址出土的Ⅱ型长铁矛

中最长者可谓西汉前、中期最长最大的铁矛。当时这类长、大的铁矛也有不同的称呼："矟""锬"。《说文解字》："锬，长矛也。"《释名·释兵》称："矛长丈八曰矟，马上所持，言其矟矟便杀也。"《艺文聚类》引《通俗文》说："矛长丈八者，谓之矟。"汉尺丈八，约合现在的 4 米。此城址中Ⅱ型铁矛，矛头 81.5 厘米，矛柄按《周礼·考工记·庐人》"过三其身"推断，再加上铁镦，可达 4 米，与古文献记载"锬"或"酋矛"大体相合。实际上，当时的矛柄常见超过矛头三四倍乃至数倍的。那么，其长度则可能更长。《说文》段注："矛者，酋矛，长二丈，建于兵车者也。"西汉闽越国曾被认为"无车骑弓弩之用"。① 当时，这种说法虽与事实不符，但闽越国缺乏骑兵是毋庸置疑的。闽越人擅长的是水战，即当时公认的"习于水斗，便于用舟"。② 因此，笔者认为这些城址中常见的Ⅱ型铁矛（矟或锬），可能是便于在水上船战的长兵器。当然，这种长矛可能同时也适于山地作战。因为这种长矛除了可在距离较远处刺杀外，还可横向斫杀。

东越王城遗址中出土的矛头较短的Ⅰ型矛，可称为"鈒"或"铊"。《说文》云："鈒，矛也。""铊，短矛也。"铊，也称为鈒。段玉裁注：

① 《汉书·严助传》，中华书局，1962 年，第 2781 页。
② 《汉书·严助传》，中华书局，1962 年，第 2778 页。

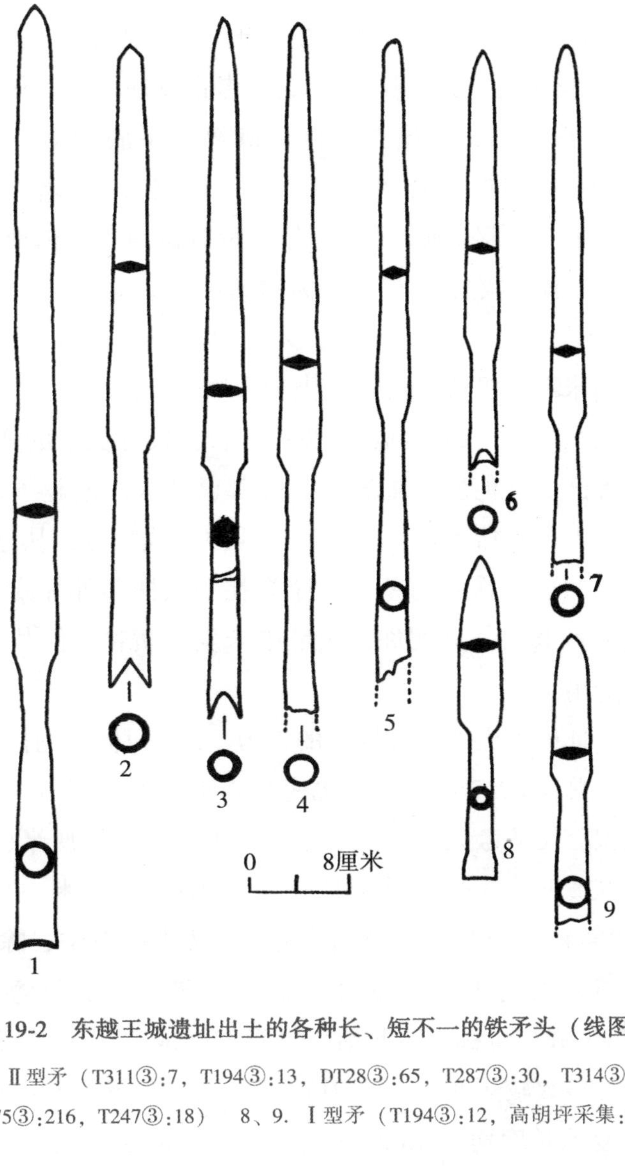

图 19-2　东越王城遗址出土的各种长、短不一的铁矛头（线图）

1—7. Ⅱ型矛（T311③:7，T194③:13，DT28③:65，T287③:30，T314③:30，T275③:216，T247③:18）　8、9. Ⅰ型矛（T194③:12，高胡坪采集:6）

“《方言》曰：矛，吴扬、江淮、南楚五湖之间谓之鍦，或谓之鋋，或谓之鏦。按鍦即铊字。”《史记·东越列传》载：余善“即鏦杀王，使使奉其头致大行”。余善正是用这种较短的铁矛刺杀闽越王郢的。

东越王城遗址中出土不少圆锥状铁器，我们将其定为镈，即矛柄（矜）下端可入地的铁镈。《说文》：“镈，柲下铜也。”又说：“镦，矛戟柲下铜镈也。”可见汉代矛镈还流行铜制品。这在考古发现中不乏例证。东越王城遗址中矛镈都为铁制品，仅出土一件近圆筒形平底铜器，应是镦。尽管《说文》将镈、镦视为同一物，但不少文献和研究认为二者应有别。段玉裁注云：“锐底曰镈，取其镈地。平底日镦，取其镦地。按镈地可入地。镦地箸地而已。”《尚书·牧誓》有：“称尔戈……立而矛。”《释名》亦说：“矛，冒也，刃下冒矜也。下头曰镈，入地也。”从此城址及其他地区都出土圆锥状铁矛镈来看，汉代亦流行这类尖形镈。

东越王城遗址中出土的铁剑，不见格、首，仅存尖细的柄（茎），说明其茎、首、格等都是其他质料配置的，并都已残失。南越国墓葬群出土的铁剑，在细柄外大多有朽木痕，有的还有缚缠细线痕迹，从这种情形来看，东越王城遗址中的这种铁剑的茎，也应为在细铁柄芯外加附木茎。至于剑当时是否有玉格等玉制剑具配件，城址中未发现实物，但其他被盗的闽越国墓葬中有不少出土。

东越王城遗址中出土的三种样式的铁刀，1 式刀柄与剑柄一样，仅存中央的铁芯部分，总长 39.2 厘米。它也应是外附木柄或其他质料的附柄，因无存，具体原貌已无从考证。2 式刀是全铁柄，残长 40 厘米，由于刀首残，也不能确知原状长度。3 式刀是铜柄铁刀，残长 27 厘米。① 《释名》说：“刀，到也，以斩伐，到其所，乃击之也。”汉代铁刀中，除了长铁刀外，还有短刀，长刀多长达 1 米，短刀长 20—40 厘米。这类短刀按《释名》《汉书》等文献记载，可称为“拍髀”“服刀”或“尺刀”，但中原地区出土的这类短刀，多数较短小，与书刀较难区别。东越王城遗址中出土的这 1、2 两式刀，复原长度均在 40 厘米以上。它们是随身佩带的短兵器无疑，但是否为“拍髀”“服刀”或“尺刀”呢？尚难确定。

① 福建博物院、福建闽越王城博物馆编：《武夷山城村汉城遗址发掘报告 1980—1996》，福建人民出版社，2004 年，第 331、329—330 页。

东越王城遗址中出土的一件铁匕首较短，环首，无镡，应是当时随身佩带的护身兵器。古代谓匕首为短剑。① 《汉书・邹阳传》："匕首窃发"，颜注："匕首，短剑也，其首类匕，便于用也。"《通俗文》也说："其头类匕，故曰匕首也。"

在武夷山东越王城遗址中，除了出土许多铁兵器外，还出土了不少铜兵器，这些铜兵器主要是弩机和箭镞。其中箭镞数量很多，并且铜、铁结合的箭镞及全部为铁制的箭镞占了很大的比例，全部为铜制的很少。铜、铁合制的箭镞是铁铤铜镞，即铜箭镞头，铁制的铤杆，杆插在竹箭杆中，尾有羽翼。这几种箭镞的镞头均为三棱形，少数还有血槽，都具有很强的杀伤力。在东越王城遗址的考古发掘中，每处遗址都出土有箭镞。除散乱发现外，在城内高胡坪甲组建筑群遗址、东城门遗址，城外北岗建筑遗址，均发现成捆排列出土的铁铤铜镞（图 19-3—6）。②

图 19-3　东越王城高胡坪遗址出土的铜镞堆积平面示意图

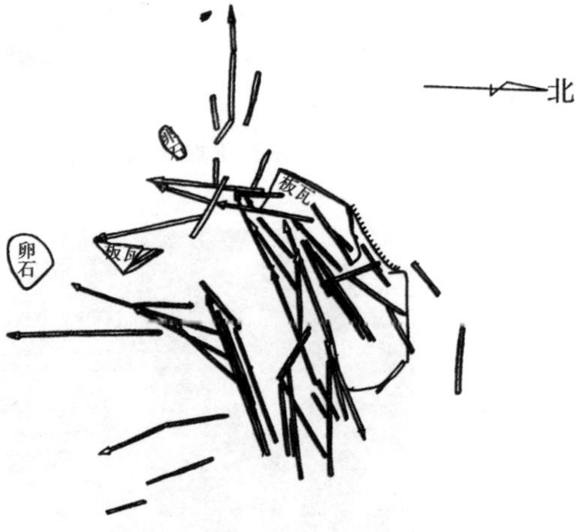

图 19-4　东越王城北岗建筑遗址出土的铜镞堆积分布示意图

① （唐）司马贞：《史记索隐》，中华书局，1991 年。

② 杨琮：《闽越国文化》，福建人民出版社，1998 年，第 269—271 页。福建博物院、福建闽越王城博物馆编：《武夷山城村汉城遗址发掘报告 1980—1996》，福建人民出版社，2004 年，第 331、341—345 页。

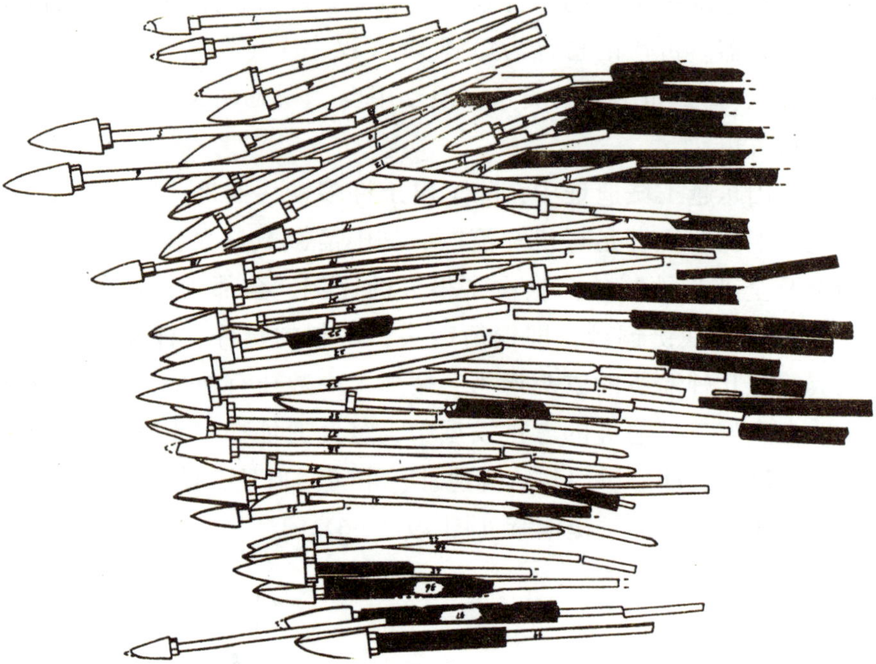

图 19-5　东越王城东城门遗址出土的成捆铁铤铜镞堆积示意图

图 19-6　东越王城东城门遗址出土的成捆铁铤铜镞

另外，铜弩机是当时远射程的重要兵器。在武夷山城村东越王城所发掘的几处重要遗址中，均出土弩机的铜机件，如1959年在东越王城内建筑遗址中出土1件弩机栓塞，器身刻铭“河内工官二千六百五十六甲”。[①] 1981年至1985年，在东越王城内高胡坪甲组建筑群遗址中出土了9件，有望山、悬刀、牙、栓等机件，大多数机件上面都有刻铭，铭文均为隶书，多数笔画纤细潦草，有的文字笔画细若蚊脚。可辨的铭文有“河内工官二千二百四十二丙”“河内工官千四百五十八丁”“河内工官二千二百四十甲”“河内工官四千五百四十四甲”等。有的弩机望山、悬刀等部件一起出土，机件上的刻铭完全相同。1986年，在东越王城外北岗一号建筑遗址中出土1件机郭，郭前侧刻“之二”，郭后刻“河内工官三百十丁”，字体细如毫发。1988年，在北岗二号建筑遗址中出土1件弩机栓，其上刻铭残缺，仅可辨“河内工官口千…”。上述这些刻铭青铜弩机，均系西汉河内郡设于怀县（今河南武陟）的工官所制，它们都是从中原输入的产品。[②] 东越王城遗址出土弩机也有一些无刻铭的，或刻铭锈蚀或受损的。众所周知，木弩的出现时代很早，可溯至商周以前。但只有青铜机栝在春秋时期开始使用以后，才能进一步提高弩的性能，使它具有军事意义，成为军队中的远射兵器。弩更优于一般弓箭，它们不同的地方主要体现在下述两个方面，一是拉弓仅靠人的臂力，人的气力再大，两膀的拉力终究是有限的，所以不可能长时间地张弓，需要迅速瞄准，尽快地放箭。二是弓的强度不能超过人的臂力，否则就拉不开了，因此限制了射程，更不能张一次弓发多支箭。弩就不同了，它把横装在臂上的弓拉开后，先将弦挂在牙上，如不扳动悬刀而使机牙下松，就不会收弦发箭，因此可以延时发射，既有充分的时间进行瞄准，“持满傅矢”，等待有利时机，还能全体齐射，“矢道同的”，充分发挥兵器的威力。同时，弩除了使用人的臂力张弩外，还可以运用全身的力量，用脚蹬，用腰引，甚至安装绞车，集中几个人甚至几十个人的合力，因此弩的强度可比弓成倍地增加，相应的射程增大了，威力增强了，

---

① 福建省文物管理委员会：《福建崇安城村汉城遗址试掘》，载《考古》1960年第10期。

② 杨琮：《闽越国文化》，福建人民出版社，1998年，第267—284页。

还能同时发射多支箭。根据青铜弩机在东越王城内外遗址普遍发现来看，闽越国已有装备精良的弩军。

闽越王城遗址中出土的大批铜铁兵器，正与文献中记载的当时闽越国军强兵悍的历史相吻合。

第三节　闽越国军事组织和制度

由于闽越国为汉高祖刘邦所封，王国系汉朝的藩臣属国，因此闽越国的政治制度大体是以汉中央王朝为蓝本的。当时的诸侯王“宫室百官同制京师”“群卿大夫都官如汉朝”。[①] 由于闽越国是越族政权，是越国的延续，因此，结合考古发现与文献记载，笔者认为西汉时期闽越国官制不完全雷同于汉朝，还保留若干东周旧制[②]。

关于闽越国军事组织和制度，历史文献的记录很简单。从这些简单的记录中可以得知闽越王是军队的最高统帅，越王之下还有封侯和将军、将等。《史记·东越列传》记载：东越王余善“号将军驺力等为‘吞汉将军’……使徇北将军守武林”及“东越将多军”等记载。《汉书·景武昭宣元成功臣表》：无锡侯多军“以东粤将军，汉兵至，弃军降，侯，千户”，“将军原是春秋时代晋卿的称号，因为春秋时代卿大夫不仅有统治权力，而且有宗族和私属的军队亲自统率着。到战国时代，由于统治范围的扩大，官僚机构的庞大复杂，常备兵的建立和征兵制度的推行，战争规模的扩大和战争方式的改变，在官僚机构中不得不文武分家，产生了文官的首长——相，和武官的首长——将”。[③] 秦、汉因袭战国制度。《汉书·百官公卿表》记汉朝“所加或列侯、将军、卿大夫、将、都尉、尚书、太医、太官令至郎中，亡员，多至数十人”。从文献记载中闽越国将军设置较多的情况，能推知当时闽越国对兵备的重视，并存在着比较庞大的军事建制。闽越封有

① 《汉书·百官公卿表》，中华书局点校本，1962 年。

② 杨琮：《闽越国文化》，福建人民出版社，1998 年，第 397—404 页。

③ 杨宽：《战国史》，上海人民出版社，1998 年，第 204 页。

“徇北将军”“吞汉将军”等这种专门的将军名号，形式亦同汉朝所封的“横海将军”“伏波将军”“戈船、下濑将军”等。关于将军和将，在《汉书·百官公卿表》中是有区别的。关于“东越将多军”，在《汉书·景武昭宣元成功臣表》的记录中是“东粤将军”。不知是文献记录有误还是当时常混称，有待今后考证。另外，在将军的下面，闽越国的低级军官的名称、建制，史无记载，是否与汉朝制度相同或有别，尚需今后考古发现的材料来弥补和揭示。

关于闽越国战时和平时的兵备，是建立常备兵还是征兵、募兵，这些方面亦缺文献记录。笔者推测除有一定的常备兵外，应当还存在着战时募兵或征兵的制度。《汉书·严助传》记载，淮南王刘安上书汉武帝说：“（闽）越甲卒不下数十万。”可能有所夸张，但如遇重大战争，闽越大规模征兵，使总兵力达到数万乃至十万还是有可能的。闽越经常以武力侵略邻国或汉朝设在闽越国附近的郡县，因而常备兵员可能有数万人。常备兵员平时也是应该屯垦的。文献记载：“至元鼎五年，南越反，东越王余善上书请以卒八千人从楼船将军击吕嘉等。”① 东越王余善不会以倾国之兵去助汉击南越，他派出的八千军队一直驻扎在南越国揭阳，国内不可能空虚，军队主力应该还负有国家的守备任务。闽越的常备兵员在战时可立即进入作战状态，平时可能有相当部分进行屯垦。有一条文献反映了这一信息，《汉书·严助传》记淮南王安语：“（闽）越人欲为变，必先田余干界中，积食粮，乃入伐材治船。”指出了闽越人必须在边界屯田积聚粮草后，才有发兵反叛的力量。另一方面，闽越实行的是分封制度，王之下的侯、君也都有自己的封邑和军队。《史记》和《汉书》记载“越衍侯吴阳以其邑七百人反，攻越军于汉阳”，吴阳率自己的部众反叛东越王，说明了其在自己封邑内所控的兵权。闽越王弟甲弑王被杀后“其众未有所属”，即反映了甲所率的军队在甲被杀后群龙无首的状况。另外，闽越王可能还分封有较低级别的王。如《汉书·西南夷两粤朝鲜传》中记载的“西于王”，以及史

① 参见《史记·东越列传》《汉书·西南夷两粤朝鲜传》。

书中指出的“闽王率两国击南越……三王之众相与攻之”①。这三王是闽越王之下的封王，还是闽越邀邻国的国王，文献中语焉不详，目前无法判定。但所谓“三王之众”，应该是指三个王自己的部属无疑。

总之，无论从历史文献资料，还是从考古发现的实物资料来看，两者都共同反映出西汉闽越国非常重视兵备。它靠军事实力立国，靠军事实力拓疆辟土，靠军事实力称雄东南沿海，靠军事实力割据一方并与汉廷对抗。在军事制度方面，就如同闽越社会政治制度一样，是以效仿中原汉朝制度为主的。从文献记录中我们可知闽越上层军事领导的封建：如侯及将军等，闽越国王下的列侯与汉王朝封的诸侯一样有自己的封邑和军队，其目的都是保卫最高统治者，但都产生过反作用。汉王朝发生过诸侯起兵叛乱，闽越国同样发生了像越衍侯吴阳和建成侯敖的率兵反叛。在闽越国后期的两王并立局面下，虽然东越王余善可能握有主要兵权，但越繇王至少也还有相当部分属于自己可以指挥的亲军。所以在关键的时候，繇王居股能与反叛的列侯一起杀东越王余善降汉。② 闽越国的军队建制除了将军、将外，下边也还应有中下级的军官，也应有与汉朝军队建制一样，金字塔形的军事领导队伍，下级和基层军官的数量更多。只是目前缺乏文献记录而无法确知这些中下级军官的称号而已。这还有待今后的考古新资料的发现来填补这一空白。

从目前的考古发现方面来看，闽越国的武器装备还是比较精良的。至少到西汉中期，除了弩机和部分箭镞外，其主要的兵器中铁兵器基本取代了青铜兵器，特别是出土铁制的长矛、戟、刀剑、铠甲、箭镞、匕首，都是当时十分先进的武器，反映出闽越国组建有强悍勇猛的步军和水军。同时还应当拥有少量的骑兵和车兵，以护卫上层统治者及作为仪仗，在武夷山东越王城遗址中发现的鎏金的马车伞柄箍、盖弓帽及铁戟等可作物证。除了闽越人争强好斗的个性外，闽越国还建立了较完善的军事组织，装备了精良的武器装备，使之有了一支能征善战的军队。闽越王依靠着这样的

① 《汉书·严助传》，中华书局点校本，1962 年，第 2787—2788 页。

② 《史记·东越列传》《汉书·西南夷两粤朝鲜传》。

军队，“侵陵百越，并兼邻国”，围东瓯、击南越，多次袭汉军抗汉廷，成为有异心的西汉刘姓诸侯王国倚仗的势力，南方的诸侯王纷纷赠财交结，汉王朝东南的郡县受到长期的威胁。闽越王还企图恢复当年越王句践的霸业，但闽越王和他拥有的兵强将悍的军队，面对的是中国历史上最为雄才大略的皇帝之汉武帝和当时世界上最强大的军队之一——装备精良、作战经验丰富而人数众多的汉军。元封元年（前110年），闽越与汉军的最后战争，正值汉王朝多次击败匈奴，解除了北方边境的威胁后，又南下灭亡了南越国之时，面对闽越国孤军的抵抗，汉武帝下诏四路大军夹击合围闽越国，闽越国的徇北将军在武林“败楼船将军数校尉，杀长吏”，挫汉军前锋。汉军的两位高级官吏因撤军避闽越兵锋，被武帝以“畏懦罪”（即畏敌撤退的罪名）诛杀；楼船将军杨仆率军再度进攻，闽越徇北将军战死。汉军突破武林，汉武帝在动用四路大军合击闽越的同时，用收买和分化瓦解的手段策反了越衍侯吴阳、建成侯敖和繇王居股，最终从内部杀死称帝的东越王余善，灭亡了闽越国。闽越国历史中的这些军事战争实况，也是中国汉代军事战争史的一个组成部分。

第二十章　与中原汉王朝的交往和汉越文化的交流

第一节　与西汉王朝的关系和交往

据文献记载，在战国时期流徙于浙南、福建，在闽越地区称王、称君的越王子孙，曾“服朝于楚”。[①] 但闽越王、君与中原王朝的交往则始于秦始皇发兵南平百越之时。秦始皇“续六世之余烈，振长策而御宇内……南取百越之地，……百越之君俯首系颈，委命下吏”[②]。秦王朝亦在闽越地设立了闽中郡，称王于闽中的无诸及摇等，皆被废为“君长”。秦二世时，陈胜、吴广首先揭竿起义，六国旧贵族纷纷响应，闽越王族亦起事以响应诸侯，并进兵中原齐攻暴秦。秦王朝灭亡后，闽越王等因未得西楚霸王项羽的分封，心怀不满，接着参与了助汉灭楚的战争。汉高祖五年（前 202 年），刘邦灭项羽，汉王朝正式建立，高帝刘邦即封无诸为闽越王，于闽中故地立国。西汉闽越国正式诞生。

此后，由于闽越国位于较偏僻的东南一隅，远离中原，名义上虽为西汉王朝的藩臣属国，实则自己为政。初创的西汉王朝，一则需要休养生息，发展经济，恢复战争的创伤；二则汉初政治上内忧外患，因此无暇顾及闽越国的事务。在《史记》《汉书》文献中，对西汉早期汉王朝与闽越国的

---

① 《史记·越王句践世家》，中华书局点校本，1982 年，第 1751 页。

② 《史记·秦始皇本纪》，中华书局点校本，1982 年，第 280 页。

政治交往和经济关系，缺乏记载。仅《西京杂记》中记录有“闽越王献高帝石蜜五斛，蜜灼二百枝，白鹇黑鹇各一对”①。这些贡奉，虽说价值微薄，仍可说明闽越建国初期，国王无诸较尊奉汉朝皇帝。大约在惠帝时，无诸去世。② 汉廷将闽越国裂土分封为东海（东瓯）、闽越两国之后，闽越国王位的继承人可能由此不再向西汉王朝进贡纳役。因此，淮南王刘安在建元六年（前135年）劝谏汉武帝勿对闽越国用兵的上书中说：“（闽）越人名为藩臣，贡酎之奉，不输大内，一卒之用不给上事。……其不用天子之法度，非一日之积也。”③ 应劭注曰：“越国僻远，珍奇之贡，宗庙之祭，皆不与也。”这一时期，闽越国除了拒绝向汉王朝奉贡纳役外，还或多或少地参与了反对中央王朝的一些阴谋活动。如淮南王刘长欲造反以及吴楚七国的叛乱，都曾暗中勾结和联络闽越国，企图发闽越兵为援。在吴楚七国叛乱被平定后，闽越国仍敢于收留汉王朝通缉的要犯吴王刘濞的儿子刘子驹（刘驹）。④

到了汉武帝即位初年，闽越王抗汉的态度愈加公开化，几乎不把汉朝廷的政令放在眼里，除于建元三年（前138年）围攻东瓯国外，又于建元六年（前135年）进攻南越国。《汉书·严助传》记载：“今闽越王狼戾不仁，杀其骨肉，离其亲戚，所为甚多不义，又数举兵侵陵百越，并兼邻国，以为暴强，阴计奇策，入燔寻阳楼船，欲招会稽之地，以践句践之迹。今者，边又言闽王率两国击南越。陛下为万民安危久远之计，使人谕告之曰：‘天下安宁，各继世抚民，禁毋敢相并。’有司疑其以虎狼之心，贪据百越之利，或于逆顺，不奉明诏，则会稽、豫章必有长患。”由此可见，当时的闽越王不仅无视汉王朝的法令及对诸侯国的约束力，“不奉明诏”，并兼邻国、侵陵百越，还袭烧汉朝驻寻阳的楼船，虎视汉朝的豫章和会稽两郡，对西汉王朝南方安全造成了很大的威胁，从而也造成了汉武帝两次出兵的局面。第一次是汉朝发会稽军队从海上救助被围困的东瓯国；第二次是为

① 《太平御览》卷八七引《西京杂记》。

② 杨琮：《闽越国文化》，福建人民出版社，1998年，第17—26页。

③ 《汉书·严助传》，中华书局点校本，1962年。

④ 《史记·东越列传》记载是刘子驹；《汉书·西南夷两粤朝鲜传》记载是刘驹。

了救南越国发两路大军分由大司农韩安国和大行王恢率领，从会稽、豫章两面进剿闽越国。就在闽越王郢发兵抗拒，汉越战争迫在眉睫之际，闽越王弟余善为了篡位和避免与汉王朝的全面冲突，联合大臣及宗族刺杀了王兄郢，奉郢之首向汉廷谢罪，从而避免了一场大血战，也保全了闽越国。汉王朝此时出于政治上的考虑，封立了对汉朝比较恭顺的无诸孙繇君丑为闽越繇王，继闽越国祀。后来，不得已又分封了大权在握的余善为“东越王”，造成了闽越国中两王并存的特殊政治格局，为以后的分而治之及闽越国的分化瓦解，设下了政治伏笔。

从建元六年（前135年）至元鼎五年（前112年）的20余年中，闽越国无论是东越王还是越繇王，都在表面上未有重大的反汉、抗汉活动，但暗中仍与周邻一些心怀叵测的诸侯王国来往密切，依然是这些王国所恃仗的外部势力。直至元鼎五年（前112年），汉王朝发大军平南越国的叛乱时，东越王余善表面上要求派8000军队助汉击南越，实则深知唇亡齿寒的道理，找借口在南越国边邑地带按兵不动，坐观成败，同时还暗中交往南越国。汉灭南越，楼船将军杨仆上书请求讨伐闽越，武帝因士卒劳倦，暂时不准，命楼船军于边境屯兵待命。东越王余善感觉事情不妙，遂发兵造反，自立为“武帝”，派兵进攻汉边境驻屯的楼船军。汉武帝于是下令发四路大军围剿闽越。东越王余善抗汉的军事行动先胜后败，闽越国内乱纷起，越衍侯吴阳起兵从汉，繇王居股与建成侯敖及吴阳等联合杀了余善，率国投降汉军。汉武帝为了杜绝闽越人今后可能的叛乱，采取了非常手段，命占领闽越国的汉军将闽越国民皆迁于江淮地区安置，使闽越地成为一片废墟。始封于汉高祖五年（前202年）的闽越国，割据92年后，于汉武帝元封元年（前110年）灭亡。

第二节　对中原先进文化的吸收和引进

闽越国除汉初外，尽管长期与西汉中央王朝的政治关系不好，处于割据一方的局面，但并没有影响其对中原汉文化的学习和吸收，尤其对中原王朝的政治制度、城邑建设、农业、手工业生产方式、文字和艺术的学习效仿，以及对中原器具方物的输入和商品贸易往来。

一、闽越国效法中原王朝的政治制度

首先，闽越国在官制等政治制度上是效法中原的周秦汉朝制度。从《史记》《汉书》的本传记载中，可知当时王国中有“相”“将”等官职的设置，在王国内亦有封侯，如“越衍侯”“建成侯”等。同时还有临时或专门的封号，如同汉王朝为灭越而专封的“伏波将军”“横海将军”等相类似的“徇北将军”“吞汉将军”等。东越王余善在反汉时还一如南越王赵佗，刻“武帝玺”僭称武帝。此外，《汉书·西南夷两粤朝鲜传》中记载的“西于王”，很可能是余善称帝后封的侯王，或者闽越国在国王之下还有低一级的封王。如南越王之下还有“苍梧王赵光”等封王。① 文献还记载闽越“三王之众相与攻之”②，有可能亦是闽越王属下的封王。

在武夷山城村汉城（东越王城）遗址出土的陶器戳记文字有“官黄”“官径”“官长”“官仪”等反映王国官署、工官中属吏印章，内容形式都类同于秦都咸阳、临潼始皇陵的砖瓦和兵马俑上的“宫屯”“宫疆”“宫系”“宫颇”等印章戳记。③ 尽管闽越国的官制中可能还存在着少数例外的情况④，但绝大多数情况都能在中原王朝的制度中找到原型。

二、闽越国城邑和宫室建设仿效中原王朝

闽越国的城邑建设和宫室制度，亦仿效中原制度。如闽越国城邑的典型代表——武夷山城村汉城（东越王城）遗址，从城建思想体系到选择位置地势、城市的平面布局和结构以及礼制观念等，都深受中原城邑文化的影响。

---

① 《史记·南越列传》，中华书局点校本，1982 年，第 2977 页。《汉书·西南夷两粤朝鲜传》，中华书局点校本，1962 年，第 3858 页。

② 《汉书·严助传》，中华书局点校本，1962 年，第 2775 页。

③ 刘占成：《秦兵马俑陶文浅析》，载《中国考古学研究论集》，三秦出版社，1987 年。

④ 如出土印文“乾官”，不见于史、汉文献及《汉书·百官公卿表》中，可能是闽越自设的一种职官。参见《闽越国文化》第十三章，第 397 页。

闽越的宫室、官署建筑群遗址，也在建筑构思、形制结构以及建筑技术手法等方面，显示出秦汉宫室制度的深刻烙印。① 此外，闽越的宗庙、祭坛这类重要礼祀建筑，从内部结构和外在形式上的表现，也大都符合中原夏商周至秦汉礼制和文化传统，其追仿中原文化制度的脉络相当清晰。②

三、建筑材料的生产和制作师法中原王朝

在建筑材料的生产和制作方面，追仿秦汉和师法中原情形更是有目共睹。闽越国建筑中的陶质建材无论是砖、瓦还是水管、井甃，皆源于中原内地或在中原地区可以找到相同的原型。③ 并且这些陶质建材的制作手法和使用情况，也类同中原。

四、学习和接受中原文字

闽越国通行秦汉文字。从《史记》《汉书》记载来看，闽越国是流行与中原内地相同的文字文化。如文献中记录的闽越人上自国王，下至属官将吏都是汉文名字，封号也都是汉文名号。④ 在闽越国的城邑宫室遗址，无论是武夷山城村东越王城，还是浦城锦城村的官署建筑遗址，或是福州屏山、冶山东冶都宫室遗址，所出的瓦当文字均为汉字⑤；武夷山城村东越王城出土的陶器印文、刻划文字以及封泥文字，也都是中原地区流行的汉字。在中原地区秦及汉初遗址中出土的文字及印章中，大都可找到类同或相同的例证。并且闽越国出土文字的字体结构和演变状况，也符合中原地区的

---

① 杨琮：《崇安汉代闽越国故城布局结构的探讨》，载《文博》1992 年第 3 期。参见《闽越国文化》第五章，第 135 页。

② 杨琮：《崇安汉城北岗遗址性质和定名的研究》，载《考古》1993 年第 12 期。参见《闽越国文化》第十一章，第 336 页。

③ 杨琮：《福建崇安汉代城址出土的建筑材料》，载《文博》1990 年第 1 期；《崇安汉城出土瓦当的研究》，载《文物》1992 年第 8 期。

④ 参见《史记·东越列传》《汉书·西南夷两粤朝鲜传》。这里指的汉字，是中原东周秦汉以来流行的文字，并非专指汉朝建立后的文字。以下皆如此。不另作注明。

⑤ 武夷山东越王城遗址的瓦材的极少数戳印和福州东冶都的瓦材上的大部分戳印则可能不是汉字。

年代发展序列和时代步伐。①

五、铜、铁器文化受中原影响

在闽越国东越王城遗址中所出土的铁器和铜器，器形多见与中原地区相同或相似者，证明其受中原铁器和铜器文化的深刻影响。其中大部分铁器是仿中原铁器的样式在当地制造的（铸造锻造皆有），也不排除从中原地区输入部分铁器的可能性。其中一部分极富地方特色的器物，也是在中原铁器文化及其制造技术的影响下，自己创制的品种。② 闽越国铜器目前发现的虽然不多，但情形更为明显，大部分器物可在中原内地找到相类的器形或见其渊源，推测有相当部分为输入品。少数具有地方特色的“越式”器，也隐约可见中原青铜文化的影响。③

六、不断输入中原先进兵器和物品

闽越国通过与中原地区的交往，以贸易交换或馈赠等手段和方式，输入了不少中原生产的重要器具。其中，河内郡工官作坊生产的青铜兵器——弩机，是最明确、最典型的例证。武夷山城村（东越王城）遗址的历次发掘，在不同遗址中，都曾出土有錾刻“河内工官”铭文的弩机铜机件④。它们都是汉朝设于河内郡怀县（今河南武陟）的工官制造的弩机，刻铭编号从“三百十丁”到“千四百五十八丁”，“二千二百四十甲”到

① 杨琮：《福建崇安城村古城遗址出土文字及考释》，载《东南文化》1993 年第 1 期。参见《闽越国文化》第十二章。

② 杨琮：《武夷山闽越国故城出土铁器的初步研究》，见《福建历史文化与博物馆学研究》，福建教育出版社，1993 年。参见《闽越国文化》第九章。

③ 杨琮：《福建崇安汉城出土的青铜器及有关问题》，《华夏考古》1991 年第 2 期。参见《闽越国文化》第八章。

④ 福建省文物管理委员会：《福建崇安城村汉城遗址试掘》，载《考古》1960 年第 10 期。福建省博物馆：《崇安城村汉城探掘简报》，载《文物》1985 年第 11 期。福建省博物馆、厦门大学人类学系考古专业：《崇安汉城北岗一号建筑遗址》，载《考古学报》1990 年第 3 期。《崇安汉城北岗二号建筑遗址》，载《文物》1992 年第 8 期。上述每篇简报中，都可见“河内工官”弩机的发现和报道。

“四千五百四十四甲”，以及其他诸如“二千二百四十二丙”“□千……”等编号情况，证实闽越国曾在不同的时间，先后不断地输入过汉朝河内郡工官制造的弩机，有时甚至是成批输入的。尽管目前尚不清楚这种重要武器是通过怎样的渠道输入，但足以证明闽越国与中原地区始终存在着较为密切的往来和交流关系。同时，闽越城址中还出土有其他不见刻铭的弩机铜机件，也应当是中原输入品。此外，史籍亦记载闽越还通过馈赠方式得到过内地的“锦帛奇珍”。①

七、与中原地区人员的交流

福建闽侯庄边山秦代楚人官吏墓葬的发现，也是内地楚人进入闽越地区的证明。② 这种事例虽然不多见，时间也短暂，但反映了秦王朝对闽中地的管理和当时楚（汉）、越文化的碰撞和交流。吴国太子刘子驹避难闽越国至终老，入闽也会带有随从和卫士；越衍侯吴阳等也曾在汉朝居留过。③ 中原王朝、内地诸侯与闽越国不乏人员交往。

综上所述，闽越国文化在许多重要方面深受中原文化的影响。中原秦汉文化的传播和闽越人对中原文化的广泛接受，极大地促进了闽越文化的发展和提高，从而使闽越国文化与先秦时期的闽越文化有了质的区别，发生了深刻的变化，使闽越族历史文化发展到了最高峰。

第三节　闽越文化对中央王朝的影响

在中原文化与闽越文化的交流中，汉王朝也在某些方面受到闽越文化的影响。

---

① 《汉书·景十三王传》，中华书局点校本，1962 年，第 2417 页。

② 林公务：《福建闽侯庄边山的古墓群》，载《东南文化》1991 年第 1 期。关于这批墓葬的主人（楚人）在什么时间，以什么身份和方式进入并定居于闽越地，笔者认为这批人是秦王朝平定闽越设立闽中郡时来自楚地的管理者。

③ 参见《史记·东越列传》《汉书·西南夷两粤朝鲜传》。

一、闽越人的鬼神信仰及巫术对汉王朝统治者的影响

汉武帝时崇奉的诸神中，就有闽越之神“武夷君”，并用乾鱼来祭祀“武夷君”。《史记》《汉书》文献均有确载。①

《史记》《汉书》都记录汉武帝灭两越后，听信越人勇之所谓越人俗鬼、东瓯王信鬼而长寿百六十岁的进言，在汉朝建立了越祝祠，并引用了越人的鸡卜之术。在汉地，越祠及鸡卜术自此开始，闽越等越族文化习俗在中原地区产生了一定的影响。《汉书・地理志》记载了属于汉朝畿辅之地的左冯翊辖内的“云阳。有休屠、金人及径路神祠三所，越巫𩾃鄜祠三所”。颜师古注引孟康曰：“𩾃音辜磔之辜，越人祠也。”《汉书・地理志》的记载系据平帝年间的版籍，这就反映了始自汉武帝的越祠建置和祭祀，一直延续到西汉末期。后来，越人勇之又向汉武帝进言：“越俗有火灾，复起屋，必以大，用胜服之。”武帝信从了勇之进言，“于是作建章宫，度为千门万户，前殿度高‘未央’”②。这也是越俗对汉朝的影响之一。

二、“干栏”式宫殿建筑对中原王朝宫殿的影响

在汉长安城发现的未央宫第四号建筑遗址，其中的房屋建筑均铺置了地板。遗址发掘报告认为这在汉代宫殿建筑中还是极为少见的。③ 在未央宫的第四号建筑遗址中，房屋 F7 的底部较密集地排列着网状分布的础石，为南北向排列的有 5 排，东西向排列的有 4 排。东西向排列的础石，排距为 1.9 米；南北向排列的础石，排距不等，分别为 1.7 米、1.9 米、2.1 米、1.2 米。这种结构与武夷山城村（东越王城）中马道岗大房屋、下寺岗建筑及高胡坪甲组建筑主、侧殿中，底部密排础石的结构相同。④ 另外，未央

---

① 《史记・封禅书》，中华书局点校本，1982 年。《汉书・郊祀志》，中华书局点校本，1962 年，第 1218 页。

② 《史记・孝武本纪》，中华书局点校本，1982 年，第 482 页。

③ 中国社会科学院考古研究所汉城工作队：《汉长安城未央宫第四号建筑遗址发掘简报》，载《考古》1993 年第 11 期。

④ 福建省文物管理委员会：《福建崇安城村汉城遗址试掘》，载《考古》1960 年第 10 期。福建博物院、福建闽越王城博物馆编：《武夷山城村汉城遗址发掘报告 1980—1996》，福建人民出版社，2004 年，第 54—98 页。

宫第四号建筑遗址房屋 F4、F5 中，亦置有网状分布的垫石和砖垛，也是支架枋木铺设地板的遗迹。① 这些建筑手法与闽越国建筑遗址相同。由于这种类似低矮“干栏”的建筑方式，在汉长安城的汉代宫殿建筑中极少见，迄今仅见于未央宫第四号建筑遗址中，它不是中原建筑中的传统，而明确是南方越人建筑文化的传统。并且，未央宫第四号建筑的年代下限为王莽新朝灭亡之时，晚于城村东越王城诸宫室遗址。② 因此，推测是受到越人宫室房屋建筑的影响，东越王城遗址中相同的遗迹有可能是其原型。

在陕西临潼秦始皇陵园区的官署建筑中，亦发现一例地面铺地板的情况。③ 但结构和手法与汉长安城未央宫第四号建筑遗址不同，因此不大可能是其原型，也看不出有直接的传承关系。而秦始皇陵园区官署建筑中这种铺地板的建筑方式，在先秦及秦朝建筑中也是罕见的例子，它亦非秦文化传统，大概是受外来建筑文化的影响，其铺设地板的方式与东越王城外北岗一号（宗庙）建筑殿堂内房屋铺地板的情形④有相近之处。至于秦始皇陵园区官署建筑中铺地板的手法是否受南方越族建筑的影响，推测可能性很大。鉴于目前出土资料尚少，还有待于今后更多实物的发现和进一步的研究来证明。

---

① 中国社会科学院考古研究所汉城工作队：《汉长安城未央宫第四号建筑遗址发掘简报》，载《考古》1993 年第 11 期。

② 中国社会科学院考古研究所汉城工作队：《汉长安城未央宫第四号建筑遗址发掘简报》，载《考古》1993 年第 11 期。

③ 石兴邦：《秦代都城和陵墓的建制及其相关的历史意义》，见《秦文化论丛》，西北大学出版社，1994 年。

④ 福建省博物馆、厦门大学人类学系考古专业：《崇安汉城北岗一号建筑遗址》，载《考古学报》1990 年第 3 期。

第二十一章　与周邻诸国的关系及文化交流

第一节　与东海（东瓯）国的关系

东海国亦称东瓯国，也是闽越族建立的地方政权。东瓯开国之王为闽越君摇，他与闽越国王无诸都是故越王句践后裔，在战国后期即已分别称王、称君。秦始皇南平百越，在闽越地置闽中郡，将他们皆废为“君长”。秦末大起义，两人均率闽越兵响应，并归附鄱君吴芮，与诸侯共灭秦朝。在楚汉战争中，又都附汉击楚。汉高祖五年（前202年），刘邦灭项羽即皇帝位，封无诸为闽越王，王闽中故地。摇未得封。刘邦死后，惠帝三年（前192年），无诸去世，子嗣继闽越王位。汉廷从分封有利于其统治着眼，“举高帝时越功，曰闽君摇功多，其民便附”，于是又分封摇为东海王，建都于东瓯，世俗号为东瓯王。① 闽越国于是被一分为二，成为闽越、东瓯两国。闽越国疆域较大，领有今福建和江西东部一隅，以闽江流域为中心地区。东瓯国较小，领有浙南地区，以灵江、瓯江流域为中心。王都东瓯应是地名，建在今温州。关于东瓯国国都的地望和遗迹，《史记集解》引徐广曰：“今之永宁也。”《史记索隐》也引韦昭曰：“今永宁。”姚氏云：“瓯，水名。”《永嘉记》：“水出永宁山，行三十余里，去郡城五里入江。昔有东瓯王都城，有亭，积石为道，今犹在也。”考古发现的城址有两处：一处是

① 《史记·东越列传》，中华书局点校本，1982年，第2979页。

温岭大唐岭的所谓“徐偃王”故城。故城有夯筑墙垣残存，城址中有东周至汉代陶片，还有汉陶水管道。此地原属黄岩，地当汉之永宁，被认为可能系东瓯都城遗址。① 另一处在台州章安镇灵江口北岸，也有汉瓦堆积。还在丽水、温州地区发现零星汉代陶器出土。②

关于闽越与东瓯是同族还是不同族，学术界意见尚有分歧。有将东瓯视为百越中独立一支的观点。③ 笔者认为东瓯、闽越为同族。《山海经·海内南经》说：“瓯居海中。”郭璞注：“今临海永宁县，即东瓯，在岐海中。”《史记·东越列传》记述：“孝惠三年，举高帝时越功，曰闽君摇功多，其民便附，乃立摇为东海王，都东瓯，世俗号为东瓯王。”从这些记载可确知东瓯只是地名。《逸周书·王会解》把“东越”和“瓯人”并提，实是一回事。汉代对东海国或称“东瓯”，或称“东越”。《史记》《汉书》记载东瓯亦闽越，司马迁将其合指“东越”，一并立传。班固在《汉书》中沿袭不改，同置《西南夷两粤朝鲜传》中记录，可证他们是同族。东瓯王在封立之前曾是“闽越君”，东瓯、闽越两国疆域均属秦闽中郡辖地。《史记·越王句践世家》记载：越国为楚所败，王无彊被杀后，“而越以此散，诸族子争立，或为王，或为君，滨于江南海上，服朝于楚。后七世，至闽君摇，佐诸侯平秦。汉高帝复以摇为越王，以奉越后。东越、闽君，皆其后也”。

从考古资料看，从夏代起，浙南与福建北部、中部等地区的地方文化面貌相同，即以彩陶、黑衣、红（赭）衣陶器为特征的考古学文化的面貌一致，甚至连各类器形都相同。石器的种类和形制也相同，已形成了同一的文化区。这种情况一直延续到汉代④，浙南出土战国秦汉的陶器与福建同时期的闽越国陶器相类同。典型材料如浙南瑞安莘塍下山根出土的陶罐、钵、瓮及匏壶等⑤，器形完整，应为东瓯墓葬随葬品，与福建地区闽越国墓

---

① 金祖明：《关于东海王国故址的探讨》，载《台州史学》1981 年第 1 期。

② 黄展岳：《闽越、南越和夷洲的比较研究》，载《福建文博》1990 年增刊（总第十六期）。

③ 蒋炳钊、吴绵吉、辛土成编著：《百越民族文化》，学林出版社，1988 年。

④ 参见《闽越国文化》第三章。

⑤ 董楚平、俞天舒：《瑞安上古文化及其与闽台的关系》，1989 年 8 月，闽台古代文化学术讨论会论文。

葬随葬品类同。甚至在隶属台州的温岭市，也发现了西汉前期东瓯国的一座城邑①和塘山一号大墓②。塘山一号大墓虽然在古代同样遭到盗掘，但是残存的许多陶器和个别玉器，与福建闽越国的器物完全相同。反映出地下出土的文物资料与《史记》《汉书》记载一致。

虽然东瓯、闽越人民为同族，国王为同宗，但政治关系并不和睦。在东瓯王国建立至灭亡的54年中，《史记》《汉书》对它与闽越国的政治关系，仅提到两件大事：一件是汉景帝前三年（前154年），吴、楚七国之乱时，吴王濞遣使请与其关系密切的东瓯、闽越出兵，“闽越未肯行，独东瓯从吴”。后来七国叛乱失败，吴王濞退守丹徒，当时驻扎在丹徒的东瓯兵“可万余人”。但“东瓯受汉购”，为了保全自己，杀吴王于丹徒，于是得到汉廷的赦免。而吴王太子刘子驹则逃亡到闽越国，为闽越王收留。《史记·东越列传》记载：“吴王子子驹亡走闽越，怨东瓯杀其父，常劝闽越击东瓯。”《汉书·荆燕吴传》也记述了“吴王太子驹亡走闽越”的事情。另一件事是《史记》《汉书》记录：“至建元三年，闽越发兵围东瓯。”由于闽越国与东瓯国的关系始终不好③，所以刘子驹才能最后说动闽越国对东瓯发动战争。如果仅仅是为了替吴王子刘子驹报父仇而出兵东瓯，那么绝不可能从汉景帝前元三年（前154年）拖延至汉武帝建元三年（前138年）才出兵，可见闽越国出兵的主要原因还是同东瓯政治关系的长期紧张，以及想吞并东瓯。当时汉武帝刚即位不久，面对“闽越发兵围东瓯。东瓯食尽，困，且降，乃使人告急天子”④ 的这种情况，朝中大臣对于要不要发兵救东瓯意见不一。太尉田蚡反对汉廷出兵，说：“越人相攻击，固其常，又数反复，不足以烦中国往救也。”中大夫严助力主出兵救东瓯，并指出：“今小国以穷困来告急天子，天子弗振，彼当安所告诉？又何以子万国乎？”⑤ 汉武帝

① 浙江省文物考古研究所、温岭市文化广电新闻出版局：《浙江温岭大溪古城遗址的调查与试掘》，载《东南文化》2008年第2期。

② 浙江省文物考古研究所编著：《浙江越墓》，科学出版社，2009年，第169—204页。

③ 当然这种关系不好主要指统治者，非指人民。

④ 《史记·东越列传》，中华书局点校本，1982年，第2980页。

⑤ 《史记·东越列传》，中华书局点校本，1982年，第2980页。

同意了严助的意见，派他发兵会稽救东瓯。闽越得知汉军来救，为了免遭内外夹击、腹背受敌，于是引兵撤回。汉朝廷虽出兵为东瓯国解了围，但东瓯王大概考虑到终究会被闽越国吞并，因而“请举国徙中国，乃悉举众来，处江淮之间”①。

东瓯举国迁内地后，其故地遂空墟。汉朝未在其地设郡县，肯定是弃之不管了。因此，闽越国必然进占其国。《汉书·严助传》中指闽越王“离其亲戚……并兼邻国”，应是指此事件，或此事件也为其中之一。

《史记集解》徐广曰：“《年表》云东瓯王广武侯望，率其众四万余人来降，家庐江郡。”《索隐》说：“徐广据年表而为说。”既然在建元三年（前138年），受闽越国逼迫，不得已而降汉迁众于内地的东瓯王名为“望”，说明在此之前东瓯王摇已去世②，子嗣望已继承王位。至于摇于何时去世，由于文献无证，已不可确考。但元封二年时（前109年），越人勇之向汉武帝进言说“昔东瓯王信鬼，寿百六十岁”③，其所指“东瓯王”当为摇。因为东瓯王国的始封王为摇，并且他已于武帝建元三年（前138年）以前或更早的时候去世。勇之说东瓯王由于信鬼而活了160岁，未必尽然，不排除有夸张的可能性，但足以表明当时东瓯王是很长寿的，活百余岁的可能性很大，否则汉武帝怎么会相信勇之的话？再者，勇之也不敢在武帝面前撒弥天大谎。据《史记》《汉书》记载及有关专家的研究考证，南越王赵佗活了100多岁。④越人勇之不言南越王赵佗长寿，而例举东瓯王，除其可能系闽越人外，东瓯王长寿于赵佗也应属实。赵佗于建元四年去世，《史记》《汉书》记载确凿。⑤东瓯王长寿于赵佗，却早于赵佗去世，可证其远年长于赵佗。这也兼证了闽越王无诸远年长于赵佗，无诸于汉初惠帝三年（前192年）去世的推断，更是顺理成章。有的学者据《史记》《汉

① 《史记·东越列传》，中华书局点校本，1982年，第2980页。

② 《史记》《汉书》中，对东瓯王摇何时去世以及子嗣继王位的情况均缺载。

③ 《史记·封禅书》，中华书局点校本，1982年，第1355页。

④ 广州市文物管理委员会等：《西汉南越王墓》上册，文物出版社，1991年，第319—325页。

⑤ 《史记·南越列传》，中华书局点校本，1982年，第2970页。

书》记载指出："但至摇而后，数传而不得其名。"① 虽然认识到《史记》《汉书》的《东越列传》《西南夷两粤朝鲜传》中在惠帝三年立摇为王后所记的"后数世"，系指东越（闽越）的世系，但东瓯王非常长寿，不可能在惠帝三年初立至景帝前元三年（前 154 年）的 38 年中，传王位数世。因此，这个"后数世"的世系就不可能是东瓯，只能是闽越国世系无疑。这也与笔者前面的考证相符。②

第二节　与南越国的关系及文化交流

一、闽越与南越的政治关系

南越和闽越，是秦末汉初建立于我国岭南和东南沿海地区的两个势力较强的王国政权。汉朝常将两国并提为"两越"，或称"东、南两越"。

实际上，南越国是中原人在岭南越人地区建立的一个以中原人为主的联合政权。具体地说是秦将赵佗建立的以秦戍岭南兵卒、入越中原人和臣服的越人为基础的王国政权。这与闽越国皆为故越人、闽越人，以及王国统治者为故越王后裔的情况不同。南越国的统治者能够入越随俗，倡导汉、越通婚，注重民族团结和睦相处，实行"和集百越"的政策，因而使南越国在 93 年的割据期间，政治、经济和文化等方面都有重大的发展和进步。随着入越汉人在当地逐渐地适应，民族文化的进一步融合，越人对政权的积极参与，到王国后期，政权重心日益向越人倾斜，当地的越人几乎实际执掌了南越国的军政大权。

当时的南越国，除了秦戍岭南的官吏兵卒、迁入的中原罪人和当地的南越（扬越）人外，还包括有役属的西瓯、骆越人民，形成了地跨今天两

① 曾凡：《从考古发现谈福建史前社会的发展问题》，见《福建历史文化与博物馆学研究》，福建教育出版社，1993 年。

② 见本书第四章第二节。

广等省区及越南北部的庞大王国，疆域“东西万余里”。南越国东境与闽越国连接，闽越是其东邻。但在《史记》《汉书》等文献记载中，对两国的政治联系交代不多，可知两国的政治交往并不十分密切。从有限的记述来看，两国统治集团关系不佳。据《史记》的《南越列传》《东越列传》以及《汉书》的《西南夷两粤朝鲜传》记录，闽越国与南越国在初期至晚期有过3次较重要的政治交往、碰撞。

首次在吕后时期，汉朝禁南越的关市铁器，赵佗认为是由于长沙王的离间，于是自尊“南武帝”，发兵攻长沙国边邑，败长沙国数县。吕后发兵击南越，因气候暑湿，士卒大疫，兵不能过五岭作战。吕后死，汉军罢兵。南越自以为得势，“佗因此以兵威边，财物赂遗闽越、西瓯、骆，役属焉，东西万余里”。① 这时的南越国拥有秦戍卒几十万，军事力量处于最强盛时期。闽越参与多年的中原作战，国家受重创，经济凋敝，需要休养生息，加之开国王无诸已去世，继位的闽越王不敢与南越抗衡。面对南越的软硬兼施、恩威并用，且施与财物收买的外交手段，闽越国采取了退让的政策。实际上，闽越并未像西瓯、骆越那样完全隶属于南越国。文帝继位，从有利于社会安定方面着想，安抚赵佗。从赵佗上文帝书中借口“南方卑湿，蛮夷中西有西瓯，其众半羸，南面称王；东有闽粤，其众数千人，亦称王；西北有长沙，其半蛮夷，亦称王”，② 所以要称帝的自娱言辞来看，也可知闽越国仍与长沙国一样，还处于独立的状况中。“其众数千人”只是一句认为闽越人少力薄的贬语。关于南越王赵佗以兵在边境威胁，赂遗财物使闽越役属的政治事件，《史记》《汉书》的《东越列传》《西南夷两粤朝鲜传》中均未记录，可见对闽越来说不属于重大历史事件，并没有影响闽越国社会政治的发展进程。

《史记》《汉书》中，不见此后相当长一段时间南越与闽越政治往来的记录。不过，随着时间的推移，两国的政治、军事实力有了不同的消长。

① 《史记·南越列传》，中华书局点校本，1982年，第2969页。

② 《史记·南越列传》，中华书局点校本，1982年，第2970页。

第二次是在武帝建元六年（前135年），即赵佗死后其孙赵胡（眛）[1]即王位的第三年，闽越王在兼并了东瓯国领地之后，又举兵击南越。《史记·东越列传》载："至建元六年，闽越击南越。南越守天子约，不敢擅发兵击而以闻。"《南越列传》亦云："此时闽越王郢兴兵击南越边邑，胡使人上书曰：'两越俱为藩臣，毋得擅兴兵相攻击。今闽越兴兵侵臣，臣不敢兴兵，唯天子诏之。'于是天子多南越义，守职约，为兴师，遣两将军往讨闽越。"汉"兵未逾岭，闽越王郢发兵距险"。由于闽越王弟余善联合大臣、宗族刺杀其王兄，奉其头向汉朝谢罪，汉廷才撤回了进攻的大军。南越王为了答谢汉廷的救援，遣太子婴齐入汉朝为质。

第三次是在武帝元鼎五年（前112年），南越相吕嘉杀王及汉使者叛乱，汉廷发10万大军击南越时，东越王余善上书请求以卒8000人从楼船将军击吕嘉。但闽越军至南越揭阳，便以海上风波为借口，按兵不进。这并非闽越与南越两国统治者相善，而是东越王余善不可能不懂"唇亡齿寒"的道理，汉廷一旦消灭南越，那么闽越则难以独存。结果汉灭南越后果然移师闽越边境。"是时楼船将军杨仆使使上书，愿便引兵击东越"[2]。

《史记》《汉书》记录的闽越与南越之间的3次历史事件，反映出两国的政治关系和军事实力的此消彼长的状况。西汉早期，南越国势强盛，赵佗僭称"武帝"，自称："老夫身定百邑之地，东西南北数千万里，带甲百万有余。"[3] 但他在以兵威边的同时，亦以财物赂遗闽越，使闽越暂时"役属"之。但《史记·东越列传》和《汉书·西南夷两粤朝鲜传》中均不见南越侵边的记录，也没有闽越臣属南越的记载。到了汉武帝即位初期（刚进入西汉中期），闽越国国力增强，便发兵攻打南越国边邑。这件事对闽越和南越都是重大的历史事件，也是当时汉王朝的大事之一。《史记》《汉书》中的南越传和闽粤传，都有相当篇幅的记载。《汉书·武帝纪》也有专门记录。有人认为，对于闽越的侵犯，"按照南越国当时的国势，本来是可

① 《史记》《汉书》记载南越第二代王为赵佗孙赵胡。但广州象岗南越王墓则出土赵眛印及封泥。发掘者认为第二代南越王名叫赵眛。见《西汉南越王墓》，文物出版社，1991年。

② 《史记·东越列传》，中华书局点校本，1982年，第2982页。

③ 《汉书·西南夷两粤朝鲜传》，中华书局点校本，1962年，第3852页。

以给予迎头痛击的。但继位的第二代南越王赵胡，并不急于出兵还击，而是想借助汉中央的力量来加以约束”。[①] 此说前句并不尽然。当时的闽越，国强兵悍，于建元三年（前138年）围困东瓯，迫其内迁后吞并其地；派兵袭烧泊于寻阳长江上的汉军楼船，“又数举兵侵陵百越，并兼邻国，以为暴强”，挟得胜之师威，“率两国击南越”，兵锋甚锐。南越不可能不清楚当时的形势，贸然发兵迎击闽越，如果战败，势必危及国家社稷，因此，才上书请汉朝廷出面制止。汉朝发兵制止闽越后，“天子使莊（严）助往谕意南越王，胡顿首曰：‘天子乃为臣兴兵讨闽越，死无以报德！’遣太子婴齐入宿卫。谓助曰：‘国新被寇，使者行矣。胡方日夜装入见天子。’”[②]《汉书·司马相如传》：汉“移师东指，闽越相诛；右吊番禺，太子入朝”。颜师古注曰：“南越为东越所伐，汉发兵救之，南越蒙天子德惠，故遣太子入朝……。”可见汉朝为救南越而出兵击闽越，对南越国来说是一件极重要的政治大事。即便请汉廷出兵制止，南越也因此要付出很大的代价，亦严重地削弱了南越政权势力。因此《史记·南越列传》中，太史公针对此事件说：“瓯骆相攻，南越动摇，汉兵临境，婴齐入朝。”其“瓯骆”即指“闽越”。对此，笔者曾有专文论证。[③] 后发现清人梁玉绳在《史记志疑》中也曾有相似的看法，其文引《古今注》曰：“此误也，当云：‘东闽兴兵，南越动摇。’”[④] 总之，闽越发兵攻南越的历史事件，动摇了南越国政权原先的根基。《汉书·严助传》说汉军伐闽越救南越“此一举，不挫一兵之锋，不用一卒之死，而闽王伏辜，南越被泽，威震暴王，义存危国，此则陛下深计远虑之所出也”，可见汉朝认为出兵是救了这个危国——南越。《汉书·终军传》也指出：“有司临境，而东瓯内附，闽王伏辜，南越赖救。”二十余年之后，“至元鼎五年，南越反，东越王余善上书，请以卒八千人从

---

① 余天炽等：《古南越国史》，广西人民出版社，1988年，第220页。

② 《史记·南越列传》，中华书局点校本，1982年，第2971页。《汉书·西南夷两粤朝鲜传》中，有个别字不同。

③ 杨琮：《“瓯骆相攻，南越动摇”文意辩析》，载《民族研究》1991年第5期。

④ （清）梁玉绳：《史记志疑》，中华书局，1981年。

楼船将军击吕嘉等”①，亦可见闽越对南越仍一向不和，耿耿于怀。同时也表明在军事上，闽越并不把南越放在眼中。后来闽越军停驻揭阳不进，阴使南越，搞两面手法的原因，也并非“害怕南越的打击……又想讨好南越”②，而是从唇亡齿寒的政治形势上来考虑的。当时，揭阳为南越国属县，由南越揭阳令史定治理。闽越兵进驻揭阳时，未遭到南越军队的抵抗，足见闽越军横行东南沿海、侵陵百越的强悍气势。连雄才大略的汉武帝也认为“闽越悍”，不是毫无根据的。

二、闽越国与南越国的文化交流

虽然闽越与南越的政治关系一向紧张，但在物质文化方面的交流和民间交往始终是十分密切的。

（一）两地陶器文化的关系

闽越与南越文化联系最密切的实物，反映在两国出土的陶器方面。迄今为止，发现于南越墓和南越遗址中的陶器数以万计，主要是储容器、炊煮器、日用器，也有少数模型器，器形有 50 多种。③ 南越国陶器组群的主要特点是中原（楚、汉）文化陶器和越文化陶器两类并存。前者是以中原汉墓中常见的鼎、盒、壶、钫为主，多属泥质软陶；后者是富有地方特色的“南越式”陶器，器形有瓮、罐、联罐、瓿、盒、联盒、盆、碗、钵、釜、匏壶、熏炉、提筒（篇）等，大都属泥质硬陶，或坚硬的釉陶器。其中后一类“南越式”陶器，与“闽越式”陶器风格十分接近，是目前已知与闽越文化最相近的越族地方文化。

“南越式”陶器与“闽越式”陶器，在陶质、造型、装饰及装烧手法和火候掌握方面，都基本类似。胎质都是以泥质硬陶为主，夹砂粗硬陶次之，后者主要见于釜、盆等饮食器。两地出土的泥质陶器中，也绝大多数

① 《史记·东越列传》，中华书局点校本，1982 年，第 2982 页。

② 余天炽等：《古南越国史》，广西人民出版社，1988 年，220—221 页。

③ 黄展岳、麦英豪：《南越国的考古发现和研究》，见《西汉南越王墓》，文物出版社，1991 年，第 326—358 页。

含有细砂粒。制坯时，两地都以轮制为主，少数大型器采取手制轮修法。两地的陶器烧制都是高火候的，陶质硬度很大，大多叩之声音清脆。且两地都采用了叠烧和仰烧的手法。在装饰方面，两地均以印纹和刻划纹为主。印纹中方格纹的应用很普遍，其次有绳纹或几何形戳印纹饰。刻划纹中，常见水波纹，其次为篦点纹、锯齿形纹、栉齿形纹、陶纹等。其中大多数器物是两种或几种刻纹配合施用，装饰花纹通常很细密繁缛。此外，两地都有少量的附加堆纹，熏炉上都以几何形镂孔纹为主。在两地陶器上还常见戳印文字，且都以印在器物肩部为主，少数印于腹部。在器形方面，两地相同或相似的器物十分普遍，特别是两地的瓮、平底瓿、小盒、匏壶、盆、盅（碗）、釜、盂、熏炉、提筒（筩）和各种器盖等，器形都十分相似。这除了两地陶器时代相同外，文化交流的密切是最主要的因素。

在两国的陶器文化中，还可看到一些明显受对方影响的现象。如在闽越国陶器中的一些陶瓮上及水管的内壁上，发现有拍印几何形戳印纹的情况，一般都以方格纹为底纹，其上有规律地分布着方框及内有“×”线所分的三角纹组成的几何纹样；有的则是一种圆圈形纹（图 21-1）。在闽越国陶器中，这种装饰花纹并不普遍，但很有特征。此种纹样在闽越传统文化中较少见①，但却是南越文化中的重要因素之一，在南越国陶器上这类几何形戳印纹饰普遍流行，并在花纹样式的变化上丰富多彩。有关学者研究认为南越国流行的以几何图案为特征的印纹硬陶，在长沙西汉墓和福建崇安城村汉城（东越王城）遗址都有出土，其制陶工艺应是受南越国的影响而在本地仿制的。②

此外，在武夷山城村汉城（东越王城）遗址中，亦出土了少量“南越式”陶器，如带盖、立口的Ⅰ型圈足罐（图 21-3:1、图 21-4）和侈口的Ⅲ

① 在福建的文物普查中，于闽北先秦（东周）时期的遗址出土陶片上，有时可见到这种几何形戳印纹样。

② 黄展岳、麦英豪：《南越国的考古发现和研究》，见《西汉南越王墓》，文物出版社，1991 年，第 348 页。

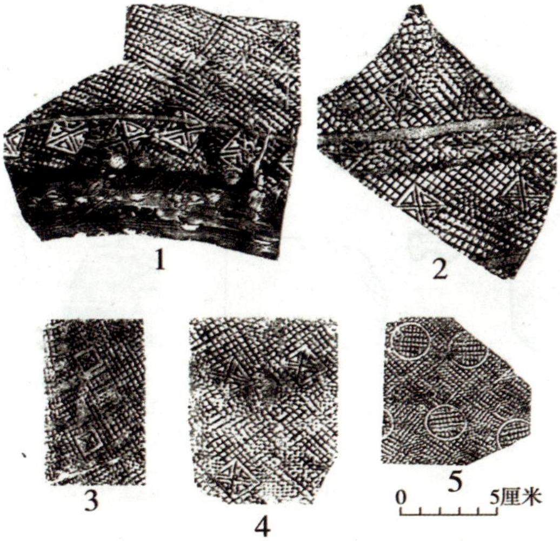

图 21-1　闽越国在早期陶器上的各种几何图形戳印纹（拓片）

型双耳罐（图 21-2、图 21-3：3）以及Ⅳ型瓿（图 21-5、图 21-8）等。① 这类陶器的器形在闽越国陶器组群中罕见，而与南越器完全相同，特别是器物附耳均为横式，与闽越国流行的竖式附耳风格有异，无疑为南越风格的器物，推测不是带入器就是仿制品。东越王城北岗建筑遗址中另有一件“凹”形纽的壶盖②（图 21-6、图 21-7），也不是闽越国特有的东西，但在南越国墓中常见③，也应是从南越国输入的器物或仿制品。

图 21-2　东越王城北岗建筑遗址出土的Ⅲ型陶罐（线图）

① 福建博物院、福建闽越王城博物馆编：《武夷山城村汉城遗址发掘报告 1980—1996》，福建人民出版社，2004 年，第 22 页图一二八；第 228 页图一三六：1。

② 福建博物院、福建闽越王城博物馆编：《武夷山城村汉城遗址发掘报告 1980—1996》，福建人民出版社，2004 年，第 274 页图一八二：1。

③ 广州市文物管理委员会等：《广州汉墓》，文物出版社，1981 年。

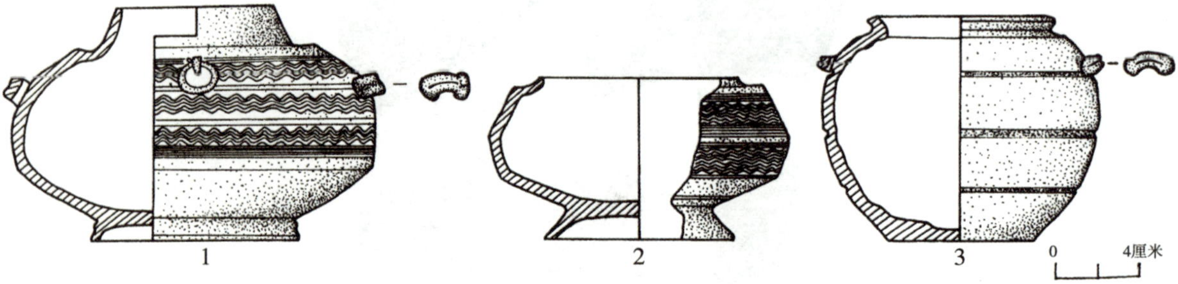

图 21-3　Ⅰ、Ⅱ型圈足罐和Ⅲ型陶罐（线图）

（采自《武夷山城村汉城遗址发掘报告 1980—1996》）

图 21-4　东越王城甲组建筑群遗址出土的Ⅰ型圈足罐

（采自《武夷山城村汉城遗址发掘报告 1980—1996》）

图 21-5　东越王城北岗建筑遗址出土的Ⅳ型陶瓿

图 21-6　Ⅸ型陶器盖

（采自《武夷山城村汉城遗址发掘报告 1980—1996》）

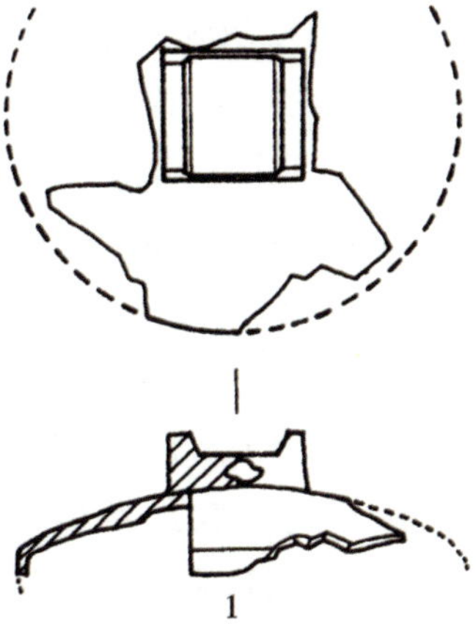
1

图 21-7　Ⅸ型陶器盖（线图）
（采自《武夷山城村汉城遗址发掘报告 1980—1996》）

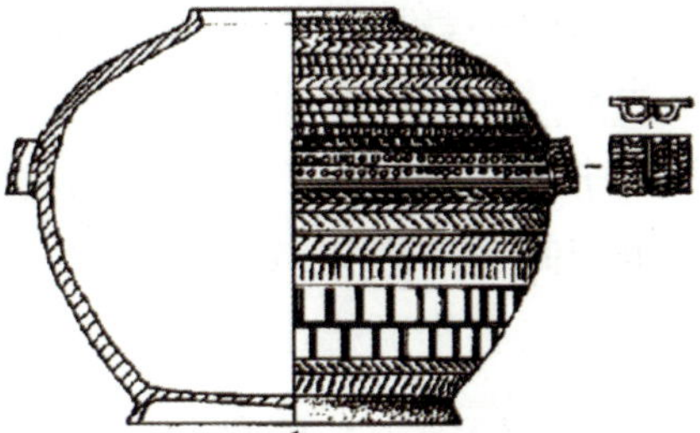
1

图 21-8　Ⅳ型瓿（线图）
（采自《武夷山城村汉城遗址发掘报告 1980—1996》）

在南越王墓中出土一种饰水波纹的陶钵①，这种钵在南越遗址、墓葬中极罕见，在广州所发现的 182 座南越国墓葬②和遗址③中，均未发现。在广西银山岭墓葬出土有钵④，但素面无纹，与这种饰水波纹者存异。此种陶钵，目前仅在广州南越王墓中出有两件。而在闽越国，这种钵则是一种习见的器物，各遗址、墓葬普遍发现，可说是闽越国文化中的代表性陶器之一。南越王墓中的陶钵，应是受闽越文化影响的产物。

（二）两地建筑文化的关系

关于南越国城邑建筑的考古资料，目前发现的还不多。1975 年，广州市中山四路西段发现和发掘了一处秦末汉初的“造船工场”遗址⑤，在其中发现了南越国宫殿的走道遗存⑥，出土了一批南越国时代的砖瓦、瓦当等

① 笔者在广州市南越王墓博物馆所见。参见《西汉南越王墓》，文物出版社，1991 年。
② 广州市文物管理委员会等：《广州汉墓》，文物出版社，1981 年。
③ 广州市文物管理处等：《广州秦汉造船工场遗址试掘》，载《文物》1977 年第 4 期。
④ 广西壮族自治区文物工作队：《平乐银山岭战国墓》，载《考古学报》1978 年第 2 期。
⑤ 广州市文物管理处等：《广州秦汉造船工场遗址试掘》，载《文物》1977 年第 4 期。学术界有争议。笔者也不认为是造船厂，认为还是南越王宫殿建筑基址。
⑥ 广州市文物管理处等：《广州秦汉造船工场遗址试掘》，载《文物》1977 年第 4 期。

建筑材料。1982 年又在广东五华狮雄山发现了南越国的建筑遗址，1984 年至 1990 年进行了发掘，出土了一批建筑材料①。在上述南越国宫署遗址出土的建筑材料，与闽越国宫室城址中出土的建筑材料有许多相同或类似处。

如广州南越国宫署的砖、瓦及瓦上文字戳印，都与闽越国的东越王城遗址、东冶都邑宫署的出土建材类似。其中南越的“万岁”瓦当亦与武夷山东越王城中的“万岁”瓦当，在布局和表现形式方面类似；南越的云树纹瓦当，也与闽越的云树纹瓦当风格一致，甚至有的在花纹的样式上几乎完全相同；广东五华狮雄山南越建筑遗址出土的云镞（树）纹瓦当亦如此。

狮雄山南越遗址中，高台和围墙的建筑技术手法，与闽越国建筑的技术手法完全一致，其“土筑的墙基，是利用原来的土层两侧挖低而成的”；“高台利用原生土层作台基”②，这种筑台基和墙基的方式，正是闽越国建筑文化中的重要特点，在东越王城高胡坪甲组建筑群遗址，北岗一、二号（庙坛）建筑遗址，以及福州屏山、冶山的建筑遗址中③，都可见这种建筑手法。这些都说明两地建筑技术有着密切的交流并相互影响。

在广州西汉后期墓出土的不少陶建筑模型中，可见那种干栏式的陶屋。④ 这种干栏式建筑是南越国文化的传统，反映出南越国时代的干栏式建筑的面貌。⑤ 闽越、南越建筑文化中，干栏式建筑特色也反映了两国建筑文化的密切关系。

（三）丧葬文化的关系

迄今为止，在两广地区不仅发现了大量的南越国王室贵胄、官僚和一般平民的墓葬，还发现了南越文王的墓葬。因而，南越国不同等级层次的丧葬规制，已相当清楚。其中除南越王墓系凿山为藏外，其余皆为土坑墓。需要说明的是，南越王墓也是在山顶挖下深坑，然后砌石室，最后用填土

---

① 广东省文物考古研究所等：《广东五华狮雄山汉代建筑遗址》，载《文物》1991 年第 11 期。

② 广东省文物考古研究所等：《广东五华狮雄山汉代建筑遗址》，载《文物》1991 年第 11 期。

③ 笔者通过对福州屏山建设银行闽越国建筑遗址的调查和观察，以及冶山闽越国建筑遗址的观察所了解的情况。

④ 广州市文物管理委员会等：《广州汉墓》，文物出版社，1981 年。

⑤ 黄展岳、麦英豪：《南越国的考古发现和研究》，见《西汉南越王墓》，文物出版社，1991 年，第 326—358 页，第十二章。

层层夯实。[①] 其余的南越土坑墓还可细分为：竖穴土坑墓、竖穴木椁墓、有墓道竖穴分室木椁墓及几座形制特殊的墓。[②] 其中在广西平乐银山岭及广州等地的南越国墓葬中，都发现有一种墓底铺河卵石层的竖穴土坑墓。这是一种典型的地方特征，也是南越、西瓯人的葬俗之一。

在闽越国墓葬中，这种墓底铺砌卵石的方式，也是一种重要的特色，是闽越国丧葬文化习俗之一，其渊源可上溯到西周时期。[③] 而南越国（包括西瓯）的这种墓底铺石的习俗，也可溯源于两广先秦时代的丧葬文化。尽管这种方式是两越共同的文化习俗之一，但两地如此近似的墓葬形式，也表明这一时期两地间物质文化交流频繁的状况和人民密切往来的程度。

另外，南越国墓葬中的竖穴土坑墓、竖穴木椁墓、有墓道竖穴分室木椁墓的几种形式，在近二十年来先后发现和发掘的闽越国不同规格的墓葬中，都有近似的情况。只是南越王墓这种形制，在福建目前还没有发现。这种形制的大型墓葬也不是故越国以及闽越的传统。

（四）文字印玺方面

南越与闽越在印章和文字方面，有许多相同、相似之处，有的表现手法甚至如出一辙。如在广州秦汉“造船工场”遗址南越宫殿遗存中，出土瓦材上有“卢”“宫”“公”等一字一印的瓦文[④]，与闽越国瓦文多见一字一印的情形类同。南越王墓出土的陶器印文和封泥也与闽越陶器印文和封泥表现相似。《史记》《汉书》记载南越王赵佗僭号“武帝”，其孙赵胡（眛）僭为“文帝”。[⑤] 在第二代南越王墓中已发现“文帝行玺”金印。[⑥] 这种手法是南越的特色，如南越王金印采用汉朝皇帝“行玺”的称谓，但

① 广州象岗汉墓发掘队：《西汉南越王墓发掘初步报告》，载《考古》1984 年第 3 期；《西汉南越王墓》，文物出版社，1991 年。

② 广州市文物管理委员会等：《广州汉墓》，文物出版社，1981 年。

③ 福建博物院、福建闽越王城博物馆：《福建浦城县管九村土墩墓群》，载《考古》2007 年第 7 期。

④ 广州市文物管理处等：《广州秦汉造船工场遗址试掘》，载《文物》1977 年第 4 期。

⑤ 《汉书·西南夷两粤朝鲜传》，中华书局点校本，1962 年，第 3854 页。

⑥ 广州象岗汉墓发掘队：《西汉南越王墓发掘初步报告》，载《考古》1984 年第 3 期；《西汉南越王墓》，文物出版社，1991 年。

印文不用“皇帝”而用“文帝”，这是一大区别。[①] 东越王余善在元鼎六年（前111年）反汉时，亦僭刻“武帝”玺自立为帝，其生前即自立为“武帝”，是效法南越王赵佗僭帝号。汉朝皇帝生前不称“×帝”，“×帝”的称谓是后代皇帝追赠先帝的庙号，如“文帝”“景帝”“武帝”皆如此。当时汉武帝不称“武帝”，所以南越王赵佗自称“武帝”在先，东越王余善自号“武帝”在后。而汉武帝是在死后，才被追赠为“武帝”的。

（五）其他方面的关系

除上述几个重要方面反映出闽越与南越文化交流的密切关系外，在两地出土的铁器中，斧、锄、凿、钩形器、三足釜架等不少器物形制也相同或近似。青铜器目前在闽越国遗址中出土不多，但其中的“越式鼎”，以及一些鎏金的盖弓帽、伞柄箍等物，在南越墓中常见相同、相似器形，很可能也反映出一种赂遗、馈赠或交换的关系。同时，在两地的商品经济中皆不见自铸的货币，两国也都是以物物交换为主要的贸易手段。总之，各个方面都体现出两国在社会经济、文化方面的密切联系和交流。[②]

第三节　与淮南、吴国等诸侯王国的关系往来

一、闽越与淮南国

汉高祖四年（前203年），刘邦立英布为淮南王，汉高祖十一年（前196年）英布反叛后战败而死。是年，刘邦立少子刘长为淮南王。汉文帝时，淮南王刘长欲谋乱，因而交好闽越国。《史记·孝文本纪》载：“六年，有司言淮南王长废先帝法……遣人使闽越及匈奴，发其兵，欲以危宗庙社稷。”《史记·淮南衡山列传》也说：“六年，令男子但等七十人与棘蒲侯

① 黄展岳：《西汉南越王墓》第十章“出土文字资料汇考”，文物出版社，1991年，第300—318页。

② 杨琮：《论西汉东、南两越考古学文化的关系》，载《东南文化》1990年第5期。

柴武太子奇谋，以辇车四十乘反谷口，令人使闽越、匈奴。事觉，治之，使使召淮南王。”同书还记“使开章阴告长，与谋使闽越及匈奴发其兵……”，从上述文献记录中，能看到西汉早期淮南国与闽越国关系亲善，来往密切，在其企图谋乱时，还依赖于闽越和匈奴的军事力量为外援。

淮南王刘长因谋乱罪被废，在流放中绝食而死。文帝于十六年（前 164 年），将刘长三个儿子刘安、刘勃、刘赐分别封为淮南王、衡山王、庐江王，将原淮南国领地一分为三。后至武帝时，淮南王刘安欲谋反，其臣伍被在谋划献策中，还有“东保会稽，南通劲越，屈强江淮间”的说法①，也是淮南国仍一直与闽越国关系不错的旁证。

二、闽越与吴国

吴国，汉高祖十二年（前 195 年）封，以其兄子刘濞为吴王。吴国为大诸侯国，领有三郡五十三城，主要为故吴、越地。吴王刘濞一贯与汉廷关系较疏，又欲谋反，因而始终与东瓯和闽越国关系亲善。

汉景帝前元三年（前 154 年），吴王刘濞勾结其他对汉廷不满的诸侯王，发动了“七国之乱”。在叛乱举兵之前，“南使闽越、东越（东瓯）”，联络邀请闽越、东瓯两国共同出兵，但“闽越未肯行，独东瓯从吴”②。后来七国的叛乱被汉朝击败，而“东瓯受汉购，杀吴王丹徒”，“吴王子子驹亡走闽越”③，被闽越所收留。从这些记载的事迹中，能推断出吴国与闽越国的关系和交往一直比较密切。

三、闽越与庐江国

庐江王刘赐，系淮南王刘长之子，文帝十六年（前 164 年）被封国庐江。到景帝前元三年（前 154 年）吴楚七国叛乱时，吴王刘濞欲请庐江王

① 《汉书·蒯伍江息夫传》，中华书局点校本，1962 年，第 2171 页。
② 《史记·东越列传》，中华书局点校本，1959 年，第 2980 页。
③ 《汉书·荆燕吴传》，中华书局点校本，1962 年，第 1916 页。

出兵，派“吴使者至庐江，庐江王不应，而往来使越”①，可见庐江王在重大行动前尚需了解闽越国的意向。庐江国比较重视与闽越国的关系。闽越国未应“七国之乱”，其亦不应吴国。汉廷在平定吴、楚等七国的叛乱后，因“庐江王以边越，数使使相交”而将其“徙为衡山王，王江北”②，以隔绝其与闽越国的密切交往。颜师古注说：“边越者，边界与越相接。”庐江国所边的越，即闽越。《汉书·地理志》记载其庐江领地说：“庐江郡，故淮南，文帝十六年别为国。……有楼船官。”并指出有寻阳，说：“寻阳，《禹贡》九江在南，皆东合为大江。”《汉书·严助传》指出闽越王曾“入燔寻阳楼船”。可确证庐江国所边之越，即闽越。庐江王被徙江北后，其故地成为汉朝的庐江郡。后来闽越曾出境袭扰庐江郡，入寻阳，焚烧汉楼船官治下泊于长江上的楼船。

四、闽越与江都国

江都国系原吴国辖地分出。汉景帝在平定了七国之乱后，将其子前汝南王刘非“徙王江都”。刘非死，儿子刘建继江都国王位。刘建与汉廷有隙，又害怕被有谋反意图的淮南王和衡山王所吞并，因此想依仗闽越国为其外援，所以交好闽越国。《汉书·景十三王传》记载，武帝时，刘建“遣人通越繇王闽侯，遗以锦帛奇珍，繇王闽侯亦遗建：荃、葛、珠玑、犀甲、翠羽、猿熊奇兽，数通使往来，约有急相助”。江都王刘建还“与其后成光共使越婢下神，祝诅上”③。这些史载都证实江都国与闽越国有着十分亲密的关系。

五、闽越与南海国

《汉书·高帝纪》记载汉高祖十二年（前 195 年），刘邦诏曰：“南武侯织亦粤之世也，立以为南海王。”南海王亦与闽越王等，均为故越王的后

---

① 《汉书·淮南衡山济北王传》，中华书局点校本，1962 年，第 2154 页。

② 《汉书·淮南衡山济北王传》，中华书局点校本，1962 年，第 2154 页。

③ 《汉书·景十三王传》，中华书局点校本，1962 年，第 2416—2417 页。

裔。关于南海国的历史沿革，《史记》《汉书》未录，仅《史记》的《淮南衡山列传》及《汉书》的《淮南衡山济北王传》《严助传》等传记中有零星述及。略知其在文帝初年即造反，后又降淮南王刘长。因此，南海立国年代很短。关于该国封地的地望，文献亦缺。学术界有争论，或认为在今安徽南部①，或认为在今福建、广东、江西三省的交界地带②。目前在未有充足的实物资料证明之前，笔者暂从全祖望和潘莳的后一说。但南海国不可能完全如其所说，夹于南越与闽越国之间，《史记》《汉书》记载南越王赵佗上书说南越国其“东有闽越，其众数千人，亦称王”③，可证南越的东邻仍是闽越国。因此，南海国主要的封地可能在江西南部，并且王国疆域很小，国力也很弱。史籍中亦缺南海国与闽越国交往的记录。但南海国一直与淮南国有重大冲突和降属关系，所以其不可能与闽越国毫无交往。《汉书·严助传》记录建元六年（前135年）淮南王刘安上书说：“前时南海王反，陛下先臣（淮南厉王刘长）使将军间忌将兵击之，以其军降，处之上淦。后复反，会天暑多雨，楼船卒水居击棹，未战而疾死者过半。”《汉书·淮南衡山济北王传》记有“南海民处庐江界中者反，淮南吏卒击之。陛下遣使者赍帛五十匹，以赐吏卒劳苦者”，确指其有相当部分国民在降汉后被置于庐江地域中管辖，后又再反的事情。同书还载“南海王织上书献璧帛皇帝，忌擅燔其书，不以闻”，从上述史载中，可略知文帝初年，南海国造反，被淮南国将军间忌击败；降淮南国后，其民被置于“上淦”。据顾祖禹《读史方舆纪要》所考，上淦故城在江西临江府（府治在今樟树市）东六十里，即上淦地，地处淦水上游，所以叫“上淦”。如果不误，那么南海国既应与淮南国为邻，又与闽越国为邻。由于闽越、南海两国既同宗又为邻居，可推知两国应有一定程度的交往和文化联系，但政治关系可能不

---

① 叶国庆、辛土成：《西汉闽越族的居住地和社会结构试探》，载《厦门大学学报》（哲学社会科学版）1963年第4期。

② 全祖望：《鲒埼亭集·经史问答》。潘莳：《汉南海王织考》，《文史汇刊》，第1卷第2期。

③ 《汉书·西南夷两粤朝鲜传》，中华书局点校本，1962年，第3851页。

好，否则，闽越如何不帮助南海国？据《史记》《汉书》记述，当时淮南王很看重闽越强悍的军队，亦重视与闽越国的友好往来。总之，很可能南海民众部分徙处上淦后，原南海国封地被闽越所吞并。闽越在武帝初期，军队横行庐江界，还进击寻阳烧毁汉军楼船，这些史实，或可旁证这种情况。

第二十二章　闽越国的历史地位

福建地方文化，已发现早至旧石器时代的“漳州文化”①、三明万寿岩旧石器时代遗存②、漳平奇和洞旧石器时代至新石器时代早期的文化遗存③以及闽地各区的文化遗存点④；进入新石器时代，一脉相承的史前文化有马祖岛和闽侯发现的“亮岛文化”⑤，以平潭壳丘头遗址为代表的“壳丘头文化”⑥，以闽侯昙石山遗址为代表的“昙石山文化”⑦，以及闽北和闽南各个区域文化⑧；紧随其后的是以福清东张遗址（中层）为代表的“东张文化”⑨，后来发展到以闽侯黄土仑墓葬群为代表的“黄土仑文化”⑩，

① 尤玉柱主编：《漳州史前文化》，福建人民出版社，1991 年。

② 福建博物院编：《21 世纪初福建基建考古重要发现》，福建人民出版社，2009 年，第 6、7 页。

③ 福建博物院、龙岩市文化与出版局：《福建漳平市奇和洞史前遗址发掘简报》，载《考古》2013 年第 5 期。

④ 参见本书第二章第一节之一“福建各地的旧石器时代遗存”。

⑤ 参见陈仲玉：《马祖亮岛岛尾遗址群第三次发掘报告》，（台湾）连江县政府出版，第 3 页。陈仲玉、刘绍臣：《马祖列岛自然环境与文化史研究》，（台湾）连江县政府出版，2016 年。

⑥ 福建省博物馆：《福建平潭壳坵头窑址发掘简报》，载《考古》1991 年第 7 期。

⑦ 福建省博物馆：《闽侯昙石山遗址第六次发掘报告》，载《考古学报》1976 年第 1 期。

⑧ 新石器时代晚期还有闽北以浦城牛鼻山遗址为代表的“牛鼻山文化”和闽南以东山岛大帽山遗址为代表的“大帽山文化”等。参见林聿亮、郑辉：《浦城牛鼻山新石器时代遗址的发掘》，载《福建文博》1990 年第 1 期。焦天龙：《福建沿海新石器时代经济形态的变迁及意义》，载《福建文博》2009 年增刊。

⑨ 陈国强：《闽台史前考古的发现与展望》，见《福建历史文化与博物馆学研究》，福建教育出版社，1993 年，第 19—25 页。陈存洗、杨琮：《福建石器时代文化特征与年代初论》，见《福建历史文化与博物馆学研究》，福建教育出版社，1993 年，第 42—51 页。

⑩ 福建省博物馆：《福建闽侯黄土仑遗址发掘简报》，载《文物》1984 年第 4 期。

直至西周、东周时期以土墩墓群①为代表的青铜文化。她们都是一脉相承自成体系的福建地方文化，即闽越文化之先导。由于自然环境、地理因素等许多客观原因，福建地方文化的发展较落后于同时期中原文化的发展水平。中原地区（黄河及长江流域）在遥远的龙山时代已启文明之门，到夏代已成就文明之邦，商周时代则达到青铜文明的巅峰。在商代，福建闽越文化已受到中原青铜文化的冲击和影响，到了商代晚期和西周时期，闽越人已经进入了与越国相类的青铜文明时代，为战国秦汉闽越王国的崛起，奠定了坚实的基础。

战国后期，故越国移民的涌入以及由此所产生的两支越族文化的交融，给福建地区的闽越文化注入了新鲜血液和活力。秦始皇统一六国并在闽中设郡，更从政治上开拓了“蛮荒”之野。闽越地封闭的空间被打破，全国滚滚向前的历史车轮也带动了福建地区文化的前进。被秦始皇废为君长的闽越首领无诸、摇，于秦末率闽中兵随各路诸侯问鼎中原，一直没有泯灭复兴越国的希望。汉王朝建立，中国又复于一统，闽越国的封立，都给闽越创造了发展的良机。正是在这种历史环境中，闽越文化产生了大跳跃的发展。仅短短几十年间，宫苑、城池的大规模营筑，铁器的应用和推广，农田水利的大面积垦拓兴修……猝然间，福建这方被世人认为“狭多阻”的“化外之地”喧闹了起来。随着国力的大增，闽越又开始了领土扩张、军事侵略。一时间，闽越军南征北讨。王国统治者在军事上称雄东南隅，在政治上割据一方，发号施令。连东南地区的刘姓诸侯也纷纷侧目，赠财交好。闽越顿时成为汉王朝南方的肘腋之患，最后竟发展到统治者自立为帝，拥兵抗击汉廷的局面。前文各章节已从各个方面揭示了闽越强国背后赖以支撑的物质文化和思想艺术的坚实基础。

闽越国历史文化，是2000多年前福建古文化发展达到的一个高峰。这一时期，城邑建筑的产生和发展；大量先进的铁农具的引进和应用使农业生产大幅度进步；铁工具的广泛使用促进了手工业的发展；成熟的汉文字

① 福建博物院、福建闽越王城博物馆：《福建浦城县管九村土墩墓群》，载《考古》2007年第7期。

的推广和普及等，均使福建经济文化发展达到空前的程度。统一的王国政权，对于福建闽越人的社会发展起到了极为重要的作用。一方面，当时的闽越国必须图强，才能自保，才能生存下去，才能发展壮大。因此在主观上，闽越国统治者必然倡导发展国家的社会经济，并与中原地区和周边较强、较富庶的诸侯国加强交往与联系。另一方面，闽越也侵略或吞并周邻小国、弱国，甚至发展到攻击南越等强国、武装抗汉等一系列军事行动。在客观上这些兼并、侵略也从某种方面促进了国势并刺激了一些生产部门的发展。如为了征战的需要，闽越国要进一步扩大屯垦、聚积粮草、伐材造船等，正如文献记载，闽“越人欲为变，必先田余干界中，积食粮，乃入伐材治船”①。前面所示的出土文物资料都印证了这个问题。另外，从军事装备的生产和引进方面也说明了许多问题，众多锻铸精良的铁兵器矛、戟、剑、刀、矢镞等，普遍装备军队，杀伤力很强的铜弩机也已成为闽越军的基本装备。在闽越铁矛中，矛头多长而锋利，其中最长的矛头达 81.5 厘米，是我国所发现的汉代铁矛头中最长的，在我国兵器制造史上具有重要意义。

农业是我国古代经济的基础。闽越国的农业经济与先秦时期闽越农业相比，无疑发生了巨大的进步和变革。其中铁农具的使用和推广是农业革命的前提。闽越国时期，较大规模的聚落、封邑和城市的出现，都是农业经济高度发展的产物。从出土的犁、锄、锸、镬（镢）、镰、五齿耙等各种铁制农具考察，可知当时闽越国农业生产力的大幅度提高，精耕细作的农业技术已被闽越人民接受和掌握。这必然在农业生产中产生深远的影响和重大的变革。尤其是巨大的铁犁和先进的五齿耙，就是在当时的中原地区，它们也属于先进的农业生产工具。东越王城遗址中出土的铁犁铧重 15 公斤，系国内目前已知西汉前期最重的铁犁。同样，东越王城遗址中出土的铁五齿耙，也是目前国内西汉遗址中仅见之物，② 在汉代农业考古中意义重大。而福州冶山闽越国故都遗址中出土的大铁锚，也是全国西汉中期以前

① 《汉书・严助传》，中华书局点校本，1962 年，第 2781 页。

② 全国目前仅在河北易县燕下都出土过 1 件战国晚期的铁五齿耙（锄），西汉时期的铁五齿耙仅在武夷山东越王城遗址出土 1 件。其他地区发现的均是二齿或三齿耙（锄）。参见《燕下都第 22 号遗址发掘报告》，载《考古》1965 年第 11 期。

考古发现中仅见的大铁锚，在我国古代船舶发展史上有着重大意义。

农业经济的发达，必然促进手工业等其他行业的发展。闽越国大规模的官营制陶业、民营制陶业、木器制造业、造船业、制铁业、建筑业等等，随农业发展有了飞速的发展。农业和手工业生产在发展中又有重要的互促作用，社会发展史中，农、工的进步历来是并举的。闽越国城邑中结构复杂、布局严整的宫殿群建筑，基址中纵横连接呈网状的齐备的供排水管道设施，深刻地反映出闽越手工业、建筑业所达到的成就。东越王城下寺岗闽越国宫室中的阶道踏步，是由每块长达 2 米多的大型空心砖砌筑而成的，这不仅在我国汉代建筑艺术中堪称典范，在汉代砖类建材烧造技术方面，也是不多的重要发现。①

社会经济的发展必然影响到社会政治的进步。社会经济基础达到一定水平，必然要产生与之相适应的上层建筑。闽越国社会生产的巨大进步，促成了社会政治的巨大变革。闽越国这一时期的政治变革，除了受经济基础的制约外，亦受当时汉朝社会政治的影响。闽越王为汉朝廷所封立，其政治体制也追仿汉制。前文笔者已从当时的百官建制、城邑制度等方面的资料，证实了这一点。由此推知，闽越国时期，闽越人自上而下地实行了一系列符合社会经济发展要求以及顺应历史步伐的社会变革，基本类似中原汉朝的政治制度和社会生产状况，是闽越国迈向封建化进程的证据。

闽越国是汉朝廷分封的一个少数民族诸侯王国，虽在名分上是汉朝的属臣，实际则是一个社会政治经济自成一体的割据政权。这个问题在闽越国文化遗存中也反映得很清楚。闽越国的精神和物质文化，既承袭了先秦古闽越族的传统文化特点，又吸收了大量的外来文化因素。其显著特征是：福建地方文化、先秦故越国文化以及秦汉中原文化的兼容并蓄。

从完善秦汉文化史这一视角来认识，可以看出闽越国文化是我国汉代东南沿海越族文化的代表之一。闽越当时在中原被视为古越族之正统，所以史书中常简称其为“越”“越国”。闽越国文化不仅体现出一种具有典型意义的区域文化，同时，闽越人对中原先进文化的大量汲取和消化，使这

① 在广州的西汉南越国都宫殿遗址中，后来也发现了类似的大型空心砖。

种地区文化的内涵更为丰富和充实。闽越国文化中极具特色的城郭邑里、建筑艺术独树一帜的殿堂宫宇，不可多得的文字、印章艺术，先进的铁兵器、生产工具，以及精美青铜器的使用和拥有，都聚合了文明社会的要征，是中原文明对边远地区影响的深刻体现。这不仅反映出华夏传统文化的巨大凝聚力，也展现出福建地域文化在这一历史阶段所登上的发展巅峰。

闽越国存世 92 年，而她留下的让后人惊叹不已的物质文化遗存，谱写了福建古代文化史灿烂的篇章。其精神文化和物质文化之余绪，对后世闽中故地的历史文化产生了深远的影响。闽越国文化在中国秦汉文化史中占有一定的历史地位，是这一时期中国多彩多姿的民族文化的一个重要组成部分。

附录一

闽越国大事记

前 202 年，刘邦复立无诸为闽越王，西汉闽越国正式建立。

前 192 年，汉惠帝三年，西汉朝廷封立闽越君摇为东海王，东瓯国正式建立。

前 154 年，吴、楚七国叛乱，东瓯国亦参加叛乱；闽越国未参加叛乱。

前 138 年，闽越国发兵围困东瓯国。

前 135 年，闽越国发兵击南越国。

前 112 年，汉武帝发大军讨伐南越国，东越王余善发八千军队从海上助攻南越国。

前 111 年，汉军灭南越国，楼船军兵临闽越国边境。

前 110 年，汉武帝发四路大军平定闽越国，诏令尽迁闽越国臣民往江淮之间。

附录二

主要参考文献

安徽省文物管理委员会、安徽省博物馆编著：《寿县蔡侯墓出土遗物》，考古学专刊乙种第五号，北京：科学出版社，1956年。

中国科学院考古研究所编著：《长沙发掘报告》，考古学专刊丁种第二号，北京：科学出版社，1957年。

容庚编著：《金文编》，考古学专刊乙种第九号，北京：科学出版社，1959年。

江苏省文物管理委员会编著：《江苏徐州汉画像石》，考古学专刊乙种第十号，北京：科学出版社，1959年。

郭宝钧：《山彪镇与琉璃阁》，考古学专刊乙种第十一号，北京：科学出版社，1959年。

中国科学院考古研究所编著：《洛阳中州路（西工段）》，考古学专刊丁种第四号，北京：科学出版社，1959年。

（宋）李昉等：《太平御览》，北京：中华书局影印本，1960年。

（汉）班固：《汉书》，北京：中华书局，二十四史点校本，1962年。

［苏］蒙盖特：《苏联考古学》，北京：中国科学院考古研究所资料室译，1963年。

庄为玑：《福建历史地理》，福建省地图编纂委员会，1963年油印本。

湖南省博物馆、中国科学院考古研究所文物编辑委员会编：《长沙马王堆一号汉墓发掘简报》，北京：文物出版社，1972年。

中国科学院中国植物志编辑委员会编：《中国植物志》（第六十六卷），北京：科学出版社，1977年。

广西壮族自治区文物管理委员会编：《广西出土文物》，北京：文物出版社，1978年。

罗福颐编：《汉印文字征》，北京：文物出版社，1978年。

袁日省等编：《汉印分韵合编》，上海：上海书店出版社影印本，1979年。

北京大学历史系考古教研室商周组编著：《商周考古》，北京：文物出版社，1979年。

中国社会科学院考古研究所等编：《满城汉墓发掘报告》，北京：文物出版社，1980年。

高明编：《古文字类编》，北京：中华书局，1980年。

广州市文物管理委员会编：《广州汉墓》，北京：文物出版社，1981年。

罗福颐主编：《故宫博物院藏古玺印选》，北京：文物出版社，1982年。

（汉）司马迁：《史记》，北京：中华书局，二十四史点校本，1982年。

吕思勉：《先秦史》，上海：上海古籍出版社，1982年。

刘敦桢主编：《中国古代建筑史》，北京：中国建筑工业出版社，1984年。

王仲殊：《汉代考古学概说》，北京：中华书局，1984年。

中国社会科学院考古研究所编：《新中国的考古发现和研究》，北京：文物出版社，1984年。

朱维幹：《福建史稿》，福州：福建教育出版社，1985年。

贺业钜：《考工记营国制度研究》，北京：中国建筑工业出版社，1985年。

杨泓：《中国古兵器论丛》（增订本），北京：文物出版社，1985年。

陕西省考古研究所秦汉研究室编：《新编秦汉瓦当图录》，西安：三秦出版社，1986年。

高明：《中国古文字学通论》，北京：文物出版社，1987年。

蒋炳钊等编著：《百越民族文化》，上海：学林出版社，1988年。

辛土成：《台湾海峡两岸的古闽越族》，厦门：厦门大学出版社，1988年。

余天炽等：《古南越国史》，南宁：广西人民出版社，1988年。

何光岳：《百越源流史》，南昌：江西教育出版社，1989年。

（明）黄仲昭：《八闽通志》，福建省地方志编纂委员会整理本，福州：福建人民出版社，1991年。

尤玉柱主编：《漳州史前文化》，福州：福建人民出版社，1991 年。

孙机：《汉代物质文化资料图说》，北京：文物出版社，1991 年。

胡忠恒、陶锡珍：《澎湖群岛动物化石专集》，澎湖：澎湖县立文化中心，1993 年。

吴春明、林果：《闽越国都城考古研究》，厦门：厦门大学出版社，1998 年。

杨琮：《闽越国文化》，福州：福建人民出版社，1998 年。

杨宽：《战国史》（增订本），上海：上海人民出版社，1998 年。

杨楠：《江南土墩遗存研究》，北京：民族出版社，1998 年。

浙江省文物考古研究所编：《浙江考古精华》，北京：文物出版社，1999 年。

冯先铭主编：《中国陶瓷》（修订本），上海：上海古籍出版社，2001 年。

浙江省文物考古研究所等编著：《印山越王陵》，北京：文物出版社，2002 年。

孙慰祖：《封泥发现与研究》，上海：上海书店出版社，2002 年。

中国社会科学院考古研究所编著：《中国考古学 · 夏商卷》，北京：中国社会科学出版社，2003 年。

福建博物院、福建闽越王城博物馆编：《武夷山城村汉城遗址发掘报告 1980—1996》，福州：福建人民出版社，2004 年。

中国社会科学院考古研究所编著：《中国考古学 · 两周卷》，北京：中国社会科学出版社，2004 年。

白云翔：《先秦两汉铁器的考古学研究》，北京：科学出版社，2005 年。

福建省文物局等编著：《福建三明万寿岩旧石器时代遗址：1999—2000、2004 年考古发掘报告》，北京：文物出版社，2006 年。

徐晓望主编，陈存洗、陈龙、杨琮撰：《福建通史 · 第一卷 · 远古至六朝》，福州：福建人民出版社，2006 年。

南京博物院等编著：《鸿山越墓发掘报告》，北京：文物出版社，2007 年。

浙江省文物考古研究所等编著：《独仓山与南王山：土墩墓发掘报告》，北京：科学出版社，2007 年。

杨琮、陈浩主编，福建博物院、浙江省博物馆编：《越魂闽魄：古越族文物精品特展》，福州：福建教育出版社，2008 年。

杨琮主编，福建博物院编：《21 世纪初福建基建考古重要发现》，福州：福建人民出版社，2009 年。

浙江省文物考古研究所编著：《浙江越墓》，北京：科学出版社，2009 年。

浙江省文物考古研究所编：《浙江考古新纪元》，北京：科学出版社，2009 年。

杨琮：《美术考古论集》，北京：科学出版社，2009年。

中国社会科学院考古研究所编著：《中国考古学·秦汉卷》，北京：中国社会科学出版社，2010年。

吴志跃主编，福建博物院编：《福建考古资料汇编：1953—1959》，北京：科学出版社，2011年。

谢秀端、黄丽霞主编：《金瓯撷英：建瓯文物集萃》，福州：福建美术出版社，2011年。

刘钊：《古文字构形学》（修订本），福州：福建人民出版社，2011年。

徐龙国：《秦汉城邑考古学研究》，北京：中国社会科学出版社，2013年。

浙江省文物考古研究所等编著：《浙南石棚墓调查发掘报告》，北京：文物出版社，2014年。

福建博物院、福建省昙石山遗址博物馆编：《昙石山遗址：福建省昙石山遗址1954—2004年发掘报告》，福州：海峡书局，2015年。

浙江省文物考古研究所、浦江博物馆编著：《浦江上山》，北京：文物出版社，2016年。

杨宽：《中国古代都城制度史研究》，上海：上海人民出版社，2016年。

许宏：《先秦城邑考古》，北京：金城出版社、西苑出版社，2017年。

福建省昙石山遗址博物馆编著：《闽江下游流域史前遗址考古调查与研究》，北京：科学出版社，2018年。

福建博物院文物考古研究所等编著：《福建省汀江流域考古调查报告》，北京：科学出版社，2019年。

平潭国际南岛语族研究院等编著：《平潭壳丘头遗址图录》，北京：科学出版社，2019年。

焦天龙、范雪春：《福建与南岛语族》，北京：科学出版社，2020年。

福建省文物局、福建省考古研究院编：《浮海阙地百年求索：福建文物考古集萃》，福州：福建教育出版社，2021年。

吴松弟主编，林华东著：《温州通史·东瓯卷》，北京：人民出版社，2021年。

广州黄花考古学会：《南越残瓦考》，载《考古学杂志》1932年创刊号。

叶国庆：《古闽地考》，载《燕京学报》1934年第15期。

潘莳：《汉南海王织考》，载《文史汇刊》1935年第1卷第2期。

叶国庆:《冶不在今福州市辨》,载《禹贡》(半月刊) 1936 年第 6 卷第 2 期。
曾凡:《福建光泽新石器时代遗址调查简报》,载《考古通讯》1955 年第 6 期。
曾凡:《福州浮村遗址的发掘》,载《考古学报》1958 年第 2 期。
曾凡:《南福铁路工程中福州附近的考古发现》,载《考古通讯》1958 年第 1 期。
曾凡:《福建漳浦新石器时代遗址调查》,载《考古》1959 年第 6 期。
福建省文物管理委员会:《福建崇安新石器时代遗址调查》,载《考古》1959 年第 11 期。
黄汉杰:《福建荆溪庙后山古墓清理》,载《考古》1959 年第 6 期。
厦门大学人类博物馆:《福清县东张镇白豸寺新石器时代遗址第 11—39 探方发掘报告》,载《厦门大学学报》1959 年第 1 期。
福建省文物管理委员会:《福建崇安城村汉城遗址试掘》,载《考古》1960 年第 10 期。
陈直:《福建崇安城村汉城遗址时代的推测》,载《考古》1961 年第 4 期。
福建省文物管理委员会:《福建武平新石器时代遗址调查报告》,载《考古》1961 年第 4 期。
福建省文物管理委员会:《闽侯庄边山新石器时代遗址试掘简报》,载《考古》1961 年第 1 期。
福建省文物管理委员会:《闽南新石器时代遗址的调查》,载《考古》1961 年第 5 期。
泉州海外交通史博物馆等:《福建丰州狮子山新石器时代遗址》,载《考古》1961 年第 4 期。
唐兰:《西周铜器断代中的"康宫"问题》,载《考古学报》1962 年第 1 期。
陈直:《秦汉瓦当概述》,载《文物》1963 年第 11 期。
叶国庆、辛土成:《西汉闽越族的居住地和社会结构试探》,载《厦门大学学报》1963 年第 4 期。
陈直:《广州汉墓群西汉前期陶器文字汇考》,载《学术研究》1964 年第 2 期。
福建省文物管理委员会:《福建福清东张新石器时代遗址发掘报告》,载《考古》1965 年第 2 期。
林朝棨:《金门富国墩贝冢遗址》,载《考古人类学刊》1973 年第 33、34 合刊。

李众：《中国封建社会前期钢铁冶炼技术发展的探讨》，载《考古学报》1975年第2期。

俞伟超、李家浩：《马王堆一号汉墓出土漆器制地诸问题——从成都市府作坊到蜀郡工官作坊的历史变化》，载《考古》1975年第6期。

福建省博物馆：《闽侯昙石山遗址第六次发掘报告》，载《考古学报》1976年第1期。

广州市文物管理处等：《广州秦汉造船工场遗址的试掘》，载《文物》1977年第4期。

蒋炳钊：《关于福建崇安汉城的性质和时代的探讨》，载《厦门大学学报》1978年2、3期合刊。

韩起：《台湾省原始社会考古概述》，载《考古》1979年第3期。

秦俑坑考古队：《秦始皇陵园出土的花纹砖》，载《考古与文物》1980年第3期。

曾凡：《关于福建史前文化遗存的探讨》，载《考古学报》1980年第3期。

曾凡等：《关于武夷山船棺葬的调查和初步研究》，载《文物》1980年第6期。

邓少琴：《福建崇安武夷山架壑船葬制初探》，载《福建文博》1980年第2期。

高汉玉：《崇安武夷山船棺出土的纺织品》，载《福建文博》1980年第2期。

黄天柱、林宗鸿：《连江独木舟初探》，载《福建文博》1980年第1期。

李祖弼：《闽中疆域考》，载《厦门大学学报》1980年第1期。

魏嵩山：《汉闽越王无诸冶都考》，载《厦门大学学报》1980年第3期。

王翰章：《陕西出土的几批汉齿轮及有关问题》，载《人文杂志》1980年第3期。

福建省博物馆：《福建闽侯白沙溪头新石器时代遗址第一次发掘简报》，载《考古》1980年第4期。

福建省博物馆等：《福建崇安武夷山白岩崖洞墓清理简报》，载《文物》1980年第6期。

金祖明：《关于东海王国故址的探讨》，载《台州史学》1981年第1期。

林汀水：《也谈闽中郡、冶县与侯官》，载《地名》1981年第2期。

蒋炳钊：《对闽中郡治及冶都冶县地望的一些看法》，载《厦门大学学报》1981年3期。

高汉玉、王裕中：《崇安武夷山船棺出土纺织品的研究》，载《民族学研究》1982年第2期。

徐恒彬：《“断发文身”考》，载《民族研究》1982年第4期。

林蔚文：《汉代东越泉山考》，载《地名知识》1984年第2期。

林忠干：《浅淡西汉闽越的墓葬及其陶器》，载《福建文博》1984年第2期。

石兴邦等：《长陵建制及其有关问题》，载《考古与文物》1984年第2期。

福建省博物馆：《福建闽侯黄土仑遗址发掘简报》，载《文物》1984年第4期。

福建省博物馆：《闽侯溪头遗址第二次发掘报告》，载《考古学报》1984年第4期。

福建省博物馆：《闽侯庄边山遗址82—83年考古发掘简报》，载《福建文博》1984年第2期。

白耀天：《〈榜枻越人歌〉的译读及其有关问题》，载《广西民族研究》1985年第1期。

韩伟：《马家庄秦宗庙建筑制度研究》，载《文物》1985年第2期。

王仁湘：《带钩概论》，载《考古学报》1985年3期。

福建省博物馆：《崇安城村汉城探掘简报》，载《文物》1985年第11期。

福建省博物馆等：《福建省光泽县古遗址古墓葬的调查和清理》，载《考古》1985年第12期。

黄展岳：《论两广出土的先秦青铜器》，载《考古学报》1986年第4期。

李光军：《两广出土西汉器物铭文官名考》，载《文博》1987年第3期。

林忠干：《论福建地区出土的汉代陶器》，载《考古》1987年第1期。

杨琮：《关于崇安城村古城族属的探讨》，载《福建文博》1987年第2期。

陈国英：《秦都咸阳考古工作三十年》，载《考古与文物》1988年5、6期合刊。

尤玉柱：《东山海域人类遗骨和哺乳动物化石的发现及其学术价值》，载《福建文博》1988年第1期。

张其海、林忠干：《福建崇安汉城遗址出土的文字符号》，载《考古与文物》1988年第4期。

谢道华、王治平：《福建建阳县邵口汉代遗址》，载《考古》1988年第7期。

杨琮：《崇安县城村汉城北岗遗址考古发掘的收获》，载《福建文博》1988年第1期。

曾五岳：《东山人化石的年代与价值》，载《化石》1989年第2期。

陈希：《南安城关莲塘星塔发现青铜锛》，载《福建文博》1989年1、2期合刊。

黄展岳：《关于王莽九庙的问题——汉长安城南郊一组建筑遗址的定名》，载《考古》1989年第3期。

杨琮：《论古越族美术之源流》，载《民间文艺》1989年第1期。

杨宽：《西汉长安布局结构的再探讨》，载《考古》1989年第4期。

张光直：《新石器时代的台湾海峡》，载《考古》1989年第6期。

陈存洗、杨琮：《福建青铜文化初探》，载《考古学报》1990年第4期。

黄展岳：《闽越、南越和夷洲的比较研究》，载《福建文博》1990年增刊。

林公务：《光泽古墓葬出土陶器的类型学考察——兼论闽北地区史前文化发展序列》，载《福建文博》1990年第2期。

林忠干：《崇安汉城遗址年代与性质初探》，载《考古》1990年第12期。

王振镛：《论闽越时期的墓葬及相关问题》，载《福建文博》1990年第1期。

林忠干：《闽北先秦古文化发展初步探索》，载《福建文博》1990年第2期。

吴绵吉：《闽江下游早期几何印纹陶遗存》，载《东南文化》1990年第3期。

杨琮：《从崇安汉城看西汉闽越文化》，载《东南文化》1990年第3期。

杨琮：《福建崇安城村汉代城址出土的铁农具》，载《农业考古》1990年第1期。

杨琮：《福建崇安汉代城址出土的建筑材料》，载《文博》1990年第1期。

杨琮：《关于崇安等地出土汉代陶器的几点认识》，载《福建文博》1990年第2期。

杨琮：《论崇安城村汉城的年代和性质》，载《考古》1990年第10期。

杨琮：《论西汉东、南两越考古学文化的关系》，载《东南文化》1990年第5期。

杨琮：《战国时期西瓯社会性质探讨》，载《广西民族研究》1990年第2期。

福建省博物馆、厦门大学人类学系考古专业：《崇安汉城北岗一号建筑遗址》，载《考古学报》1990年第3期。

林公务：《福建闽侯庄边山的古墓群》，载《东南文化》1991年第1期。

杨琮：《“瓯骆相攻，南越动摇”文意辩析》，载《民族研究》1991年第5期。

杨琮：《福建崇安汉城出土的青铜器及有关问题》，载《华夏考古》1991年第2期。

杨琮：《西汉“越骑”考辨》，载《中国史研究》1991年第2期。

福建省博物馆：《福建平潭壳坵头遗址发掘简报》，载《考古》1991年第7期。

杨琮：《崇安汉城出土瓦当的研究》，载《文物》1992年第8期。

杨琮：《崇安汉代闽越国故城布局结构的探讨》，载《文博》1992年第3期。

杨琮：《福建崇安汉城址陶器及文化内涵》，载《考古与文物》1992年第3期。

曾凡：《福州洪塘金鸡山古墓葬》，载《考古》1992年第10期。

福建省博物馆、厦门大学人类学系：《崇安汉城北岗二号建筑遗址》，载《文物》1992年第8期。

林蔚文：《崇安汉城的外来文化因素及其评估》，载《考古》1993年第2期。

杨琮：《崇安汉城北岗遗址性质和定名的研究》，载《考古》1993年第12期。

杨琮：《福建崇安城村古城遗址出土文字及考释》，载《东南文化》1993年第1期。

杨琮等：《葫芦山古陶窑窑址发掘的初步认识》，载《福建文博》1993年第1、2期合刊。

云翔：《战国秦汉和日本弥生时代的锻銎铁器》，载《考古》1993年第5期。

福建省博物馆：《福建墓林山遗址发掘简报》，载《东南文化》1993年第3期。

林忠干、赵洪章：《福建浦城三处古遗址调查简报》，载《考古》1993年第2期。

杨琮：《“河内工官”的设置及其弩机生产年代考》，载《文物》1994年第5期。

福建省博物馆：《福建霞浦黄瓜山遗址发掘报告》，载《福建文博》1994年第1期。

杨琮：《闽越国官制考》，载《福建文博》1995年第1期。

杨琮：《闽越国世系考》，载《福建论坛》1995年第1期。

尤玉柱、董兴仁等：《台湾海峡西部海域哺乳动物化石》，载《古脊椎动物学报》1995年第3期。

杨琮：《西汉闽越国与日本及南洋的交往》，载《海交史研究》1996年第2期。

福建省博物馆：《福建闽侯庄边山遗址发掘报告》，载《考古学报》1998年第2期。

陈建立、韩汝玢：《徐州狮子山西汉楚王陵出土铁器的金相实验研究》，载《文物》1999年第7期。

蔡保全：《台湾海峡晚更新世哺乳动物化石与古地理环境》，载《厦门大学学报》1999年第4期。

臧振华：《中国东南海岸史前文化的适应与扩张》，载《考古与文物》1999年第3期。

杨琮：《武夷山汉闽越城考古的重要收获》，载《福建文博》1999年第1期。

福州市文物考古工作队：《2000年福州冶山路古遗址发掘简报》，载《福建文博》2003年第3期。

福建省博物馆等：《福建福州市新店古城发掘简报》，载《考古》2001年第3期。

田正标、陈元甫：《浙江德清县独仓山及南王山土墩墓发掘简报》，载《考古》2001年第10期。

福建省博物馆：《邵武斗米山的汉唐遗存》，载《福建文博》2002年第1期。

范雪春：《福建旧石器时代考古的重要收获》，载《福建文博》2002年第2期。

范雪春：《福建旧石器时代考古的重要收获》，载《福建文博》2002年第2期。

闽越王城博物馆：《2002年城村大园地遗址发掘简报》，载《福建文博》2006年第1期。

福建博物院、晋安区文管会：《福州新店古城遗址第五次发掘报告》，载《福建文博》2003年第1期。

福州市文物考古工作队：《福州北大路外九彩巷古遗址发掘简报》，载《福建文博》2003年第3期。

福建博物院、福建闽越王城博物馆：《福建武夷山市城村西汉窑址发掘简报》，载《考古》2003年第12期。

福建博物院：《2002年度厦、漳闽越遗存调查》，载《福建文博》2004年第1期。

杨琮：《闽越文化新探索》，载《东南学术》2004年增刊。

福建博物院：《福州郭前山遗址调查》，载《福建文博》2004年第1期。

福建博物院：《闽西考古调查报告》，载《福建文博》2004年第1期。

福建博物院：《仙游鸡子城遗址调查报告》，载《福建文博》2004年第1期。

福建闽越王城博物馆：《南平市闽越遗存调查》，载《福建文博》2004年第1期。

福建博物院：《福建霞浦黄瓜山遗址第二次发掘》，载《福建文博》2004年第3期。

林公务：《福建沿海新石器时代文化综述》，载《福建文博》2005年第4期。

张勇：《关于冶山路财政厅工地考古的几个问题》，载《福建文博》2005 年增刊。

福建博物院、福州市文物考古工作队：《福州冶山路财政厅工地发掘简报》，载《福建文博》2005 年增刊。

福建博物院、福州市文物考古工作队：《福州冶山路省二建工地发掘简报》，载《福建文博》2005 年增刊。

福建博物院：《福清下湾墓地第一次发掘简报》，载《福建文博》2005 年第 1 期。

福建博物院：《福州新店古城遗址第六次发掘报告》，载《福建文博》2005 年第 3 期。

福建闽越王城博物馆：《2003 年门前园遗址探掘简报》，载《福建文博》2005 年第 3 期。

福建闽越王城博物馆：《武夷山城村岩头亭西汉窑址发掘简报》，载《福建文博》2006 年第 3 期。

福建博物院、福建闽越王城博物馆：《福建浦城县管九村土墩墓群》，载《考古》2007 年第 7 期。

福建闽越王城博物馆：《浦城县管九村大王塝土墩墓发掘简报》，载《福建文博》2007 年第 2 期。

浙江省文物考古研究所等：《浙江长兴鼻子山越国贵族墓》，载《文物》2007 年第 1 期。

浙江省文物考古研究所等：《浙江温岭塘山发现西汉东瓯国墓葬》，载《东南文化》2007 年第 3 期。

陈建立、杨琮、张焕新、林繁德：《福建武夷山城村汉城出土铁器的金相实验研究》，载《文物》2008 年第 3 期。

浙江省文物考古研究所等：《浙江温岭大溪古城遗址的调查与试掘》，载《东南文化》2008 年第 2 期。

福建博物院：《2004 年平潭壳丘头遗址发掘报告》，载《福建文博》2009 年第 1 期。

焦天龙：《福建沿海新石器时代经济形态的变迁及意义》，载《福建文博》2009 年增刊。

焦天龙、范雪春、罗莱：《壳丘头遗址与台湾海峡早期新石器时代文化》，载《福建文博》2009 年第 2 期。

福建闽越王城博物馆：《武夷山市城村北岗三号建筑遗址发掘简报》，载《福建文博》2011 年第 1 期。

福建闽越王城博物馆：《武夷山市城村斧头山一号墓发掘简报》，载《福建文博》2011 年第 1 期。

福建闽越王城博物馆：《武夷山市城村亭子后西汉闽越国墓葬发掘简报》，载《福建文博》2011 年第 1 期。

福建闽越王城博物馆：《浦城县上面山汉代遗址发掘简报》，载《福建文博》2012 年第 1 期。

福建博物院等：《武夷山市竹林坑一号原始瓷窑址发掘简报》，载《福建文博》2012 年第 3 期。

福建博物院、福建闽越王城博物馆：《福州市益凤山西汉闽越国墓葬发掘简报》，载《福建文博》2013 年第 3 期。

福建博物院、龙岩市文化与出版局：《福建漳平市奇和洞史前遗址发掘简报》，载《考古》2013 年第 5 期。

福建博物院汉城考古工作队：《武夷山市城村牛栏后闽越国墓葬发掘简报》，载《福建文博》2013 年第 2 期。

福建闽越王城博物馆：《武夷山市蛇子山闽越国墓葬发掘简报》，载《福建文博》2014 年第 4 期。

福建博物院、福州市文物考古工作队：《福州市地铁屏山遗址西汉遗存发掘简报》，载《福建文博》2015 年第 3 期。

福建闽越王城博物馆、福州市文物考古工作队：《福州市牛头山汉代遗址考古发掘简报》，载《福建文博》2017 年第 1 期。

福建闽越王城博物馆：《福建武夷山市新亭园闽越国土墩墓》，载《南方文物》2017 年第 1 期。

福建闽越王城博物馆：《武夷山城村牛山汉墓发掘简报》，载《福建文博》2018 年第 1 期。

厦门大学、福建博物院、福建闽越王城博物馆：《武夷山市洲庵遗址考古发掘简报》，载《福建文博》2019 年第 1 期。

葛威等:《福建武夷山市城村汉城植物考古及年代学新资料》,载《南方文物》2020年第6期。

福建博物院、平潭县博物馆:《2015—2017年平潭史前遗址考古调查简报》,载《福建文博》2020年第3期。

福建博物院、长泰县博物馆:《福建长泰戈林山遗址发掘报告》,载《福建文博》2020年第4期。

后　记

笔者涉猎闽越考古几十年，于1994年完成了《闽越国文化》书稿，该书1998年出版，2001年第二次印刷，均已售罄。此书出版以来，在20世纪末及21世纪初，闽越考古又有了不少新发现。鉴于上述情况，时任福建人民出版社社长刘亚忠先生希望笔者能在整合原书和搜集新资料的基础上，重新撰写闽越国历史研究书籍，我亦感到撰写闽越国专史的条件已基本成熟，这就是笔者撰写《闽越国史》的缘由。

本书在《闽越国文化》一书的基础上，做了很多修改和补充，增加了很多新内容、新资料以及新的研究成果。本书仍然是以闽越国物质文化史的研究为主体，在体例上与传统的写史手法并不相同，笔者只能“有一分证据说一分话”，考古未能实证的只好暂付阙如，不足之处在所难免，希望能够抛砖引玉。

书中有许多对闽越国历史文化的新认识、新思考，都是笔者在人生最困苦的那段时间里写就的。在这段艰苦的日子里，笔者还对武夷山城村汉城（东越王城）遗址和几处宫殿遗迹进行过复原的思考和研究，书写了很多草稿，手绘了很多草图。由于种种原因，有相当部分的手稿已经遗失，甚为遗憾！唯待日后拾遗补阙，另出专述。

在写作的过程中，得到了福建师范大学原副校长汪征鲁教授、闽江学院人文学院院长薛菁教授，以及省广（福建）装饰设计工程有限公司董事长、闽江学院业界导师许军先生等的帮助和支持。在此书的编辑出版过程中，南京大学的贺云翱教授、厦门大学的陈支平教授也给予了支持；福建人民出版社原社长刘亚忠、社长林玉平更是给予了笔者大力的支持和帮助，责任编辑田成海、庄郁军也为本书的编辑出版做了大量的工作，在这里一并致谢！

作者

2022 年 5 月于斗室

2024 年 9 月改定